中华人民共和国民法典

注释本

法律出版社法规中心　编

法律出版社
LAW PRESS CHINA
·北　京·

图书在版编目(CIP)数据

中华人民共和国民法典注释本 / 法律出版社法规中心编. -- 3 版. -- 北京 : 法律出版社, 2023(2024.11 重印)
(法律单行本注释本系列)
ISBN 978 - 7 - 5197 - 8098 - 2

Ⅰ. ①中… Ⅱ. ①法… Ⅲ. ①民法—法典—法律解释—中国 Ⅳ. ①D923.05

中国国家版本馆 CIP 数据核字(2023)第 134518 号

中华人民共和国民法典注释本
ZHONGHUA RENMIN GONGHEGUO MINFADIAN ZHUSHIBEN

法律出版社法规中心 编

责任编辑 陶玉霞 翁潇潇
装帧设计 李 瞻

出版发行 法律出版社
编辑统筹 法规出版分社
责任校对 张红蕊
责任印制 耿润瑜
经 销 新华书店

开本 A5
印张 24.375 **字数** 860 千
版本 2023 年 12 月第 3 版
印次 2024 年 11 月第 21 次印刷
印刷 保定市中画美凯印刷有限公司

地址:北京市丰台区莲花池西里 7 号(100073)
网址:www. lawpress. com. cn
投稿邮箱:info@ lawpress. com. cn
举报盗版邮箱:jbwq@ lawpress. com. cn

销售电话:010 - 83938349
客服电话:010 - 83938350
咨询电话:010 - 63939796

书号:ISBN 978 - 7 - 5197 - 8098 - 2 **定价**:68.00 元
凡购买本社图书,如有印装错误,我社负责退换。电话:010 - 83938349

编辑出版说明

现代社会是法治社会，社会发展离不开法治护航，百姓福祉少不了法律保障。遇到问题依法解决，已经成为人们处理矛盾、解决纠纷的不二之选。然而，面对纷繁复杂的法律问题，如何精准、高效地找到法律依据，如何完整、准确地理解和运用法律，日益成为人们"学法、用法"的关键所在。

为了帮助读者快速准确地掌握"学法、用法"的本领，我社开创性地推出了"法律单行本注释本系列"丛书。本丛书自首次出版至今已十余年，历经多次修订完善，现已出版近百个品种，涵盖了社会生活的重要领域，已经成为广大读者学习法律、应用法律之必选图书。

本丛书具有以下特点：

1. 出版机构权威。成立于1954年的法律出版社，是全国首家法律专业出版机构，始终秉承"为人民传播法律"的宗旨，完整记录了中国法治建设发展的全过程，享有"社会科学类全国一级出版社"等荣誉称号，入选"全国百佳图书出版单位"。

2. 编写人员专业。本丛书皆由相关法律领域内的专业人士编写，并引入匿名审稿评估制度，确保图书内容始终紧跟法治进程，反映最新立法动态，体现条文本义内涵。

3. 法律文本标准。作为专业的法律出版机构，多年来，我社始终使用全国人民代表大会常务委员会公报刊登的法律文本，积淀了丰富的标准法律文本资源，并根据立法进度及时更新相关内容。

4. 条文注解精准。本丛书以立法机关的解读为蓝本，对每个条文提炼出条文主旨，并对重点条文进行注释，使读者能精准掌握立法意图，轻松理解条文内容。

5. 典型案例指引。本书特设典型案例模块，精选最高人民法院公布的与民法典条文密切相关的经典案例，在书中呈现典型意义，读者可按需扫描案例二维码获取案例全文。

6. 配套附录实用。书末“附录”部分收录最高人民法院公布的与民法典直接相关的司法解释，同时对由于篇幅所限未收录书中的相关法律法规和司法解释，专门制作成电子版文件，请读者扫描附录二维码，可免费下载使用。

需要说明的是，本丛书中“适用提要”“条文主旨”“条文注释”等内容皆是编者为方便读者阅读、理解而编写，不同于国家正式通过、颁布的法律文本，不具有法律效力。

本书编写过程中涉及较多司法解释，为便于读者阅读，均使用了简称，请读者参见文前《司法解释简称表》对照使用。

我们用心打磨本丛书，以期为法律相关专业的学生释法解疑，致力于帮助每个公民撑起法律的保护伞。本丛书不足之处，恳请读者批评指正。

法律出版社法规中心

2023年12月

司法解释简称表

简　称	全　称
《城镇房屋租赁合同解释》	《最高人民法院关于审理城镇房屋租赁合同纠纷案件具体应用法律若干问题的解释》
《担保制度解释》	《最高人民法院关于适用〈中华人民共和国民法典〉有关担保制度的解释》
《道损解释》	《最高人民法院关于审理道路交通事故损害赔偿案件适用法律若干问题的解释》
《房屋登记规定》	《最高人民法院关于审理房屋登记案件若干问题的规定》
《夫妻债务通知》	《最高人民法院关于依法妥善审理涉及夫妻债务案件有关问题的通知》
《公司法解释一》	《最高人民法院关于适用〈中华人民共和国公司法〉若干问题的规定(一)》
《公司法解释二》	《最高人民法院关于适用〈中华人民共和国公司法〉若干问题的规定(二)》
《公司法解释三》	《最高人民法院关于适用〈中华人民共和国公司法〉若干问题的规定(三)》
《公司法解释四》	《最高人民法院关于适用〈中华人民共和国公司法〉若干问题的规定(四)》
《公司法解释五》	《最高人民法院关于适用〈中华人民共和国公司法〉若干问题的规定(五)》
《国有土地使用权合同解释》	《最高人民法院关于审理涉及国有土地使用权合同纠纷案件适用法律问题的解释》
《合同编通则解释》	《最高人民法院关于适用〈中华人民共和国民法典〉合同编通则若干问题的解释》
《环境公益诉讼解释》	《最高人民法院关于审理环境民事公益诉讼案件适用法律若干问题的解释》

续表

简　　称	全　　称
《婚姻家庭编解释一》	《最高人民法院关于适用〈中华人民共和国民法典〉婚姻家庭编的解释(一)》
《技术合同解释》	《最高人民法院关于审理技术合同纠纷案件适用法律若干问题的解释》
《继承编解释一》	《最高人民法院关于适用〈中华人民共和国民法典〉继承编的解释(一)》
《检察公益诉讼解释》	《最高人民法院、最高人民检察院关于检察公益诉讼案件适用法律若干问题的解释》
《建工合同解释一》	《最高人民法院关于审理建设工程施工合同纠纷案件适用法律问题的解释(一)》
《建筑物区分所有权解释》	《最高人民法院关于审理建筑物区分所有权纠纷案件具体应用法律若干问题的解释》
《精神损害解释》	《最高人民法院关于确定民事侵权精神损害赔偿责任若干问题的解释》
《劳动争议解释一》	《最高人民法院关于审理劳动争议案件适用法律问题的解释(一)》
《旅游纠纷规定》	《最高人民法院关于审理旅游纠纷案件适用法律若干问题的规定》
《买卖合同解释》	《最高人民法院关于审理买卖合同纠纷案件适用法律问题的解释》
《民间借贷规定》	《最高人民法院关于审理民间借贷案件适用法律若干问题的规定》
《民诉法解释》	《最高人民法院关于适用〈中华人民共和国民事诉讼法〉的解释》
《农地承包解释》	《最高人民法院关于审理涉及农村土地承包纠纷案件适用法律问题的解释》
《期货纠纷规定》	《最高人民法院关于审理期货纠纷案件若干问题的规定》
《侵权责任编解释一》	《最高人民法院关于适用〈中华人民共和国民法典〉侵权责任编的解释(一)》
《人身损害解释》	《最高人民法院关于审理人身损害赔偿案件适用法律若干问题的解释》

续表

简　　称	全　　称
《融资租赁合同解释》	《最高人民法院关于审理融资租赁合同纠纷案件适用法律问题的解释》
《商品房买卖合同解释》	《最高人民法院关于审理商品房买卖合同纠纷案件适用法律若干问题的解释》
《生态环境规定》	《最高人民法院关于审理生态环境损害赔偿案件的若干规定(试行)》
《生态环境侵权解释》	《最高人民法院关于审理生态环境侵权责任纠纷案件适用法律若干问题的解释》
《时间效力规定》	《最高人民法院关于适用〈中华人民共和国民法典〉时间效力的若干规定》
《食品安全解释一》	《最高人民法院关于审理食品安全民事纠纷案件适用法律若干问题的解释(一)》
《食品药品规定》	《最高人民法院关于审理食品药品纠纷案件适用法律若干问题的规定》
《诉讼时效规定》	《最高人民法院关于审理民事案件适用诉讼时效制度若干问题的规定》
《铁路人损解释》	《最高人民法院关于审理铁路运输人身损害赔偿纠纷案件适用法律若干问题的解释》
《网络侵权规定》	《最高人民法院关于审理利用信息网络侵害人身权益民事纠纷案件适用法律若干问题的规定》
《物权编解释一》	《最高人民法院关于适用〈中华人民共和国民法典〉物权编的解释(一)》
《物业服务解释》	《最高人民法院关于审理物业服务纠纷案件具体应用法律若干问题的解释》
《医疗损害解释》	《最高人民法院关于审理医疗损害责任纠纷案件适用法律若干问题的解释》
《执行担保规定》	《最高人民法院关于执行担保若干问题的规定》
《执行和解规定》	《最高人民法院关于执行和解若干问题的规定》
《著作权解释》	《最高人民法院关于审理著作权民事纠纷案件适用法律若干问题的解释》
《总则编解释》	《最高人民法院关于适用〈中华人民共和国民法典〉总则编若干问题的解释》

目　　录

中华人民共和国民法典

第一编　总　　则

第二编 物 权

第三编　合　　同

第四编 人 格 权

第五编 婚 姻 家 庭

第六编　继　　承

第七编　侵权责任

附　　则

附录　相关司法解释

《中华人民共和国民法典》适用提要[①]

民法是中国特色社会主义法律体系的重要组成部分,是民事领域的基础性、综合性法律,它规范各类民事主体的各种人身关系和财产关系,涉及社会和经济生活的方方面面。改革开放40多年来,我国制定了许多民事单行法律,对于调整各类民事关系发挥了重要作用。由于各单行民事法律制定施行的时间跨度较大,各种民事法律规范之间难免存在相互重复、不够系统和协调的现象。

2020年5月28日,十三届全国人大三次会议表决通过了《民法典》[②]。这是中华人民共和国成立以来第一部以"法典"命名的法律,是新时代我国社会主义法治建设的重大成果。《民法典》分7编及附则,共1260条,各编依次为总则、物权、合同、人格权、婚姻家庭、继承、侵权责任。

一、总则编

第一编"总则"规定民事活动必须遵循的基本原则和一般性规则,统领民法典各分编。总则编共10章、204条,主要内容有:

(一)关于基本规定。总则编第1章规定了《民法典》的立法目的和依据。其中,将"弘扬社会主义核心价值观"作为一项重要的立法目的,体现坚持依法治国与以德治国相结合的鲜明中国特色。同时,确立了平等、自愿、公平、诚信、守法和公序良俗等民法基本原则。为贯彻习近平生态文明思想,将绿色原则确立为民法的基本原则。

---

① 根据全国人大常委会副委员长王晨于2020年5月22日在十三届全国人大三次会议上作的《关于〈中华人民共和国民法典(草案)〉的说明》编写,略有删改。

② 为方便阅读,本书中法律法规名称均使用简称。

（二）关于民事主体。民事主体是民事关系的参与者、民事权利的享有者、民事义务的履行者和民事责任的承担者，具体包括三类：一是自然人。自然人是最基本的民事主体。《民法典》规定了自然人的民事权利能力和民事行为能力制度、监护制度、宣告失踪和宣告死亡制度，并对个体工商户和农村承包经营户作了规定。结合疫情防控工作，对监护制度作了进一步完善，规定因发生突发事件等紧急情况，监护人暂时无法履行监护职责，被监护人的生活处于无人照料状态的，被监护人住所地的居民委员会、村民委员会或者民政部门应当为被监护人安排必要的临时生活照料措施。二是法人。《民法典》规定了法人的定义、成立原则和条件、住所等一般规定，并对营利法人、非营利法人、特别法人三类法人分别作了具体规定。三是非法人组织。《民法典》对非法人组织的设立、责任承担、解散、清算等作了规定。

（三）关于民事权利。保护民事权利是民事立法的重要任务。第1编第5章规定了民事权利制度，包括各种人身权利和财产权利。为建设创新型国家，《民法典》对知识产权作了概括性规定，以统领各个单行的知识产权法律。同时，对数据、网络虚拟财产的保护作了原则性规定。此外，还规定了民事权利的取得和行使规则等内容。

（四）关于民事法律行为和代理。第1编第6章、第7章规定了民事法律行为制度、代理制度：一是规定民事法律行为的定义、成立、形式和生效时间等。二是对意思表示的生效、方式、撤回和解释等作了规定。三是规定民事法律行为的效力制度。四是规定了代理的适用范围、效力、类型等代理制度的内容。

（五）关于民事责任、诉讼时效和期间计算。第1编第8－10章规定了民事责任、诉讼时效和期间计算制度：一是规定了民事责任的承担方式，并对不可抗力、正当防卫、紧急避险、自愿实施紧急救助等特殊的民事责任承担问题作了规定。二是规定了诉讼时效的期间及其起算、法律效果，诉讼时效的中止、中断等内容。三是规定了期间的计算单位、起算、结束和顺延等。

二、物权编

物权是民事主体依法享有的重要财产权。物权法律制度调整因物的归属和利用而产生的民事关系，是最重要的民事基本制度之一。

2007年,十届全国人大五次会议通过了《物权法》。《民法典》第2编“物权”在《物权法》的基础上,进一步完善了物权法律制度。物权编共5个分编、20章、258条,主要内容有:

(一)关于通则。第1分编为通则,规定了物权制度基础性规范,包括平等保护等物权基本原则,物权变动的具体规则,以及物权保护制度。《民法典》将有关基本经济制度的规定修改为:“国家坚持和完善公有制为主体、多种所有制经济共同发展,按劳分配为主体、多种分配方式并存,社会主义市场经济体制等社会主义基本经济制度。”

(二)关于所有权。第2分编规定了所有权制度,包括所有权人的权利,征收和征用规则,国家、集体和私人的所有权,相邻关系、共有等所有权基本制度。《民法典》在《物权法》规定的基础上,进一步完善了业主的建筑物区分所有权制度:一是明确地方政府有关部门、居民委员会应当对设立业主大会和选举业主委员会给予指导和协助。二是适当降低业主共同决定事项,特别是使用建筑物及其附属设施维修资金的表决门槛,并增加规定紧急情况下使用维修资金的特别程序。三是结合疫情防控工作,在征用组织、个人的不动产或者动产的事由中增加“疫情防控”;明确物业服务企业和业主的相关责任和义务,增加规定物业服务企业或者其他管理人应当执行政府依法实施的应急处置措施和其他管理措施,积极配合开展相关工作,业主应当依法予以配合。

(三)关于用益物权。第3分编规定了用益物权制度,明确了用益物权人的基本权利和义务,以及建设用地使用权、宅基地使用权、地役权等用益物权。《民法典》在《物权法》规定的基础上,作了进一步完善:一是落实党中央关于完善产权保护制度依法保护产权的要求,明确住宅建设用地使用权期限届满的,自动续期;续期费用的缴纳或者减免,依照法律、行政法规的规定办理。二是完善农村集体产权相关制度,落实农村承包地“三权分置”改革的要求,对土地承包经营权的相关规定作了完善,增加土地经营权的规定,并删除耕地使用权不得抵押的规定,以适应“三权分置”后土地经营权入市的需要。考虑到农村集体建设用地和宅基地制度改革正在推进过程中,《民法典》与《土地管理法》等作了衔接性规定。三是为贯彻党的十九大提出的加快建立多主体供给、多渠道保障住房制度的要求,增加规定“居住权”这一新型用益物权，明确居住权原则上无偿设立，居住权人有权按照合同约定或者遗嘱，经登记占有、使用他人的住宅，以满足其稳定的生活居住需要。

（四）关于担保物权。第4分编对担保物权作了规定，明确了担保物权的含义、适用范围、担保范围等共同规则，以及抵押权、质权和留置权的具体规则。《民法典》在《物权法》规定的基础上，进一步完善了担保物权制度，为优化营商环境提供法治保障：一是扩大担保合同的范围，明确融资租赁、保理、所有权保留等非典型担保合同的担保功能，增加规定担保合同包括抵押合同、质押合同和其他具有担保功能的合同。二是删除有关担保物权具体登记机构的规定，为建立统一的动产抵押和权利质押登记制度留下空间。三是简化抵押合同和质押合同的一般条款。四是明确实现担保物权的统一受偿规则。

（五）关于占有。第5分编对占有的调整范围、无权占有情形下的损害赔偿责任、原物及孳息的返还以及占有保护等作了规定。

三、合同编

合同制度是市场经济的基本法律制度。1999年，九届全国人大二次会议通过了《合同法》。《民法典》第3编“合同”在《合同法》的基础上，贯彻全面深化改革的精神，坚持维护契约、平等交换、公平竞争，促进商品和要素自由流动，完善合同制度。合同编共3个分编、29章、526条，主要内容有：

（一）关于通则。第1分编为通则，规定了合同的订立、效力、履行、保全、转让、终止、违约责任等一般性规则，并在《合同法》的基础上，完善了合同总则制度。

（二）关于典型合同。典型合同在市场经济活动和社会生活中应用普遍。为适应现实需要，在《合同法》规定的买卖合同、赠与合同、借款合同、租赁合同等15种典型合同的基础上，第2分编增加了4种新的典型合同：保证合同、保理合同、物业服务合同、合伙合同。同时，还在总结《合同法》实践经验的基础上，完善了其他典型合同。

（三）关于准合同。无因管理和不当得利既与合同规则同属债法性质的内容，又与合同规则有所区别，第3分编“准合同”分别对无因管理和不当得利的一般性规则作了规定。

四、人格权编

人格权是民事主体对其特定的人格利益享有的权利，关系到每个人的人格尊严，是民事主体最基本的权利。人格权编共6章、51条，主要内容有：

（一）关于一般规定。第4编第1章规定了人格权的一般性规则：一是明确人格权的定义。二是规定民事主体的人格权受法律保护，人格权不得放弃、转让或者继承。三是规定了对死者人格利益的保护。四是明确规定人格权受到侵害后的救济方式。

（二）关于生命权、身体权和健康权。第4编第2章规定了生命权、身体权和健康权的具体内容，并对实践中社会比较关注的有关问题作了有针对性的规定：一是为促进医疗卫生事业的发展，鼓励遗体捐献的善行义举，《民法典》吸收行政法规的相关规定，确立器官捐献的基本规则。二是为规范与人体基因、人体胚胎等有关的医学和科研活动，明确从事此类活动应遵守的规则。三是在总结既有立法和司法实践经验的基础上，规定了性骚扰的认定标准，以及机关、企业、学校等单位防止和制止性骚扰的义务。

（三）关于姓名权和名称权。第4编第3章规定了姓名权、名称权的具体内容，并对民事主体尊重保护他人姓名权、名称权的基本义务作了规定：一是对自然人选取姓氏的规则作了规定。二是明确对具有一定社会知名度，被他人使用足以造成公众混淆的笔名、艺名、网名等，参照适用姓名权和名称权保护的有关规定。

（四）关于肖像权。第4编第4章规定了肖像权的权利内容及许可使用肖像的规则，明确禁止侵害他人的肖像权：一是针对利用信息技术手段"深度伪造"他人的肖像、声音，侵害他人人格权益，甚至危害社会公共利益等问题，规定禁止任何组织或者个人利用信息技术手段伪造等方式侵害他人的肖像权。并明确对自然人声音的保护，参照适用肖像权保护的有关规定。二是为了合理平衡保护肖像权与维护公共利益之间的关系，结合司法实践，规定肖像权的合理使用规则。三是从有利于保护肖像权人利益的角度，对肖像许可使用合同的解释、解除等作了规定。

（五）关于名誉权和荣誉权。第4编第5章规定了名誉权和荣誉权的内容:一是为了平衡个人名誉权保护与新闻报道、舆论监督之间的关系,对行为人实施新闻报道、舆论监督等行为涉及的民事责任承担,以及行为人是否尽到合理核实义务的认定等作了规定。二是规定民事主体有证据证明报刊、网络等媒体报道的内容失实,侵害其名誉权的,有权请求更正或者删除。

(六)关于隐私权和个人信息保护。第4编第6章强化对隐私权和个人信息的保护,并为下一步制定个人信息保护法留下空间:一是规定了隐私的定义,列明禁止侵害他人隐私权的具体行为。二是界定了个人信息的定义,明确了处理个人信息应遵循的原则和条件。三是构建自然人与信息处理者之间的基本权利义务框架,明确处理个人信息不承担责任的特定情形,合理平衡保护个人信息与维护公共利益之间的关系。四是规定国家机关及其工作人员负有保护自然人的隐私和个人信息的义务。

五、婚姻家庭编

婚姻家庭制度是规范夫妻关系和家庭关系的基本准则。1980年,五届全国人大三次会议通过了《婚姻法》,2001年进行了修改。1991年,第七届全国人大常委会第二十三次会议通过了《收养法》,1998年作了修改。《民法典》第5编“婚姻家庭”以《婚姻法》《收养法》为基础,在坚持婚姻自由、一夫一妻等基本原则的前提下,结合社会发展需要,修改完善了部分规定,并增加了新的规定。婚姻家庭编共5章、79条,主要内容有:

(一)关于一般规定。第5编第1章在《婚姻法》规定的基础上,重申了婚姻自由、一夫一妻、男女平等等婚姻家庭领域的基本原则和规则,并作了进一步完善:一是为贯彻落实习近平总书记有关加强家庭文明建设的重要讲话精神,更好地弘扬家庭美德,规定家庭应当树立优良家风,弘扬家庭美德,重视家庭文明建设。二是为了更好地维护被收养的未成年人的合法权益,将联合国《儿童权利公约》关于儿童利益最大化的原则落实到收养工作中,增加规定了最有利于被收养人的原则。三是界定了亲属、近亲属、家庭成员的范围。

(二)关于结婚。第5编第2章规定了结婚制度,并在《婚姻法》的基础上,对有关规定作了完善:一是将受胁迫一方请求撤销婚姻的期间起算点由"自结婚登记之日起"修改为"自胁迫行为终止之日起"。二是不再将"患有医学上认为不应当结婚的疾病"作为禁止结婚的情形，并相应增加规定一方隐瞒重大疾病的，另一方可以向人民法院请求撤销婚姻。三是增加规定婚姻无效或者被撤销的，无过错方有权请求损害赔偿。

（三）关于家庭关系。第 5 编第 3 章规定了夫妻关系、父母子女关系和其他近亲属关系，并根据社会发展需要，在《婚姻法》的基础上，完善了有关内容：一是明确了夫妻共同债务的范围。二是规范亲子关系确认和否认之诉。亲子关系问题涉及家庭稳定和未成年人的保护，作为民事基本法律，《民法典》对此类诉讼进行了规范。

（四）关于离婚。第 5 编第 4 章对离婚制度作出了规定，并在《婚姻法》的基础上，作了进一步完善：一是增加离婚冷静期制度。《民法典》规定了提交离婚登记申请后30 日的离婚冷静期，在此期间，任何一方可以向登记机关撤回离婚申请。二是针对离婚诉讼中出现的"久调不判"问题，增加规定，经人民法院判决不准离婚后，双方又分居满 1 年，一方再次提起离婚诉讼的，应当准予离婚。三是关于离婚后子女的抚养，将《婚姻法》规定的"哺乳期内的子女，以随哺乳的母亲抚养为原则"修改为"不满两周岁的子女，以由母亲直接抚养为原则"，以增强可操作性。四是将夫妻采用法定共同财产制的，纳入适用离婚经济补偿的范围，以加强对家庭负担较多义务一方权益的保护。五是将"有其他重大过错"增加规定为离婚损害赔偿的适用情形。

（五）关于收养。第 5 编第 5 章对收养关系的成立、收养的效力、收养关系的解除作了规定，并在《收养法》的基础上，进一步完善了有关制度：一是扩大被收养人的范围，删除被收养的未成年人仅限于不满 14 周岁的限制，修改为符合条件的未成年人均可被收养。二是与国家计划生育政策的调整相协调，将收养人须无子女的要求修改为收养人无子女或者只有 1 名子女。三是为进一步强化对被收养人利益的保护，在收养人的条件中增加规定"无不利于被收养人健康成长的违法犯罪记录"，并增加规定民政部门应当依法进行收养评估。

六、继承编

继承制度是关于自然人死亡后财富传承的基本制度。1985 年，六届全国人大三次会议通过了《继承法》。《民法典》第6编“继承”在《继承法》的基础上，修改完善了继承制度，以满足人民群众处理遗产的现实需要。继承编共4章、45条，主要内容有：

（一）关于一般规定。第6编第1章规定了继承制度的基本规则，重申了国家保护自然人的继承权，规定了继承的基本制度。并在《继承法》的基础上，作了进一步完善。

（二）关于法定继承。第6编第2章规定了法定继承制度，明确了继承权男女平等原则，规定了法定继承人的顺序和范围，以及遗产分配的基本制度。同时，在《继承法》的基础上，完善代位继承制度，增加规定被继承人的兄弟姐妹先于被继承人死亡的，由被继承人的兄弟姐妹的子女代位继承。

（三）关于遗嘱继承和遗赠。第6编第3章规定了遗嘱继承和遗赠制度，并在《继承法》的基础上，进一步修改完善了遗嘱继承制度：一是增加了打印、录像等新的遗嘱形式。二是修改了遗嘱效力规则，删除了《继承法》关于公证遗嘱效力优先的规定，切实尊重遗嘱人的真实意愿。

（四）关于遗产的处理。第6编第4章规定了遗产处理的程序和规则，并在《继承法》的基础上，进一步完善了有关遗产处理的制度。

七、侵权责任编

侵权责任是民事主体侵害他人权益应当承担的法律后果。2009年，第十一届全国人大常委会第十二次会议通过了《侵权责任法》。《民法典》第7编“侵权责任”对侵权责任制度作了必要的补充和完善。侵权责任编共10章、95条，主要内容有：

（一）关于一般规定。第7编第1章规定了侵权责任的归责原则、多数人侵权的责任承担、侵权责任的减轻或者免除等一般规则。并在《侵权责任法》的基础上作了进一步的完善：一是确立“自甘风险”规则。二是规定“自助行为”制度。

（二）关于损害赔偿。第7编第2章规定了侵害人身权益和财产权益的赔偿规则、精神损害赔偿规则等。同时，在《侵权责任法》的基础上，对有关规定作了进一步完善：一是完善精神损害赔偿制度，规定因故意或者重大过失侵害自然人具有人身意义的特定物造成严重精神损害的,被侵权人有权请求精神损害赔偿。二是为加强对知识产权的保护,提高侵权违法成本,《民法典》增加规定,故意侵害他人知识产权,情节严重的,被侵权人有权请求相应的惩罚性赔偿。

(三)关于责任主体的特殊规定。第7编第3章规定了无民事行为能力人、限制民事行为能力人及其监护人的侵权责任,用人单位的侵权责任,网络侵权责任以及公共场所的安全保障义务等。同时,《民法典》在《侵权责任法》的基础上作了进一步完善:一是增加规定委托监护的侵权责任。二是完善网络侵权责任制度。为了更好地保护权利人的利益,平衡好网络用户和网络服务提供者之间的利益,《民法典》细化了网络侵权责任的具体规定,完善了权利人通知规则和网络服务提供者的转通知规则。

(四)关于各种具体侵权责任。第7编的其他各章分别对产品生产销售、机动车交通事故、医疗、环境污染和生态破坏、高度危险、饲养动物、建筑物和物件等领域的侵权责任规则作出了具体规定。并在《侵权责任法》的基础上,对有关内容作了进一步完善。

八、附则

《民法典》最后部分"附则"明确了《民法典》与《婚姻法》《继承法》《民法通则》《收养法》《担保法》《合同法》《物权法》《侵权责任法》《民法总则》的关系。《民法典》施行后,上述民事单行法律将同步废止。

最高人民法院在《民法典》施行前完成了对591件司法解释及相关规范性文件的清理工作。其中,废止了116件;对名称和部分条款进行修改的共111件;与《民法典》规定一致,未作修改、继续适用的364件。之后,又陆续制定了多件与《民法典》相关的司法解释。分别涉及适用民法典时间效力、总则、担保制度、物权、合同、婚姻家庭、继承、侵权责任、劳动争议等方面。

中华人民共和国民法典

（2020 年 5 月 28 日第十三届全国人民代表大会第三次会议通过　2020 年 5 月 28 日中华人民共和国主席令第 45 号公布　自 2021 年 1 月 1 日起施行）

第一编　总　　则

第一章　基本规定

第一条　【立法目的和依据】[①]为了保护民事主体的合法权益，调整民事关系，维护社会和经济秩序，适应中国特色社会主义发展要求，弘扬社会主义核心价值观，根据宪法，制定本法。

条文注释[②]

本条规定了《民法典》五个方面的立法目的：一是保护民事主体的合法权益。民事主体的合法权益包括人身权利、财产权利、兼具人身和财产性质的知识产权等权利，以及其他合法权益。二是调整民事关系。《民法典》调整的是平等主体之间的权利和义务关系。三是维护社会和经济秩序。四是适应中国特色社会主义发展要求。五是弘扬社会主义核心价值观。社会主义核心价值观包括富强、民主、文明、和谐，自由、平等、公正、法治，爱国、敬业、诚信、友善。弘扬社会主义核心价值观，体现的是法治与德治并重的治国理念。

《宪法》是国家的根本法，是母法，是其他法律制定的依据。"根据宪法，制定本法"的规定明确了《民法典》的立法依据。

①② 条文主旨、条文注释为编者所加，仅供参考。下同。

第二条 【调整范围】民法调整平等主体的自然人、法人和非法人组织之间的人身关系和财产关系。

条文注释

人身关系，是指民事主体之间基于人格和身份形成的无直接物质利益因素的民事法律关系。财产关系，是指民事主体之间基于物质利益而形成的民事法律关系。财产关系既包括静态的财产支配关系，如所有权关系；又包括动态的财产流转关系，如债权债务关系等。

需要注意的是，自然人、法人、非法人组织之间的社会关系多种多样，并非所有社会关系都由民法调整，民法仅调整他们之间的民事关系。

关联法规

《民事诉讼法》第3条

第三条 【民事权益受法律保护】民事主体的人身权利、财产权利以及其他合法权益受法律保护，任何组织或者个人不得侵犯。

条文注释

人身权利包括生命权、身体权、健康权、姓名权、肖像权、名誉权、荣誉权、隐私权、婚姻自主权、监护权等，财产权利包括所有权、用益物权、担保物权、股权等。民法除保护人身权利和财产权利外，还保护兼具人身和财产性质的知识产权、继承权等。

《民法典》不仅在总则编对保护民事权利作了规定，在其他各编中也都有配套的相关规定。

关联法规

《民法典》第207、233～239、465、991、1120条

典型案例

邹某玲诉某医院医疗服务合同纠纷案①

典型意义：本案是依照《民法典》和《妇女权益保障法》相关规定的精神，保护丧偶妇女辅助生育权益的典型案例。审理法院结合案情和《人类辅助生殖技术规范》《人类辅助生殖技术和人类精子库伦理原则》有关"禁止给单身妇女实施

① 参见《人民法院贯彻实施民法典典型案例（第二批）》之五。

人类辅助生殖技术”的规范目的，依法认定本案原告丧偶后与上述规定中的“单身妇女”有本质不同，从而确认了“丧偶妇女”继续实施人类辅助生殖技术的正当性。本案是依法保护女性生育权益的具体实践，体现了司法对妇女合法权益的有效维护，具有积极的导向意义。

第四条　【平等原则】民事主体在民事活动中的法律地位一律平等。

条文注释

平等原则是民事法律关系区别于行政法律关系特有的原则，也是发展社会主义市场经济的客观要求。

民事主体的法律地位一律平等，主要体现在以下三个方面：(1)自然人的权利能力一律平等。(2)所有民事主体在从事民事活动时，双方的法律地位平等。(3)所有民事主体的合法权益受到法律的平等保护。我国《民事诉讼法》规定，民事诉讼当事人有平等的诉讼权利，人民法院审理民事案件对当事人在适用法律上一律平等。

关联法规

《宪法》第33条；《消费者权益保护法》第4条；《合伙企业法》第5条；《证券法》第4条

第五条　【自愿原则】民事主体从事民事活动，应当遵循自愿原则，按照自己的意思设立、变更、终止民事法律关系。

条文注释

自愿原则，也称意思自治原则，可以从以下四个方面来理解：(1)民事主体有权自愿从事民事活动。(2)民事主体有权自主决定民事法律关系的内容。(3)民事主体有权自主决定民事法律关系的变动。(4)民事主体应当自觉承受相应法律后果。

需要进一步说明的是，民事主体的自愿是建立在相互尊重的基础上，必须尊重其他民事主体的自主意志。民事主体的意思自治，还受到民法的公平原则、诚信原则、守法原则等基本原则的约束。这些原则要求民事主体从事民事活动时，要公平合理、诚实守信，不得违反法律，不得违背公序良俗。

关联法规

《证券法》第4条；《劳动合同法》第3条；《合伙企业法》第5条；《商业银行法》第5条；《反不正当竞争法》第2条

第六条 【公平原则】民事主体从事民事活动，应当遵循公平原则，合理确定各方的权利和义务。

条文注释

公平原则要求民事主体从事民事活动时要秉持公平理念，公正、平允、合理地确定各方的权利和义务，并依法承担相应的民事责任。

适用本条时，还应注意以下两个方面：(1)民事主体在从事民事活动时，按照公平观念行使权利、履行义务，不能一方承担义务而另一方只享有权利，也不能一方享受的权利和承担的义务相差悬殊。(2)民事主体合理承担民事责任，在通常情况下适用过错责任，要求责任与过错的程度相适应；在特殊情况下，也可以根据公平原则合理分担责任。

公平原则作为民法的基本原则，既是民事主体从事民事活动应当遵守的基本行为准则，也是人民法院审理民事纠纷应当遵守的基本裁判准则。

关联法规

《劳动合同法》第 3 条；《合伙企业法》第 5 条；《商业银行法》第 5 条；《信托法》第 5 条；《证券投资基金法》第 4 条；《反不正当竞争法》第 2 条；《消费者权益保护法》第 4 条；《拍卖法》第 4 条

第七条 【诚信原则】民事主体从事民事活动，应当遵循诚信原则，秉持诚实，恪守承诺。

条文注释

诚信原则要求民事主体从事民事活动应当讲诚信、守信用，以善意的方式行使权利、履行义务，不诈不欺，言行一致，信守诺言。具体而言，民事主体应当从以下几个方面遵循诚信原则：(1)民事主体在着手与他人开展民事活动时即应当讲诚信，如实告知交易方自己的相关信息，表里如一，不弄虚作假。(2)民事主体在与他人建立民事法律关系后，应当信守诺言、恪守信用，按照自己作出的承诺行使权利、履行义务，言而有信。(3)民事主体应当本着善意的原则，相互配合，保护对方的合理期待与信赖。(4)民事主体应当尊重他人的合法权益，尊重社会公共利益。(5)民事主体应当善意行使权利，不得滥用权利。(6)民事主体不得规避法律，不得故意曲解合同条款，等等。

关联法规

《个人独资企业法》第 4 条；《证券法》第 4 条；《票据法》第 10 条；《招

标投标法》第5条;《民事诉讼法》第13条

第八条　【守法与公序良俗原则】民事主体从事民事活动，不得违反法律，不得违背公序良俗。

条文注释

公序良俗，是指公共秩序和善良习俗。守法和公序良俗原则要求自然人、法人和非法人组织在从事民事活动时，不得违反各种法律的强制性规定，不违背公共秩序和善良习俗。具体要求如下：

(1)民事主体从事民事活动不得违反法律。这里的法律不仅包括民事法律，还包括其他部门法。民事主体在从事民事活动时，应当遵守法律的强制性规定。

(2)民事主体从事民事活动不得违背公序良俗。不得违背公序良俗原则，就是不得违背公共秩序和善良习俗。公共秩序强调的是国家和社会层面的价值理念，善良习俗突出的则是民间的道德观念，二者相辅相成，互为补充。

关联法规

《公司法》第19、20条;《合伙企业法》第7条;《个人独资企业法》第4条;《妇女权益保障法》第7条

第九条　【绿色原则】民事主体从事民事活动，应当有利于节约资源、保护生态环境。

条文注释

绿色原则作为《民法典》的基本原则，具有重要作用：(1)确立国家立法规范民事活动的基本导向，即要把节约资源、保护生态环境作为重要的考量因素;(2)要求民事主体本着有利于节约资源、保护生态环境的理念从事民事活动，树立可持续发展的观念;(3)司法机关在审判民事案件，适用民事法律规定时，要加强对节约资源、保护生态环境的民事法律行为的保护。

关联法规

《宪法》第9条;《环境保护法》第6条;《消费者权益保护法》第5条

第十条　【处理民事纠纷依据】处理民事纠纷，应当依照法律；法律没有规定的，可以适用习惯，但是不得违背公序良俗。

条文注释

本条可从以下两个方面进行理解：

(1)人民法院、仲裁机构等在处理民事纠纷时，首先应当依照法律。这里的法律是指广义的法律，包括全国人大及其常委会制定的法律和国务院制定的行政法规，也不排除地方性法规、自治条例和单行条例等。

(2)法律没有规定的，可以适用不违背公序良俗的习惯。适用习惯要受到两个方面的限制：一是适用习惯的前提是法律没有规定。二是所适用的习惯不得违背公序良俗。

关联法规

《总则编解释》第 2 条

典型案例

马某臣、段某娥诉于某艳探望权纠纷案①

典型意义：《民法典》虽未对隔代探望权作出规定，但《民法典》第 10 条明确了处理民事纠纷的依据。按照我国风俗习惯，隔代近亲属探望(外)孙子女符合社会广泛认可的人伦情理，不违背公序良俗。本案依法支持原告探望孙女的诉讼请求，符合《民法典》立法目的和弘扬社会主义核心价值观的要求，对保障未成年人身心健康成长和维护老年人合法权益具有积极意义。

第十一条　【优先适用特别法】其他法律对民事关系有特别规定的，依照其规定。

条文注释

根据《立法法》第 103 条的规定，同一机关制定的法律，特别规定与一般规定不一致的，适用特别规定。

对于《民法典》的规范适用问题，需要注意的是：(1)总则编是一般性规定，其他各分编中对相同问题有特殊规定的，应当先适用其他各分编的规定。(2)相对于其他民事单行法律而言，《民法典》各分编属于一般性规定，在民事单行法律有特别规定时，需要优先适用民事单行法律。(3)除总则编以外的各分编需要根据《民法典》的规定来确定适用的法律规范。

---

① 参见《人民法院贯彻实施民法典典型案例(第二批)》之十一。

关联法规

《票据法》第96条

第十二条　【效力范围】中华人民共和国领域内的民事活动，适用中华人民共和国法律。法律另有规定的，依照其规定。

关联法规

《涉外民事关系法律适用法》第2条；《海商法》第269条

第二章　自　然　人

第一节　民事权利能力和民事行为能力

第十三条　【自然人民事权利能力的起止】自然人从出生时起到死亡时止，具有民事权利能力，依法享有民事权利，承担民事义务。

条文注释

民事权利能力，是指民事主体参与民事法律关系，享有民事权利、承担民事义务的法律资格。

通常认为，民事权利能力具有不可剥夺的特征。民事权利能力始于出生，终于死亡。在自然人生存期间，其民事权利能力不会丧失、消灭。

理解民事权利能力还应注意：(1)民事权利能力是一种法律资格，是自然人取得民事权利的前提。自然人享有民事权利能力，并不等同于取得实际的民事权利。(2)民事权利能力是法律规定的，民事权利是自然人依据民事法律行为、事实行为、法律规定的事件或者法律规定的其他方式所取得的。(3)民事权利能力与自然人不可分离。自然人一旦出生，即具有民事权利能力，死亡是自然人丧失民事权利能力的唯一法定事由，并且民事权利能力不得以任何方式予以转让，也不能抛弃或者继承。

第十四条　【自然人民事权利能力平等】自然人的民事权利能力一律平等。

条文注释

自然人的民事权利能力一律平等，是一种法律资格的平等，是指自然人的民事权利能力不因民族、种族、性别、职业、家庭出身、宗教信仰等而有差别。

第十五条　【自然人出生和死亡时间的判断标准】自然人的出生时间和死亡时间，以出生证明、死亡证明记载的时间为准；没有出生证明、死亡证明的，以户籍登记或者其他有效身份登记记载的时间为准。有其他证据足以推翻以上记载时间的，以该证据证明的时间为准。

条文注释

出生和死亡均是法律事件，能够引起一定的法律关系的产生、变更或者消灭。

出生证明和死亡证明是记载出生时间和死亡时间的原始凭证，具有证明出生时间和死亡时间的准确性和规范性的作用。

户籍登记是国家公安机关按照国家户籍管理法律法规，对公民的身份信息进行登记记载的制度。

出生证明、死亡证明以及户籍登记或者其他有效身份登记记载的时间由于各种原因，也有可能出现记载错误的情况。如果有其他证据足以推翻出生证明、死亡证明以及户籍登记或者其他有效身份登记记载的时间的，应以该证据证明的时间为准。

关联法规

《户口登记条例》第7、8条

第十六条　【胎儿利益的特殊保护】涉及遗产继承、接受赠与等胎儿利益保护的，胎儿视为具有民事权利能力。但是，胎儿娩出时为死体的，其民事权利能力自始不存在。

条文注释

本条将胎儿利益保护的范围规定为“涉及遗产继承、接受赠与等胎儿利益保护的”。其主要包括：(1)遗产继承不仅包括法定继承，而且包括遗嘱继承、遗赠。胎儿是法定继承人的，按照法定继承取得相应的遗产份额；有遗嘱的，胎儿按照遗嘱继承取得遗嘱确定的份额。胎儿不是法定继承人的，被继承人也可以立遗嘱将个人财产赠与胎儿，将来按遗赠办理，胎儿取得遗产继承权。(2)接受赠与，是指赠与人可以将财产赠与胎儿，胎儿此时视为具有民事权利能力，享有接受赠与的权利。(3)除了遗产继承和接受赠与，实践中还有其他涉及胎儿利益保护的情况，因此本条用了一个“等”字，没有限定在继承范围以内，原则上也包括侵权等其他需要保护胎儿利益的情形。

关联法规

《总则编解释》第4条;《继承编解释一》第31条

第十七条　【成年人与未成年人的年龄标准】十八周岁以上的自然人为成年人。不满十八周岁的自然人为未成年人。

条文注释

本条规定了区分成年人和未成年人的年龄标准。在民法中区分成年人与未成年人的法律意义主要有以下几个方面:(1)判断民事法律行为的效力;(2)确定婚姻家庭关系中的权利义务;(3)设立监护。

关联法规

《未成年人保护法》第2条

第十八条　【完全民事行为能力人】成年人为完全民事行为能力人,可以独立实施民事法律行为。

十六周岁以上的未成年人,以自己的劳动收入为主要生活来源的,视为完全民事行为能力人。

条文注释

民事行为能力,是指民事主体独立参与民事活动,以自己的行为取得民事权利或者承担民事义务的法律资格。《民法典》根据自然人辨识能力的不同,将自然人的民事行为能力分为完全民事行为能力、限制民事行为能力和无民事行为能力。

本条实际上将完全民事行为能力人细分了两个层次:(1)成年人,即年满18周岁的自然人,具有完全民事行为能力,为完全民事行为能力人,可以独立实施民事法律行为,并独立对民事法律行为的法律后果负责。但是,本条规定的成年人是指辨认识别能力正常的成年人,对于辨认识别能力不足的成年人则根据具体情况的不同归为限制民事行为能力人或者无民事行为能力人,不属于本条规定的范围。(2)16周岁以上的未成年人,如果以自己的劳动收入为主要生活来源的,表明其已经具备成年人的辨识能力,可以独立实施民事法律行为,独立承担民事法律行为的后果,因此可以视为完全民事行为能力人。

关联法规

《劳动法》第15条;《预防未成年人犯罪法》第12条

第十九条 【限制民事行为能力的未成年人】八周岁以上的未成年人为限制民事行为能力人,实施民事法律行为由其法定代理人代理或者经其法定代理人同意、追认;但是,可以独立实施纯获利益的民事法律行为或者与其年龄、智力相适应的民事法律行为。

条文注释

本条将限制民事行为能力的未成年人的年龄下限标准由《民法通则》规定的10周岁下调为8周岁。

依据本条规定,8周岁以上的未成年人为限制民事行为能力人,心智发育仍然不够成熟,实施民事法律行为一般应当由其法定代理人代理,或者经其法定代理人同意、追认。

但是,8周岁以上的未成年人已经具有一定的辨认识别能力,法律应当允许其独立实施一定的民事法律行为。8周岁以上的未成年人可以独立实施的民事法律行为包括两类:(1)纯获利益的民事法律行为,如接受赠与等。(2)与其年龄、智力相适应的民事法律行为,如8周岁的儿童购买学习用品等。

关联法规

《广告法》第33条;《公证法》第31条;《总则编解释》第5条

第二十条 【无民事行为能力的未成年人】不满八周岁的未成年人为无民事行为能力人,由其法定代理人代理实施民事法律行为。

条文注释

无民事行为能力,是指不具有以自己的行为取得民事权利或者承担民事义务的资格。8周岁以下的未成年人,生理、心理发育很不成熟,对自己行为的辨认识别能力以及行为后果的预见能力非常不足,为了避免他们的权益受到损害,法律将其规定为无民事行为能力人。

第二十一条 【无民事行为能力的成年人】不能辨认自己行为的成年人为无民事行为能力人,由其法定代理人代理实施民事法律行为。

八周岁以上的未成年人不能辨认自己行为的,适用前款规定。

条文注释

在理解本条时应注意以下几个问题:

(1)本条第1款中的"不能辨认自己行为"和第22条中的"不能完全

辨认自己行为”,是指辨认识别能力不足处于一种持续的状态,不能是暂行性或者短暂的状态,如因酗酒对自己的行为暂时没有辨认识别能力的成年人,不属于本法所称的无民事行为能力人或者限制民事行为能力人。

(2)本条第2款规定的不能辨认自己行为的8周岁以上的未成年人,指患有智力障碍、精神障碍或者因其他疾病等原因导致心智不能正常发育,辨识能力严重不足的未成年人。这些未成年人如果按照正常的年龄以及心智发育程度,可以归入限制民事行为能力人,但因其对自己行为欠缺基本的辨认识别能力,为了防止其合法权益受到侵害,本条第2款将其归入无民事行为能力人的范畴。

第二十二条 【限制民事行为能力的成年人】不能完全辨认自己行为的成年人为限制民事行为能力人,实施民事法律行为由其法定代理人代理或者经其法定代理人同意、追认;但是,可以独立实施纯获利益的民事法律行为或者与其智力、精神健康状况相适应的民事法律行为。

条文注释

因智力障碍、精神障碍以及其他疾病导致不能完全辨认自己行为的成年人,均为限制民事行为能力人。限制民事行为能力的成年人对普通的事物和行为有基本的认识判断能力,但对于比较复杂的事物或者比较重大的行为缺乏判断能力和自我保护能力,并且不能预见其行为后果。

与未成年人处于正常的智力发育阶段不同,限制民事行为能力的成年人实施民事法律行为需要考虑的智力因素,包括先天的智力障碍,在正常的智力发育期由于各种原因导致的智力低下,以及智力发育成熟后,由于疾病、意外事故等各种原因引起的智力损伤和老年期的智力明显衰退导致的痴呆等。限制民事行为能力的成年人实施民事法律行为需要考虑的精神健康因素主要指因精神疾病引起的认知判断能力不足的情况,不能正常参与民事活动,不能从事较为复杂的民事法律行为。

关于“与其智力、精神健康状况相适应”的认定,应当结合限制民事行为能力的成年人的智力、精神健康状况、行为的性质、标的数额等因素进行综合判断,没有统一的标准。

关联法规

《总则编解释》第5条

第二十三条　【法定代理人】无民事行为能力人、限制民事行为能力人的监护人是其法定代理人。

条文注释

代理无民事行为能力人、限制民事行为能力人实施民事法律行为是监护人履行监护职责的重要内容。赋予监护人法定代理人资格，方便监护人更好地履行监护职责，同时也可以对这种代理行为按照本法关于代理的规定加以规范，更好地保护无民事行为能力人、限制民事行为能力人的利益。

第二十四条　【无民事行为能力人或限制民事行为能力人的认定与恢复】不能辨认或者不能完全辨认自己行为的成年人，其利害关系人或者有关组织，可以向人民法院申请认定该成年人为无民事行为能力人或者限制民事行为能力人。

被人民法院认定为无民事行为能力人或者限制民事行为能力人的，经本人、利害关系人或者有关组织申请，人民法院可以根据其智力、精神健康恢复的状况，认定该成年人恢复为限制民事行为能力人或者完全民事行为能力人。

本条规定的有关组织包括：居民委员会、村民委员会、学校、医疗机构、妇女联合会、残疾人联合会、依法设立的老年人组织、民政部门等。

条文注释

本条中的"利害关系人"的情况比较复杂，其具体范围无法通过立法明确规定，应当具体情况具体分析。一般而言，第1款规定的"利害关系人"的范围，主要包括本人的近亲属、债权债务人等。第2款规定的"利害关系人"的范围，主要包括本人的监护人、债权债务人等。但具体案件中，这些主体是否都有资格向法院提出申请，也要在个案中根据实际情况作出判断。

无民事行为能力或者限制民事行为能力的认定对成年人的权益影响重大。将成年人认定为无民事行为能力人或者限制民事行为能力人，既是对辨认识别能力不足的成年人的保护，也是对这些成年人自由实施民事法律行为的限制，因此必须通过法定程序进行。

关联法规

《民事诉讼法》第198～201条

第二十五条　【自然人的住所】自然人以户籍登记或者其他有效身份登记记载的居所为住所；经常居所与住所不一致的，经常居所视为住所。

条文注释

本条中的“其他有效身份登记”主要包括居住证和外国人的有效居留证件等。居住证记载的居住地住址也可以作为公民住所，这有利于公民正常从事民事活动，在出现民事纠纷时，便利公民起诉应诉。此外，对外国人、无国籍人等在中国的住所，可以根据我国主管机关遵循法定程序签发的有效居留证件等进行判断。

关联法规

《户口登记条例》第6条；《居住证暂行条例》第4条

第二节　监　　护

第二十六条　【父母子女之间的法律义务】父母对未成年子女负有抚养、教育和保护的义务。

成年子女对父母负有赡养、扶助和保护的义务。

条文注释

父母对未成年子女的抚养、教育和保护义务，主要包括进行生活上的照料，保障未成年人接受义务教育，以适当的方式、方法管理和教育未成年人，保护未成年人的人身、财产不受到侵害，促进未成年人的身心健康发展等。

成年子女对父母的赡养、扶助和保护义务，主要包括子女对丧失劳动能力或生活困难的父母，要进行生活上的照料和经济上的供养，从精神上慰藉父母，保护父母的人身、财产权益不受侵害。

关联法规

《宪法》第49条；《老年人权益保障法》第14条；《未成年人保护法》第7条

第二十七条　【未成年人的监护人】父母是未成年子女的监护人。

未成年人的父母已经死亡或者没有监护能力的，由下列有监护能力的人按顺序担任监护人：

（一）祖父母、外祖父母；

（二）兄、姐；

（三）其他愿意担任监护人的个人或者组织，但是须经未成年人住所地的居民委员会、村民委员会或者民政部门同意。

条文注释

本条第1款规定，父母是未成年子女的监护人。只有在父母死亡或者没有监护能力的情况下，才可以由其他个人或者有关组织担任监护人。

本条第2款对父母之外的其他个人或者组织担任监护人作出规定：

（1）规定父母之外具有监护能力的人"按顺序"担任监护人。一是本条明确具有监护资格的人按照顺序担任监护人，主要目的在于防止具有监护资格的人之间互相推卸责任。二是依照本条规定的顺序应当担任监护人的个人认为自己不适合担任监护人，或者认为其他具有监护资格的人更适合担任监护人的，可以依照本法第30条规定进行协商；协商不成的，通过本法第31条规定的监护争议解决程序处理，由居民委员会、村民委员会、民政部门或者人民法院综合各方面情况，根据最有利于被监护人的原则在依法具有监护资格的人中指定监护人。

（2）增加了有关"个人"担任监护人的规定。本条第2款第3项将《民法通则》规定的自愿担任监护人的"关系密切的其他亲属、朋友"修改为愿意担任监护人的"个人"，进一步扩大了监护人的范围，尽量避免无人担任监护人的情况。

关联法规

《总则编解释》第7、8条

第二十八条　【无、限制民事行为能力的成年人的监护人】无民事行为能力或者限制民事行为能力的成年人，由下列有监护能力的人按顺序担任监护人：

（一）配偶；

（二）父母、子女；

（三）其他近亲属；

（四）其他愿意担任监护人的个人或者组织，但是须经被监护人住所地的居民委员会、村民委员会或者民政部门同意。

条文注释

本条规定的需要设立监护的成年人为无民事行为能力人或者限制民事行为能力人,包括因智力、精神障碍以及因年老、疾病等各种原因,导致辨识能力不足的成年人。对成年人监护,要正确区分失能与失智的区别。失能是失去生活自理能力,失智即辨识能力不足。失能的成年人未必需要监护,只有失智的成年人需要监护。

依据本条规定,具有监护资格的人有以下几类:(1)配偶。(2)父母、子女。(3)其他近亲属。这包括祖父母、外祖父母、孙子女、外孙子女、兄弟姐妹。(4)其他愿意担任监护人的个人或者组织,但是须经被监护人住所地的居民委员会、村民委员会或者民政部门同意。

关联法规

《总则编解释》第7、8条

第二十九条 【遗嘱指定监护人】被监护人的父母担任监护人的,可以通过遗嘱指定监护人。

条文注释

被监护人(包括未成年人、无民事行为能力或者限制民事行为能力的成年人)的父母可以通过立遗嘱的形式为被监护人指定监护人,但前提是被监护人的父母正在担任监护人,如果父母因丧失监护能力没有担任监护人,或者因侵害被监护人合法权益被撤销监护人资格等不再担任监护人的,父母不宜再通过立遗嘱的形式为被监护人指定监护人。

此外,还应注意本条与本法第27、28条规定的法定监护之间的关系:(1)遗嘱指定监护具有优先地位。遗嘱指定监护是父母通过立遗嘱选择值得信任并对保护被监护人权益最为有利的人担任监护人,应当优先于法定监护。(2)遗嘱指定监护指定的监护人,也应当不限于本法第27条、第28条规定的具有监护资格的人。但是,遗嘱指定的监护人应当具有监护能力,能够履行监护职责。

第三十条 【协议确定监护人】依法具有监护资格的人之间可以协议确定监护人。协议确定监护人应当尊重被监护人的真实意愿。

条文注释

本条规定的协议监护可以不按照第27、28条规定的顺序确定监护人。

依据本条规定,协议监护具有以下几个特点:(1)协议主体必须是依法具有监护资格的人。对于未成年人,协议监护只限于父母死亡或者没有监护能力的情况。(2)协议确定的监护人必须从具有监护资格的人之间产生,不得在法律规定的具有监护资格的人之外确定监护人。(3)协议监护是具有监护资格的人合意的结果,合意产生后,由协议确定的监护人担任监护人,履行监护职责。(4)协议确定监护人对被监护人的利益影响重大,应当充分尊重被监护人的真实意愿。

第三十一条 【监护争议解决程序】对监护人的确定有争议的,由被监护人住所地的居民委员会、村民委员会或者民政部门指定监护人,有关当事人对指定不服的,可以向人民法院申请指定监护人;有关当事人也可以直接向人民法院申请指定监护人。

居民委员会、村民委员会、民政部门或者人民法院应当尊重被监护人的真实意愿,按照最有利于被监护人的原则在依法具有监护资格的人中指定监护人。

依据本条第一款规定指定监护人前,被监护人的人身权利、财产权利以及其他合法权益处于无人保护状态的,由被监护人住所地的居民委员会、村民委员会、法律规定的有关组织或者民政部门担任临时监护人。

监护人被指定后,不得擅自变更;擅自变更的,不免除被指定的监护人的责任。

条文注释

本条是关于监护争议解决程序的规定。可以从以下五个方面进行理解:

(1)对监护人的确定有争议的两种解决途径:一是由被监护人住所地的居民委员会、村民委员会或者民政部门指定监护人。该指定不具有终局效力。二是有关当事人可以不经居民委员会、村民委员会或者民政部门的指定,直接向人民法院提出申请,由人民法院指定监护人。

(2)"对监护人的确定有争议的"既包括争当监护人的情况,也包括推卸拒不担当监护人的情况。

(3)本条第2款规定的"按照最有利于被监护人的原则"指定,是指居民委员会、村民委员会、民政部门或者人民法院指定监护人并不需要遵照本法第27条第2款、第28条规定的顺序,而应当综合进行判断,并尊重被监护人的真实意愿,选择最利于被监护人健康成长或者健康恢复、最利于保护被监护人合法权益的人担任监护人。

(4)本条第3款规定了临时监护制度。本款中的"依据本条第一款规定指定监护人前"应当从宽理解,不能仅限于监护争议解决期间。从时间点上,应当包括以下两个期间:一是监护争议解决程序启动之后,至指定监护人之前的期间;二是监护争议解决程序启动之前,只要发现因无人履行监护职责,被监护人的合法权益处于无人保护状态的,就由本条规定的居民委员会、村民委员会、法律规定的有关组织或者民政部门担任临时监护人,随后再依法启动监护争议解决程序,指定监护人。

(5)本条第4款规定了指定监护的法律效力。依照监护争议解决程序,由居民委员会、村民委员会、民政部门或者人民法院指定监护人后,被指定的监护人应当履行监护职责,不得推卸,不得擅自变更。如果擅自变更为由其他人担任监护人的,不免除被指定的监护人的责任。

关联法规

《民诉法解释》第349条;《总则编解释》第9、10条

第三十二条　【公职监护人】没有依法具有监护资格的人的,监护人由民政部门担任,也可以由具备履行监护职责条件的被监护人住所地的居民委员会、村民委员会担任。

条文注释

本条规定的"没有依法具有监护资格的人的",主要指没有本法第27、28条规定的具有监护资格的人的情况,即被监护人的父母死亡或者没有监护能力,也没有其他近亲属,或者其他近亲属都没有监护能力,而且没有符合条件的其他愿意担任监护人的个人或者组织。如果存在具有监护资格的人,但其拒绝担任监护人的,不适用本条规定。

关联法规

《民诉法解释》第83条

典型案例

广州市黄埔区民政局与陈某金申请变更监护人案①

典型意义:本案是人民法院、人民检察院和民政部门联动护航困境少年的典型范例。民法典和新修订的《未成年人保护法》完善了公职监护人

① 参见《人民法院贯彻实施民法典典型案例(第一批)》之一。

制度，明确规定在没有依法具有监护资格的人时，由民政部门承担未成年人的监护责任。审理法院以判决形式确定由民政部门担任监护人，为民政部门规范适用相关法律履行公职监护职责提供了司法实践样本，推动民法典确立的以家庭、社会和国家为一体的多元监护格局落实落地。

第三十三条 【意定监护】具有完全民事行为能力的成年人，可以与其近亲属、其他愿意担任监护人的个人或者组织事先协商，以书面形式确定自己的监护人，在自己丧失或者部分丧失民事行为能力时，由该监护人履行监护职责。

条文注释

意定监护作为一种确定监护人的方式，是相对于法定监护来说的。意定监护是对成年人完全基于自己意愿选择监护人的尊重，自己意愿是起决定性的；法定监护是基于法律规定的条件和程序确定监护人。一般而言，意定监护优先法定监护予以适用。只有在意定监护协议无效或者因各种原因，如协议确定的监护人丧失监护能力，监护协议无法履行的情况下，才适用法定监护。

关联法规

《老年人权益保障法》第26条；《总则编解释》第11条

第三十四条 【监护人的职责与权利及临时生活照料措施】监护人的职责是代理被监护人实施民事法律行为，保护被监护人的人身权利、财产权利以及其他合法权益等。

监护人依法履行监护职责产生的权利，受法律保护。

监护人不履行监护职责或者侵害被监护人合法权益的，应当承担法律责任。

因发生突发事件等紧急情况，监护人暂时无法履行监护职责，被监护人的生活处于无人照料状态的，被监护人住所地的居民委员会、村民委员会或者民政部门应当为被监护人安排必要的临时生活照料措施。

条文注释

本条第1款规定了监护人的职责。监护人保护被监护人的人身权利、财产权利以及其他合法权益的职责，主要包括：保护被监护人的身心健康；照顾被监护人的生活；管理和保护被监护人的财产等。

本条第2款规定了监护人因履行监护职责所产生的权利。监护人在履行监护职责的过程中,也会因此享有一定的权利。监护人行使这些权利时,其他人不得侵害或者剥夺。

本条第3款规定了监护人的责任。主要包括两个方面:(1)对被监护人的侵权行为承担责任;(2)监护人不履行监护职责或者侵害被监护人合法权益,造成被监护人人身、财产损害的,应当承担民事责任。

本条第4款规定了临时生活照料。因发生突发事件等紧急情况,监护人因被隔离、治疗或者其他原因,暂时无法履行监护职责,此时被监护人的生活如果处于无人照料状态的,为了被监护人的利益,居民委员会、村民委员会或者政府部门就应当安排对被监护人进行临时生活照料。

关联法规

《未成年人保护法》第21条;《精神卫生法》第31、49条;《总则编解释》第13条

第三十五条　【监护人履行职责的原则与要求】监护人应当按照最有利于被监护人的原则履行监护职责。监护人除为维护被监护人利益外,不得处分被监护人的财产。

未成年人的监护人履行监护职责,在作出与被监护人利益有关的决定时,应当根据被监护人的年龄和智力状况,尊重被监护人的真实意愿。

成年人的监护人履行监护职责,应当最大程度地尊重被监护人的真实意愿,保障并协助被监护人实施与其智力、精神健康状况相适应的民事法律行为。对被监护人有能力独立处理的事务,监护人不得干涉。

条文注释

本条第1款确立了最有利于被监护人的原则。依据本款规定,对未成年人和成年被监护人的监护,均要遵循最有利于被监护人的原则。对被监护人财产的处分,必须是为维护被监护人的利益,如为了被监护人的生活、教育等,并且也要符合最有利于被监护人的原则。

本条第2款规定了尊重未成年人意愿的原则。依据本款规定,未成年人的监护人在作出与未成年人的利益有关的决定时,应当先征求未成年人的意见,再根据未成年人的年龄、社会经验、认知能力和判断能力等,探求、尊重被监护人的真实意愿。

本条第3款规定了最大程度地尊重成年被监护人意愿的原则。如果某项民事法律行为,根据被监护人的智力、精神健康状况,被监护人可以

独立实施，监护人不得代理实施，要创造条件保障、支持被监护人独立实施。监护人不得干涉被监护人有能力独立处理的事务。

关联法规

《未成年人保护法》第19条

第三十六条　【撤销监护人资格】监护人有下列情形之一的，人民法院根据有关个人或者组织的申请，撤销其监护人资格，安排必要的临时监护措施，并按照最有利于被监护人的原则依法指定监护人：

（一）实施严重损害被监护人身心健康的行为；

（二）怠于履行监护职责，或者无法履行监护职责且拒绝将监护职责部分或者全部委托给他人，导致被监护人处于危困状态；

（三）实施严重侵害被监护人合法权益的其他行为。

本条规定的有关个人、组织包括：其他依法具有监护资格的人，居民委员会、村民委员会、学校、医疗机构、妇女联合会、残疾人联合会、未成年人保护组织、依法设立的老年人组织、民政部门等。

前款规定的个人和民政部门以外的组织未及时向人民法院申请撤销监护人资格的，民政部门应当向人民法院申请。

条文注释

本条第1款规定了撤销监护人资格诉讼的适用情形。其中第3项是兜底性规定，只要有严重侵害被监护人合法权益行为的，均可以撤销监护人资格。例如，教唆、利用未成年人实施违法犯罪行为等。

本条第2款对有权向法院申请撤销监护人资格的主体作出规定，"其他依法具有监护资格的人"主要依据本法第27、28条的规定确定。例如，配偶担任监护人的，其他依法具有监护资格的人，指本法第28条规定的父母、子女、其他近亲属、经被监护人住所地的居民委员会、村民委员会或者民政部门同意的其他愿意担任监护人的个人或者组织。

本条第3款对兜底性的申请主体作出规定。要正确理解本款与第2款赋予民政部门申请主体资格的关系。民政部门只要发现具有严重侵害被监护人合法权益的情形，即可依据本条第2款规定，向法院申请撤销监护人资格，如果其他个人或者组织都不向法院申请撤销监护人资格，此时，民政部门应当依照本条第3款规定，主动向法院提出申请。

关联法规

《未成年人保护法》第108条；《反家庭暴力法》第21条；《总则编解

释》第9、11条

典型案例

梅河口市儿童福利院与张某柔申请撤销监护人资格案[①]

典型意义：本案是适用《民法典》相关规定，依法撤销监护人资格的典型案例。《民法典》扩大了监护人的范围，进一步严格了监护责任，对撤销监护人资格的情形作出了明确规定。本案中，未成年人生母构成遗弃罪，为切实保护未成年人合法权益，梅河口市儿童福利院申请撤销监护人资格并申请指定其作为监护人。人民法院依法判决支持其申请，彰显了司法的态度和温度。

乐平市民政局申请撤销罗某监护人资格案[②]

典型意义：本案是人民法院准确适用《民法典》关于监护制度的规定，并主动延伸司法职能，与有关部门合力守护未成年人健康成长的典型案例。本案中，人民法院根据案件具体情况依法撤销了原监护人的监护人资格，指定民政部门作为监护人，同时向民政部门发出司法建议书，协助其更好地履行监护职责，为被监护人的临时生活照料、确定收养关系、完善收养手续以及后续的生活教育提供司法服务。

第三十七条　【监护人资格被撤销后负担义务不免除】依法负担被监护人抚养费、赡养费、扶养费的父母、子女、配偶等，被人民法院撤销监护人资格后，应当继续履行负担的义务。

条文注释

监护人被撤销监护人资格后，就不能再继续履行监护职责。但法定扶养义务是基于血缘等关系确立的法律义务，该义务不因监护人资格的撤销而免除。

本法确立的法定扶养义务主要有四类：(1)父母、子女之间的抚养、赡养义务；(2)夫妻之间的扶养义务；(3)祖父母、外祖父母与孙子女、外孙子女之间的抚养、赡养义务；(4)兄、姐与弟、妹之间的扶养义务。

---

① 参见《人民法院贯彻实施民法典典型案例（第一批）》之二。

② 参见《人民法院贯彻实施民法典典型案例（第二批）》之一。

关联法规

《未成年人保护法》第108条;《反家庭暴力法》第21条

第三十八条 【恢复监护人资格】被监护人的父母或者子女被人民法院撤销监护人资格后,除对被监护人实施故意犯罪的外,确有悔改表现的,经其申请,人民法院可以在尊重被监护人真实意愿的前提下,视情况恢复其监护人资格,人民法院指定的监护人与被监护人的监护关系同时终止。

条文注释

依据本条规定,恢复监护人资格必须要向法院申请,由人民法院决定是否予以恢复。父母与子女是最近的直系亲属关系,本条适用的对象仅限于被监护人的父母或者子女,其他个人或者组织的监护人资格一旦被撤销,即不再恢复。

第三十九条 【监护关系终止的情形】有下列情形之一的,监护关系终止:

(一)被监护人取得或者恢复完全民事行为能力;

(二)监护人丧失监护能力;

(三)被监护人或者监护人死亡;

(四)人民法院认定监护关系终止的其他情形。

监护关系终止后,被监护人仍然需要监护的,应当依法另行确定监护人。

条文注释

本条第1款列举了监护关系终止的典型情形,并作了兜底性规定。

依据本条第2款的规定,在有些监护关系终止的情形中,如监护人死亡、丧失监护能力或者被撤销监护人资格等,被监护人仍然需要监护的,就应当根据具体情况,依据法律的规定另行确定监护人。

关联法规

《总则编解释》第12条

第三节　宣告失踪和宣告死亡

第四十条　【宣告失踪的条件】自然人下落不明满二年的，利害关系人可以向人民法院申请宣告该自然人为失踪人。

条文注释

宣告失踪，是指自然人下落不明达到法定的期限，经利害关系人申请，人民法院依照法定程序宣告其为失踪人的制度。

宣告失踪的条件包含三个层次：第一，自然人下落不明满 2 年。下落不明，是指自然人持续不间断地没有音讯的状态。第二，利害关系人向人民法院申请。第三，由人民法院依据法定程序进行宣告。

关联法规

《民事诉讼法》第 190、192 条；《民诉法解释》第 345 条；《总则编解释》第 14 条

第四十一条　【下落不明的时间计算】自然人下落不明的时间自其失去音讯之日起计算。战争期间下落不明的，下落不明的时间自战争结束之日或者有关机关确定的下落不明之日起计算。

条文注释

需要说明的是，本条关于下落不明的时间如何计算的规定，虽然规定在宣告失踪条件的规定之后，但不仅适用于宣告失踪的情形，而且适用于宣告死亡的情形，这是立法的本意。

第四十二条　【失踪人的财产代管人】失踪人的财产由其配偶、成年子女、父母或者其他愿意担任财产代管人的人代管。

代管有争议，没有前款规定的人，或者前款规定的人无代管能力的，由人民法院指定的人代管。

关联法规

《民诉法解释》第 341 条

第四十三条　【财产代管人的职责】财产代管人应当妥善管理失踪人的财产，维护其财产权益。

失踪人所欠税款、债务和应付的其他费用，由财产代管人从失踪人的财产中支付。

财产代管人因故意或者重大过失造成失踪人财产损失的，应当承担赔偿责任。

条文注释

本条第1款是对财产代管人维护失踪人权益的原则规定。财产代管人负有像对待自己事务一样的注意义务来管理失踪人的财产。该种管理财产的行为通常是无偿的。

本条第2款是对财产代管人履行失踪人应当履行的义务的规定。财产代管人的职责不仅仅是维护失踪人的财产权益，还包括代失踪人履行义务。

本条第3款是对财产代管人造成失踪人财产损失，应当承担赔偿责任的规定。由于失踪人的代管人从事的是一种无偿的行为，只有在代管人故意或者重大过失造成失踪人的财产损失时，才应当承担赔偿责任，对于一般的过失造成的损失不承担赔偿责任。

关联法规

《总则编解释》第15条

第四十四条　【财产代管人的变更】财产代管人不履行代管职责、侵害失踪人财产权益或者丧失代管能力的，失踪人的利害关系人可以向人民法院申请变更财产代管人。

财产代管人有正当理由的，可以向人民法院申请变更财产代管人。

人民法院变更财产代管人的，变更后的财产代管人有权请求原财产代管人及时移交有关财产并报告财产代管情况。

条文注释

变更财产代管人需要有法定的事由。依照本条第1款的规定，如果出现财产代管人不履行代管职责、侵害失踪人财产权益或者丧失代管能力等事由，表明该财产代管人已经不再适格，则失踪人的利害关系人就可以向人民法院申请变更财产代管人。这里的利害关系人既包括失踪人的近亲属，也包括其他利害关系人，如失踪人的债权人。

财产代管人确定后，一般情况下不得变更，如果有本条第1款情形的，失踪人的利害关系人可以向人民法院申请变更财产代管人。但实践中还会出现一种情况，就是财产代管人有正当理由，如由于工作、学习等原因离开财产所在地,无法再继续履行财产代管职责,此时,应当允许其向人民法院申请变更财产代管人。本条第2款对此作了明确规定。

关联法规

《民诉法解释》第342条

第四十五条　【失踪宣告的撤销】失踪人重新出现,经本人或者利害关系人申请,人民法院应当撤销失踪宣告。

失踪人重新出现,有权请求财产代管人及时移交有关财产并报告财产代管情况。

条文注释

失踪宣告撤销需要满足以下条件:

(1)失踪人重新出现。自然人因失去音讯下落不明而被宣告失踪,失踪宣告的撤销自然就要以这种状态的消除为条件。这里失踪人重新出现的含义,即重新得到了失踪人的音讯,从而消除了其下落不明的状态。

(2)经本人或者利害关系人申请。这里利害关系人的范围应当与申请宣告失踪的利害关系人范围一致,包括被申请宣告失踪人的配偶、父母、子女、兄弟姐妹、祖父母、外祖父母、孙子女、外孙子女以及其他与失踪人有民事权利义务关系的人。申请也应当向下落不明人住所地基层人民法院提出。

(3)撤销失踪宣告应当由人民法院作出。自然人失踪只能由人民法院依据法定程序进行宣告,因此,该宣告的撤销也应当由人民法院通过法定程序来作出。

关联法规

《民事诉讼法》第193条

第四十六条　【宣告死亡的条件】自然人有下列情形之一的,利害关系人可以向人民法院申请宣告该自然人死亡:

(一)下落不明满四年;

(二)因意外事件,下落不明满二年。

因意外事件下落不明,经有关机关证明该自然人不可能生存的,申请宣告死亡不受二年时间的限制。

条文注释

宣告死亡,是指自然人下落不明达到法定期限,经利害关系人申请,人民法院经过法定程序在法律上推定失踪人死亡的民事制度。宣告死亡必须具备法律规定的条件：

(1)自然人下落不明的时间要达到法定的长度。一般情况下，下落不明的时间要满4年。如果是因意外事件而下落不明，下落不明的时间要满2年。本条第2款是对第1款第2项的补充规定。

(2)必须要由利害关系人提出申请。这里的利害关系人应当是与被宣告人是生存还是死亡的法律后果有利害关系的人。

(3)只能由人民法院经过法定程序，宣告自然人死亡。人民法院受理宣告死亡案件后，应当发出寻找下落不明人的公告，公告期间为1年。因意外事件下落不明，经有关机关证明该公民不可能生存的，宣告死亡的公告期间为3个月。

关联法规

《民事诉讼法》第192条；《总则编解释》第16、17条

第四十七条 【宣告死亡和宣告失踪的关系】对同一自然人，有的利害关系人申请宣告死亡，有的利害关系人申请宣告失踪，符合本法规定的宣告死亡条件的，人民法院应当宣告死亡。

条文注释

宣告死亡和宣告失踪都是基于自然人下落不明，为了维护社会经济关系的稳定而设立的法律制度。二者都以被宣告人下落不明达到一定法定期间为前提，都需要利害关系人提出宣告申请，并且都由人民法院作出宣告的判决。

但是，宣告死亡与宣告失踪在法律后果上又存在明显差异。一般来说，宣告死亡与自然死亡的法律效力相同，不但影响被宣告人财产的处分，而且也影响与其相关的身份关系，如夫妻关系与父母子女关系，同时，其遗产继承开始，其遗嘱也发生效力；宣告失踪的法律后果是为其设定财产代管人，只发生财产方面的影响而不会影响到身份关系的变化。

第四十八条 【被宣告死亡的人死亡日期的确定】被宣告死亡的人，人民法院宣告死亡的判决作出之日视为其死亡的日期；因意外事件下落不明宣告死亡的，意外事件发生之日视为其死亡的日期。

第四十九条 【被宣告死亡人实际生存时的行为效力】自然人被宣告死亡但是并未死亡的，不影响该自然人在被宣告死亡期间实施的民事法律行为的效力。

条文注释

从本质上讲，自然人被宣告死亡是一种拟制的死亡，有可能本人并没有自然死亡或者说真正死亡。这个被宣告死亡但并未真正死亡的自然人，可能在被宣告死亡期间还在从事民事活动，包括吃穿住行等各种活动。如果因为他已经被宣告死亡了，就不承认其所从事的民事法律行为的效力，无疑是不合情理的，也不利于维护交易安全和社会经济秩序。因此，本条规定，自然人被宣告死亡但是并未死亡的，不影响该自然人在被宣告死亡期间实施的民事法律行为的效力。

第五十条　【死亡宣告的撤销】被宣告死亡的人重新出现，经本人或者利害关系人申请，人民法院应当撤销死亡宣告。

条文注释

宣告死亡是人民法院经过法定程序作出的，具有宣示性和公信力，产生相应的法律后果。即使被宣告人事实上没有死亡，也不能在重新出现后当然使与其相关的民事法律关系恢复到原来的状态，而必须经本人或者利害关系人申请，同样由人民法院通过法定程序，作出新判决，撤销原判决。

关联法规

《民事诉讼法》第193条

第五十一条　【宣告死亡、撤销死亡宣告对婚姻关系的影响】被宣告死亡的人的婚姻关系，自死亡宣告之日起消除。死亡宣告被撤销的，婚姻关系自撤销死亡宣告之日起自行恢复。但是，其配偶再婚或者向婚姻登记机关书面声明不愿意恢复的除外。

第五十二条　【撤销死亡宣告对收养关系的影响】被宣告死亡的人在被宣告死亡期间，其子女被他人依法收养的，在死亡宣告被撤销后，不得以未经本人同意为由主张收养行为无效。

第五十三条　【死亡宣告撤销后的财产返还】被撤销死亡宣告的人有权请求依照本法第六编取得其财产的民事主体返还财产；无法返还的，应当给予适当补偿。

利害关系人隐瞒真实情况，致使他人被宣告死亡而取得其财产的，除应当返还财产外，还应当对由此造成的损失承担赔偿责任。

第四节　个体工商户和农村承包经营户

第五十四条　【个体工商户的定义】自然人从事工商业经营，经依法登记，为个体工商户。个体工商户可以起字号。

条文注释

应从以下几个方面理解本条：

(1)登记管理。有经营能力的自然人，经市场监督管理部门登记，领取个体工商户营业执照，从事工商业经营的，可以成为个体工商户。

(2)从事工商业经营的范围。对个体工商户从事"工商业经营"的范围应当从广义上理解。只要是不属于法律、行政法规禁止进入的行业，个体工商户均可进入并开展经营活动。

(3)个体工商户的名称与字号。个体工商户可以使用名称，也可以不使用名称。个体工商户决定使用名称的，应当向登记机关提出申请，经核准登记后方可使用。一户个体工商户只能使用一个名称。

第五十五条　【农村承包经营户的定义】农村集体经济组织的成员，依法取得农村土地承包经营权，从事家庭承包经营的，为农村承包经营户。

条文注释

家庭承包经营是集体经济组织内部的一个经营层次，是双层经营体制的基础。农村土地家庭承包的承包方是本集体经济组织的农户。它既是独立的生活单位，又是独立的生产单位。

需要进一步说明的是：(1)家庭承包中，是按人人有份分配承包地，按户组成一个生产经营单位作为承包方；(2)本集体经济组织的农户作为承包方，主要是针对耕地、草地和林地等适宜家庭承包的土地的承包；(3)农户内的成员分家析产的，单独成户的成员可以对原家庭承包的土地进行分别耕作，但承包经营权仍是一个整体，不能分割。

关联法规

《农村土地承包法》第3、5、16条

第五十六条 【债务承担规则】个体工商户的债务,个人经营的,以个人财产承担;家庭经营的,以家庭财产承担;无法区分的,以家庭财产承担。

农村承包经营户的债务,以从事农村土地承包经营的农户财产承担;事实上由农户部分成员经营的,以该部分成员的财产承担。

条文注释

对本条可以作以下理解:

(1)个体工商户的债务承担。个体工商户既可以个人经营,也可以家庭经营。区分是个人经营还是家庭经营,应根据是个人投资还是家庭投资,是个人享用经营收益还是家庭共同享用经营收益,进而确定债务是以个人财产承担,还是以家庭财产承担。

(2)农村承包经营户的债务承担。在承包期内,无论承包户内人口发生怎样的变化,是增是减,只要作为承包户的家庭还存在,承包户仍然是一个生产经营单位。在承包经营活动中,无论是全体家庭成员从事生产经营劳动和经营活动,还是部分家庭成员从事生产经营劳动和经营活动,农户仍然是一个对外承担责任的主体。

第三章 法 人

第一节 一般规定

第五十七条 【法人的定义】法人是具有民事权利能力和民事行为能力,依法独立享有民事权利和承担民事义务的组织。

关联法规

《公司法》第3条

第五十八条 【法人成立的条件】法人应当依法成立。

法人应当有自己的名称、组织机构、住所、财产或者经费。法人成立的具体条件和程序,依照法律、行政法规的规定。

设立法人,法律、行政法规规定须经有关机关批准的,依照其规定。

条文注释

法人应当依法成立:(1)法人的成立必须合法,其设立目的和宗旨要符合国家利益和社会公共利益的要求,其组织机构、经营范围、经营方式等要符合法律、法规等的要求;(2)法人成立的条件和程序应当符合法律、行政法规的规定。

法人成立还需要满足法律、行政法规规定的其他条件和程序。设立法人,如果相关法律、行政法规规定须经有关机关批准的,应当依照其规定。这里规定的"批准"是指行政许可。

关联法规

《公司法》第7、29、31~33、36条

第五十九条 【法人民事权利能力和民事行为能力的起止】法人的民事权利能力和民事行为能力,从法人成立时产生,到法人终止时消灭。

条文注释

法人的民事权利能力是法律赋予的,是法人作为一个独立的民事主体应当具备的基本资格。法人民事权利能力的获取意味着法人作为一个独立民事主体的成立,丧失这一权利能力则意味着法人的消灭。因而,法人的权利能力从成立时产生,至法人终止时消灭。

法人的民事行为能力是法人独立地实施民事行为,行使民事权利、承担民事义务的资格。法人的民事行为能力在时间上和民事权利能力相一致,始于法人成立,终于法人消灭,在法人存续期间始终存在。法人的民事行为能力和其民事权利能力在范围上一致,法人能够以自己的行为行使权利和承担义务的范围,即民事行为能力的范围不能超出其权利能力所限定的范围。

第六十条 【法人民事责任承担】法人以其全部财产独立承担民事责任。

条文注释

民事责任,是指民事主体在民事活动中,因实施了违法行为或者存在违约行为,根据民法所承担的对其不利的民事法律后果。

民事责任的构成要件一般来说包括以下四个:(1)损害事实的客观存在;(2)行为人实施了违法行为或者违约行为;(3)行为人有过错;(4)行为人的违法行为或者违约行为与损害事实之间存在因果关系。

根据本法第179条的规定,承担民事责任的方式主要有:停止侵害;排除妨碍;消除危险;返还财产;恢复原状;修理、重作、更换;继续履行;赔

偿损失；支付违约金；消除影响、恢复名誉；赔礼道歉。法律规定惩罚性赔偿的，依照其规定。上述承担民事责任的方式，可以单独适用，也可以合并适用。对于法人来说，其是以其全部财产独立承担民事责任。

关联法规

《公司法》第3、13条

第六十一条　【法定代表人的定义及行为的法律后果】依照法律或者法人章程的规定，代表法人从事民事活动的负责人，为法人的法定代表人。

法定代表人以法人名义从事的民事活动，其法律后果由法人承受。

法人章程或者法人权力机构对法定代表人代表权的限制，不得对抗善意相对人。

条文注释

法人的法定代表人是代表法人行使职权的负责人，是代表法人进行民事活动的自然人。法定代表人只能是自然人，且该自然人只有代表法人从事民事活动时才具有这种身份。

法定代表人对外的职务行为即为法人行为，其后果由法人承担。法人对法定代表人所负的责任，也包括越权行为的责任。需要说明的是，法人除了要对其法定代表人的职务行为承担责任外，还要对其工作人员的职务行为承担责任。

法人章程或者法人权力机构对法定代表人的对外代表权限进行了限制，但该法定代表人超越了自己的权限与相对人签订了合同，或者实施了其他法律行为的，如果相对人不知道或者不应当知道该限制规定的，则法人不得以法定代表人的行为超越了其权限而主张不承担或免除其应承担的法律责任。

关联法规

《公司法》第10条；《民办教育促进法》第23条；《民事诉讼法》第51条

第六十二条　【法定代表人职务侵权行为的责任承担】法定代表人因执行职务造成他人损害的，由法人承担民事责任。

法人承担民事责任后，依照法律或者法人章程的规定，可以向有过错的法定代表人追偿。

条文注释

法定代表人因执行职务造成他人损害的，属于职务侵权。由于法定代表人的职务行为是代表法人实施的,因而应由法人承担民事责任。但是,法定代表人的行为如果与执行职务无关,则不构成职务侵权。需要指出的是,法人的法定代表人的职务侵权行为与法人一般工作人员的职务侵权行为,在归责原则上,对外都是由法人承担责任。

法人对外承担民事责任后,在对内责任方面,可以依照法律或者法人章程的规定,向有过错的法定代表人追偿。这一规定涉及法定代表人职务侵权行为的内部职责分担问题。在一般情况下,在职务侵权行为中,行为的法律后果完全由法人承担,法定代表人无须承担该行为的民事责任,但在以下两种情况下,法人可以向有过错的法定代表人追偿:一是根据法律规定;二是根据法人章程规定。

第六十三条　【法人的住所】法人以其主要办事机构所在地为住所。依法需要办理法人登记的,应当将主要办事机构所在地登记为住所。

条文注释

法人住所,是指法人主要办事机构所在地。确定法人的住所,对于确定法人主要办事机构所在地和诉讼管辖地、破产清算地等具有重要意义。本条规定,依法需要办理法人登记的,应当将主要办事机构所在地登记为住所。

关联法规

《涉外民事关系法律适用法》第14条;《公司法》第8条

第六十四条　【法人变更登记】法人存续期间登记事项发生变化的,应当依法向登记机关申请变更登记。

条文注释

法人变更登记,是指法人存续期间登记事项发生变化的,应当依法将有关变化情况向登记机关报告,并申请办理变更手续。因登记而取得法人资格的法人,其登记事项的变更应进行变更登记,变更登记的机关为原登记机关。对于非因登记而取得法人资格的机关法人,以及部分社会团体法人和事业单位法人,其变更则不需要登记。

关联法规

《公司法》第33、36条;《市场主体登记管理条例》第24~29条;《基金会管理条例》第15条

第六十五条　【法人实际情况与登记事项不一致的法律后果】法人的实际情况与登记的事项不一致的，不得对抗善意相对人。

条文注释

法人登记是对法人参与社会活动的一项管理制度，如果法人的实际情况与登记的事项不一致，不得对抗善意相对人。因为登记有一个基本的公示功能，登记事项系对相对人的事先告知，对法人和相对人同等发生效力，推定各方当事人共同认可登记内容。如果法人实际情形与登记不一致的，发生的法律后果由法人自行承担，对相对人不发生效力。

关联法规

《公司法》第34、56条

第六十六条　【法人登记公示制度】登记机关应当依法及时公示法人登记的有关信息。

关联法规

《慈善法》第76条；《市场主体登记管理条例》第36、40条

第六十七条　【法人合并、分立后相关权利义务的享有和承担】法人合并的，其权利和义务由合并后的法人享有和承担。

法人分立的，其权利和义务由分立后的法人享有连带债权，承担连带债务，但是债权人和债务人另有约定的除外。

条文注释

法人合并分为新设合并和吸收合并。新设合并，是指原法人资格随即消灭，新法人资格随即确立。吸收合并，是指一个或多个法人归并到一个现存的法人中去，被合并的法人资格消灭，存续法人的主体资格仍然存在。法人发生合并，它的权利义务应当由合并后的法人享有和承担。

法人的分立分为新设式分立和派生式分立两种方式。新设式分立，是指原法人分立为两个或者两个以上新的法人，原法人不复存在。派生式分立，是指原法人仍然存在，但从原法人中分立出来一个新的法人，原法人的资格不变。

关联法规

《公司法》第221、223条

第六十八条 【法人终止】有下列原因之一并依法完成清算、注销登记的，法人终止：

（一）法人解散；

（二）法人被宣告破产；

（三）法律规定的其他原因。

法人终止，法律、行政法规规定须经有关机关批准的，依照其规定。

关联法规

《企业破产法》第2、7条；《市场主体登记管理条例》第31条

第六十九条 【法人解散】有下列情形之一的，法人解散：

（一）法人章程规定的存续期间届满或者法人章程规定的其他解散事由出现；

（二）法人的权力机构决议解散；

（三）因法人合并或者分立需要解散；

（四）法人依法被吊销营业执照、登记证书，被责令关闭或者被撤销；

（五）法律规定的其他情形。

条文注释

本条是对前述第68条中规定的法人终止原因中的法人解散的具体阐释。法人解散，是指已成立的法人基于一定的合法事由而使法人消灭的法律行为。本条规定了法人解散的五种情形。

关联法规

《公司法》第229条

第七十条 【法人解散后清算】法人解散的，除合并或者分立的情形外，清算义务人应当及时组成清算组进行清算。

法人的董事、理事等执行机构或者决策机构的成员为清算义务人。法律、行政法规另有规定的，依照其规定。

清算义务人未及时履行清算义务，造成损害的，应当承担民事责任；主管机关或者利害关系人可以申请人民法院指定有关人员组成清算组进行清算。

条文注释

法人清算，是指在法人解散时，清算义务人成立清算组，依据职权清

理并消灭法人的全部财产关系的程序。法人除了因合并或者分立的情形而解散不需要清算的外,因其他情形而解散的,都要依法进行清算。

清算义务人,是指在法人解散后,负有清算责任的主体,也称清算人。清算义务人为法人的董事、理事等执行机构或者决策机构的成员。除董事、理事为清算义务人外,法律、行政法规对清算义务人另有规定的,依照其规定。

法人解散后,应当由清算义务人成立清算组。清算义务人未及时履行清算义务,逾期不成立清算组进行清算,给债权人等造成损害的,应当承担民事责任。债权人可以申请人民法院指定有关人员组成清算组进行清算;人民法院应当受理该申请,并及时组织清算组进行清算。

关联法规

《公司法》第 232、233、238 条;《公司法解释二》第 2、7、9 条

第七十一条　【法人的清算程序和清算组职权】法人的清算程序和清算组职权,依照有关法律的规定;没有规定的,参照适用公司法律的有关规定。

条文注释

关于法人的清算程序和清算组职权,本条没有作具体规定,而是明确依照公司法律的有关规定。这里的公司法律的有关规定主要是指《公司法》《社会团体登记管理条例》《事业单位登记管理暂行条例》《民办非企业单位登记管理暂行条例》及有关实施细则等。

关联法规

《公司法解释二》第 15 条

第七十二条　【清算中法人活动的要求、清算后剩余财产的处理和法人终止】清算期间法人存续,但是不得从事与清算无关的活动。

法人清算后的剩余财产,按照法人章程的规定或者法人权力机构的决议处理。法律另有规定的,依照其规定。

清算结束并完成法人注销登记时,法人终止;依法不需要办理法人登记的,清算结束时,法人终止。

条文注释

清算期间,法人还继续存在,仍然具有民事权利能力和民事行为能力,但是其民事权利能力是受到限制的,不得从事与清算无关的活动,以

保护债权人和其他人的利益。

法人清算后的剩余财产，是指法人财产在分别支付清算费用、职工的工资、社会保险费用和法定补偿金，缴纳所欠税款，清偿公司债务后的剩余财产。对法人清算后的剩余财产，一般要根据法人章程的规定或者法人权力机构的决议来处理，但是法律另有规定的，依照其规定。

在清算程序结束后，对经过登记设立的法人，还要再经过法人注销登记程序，法人才终止。注销登记，是指登记主管机关依法对歇业、被撤销、宣告破产或者因其他原因终止营业的法人，取消法人资格的行为。有些法人设立是依法不需要经过登记程序的，如工会社团法人资格的取得是由《工会法》直接规定的，依法不需要办理法人登记。对这些法人在清算结束时，不需要进行注销登记，法人即终止。

关联法规

《公司法》第236条

第七十三条 【法人因破产而终止】法人被宣告破产的，依法进行破产清算并完成法人注销登记时，法人终止。

条文注释

破产，是指债务人因不能偿债或者资不抵债时，由债权人或债务人诉请法院宣告破产并依破产程序偿还债务的一种法律制度。狭义的破产制度仅指破产清算制度，广义的破产制度还包括重整与和解制度。

依据本条规定，法人被人民法院宣告破产的，依法进行破产清算并完成法人注销登记时，法人终止。这里的“依法”主要是指《企业破产法》和其他规定了法人破产清算的法律，如《农民专业合作社法》《民办教育促进法》等。

关联法规

《企业破产法》第2条；《公司法》第242条；《农民专业合作社法》第55条；《民办教育促进法》第58、59条

第七十四条 【法人分支机构及其责任承担】法人可以依法设立分支机构。法律、行政法规规定分支机构应当登记的，依照其规定。

分支机构以自己的名义从事民事活动，产生的民事责任由法人承担；也可以先以该分支机构管理的财产承担，不足以承担的，由法人承担。

条文注释

法人分支机构作为法人的组成部分,由法人依法设立,在法人主要活动地点以外的一定领域内,实现法人的全部或部分职能。分支机构以自己的名义所从事的民事活动,对法人直接产生权利义务,并构成整个法人权利义务的一部分。法人分支机构,在性质上属于法人的组成部分,不具有独立责任能力,其行为的效果仍由法人承担。

关联法规

《公司法》第13条;《商业银行法》第19条;《市场主体登记管理条例》第23条

第七十五条 【法人设立行为的法律后果】设立人为设立法人从事的民事活动,其法律后果由法人承受;法人未成立的,其法律后果由设立人承受,设立人为二人以上的,享有连带债权,承担连带债务。

设立人为设立法人以自己的名义从事民事活动产生的民事责任,第三人有权选择请求法人或者设立人承担。

条文注释

法人的设立人,是指申请设立法人,并在法人的设立过程中承担相应民事责任的人。在法人的设立过程中,设立人依法筹办法人设立的各种事务,其在法人设立过程中的行为,直接影响法人能否成立以及成立以后法人的状况。所以设立人对设立法人应当承担法定的责任。

设立人在法人的设立过程中,应当履行好作为设立人的责任,使法人能够顺利成立。法人成立后,将依法继受设立过程中所产生的权利义务。但是如果法人没有成立,在设立活动期间产生的民事责任义务,要由法人的设立人承担,因为设立中的法人还不具有民事权利能力和民事行为能力,不能承担民事责任。

设立行为所产生的债务和费用,原则上应由成立后的公司承担,但当公司不能成立时,先前发生的与设立公司相关的费用及债务就失去了公司法人这一拟定的承担主体,只能改由实施设立行为的主体即发起人来承担。

关联法规

《公司法解释三》第1~5条

第二节 营利法人

第七十六条 【营利法人的定义及范围】以取得利润并分配给股东等出资人为目的成立的法人,为营利法人。

营利法人包括有限责任公司、股份有限公司和其他企业法人等。

条文注释

以取得利润并分配给股东等出资人为目的成立的法人,为营利法人。这一规定强调了营利法人的两个特征:(1)成立的目的是取得利润,即以营利为目的;(2)取得利润后要分配给股东等出资人,即出资人取得利润。这两个特征同时具备是营利法人与其他法人的根本区别所在。

营利法人包括有限责任公司、股份有限公司和其他企业法人等。

第七十七条 【营利法人的成立】营利法人经依法登记成立。

关联法规

《公司法》第29、31、32条

第七十八条 【营利法人的营业执照】依法设立的营利法人,由登记机关发给营利法人营业执照。营业执照签发日期为营利法人的成立日期。

条文注释

根据《公司法》的规定,公司营业执照应当载明公司的名称、住所、注册资本、经营范围、法定代表人姓名等事项。公司营业执照记载的事项发生变更的,公司应当依法办理变更登记,由公司登记机关换发营业执照。营业执照分为正本和副本,二者具有相同的法律效力。正本应当置于公司住所或营业场所的醒目位置,营业执照不得伪造、涂改、出租、出借、转让。

营业执照签发日期为营利法人的成立日期。企业法人营业执照是企业等营利法人取得法人资格和合法经营权的凭证。企业等营利法人凭据企业法人营业执照可以刻制公章、开立银行账户、签订合同,进行经营活动。登记主管机关可以根据企业法人开展业务的需要,核发企业法人营业执照副本。

关联法规

《公司法》第33、36条;《市场主体登记管理条例》第21、22条

第七十九条　【营利法人的章程】设立营利法人应当依法制定法人章程。

条文注释

法人章程，是指根据法人性质、任务和业务活动需要制定的关于法人的活动范围、组织机构以及内部成员之间的权利义务等重要文件，是法人从事生产经营活动的行为准则。法人章程的内容可以分为绝对必要记载的事项和任意记载的事项。前者是指法律规定在章程中必须具备的内容，通常包括法人名称、住所、宗旨和经营范围、注册资金、投资数额、投资者的姓名和住所、投资者的权利义务、法人的组织机构和解散条件、利润分配和亏损承担等。章程一经登记就具有法律效力，成为法人的行为准则。

关联法规

《公司法》第5条

第八十条　【营利法人的权力机构及其职权】营利法人应当设权力机构。

权力机构行使修改法人章程，选举或者更换执行机构、监督机构成员，以及法人章程规定的其他职权。

条文注释

公司通过设立权力机构来决定公司的重大事项，包括公司的发展方向、经营规模和盈利分配等。有限责任公司的权力机构是股东会，股份有限公司的权力机构是股东大会，由全体股东组成。国有独资公司不设股东会，由国有资产监督管理机构行使股东会职权。

除了修改法人章程，选举或者更换执行机构、监督机构成员以外，权力机构还行使法人章程规定的其他职权，如决定公司的经营方针和投资计划，审议批准董事会的报告，对公司合并、分立、解散、清算或者变更公司形式作出决议等。

关联法规

《公司法》第58、59、111、112条

第八十一条　【营利法人的执行机构和法定代表人】营利法人应当设执行机构。

执行机构行使召集权力机构会议，决定法人的经营计划和投资方案，

决定法人内部管理机构的设置,以及法人章程规定的其他职权。

执行机构为董事会或者执行董事的,董事长、执行董事或者经理按照法人章程的规定担任法定代表人;未设董事会或者执行董事的,法人章程规定的主要负责人为其执行机构和法定代表人。

条文注释

应从以下三个方面理解本条:

(1)营利法人设立了权力机构,就必须同时设立执行机构来执行权力机构的决定。营利法人的执行机构包括两种模式:一是执行机构为董事会或者执行董事;二是未设董事会或者执行董事的,执行机构为法人章程规定的主要负责人。

(2)执行机构行使以下职权:一是召集权力机构会议;二是决定法人的经营计划和投资方案;三是决定法人内部管理机构的设置;四是法人章程规定的其他职权。

(3)担任法定代表人分为以下情况:一是营利法人的执行机构为董事会或者执行董事的,董事长、执行董事或者经理按照法人章程的规定担任法定代表人。二是营利法人未设董事会或者执行董事的,法人章程规定的主要负责人,既是其执行机构,也是其法定代表人。

关联法规

《公司法》第10、67、68、120条

第八十二条 【营利法人的监督机构及其职权】营利法人设监事会或者监事等监督机构的,监督机构依法行使检查法人财务,监督执行机构成员、高级管理人员执行法人职务的行为,以及法人章程规定的其他职权。

条文注释

营利法人的监督机构为公司监事会,不设监事会的公司,监事为公司的监督机构。

营利法人的监督机构的职权为:检查法人财务,监督执行机构成员、高级管理人员执行法人职务的行为,以及法人章程规定的其他职权。

需要指出的是,营利法人设立权力机构和执行机构是法律的强制性要求,但设立监督机构不是法律强制性的规定。这主要是考虑到营利法人的范围比较宽,除有限责任公司、股份有限公司外,还有非公司的企业法人。这些企业法人没有实行公司的治理模式,没有设立监督机构。

关联法规

《公司法》第76、78条

第八十三条　【出资人滥用权利的责任承担】营利法人的出资人不得滥用出资人权利损害法人或者其他出资人的利益；滥用出资人权利造成法人或者其他出资人损失的，应当依法承担民事责任。

营利法人的出资人不得滥用法人独立地位和出资人有限责任损害法人债权人的利益；滥用法人独立地位和出资人有限责任，逃避债务，严重损害法人债权人的利益的，应当对法人债务承担连带责任。

条文注释

营利法人的出资人，对于公司法人来说，是指有限责任公司或者股份有限公司的股东。股东作为股东会或者股东大会的组成人员，应当遵守《公司法》等法律、行政法规和公司章程的规定，依法合理行使作为出资人的权利。《公司法》规定了股东的具体权利。

如果股东滥用上述法定权利，损害法人或者其他出资人，即其他股东的利益，给法人或者其他出资人造成损失的，应当依法承担民事责任。这里应当指出的是，股东滥用权利的构成要件包括：一是以损害法人或其他出资人利益为目的行使权利。二是法人或其他出资人遭受了实际损失。三是因果关系。股东滥用权利的行为与法人或者其他股东权益受损之间存在因果关系。符合上述三个要素的，行为人应当承担民事责任。

关联法规

《公司法》第21条

第八十四条　【限制不当利用关联关系】营利法人的控股出资人、实际控制人、董事、监事、高级管理人员不得利用其关联关系损害法人的利益；利用关联关系造成法人损失的，应当承担赔偿责任。

条文注释

关联关系，是指公司控股股东、实际控制人、董事、监事、高级管理人员与其直接或者间接控制的企业之间的关系，以及可能导致公司利益转移的其他关系。《公司法》规定，公司的控股股东、实际控制人、董事、监事、高级管理人员不得利用其关联关系损害公司利益。违反这一规定，给公司造成损失的，应当承担赔偿责任。

本条在《公司法》的基础上，进一步明确所有的营利法人的控股出资人、实际控制人、董事、监事、高级管理人员利用关联关系给法人造成损失的,应当承担赔偿责任,以维护法人的合法权益。

关联法规

《公司法》第22、265条;《公司法解释五》第1条

第八十五条 【决议的撤销】营利法人的权力机构、执行机构作出决议的会议召集程序、表决方式违反法律、行政法规、法人章程,或者决议内容违反法人章程的,营利法人的出资人可以请求人民法院撤销该决议。但是,营利法人依据该决议与善意相对人形成的民事法律关系不受影响。

条文注释

营利法人的权力机构、执行机构违反法律、行政法规或者违反法人章程作出的决议包括两种情况:

(1)程序违反法律、行政法规或者法人章程。会议召集程序和会议表决方式违反法律、行政法规或者法人章程。

(2)内容违反法人章程。法人的章程是法人的行为准则,对法人的权力机构、执行机构及其成员均具有约束力。如果股东会或者股东大会、董事会作出决议的内容违反了公司章程的规定,股东可以请求人民法院撤销该决议。

关联法规

《公司法》第25、26、28条;《公司法解释四》第4条

第八十六条 【营利法人应承担的道德和社会责任】营利法人从事经营活动,应当遵守商业道德,维护交易安全,接受政府和社会的监督,承担社会责任。

第三节 非营利法人

第八十七条 【非营利法人的定义和范围】为公益目的或者其他非营利目的成立,不向出资人、设立人或者会员分配所取得利润的法人,为非营利法人。

非营利法人包括事业单位、社会团体、基金会、社会服务机构等。

条文注释

一个法人是否为非营利法人取决于两个因素:(1)成立目的的非营利性。非营利法人是为公益目的或者其他非营利目的成立的。公益目的,是指法人所从事的活动属于社会公益事业。(2)不分配利润。非营利法人也可以取得利润,但是不得向出资人、设立人或者会员分配所取得利润。

第八十八条 【事业单位法人资格的取得】具备法人条件,为适应经济社会发展需要,提供公益服务设立的事业单位,经依法登记成立,取得事业单位法人资格;依法不需要办理法人登记的,从成立之日起,具有事业单位法人资格。

条文注释

事业单位是国家为适应经济社会发展需要,提供公益服务而设立的法人组织,由国家机关举办或者其他组织利用国有资产举办,事业单位具有两个特点,即公益性和知识密集性。

关联法规

《事业单位登记管理暂行条例》第2、3、6、11条

第八十九条 【事业单位法人的组织机构】事业单位法人设理事会的,除法律另有规定外,理事会为其决策机构。事业单位法人的法定代表人依照法律、行政法规或者法人章程的规定产生。

条文注释

事业单位法定代表人是按照法定程序产生,代表事业单位行使民事权利、履行民事义务的责任人。事业单位法定代表人的产生,要依照有关法律、行政法规或者法人章程的规定。

第九十条 【社会团体法人资格的取得】具备法人条件,基于会员共同意愿,为公益目的或者会员共同利益等非营利目的设立的社会团体,经依法登记成立,取得社会团体法人资格;依法不需要办理法人登记的,从成立之日起,具有社会团体法人资格。

条文注释

社会团体,是指基于会员共同意愿,为公益目的或者会员共同利益等非营利目的设立的社会组织。社会团体包括两种:一是为公益目的而设立的,如中国红十字会、中华慈善总会等;二是为会员共同利益设立的,如

行业协会、商会等。

理解本条时需要注意以下三点:(1)社会团体凭社会团体法人登记证书申请刻制印章,开立银行账户。社会团体应当将印章式样和银行账号报登记管理机关备案。(2)社会团体的分支机构、代表机构是社会团体的组成部分,不具有法人资格,应当按照其所属的社会团体的章程所规定的宗旨和业务范围,在该社会团体授权的范围内开展活动、发展会员。(3)社会团体不得设立地域性的分支机构。

关联法规

《社会团体登记管理条例》第10条

第九十一条 【社会团体法人的章程和组织机构】设立社会团体法人应当依法制定法人章程。

社会团体法人应当设会员大会或者会员代表大会等权力机构。

社会团体法人应当设理事会等执行机构。理事长或者会长等负责人按照法人章程的规定担任法定代表人。

条文注释

根据《社会团体登记管理条例》的规定,社会团体的章程应当包括下列事项:(1)名称、住所;(2)宗旨、业务范围和活动地域;(3)会员资格及其权利、义务;(4)民主的组织管理制度,执行机构的产生程序;(5)负责人的条件和产生、罢免的程序;(6)资产管理和使用的原则;(7)章程的修改程序;(8)终止程序和终止后资产的处理;(9)应当由章程规定的其他事项。

会员人数相对较少的社会团体实行会员大会制度,由全体会员组成的会员大会作为该团体的决策机构。会员人数相对较多的社会团体则实行会员代表大会制度,由全体会员选出代表他们的意志行事的一部分人召开大会,行使会员赋予的权利,对会员负责,作为该社会团体的决策机构,会员大会或者会员代表大会一般应当根据章程定期召开。

第九十二条 【捐助法人的定义和范围】具备法人条件,为公益目的以捐助财产设立的基金会、社会服务机构等,经依法登记成立,取得捐助法人资格。

依法设立的宗教活动场所,具备法人条件的,可以申请法人登记,取得捐助法人资格。法律、行政法规对宗教活动场所有规定的,依照其规定。

条文注释

捐助法人是为公益目的,以捐助财产设立的非营利法人。根据这一规定,捐助法人的特点有两个:一是为公益目的设立;二是法人的财产全部来自捐助。捐助法人的范围主要包括基金会、社会服务机构、宗教活动场所等。基金会、社会服务机构、宗教活动场所等组织具备法人条件,经依法登记,取得捐助法人资格。

理解本条需要注意以下三点:(1)宗教活动场所的法人登记以具备法人条件为前提。考虑到不同宗教的做法不同,依法设立的宗教活动场所是否登记为法人,由其自行申请。(2)法律、行政法规对宗教活动场所有规定的,依照其规定。本条的规定不影响国家依法对宗教活动场所进行规范和管理。宗教活动场所从事各类活动必须符合《宗教事务条例》等法规的规定,接受宗教管理部门依法对其进行的监督管理。(3)赋予宗教活动场所法人资格不影响其与宗教团体的关系。

关联法规

《基金会管理条例》第8～13条;《民办非企业单位登记管理暂行条例》第8条;《宗教事务条例》第20条

第九十三条　【捐助法人的章程和组织机构】设立捐助法人应当依法制定法人章程。

捐助法人应当设理事会、民主管理组织等决策机构,并设执行机构。理事长等负责人按照法人章程的规定担任法定代表人。

捐助法人应当设监事会等监督机构。

关联法规

《慈善法》;《基金会管理条例》

第九十四条　【捐助人的权利】捐助人有权向捐助法人查询捐助财产的使用、管理情况,并提出意见和建议,捐助法人应当及时、如实答复。

捐助法人的决策机构、执行机构或者法定代表人作出决定的程序违反法律、行政法规、法人章程,或者决定内容违反法人章程的,捐助人等利害关系人或者主管机关可以请求人民法院撤销该决定。但是,捐助法人依据该决定与善意相对人形成的民事法律关系不受影响。

条文注释

本条规定了捐助人的以下权利:

(1)捐助人的监督权。捐助人有权向捐助法人查询捐助财产的使用、管理情况，并提出意见和建议。(2)捐助法人对捐助人行使监督权的配合义务。对于捐助人行使对所捐财产的监督权，捐助法人应当予以积极配合。(3)捐助人可以请求撤销捐助法人违法或者违反章程规定的决定，具体分为两种情况：一是决定程序违反法律、行政法规或者法人章程。二是决定内容违反法人章程的规定。捐助法人的决策机构、执行机构或者法定代表人作出决定的内容应当符合法人章程的规定。法人章程既是设立法人的重要依据，也是法人应当遵循的基本准则，对法人的决策机构、执行机构或者法定代表人均具有约束力。

关联法规

《基金会管理条例》第39条；《宗教事务条例》第57、58条

第九十五条 【非营利法人终止时剩余财产的处理】为公益目的成立的非营利法人终止时，不得向出资人、设立人或者会员分配剩余财产。剩余财产应当按照法人章程的规定或者权力机构的决议用于公益目的；无法按照法人章程的规定或者权力机构的决议处理的，由主管机关主持转给宗旨相同或者相近的法人，并向社会公告。

条文注释

理解本条需要注意的是，由于非营利法人的范围比较宽，包括捐助法人、事业单位法人以及部分社会团体法人。对各类非营利法人剩余财产的处理，如果其他法律另有规定的，要依照其规定。另外，事业单位终止后剩余财产的处理，原则上要符合国有资产管理的有关规定。

关联法规

《慈善法》第18条；《民办教育促进法》第59条

第四节 特别法人

第九十六条 【特别法人的范围】本节规定的机关法人、农村集体经济组织法人、城镇农村的合作经济组织法人、基层群众性自治组织法人，为特别法人。

条文注释

本条是关于特别法人类型的总括性规定。特别法人主要包括以下几种：

(1)机关法人。机关法人是指依法行使国家权力,并因行使国家权力的需要而享有相应的民事权利能力和民事行为能力的国家机关。

(2)农村集体经济组织法人。农村集体经济组织是为实行社会主义公有制改造,在自然乡村范围内,由农民自愿联合,将其各自所有的生产资料(土地、较大型农具、耕畜)投入集体所有,由集体组织农业生产经营,农民进行集体劳动,实行各尽所能、按劳分配的农业社会主义经济组织。

(3)城镇农村的合作经济组织法人。城镇农村的合作经济组织是按照自愿互利、民主管理、协作服务原则组建的农村经济组织,主要是指供销合作社等。

(4)基层群众性自治组织法人。基层群众性自治组织是指在城市和农村按居民、村民的居住地区建立起来的居民委员会和村民委员会。

第九十七条 【机关法人】有独立经费的机关和承担行政职能的法定机构从成立之日起,具有机关法人资格,可以从事为履行职能所需要的民事活动。

条文注释

根据本条的规定,机关法人包括两类:一是有独立经费的机关;二是有独立经费的承担行政职能的法定机构。

机关法人可以从事为履行职能所需要的民事活动。机关法人履行法定职能所从事的活动包括两种:一种是公法意义上的活动,如行政管理活动;另一种则是私法意义上的活动,即民事活动,如购买办公用品等。

第九十八条 【机关法人终止】机关法人被撤销的,法人终止,其民事权利和义务由继任的机关法人享有和承担;没有继任的机关法人的,由作出撤销决定的机关法人享有和承担。

条文注释

机关法人被撤销的,法人终止。机关法人成立后,可能会因为机构改革等原因而被撤销,这样该机关法人在法律上予以终止。法人终止后,其民事权利和民事义务由继任的机关法人享有和承担。

如果机关法人被撤销后,没有继任的机关法人的,则由作出撤销决定的机关法人享有和承担被撤销机关法人的民事权利和义务。

第九十九条　【农村集体经济组织法人】农村集体经济组织依法取得法人资格。

法律、行政法规对农村集体经济组织有规定的，依照其规定。

条文注释

农村集体经济组织是农村集体资产经营管理的主体，依法代表农民集体行使农村集体资产所有权。

农村集体经济组织具有自身的独特性：(1)属于经济组织，具有营利性。(2)具有集体利益保障性。作为农村集体组织成员的村民以承包地等资产加入农村集体经济组织，通过该组织的经营活动取得分红等收入，所以该组织具有保障成员利益的功能和责任。(3)组织成员具有相对封闭性。农村集体经济组织的成员是该组织所覆盖的社区的村民，所在社区以外的人员一般不能成为农村集体经济组织的成员。正是由于农村集体经济组织的上述特点，使其既不同于企业法人，又不同于农民专业合作组织，也不同于社会团体。

第一百条　【城镇农村的合作经济组织法人】城镇农村的合作经济组织依法取得法人资格。

法律、行政法规对城镇农村的合作经济组织有规定的，依照其规定。

条文注释

城镇农村的合作经济组织是按照自愿互利、民主管理、协作服务原则组建的经济组织，主要是指供销合作社等。供销合作社是为农服务、以农民为主体的集体所有制合作经济组织，是党和政府密切联系农民群众的桥梁纽带和做好农业、农村、农民工作的重要载体。

供销合作社分为基层供销合作社，县级、市级、省级供销合作社联合社，中华全国供销合作总社。

关联法规

《农民专业合作社法》第5条

第一百零一条　【基层群众性自治组织法人】居民委员会、村民委员会具有基层群众性自治组织法人资格，可以从事为履行职能所需要的民事活动。

未设立村集体经济组织的，村民委员会可以依法代行村集体经济组织的职能。

条文注释

居民委员会和村民委员会都是我国的基层群众性自治组织。居民委员会是居民自我管理、自我教育、自我服务的基层群众性自治组织。村民委员会是村民自我管理、自我教育、自我服务的基层群众性自治组织,实行民主选举、民主决策、民主管理、民主监督。

关联法规

《村民委员会组织法》第2条;《城市居民委员会组织法》第2~4条;《民诉法解释》第68条

第四章 非法人组织

第一百零二条 【非法人组织的定义和范围】非法人组织是不具有法人资格,但是能够依法以自己的名义从事民事活动的组织。

非法人组织包括个人独资企业、合伙企业、不具有法人资格的专业服务机构等。

条文注释

非法人组织,是指不具有法人资格但可以以自己的名义进行民事活动的组织,亦称非法人团体。

非法人组织具有以下特点:(1)虽然不具有法人资格,但能够依法以自己的名义从事民事活动;(2)依法成立;(3)有一定的组织机构;(4)有一定的财产或经费;(5)不具有独立承担民事责任的能力。

关联法规

《个人独资企业法》第2条;《合伙企业法》第2条

第一百零三条 【非法人组织的设立程序】非法人组织应当依照法律的规定登记。

设立非法人组织,法律、行政法规规定须经有关机关批准的,依照其规定。

条文注释

设立非法人组织的程序包括两种:(1)设立登记,即设立非法人组织应当依法进行登记。(2)设立审批,即设立非法人组织须依法经有关机关批准。如果法律、行政法规规定应当经过批准才能设立某一非法人组织的，则依照其规定，经批准设立。

关联法规

《个人独资企业法》第9条；《律师法》第18条；《注册会计师法》第25条

第一百零四条 【非法人组织民事责任的承担】非法人组织的财产不足以清偿债务的，其出资人或者设立人承担无限责任。法律另有规定的，依照其规定。

条文注释

非法人组织不具有法人资格，不能独立承担民事责任。所以，虽然非法人组织有自己的财产，但当其财产不足以对外清偿债务的，其出资人或者设立人应当以其个人或者家庭财产承担无限责任。

需要注意的是，对非法人组织的民事责任问题，如果其他法律另有规定的，要依照其规定，而不适用本条的规定。例如，《合伙企业法》对特殊的普通合伙企业的民事责任问题作了特别规定。

第一百零五条 【非法人组织的代表人】非法人组织可以确定一人或者数人代表该组织从事民事活动。

条文注释

非法人组织代表人，是指非法人组织根据其章程、协议或者经共同决定，来确定由其代表该组织对外从事民事活动的人。非法人组织的代表人既可以是一个人，也可以是多个人。

非法人组织代表人的职责主要是对外代表非法人组织从事民事活动，并按照组织章程的规定报告相关情况。非法人组织代表人对外从事民事活动而产生的民事权利和民事义务由非法人组织承担。

第一百零六条 【非法人组织解散的情形】有下列情形之一的，非法人组织解散：

（一）章程规定的存续期间届满或者章程规定的其他解散事由出现；

（二）出资人或者设立人决定解散；

（三）法律规定的其他情形。

条文注释

非法人组织的解散是非法人组织终止的原因，非法人组织解散，意味着该组织民事主体资格的消灭，不再具有民事权利能力和民事行为能力。

关联法规

《合伙企业法》第85条

第一百零七条　【非法人组织的解散清算】非法人组织解散的，应当依法进行清算。

条文注释

关于非法人组织的清算，各相关法律也都有专门的规定。其具体包括：(1)清算人确定。其可以由非法人组织的设立人或出资人确定，或者按照法律规定的方式确定。(2)清算人担任。其既可以由非法人组织的出资人或者设立人担任，也可以是设立人或出资人委托的人，还可以是法律规定的其他人员。(3)清算人的职责。这通常包括了结现有业务、收取债权、偿还债务和移交剩余财产等。(4)相关禁止和后续手续。清算期间，非法人组织不得开展与清算目的无关的活动。非法人组织清算完成后，依法需要登记的非法人组织，还需要到登记机关办理注销登记手续，完成注销登记手续后非法人组织终止。

关联法规

《个人独资企业法》第27～30条

第一百零八条　【参照适用】非法人组织除适用本章规定外，参照适用本编第三章第一节的有关规定。

条文注释

这里应当指出的是，"参照适用"不是完全适用，对于法人的一般性规定，非法人组织能够适用的，就适用；不能够完全适用的，可以参照相关规定的原则、精神，在适用时作灵活处理。

第五章　民事权利

第一百零九条　【人身自由、人格尊严受法律保护】自然人的人身自由、人格尊严受法律保护。

条文注释

人身自由，包括身体行动的自由和自主决定的自由，是自然人自主参加社会各项活动、参与各种社会关系、行使其他人身权和财产权的基本保障,是自然人行使其他一切权利的前提和基础。

人格尊严,既包括静态和消极的人格尊严,也包括动态和积极的人格尊严,亦即人格形成和人格发展,涉及姓名权、名誉权、荣誉权、肖像权、隐私权等。

关联法规

《宪法》第37～38条;《精神损害解释》第1条

第一百一十条　【民事主体的人格权】自然人享有生命权、身体权、健康权、姓名权、肖像权、名誉权、荣誉权、隐私权、婚姻自主权等权利。

法人、非法人组织享有名称权、名誉权和荣誉权。

关联法规

《基本医疗卫生与健康促进法》第4条

第一百一十一条　【个人信息受法律保护】自然人的个人信息受法律保护。任何组织或者个人需要获取他人个人信息的,应当依法取得并确保信息安全,不得非法收集、使用、加工、传输他人个人信息,不得非法买卖、提供或者公开他人个人信息。

条文注释

自然人的个人信息,是指以电子或者其他方式记录的能够单独或者与其他信息结合识别特定自然人的各种信息,包括自然人的姓名、出生日期、身份证件号码、生物识别信息、住址、电话号码、电子邮箱、健康信息、行踪信息等。

关联法规

《网络安全法》第42、76条;《消费者权益保护法》第14、29、50条;《医师法》第23条;《居民身份证法》第19条;《刑法》第253条之一

典型案例

非法买卖个人信息民事公益诉讼案①

典型意义:本案准确把握《民法典》维护个人信息权益的立法精神,聚焦维护不特定社会主体的个人信息安全,明确大规模侵害个人信息行为构成对公共信息安全领域社会公共利益的侵害,彰显司法保障个人信息权益、社会公共利益的决心和力度。

① 参见《民法典颁布后人格权司法保护典型民事案例》之九。

第一百一十二条 【因婚姻家庭关系等产生的人身权利受法律保护】自然人因婚姻家庭关系等产生的人身权利受法律保护。

条文注释

自然人因婚姻家庭关系等产生的人身权利主要包括以下内容:(1)自然人因婚姻关系产生的人身权利。(2)自然人因家庭关系产生的人身权利。如父母对子女的亲权和履行监护职责产生的权利。(3)自然人因收养关系产生的人身权利。

关联法规

《民法典》第1111条

第一百一十三条 【财产权利受法律平等保护】民事主体的财产权利受法律平等保护。

条文注释

本条的核心是"平等保护"。民事主体的财产权利受法律平等保护也是市场经济的内在要求。《宪法》规定,国家实行社会主义市场经济。公平竞争、平等保护、优胜劣汰是市场经济的基本法则。在社会主义市场经济条件下,各种所有制经济形成的市场主体都处于平等地位,享有相同权利,遵守相同规则,承担相同责任。

关联法规

《宪法》第12、13条;《民法典》第2、4条

第一百一十四条 【物权的特征及类型】民事主体依法享有物权。

物权是权利人依法对特定的物享有直接支配和排他的权利,包括所有权、用益物权和担保物权。

条文注释

1. 物权的特征

(1)物权的权利人对物享有直接支配的权利。各种物权均以直接支配物作为其基本内容。"直接支配"指的是对于物不需要他人的协助、配合,权利人就能对物自主利用。

(2)物权的排他性。物权的排他性,是指一物之上不能有相互冲突的物权,如所有权,一物之上只能有一个所有权。

2. 物权的类型

(1)所有权。所有权是指权利人依法对自己的不动产和动产享有全面支配的权利。所有权具有四项权能,即占有、使用、收益和处分。

(2)用益物权。用益物权是指权利人对他人所有的不动产或者动产,依法享有占有、使用和收益的权利。《民法典》物权编规定了土地承包经营权、建设用地使用权、宅基地使用权、地役权、居住权这几种用益物权。

(3)担保物权。担保物权是为了确保债务履行而设立的物权,当债务人不履行债务时,债权人就担保财产依法享有优先受偿的权利。

第一百一十五条　【物权客体】物包括不动产和动产。法律规定权利作为物权客体的,依照其规定。

条文注释

法律上所指的物,主要是不动产和动产。不动产是不可移动的物,如土地以及房屋、林木等土地附着物。动产是不动产以外的可移动的物,如机动车、电视机等。

精神产品不属于物权制度的调整范围,但是在有些情况下,财产权利可以作为担保物权的标的,如可以转让的注册商标专用权、专利权、著作权等知识产权中的财产权,可以出质作为担保物权的标的,形成权利质权,由此权利也成了物权的客体。

第一百一十六条　【物权法定原则】物权的种类和内容,由法律规定。

条文注释

物权法定,有两层含义:(1)物权由法律规定,当事人不能自由创设物权。物权法定中的"法",指法律,即全国人大及其常委会制定的法律,除法律明确规定可以由行政法规、地方性法规规定的外,一般不包括行政法规和地方性法规。(2)违背物权法定原则,所设"物权"没有法律效力。

第一百一十七条　【征收、征用】为了公共利益的需要,依照法律规定的权限和程序征收、征用不动产或者动产的,应当给予公平、合理的补偿。

条文注释

征收是国家以行政权取得集体、单位和个人的财产所有权的行为。征收的主体是国家,通常是政府以行政决定的方式从集体、单位和个人手中取得土地、房屋等财产。

征用是国家为了抢险、救灾等公共利益需要，在紧急情况下强制性地使用单位、个人的不动产或者动产。征用的目的只在获得使用权，征用不导致所有权移转，被征用的不动产或者动产使用后，应当返还被征用人。

关联法规

《国有土地上房屋征收与补偿条例》第8条

第一百一十八条 【债权】民事主体依法享有债权。

债权是因合同、侵权行为、无因管理、不当得利以及法律的其他规定，权利人请求特定义务人为或者不为一定行为的权利。

条文注释

债的发生原因包括以下几种：

(1)合同。合同是民事主体之间设立、变更、终止民事法律关系的协议。合同依法成立后，即在当事人之间产生债权债务关系。

(2)侵权行为。侵权行为是侵害他人民事权益的行为。因侵权行为，侵权人与被侵权人之间形成债权债务关系。

(3)无因管理。无因管理，是指没有法定的或者约定的义务，为避免他人利益受损失而进行管理的行为。因无因管理产生的债称为无因管理之债。

(4)不当得利。不当得利，是指没有法律根据，取得不当利益，造成他人损失的情形。

(5)法律的其他规定。

第一百一十九条 【合同的约束力】依法成立的合同，对当事人具有法律约束力。

条文注释

法律约束力，是指当事人应当按照合同的约定履行自己的义务，非依法律规定或者取得对方同意，不得擅自变更或者解除合同。如果不履行合同义务或者履行合同义务不符合约定，应当承担违约责任。

第一百二十条 【侵权责任的承担】民事权益受到侵害的，被侵权人有权请求侵权人承担侵权责任。

条文注释

侵权人承担侵权责任的主要方式有：停止侵害；排除妨碍；消除危险；

返还财产;恢复原状;修理、重作、更换;继续履行;赔偿损失;支付违约金;消除影响、恢复名誉;赔礼道歉。法律规定惩罚性赔偿的,依照其规定。承担民事责任的方式,可以单独适用,也可以合并适用。

关联法规

《人身损害解释》第1条

第一百二十一条 【无因管理】没有法定的或者约定的义务,为避免他人利益受损失而进行管理的人,有权请求受益人偿还由此支出的必要费用。

条文注释

无因管理,是指没有法定的或者约定的义务,为避免他人利益受损失而进行管理的行为。无因管理有以下构成要件:(1)管理他人事务。这是成立无因管理的首要条件。(2)为避免他人利益受损失。(3)没有法定的或者约定的义务。

第一百二十二条 【不当得利】因他人没有法律根据,取得不当利益,受损失的人有权请求其返还不当利益。

条文注释

不当得利,是指没有法律根据,取得不当利益,造成他人损失的情形。不当得利的构成要件如下:

(1)民事主体一方取得利益。取得利益,是指财产利益的增加。既包括积极的增加,即财产总额的增加;也包括消极的增加,即财产总额应减少而未减少,如本应支付的费用没有支付等。

(2)民事主体他方受到损失。受到损失,是指财产利益的减少。既包括积极损失,即财产总额的减少;也包括消极损失,即应当增加的利益没有增加。

(3)一方取得利益与他方受到损失之间有因果关系。一方取得利益与他方受到损失之间有因果关系,是指他方的损失是因一方获得利益造成的。

(4)没有法律根据。没有法律根据是构成不当得利的重要要件。如果一方取得利益和他方受到损失之间有法律根据,民事主体之间的关系就受到法律的认可和保护,不构成不当得利。

第一百二十三条　【知识产权】民事主体依法享有知识产权。

知识产权是权利人依法就下列客体享有的专有的权利：

(一)作品；

(二)发明、实用新型、外观设计；

(三)商标；

(四)地理标志；

(五)商业秘密；

(六)集成电路布图设计；

(七)植物新品种；

(八)法律规定的其他客体。

关联法规

《著作权法》第3条；《专利法》第2条；《商标法》第3、16、57条；《农业法》第23、49条；《反不正当竞争法》第9条；《种子法》第25条；《集成电路布图设计保护条例》第2条

第一百二十四条　【继承权】自然人依法享有继承权。

自然人合法的私有财产，可以依法继承。

条文注释

继承权，是指自然人依照法律的规定或者被继承人生前立下的合法有效的遗嘱而取得被继承人遗产的权利。继承权是自然人的一项基本民事权利。对自然人继承权的保护，是保护自然人个人财产所有权的必然要求。

关联法规

《宪法》第13条；《未成年人保护法》第107条；《妇女权益保障法》第58条

第一百二十五条　【投资性权利】民事主体依法享有股权和其他投资性权利。

条文注释

股权，是指民事主体因投资公司成为公司股东而享有的权利。根据行使目的和方式的不同，股权可分为自益权和共益权两部分。自益权，是指股东基于自身利益诉求而享有的权利，可以单独行使，包括资产收益权、剩余财产分配请求权、股份转让权、新股优先认购权等。共益权，是指

股东基于全体股东或者公司的利益诉求而享有的权利，包括股东会表决权、股东会召集权、提案权、质询权、公司章程及账册的查阅权、股东会决议撤销请求权等。

其他投资性权利，是指民事主体通过投资享有的权利。如民事主体通过购买证券、基金、保险等进行投资而享有的民事权利。

关联法规

《公司法》第4条

第一百二十六条 【其他民事权益】民事主体享有法律规定的其他民事权利和利益。

第一百二十七条 【数据、网络虚拟财产的保护】法律对数据、网络虚拟财产的保护有规定的，依照其规定。

条文注释

本条是关于数据、网络虚拟财产保护的规定。与数据相关联的法律概念中，联系最密切的是汇编作品和数据库。具有独创性的数据构成汇编作品受《著作权法》保护，我国未专门规定对数据库的保护。根据现有法律，对数据可以分别情况依据著作权、商业秘密来保护。

网络虚拟财产是计算机信息技术发展的产物，随着网络的普及发展，围绕网络虚拟财产权利义务的各种纠纷时有发生，目前我国网络虚拟财产纠纷主要有以下几种情况：(1)网络虚拟财产被盗纠纷；(2)网络虚拟财产交易纠纷；(3)网络虚拟财产权属确认纠纷；(4)网络游戏服务合同纠纷。

关联法规

《著作权法》第15条；《反不正当竞争法》第9条

第一百二十八条 【民事权利的特别保护】法律对未成年人、老年人、残疾人、妇女、消费者等的民事权利保护有特别规定的，依照其规定。

关联法规

《消费者权益保护法》《未成年人保护法》《老年人权益保障法》《残疾人保障法》《妇女权益保障法》

第一百二十九条 【民事权利的取得方式】民事权利可以依据民事法律行为、事实行为、法律规定的事件或者法律规定的其他方式取得。

条文注释

民事权利的取得,是指民事主体依据合法的方式获得民事权利。根据本条规定,民事权利可以依据民事法律行为、事实行为、法律规定的事件或者法律规定的其他方式取得。

第一百三十条　【按照自己的意愿依法行使民事权利】民事主体按照自己的意愿依法行使民事权利,不受干涉。

条文注释

本条是自愿原则在行使民事权利中的体现,民事主体按照自己的意愿依法行使民事权利,不受干涉。其体现在:(1)民事主体有权按照自己的意愿依法行使民事权利或者不行使民事权利;(2)民事主体有权按照自己的意愿选择依法行使的民事权利内容;(3)民事主体有权按照自己的意愿选择依法行使民事权利的方式。民事主体按照自己的意愿行使权利,任何组织和个人不得非法干涉。

第一百三十一条　【权利义务一致】民事主体行使权利时,应当履行法律规定的和当事人约定的义务。

条文注释

民事主体依法享有的民事权利和承担的民事义务是民事法律关系的内容。在民事法律关系中,民事权利和民事义务是相互对立、相互联系的。民事权利的内容要通过相应的民事义务表现,民事义务的内容由相应的民事权利限定。

第一百三十二条　【不得滥用民事权利】民事主体不得滥用民事权利损害国家利益、社会公共利益或者他人合法权益。

条文注释

不得滥用民事权利,是指民事权利的行使不得损害国家利益、社会公共利益或者他人合法权益。

滥用民事权利和侵权存在区别:权利滥用的前提是有正当权利存在,且是权利行使或与权利行使有关的行为,侵权行为一般事先没有正当权利存在;权利不得滥用原则是对民事主体行使民事权利的一定限制,通过限制民事主体不得滥用权利损害国家利益、社会公共利益或者他人合法权益,达到民事权利与国家利益、社会公共利益、他人合法权益的平衡,而侵权责任制度的目的是保护民事主体的权利。

关联法规

《宪法》第51条;《总则编解释》第3条

第六章　民事法律行为

第一节　一般规定

第一百三十三条　【民事法律行为的定义】民事法律行为是民事主体通过意思表示设立、变更、终止民事法律关系的行为。

条文注释

民事法律行为具有以下几个特征:

(1)民事法律行为是民事主体实施的行为。民事法律行为作为一种法律事实,其必须是由自然人、法人和非法人组织这些民事主体实施的行为,非民事主体实施的行为不是民事法律行为。

(2)民事法律行为应当是以发生一定的法律效果为目的的行为。民事主体在社会生产生活中会从事各种各样的活动,但并非任何行为都是民事法律行为。

(3)民事法律行为是以意思表示为核心要素的行为。意思表示,是指民事主体意欲发生一定法律效果的内心意思的外在表达,是民事法律行为最为核心的内容。民事法律行为之所以能对民事主体产生法律约束力,就是因为其是民事主体按照自己的意思作出的,这也是民事法律行为与事实行为最根本的区别。

第一百三十四条　【民事法律行为的成立】民事法律行为可以基于双方或者多方的意思表示一致成立,也可以基于单方的意思表示成立。

法人、非法人组织依照法律或者章程规定的议事方式和表决程序作出决议的,该决议行为成立。

条文注释

双方民事法律行为,是指双方当事人意思表示一致才能成立的民事法律行为。双方民事法律行为是现实社会经济生活中存在最多、运用最广的民事法律行为。最为典型的双方民事法律行为是合同。

多方民事法律行为,是指根据两个以上的民事主体的意思表示一致而成立的行为。多方民事法律行为与双方民事法律行为的相同之处是都需要所有当事人的意思表示才能成立;不同之处是双方民事法律行为的当事人只有两个,而多方民事法律行为的当事人有两个以上。订立公司章程的行为和签订合伙协议的行为就是较为典型的多方民事法律行为。

单方民事法律行为,是指根据一方的意思表示就能够成立的行为。单方民事法律行为主要可以分为两类:(1)行使个人权利而实施的单方行为,如所有权人抛弃所有权的行为等;(2)涉及他人权利变动的单方民事法律行为,如立遗嘱,授予代理权,行使撤销权、解除权、选择权等处分形成权的行为。

决议行为,是指两个或者两个以上的当事人基于共同的意思表示而意图实现一定法律效果而实施的行为,其满足民事法律行为的所有条件,是一种民事法律行为。

第一百三十五条 【民事法律行为的形式】民事法律行为可以采用书面形式、口头形式或者其他形式;法律、行政法规规定或者当事人约定采用特定形式的,应当采用特定形式。

条文注释

书面形式,是指以文字等可以有形形式再现民事法律行为内容的形式。书面形式是合同书、信件、电报、电传、传真等可以有形地表现所载内容的形式。以电子数据交换、电子邮件等方式能够有形地表现所载内容,并可以随时调取查用的数据电文,视为书面形式。

口头形式,是指当事人以面对面的谈话或者以电话交流等方式形成民事法律行为的形式。口头形式的特点是直接、简便和快捷,在现实生活中数额较小或者现款交易的民事法律行为通常都采用口头形式。

除了书面形式和口头形式,本条还规定民事法律行为也可以采用其他形式。这是一项兜底性规定。

关联法规

《劳动争议解释一》第43条;《总则编解释》第18条

第一百三十六条　【民事法律行为的生效时间】民事法律行为自成立时生效,但是法律另有规定或者当事人另有约定的除外。

行为人非依法律规定或者未经对方同意,不得擅自变更或者解除民事法律行为。

条文注释

民事法律行为的生效,是指民事法律行为产生法律约束力。民事法律行为自成立时生效。需要强调两点:(1)成立时就生效的民事法律行为必须是具备一般有效要件的民事法律行为,即必须是依法成立的民事法律行为。不具备一般有效要件的民事法律行为在成立时可能有三种后果,即无效、被撤销和效力待定。(2)一些特殊的民事法律行为即使具备一般有效要件,在成立时也不立即生效,只有满足特殊生效要件后才生效。

本条第2款规定,行为人非依法律规定或者未经对方同意,不得擅自变更或者解除民事法律行为。本款规定表达了两层意思:(1)已经成立生效的民事法律行为对当事人具有法律拘束力,这时的法律拘束力体现在当事人必须尊重该民事法律行为,并通过自己的行为全面履行民事法律行为所设定的义务。(2)对于具备一般有效要件且成立,但还不具备特殊生效要件的民事法律行为,在特殊生效要件尚不具备前,除非当事人另有约定或者法律另有规定,任意一方当事人不得擅自变更或者解除民事法律行为。

第二节　意思表示

第一百三十七条　【有相对人的意思表示生效时间】以对话方式作出的意思表示,相对人知道其内容时生效。

以非对话方式作出的意思表示,到达相对人时生效。以非对话方式作出的采用数据电文形式的意思表示,相对人指定特定系统接收数据电文的,该数据电文进入该特定系统时生效;未指定特定系统的,相对人知道或者应当知道该数据电文进入其系统时生效。当事人对采用数据电文形式的意思表示的生效时间另有约定的,按照其约定。

关联法规

《总则编解释》第29条

第一百三十八条 【无相对人的意思表示生效时间】无相对人的意思表示，表示完成时生效。法律另有规定的，依照其规定。

条文注释

意思表示，是指行为人为了产生一定民法上的效果而将其内心意思通过一定方式表达于外部的行为。

意思表示具有如下特征：(1)意思表示的表意人具有使民事法律关系发生变动的意图；(2)意思表示是一个将意思由内到外表示的过程；(3)意思表示可以产生一定的法律效果。

意思表示的类型很多，依据是否向相对人作出，意思表示可区分为有相对人的意思表示和无相对人的意思表示。有相对人的意思表示，又称需要受领的意思表示，是指向特定对象作出的意思表示。无相对人的意思表示，又称无须受领的意思表示，是指无须向特定对象作出的意思表示。

第一百三十九条 【以公告方式作出的意思表示生效时间】以公告方式作出的意思表示，公告发布时生效。

条文注释

对于以公告方式作出的意思表示，公告发布时生效。这里的"公告方式"既可以是在有关机构的公告栏，也可以是在报纸上刊登公告的方式。以公告方式作出的意思表示，表意人一旦发出公告能够为社会公众所知道，就认为意思表示已经到达，即发生效力。

理解本条还需要注意：(1)本条所规定的表意人并不是在任何情况下都可以采用公告方式作出意思表示，只有在表意人非因自己的过错而不知相对人的下落或者地址的情况下才可以采用公告方式作出意思表示，否则对相对人很不公平。(2)在表意人知道相对人下落的情况下，表意人不得采用公告方式作出意思表示，除非相对人同意。

第一百四十条 【意思表示的作出方式】行为人可以明示或者默示作出意思表示。

沉默只有在有法律规定、当事人约定或者符合当事人之间的交易习惯时，才可以视为意思表示。

条文注释

明示的意思表示，就是行为人以作为的方式使相对人能够直接了解到意思表示的内容。以明示方式作出的意思表示具有直接、明确、不易产生纠纷等特征。

默示的意思表示。这种方式又称为行为默示，是指行为人虽没有以语言或文字等明示方式作出意思表示，但以行为的方式作出了意思表示。

以沉默的方式作出的意思表示。沉默是一种既无语言表示也无行为表示的纯粹的缄默，是一种完全的不作为。只有在有法律规定、当事人约定或者符合当事人之间的交易习惯时，才可以视为意思表示。

第一百四十一条　【意思表示的撤回】行为人可以撤回意思表示。撤回意思表示的通知应当在意思表示到达相对人前或者与意思表示同时到达相对人。

条文注释

意思表示的撤回，是指在意思表示作出之后发生法律效力之前，意思表示的行为人欲使该意思表示不发生效力而作出的意思表示。

理解本条需要注意以下两点：

(1)意思表示的撤回原则上只有在该意思表示有相对人的情况下才有意义，若是无相对人的意思表示则不存在撤回的问题。

(2)意思表示的撤回与意思表示的撤销是不同的。意思表示的撤回是在意思表示生效前使其不发生效力；而意思表示的撤销，是指在意思表示作出并生效之后，行为人又作出取消其意思表示的表示。

第一百四十二条　【意思表示的解释】有相对人的意思表示的解释，应当按照所使用的词句，结合相关条款、行为的性质和目的、习惯以及诚信原则，确定意思表示的含义。

无相对人的意思表示的解释，不能完全拘泥于所使用的词句，而应当结合相关条款、行为的性质和目的、习惯以及诚信原则，确定行为人的真实意思。

条文注释

意思表示的解释，是指因意思表示不清楚或者不明确发生争议时，由人民法院或者仲裁机构对意思表示进行的解释。

根据本条第1款的规定，对有相对人的意思表示的解释，应当遵循以下规则：

(1)要按照意思表示所使用的词句进行解释。法理上，这种解释方法又称文义解释。对词句的解释应当按照一个"合理人"通常的理解来进行。对于何为"合理人"应当结合具体情况来判断,如果是一般的民事活动,则"合理人"就是社会一般的人;如果是某种特殊交易,则"合理人"就是该领域内的人。

(2)如果按通常的理解对有相对人的意思表示所使用的词句进行解释比较困难或者不合理,则应当结合相关条款、行为的性质和目的、习惯以及诚信原则,确定意思表示的含义。

本条第2款对无相对人的意思表示的解释规则作了规定。与有相对人的意思表示解释规则相比,无相对人的意思表示解释规则最大的不同是,无相对人的意思表示无相对人,因此对这种意思表示的解释就主要探究表意人的内心真实意思,对客观情况考虑较少。

第三节 民事法律行为的效力

第一百四十三条 【民事法律行为有效的条件】具备下列条件的民事法律行为有效:

(一)行为人具有相应的民事行为能力;

(二)意思表示真实;

(三)不违反法律、行政法规的强制性规定,不违背公序良俗。

条文注释

民事法律行为效力的有效发生,是当事人实现意思自治目的的关键。根据本条规定,民事法律行为应当具备的有效条件包括:

(1)行为人具有相应的民事行为能力。这里的"相应",强调行为人所实施的民事法律行为应当与其行为能力相匹配:对于完全民事行为能力人而言,可以从事一切民事法律行为,其行为能力不受限制;对于限制行为能力人而言,只能实施与其年龄、智力、精神健康状况等相适应的民事法律行为,实施其他行为需要经过法定代理人的同意或者追认;而无行为能力人由于不具备行为能力,其实施的民事法律行为是无效的。

(2)意思表示真实。应当注意,此处的真实应作扩大解释,实际上还包含了传统民法理论意思表示自由的含义。在意思表示不真实的情况下,民事法律行为不能具备完全有效的效力。

(3)不违反法律、行政法规的强制性规定,不违背公序良俗。

第一百四十四条 【无民事行为能力人实施的民事法律行为的效力】 无民事行为能力人实施的民事法律行为无效。

条文注释

无民事行为能力人,包括不满8周岁的未成年人以及不能辨认自己行为的成年人。无民事行为能力人由其法定代理人代理实施民事法律行为。

无民事行为能力人尽管在民事权利能力方面同其他民事主体一律平等,但由于其不具备自己实施民事行为的能力,因此在法律上规定由其法定代理人代理其实施民事法律行为,而将其自身实施的民事法律行为一律规定为无效。

第一百四十五条 【限制民事行为能力人实施的民事法律行为的效力】 限制民事行为能力人实施的纯获利益的民事法律行为或者与其年龄、智力、精神健康状况相适应的民事法律行为有效;实施的其他民事法律行为经法定代理人同意或者追认后有效。

相对人可以催告法定代理人自收到通知之日起三十日内予以追认。法定代理人未作表示的,视为拒绝追认。民事法律行为被追认前,善意相对人有撤销的权利。撤销应当以通知的方式作出。

条文注释

本条第1款是关于限制民事行为能力人从事的民事法律行为效力的规定,具体包括两层含义:

(1)原则上,限制民事行为能力人所从事的民事法律行为,须经法定代理人同意或者追认才能有效。这里对法定代理人补正限制民事行为能力人的行为能力规定了两种方式:一种是同意,另一种是追认。需要说明的是,法定代理人对限制民事行为能力人行为的同意或者追认应当采用明示的方式作出,同时应当为行为相对人所知晓才能发生效力。

(2)考虑到限制民事行为能力人并非完全没有民事行为能力,本条还规定了部分民事法律行为无须经法定代理人同意或者追认即可有效。这些行为主要包括两类:一是纯获利益的民事法律行为,如限制民事行为能力人接受赠与、奖励、报酬等。二是与限制民事行为能力人的年龄、智力、精神健康状态相适应的民事法律行为,这些民事法律行为多与日常生活相关,如8周岁以上的未成年人购买价值不高的学习用品等。

本条第2款是对法定代理人追认的有关规定。需要说明的是,相对人的催告应当以明示方式作出,期间也应从法定代理人收到通知之日起算。本条确定的期间为30日,法定代理人超过30日未作表示的,视为拒绝追认。

本条第2款除规定相对人的催告权外,还规定了善意相对人的撤销权,即民事法律行为被追认前,善意相对人有撤销的权利。撤销权的行使应注意以下几点:(1)相对人撤销权的行使须在法定代理人追认之前,法定代理人一经追认,相对人不得再行使这一权利。(2)仅善意相对人可行使撤销权。(3)相对人行使撤销权时,应当通过通知的方式作出,这种通知必须是明示的、明确的,不得通过默示的方式。

第一百四十六条 【虚伪表示与隐藏行为的效力】行为人与相对人以虚假的意思表示实施的民事法律行为无效。

以虚假的意思表示隐藏的民事法律行为的效力,依照有关法律规定处理。

条文注释

虚伪表示,是指行为人与相对人都知道自己所表示的意思并非真意,通谋作出与真意不一致的意思表示。

隐藏行为,又称隐匿行为,是指在虚伪表示掩盖之下行为人与相对人真心所欲达成的民事法律行为。根据虚伪表示与隐藏行为的对应关系,有虚伪表示,未必存在隐藏行为;但有隐藏行为,则一定存在虚伪表示。当同时存在虚伪表示与隐藏行为时,虚伪表示无效,隐藏行为并不因此无效,其效力如何,应当依据有关法律规定处理。具体来说,如果这种隐藏行为本身符合该行为的生效要件,就可以生效。

第一百四十七条 【基于重大误解实施的民事法律行为的效力】基于重大误解实施的民事法律行为,行为人有权请求人民法院或者仲裁机构予以撤销。

条文注释

认定重大误解需满足以下几个条件:(1)行为人主观上存在错误认识,这种错误可以是关于行为的性质,也可以是关于行为的相对人,交易标的的质量、数量等;(2)行为的结果与行为人的意思相悖;(3)行为人的错误认识与行为后果之间存在因果关系;(4)行为人在客观上遭受了较大损失。基于重大误解实施的民事法律行为,行为人有权请求人民法院或者仲裁机构予以撤销。

关联法规

《劳动争议解释一》第35条;《总则编解释》第19条

第一百四十八条 【以欺诈手段实施的民事法律行为的效力】一方以欺诈手段,使对方在违背真实意思的情况下实施的民事法律行为,受欺诈方有权请求人民法院或者仲裁机构予以撤销。

条文注释

欺诈的构成要件一般包括以下几项:(1)行为人须有欺诈的故意。这种故意既包括使对方陷入错误判断的故意,也包括诱使对方基于此错误判断而作出意思表示的故意。(2)行为人须有欺诈的行为。这种行为既可以是故意虚构虚假事实,也可以是故意隐瞒应当告知的真实情况等。(3)受欺诈人因行为人的欺诈行为陷入错误判断,即欺诈行为与错误判断之间存在因果关系。(4)受欺诈人基于错误判断作出意思表示。

理解本条时需注意以下几点:(1)欺诈系由民事法律行为的一方当事人实施,而相对人因此欺诈行为陷入错误判断,并进而作出了意思表示。(2)欺诈的构成并不需要受欺诈人客观上遭受损害后果的事实,只要受欺诈人因欺诈行为作出了实施民事法律行为的意思表示,即可成立欺诈。(3)欺诈的法律后果为可撤销,享有撤销权的是受欺诈人。

关联法规

《总则编解释》第21条

第一百四十九条 【第三人欺诈的民事法律行为的效力】第三人实施欺诈行为,使一方在违背真实意思的情况下实施的民事法律行为,对方知道或者应当知道该欺诈行为的,受欺诈方有权请求人民法院或者仲裁机构予以撤销。

条文注释

本条针对第三人欺诈的行为作了规定,主要内容包括:(1)当事人以外的第三人对一方当事人实施了欺诈行为,并致使该当事人陷入错误判断且据此作出了意思表示;(2)受欺诈人享有对民事法律行为的撤销权,但该撤销权行使须满足一定条件;(3)撤销权的行使仍须通过人民法院或者仲裁机构。

关联法规

《总则编解释》第21条

第一百五十条　【以胁迫手段实施的民事法律行为的效力】一方或者第三人以胁迫手段,使对方在违背真实意思的情况下实施的民事法律行为,受胁迫方有权请求人民法院或者仲裁机构予以撤销。

条文注释

胁迫,是指行为人通过威胁、恐吓等不法手段对他人思想上施加强制,由此使他人产生恐惧心理并基于恐惧心理作出意思表示的行为。

胁迫的构成要件一般应当包括:(1)胁迫人主观上有胁迫的故意;(2)胁迫人客观上实施了胁迫的行为;(3)胁迫须具有不法性,包括手段或者目的的不法性,反之则不成立胁迫;(4)受胁迫人基于胁迫产生的恐惧心理作出意思表示。

关联法规

《总则编解释》第22条

第一百五十一条　【显失公平的民事法律行为的效力】一方利用对方处于危困状态、缺乏判断能力等情形,致使民事法律行为成立时显失公平的,受损害方有权请求人民法院或者仲裁机构予以撤销。

条文注释

成立显失公平须包括两项要件:(1)主观上民事法律行为的一方当事人利用了对方处于危困状态、缺乏判断能力等情形。(2)客观上民事法律行为成立时显失公平。此处的显失公平是指双方当事人在民事法律行为中的权利义务明显失衡、显著不相称。至于"失衡""不相称"的具体标准,则需要结合民事法律行为的具体情形加以判断。

关联法规

《劳动争议解释一》第35条;《合同编通则解释》第11条

第一百五十二条　【撤销权的消灭】有下列情形之一的,撤销权消灭:

(一)当事人自知道或者应当知道撤销事由之日起一年内、重大误解的当事人自知道或者应当知道撤销事由之日起九十日内没有行使撤销权;

(二)当事人受胁迫,自胁迫行为终止之日起一年内没有行使撤销权;

(三)当事人知道撤销事由后明确表示或者以自己的行为表明放弃撤销权。

当事人自民事法律行为发生之日起五年内没有行使撤销权的,撤销权消灭。

条文注释

民事法律行为因不同事由被撤销的，其撤销权应当在一定期间内行使。这一点是由撤销权的性质所决定的。享有撤销权的权利人必须在一定期间内决定是否行使这一权利，从而保护相对人的利益，维护交易安全。这一期间被称为除斥期间，除斥期间经过，撤销权终局性地归于消灭，可撤销的民事法律行为自此成为完全有效的民事法律行为。

第一百五十三条 【违反强制性规定及违背公序良俗的民事法律行为的效力】违反法律、行政法规的强制性规定的民事法律行为无效。但是，该强制性规定不导致该民事法律行为无效的除外。

违背公序良俗的民事法律行为无效。

条文注释

在理解本条第1款时，应注意民事法律行为违反强制性规定无效有一种例外，即当该强制性规定本身并不导致民事法律行为无效时，民事法律行为并不无效。这里实际上涉及对具体强制性规定的性质判断问题。某些强制性规定尽管要求民事主体不得违反，但其并不导致民事法律行为无效。

本条第2款规定，违背公序良俗的民事法律行为无效。公序良俗是公共秩序和善良习俗的简称，属于不确定概念。其主要包括但不限于：(1)危害国家政治、经济、财政、税收、金融、治安等秩序类型；(2)危害家庭关系行为类型；(3)违反性道德行为类型；(4)违反人权和人格尊重行为类型；(5)限制经济自由行为类型；(6)违反公平竞争行为类型；(7)违反消费者保护行为类型；(8)违反劳动者保护行为类型等。同强制性规定一样，公序良俗也体现了国家对民事领域意思自治的一种限制。

关联法规

《合同编通则解释》第14、16~17条

第一百五十四条 【恶意串通的民事法律行为的效力】行为人与相对人恶意串通，损害他人合法权益的民事法律行为无效。

条文注释

恶意串通的民事法律行为在主观上要求双方有互相串通、为满足私利而损害他人合法权益的目的，客观上表现为实施了一定形式的行为来达到这一目的。尽管民法的基本原则中包含自愿原则，即当事人可以按照自己的意思设立、变更、终止民事法律关系，但民事主体却不得滥用民事权利损害国家利益、社会公共利益或者他人合法权益。

关联法规

《拍卖法》第65条

第一百五十五条　【无效、被撤销的民事法律行为自始无效】无效的或者被撤销的民事法律行为自始没有法律约束力。

条文注释

民事法律行为的效力形态包括多种，如有效、无效、可撤销、效力待定等。对于无效和被撤销的民事法律行为来说，必然涉及其行为效力的问题。民事法律行为无效或者被撤销后，效力自然对将来不再发生。无效或者被撤销的民事法律行为自始没有法律约束力。自始无效意味着，民事法律行为一旦无效或者被撤销，双方的权利义务状态应当恢复到这一行为实施之前的状态，已经履行的，应当恢复原状。

第一百五十六条　【民事法律行为部分无效】民事法律行为部分无效，不影响其他部分效力的，其他部分仍然有效。

条文注释

民事法律行为的无效事由既可以导致其全部无效，也可以导致部分无效。在部分无效时，如果不影响其他部分的效力，其他部分仍可有效。这意味着，只有在民事法律行为的内容效力可分且相互不影响的情况下，部分无效才不会导致其他部分同时无效。反之，当部分无效的民事法律行为会影响其他部分效力的，其他部分也应无效。

第一百五十七条　【民事法律行为无效、被撤销或确定不发生效力的法律后果】民事法律行为无效、被撤销或者确定不发生效力后，行为人因该行为取得的财产，应当予以返还；不能返还或者没有必要返还的，应当折价补偿。有过错的一方应当赔偿对方由此所受到的损失；各方都有过错的，应当各自承担相应的责任。法律另有规定的，依照其规定。

条文注释

本条规定了民事法律行为无效、被撤销以及确定不发生效力的如下几种法律后果：

（1）返还财产。这是指民事法律行为被确认无效、被撤销或者确定不发生效力后，行为人因民事法律行为所取得的财产应当予以返还，相对人亦享有对已交付财产的返还请求权。

(2)折价补偿。对于不能返还财产，或者没有必要返还的，应当折价补偿。民事法律行为无效、被撤销或者确定不发生效力后，返还财产应当作为恢复原状的原则做法。但是，在某些情况下，返还财产并不具备现实条件或者没有必要，此时应当通过折价补偿的方式来达到使财产关系恢复原状的目的。

(3)赔偿损失。根据本条规定，有过错的一方应当赔偿对方由此受到的损失；各方都有过错的，应当各自承担相应的责任。需要指出的是，这里规定的损失赔偿是一种过错责任，行为人只有主观上对民事法律行为无效、被撤销以及确定不发生效力的情形存在过错时才予以承担。

关联法规

《总则编解释》第23条；《合同编通则解释》第12、14条

第四节 民事法律行为的附条件和附期限

第一百五十八条 【附条件的民事法律行为】民事法律行为可以附条件，但是根据其性质不得附条件的除外。附生效条件的民事法律行为，自条件成就时生效。附解除条件的民事法律行为，自条件成就时失效。

条文注释

民事法律行为附条件，是指当事人以未来客观上不确定发生的事实，作为民事法律行为效力的附款。

在附条件的民事法律行为中，所附条件的出现与否将直接决定民事法律行为的效力状态。附生效条件的民事法律行为，自条件成就时生效。附解除条件的民事法律行为，自条件成就时失效。需要特别指出的是，附条件的民事法律行为虽然在所附条件出现时才生效或失效，但在条件尚未具备时，民事法律行为对于当事人仍然具有法律约束力，当事人不得随意变更或者撤销。

民事法律行为以可以附条件为原则，这是意思自治原则的体现，但对于某些行为而言，则依其性质不得附条件。这主要是指某些民事法律行为的性质要求其应当即时、确定地发生效力，不允许效力处于不确定状

态,因此不得附条件。例如,票据行为,为保障其流通性,不得附条件;撤销权、解除权等形成权的行使,本身就是为了使不确定的法律关系尽快确定,如果允许其附条件,会使本不确定的法律关系更加不确定,因此不得附条件。

关联法规

《总则编解释》第24条

第一百五十九条　【条件成就和不成就的拟制】附条件的民事法律行为,当事人为自己的利益不正当地阻止条件成就的,视为条件已经成就;不正当地促成条件成就的,视为条件不成就。

条文注释

尽管民事法律行为成立时,当事人可以对于民事法律行为的效力共同约定附条件,但自此之后,当事人却有可能从自己的利益出发,不正当地促成或者阻止条件成就,以达到对自己有利的结果。当一方当事人为了自己的利益通过不正当手段人为促成或者阻止条件成就时,不仅对意思自治原则造成了侵害,更有可能损害对方当事人的利益,因此法律应当予以规范。

第一百六十条　【附期限的民事法律行为】民事法律行为可以附期限,但是根据其性质不得附期限的除外。附生效期限的民事法律行为,自期限届至时生效。附终止期限的民事法律行为,自期限届满时失效。

条文注释

民事法律行为所附期限具有以下特点:(1)条件的发生与否属于不确定的事实,但期限的到来则是确定发生的事实;(2)附期限的民事法律行为体现了当事人对民事法律行为生效或失效的期限约定,所附期限属于民事法律行为的附属意思表示,体现了双方的意思自治;(3)期限的到来是必然确定的,但到来的具体时日却未必十分确定。根据所附期限决定民事法律行为的生效或失效,期限可以分为生效期限和终止期限。

第七章 代 理

第一节 一般规定

第一百六十一条 【代理的适用范围】民事主体可以通过代理人实施民事法律行为。

依照法律规定、当事人约定或者民事法律行为的性质，应当由本人亲自实施的民事法律行为，不得代理。

条文注释

代理的适用范围原则上限于民事法律行为。但一般认为，一些与合同密切相关的准民事法律行为、事实行为和程序行为，如要约邀请、要约撤回、订约时样品的交付和受领、办理合同公证等，也允许代理。

不是所有民事法律行为都允许代理。下列三类民事法律行为不得代理：(1)依照法律规定应当由本人亲自实施的民事法律行为；(2)依照当事人约定应当由本人亲自实施的民事法律行为；(3)依照民事法律行为的性质，应当由本人亲自实施的民事法律行为。这主要是指具有人身性质的身份行为，如结婚、离婚、收养、遗嘱、遗赠等。

第一百六十二条 【代理的效力】代理人在代理权限内，以被代理人名义实施的民事法律行为，对被代理人发生效力。

条文注释

根据本条规定，代理行为发生代理效力必须符合下列两个条件：

(1)代理人在代理权限内实施民事法律行为。代理人超越代理权限实施民事法律行为的，除符合本法第172条规定的表见代理的构成要件外，为无权代理，须经被代理人追认才能对被代理人产生效力。

(2)代理人必须以被代理人的名义实施民事法律行为。代理人在实施民事法律行为时，必须以被代理人的名义进行，即明确向相对人表明是替被代理人来实施该民事法律行为。

第一百六十三条 【代理的类型】代理包括委托代理和法定代理。

委托代理人按照被代理人的委托行使代理权。法定代理人依照法律的规定行使代理权。

条文注释

根据代理权产生依据的不同,代理可以分为委托代理和法定代理。委托代理是代理的主要类型。法定代理是依照法律的规定来行使代理权的代理。法定代理人的代理权来自法律的直接规定,无须被代理人的授权,也只有在符合法律规定条件的情况下才能取消代理人的代理权。

法定代理人的类型主要有:监护人;失踪人的财产代管人;清算组。

第一百六十四条 【代理人不当行为的法律后果】代理人不履行或者不完全履行职责,造成被代理人损害的,应当承担民事责任。

代理人和相对人恶意串通,损害被代理人合法权益的,代理人和相对人应当承担连带责任。

条文注释

本条第1款是关于代理人不当履行职责的民事责任的规定。代理人行使代理权完全是为了被代理人的利益,应当在代理权限内忠实履行代理职责,如果不履行或者不完全履行代理职责,造成被代理人损害的,应当承担民事责任。

本条第2款是关于代理人和相对人恶意串通的民事责任的规定。代理人和相对人恶意串通,损害被代理人合法权益时,代理人的行为属于本条第1款规制的范围,应当承担民事责任,但此时相对人也应承担责任。根据本款规定,代理人和相对人承担连带责任的前提是恶意串通。如果双方当事人或者一方当事人不知且不应知其行为的损害后果,就不构成恶意串通,不能适用本款规定,应当根据各自的行为来承担相应的民事责任。

第二节 委托代理

第一百六十五条 【授权委托书】委托代理授权采用书面形式的，授权委托书应当载明代理人的姓名或者名称、代理事项、权限和期限，并由被代理人签名或者盖章。

条文注释

委托代理，是指按照被代理人的委托来行使代理权的代理。此时，代理人行使的代理权称为委托代理权，是基于被代理人的意思而产生的。被代理人授予代理人委托代理权的行为，称为授权行为。

根据本法第135条的规定，在法律、行政法规没有特别规定或者当事人没有约定的情况下，委托代理授权可以采取书面形式、口头形式或者其他形式中的任何一种。其中，书面形式是最主要的一种授权形式，称为授权委托书。

第一百六十六条 【共同代理】数人为同一代理事项的代理人的，应当共同行使代理权，但是当事人另有约定的除外。

条文注释

共同代理，是指数个代理人共同行使一项代理权的代理。共同代理具有以下几个特征：(1)有数个代理人；(2)只有一个代理权；(3)共同行使代理权。共同行使，是指只有经过全体代理人的共同同意才能行使代理权，即数人应当共同实施代理行为，享有共同的权利义务。

第一百六十七条 【违法代理及其法律后果】代理人知道或者应当知道代理事项违法仍然实施代理行为，或者被代理人知道或者应当知道代理人的代理行为违法未作反对表示的，被代理人和代理人应当承担连带责任。

条文注释

代理违法造成第三人损害的，应当承担民事责任，但由被代理人承担还是代理人承担应当区分不同情形加以确定：

(1)代理事项违法，但代理人不知道或者不应当知道该代理事项违法，此时应由被代理人承担民事责任。

(2)代理事项违法,代理人知道或者应当知道该代理事项违法仍然实施了代理行为,此时代理人与被代理人应当承担连带责任。

(3)代理事项不违法,但代理人实施了违法的代理行为,被代理人不知道或者不应当知道该行为违法,或者知道后表示反对的,此时应由代理人承担民事责任。

(4)代理事项不违法,但代理人实施了违法的代理行为,被代理人知道或者应当知道该行为违法未作反对表示的,此时被代理人应与代理人承担连带责任。

第一百六十八条　【禁止自己代理和双方代理及例外】代理人不得以被代理人的名义与自己实施民事法律行为,但是被代理人同意或者追认的除外。

代理人不得以被代理人的名义与自己同时代理的其他人实施民事法律行为,但是被代理的双方同意或者追认的除外。

条文注释

自己代理,是指代理人以被代理人的名义与自己实施民事法律行为。实践中,自己代理主要有两种情况:(1)代理人以自己的名义向被代理人发出要约且代理人以被代理人的名义予以承诺;(2)代理人以被代理人的名义向自己发出要约且以自己的名义予以承诺。

双方代理,是指代理人同时代理被代理人和相对人实施同一民事法律行为。构成双方代理,必须符合两个条件:(1)代理人必须既获得被代理人的委托代理授权,又获得相对人的委托代理授权;(2)代理人同时代理的双方为同一民事法律行为的当事人。

法律规定了禁止自己代理和双方代理,同时均规定了例外情况:(1)如果被代理人事先同意,或者被代理人虽然没有事先同意,但事后经权衡后,追认了代理人的自己代理行为,法律自然要尊重被代理人的选择,认可自己代理行为的效力;(2)如果当事双方都觉得没有损害其利益或者愿意承受这种不利益,法律也没有必要强行干预。

第一百六十九条　【复代理】代理人需要转委托第三人代理的,应当取得被代理人的同意或者追认。

转委托代理经被代理人同意或者追认的,被代理人可以就代理事务直接指示转委托的第三人,代理人仅就第三人的选任以及对第三人的指示承担责任。

转委托代理未经被代理人同意或者追认的,代理人应当对转委托的第三人的行为承担责任;但是,在紧急情况下代理人为了维护被代理人的利益需要转委托第三人代理的除外。

条文注释

复代理,又称再代理、转代理或者次代理,是指代理人为了实施其代理权限内的行为,以自己的名义为被代理人选任代理人的代理。

复代理具有以下几个特征:(1)以本代理的存在为前提;(2)复代理人是原代理人以自己的名义选任的代理人;(3)复代理人行使的代理权是原代理人的代理权,但原代理人的代理权并不因此丧失;(4)复代理人是被代理人的代理人,而不是代理人的代理人。

本条明确只有在两种情况下才允许复代理:(1)被代理人允许。被代理人的允许,包括事先同意和事后追认。(2)出现紧急情况。

关联法规

《总则编解释》第26条

第一百七十条　【职务代理】执行法人或者非法人组织工作任务的人员,就其职权范围内的事项,以法人或者非法人组织的名义实施的民事法律行为,对法人或者非法人组织发生效力。

法人或者非法人组织对执行其工作任务的人员职权范围的限制,不得对抗善意相对人。

条文注释

职务代理,是指根据代理人所担任的职务而产生的代理,即执行法人或者非法人组织工作任务的人员,就其职权范围内的事项,以法人或者非法人组织的名义实施的民事法律行为,无须法人或者非法人组织的特别授权,对法人或者非法人组织发生效力。

理解职务代理制度,应注意以下几点:(1)被代理人须是法人或者非法人组织;(2)代理人须是执行法人或者非法人组织工作任务的人员;(3)代理事项须是职权范围内的事项。

第一百七十一条　【无权代理】行为人没有代理权、超越代理权或者代理权终止后，仍然实施代理行为，未经被代理人追认的，对被代理人不发生效力。

相对人可以催告被代理人自收到通知之日起三十日内予以追认。被代理人未作表示的，视为拒绝追认。行为人实施的行为被追认前，善意相对人有撤销的权利。撤销应当以通知的方式作出。

行为人实施的行为未被追认的，善意相对人有权请求行为人履行债务或者就其受到的损害请求行为人赔偿。但是，赔偿的范围不得超过被代理人追认时相对人所能获得的利益。

相对人知道或者应当知道行为人无权代理的，相对人和行为人按照各自的过错承担责任。

条文注释

无权代理有以下三种类型：(1)没有代理权的无权代理；(2)超越代理权的无权代理；(3)代理权终止后的无权代理。

对于无权代理行为，被代理人可以追认，使之确定地发生法律效力，也可以拒绝追认使之确定地不发生法律效力；善意相对人可以在被代理人追认前行使撤销权使之确定地不发生效力，如果相对人希望尽早确定其效力，可以催告被代理人予以追认。

催告权，是指相对人催促被代理人在一定期限内明确答复是否承认无权代理行为的权利。撤销权，是指相对人在被代理人未追认无权代理行为之前，可撤回其对行为人所作的意思表示的权利。

关联法规

《总则编解释》第25、27、29条

第一百七十二条　【表见代理】行为人没有代理权、超越代理权或者代理权终止后，仍然实施代理行为，相对人有理由相信行为人有代理权的，代理行为有效。

条文注释

表见代理，是指行为人无代理权而实施代理行为，如果相对人有理由相信其有代理权，该代理行为有效。

构成表见代理需要满足以下两个条件：

(1)行为人没有获得被代理人的授权就以被代理人的名义与相对人

实施民事法律行为。本条规定了没有代理权、超越代理权和代理权终止三种情形。

(2)相对人在主观上必须是善意、无过失的。如果相对人明知或者应知行为人没有代理权、超越代理权或者代理权已终止,而仍与行为人实施民事法律行为,那么就不构成表见代理,而成为无权代理。

关联法规

《期货纠纷规定》第9条;《总则编解释》第25、28条

第三节　代理终止

第一百七十三条　【委托代理终止的情形】有下列情形之一的,委托代理终止:

(一)代理期限届满或者代理事务完成;

(二)被代理人取消委托或者代理人辞去委托;

(三)代理人丧失民事行为能力;

(四)代理人或者被代理人死亡;

(五)作为代理人或者被代理人的法人、非法人组织终止。

条文注释

委托代理终止,是指被代理人与代理人之间的代理关系消灭。出现下列五种情形之一的,委托代理终止:

(1)代理期限届满或者代理事务完成。如果授权时明确了具体的代理期限,期限届满,没有继续授权,委托代理就应当终止。同时,代理人完成了全部代理事务,即使代理期限没有届满,代理关系也已失去继续存在的理由,也应当终止。

(2)被代理人取消委托或者代理人辞去委托。被代理人授予代理人委托代理权,该委托被代理人可以依法取消,代理人也可以依法辞去,此两种情形之下,委托代理终止。

(3)代理人丧失民事行为能力。代理人要以被代理人的名义实施民事法律行为,必须具有行为能力。如果代理人丧失民事行为能力,委托代理当然终止。

(4)代理人或者被代理人死亡。委托代理关系建立在被代理人与代理人之间信任的基础之上,具有严格的人身属性;如果代理人或者被代理

人死亡,委托代理也应终止。但应注意的是,本法第 174 条规定了一些例外情形,在这些情形下,代理人实施的代理行为仍然有效。

(5)作为代理人或者被代理人的法人、非法人组织终止。如果代理人或者被代理人是法人或者非法人组织,该法人或者非法人组织由于种种原因终止,此时,委托代理也当然终止。

第一百七十四条　【委托代理终止的例外】被代理人死亡后,有下列情形之一的,委托代理人实施的代理行为有效:

(一)代理人不知道且不应当知道被代理人死亡;

(二)被代理人的继承人予以承认;

(三)授权中明确代理权在代理事务完成时终止;

(四)被代理人死亡前已经实施,为了被代理人的继承人的利益继续代理。

作为被代理人的法人、非法人组织终止的,参照适用前款规定。

条文注释

被代理人死亡,其继承人知道代理人的存在后,对其代理人地位予以承认的,代理人可以继续实施代理行为。

被代理人的委托授权中明确了代理权直到代理事务完成时才终止的,即使被代理人死亡,也应当尊重其意思,代理人可以继续从事代理活动,其实施的代理行为仍然有效。

如果被代理人是法人、非法人组织,其终止类似于自然人的死亡,因此,本条第 2 款规定,作为被代理人的法人、非法人组织终止的,参照适用前款规定。

第一百七十五条　【法定代理终止的情形】有下列情形之一的,法定代理终止:

(一)被代理人取得或者恢复完全民事行为能力;

(二)代理人丧失民事行为能力;

(三)代理人或者被代理人死亡;

(四)法律规定的其他情形。

第八章　民 事 责 任

第一百七十六条　【民事义务与责任】民事主体依照法律规定或者按照当事人约定,履行民事义务,承担民事责任。

条文注释

民事责任的基本特征包括两个方面:

(1)民事责任是民事主体违反民事义务所应承担的责任,是以民事义务为基础的。民事义务分为两类:一是法律直接规定的义务;二是在法律允许的范围内民事主体自行约定的义务。

(2)民事责任具有强制性。强制性是法律责任的重要特征。法律责任中的民事责任的强制性表现在对不履行民事义务的行为予以制裁,要求民事主体承担民事责任。

第一百七十七条　【按份责任】二人以上依法承担按份责任,能够确定责任大小的,各自承担相应的责任;难以确定责任大小的,平均承担责任。

条文注释

按份责任,是指责任人为多人时,各责任人按照一定的份额向权利人承担民事责任,各责任人之间无连带关系。

适用本条规定应当符合下列构成要件:(1)主体的复数性。不依照法律规定或者当事人约定履行民事义务的主体应当为两个或者两个以上的民事主体,可以是自然人,也可以是法人或者非法人组织。(2)造成同一法律后果。两个或者两个以上的民事主体不依照法律规定或者当事人约定履行民事义务产生的民事责任是同一的,性质是相同的。

第一百七十八条　【连带责任】二人以上依法承担连带责任的,权利人有权请求部分或者全部连带责任人承担责任。

连带责任人的责任份额根据各自责任大小确定;难以确定责任大小的,平均承担责任。实际承担责任超过自己责任份额的连带责任人,有权向其他连带责任人追偿。

连带责任,由法律规定或者当事人约定。

条文注释

连带责任,是指依照法律规定或者当事人的约定,两个或者两个以上当事人对共同产生的不履行民事义务的民事责任承担全部责任,并因此引起内部债务关系的一种民事责任。

连带责任的特征主要表现在:(1)连带责任对于违反民事义务的主体而言是一种比较严厉的责任方式。连带责任对外是一个整体的责任。连带责任中的每个主体都需要对被损害者承担全部责任。被请求承担全部责任的连带责任主体,不得以自己的过错程度为由只承担自己的责任。(2)连带责任对被损害者的保护更为充分。连带责任给了被损害者更多的选择权,被损害者可以请求一个或者数个连带责任人承担全部或者部分赔偿责任。(3)连带责任是法定责任,连带责任人之间不能约定改变责任的性质,对于内部责任份额的约定对外不发生效力。

第一百七十九条　【承担民事责任的方式】承担民事责任的方式主要有:

(一)停止侵害;

(二)排除妨碍;

(三)消除危险;

(四)返还财产;

(五)恢复原状;

(六)修理、重作、更换;

(七)继续履行;

(八)赔偿损失;

(九)支付违约金;

(十)消除影响、恢复名誉;

(十一)赔礼道歉。

法律规定惩罚性赔偿的,依照其规定。

本条规定的承担民事责任的方式,可以单独适用,也可以合并适用。

条文注释

民事主体应当依照法律规定或者当事人约定履行民事义务。民事主体不履行或者不完全履行民事义务的,就需要承担民事责任。

本条第1款规定了11种承担民事责任的方式,各有特点,可以单独采用一种方式,也可以采用多种方式。具体适用民事责任的方式应掌握的原则是,如果一种方式不足以救济权利人,就应当同时适用其他方式。

本条第2款规定了惩罚性赔偿。惩罚性赔偿，是指当侵权人（义务人）以恶意、故意、欺诈等方式实施加害行为而致权利人受到损害的，权利人可以获得实际损害赔偿之外的增加赔偿。其目的是通过对义务人施以惩罚，阻止其重复实施恶意行为，并警示他人不要采取类似行为。

第一百八十条 【不可抗力】因不可抗力不能履行民事义务的，不承担民事责任。法律另有规定的，依照其规定。

不可抗力是不能预见、不能避免且不能克服的客观情况。

条文注释

不可抗力，一般是指根据现有的技术水平，对某事件发生没有预知能力。

不能避免且不能克服，是指当事人已经尽到最大努力和采取一切可以采取的措施，仍不能避免某种事件的发生且不能克服事件所造成的后果。"不能避免且不能克服"表明某个事件的发生和事件所造成的后果具有必然性。

通常情况下，因不可抗力不能履行民事义务的，不承担民事责任。但法律规定因不可抗力不能履行民事义务，也要承担民事责任的则需要依法承担民事责任。

关联法规

《邮政法》第48条

第一百八十一条 【正当防卫】因正当防卫造成损害的，不承担民事责任。

正当防卫超过必要的限度，造成不应有的损害的，正当防卫人应当承担适当的民事责任。

条文注释

正当防卫，是指本人、他人的人身权利、财产权利遭受不法侵害时，行为人所采取的一种防卫措施。正当防卫作为行为人不承担责任和减轻责任的情形，其根据是行为的正当性、合法性，表明行为人主观上没有过错。

正当防卫超过必要限度，造成侵害人不应有的损害的，正当防卫人应当承担适当的民事责任。适当的民事责任，是指不对侵害人的全部损失赔偿，而是根据正当防卫人过错的程度，由正当防卫人在损失范围内承担一部分责任。

关联法规

《刑法》第20条;《总则编解释》第30、31条

第一百八十二条　【紧急避险】因紧急避险造成损害的,由引起险情发生的人承担民事责任。

危险由自然原因引起的,紧急避险人不承担民事责任,可以给予适当补偿。

紧急避险采取措施不当或者超过必要的限度,造成不应有的损害的,紧急避险人应当承担适当的民事责任。

条文注释

紧急避险,是指为了使本人或者他人的人身、财产权利免受正在发生的危险,不得已采取的紧急避险行为,造成损害的,不承担责任或者减轻责任的情形。

紧急避险人的法律责任分为以下几个方面:(1)紧急避险人造成本人或者他人损害的,由引起险情发生的人承担责任。(2)如果危险是由自然原因引起的,紧急避险人是为了他人的利益而采取了避险行为,造成第三人利益损害的,紧急避险人无须对第三人承担责任。(3)如果危险是由自然原因引起的,紧急避险人是为了本人的利益而采取了避险行为,造成第三人利益损害的,紧急避险人本人作为受益人,应当对第三人的损害给予补偿。(4)因紧急避险采取措施不当或者超过必要的限度,造成不应有的损害的,紧急避险人应当承担适当的责任。

紧急避险"采取措施不当",是指在当时的情况下能够采取可能减少或者避免损害的措施而未采取,或者采取的措施并非排除险情所必需。紧急避险"超过必要的限度",是指采取紧急避险措施没有减轻损害,或者紧急避险所造成的损害大于所保全的利益。

关联法规

《刑法》第21条;《总则编解释》第32、33条

第一百八十三条　【因保护他人民事权益受损时的责任承担与补偿办法】因保护他人民事权益使自己受到损害的,由侵权人承担民事责任,受益人可以给予适当补偿。没有侵权人、侵权人逃逸或者无力承担民事责任,受害人请求补偿的,受益人应当给予适当补偿。

条文注释

本条的目的在于保护见义勇为者,鼓励见义勇为行为。理解本条时

应注意以下问题：

（1）因保护他人民事权益而使自己受到损害。受到损害的人不是为了自己的民事权益，而是为了他人的民事权益不受侵害而为的行为。受到的损害既包括人身受到伤害，也包括财产受到损害。

（2）由侵权人承担民事责任，受益者可以给予适当的补偿。由于受害人是为了保护他人的民事权益，防止、制止侵权人的侵权行为，所以，受害人受到损害的，应由侵权人承担民事责任。考虑到受益人因受害人的付出，使自己的权益免受或者少受损害，对受害人因此受到损害的，受益人可以给予适当的补偿。

（3）受益人应当给予适当补偿的情形主要分为两种：一种是侵权人逃逸或者无力承担民事责任的情形；另一种是没有侵权人的情形。因保护他人民事权益使自己受到损害的，有时并无侵权人，如舍身相救落水人员使自己受伤等。在这种情况下，受益人给予适当补偿也是理所当然的。

关联法规

《总则编解释》第34条

典型案例

李某良、钟某梅诉吴某闲等生命权纠纷案①

典型意义：见义勇为是中华民族的传统美德，是社会主义核心价值观的内在要求。"一人兴善，万人可激"，新时代新征程，更需要榜样的力量、榜样的激励。本案中，李某林在突发情况下毫不犹豫跳水救人后不幸溺亡，其英勇救人的行为值得肯定、褒扬和尊重。审理法院适用《民法典》"见义勇为损害救济规则"，肯定李某林的见义勇为精神，通过以案释法树立是非标杆，积极倡导了崇德向善的社会风尚。

第一百八十四条　【自愿实施紧急救助行为不承担民事责任】因自愿实施紧急救助行为造成受助人损害的，救助人不承担民事责任。

条文注释

本条规定包括以下几个方面：（1）救助人自愿实施紧急救助行为。

① 参见《人民法院贯彻实施民法典典型案例（第二批）》之二。

自愿实施紧急救助行为，是指一般所称的见义勇为或者乐于助人的行为，不包括专业救助行为。本条所称的救助人，是指非专业人员，即一般所称的见义勇为或者乐于助人的志愿人员。(2)救助人以救助为目的实施紧急救助行为。救助行为应是在紧急情况下，救助人实施的救助他人的行为。救助人不承担民事责任的条件之一是救助人需以"救助"受助人为行为的主观目的。(3)受助人的损害与救助人的行为有因果关系。(4)救助人对因救助行为造成受助人的损害不承担民事责任。

第一百八十五条　【侵害英烈等的姓名、肖像、名誉、荣誉的民事责任】侵害英雄烈士等的姓名、肖像、名誉、荣誉，损害社会公共利益的，应当承担民事责任。

条文注释

应从以下两点理解本条：(1)本条保护的主体"英雄烈士等"包括为了人民利益英勇斗争而牺牲，堪为楷模的人，还包括在保卫国家和国家建设中作出巨大贡献、建立卓越功勋，已经故去的人。(2)本条保护的客体是英雄烈士等的相关人格利益。

关联法规

《烈士褒扬条例》第8条；《军人抚恤优待条例》第8条；《精神损害解释》第3条；《时间效力规定》第6条；《检察公益诉讼解释》第13条

典型案例

杭州市上城区人民检察院诉某网络科技有限公司英雄烈士保护民事公益诉讼案①

典型意义：《民法典》第185条对英雄烈士等的人格利益保护作出了特别规定。本案适用《民法典》的规定，认定将雷锋姓名用于商业广告和营利宣传，曲解了雷锋精神，构成对雷锋同志人格利益的侵害，损害了社会公共利益，依法应当承担相应法律责任，为网络空间注入缅怀英烈、热爱英烈、敬仰英烈的法治正能量。

① 参见《人民法院贯彻实施民法典典型案例(第一批)》之三。

杭州市临平区人民检察院诉陈某英雄烈士保护民事公益诉讼案①

典型意义：《民法典》第185条“英烈条款”的核心要义是保护英雄烈士的人格利益，维护社会公共利益，弘扬尊崇英烈、扬善抑恶的精神风气。肖思远烈士为国戍边守土，遭敌围攻壮烈牺牲，其英雄事迹必将为人民群众缅怀铭记。该案适用《民法典》规定，认定陈某的行为侵害肖思远烈士的名誉、荣誉，损害了社会公共利益，鲜明表达了人民法院严厉打击和制裁抹黑英雄烈士形象行为的坚定立场，向全社会传递了热爱英雄、崇尚英雄、捍卫英雄的强烈态度。

第一百八十六条　【责任竞合】因当事人一方的违约行为，损害对方人身权益、财产权益的，受损害方有权选择请求其承担违约责任或者侵权责任。

条文注释

违约责任与侵权责任的竞合，是指义务人的违约行为既符合违约要件，又符合侵权要件，导致违约责任与侵权责任一并产生。这就产生了两种请求权竞合的情况。根据公平原则，本条规定，受损害方可以在两种请求权中选择行使一种请求权。这意味着受损害方只能行使一种请求权，如果受损害方选择行使一种请求权并得到实现，那么另一种请求权即告消灭。对违约方来说，这两种责任无论对方要求其承担哪一种，都是合理的。

第一百八十七条　【民事责任优先承担】民事主体因同一行为应当承担民事责任、行政责任和刑事责任的，承担行政责任或者刑事责任不影响承担民事责任；民事主体的财产不足以支付的，优先用于承担民事责任。

条文注释

民事责任，是指自然人、法人或者非法人组织因违反民事法律、违约或者因法律规定的其他事由而依法承担的不利后果，包括侵权责任、违约责任等。

法律责任竞合，是指行为人的同一行为符合两个或两个以上不同性

① 参见《人民法院贯彻实施民法典典型案例（第二批）》之三。

质的法律责任的构成要件,依法应当承担多种不同性质的法律责任制度。民事责任、行政责任和刑事责任虽然是三种性质不同的法律责任,却可能因为同一法律行为而同时产生。一个行为既违反了民法又违反了行政法或者刑法,由此同时产生民事责任、行政责任或者刑事责任,即发生责任竞合。

民事责任优先原则就是解决民事责任、行政责任和刑事责任竞合时的法律原则,即某一责任主体的财产不足以同时满足民事赔偿责任与行政责任或者刑事责任中的罚款、罚金时,优先承担民事赔偿责任,这也是本条规定的要旨所在。

关联法规

《刑法》第36条;《食品安全法》第147条;《消费者权益保护法》第58条;《产品质量法》第64条;《公司法》第263条;《证券法》第220条;《证券投资基金法》第150条;《食品药品规定》第14条

第九章 诉讼时效

第一百八十八条 【普通诉讼时效、最长权利保护期间】向人民法院请求保护民事权利的诉讼时效期间为三年。法律另有规定的,依照其规定。

诉讼时效期间自权利人知道或者应当知道权利受到损害以及义务人之日起计算。法律另有规定的,依照其规定。但是,自权利受到损害之日起超过二十年的,人民法院不予保护,有特殊情况的,人民法院可以根据权利人的申请决定延长。

条文注释

诉讼时效是权利人在法定期间内不行使权利,该期间届满后,发生义务人可以拒绝履行其给付义务效果的法律制度。

理解本条,应注意以下两个问题:(1)在商事领域可能存在需要短于普通诉讼时效期间的情形。法律另有规定时,根据特别规定优于一般规定的原则,优先适用特别规定。(2)关于普通诉讼时效期间的起算,"知道或者应当知道权利受到损害"和"知道或者应当知道义务人"两个条件应当同时具备。

关联法规

《总则编解释》第35、37条

第一百八十九条　【分期履行债务的诉讼时效】当事人约定同一债务分期履行的，诉讼时效期间自最后一期履行期限届满之日起计算。

条文注释

分期履行债务是按照当事人事先约定，分批分次完成一个债务履行的情况。分期履行债务具有整体性和唯一性，系本条规定的“同一债务”。

对分期履行债务诉讼时效期间的起算，本条规定，当事人约定同一债务分期履行的，诉讼时效期间自最后一期履行期限届满之日起计算。

第一百九十条　【对法定代理人请求权的诉讼时效】无民事行为能力人或者限制民事行为能力人对其法定代理人的请求权的诉讼时效期间，自该法定代理终止之日起计算。

条文注释

本条规定实质上旨在保障无民事行为能力人或者限制民事行为能力人对其法定代理人行使请求权。本法第175条规定了法定代理关系终止的主要情形，认定本条规定的法定代理终止，应当依照本法第175条的规定。

关联法规

《总则编解释》第36条

第一百九十一条　【受性侵未成年人赔偿请求权的诉讼时效】未成年人遭受性侵害的损害赔偿请求权的诉讼时效期间，自受害人年满十八周岁之日起计算。

条文注释

理解本条规定时应注意两点：

(1)诉讼时效是权利人在法定期间内不行使权利，该期间届满后，义务人拒绝履行其给付义务的法律制度，即诉讼时效期间是权利人可以行使权利的“最晚”期间。未成年人遭受性侵害的，在年满18周岁之前，其法定代理人当然可以代为行使请求权。此处的请求权应当认为是法定代理人代为向人民法院的请求，人民法院依法作出的生效判决具有既判力，受害人在年满18周岁之后对相关处理不满意要求再次处理的，应当符合《民事诉讼法》等法律的规定。如果年满18周岁之前，其法定代理人选择与侵害人以“私了”的方式解决纠纷，受害人在年满18周岁之后，可以依据本条的规定请求损害赔偿。

(2)未成年人遭受性侵害的损害赔偿请求权的诉讼时效期间，自受害人年满18周岁之日起计算。其具体的诉讼时效期间，适用本法第188条3年的普通诉讼时效期间的规定，即从年满18周岁之日起计算3年；符合本法第194、195条诉讼时效中止、中断情形的，可以相应中止、中断。

第一百九十二条　【诉讼时效期间届满的法律效果】诉讼时效期间届满的，义务人可以提出不履行义务的抗辩。

诉讼时效期间届满后，义务人同意履行的，不得以诉讼时效期间届满为由抗辩；义务人已经自愿履行的，不得请求返还。

条文注释

权利人享有起诉权，可以向法院主张其已过诉讼时效的权利，法院应当受理。但是，义务人行使时效抗辩权不得违反诚信原则，否则即使诉讼时效完成，义务人也不能取得时效抗辩权。

诉讼时效期间届满后，权利人虽不能请求法律的强制性保护，但法律并不否定其权利的存在。若义务人放弃时效利益自愿履行的，权利人可以受领并保持，受领不属于不当得利，义务人不得请求返还。诉讼时效期间届满后，义务人同意履行的，不得以诉讼时效期间届满为由抗辩。

关联法规

《担保制度解释》第35条；《诉讼时效规定》第19条

第一百九十三条　【诉讼时效援用】人民法院不得主动适用诉讼时效的规定。

条文注释

诉讼时效抗辩权本质上是义务人的一项民事权利，义务人是否行使，司法不应过多干预，这是民法意思自治原则的根本要求。义务人主张抗辩，属于自由处分权利的范畴，司法也不应过多干涉，这是民事诉讼处分原则的应有之义。因此，遵循上述意思自治原则和处分原则，在义务人不提出诉讼时效抗辩的情形下，人民法院不应主动援用时效规则进行裁判，这也与法院居中裁判的地位相适应。

关联法规

《诉讼时效规定》第2条

第一百九十四条 【诉讼时效中止的情形】在诉讼时效期间的最后六个月内,因下列障碍,不能行使请求权的,诉讼时效中止:

(一)不可抗力;

(二)无民事行为能力人或者限制民事行为能力人没有法定代理人,或者法定代理人死亡、丧失民事行为能力、丧失代理权;

(三)继承开始后未确定继承人或者遗产管理人;

(四)权利人被义务人或者其他人控制;

(五)其他导致权利人不能行使请求权的障碍。

自中止时效的原因消除之日起满六个月,诉讼时效期间届满。

条文注释

诉讼时效中止,是因法定事由的存在使诉讼时效停止进行,待法定事由消除后继续进行的制度。在诉讼时效进行中的某一时间内,出现了权利人主张权利的客观障碍,导致权利人无法在诉讼时效期间内行使权利,可能产生不公平的结果,因此法律规定了诉讼时效中止制度。

第一百九十五条 【诉讼时效中断的情形】有下列情形之一的,诉讼时效中断,从中断、有关程序终结时起,诉讼时效期间重新计算:

(一)权利人向义务人提出履行请求;

(二)义务人同意履行义务;

(三)权利人提起诉讼或者申请仲裁;

(四)与提起诉讼或者申请仲裁具有同等效力的其他情形。

条文注释

诉讼时效期间中断,是指诉讼时效期间进行过程中,出现了权利人积极行使权利等法定事由,从而使已经经过的诉讼时效期间归于消灭,重新计算期间的制度。

诉讼时效中断的特征表现为:(1)发生于诉讼时效的进行中,诉讼时效尚未开始计算或者已经届满的情况下排除其适用;(2)发生了一定的法定事由导致诉讼时效存在的基础被推翻;(3)它使已经进行的诉讼时效重新起算,以前经过的期间归于消灭。

关联法规

《诉讼时效规定》第6~19条;《总则编解释》第38条

第一百九十六条 【不适用诉讼时效的情形】下列请求权不适用诉讼时效的规定：

（一）请求停止侵害、排除妨碍、消除危险；

（二）不动产物权和登记的动产物权的权利人请求返还财产；

（三）请求支付抚养费、赡养费或者扶养费；

（四）依法不适用诉讼时效的其他请求权。

条文注释

根据本条规定，不适用诉讼时效的请求权包括：

（1）请求停止侵害、排除妨碍、消除危险。停止侵害、排除妨碍和消除危险是所有权和其他物权的功能，其目的是解决对物权权能的障碍、发挥物的效用，恢复权利人对权利客体的支配。根据物权的理论，无论经过多长时间，法律不可能任由侵害物权的行为取得合法性。如果请求停止侵害、排除妨碍、消除危险的权利适用诉讼时效，将会发生物权人必须容忍他人对其行使物权进行侵害的结果，这对权利人不公平，也违反物权法基本理论。

（2）不动产物权和登记的动产物权的权利人请求返还财产。不动产物权价值重大、事关国计民生和整个社会稳定，一般用登记作为不动产物权享有和变动的公示方法。不动产登记部门是国家设立的，不动产一经登记具有强大的公示公信力，也就意味着不动产物权的权利人请求返还财产适用诉讼时效已不可能。动产以占有和交付为所有权享有和变动的公示方法。法律对船舶、航空器、机动车等动产的登记采取登记对抗主义，不适用诉讼时效。

（3）请求支付抚养费、赡养费或者扶养费。抚养费指义务人基于抚养义务所支付的费用，支付对象一般是晚辈，如子女、孙子女、外孙子女等。赡养费指义务人基于赡养义务所支付的费用，支付对象一般是长辈，如父母、祖父母、外祖父母等。扶养费指义务人基于扶养义务所支付的费用，支付对象一般是平辈，如配偶、兄弟姐妹等。

第一百九十七条 【诉讼时效法定、时效利益预先放弃无效】诉讼时效的期间、计算方法以及中止、中断的事由由法律规定，当事人约定无效。

当事人对诉讼时效利益的预先放弃无效。

条文注释

诉讼时效法定性包括：(1)诉讼时效的期间和计算方法法定；(2)诉讼时效中止、中断的事由法定；(3)当事人擅自约定诉讼时效的后果由法律明确规定。当事人违反本款规定，擅自对诉讼时效的期间，计算方法以及中止、中断的事由进行约定的，约定无效。

诉讼时效预先放弃无效。诉讼时效放弃可以分为两种：一种是时效届满前预先放弃；另一种是诉讼时效届满后放弃。诉讼时效利益不得在时效期间届满前预先放弃。但是，诉讼时效期间届满后，义务人取得拒绝履行义务的抗辩权。根据私法自治原则，当事人有权在法律规定的范围内，自由处分其权利或者利益，选择是否放弃诉讼时效利益。放弃诉讼时效是单方法律行为，自成立时发生法律效力；同时又是处分行为，须依意思表示为之。可以在诉讼中也可以在诉讼外作出；可以明示也可以默示。

第一百九十八条　【仲裁时效】法律对仲裁时效有规定的，依照其规定；没有规定的，适用诉讼时效的规定。

条文注释

关于仲裁时效的特别规定主要有：《劳动争议调解仲裁法》规定，劳动争议申请仲裁的时效期间为1年；《农村土地承包经营纠纷调解仲裁法》规定，农村土地承包经营纠纷申请仲裁的时效期间为2年；本法合同编规定，因国际货物买卖合同和技术进出口合同争议提起诉讼或者申请仲裁的时效期间为4年。

第一百九十九条　【除斥期间】法律规定或者当事人约定的撤销权、解除权等权利的存续期间，除法律另有规定外，自权利人知道或者应当知道权利产生之日起计算，不适用有关诉讼时效中止、中断和延长的规定。存续期间届满，撤销权、解除权等权利消灭。

条文注释

本条是关于除斥期间的一般规定。民法理论通说认为，撤销权、解除权是适用除斥期间最典型的权利。

除斥期间原则上应自权利行使无法律上的障碍时开始计算。但在权利人未必知道其权利存在的场合，法律通常规定自权利人知道或者应当知道其权利存在之日起开始计算。

除斥期间是权利预设期间，以促使法律关系尽早确定为目标。为达制度目的，需要规定除斥期间经过后，权利人的权利即归于消灭，要么使原本不确定的法律关系明确固定,要么使既有的法律关系归于消灭,都会引起实体法上效果的变化。所以除斥期间没有中断的可能性,一般也不会发生中止。

关联法规

《诉讼时效规定》第5条

第十章　期间计算

第二百条　【期间计算单位】民法所称的期间按照公历年、月、日、小时计算。

条文注释

我国民法中规定的期间计算单位共有四种,分别是年、月、日和小时。期日为不可分的特定时间点,不发生计算的问题,但期间为一定的时间段,存在计算的问题。期间计算一般采取历法计算法和自然计算法相结合的方式。在本法规定的四种期间计算单位中,年、月采用公历的历法规则,这样每年的时间差距相差不大,既符合我国的社会实际,又符合国际通用规则,便于生产生活和国际交往。

第二百零一条　【期间起算】按照年、月、日计算期间的,开始的当日不计入,自下一日开始计算。

按照小时计算期间的,自法律规定或者当事人约定的时间开始计算。

关联法规

《民事诉讼法》第85条

第二百零二条　【期间结束】按照年、月计算期间的,到期月的对应日为期间的最后一日;没有对应日的,月末日为期间的最后一日。

第二百零三条　【期间结束日顺延和末日结束点】期间的最后一日是法定休假日的,以法定休假日结束的次日为期间的最后一日。

期间的最后一日的截止时间为二十四时;有业务时间的,停止业务活动的时间为截止时间。

第二百零四条　【期间的法定或约定】期间的计算方法依照本法的规定，但是法律另有规定或者当事人另有约定的除外。

条文注释

本条规定与本法第201条第2款的规定既有区别又有联系。第201条第2款的规定仅指在按照小时计算期间的情况下，当事人可以约定期间开始的计算点。本条的规定是指当事人可以约定期间的计算方法，不仅是起算点，还有结束点。因此，在适用范围上，本条比第201条第2款更为广泛。

第二编　物　　权

第一分编　通　　则

第一章　一般规定

第二百零五条　【物权编的调整范围】本编调整因物的归属和利用产生的民事关系。

条文注释

物权编调整物的归属关系，因物的归属和利用而产生的民事关系都适用物权编的相关规定。需要注意的是，物权编只调整平等主体之间因物的归属和利用而产生的财产关系，也就是本条规定的“民事关系”。

第二百零六条　【社会主义基本经济制度与社会主义市场经济】国家坚持和完善公有制为主体、多种所有制经济共同发展，按劳分配为主体、多种分配方式并存，社会主义市场经济体制等社会主义基本经济制度。

国家巩固和发展公有制经济，鼓励、支持和引导非公有制经济的发展。

国家实行社会主义市场经济，保障一切市场主体的平等法律地位和发展权利。

条文注释

中国特色社会主义物权制度是由社会主义基本经济制度决定的。物权编把社会主义基本经济制度两个“毫不动摇”作为物权编的基本原则，贯穿并体现在整部物权编的始终。

第二百零七条　【物权平等保护原则】国家、集体、私人的物权和其他权利人的物权受法律平等保护，任何组织或者个人不得侵犯。

条文注释

物权编平等保护各个民事主体的物权是由民法调整的社会关系的性质决定的。需要说明的是,本条规定了“其他权利人的物权”,这是由于本条是从所有制的角度对物权主体分类规定平等保护原则的,尚有无法完全纳入“国家”、“集体”和“私人”的权利人,如公益性基金会等,因此规定了“其他权利人”。

第二百零八条 【物权公示原则】不动产物权的设立、变更、转让和消灭,应当依照法律规定登记。动产物权的设立和转让,应当依照法律规定交付。

条文注释

物权公示的主要方法是:不动产物权的设立、变更、转让和消灭经过登记发生效力,动产物权的设立、转让通过交付发生效力。也就是说,要获得不动产的所有权,就要进行登记,登记之后不动产所有权的设立、变更或者消灭才有效。要获得一个动产的所有权,则要通过交付。因此,物权变动的关键点,不动产就是登记,动产就是交付。

第二章 物权的设立、变更、转让和消灭

第一节 不动产登记

第二百零九条 【不动产物权登记的效力】不动产物权的设立、变更、转让和消灭,经依法登记,发生效力;未经登记,不发生效力,但是法律另有规定的除外。

依法属于国家所有的自然资源,所有权可以不登记。

条文注释

本条第1款规定的“法律另有规定的除外”,主要包括三个方面的内容:(1)本条第2款所规定的,依法属于国家所有的自然资源,所有权可以不登记。(2)本章第3节规定的物权设立、变更、转让或者消灭的一些特殊情况,即主要是非依法律行为而发生的物权变动的情形。(3)考虑到现行法律的规定以及我国的实际情况尤其是农村的实际情况,本法并没有对不动产物权的设立、变更、转让和消灭,一概规定必须经依法登记才发

生效力。

本法第246～254条对属于国家所有的财产作了规定。需要说明的是，本条第2款只是规定依法属于国家所有的自然资源，所有权可以不登记，至于在国家所有的土地、森林、海域等自然资源上设立用益物权、担保物权，则需要依法登记生效。

关联法规

《不动产登记暂行条例》；《不动产登记暂行条例实施细则》

第二百一十条　【不动产登记机构和不动产统一登记】不动产登记，由不动产所在地的登记机构办理。

国家对不动产实行统一登记制度。统一登记的范围、登记机构和登记办法，由法律、行政法规规定。

条文注释

目前，不动产登记工作应当按照《不动产登记暂行条例》来执行。2018年9月7日，十三届全国人大常委会立法规划公布，其中"不动产登记法"被列为一类立法项目。不动产统一登记的范围、登记机构和登记办法将是"不动产登记法"的重要内容。

第二百一十一条　【不动产登记申请资料】当事人申请登记，应当根据不同登记事项提供权属证明和不动产界址、面积等必要材料。

第二百一十二条　【登记机构的职责】登记机构应当履行下列职责：

（一）查验申请人提供的权属证明和其他必要材料；

（二）就有关登记事项询问申请人；

（三）如实、及时登记有关事项；

（四）法律、行政法规规定的其他职责。

申请登记的不动产的有关情况需要进一步证明的，登记机构可以要求申请人补充材料，必要时可以实地查看。

条文注释

关于不动产登记申请资料以及登记机构的职责，物权编在此只是作出一个原则性规定，随着行政管理体制改革和不动产统一登记制度的建立，法律还将在总结实践经验的基础上对此作出更为具体的规定。

关联法规

《不动产登记暂行条例》第14～22条

第二百一十三条 【登记机构不得从事的行为】登记机构不得有下列行为：

（一）要求对不动产进行评估；

（二）以年检等名义进行重复登记；

（三）超出登记职责范围的其他行为。

条文注释

本条对登记机构某些行为作出予以明确禁止的规定，在明确列举“要求对不动产进行评估”和“以年检等名义进行重复登记”这两项行为的同时，又规定了一项兜底内容，即“超出登记职责范围的其他行为”，以防止这些登记机构钻法律的空子；同时，也为当事人在权益受到侵害时提供法律武器。

第二百一十四条 【不动产物权变动的生效时间】不动产物权的设立、变更、转让和消灭，依照法律规定应当登记的，自记载于不动产登记簿时发生效力。

条文注释

不动产登记簿是法律规定的不动产物权登记机构管理的不动产物权登记档案。不动产登记簿应当具有以下特征：一是统一性，一个登记区域内的不动产登记簿只能有一个；二是权威性，不动产登记簿是国家建立的档案簿册，其公信力以国家的行为担保，并依此为不动产物权变动的可信性提供保障；三是持久性，不动产登记簿将由登记机构长期保存，以便于当事人和利害关系人的利益获得长期的保障；四是公开性，登记机构不仅应当允许权利人和利害关系人查阅复制，还要为他们的查阅复制提供便利。

关联法规

《不动产登记暂行条例》第 21 条

第二百一十五条 【合同效力与物权变动区分】当事人之间订立有关设立、变更、转让和消灭不动产物权的合同，除法律另有规定或者当事人另有约定外，自合同成立时生效；未办理物权登记的，不影响合同效力。

条文注释

不动产物权的变动只能在登记时生效，依法成立生效的合同也许不能发生物权变动的结果。这可能是因为物权因客观情势发生变迁，使物权的变动成为不可能；也可能是物权的出让人“一物二卖”，其中一个买受人先行进行了不动产登记，其他的买受人便不可能取得合同约定转让的物权。有关设立、变更、转让和消灭不动产物权的合同和物权的设立、变更、转让和消灭本身是两个应当加以区分的情况。除非法律有特别规定，合同一经成立，只要不违反法律的强制性规定和社会公共利益，就可以发生效力。合同只是当事人之间的一种合意，并不必然与登记联系在一起。登记是针对民事权利的变动而设定的，它是与物权的变动联系在一起的，是一种物权变动的公示的方法。登记并不是针对合同行为，而是针对物权的变动所采取的一种公示方法，如果当事人之间仅就物权的变动达成合意，而没有办理登记，合同仍然有效。

关联法规

《民法典》第502条

第二百一十六条　【不动产登记簿的效力和管理】不动产登记簿是物权归属和内容的根据。

不动产登记簿由登记机构管理。

条文注释

法律规定物权的归属和内容以不动产登记簿为依据，目的就是从国家公信力的角度对物权相对人的利益进行保护，从而建立一个能以客观标准衡量的公正的经济秩序，这也是物权公示原则的价值和要求。法律在为建立公正安全的交易秩序而保护相对人利益的同时，也为可能的事实权利人提供了异议登记、更正登记等救济手段。

关联法规

《不动产登记暂行条例》第8~10条；《担保制度解释》第47条

第二百一十七条　【不动产登记簿与不动产权属证书的关系】不动产权属证书是权利人享有该不动产物权的证明。不动产权属证书记载的事项，应当与不动产登记簿一致；记载不一致的，除有证据证明不动产登记簿确有错误外，以不动产登记簿为准。

条文注释

不动产权属证书，即不动产的所有权证、使用权证等，是登记机关颁发给权利人作为其享有权利的证明。根据物权公示原则，完成不动产物权公示的方式是不动产登记，不动产物权的归属和内容应以不动产登记簿为依据。不动产物权证书只是不动产登记簿所记载内容的外在表现形式。在社会生活和交易过程中,不动产权利人为了证明自己的权利状况,可以出示权属证书。

关联法规

《物权编解释一》第2条

第二百一十八条　【不动产登记资料的查询、复制】权利人、利害关系人可以申请查询、复制不动产登记资料,登记机构应当提供。

条文注释

物权公示虽然是针对不特定的人,但这个不特定的人不是全社会的人。登记资料只要能够满足合同双方当事人以外或者物权权利人以外的人中可能和这个物权发生联系的这部分人的要求,就达到登记的目的和物权公示的目的。

关联法规

《不动产登记暂行条例》第27条

第二百一十九条　【保护权利人个人信息】利害关系人不得公开、非法使用权利人的不动产登记资料。

条文注释

本条明确利害关系人有不得公开、非法使用权利人不动产登记资料的义务,目的是保护权利人的个人信息。根据本法第218条的规定,在权利人之外,只有利害关系人可以申请查询、复制登记资料。本条同时明确,利害关系人有义务保护不动产权利人的个人信息,不得公开、非法使用权利人的不动产登记资料。

关联法规

《民法典》第111条;《不动产登记暂行条例》第28条

第二百二十条　【更正登记与异议登记】权利人、利害关系人认为不动产登记簿记载的事项错误的,可以申请更正登记。不动产登记簿记载的权利人书面同意更正或者有证据证明登记确有错误的,登记机构应当予以更正。

不动产登记簿记载的权利人不同意更正的,利害关系人可以申请异议登记。登记机构予以异议登记,申请人自异议登记之日起十五日内不提起诉讼的,异议登记失效。异议登记不当,造成权利人损害的,权利人可以向申请人请求损害赔偿。

条文注释

更正登记与异议登记同样是保护事实上的权利人或者真正权利人以及真正权利状态的法律措施。与异议登记不同的是，更正登记是彻底地消除登记权利与真正权利不一致的状态，避免第三人依据不动产登记簿取得不动产登记簿上记载有误的物权。

异议登记，就是将事实上的权利人以及利害关系人对不动产登记簿记载的权利所提出的异议记入登记簿，异议登记的法律效力是，登记簿上所记载权利失去正确性推定的效力，第三人也不得主张依照登记的公信力而受到保护。本条同时规定，申请人自异议登记之日起15日内不起诉的，异议登记失效。异议登记不当，造成权利人损害的，权利人可以向申请人请求损害赔偿。

关联法规

《物权编解释一》第3条

第二百二十一条 【预告登记】当事人签订买卖房屋的协议或者签订其他不动产物权的协议，为保障将来实现物权，按照约定可以向登记机构申请预告登记。预告登记后，未经预告登记的权利人同意，处分该不动产的，不发生物权效力。

预告登记后，债权消灭或者自能够进行不动产登记之日起九十日内未申请登记的，预告登记失效。

条文注释

预告登记，是指为保全一项请求权而进行的不动产登记，该项请求权所要达到的目的，是在将来发生不动产物权变动。这种登记是不动产登记的特殊类型。预告登记的本质特征是使被登记的请求权具有物权的效力。也就是说，进行了预告登记的请求权，对后来发生的与该项请求权内容相同的不动产物权的处分行为，具有对抗的效力。这样，所登记的请求权就得到了保护。

关联法规

《物权编解释一》第4、5条；《担保制度解释》第52条

第二百二十二条 【不动产登记错误的赔偿】当事人提供虚假材料申请登记，造成他人损害的，应当承担赔偿责任。

因登记错误，造成他人损害的，登记机构应当承担赔偿责任。登记机构赔偿后，可以向造成登记错误的人追偿。

条文注释

实践中,登记错误的发生主要有两种情况:一是登记机构工作人员疏忽、过失等原因造成错误;二是登记申请人等采取欺骗手段或者与登记机关的人员恶意串通造成错误。

本条第2款规定,因登记错误,造成他人损害的,登记机构应当承担赔偿责任。这里造成登记错误的原因,既包括登记机构工作人员故意以及疏忽大意等过错,也包括当事人提供虚假材料欺骗登记机构等情形。

关联法规

《房屋登记规定》第12、13条

第二百二十三条　【不动产登记的费用】不动产登记费按件收取,不得按照不动产的面积、体积或者价款的比例收取。

第二节　动 产 交 付

第二百二十四条　【动产交付的效力】动产物权的设立和转让,自交付时发生效力,但是法律另有规定的除外。

条文注释

物权编所说的交付,指的是物的直接占有的转移,即一方按照法律行为要求,将物的直接占有移转给另一方的事实。本条规定的"法律另有规定的除外"主要指的是:(1)本法第226~228条对动产物权的设立和转让的一些特殊情况。(2)本章第3节对主要是非依法律行为而发生的物权变动问题所作的规定。(3)本法物权编第4分编"担保物权"对动产抵押权和留置权的相关规定。

第二百二十五条　【特殊动产登记的效力】船舶、航空器和机动车等的物权的设立、变更、转让和消灭,未经登记,不得对抗善意第三人。

条文注释

《海商法》《民用航空法》等法律对船舶、航空器的物权登记效力问题已有规定。为了保持法律的稳定性,本条延续了相关法律对这类动产登记对抗主义原则的规定。法律对船舶、航空器和机动车等动产规定有登记制度,其物权的变动如果未在登记部门进行登记,就不产生社会公信力,不能对抗善意第三人。所谓善意第三人,就是指不知道也不应当知道物权发生了变动的物权关系相对人。

关联法规

《海商法》第9、10、13、14条;《民用航空法》第11、12、14、16、33条;《道路交通安全法》第8、12条;《物权编解释一》第6条

第二百二十六条 【动产物权受让人先行占有】 动产物权设立和转让前,权利人已经占有该动产的,物权自民事法律行为生效时发生效力。

条文注释

本条规定的是设立或者转让动产物权时的一种特殊的情形,即物权的受让人已经取得了动产的占有,而后又与动产的所有权人达成转移所有权或者设定质权合同的情形。本条规定的民事法律行为,主要指的是动产所有权人与受让人订立动产转让的协议以及与质权人订立动产出质协议。在受让人已经取得对动产的占有又依据民事法律行为取得其物权的情况下,动产物权的公示已经在事先完成,物权受让人已经能够依物权的排他性行使物权。因此,物权的变动就在当事人之间的关于物权变动的协议生效时生效。

关联法规

《物权编解释一》第17条

第二百二十七条 【指示交付】 动产物权设立和转让前,第三人占有该动产的,负有交付义务的人可以通过转让请求第三人返还原物的权利代替交付。

条文注释

本条所规定的指示交付是一种例外情形,它与现实交付具有同等效力。指示交付,又称返还请求权的让与,是指让与动产物权的时候,如果让与人的动产由第三人占有,让与人可以将其享有的对第三人的返还请求权让与给受让人,以代替现实交付。

本条中的"第三人"即指能够对转让标的(动产)进行物理意义上直接占有和直接控制的一方,如根据租赁或者借用协议而占有不动产的人,或者根据保管合同、动产质押协议等而占有动产的保管人、质权人等,都可以成为本条所规定的"第三人"。此外,需要特别说明的是,在利用提单、仓单等证券进行动产物权变动时,接受货物而签发提单或者仓单的承

运人或者仓储保管人都可能成为本条中的“第三人”。除此之外,还有一类“第三人”也在本条的适用范围之内,即不具备法律上的正当原因而占有动产的无权占有人。

关联法规

《物权编解释一》第17条

第二百二十八条　【占有改定】动产物权转让时,当事人又约定由出让人继续占有该动产的,物权自该约定生效时发生效力。

条文注释

占有改定,是指动产物权的让与人使受让人取得对标的物的间接占有,以代替该动产现实移转的交付。本条所规定的占有改定即是出让人自己保留直接占有,而为受让人创设间接占有以代替现实交付的一种变通方法。

第三节　其他规定

第二百二十九条　【法律文书或征收决定导致的物权变动】因人民法院、仲裁机构的法律文书或者人民政府的征收决定等,导致物权设立、变更、转让或者消灭的,自法律文书或者征收决定等生效时发生效力。

条文注释

本条规定的是基于公权力的行使而使物权发生变动的情形:

(1)因国家司法裁判权的行使、仲裁裁决而导致物权的设立、变更、转让或者消灭。人民法院的判决书、调解书以及仲裁机构的裁决书、调解书等法律文书的生效时间,就是当事人的物权设立、变动的时间。

(2)因国家行政管理权的行使而导致物权的设立、变更、转让或者消灭。该种情况,主要是指因人民政府的征收决定等而产生的物权变动。按照《土地管理法》的规定,国家征收土地,县级以上人民政府要进行公告,这已起到了公示作用,而且集体所有土地被征收,即成为国家所有的自然资源,依照本法第209条第2款的规定,依法属于国家所有的自然资源,所有权可以不登记,因此人民政府的征收决定生效之时即发生物权变动的效力。

关联法规

《物权编解释一》第7条

第二百三十条　【因继承取得物权】因继承取得物权的,自继承开始时发生效力。

条文注释

本条所指的"继承开始"就是"被继承人死亡"之时。此处所谓"死亡"既包括自然死亡,也包括宣告死亡。对于宣告死亡的情形,自判决所确定的死亡之时继承开始。本条所指的继承又可分为法定继承和遗嘱继承两类。需要说明的是,根据本节规定,因继承而取得物权,如果涉及的遗产为不动产,依照法律规定需要办理登记,继承人未办理登记的,对该不动产的处分行为不发生效力。

关联法规

《民法典》第1121条

第二百三十一条　【因事实行为发生物权变动】因合法建造、拆除房屋等事实行为设立或者消灭物权的,自事实行为成就时发生效力。

条文注释

所谓事实行为,是指不以意思表示为要素的能够产生民事法律后果的法律事实。本条规定"自事实行为成就时发生效力"。因事实行为而导致的物权的设立或者消灭,自事实行为成就时发生效力,而不需要遵循一般的物权公示方法(不动产为登记,动产为交付)即生效。但同时根据本节规定,合法建造的房屋,固然因建造完成而取得所有权,但如果按照法律规定应当办理登记而未登记的,所有权人其后的处分行为,不发生物权效力。

第二百三十二条　【处分非因民事法律行为享有的不动产物权】处分依照本节规定享有的不动产物权,依照法律规定需要办理登记的,未经登记,不发生物权效力。

条文注释

物权变动的公示方式,针对动产,一般采用交付;针对不动产,则多采用登记。但依照本节规定,物权的变动还可因法院判决、政府征收决定、继承以及合法建造房屋等,直接发生效力,而不必遵循依民事法律行为而进行的物权变动应当遵循的一般公示方法,这必然可能损害到交易秩序和交易安全,尤其是涉及不动产的物权变动时更甚。考虑到对交易安全的保护，本条明确，处分依照本节规定享有的不动产物权，依照法律规定需要办理登记的，未经登记，不发生物权效力。

第三章　物权的保护

第二百三十三条　【物权纠纷解决方式】物权受到侵害的，权利人可以通过和解、调解、仲裁、诉讼等途径解决。

条文注释

物权受到侵害，物权人有权选择不同的途径救济。和解是当事人之间在没有第三者参加的情况下自愿协商，达成协议。和解属于当事人处分自己民事实体权利的一种民事法律行为。和解可以发生在诉讼以前，双方当事人互相协商，达成协议，也可以发生在诉讼过程中。调解是通过第三人调停解决纠纷。通过调解达成的协议还可以依法申请司法确认。仲裁是当事人协议选择仲裁机构，由仲裁庭裁决解决争端。诉讼包括民事、行政、刑事三大诉讼，物权保护的诉讼主要指提起民事诉讼。

第二百三十四条　【物权确认请求权】因物权的归属、内容发生争议的，利害关系人可以请求确认权利。

条文注释

物权确认请求权是物权保护的一项基本权利，是物权保护请求权的一种。物权归属或者内容发生争议，物权人可以请求有关行政机关、人民法院等部门确认该物权的归属或者内容。

第二百三十五条　【返还原物请求权】无权占有不动产或者动产的，权利人可以请求返还原物。

条文注释

返还原物是物权请求权的一种。物权人的物被他人侵占，物权人的对物支配权受到侵害时，物权人有权请求返还原物，使物复归于物权人事实上的支配。返还原物请求权的产生，需有他人无权占有不动产或者动产的事实。无权占有就是没有法律根据、没有合法原因的占有。享有返还原物请求权的权利人应当是物权人，包括所有权人、用益物权人等。至于占有人，无论其是否为有权占有，均应依据占有请求权行使权利，而不能依返还原物请求权行使权利。

第二百三十六条　【排除妨害、消除危险请求权】妨害物权或者可能妨害物权的，权利人可以请求排除妨害或者消除危险。

条文注释

排除妨害也是一种物权请求权。妨害，是指以非法的、不正当的行为，包括施加无权施加的设施，影响了特定物的权利人行使物权。排除妨害请求的目的是消除对物权的障碍或者侵害，使物权恢复圆满状态。需要注意的是，被排除的妨害需具有不法性，倘若物权人负有容忍义务，则物权人不享有排除妨害请求权。

消除危险也是一种物权请求权。消除危险请求权，是指对于某种尚未发生但确有发生可能性的危险，物权人也可以请求有关的当事人采取预防措施加以防止。物权人行使消除危险请求权，只需有危险存在的客观事实，而不论有关的当事人是否具有故意或者过失的主观过错。

第二百三十七条　【物权复原请求权】造成不动产或者动产毁损的，权利人可以依法请求修理、重作、更换或者恢复原状。

条文注释

本条中的“依法”，是指依照《民法典》侵权责任编以及其他相关法律规范的规定。这就意味着权利人行使这种权利，需要符合这些相关法律关于请求权具体要件等方面的规定。

第二百三十八条　【物权损害赔偿请求权】侵害物权，造成权利人损害的，权利人可以依法请求损害赔偿，也可以依法请求承担其他民事责任。

条文注释

赔偿损失，是指行为人向受害人支付一定数额的金钱以弥补其损失的责任方式，是运用较为广泛的一种民事责任方式。赔偿的目的主要是补偿损害，使受到损害的权利得到救济，使受害人能恢复到未受到损害前的状态。除赔偿损失之外，《民法典》总则编还规定了其他一些承担民事责任的方式，有的责任方式主要适用于违约责任领域，有的主要适用于人身权侵权领域。

第二百三十九条　【物权保护方式的单用与并用】本章规定的物权保护方式，可以单独适用，也可以根据权利被侵害的情形合并适用。

条文注释

物权受到侵害的，当事人可以通过请求确认权利、返还原物、排除妨害、消除危险等方式保护自己的权利。上述保护方式，既可以单独适用，也可以根据权利被侵害的情形合并适用。如果一种方式不足以救济权利人，就同时适用其他方式。

第二分编　所　有　权

第四章　一　般　规　定

第二百四十条　【所有权的基本内容】所有权人对自己的不动产或者动产，依法享有占有、使用、收益和处分的权利。

条文注释

根据本条规定，所有权具有以下四项基本权能：(1)占有。占有就是对财产的实际管领或控制。拥有一个物的一般前提就是占有，这是财产所有者直接行使所有权的表现。所有人的占有受法律保护，不得非法侵犯。(2)使用。使用是权利主体对财产的运用，以便发挥财产的使用价值。所有权人可以自己使用，可以授权他人使用，这些都是所有权人行使使用权的行为。(3)收益。收益是通过财产的占有、使用等方式取得的经济效益。使用物并获益是拥有物的目的之一。收益通常与使用相联系，但是处分财产也可以带来收益。(4)处分。处分是指财产所有人对其财产在事实上和法律上的最终处置。处分权一般由所有权人行使，但在某些情况下，非所有权人也可以有处分权，如运输的货物，如果发生紧急情况，承运人也可以依法进行处分。

第二百四十一条　【所有权人设立他物权】所有权人有权在自己的不动产或者动产上设立用益物权和担保物权。用益物权人、担保物权人行使权利，不得损害所有权人的权益。

条文注释

所有权人在自己的不动产或者动产上设立用益物权和担保物权，是所有权人行使其所有权的具体体现。所有权人的各项所有权权能可以与所有权相分离。因而可以为他人设定用益物权和担保物权。由于用益物权与担保物权都是对他人的物享有的权利，因此都称为“他物权”，与此相对应，所有权称为“自物权”。设定他物权，是所有权人行使所有权的结果。也正因如此，用益物权人、担保物权人行使权利必须依据法律或者合同的约定进行，不得损害所有权人的权益。

第二百四十二条　【国家专属所有权】法律规定专属于国家所有的不动产和动产，任何组织或者个人不能取得所有权。

条文注释

国家专有，是指只能为国家所有而不能为任何其他人所拥有。国家专有的财产由于不能为他人所拥有，因此不能通过交换或者赠与等任何流通手段转移所有权，国家专有的财产范围很宽，各项具体的专有财产由各个相关单行法律、行政法规规定，本条只作概括性规定。

第二百四十三条　【征收】为了公共利益的需要，依照法律规定的权限和程序可以征收集体所有的土地和组织、个人的房屋以及其他不动产。

征收集体所有的土地，应当依法及时足额支付土地补偿费、安置补助费以及农村村民住宅、其他地上附着物和青苗等的补偿费用，并安排被征地农民的社会保障费用，保障被征地农民的生活，维护被征地农民的合法权益。

征收组织、个人的房屋以及其他不动产，应当依法给予征收补偿，维护被征收人的合法权益；征收个人住宅的，还应当保障被征收人的居住条件。

任何组织或者个人不得贪污、挪用、私分、截留、拖欠征收补偿费等费用。

条文注释

征收是国家以行政权取得集体、组织和个人的财产所有权的行为。征收的主体是国家，通常是政府部门，政府以行政命令的方式从集体、组织和个人取得土地、房屋等财产，集体、组织和个人必须服从。在物权法律制度上，征收是物权变动的一种极为特殊的情形。征收导致所有权的丧失，当然对所有权人造成损害。因此，征收虽然是被许可的行为，但通常都附有严格的法定条件的限制。

关联法规

《宪法》第10条;《土地管理法》第2、45~51、79、80条;《国有土地上房屋征收与补偿条例》

第二百四十四条　【耕地保护】国家对耕地实行特殊保护,严格限制农用地转为建设用地,控制建设用地总量。不得违反法律规定的权限和程序征收集体所有的土地。

条文注释

根据《土地管理法》等法律、行政法规的规定,有关耕地保护的基本政策是:(1)严格控制耕地转为非耕地。(2)实行占用耕地补偿制度。(3)永久基本农田保护制度。(4)对保护耕地还有许多规定,例如,保证耕地质量,非农业建设的用地原则,禁止闲置、荒芜耕地,开发未利用土地,土地复垦等。

按照《宪法》《土地管理法》等有关法律规定,征收土地的条件与程序是:(1)征收土地必须是为了公共利益的需要。(2)必须由政府作出。征地是一种政府行为,是政府的专有权力,其他任何单位和个人都没有征地权。同时,被征地单位必须服从,不得阻挠征地。(3)必须依法取得批准。(4)必须予以公告并听取相关主体的意见。(5)必须依法对被征地单位进行补偿。有关法律和行政法规对征收的具体补偿标准有专门规定。(6)征地补偿费用的情况要向集体组织成员公布,接受监督。

第二百四十五条　【征用】因抢险救灾、疫情防控等紧急需要,依照法律规定的权限和程序可以征用组织、个人的不动产或者动产。被征用的不动产或者动产使用后,应当返还被征用人。组织、个人的不动产或者动产被征用或者征用后毁损、灭失的,应当给予补偿。

条文注释

征用是国家强制使用组织、个人的财产。强制使用就是不必得到所有权人的同意,在国家有紧急需要时即直接使用。国家以行政权命令征用财产,被征用的组织、个人必须服从,这一点与征收相同。但征收是剥夺所有权,征用只是在紧急情况下强制使用组织、个人的财产,紧急情况结束后被征用的财产要返还给被征用的组织、个人,因此征用与征收有所不同。本章规定的征收限于不动产,本条规定的征用的财产既包括不动产也包括动产。

关联法规

《民法典》第117、327条

第五章　国家所有权和集体所有权、私人所有权

第二百四十六条　【国有财产的范围、国家所有的性质和国家所有权的行使】法律规定属于国家所有的财产，属于国家所有即全民所有。

国有财产由国务院代表国家行使所有权。法律另有规定的，依照其规定。

条文注释

本条第1款是对国有财产范围的概括性规定。物权编明确规定矿藏、水流、海域、无居民海岛、无线电频谱资源、城市的土地、国防资产属于国家所有。法律规定属于国家所有的铁路、公路、电力设施、电信设施和油气管道等基础设施、文物、农村和城市郊区的土地、野生动植物资源，属于国家所有。除法律规定属于集体所有的外，森林、山岭、草原、荒地、滩涂等自然资源，属于国家所有。

本条第2款是对代表国家行使国有财产所有权的主体的规定。国务院代表国家行使所有权，应当依法对人大负责，受人大监督。此外，国有财产由国务院代表国家行使所有权，同时依照法律规定也可以由地方人民政府等部门行使有关权利。我国很多法律法规对此都有相应的规定。

关联法规

《宪法》第9条；《土地管理法》第2、5条；《草原法》第9、10条；《森林法》第14条

第二百四十七条　【矿藏、水流、海域的国家所有权】矿藏、水流、海域属于国家所有。

条文注释

矿藏，主要指矿产资源，即存在于地壳内部或者地表的，由地质作用

形成的，在特定的技术条件下能够被探明和开采利用的，呈固态、液态或气态的自然资源。水流，是指江、河等的统称。此处水流应包括地表水、地下水和其他形态的水资源。海域，是指中华人民共和国内水、领海的水面、水体、海床和底土。这是一个空间资源的概念，是对传统民法中“物”的概念的延伸与发展。

关联法规

《宪法》第9条；《水法》第3条；《矿产资源法》第3条；《乡镇煤矿管理条例》第3条；《对外合作开采海洋石油资源条例》第2条

第二百四十八条　【无居民海岛的国家所有权】无居民海岛属于国家所有，国务院代表国家行使无居民海岛所有权。

关联法规

《海岛保护法》第4条

第二百四十九条　【国家所有土地的范围】城市的土地，属于国家所有。法律规定属于国家所有的农村和城市郊区的土地，属于国家所有。

条文注释

本条规定了国家所有土地的范围，国家所有的土地包括：(1)城市的土地属于国家所有。这是指国家对城市的土地享有所有权，且城市的土地所有权只属于国家。(2)农村和城市郊区的土地，除法律规定属于国家所有的以外，是属于农民集体所有的。但是法律规定属于国家所有的农村和城市郊区的土地属于国家所有。

第二百五十条　【自然资源的国家所有权】森林、山岭、草原、荒地、滩涂等自然资源，属于国家所有，但是法律规定属于集体所有的除外。

条文注释

自然资源包括土地资源、水资源、矿产资源、生物资源、气候资源、海洋资源等。本条有关森林、山岭、草原、荒地、滩涂等自然资源所有权的规定是依据《宪法》作出的。物权编根据《宪法》和有关法律的规定，对自然资源的归属作出规定。根据《宪法》，我国其他法律对自然资源的国家所有权也作出了相应的规定。

关联法规

《宪法》第9条第1款；《森林法》第14条第1款；《草原法》第9条

第二百五十一条　【野生动植物资源的国家所有权】法律规定属于国家所有的野生动植物资源，属于国家所有。

关联法规

《野生动物保护法》第 3 条；《野生植物保护条例》第 2 条

第二百五十二条　【无线电频谱资源的国家所有权】无线电频谱资源属于国家所有。

关联法规

《无线电管理条例》第 3 条

第二百五十三条　【文物的国家所有权】法律规定属于国家所有的文物，属于国家所有。

条文注释

本条需要明确的是，并不是所有的文物都归国家所有，而是法律规定属于国家所有的文物，属于国家所有。文物的所有者可以是各类民事主体，民事主体可以按照法律规定享有对文物的所有权。

关联法规

《文物保护法》第 5 条

第二百五十四条　【国防资产和基础设施的国家所有权】国防资产属于国家所有。

铁路、公路、电力设施、电信设施和油气管道等基础设施，依照法律规定为国家所有的，属于国家所有。

条文注释

依据本条第 2 款的规定，并不是所有的铁路、公路、电力设施、电信设施和油气管道等基础设施都属于国家所有，而是依照法律规定为国家所有的基础设施才属于国家所有。此处的基础设施也不仅仅是包括铁路、公路、电力设施、电信设施和油气管道这几种，只要是依照法律规定为国家所有的基础设施都被包括在本条之内。

关联法规

《电力法》第 4、52 条；《国防法》第 40、42 条

第二百五十五条　【国家机关的物权】国家机关对其直接支配的不动产和动产，享有占有、使用以及依照法律和国务院的有关规定处分的权利。

条文注释

本条是关于国家机关对其直接支配的物享有的物权的规定。依据本条规定，国家机关应当依法对其直接支配的财产行使占有、使用和处分的权利。国家机关对其占用的财产的处分必须依照法律和国务院的有关规定中的限制和程序进行。不得擅自处置国有财产。本条对国家机关对其直接支配的国有财产行使占有、使用和处分的权利作出了规定，加强了对国家机关直接占有的国有财产的保护。

第二百五十六条　【国家举办的事业单位的物权】国家举办的事业单位对其直接支配的不动产和动产，享有占有、使用以及依照法律和国务院的有关规定收益、处分的权利。

条文注释

对国家举办的事业单位占用的财产，要根据事业单位的类型、财产的特殊性对其收益和处分的权利分别处理：一是国家举办的事业单位对其占用的财产毫无处分权利；二是经过审批，国家举办的事业单位对其占用的财产具有部分处分权利；三是国家举办的事业单位对其占用的财产具有完全的处分权利。这就需要通过以后制定国有财产管理法对国家举办的事业单位如何有效行使、如何处分其占用的财产作出明确规定。

第二百五十七条　【国家出资的企业出资人制度】国家出资的企业，由国务院、地方人民政府依照法律、行政法规规定分别代表国家履行出资人职责，享有出资人权益。

条文注释

本条中的“国家出资的企业”，既包括国家出资兴办的企业，如国有独资公司，也包括国家控股、参股有限责任公司和股份有限公司等。当然，国家出资的企业不仅是以公司形式，还包括未进行公司制改造的其他企业。

本条规定了由国务院和地方人民政府分别代表国家履行出资人职责，享有出资人权益。出资人职责就是股东的职能，履行出资人职责的机构代表本级人民政府对国家出资企业享有资产收益、重大决策和选择管理者等出资人权益；对国有资产保值、防止国有资产流失负监管责任。需要注意的是，中央政府和地方政府代表国家履行出资人职责时，要尊重、维护国有及国有控股企业经营自主权。

关联法规

《企业国有资产法》;《企业国有资产监督管理暂行条例》

第二百五十八条　【国有财产的保护】国家所有的财产受法律保护，禁止任何组织或者个人侵占、哄抢、私分、截留、破坏。

条文注释

本条中的“国家所有的财产”，是指依法属于全民所有的财产，不仅包括国家拥有所有权的财产，而且包括国家依法投入到企业的动产和不动产。国家的财政收入、外汇储备和其他国有资金也属于国家所有的财产。

侵占、哄抢、私分、截留、破坏国有财产的，应当承担返还原物、恢复原状、赔偿损失等民事责任；触犯《治安管理处罚法》和《刑法》的，还应当承担相应的法律责任。有关组织的责任人也要依法追究行政责任甚至刑事责任。

第二百五十九条　【国有财产管理的法律责任】履行国有财产管理、监督职责的机构及其工作人员，应当依法加强对国有财产的管理、监督，促进国有财产保值增值，防止国有财产损失；滥用职权，玩忽职守，造成国有财产损失的，应当依法承担法律责任。

违反国有财产管理规定，在企业改制、合并分立、关联交易等过程中，低价转让、合谋私分、擅自担保或者以其他方式造成国有财产损失的，应当依法承担法律责任。

条文注释

履行国有资产管理、监督职责的机构不仅是中央政府和地方政府设立的国有财产监督管理委员会(局)，而且包括其他机构，如财政部门、审计部门、水利部门、外汇管理部门等，以及国家机关和国家举办事业单位内部设立的国有财产管理部门等，都负有一定的国有财产管理、监督职责。国有财产监督管理机构应当支持企业依法自主经营，除履行出资人职责以外，不得干预企业的生产经营活动。本条还强调了国有财产管理、监督职责的机构的工作人员的责任。如果滥用职权、玩忽职守，造成国有财产损失的，还要依法承担行政责任、刑事责任等。如《刑法》第397条规定，国家机关工作人员滥用职权或者玩忽职守，致使公共财产遭受重大损失的，处3年以下有期徒刑或者拘役。

第二百六十条 【集体财产的范围】集体所有的不动产和动产包括:

(一)法律规定属于集体所有的土地和森林、山岭、草原、荒地、滩涂;

(二)集体所有的建筑物、生产设施、农田水利设施;

(三)集体所有的教育、科学、文化、卫生、体育等设施;

(四)集体所有的其他不动产和动产。

条文注释

本条对集体所有的不动产和动产的范围作出了规定:

(1)法律规定属于集体所有的土地和森林、山岭、草原、荒地、滩涂。关于集体所有的土地,有两点需要说明:一是集体所有的土地的所有者只有农民集体,城镇集体没有土地的所有权。二是集体所有的土地主要包括耕地,也包括宅基地和自留地、自留山。

(2)集体所有的集体企业的厂房、仓库等建筑物;机器设备、交通运输工具等生产设施;水库、农田灌溉渠道等农田水利设施;集体所有的教育、科学、文化、卫生、体育等公益设施。需要说明的是,这里集体所有的财产主要有两个来源:一是集体自己出资兴建、购置的财产;二是国家拨给或者捐赠给集体的财产。

(3)除上述几种常见的集体财产外,集体财产还包括集体企业所有的生产原材料、半成品和成品,村建公路、农村敬老院等,本条不可能一一列举,因此还规定了一个兜底条款,即集体所有的其他不动产和动产,作为对上述规定的补充。

关联法规

《土地管理法》第11条

第二百六十一条 【农民集体所有财产归属及重大事项集体决定】农民集体所有的不动产和动产,属于本集体成员集体所有。

下列事项应当依照法定程序经本集体成员决定:

(一)土地承包方案以及将土地发包给本集体以外的组织或者个人承包;

(二)个别土地承包经营权人之间承包地的调整;

(三)土地补偿费等费用的使用、分配办法;

(四)集体出资的企业的所有权变动等事项;

(五)法律规定的其他事项。

条文注释

农民集体所有的特征就是集体财产集体所有、集体事务集体管理、集体利益集体分享。只有本集体的成员才能享有这些权利。农村集体成员有两个特征:一是平等性,即不分加入集体时间长短,不分出生先后,不分贡献大小,不分有无财产投入等,其成员资格都一律平等。二是地域性和身份性。需要说明的是,农民只能在一个农民集体内享有成员权利,不能同时享有两个或者多个集体成员权利。

关联法规

《土地管理法》第9、10条;《农村土地承包法》第28、52条;《村民委员会组织法》第24条

第二百六十二条　【集体所有的不动产所有权行使】对于集体所有的土地和森林、山岭、草原、荒地、滩涂等,依照下列规定行使所有权:

(一)属于村农民集体所有的,由村集体经济组织或者村民委员会依法代表集体行使所有权;

(二)分别属于村内两个以上农民集体所有的,由村内各该集体经济组织或者村民小组依法代表集体行使所有权;

(三)属于乡镇农民集体所有的,由乡镇集体经济组织代表集体行使所有权。

条文注释

本条所指的"行使所有权",应当注意理解以下内容:一是行使集体所有权的客体,既包括集体所有的土地和森林、山岭、草原、荒地、滩涂,也包括集体所有的建筑物、生产设施、农田水利设施;集体所有的教育、科学、文化、卫生、体育等设施;集体所有的其他不动产和动产。二是行使所有权的内容就是对集体所有的财产享有占有、使用、收益和处分的权利,例如,对集体所有的土地进行发包,分配宅基地等。三是农村集体经济组织、村民委员会和村民小组不是集体财产的所有人,只是依法代表集体行使所有权,并且向所属集体负责,接受其监督。

关联法规

《土地管理法》第11条;《农村土地承包法》第13条

第二百六十三条 【城镇集体所有的财产权利行使】城镇集体所有的不动产和动产，依照法律、行政法规的规定由本集体享有占有、使用、收益和处分的权利。

条文注释

理解本条，需要注意以下几点：第一，本条规定的集体财产权行使的主体是本集体。集体所有、集体管理、集体经营是集体所有制的应有之义，因此，行使城镇集体财产权的只能是该集体，而不能由个别集体成员独断专行。第二，集体财产权的客体只能是属于该城镇集体所有的不动产和动产。如果城镇集体企业已经改制了，如成为有限责任公司或者股份有限公司、个人独资企业或者合伙企业的，就不适用本条，而分别适用《公司法》《个人独资企业法》《合伙企业法》的有关规定。第三，城镇集体财产权的内容，包括对本集体所有财产所享有的占有、使用、收益和处分的权利。

关联法规

《城镇集体所有制企业条例》

第二百六十四条 【集体成员对集体财产的知情权】农村集体经济组织或者村民委员会、村民小组应当依照法律、行政法规以及章程、村规民约向本集体成员公布集体财产的状况。集体成员有权查阅、复制相关资料。

条文注释

本条规范的主体是行使集体财产所有权的组织，既包括农村集体经济组织、城镇集体企业，也包括代表集体行使所有权的村民委员会、村民小组。公布的内容是本集体的财产状况，包括集体所有财产总量的变化（如集体财产的收支状况、债权债务状况），所有权变动的情况（如转让、抵押），集体财产使用情况（如农村集体土地承包），集体财产分配情况（征收补偿费的分配）等涉及集体成员利益的重大事项。

第二百六十五条 【集体所有财产保护】集体所有的财产受法律保护，禁止任何组织或者个人侵占、哄抢、私分、破坏。

农村集体经济组织、村民委员会或者其负责人作出的决定侵害集体成员合法权益的，受侵害的集体成员可以请求人民法院予以撤销。

条文注释

本条规定的集体所有的财产,从内容来讲,主要是指本法所规定的集体所有的不动产和动产;从所有者来讲,既包括农民集体所有的财产,也包括城镇集体所有的财产。针对损害集体财产的主要行为,本条强调了禁止任何组织或者个人侵占、哄抢、私分、破坏集体财产。

本条第2款规定了集体成员的撤销权。其主要有以下几项内容:一是每个农村集体经济组织成员都可以针对集体经济组织(或者村民委员会)及其负责人作出的损害其权益的决定,向人民法院请求撤销该决定。二是提起诉讼的事由,是农村集体经济组织、村民委员会及其负责人作出的决定,侵害了该集体成员的合法权益。三是行使撤销权的期间,本条没有规定,可参考本法第152条的规定。

第二百六十六条 【私有财产的范围】私人对其合法的收入、房屋、生活用品、生产工具、原材料等不动产和动产享有所有权。

条文注释

本条中的"私人"是与国家、集体相对应的物权主体,既包括我国的公民,也包括在我国合法取得财产的外国人和无国籍人。不仅包括自然人,而且包括个人独资企业、个人合伙等非公有制企业。

这里必须强调的是,私人只能对其合法获得的财产享有所有权,对贪污、侵占、抢夺、诈骗、盗窃、走私等方式非法获取的财产,不但不能受到法律的保护,而且行为人要依法承担没收、返还原物、赔偿损失等法律责任,构成犯罪的,还要依法追究刑事责任。

第二百六十七条 【私有财产的保护】私人的合法财产受法律保护,禁止任何组织或者个人侵占、哄抢、破坏。

条文注释

本条中的私有财产,是指私人拥有所有权的财产,不仅包括合法的收入、房屋、生活用品、生产工具、原材料等不动产和动产,而且包括私人合法的储蓄、投资及其收益,以及上述财产的继承权。

保护私有财产的重要内容是私人的合法财产所有权不受侵犯,如非经依照法律规定的权限和程序,不得征收个人的房屋和其他不动产,也不得非法查封、扣押、冻结、没收私人合法的财产。任何组织或者个人不得侵占、哄抢、破坏私人合法的财产。

第二百六十八条　【企业出资人权利】国家、集体和私人依法可以出资设立有限责任公司、股份有限公司或者其他企业。国家、集体和私人所有的不动产或者动产投到企业的，由出资人按照约定或者出资比例享有资产收益、重大决策以及选择经营管理者等权利并履行义务。

条文注释

出资人可以是国家、集体，也可以是私人。国家作为出资人的，由国务院、地方人民政府依照法律、行政法规规定分别代表国家履行出资人的职责。国家、集体和私人出资设立企业的主要形式是公司。

出资人作为股东，依法享有资产收益、参与重大决策和选择经营管理者等权利，本条也从出资人的角度作了同样的规定：(1)享有资产收益。这是指出资人有权通过企业盈余分配从中获得红利。(2)参与重大决策。出资人通过股东会或者股东大会等作出决议的方式决定企业的重大行为。(3)选择经营管理者。出资人有权通过股东会或者股东大会作出决议选举或者更换公司的董事或者监事，决定董事或者监事的薪酬，通过董事会来聘任或者解聘经理等企业高级管理人员。

第二百六十九条　【法人财产权】营利法人对其不动产和动产依照法律、行政法规以及章程享有占有、使用、收益和处分的权利。

营利法人以外的法人，对其不动产和动产的权利，适用有关法律、行政法规以及章程的规定。

条文注释

法人以其全部财产独立承担民事责任。各种类型的法人中，以取得利润并分配给股东等出资人为目的成立的法人，为营利法人。具备法人条件的企业成为营利法人后，取得法律上独立的民事主体资格，成为自主经营、自负盈亏的生产者和经营者。出资人将其不动产或者动产投到营利法人后，即构成了营利法人独立的财产，营利法人享有法人财产权，即依照法律、行政法规以及章程的规定对该财产享有占有、使用、收益和处分的权利，出资人个人不能直接对其投入的资产进行支配，这是营利法人实现自主经营、自负盈亏，独立承担民事责任的物质基础。

本条第2款规定，营利法人以外的法人，对其不动产和动产的权利，适用有关法律、行政法规以及章程的规定。依照本法总则编的规定，营利法人之外的法人包括非营利法人和特别法人。为公益目的或者其他非营利目的成立，不向出资人、设立人或者会员分配所取得利润的法人，为非营利法人。非营利法人包括事业单位法人、社会团体法人和捐助法人。特别法人包括机关法人、农村集体经济组织法人、城镇农村的合作经济组织法人和基层群众性自治组织法人。

第二百七十条　【社会团体法人、捐助法人合法财产的保护】社会团体法人、捐助法人依法所有的不动产和动产，受法律保护。

第六章　业主的建筑物区分所有权

第二百七十一条　【建筑物区分所有权】业主对建筑物内的住宅、经营性用房等专有部分享有所有权，对专有部分以外的共有部分享有共有和共同管理的权利。

条文注释

建筑物区分所有权，一般是指数人区分一建筑物而各有其专有部分，并就共有部分按其专有部分享有共有的权利。根据本条的规定，业主的建筑物区分所有权包括对其专有部分的所有权、对建筑区划内的共有部分享有的共有和共同管理的权利。

关联法规

《建筑物区分所有权解释》第1、16条

第二百七十二条　【业主对专有部分的权利和义务】业主对其建筑物专有部分享有占有、使用、收益和处分的权利。业主行使权利不得危及建筑物的安全，不得损害其他业主的合法权益。

条文注释

业主对建筑物内属于自己所有的住宅、经营性用房等专有部分既可以直接占有、使用，实现居住或者营业的目的；也可以依法出租、出售，获取收益；还可以出借或者在自己的专有部分上依法设定负担，例如，为保证债务的履行将属于自己所有的住宅或者经营性用房抵押给债权人，或者抵押给金融机构以取得贷款等。

同时，本条规定，业主行使专有部分所有权时，不得危及建筑物的安全，不得损害其他业主的合法权益，例如，业主在对专有部分装修时，不得拆除房屋内的承重墙，不得在专有部分内储藏、存放易燃易爆等危险物品，危及整个建筑物的安全。

关联法规

《民法典》第286～287条；《建筑物区分所有权解释》第2条

第二百七十三条 【业主对共有部分的权利和义务】业主对建筑物专有部分以外的共有部分，享有权利，承担义务；不得以放弃权利为由不履行义务。

业主转让建筑物内的住宅、经营性用房，其对共有部分享有的共有和共同管理的权利一并转让。

条文注释

业主专有部分以外的共有部分，通常是指除建筑物内的住宅、经营性用房等专有部分以外的部分，既包括建筑物内的走廊、楼梯、过道、电梯、外墙面、水箱、水电气管线等部分，也包括建筑区划内，由业主共同使用的物业管理用房、绿地、道路、公用设施以及其他公共场所等，但法律另有规定的除外。业主对专有部分以外的共有部分的权利包括两部分内容，即共有和共同管理的权利。

由于业主对专有部分以外的共有部分既享有权利，又负有义务，有的业主就可能以放弃权利为由，不履行义务。对此，本条明确规定，业主不得以放弃权利为由不履行义务。例如，除另有约定的外，业主不得以不使用电梯为由，不缴纳电梯维修费用。

业主的建筑物区分所有权是一个集合权，包括对专有部分享有的所有权、对建筑区划内的共有部分享有的共有和共同管理的权利，这些权利具有不可分离性。业主转让建筑物内的住宅、经营性用房，其对共有部分享有的共有和共同管理的权利一并转让。

关联法规

《物业管理条例》第54条；《建筑物区分所有权解释》第3、4条

第二百七十四条 【建筑区划内道路、绿地等的权利归属】建筑区划内的道路，属于业主共有，但是属于城镇公共道路的除外。建筑区划内的绿地，属于业主共有，但是属于城镇公共绿地或者明示属于个人的除外。建筑区划内的其他公共场所、公用设施和物业服务用房，属于业主共有。

关联法规

《物业管理条例》第37条；《建筑物区分所有权解释》第3条

第二百七十五条　【车位、车库的归属】建筑区划内，规划用于停放汽车的车位、车库的归属，由当事人通过出售、附赠或者出租等方式约定。

占用业主共有的道路或者其他场地用于停放汽车的车位，属于业主共有。

条文注释

本条区分不同的情况对车位、车库的归属作了如下规定：(1)建筑区划内，规划用于停放汽车的车位、车库的归属，由当事人通过出售、附赠或者出租等方式约定。建筑区划内，规划用于停放汽车的车位、车库，即开发商在开发项目前，经政府核发的建设工程规划许可证批准同意，规划用于停放汽车的车位、车库。此类车位、车库，在开发商开发后，通过出售、附赠或者出租等方式，与当事人约定车位、车库的归属和使用。(2)占用业主共有的道路或者其他场地用于停放汽车的车位，属于业主共有。规划外的占用业主共有的道路或者其他场地用于停放汽车的车位、车库，由于属于规划外，且是占用业主共有的道路或者其他场地建设的，较易形成属于业主共有的共识，属于业主共有。

关联法规

《建筑物区分所有权解释》第6条

第二百七十六条　【车位、车库的首要用途】建筑区划内，规划用于停放汽车的车位、车库应当首先满足业主的需要。

关联法规

《建筑物区分所有权解释》第5条

第二百七十七条　【业主自治管理组织的设立及指导和协助】业主可以设立业主大会，选举业主委员会。业主大会、业主委员会成立的具体条件和程序，依照法律、法规的规定。

地方人民政府有关部门、居民委员会应当对设立业主大会和选举业主委员会给予指导和协助。

条文注释

房屋的所有权人为业主，业主是建筑区划内的主人。业主大会是业主的自治组织，是基于业主的建筑物区分所有权的行使产生的，由全体业主组成，是建筑区划内建筑物及其附属设施的管理机构。因此，只要是建筑区划内的业主，就有权参加业主大会，行使专有部分以外共有部分的共有以及共同管理的权利,并对小区内的业主行使专有部分的所有权作出限制性规定,以维护建筑区划内全体业主的合法权益。

如果建筑区划内业主人数众多的,可以设立本建筑物或者建筑区划内所有建筑物的业主委员会,业主委员会是本建筑物或者建筑区划内所有建筑物的业主大会的执行机构,按照业主大会的决定履行管理的职责。

关联法规

《物业管理条例》第8~10、16条

第二百七十八条 【业主共同决定事项及表决】下列事项由业主共同决定:

(一)制定和修改业主大会议事规则;

(二)制定和修改管理规约;

(三)选举业主委员会或者更换业主委员会成员;

(四)选聘和解聘物业服务企业或者其他管理人;

(五)使用建筑物及其附属设施的维修资金;

(六)筹集建筑物及其附属设施的维修资金;

(七)改建、重建建筑物及其附属设施;

(八)改变共有部分的用途或者利用共有部分从事经营活动;

(九)有关共有和共同管理权利的其他重大事项。

业主共同决定事项,应当由专有部分面积占比三分之二以上的业主且人数占比三分之二以上的业主参与表决。决定前款第六项至第八项规定的事项,应当经参与表决专有部分面积四分之三以上的业主且参与表决人数四分之三以上的业主同意。决定前款其他事项,应当经参与表决专有部分面积过半数的业主且参与表决人数过半数的业主同意。

条文注释

本条在《物权法》第76条的基础上作了修改完善:一是将使用建筑物及其附属设施的维修资金单列一项,并降低通过这一事项的表决要求。二是增加规定"改变共有部分的用途或者利用共有部分从事经营活动"为业主共同决定的重大事项。三是适当降低业主作出决议的门槛。

关联法规

《物业管理条例》第11~14条;《建筑物区分所有权解释》第7~9条

第二百七十九条　【业主改变住宅用途的限制条件】业主不得违反法律、法规以及管理规约，将住宅改变为经营性用房。业主将住宅改变为经营性用房的，除遵守法律、法规以及管理规约外，应当经有利害关系的业主一致同意。

条文注释

如果业主确实因生活需要，将住宅改变为经营性用房，首先必须遵守法律、法规以及管理规约的规定。如应办理相应的审批手续，符合国家卫生、环境保护要求等。其次还必须征得有利害关系的业主的一致同意。这两个条件必须同时具备，才可以将住宅改变为经营性用房，二者缺一不可。

如何确定业主为有利害关系的业主，因改变住宅为经营性用房的用途不同，影响的范围、程度不同，要具体情况具体分析。总之，不论是否相邻或者不相邻的业主，凡是因住宅改变为经营性用房受到影响的业主，均是本条所说的有利害关系的业主。

关联法规

《建筑物区分所有权纠解释》第10、11条

第二百八十条　【业主大会、业主委员会决定的效力】业主大会或者业主委员会的决定，对业主具有法律约束力。

业主大会或者业主委员会作出的决定侵害业主合法权益的，受侵害的业主可以请求人民法院予以撤销。

条文注释

本条第1款规定，业主大会或者业主委员会的决定，对业主具有法律约束力。对业主具有约束力的业主大会或者业主委员会的决定，必须是依法设立的业主大会、业主委员会依据法定程序作出的，必须是符合法律、法规及规章，不违背公序良俗，不损害国家、公共和他人利益的决定。

本条第2款的规定，赋予了业主请求人民法院撤销业主大会或者业主委员会作出的不当决定的权利。业主在具体行使这一权利时，还要依据本法总则编、《民事诉讼法》等法律的规定。例如，撤销的请求，要向有管辖权的人民法院提出，要有明确的诉讼请求和事实、理由等。

关联法规

《物业管理条例》第12、19条；《建筑物区分所有权解释》第12条

第二百八十一条 【建筑物及其附属设施维修资金的归属和处分】建筑物及其附属设施的维修资金，属于业主共有。经业主共同决定，可以用于电梯、屋顶、外墙、无障碍设施等共有部分的维修、更新和改造。建筑物及其附属设施的维修资金的筹集、使用情况应当定期公布。

紧急情况下需要维修建筑物及其附属设施的，业主大会或者业主委员会可以依法申请使用建筑物及其附属设施的维修资金。

条文注释

理解本条应注意以下几点：(1)建筑物及其附属设施的维修资金的使用需经业主共同决定。至于业主如何决定建筑物及其附属设施的维修资金的使用，要依据本法第278条的规定。(2)关于建筑物及其附属设施的维修资金的用途，本条规定维修资金可以用于电梯、屋顶、外墙、无障碍设施等共有部分的维修、更新和改造。至于业主专有部分以外的哪些部分为共有部分，哪些设施为建筑物的附属设施，要根据每一栋建筑物、每一个建筑区划的不同情况具体分析。(3)为便于业主及时了解建筑物及其附属设施维修资金的筹集情况，依法监督维修资金的使用，本条第1款中还规定，建筑物及其附属设施的维修资金的筹集、使用情况应当定期公布。《住宅专项维修资金管理办法》第30条作了相应规定。

本条第2款规定，紧急情况下需要维修建筑物及其附属设施的，业主大会或者业主委员会可以依法申请使用维修资金。此处对紧急情况下需要维修建筑物及其附属设施使用维修资金作了指引性规定，即需“依法申请”，此处的“依法”，既包括法律，也包括行政法规、部门规章和地方性法规等。

关联法规

《物业管理条例》第53、54、60条；《住宅专项维修资金管理办法》第3、9、30条

第二百八十二条 【共有部分的收入分配】建设单位、物业服务企业或者其他管理人等利用业主的共有部分产生的收入，在扣除合理成本之后，属于业主共有。

条文注释

《物业管理条例》第54条规定，利用物业共用部位、共用设施设备进行经营的，应当在征得相关业主、业主大会、物业服务企业的同意后，按照规定办理有关手续。业主所得收益应当主要用于补充专项维修资金，也可以按照业主大会的决定使用。此外，本法第943条规定，物业服务人应

当定期将服务的事项、负责人员、质量要求、收费项目、收费标准、履行情况,以及维修资金使用情况、业主共有部分的经营与收益情况等以合理方式向业主公开并向业主大会、业主委员会报告。

关联法规

《物业管理条例》第54、63条

第二百八十三条　【建筑物及其附属设施的费用分摊和收益分配】建筑物及其附属设施的费用分摊、收益分配等事项,有约定的,按照约定;没有约定或者约定不明确的,按照业主专有部分面积所占比例确定。

条文注释

本条明确了以下两点:一是管理规约如果对建筑物及其附属设施的费用如何分摊有约定的,首先按照约定进行分摊。如果没有约定或者约定不明确的,则可以按照业主专有部分面积所占比例确定费用。二是建筑物及其附属设施的收益分配有约定的,按照约定;没有约定或者约定不明确的,按照业主专有部分面积所占比例确定。

第二百八十四条　【建筑物及其附属设施管理】业主可以自行管理建筑物及其附属设施,也可以委托物业服务企业或者其他管理人管理。

对建设单位聘请的物业服务企业或者其他管理人,业主有权依法更换。

关联法规

《物业管理条例》第32~36条

第二百八十五条　【业主与物业服务企业或其他管理人的关系】物业服务企业或者其他管理人根据业主的委托,依照本法第三编有关物业服务合同的规定管理建筑区划内的建筑物及其附属设施,接受业主的监督,并及时答复业主对物业服务情况提出的询问。

物业服务企业或者其他管理人应当执行政府依法实施的应急处置措施和其他管理措施,积极配合开展相关工作。

条文注释

理解本条第1款,需要注意以下几点:(1)业主与物业服务企业或者其他管理人之间是一种合同关系。在物业服务合同中,业主应当对自己委托物业服务企业或者其他管理人的权限范围、双方的权利义务、合同期限、违约责任等作出规定。(2)《民法典》在合同编专设了“物业服务合同”一章，对物业服务合同的内容、权利义务等作出了明确规定，因此，在本条规定“依照本法第三编有关物业服务合同的规定”，对合同内容以及权利义务作出进一步的指引性规定。(3)业主对物业服务企业或者其他管理人的监督可以采取多种形式，如对物业服务企业履行合同的情况提出批评、建议，查询物业服务企业在履行合同中形成的有关物业管理的各种档案材料，查询物业服务企业的收费情况等。(4)针对我国物业管理现状中推诿拖延的状况，明确物业服务企业或者其他管理人应及时答复业主对物业服务情况提出的询问。

本条第2款源自新冠肺炎疫情防控，广大物业服务企业执行政府依法实施的防控措施，承担了大量具体工作，得到了社会普遍认可。因此，结合疫情防控工作，明确了物业服务企业和业主的相关责任和义务。

关联法规

《民法典》第937～950条；《物业服务解释》

第二百八十六条　【业主的相关义务及责任】业主应当遵守法律、法规以及管理规约，相关行为应当符合节约资源、保护生态环境的要求。对于物业服务企业或者其他管理人执行政府依法实施的应急处置措施和其他管理措施，业主应当依法予以配合。

业主大会或者业主委员会，对任意弃置垃圾、排放污染物或者噪声、违反规定饲养动物、违章搭建、侵占通道、拒付物业费等损害他人合法权益的行为，有权依照法律、法规以及管理规约，请求行为人停止侵害、排除妨碍、消除危险、恢复原状、赔偿损失。

业主或者其他行为人拒不履行相关义务的，有关当事人可以向有关行政主管部门报告或者投诉，有关行政主管部门应当依法处理。

条文注释

关于“损害他人合法权益的行为”的界定，根据《建筑物区分所有权解释》第15条的规定，业主或者其他行为人违反法律、法规、国家相关强制性标准、管理规约，或者违反业主大会、业主委员会依法作出的决定，实施下列行为的，可以认定为“损害他人合法权益的行为”：(1)损害房屋承重结构，损害或者违章使用电力、燃气、消防设施，在建筑物内放置危险、放射性物品等危及建筑物安全或者妨碍建筑物正常使用；(2)违反规定破坏、改变建筑物外墙面的形状、颜色等损害建筑物外观；(3)违反规定进行房屋装饰装修；(4)违章加建、改建，侵占、挖掘公共通道、道路、场地或者其他共有部分。

关联法规

《物业管理条例》第17、45、50条

典型案例

黄某诉某物业服务有限公司健康权纠纷案①

典型意义：《民法典》明确规定，业主应当配合物业服务企业等执行政府依法实施的应急处置措施和其他管理措施，为物业企业履行疫情防控职责提供了明确的法律依据。本案是人民法院依法处理涉疫情防控措施民事纠纷，为社区依法实施应急处置措施提供坚强司法保障的典型案件。在疫情防控形势依然严峻的时候，社区是疫情联防联控的第一线，是遏制疫情扩散蔓延的重要战场，必须落实落细各项防控措施。查码验行虽然给居民日常出行增添了些许麻烦，但却是防控疫情的必要举措，意义重大，每个公民都应积极予以配合。本案中，审理法院严格把握侵权责任的归责原则，分清是非、亮明态度、不和稀泥，依法支持社区履行防疫职责，有助于引导社会公众自觉遵守防疫秩序，凸显了司法服务和保障大局的作用。

第二百八十七条　【业主合法权益的保护】业主对建设单位、物业服务企业或者其他管理人以及其他业主侵害自己合法权益的行为，有权请求其承担民事责任。

关联法规

《民法典》第179、274、275、280～282条；《物业管理条例》第6条

第七章　相邻关系

第二百八十八条　【处理相邻关系的原则】不动产的相邻权利人应当按照有利生产、方便生活、团结互助、公平合理的原则，正确处理相邻关系。

① 参见《人民法院贯彻实施民法典典型案例（第一批）》之四。

条文注释

相邻的不动产不仅指土地，还包括附着于土地的建筑物。不动产的相邻关系一般指相互毗邻的不动产权利人之间的关系，但也并不尽然。例如，河流上游的权利人排水需要流经下游的土地，当事人之间尽管土地并不相互毗邻，但行使权利是相互邻接的。相邻的不动产权利人，不仅包括不动产的所有人，而且包括不动产的用益物权人和占有人。

处理相邻关系的原则，不仅是人们在生产、生活中处理相邻关系应遵从的原则，还是法官审理相邻关系纠纷案件应遵从的原则。特别是在法律对相邻关系的某些类型缺乏明确规定的情况下，需要法官以处理相邻关系的一般原则来评判是非。

第二百八十九条 【处理相邻关系的法律依据】法律、法规对处理相邻关系有规定的，依照其规定；法律、法规没有规定的，可以按照当地习惯。

条文注释

处理民事关系，首先应当依照民事法律的规定。在民事法律未作规定的情况下，法官在处理民事纠纷时，依习惯作出判断。

作为审案依据的"习惯"必须是当地多年实施且为当地多数人所遵从和认可的习惯，这种习惯已经具有"习惯法"的作用，在当地具有类似于法律一样的约束力。同时，这种习惯以不违背公序良俗为限。因此，当邻里因为不动产的使用而发生纠纷时，如果没有相应的民事法律进行调整，在是否适用习惯作为审案的依据，以及适用何种习惯作为审案的依据问题上，法官具有自由裁量权。

关联法规

《民法典》第10条；《建筑法》第39、41条

第二百九十条 【用水、排水相邻关系】不动产权利人应当为相邻权利人用水、排水提供必要的便利。

对自然流水的利用，应当在不动产的相邻权利人之间合理分配。对自然流水的排放，应当尊重自然流向。

条文注释

最高人民法院相关司法解释从审判的角度对水的相邻关系作了规定，主要是：(1)关于自然流水的分配与使用。一方擅自堵截或者独占自然流水，影响他方正常生产、生活的，他方有权请求排除妨碍；造成他方损失的，受益人应负赔偿责任。(2)关于自然流水以及生产、生活用水的排放。相

邻一方必须使用另一方的土地排水的，应当予以准许；但应在必要限度内使用并采取适当的保护措施排水，如仍造成损失的，由受益人合理补偿。相邻一方可以采取其他合理的措施排水而未采取，向他方土地排水毁损或者可能毁损他方财产，他方要求致害人停止侵害、消除危险、恢复原状、赔偿损失的，应当予以支持。(3)关于房屋滴水。处理相邻房屋滴水纠纷时，对有过错的一方造成他方损害的，应当责令其排除妨碍、赔偿损失。

第二百九十一条　【通行相邻关系】不动产权利人对相邻权利人因通行等必须利用其土地的，应当提供必要的便利。

条文注释

不动产权利人原则上有权禁止他人进入其土地，但他人因通行等必须利用或进入其土地的，不动产权利人应当提供必要的便利。这些情形是：(1)他人有通行权的。最高人民法院相关司法解释从审判的角度对相邻关系中的通行权作了规定，主要是：①一方必须在相邻一方使用的土地上通行的，应当予以准许；因此造成损失的，应当给予适当补偿。②对于一方所有或者使用的建筑物范围内历史形成的必经通道，所有权人或者使用权人不得堵塞。因堵塞影响他人生产、生活，他人要求排除妨碍或者恢复原状的，应当予以支持。但有条件另开通道的，可以另开通道。(2)依当地习惯，许可他人进入其未设围障的土地刈取杂草，采集枯枝、枯干，采集野生植物，或放牧牲畜等。(3)他人物品或者动物偶然失落于其土地时，应允许他人进入其土地取回。

第二百九十二条　【相邻土地的利用】不动产权利人因建造、修缮建筑物以及铺设电线、电缆、水管、暖气和燃气管线等必须利用相邻土地、建筑物的，该土地、建筑物的权利人应当提供必要的便利。

条文注释

本条规定的使用邻地包括两种情形：一是因建造、修缮建筑物而临时使用邻地，土地权利人因建造、修缮建筑物暂时而且有必要使用相邻的土地、建筑物的，相邻的土地、建筑物的权利人应当提供必要的便利。二是在邻地上安设管线。

第二百九十三条　【相邻通风、采光和日照】建造建筑物，不得违反国家有关工程建设标准，不得妨碍相邻建筑物的通风、采光和日照。

条文注释

本条只是原则性规定，即建造建筑物，不得违反国家有关工程建设标准，不得妨碍相邻建筑物的通风、采光和日照。2012年住房和城乡建设部发布国家标准《建筑采光设计标准》，2018年住房和城乡建设部发布国家标准《城市居住区规划设计标准》。按照上述标准，旧区改造住宅日照标准按照大寒日的日照不低于1小时执行。

第二百九十四条　【相邻不动产之间不可量物侵害】不动产权利人不得违反国家规定弃置固体废物，排放大气污染物、水污染物、土壤污染物、噪声、光辐射、电磁辐射等有害物质。

条文注释

本条虽然没有明确规定相邻不动产权利人之间排放污染物的容忍义务，但按照本法第288条规定的处理相邻关系的"有利生产、方便生活、团结互助、公平合理"的原则，已经包含了相邻不动产权利人之间应当互负容忍义务。但互负容忍义务是有限度的，在国家规定的标准以内应当容忍，如果超过国家规定的标准，受害的不动产权利人有权要求侵害人停止侵害、消除危险、排除妨害以及赔偿损失。

第二百九十五条　【维护相邻不动产安全】不动产权利人挖掘土地、建造建筑物、铺设管线以及安装设备等，不得危及相邻不动产的安全。

条文注释

本条中的"不得危及相邻不动产的安全"主要包括以下几个方面：第一，在自己的土地上开挖地基时，要注意避免使相邻土地的地基发生动摇或有动摇之危险，致使相邻土地上的建筑物受到损害。第二，在相邻不动产的疆界线附近处埋设水管时，要预防土沙崩溃、水或污水渗漏到相邻不动产。第三，不动产权利人在自己的土地范围内种植的竹木根枝伸延，危及另一方建筑物的安全和正常使用时，应当消除危险，恢复原状。第四，不动产权利人在相邻土地上的建筑物有倒塌的危险从而可能危及自己土地及建筑物安全时，有权要求相邻不动产权利人消除危险。

第二百九十六条　【使用相邻不动产避免造成损害】不动产权利人因用水、排水、通行、铺设管线等利用相邻不动产的，应当尽量避免对相邻的不动产权利人造成损害。

条文注释

不动产权利人应当按照有利生产、方便生活、团结互助、公平合理的原则，为相邻不动产权利人因用水、排水、通行、铺设管线等而使用自己的不动产的行为负容忍义务，即提供必要的便利。但从使用一方来讲，在行使相邻权的同时，也要负尽量避免对被使用的相邻不动产的权利人造成损害的义务。

第八章 共　　有

第二百九十七条 【共有及其形式】不动产或者动产可以由两个以上组织、个人共有。共有包括按份共有和共同共有。

条文注释

所谓共有，是指某项财产由两个或两个以上的权利主体共同享有所有权。换言之，是指多个权利主体对一物共同享有所有权。共有的主体称为共有人，客体称为共有财产或共有物。各共有人之间因财产共有形成的权利义务关系，称为共有关系。根据本条规定，共有包括按份共有和共同共有。按份共有和共同共有的区别在于，按份共有人对共有的不动产或者动产按照其份额享有所有权，共同共有人对共有的不动产或者动产共同享有所有权。

第二百九十八条 【按份共有】按份共有人对共有的不动产或者动产按照其份额享有所有权。

条文注释

按份共有，又称分别共有，是与共同共有相对应的一项制度，指数人按应有份额对共有物共同享有权利和分担义务的共有。在按份共有中，各共有人对共有物享有不同的份额。各共有人的份额，又称应有份，其具体数额一般是由共有人约定明确的。每个共有人对共有财产享有的权利和承担的义务，是依据其不同的份额所确定的。

第二百九十九条 【共同共有】共同共有人对共有的不动产或者动产共同享有所有权。

条文注释

共同共有，是指两个或两个以上的民事主体，根据某种共同关系而对某项财产不分份额地共同享有权利并承担义务。共同共有的特征是：第一，共同共有根据共同关系而产生，以共同关系的存在为前提，如夫妻关系、家庭关系。第二，在共同共有关系存续期间内，共有财产不分份额。这是共同共有与按份共有的主要区别。第三，在共同共有中，各共有人平等地对共有物享受权利和承担义务。关于共同共有的形式，主要包括夫妻共有、家庭共有和遗产分割前的共有。

第三百条 【对共有物的管理】共有人按照约定管理共有的不动产或者动产；没有约定或者约定不明确的，各共有人都有管理的权利和义务。

条文注释

本条规定的共有物的"管理"是一个外延宽泛的大概念，包括共有人对共有物的保存、使用方法和简易修缮。对共有物的处分和重大修缮则不属于对共有物管理的内容，在本章中另条规定。

第三百零一条 【共有物的处分、重大修缮和性质、用途变更】处分共有的不动产或者动产以及对共有的不动产或者动产作重大修缮、变更性质或者用途的，应当经占份额三分之二以上的按份共有人或者全体共同共有人同意，但是共有人之间另有约定的除外。

条文注释

本条区分按份共有和共同共有，对共有物的处分或者重大修缮、变更性质或者用途问题作出了不同的规定：(1)根据本条规定，处分按份共有的不动产或者动产以及对共有的不动产或者动产重大修缮、变更性质或者用途的，应当经占份额2/3以上的按份共有人同意，但是共有人之间另有约定的除外。(2)根据本条规定，处分共同共有的不动产或者动产以及对共有的不动产或者动产重大修缮、变更性质或者用途的，应当经全体共同共有人同意，但是共有人之间另有约定的除外。

第三百零二条 【共有物管理费用负担】共有人对共有物的管理费用以及其他负担，有约定的，按照其约定；没有约定或者约定不明确的，按份共有人按照其份额负担，共同共有人共同负担。

条文注释

对共有物的管理费用主要包括以下几项：第一，对共有物的保存费用。第二，对共有物作简易修缮或者重大修缮所支出的费用。第三，对共有物的其他费用负担。

在按份共有中，对共有物的管理费用以及其他负担，有约定的，按照约定；没有约定或者约定不明确的，按份共有人按照其份额负担。

在共同共有中，对共有物的管理费用以及其他负担，原则上由共同共有人共同负担，即以其他的共有财产，如共有的积蓄支付。但是，共同共有人另有约定的，依照其约定。

第三百零三条　【共有财产分割原则】共有人约定不得分割共有的不动产或者动产，以维持共有关系的，应当按照约定，但是共有人有重大理由需要分割的，可以请求分割；没有约定或者约定不明确的，按份共有人可以随时请求分割，共同共有人在共有的基础丧失或者有重大理由需要分割时可以请求分割。因分割造成其他共有人损害的，应当给予赔偿。

条文注释

本条规定了三种分割共有财产的基本原则：

（1）依据共有人约定分割的原则。无论是按份共有，还是共同共有，共有人对共有财产的分割有约定的依其约定。

（2）依法分割的原则。按份共有人可以随时请求分割，共同共有人在共有的基础丧失或者有重大理由需要分割时可以请求分割。

（3）损害赔偿的原则。因某些法定的特殊原因，共有人分割共有财产，会使共有财产的功能丧失或者削弱，降低它的价值，有可能给其他共有人造成损害。因此，本条规定，因分割对其他共有人造成损害的，应当给予赔偿。

第三百零四条　【共有物的分割方式】共有人可以协商确定分割方式。达不成协议，共有的不动产或者动产可以分割且不会因分割减损价值的，应当对实物予以分割；难以分割或者因分割会减损价值的，应当对折价或者拍卖、变卖取得的价款予以分割。

共有人分割所得的不动产或者动产有瑕疵的，其他共有人应当分担损失。

条文注释

分割共有的不动产或者动产，可以采取各共有人间协商确定的方式。

协商的内容,由共有人自由决定,当然须得共有人全体同意。当无法达成协议时,共有人可提请法院进行裁判分割。裁判分割应遵循本条关于实物分割、变价分割或者折价赔偿的原则规定。

本条第2款规定,共有人分割所得的不动产或者动产有瑕疵的,其他共有人应当分担损失,即瑕疵担保责任,包括权利的瑕疵担保责任和物的瑕疵担保责任。本款的规定是为了防止共有物分割后,共有人发现权利或者利益受到侵害而得不到赔偿的情况发生。此种瑕疵担保责任,应同于本法合同编中出卖人对买受人所负的瑕疵担保责任。

第三百零五条 【按份共有人的优先购买权】按份共有人可以转让其享有的共有的不动产或者动产份额。其他共有人在同等条件下享有优先购买的权利。

条文注释

本条第1句规定了在共有关系存续期间,按份共有人有权转让其享有的共有的不动产或者动产份额。共有人转让共有份额后,受让人可能继续与其他原共有人共有,或者分割共有份额。共有人请求分割共有物的行为是一种单方法律行为,一经作出即生效力。在一般情况下,按份共有人转让其享有的共有份额,无须得到其他共有人同意。但各共有人不得侵害其他共有人的利益,并受法律的限制。法律有特别规定的,共有人处分其份额应遵守法律的规定。

本条第2句规定了共有人转让其份额时其他共有人在同等条件下享有优先购买权。此处优先购买权是共有人相对于非共有人而言的,在共有人之间并无优先的问题。此种优先购买权仅具有债的效力,不得对抗善意第三人。而且共有人有相反的约定的,依其约定。

关联法规

《物权编解释一》第9~13条

第三百零六条 【优先购买权的实现方式】按份共有人转让其享有的共有的不动产或者动产份额的,应当将转让条件及时通知其他共有人。其他共有人应当在合理期限内行使优先购买权。

两个以上其他共有人主张行使优先购买权的,协商确定各自的购买比例;协商不成的,按照转让时各自的共有份额比例行使优先购买权。

条文注释

(1)按份共有人优先购买权的行使。首先,按份共有人转让其享有的共有的不动产或者动产份额的,应当将转让条件及时通知其他共有人。这是按份共有人可以行使优先购买权的前提条件。其次,其他共有人应当在合理期限内行使优先购买权。实践中如何确定“合理期限”,可以参考司法解释的相关规定。

(2)两个以上共有人主张行使优先购买权。根据本条第2款的规定,两个以上其他共有人主张行使优先购买权的,协商确定各自的购买比例。如果协商不成的,按照转让时各自的共有份额比例行使优先购买权。

关联法规

《物权编解释一》第11～13条

第三百零七条　【因共有财产产生的债权债务关系的对外、对内效力】 因共有的不动产或者动产产生的债权债务,在对外关系上,共有人享有连带债权、承担连带债务,但是法律另有规定或者第三人知道共有人不具有连带债权债务关系的除外;在共有人内部关系上,除共有人另有约定外,按份共有人按照份额享有债权、承担债务,共同共有人共同享有债权、承担债务。偿还债务超过自己应当承担份额的按份共有人,有权向其他共有人追偿。

条文注释

按照本条规定,无论是按份共有还是共同共有,只要是因共有的不动产或者动产产生的债权债务,在对外关系上,共有人对债权债务享有连带债权、承担连带债务,但法律另有规定或者第三人知道共有人不具有连带债权债务关系的除外。连带的方法,是共有人享有连带债权时,任一共有人都可向第三人主张债权;共有人承担连带债务时,第三人可向任一共有人主张债权。本条对因共有财产产生的债权债务关系的对外效力不区分按份共有和共同共有,是为了保护善意第三人的权益。但是,当法律另有规定或者第三人知道共有人不具有连带债权债务关系时,共有人不用承担连带责任而应当按照约定或者共有人享有的份额各自享有债权、承担债务。

因共有财产产生的债权债务关系,在共有人内部关系上,除共有人另有约定外,按份共有人按照份额享有债权、承担债务,共同共有人共同享有债权、承担债务。

第三百零八条　【按份共有的推定】共有人对共有的不动产或者动产没有约定为按份共有或者共同共有，或者约定不明确的，除共有人具有家庭关系等外，视为按份共有。

条文注释

共同共有，是指共有人对全部共有财产不分份额地享受权利和承担义务的共有。共同共有的共有人只有在共有关系消灭时才能协商确定各自的份额。当共有人对共有的不动产或动产没有约定为按份共有或者共同共有，或者约定不明确的，如果推定为共同共有，共有人对共有财产的份额还是不明确的。因此，本条规定，此种情况，除共有人具有家庭关系等外，视为按份共有。

第三百零九条　【按份共有人份额的确定】按份共有人对共有的不动产或者动产享有的份额，没有约定或者约定不明确的，按照出资额确定；不能确定出资额的，视为等额享有。

条文注释

按份共有，是指数人按照各自的份额，对共有财产分享权利，分担义务的共有。按份共有的主体须为2人以上，称为共有人；客体须为物，称为共有物；共有人所享有的权利，为所有权。但此处的所有权不是数个，而是一个。即数个所有权人对一个物共同享有一个所有权。既然共有关系的成立是当事人意思自治的结果，那么各共有人应有份额也应贯彻同样原则，即由当事人约定，当事人没有约定或者约定不明确的，则依出资额确定共有份额，在不能确定出资额的情况下，推定为等额享有。

第三百一十条　【用益物权、担保物权的准共有】两个以上组织、个人共同享有用益物权、担保物权的，参照适用本章的有关规定。

条文注释

本条对用益物权和担保物权的准共有作出了规定。准共有具有以下特征：(1)准共有的标的物是所有权之外的财产权，包括用益物权、担保物权等。(2)准共有即准用共有的有关规定，各人就所有权之外的财产究竟是准用共同共有还是按份共有，应当视其共有关系而定。(3)准共有准用按份共有或共同共有的前提,是规范该财产权的法律没有特别规定。如果有,则应首先适用该特别规定。

两个以上的主体共同享有用益物权和担保物权的按份共有或共同共有,在性质上与对所有权的共有没有差别,所以本条规定两个以上组织、个人共同享有用益物权、担保物权的,参照本章规定。

第九章　所有权取得的特别规定

第三百一十一条　【善意取得】无处分权人将不动产或者动产转让给受让人的,所有权人有权追回;除法律另有规定外,符合下列情形的,受让人取得该不动产或者动产的所有权:

(一)受让人受让该不动产或者动产时是善意;

(二)以合理的价格转让;

(三)转让的不动产或者动产依照法律规定应当登记的已经登记,不需要登记的已经交付给受让人。

受让人依据前款规定取得不动产或者动产的所有权的,原所有权人有权向无处分权人请求损害赔偿。

当事人善意取得其他物权的,参照适用前两款规定。

条文注释

善意取得,是指受让人以财产所有权转移为目的,善意、对价受让且占有该财产,即使出让人无转移所有权的权利,受让人仍取得其所有权。善意取得既适用于动产,又适用于不动产。根据本条规定,产生善意取得的法律后果,需同时符合以下三项条件,否则不构成善意取得。

(1)受让人受让该不动产或者动产时是善意。适用善意取得制度,首先受让人受让该不动产或者动产时须是善意的,即受让人受让该不动产或者动产时不知道出让人是无处分权人,否则不构成善意取得。

(2)以合理的价格转让。即受让人是以合理的价格,以符合一般人认知的正常的市场价格受让该不动产或者动产。

(3)转让的不动产或者动产依照法律规定应当登记的已经登记,不需要登记的已经交付给受让人。即交易的不动产或者动产已经依法发生了物权变动的效力。

关联法规

《物权编解释一》第14～20条；《公司法解释三》第7、25、27条

第三百一十二条　【遗失物的善意取得】所有权人或者其他权利人有权追回遗失物。该遗失物通过转让被他人占有的，权利人有权向无处分权人请求损害赔偿，或者自知道或者应当知道受让人之日起二年内向受让人请求返还原物；但是，受让人通过拍卖或者向具有经营资格的经营者购得该遗失物的，权利人请求返还原物时应当支付受让人所付的费用。权利人向受让人支付所付费用后，有权向无处分权人追偿。

条文注释

遗失物的善意取得是善意取得的特殊问题，遗失物是动产的善意取得须受限制。出让人让与的动产若是货币或者无记名有价证券之外的遗失物，遗失人有权向善意取得人请求返还原物。善意取得人应当返还，善意取得人返还后可以向让与人追偿。倘若该遗失物是由善意取得人在拍卖市场、公共市场或者在贩卖与其同类之物的商人处购得的，遗失人需偿还其购买之价金，方能取回其物。遗失物若是货币或者无记名有价证券，遗失人无权向善意取得人请求返还原物，只能向出让人请求返还同种类物或者请求其他赔偿。

第三百一十三条　【善意取得的动产上原有权利的消灭】善意受让人取得动产后，该动产上的原有权利消灭。但是，善意受让人在受让时知道或者应当知道该权利的除外。

条文注释

善意受让人取得动产后，该动产上的原有权利消灭。例如，该动产上有抵押的权利，抵押权消灭。但是，善意受让人取得动产时，知道该动产已被抵押，抵押权不消灭。

第三百一十四条　【拾得遗失物的返还】拾得遗失物，应当返还权利人。拾得人应当及时通知权利人领取，或者送交公安等有关部门。

条文注释

遗失物是非故意抛弃而丢失的物品。拾得遗失物，是发现并占有遗失物。拾得人拾得遗失物，知道遗失物所有人的，应当及时通知其领取，或者送交遗失物。拾得人拾得遗失物，不知道遗失物丢失人的，可以张贴

招领告示，寻找遗失物丢失人。也可以将遗失物上缴公安机关或者有关单位。

第三百一十五条　【有关部门收到遗失物的处理】有关部门收到遗失物，知道权利人的，应当及时通知其领取；不知道的，应当及时发布招领公告。

条文注释

有关部门收到遗失物，应当查找遗失物丢失人，请其认领。无人认领的，上缴公安机关。公安机关收到遗失物，应当查找遗失物丢失人，请其认领，或者存放遗失物品招领处，待人认领。自公安机关收到遗失物发布招领公告之日起1年内无人认领的，遗失物归国家所有。公安机关可以拍卖、变卖遗失物，所得价金上缴国库。

第三百一十六条　【遗失物保管】拾得人在遗失物送交有关部门前，有关部门在遗失物被领取前，应当妥善保管遗失物。因故意或者重大过失致使遗失物毁损、灭失的，应当承担民事责任。

条文注释

拾得人拾得遗失物，在返还失主或者送交有关部门前，应当妥善保管。有关部门收到遗失物后在遗失物被领取前，也应当妥善保管。拾得人或者有关部门因故意或者重大过失致使遗失物损坏灭失的，应当承担民事责任。遗失物不易保管或者保管费用过高的，公安机关可以及时拍卖、变卖，保存价金。拾得人和有关单位不能自行拍卖、变卖遗失物。

第三百一十七条　【权利人在领取遗失物时应尽义务】权利人领取遗失物时，应当向拾得人或者有关部门支付保管遗失物等支出的必要费用。

权利人悬赏寻找遗失物的，领取遗失物时应当按照承诺履行义务。

拾得人侵占遗失物的，无权请求保管遗失物等支出的费用，也无权请求权利人按照承诺履行义务。

条文注释

本条第1款规定，权利人领取遗失物时，应当向拾得人或者有关部门支付保管遗失物等支出的必要费用。拾得人因拾得遗失物、寻找遗失物丢失人、保管遗失物而实际支付的费用，可以按无因管理请求遗失物所有人偿还。无人认领的，由公安机关在上缴国库前支付。

本条第2款规定,权利人悬赏寻找遗失物的,领取遗失物时应当按照承诺履行义务。本法第499条规定,悬赏人以公开方式声明对完成特定行为的人支付报酬的,完成该行为的人可以请求其支付。

本条第3款规定,拾得人侵占遗失物的,无权请求保管遗失物等支出的费用,也无权请求权利人按照承诺履行义务。拾得人隐匿遗失物据为己有的,构成侵犯所有权。遗失物所有人可以请拾得人偿还,公安机关可以责令拾得人交出。拾得人丧失报酬和费用请求权。拾得人将数额较大的遗失物占为己有,拒不交出的,构成犯罪,依刑法惩处。

第三百一十八条　【公告期满无人认领的遗失物归属】遗失物自发布招领公告之日起一年内无人认领的,归国家所有。

条文注释

公安机关收到遗失物,应当查找遗失物丢失人,请其认领。或者存放遗失物品招领处,待人认领。自公安机关收到遗失物发布招领公告之日起1年内无人认领的,遗失物归国家所有。公安机关可以拍卖、变卖遗失物,所得价金上缴国库。

第三百一十九条　【拾得漂流物、发现埋藏物或隐藏物】拾得漂流物、发现埋藏物或者隐藏物的,参照适用拾得遗失物的有关规定。法律另有规定的,依照其规定。

第三百二十条　【从物随主物转让】主物转让的,从物随主物转让,但是当事人另有约定的除外。

条文注释

主物、从物的概念不同于物的整体与其重要成分之间的关系。物的重要成分是物的组成部分,而主物和从物在聚合之前分别为独立的物,如自行车与车锁,在聚合之前为独立的物。在聚合之后,根据它们的作用可以决定主从关系,并决定权利的变动。但物的重要成分与物的整体本身就是一个物,如汽车与发动机,如果没有发动机的作用,汽车就不能称为汽车,也就无法发挥它的整体效用。因此法律上的规则是,不许可在物的整体上和该物的重要成分上分设两个独立的权利;而主物从物之间的关系却不同,在从物随主物转让的一般规则下,均承认当事人例外约定的效力。

关联法规

《民法典》第631条

第三百二十一条 【天然孳息和法定孳息的归属】天然孳息，由所有权人取得；既有所有权人又有用益物权人的，由用益物权人取得。当事人另有约定的，按照其约定。

法定孳息，当事人有约定的，按照约定取得；没有约定或者约定不明确的，按照交易习惯取得。

条文注释

孳息是与原物相对而言的，指由原物而产生的物，包括天然孳息与法定孳息：(1)天然孳息，是指依物的自然属性所产生的物。本条明确规定了天然孳息的归属。当事人另有约定的，按照约定。(2)法定孳息，是指依一定的法律关系由原物所生的物，是原物的所有权人进行租赁、投资等特定的民事法律活动而应当获得的合法收益。如房屋出租所得的租金，依股本金所得的股息等。法定孳息(利息、租金等)，按照一般的交易规则，利息应由债权人取得，租金应由出租人取得，但也不排除其他情形的存在。关于法定孳息的归属，原则上更为变通。本法规定，当事人有约定的，按照约定取得；没有约定或者约定不明确的，按照交易习惯取得。

第三百二十二条 【添附】因加工、附合、混合而产生的物的归属，有约定的，按照约定；没有约定或者约定不明确的，依照法律规定；法律没有规定的，按照充分发挥物的效用以及保护无过错当事人的原则确定。因一方当事人的过错或者确定物的归属造成另一方当事人损害的，应当给予赔偿或者补偿。

条文注释

加工、附合、混合统称添附，是指不同所有人的物被结合、混合在一起成为一个新物，或者利用别人之物加工成为新物的事实状态。其中附合、混合为物与物相结合，加工为劳力与他人之物相结合。添附的发生有的基于人的行为，也有的基于自然的偶然因素。

根据本条规定，因加工、附合、混合而产生的物的归属，按照以下原则确定：(1)有约定的，按照约定。当事人之间如果就因添附产生的物的归属有约定的，确定因添附产生的物的归属时，先按照当事人的约定。(2)没有约定或者约定不明确的，依照法律规定。如果当事人未就因添附产生的物的归属事先作约定，或者事先约定了，但约定不明确的，依照法律规定确定物的归属。(3)当事人未就因添附产生的物的归属事先作出约定,也没有相应的法律规定的,按照两个原则确定物的归属:一是充分发挥物的效用原则,二是保护无过错当事人原则。在考虑充分发挥物的效用确定添附物的同时,还需考虑当事人是否有过错。

根据本条规定,因一方当事人的过错或者确定物的归属造成另一方当事人损害的,应当给予赔偿或者补偿。即一方当事人有过错,造成另一方当事人损害的,应当给予赔偿;一方当事人无过错,因确定物的归属造成另一方当事人损害的,应当给予补偿。

典型案例

某金属表面处理公司与某铁塔公司破产债权确认纠纷案①

典型意义:《民法典》新增添附制度,明确规定添附物所有权归属的认定方式,以及因此造成当事人损害的赔偿或补偿规则,使我国有关产权保护的法律规则体系更加完备。本案中,审理法院依法认定添附物的所有权优先按合同约定确定归属,同时妥善解决因确定添附物归属造成当事人损害的赔偿问题,有效维护了物的归属和利用关系,有利于保障诚信、公平的市场交易秩序。

第三分编　用益物权

第十章　一般规定

第三百二十三条　【用益物权人享有的基本权利】用益物权人对他人所有的不动产或者动产,依法享有占有、使用和收益的权利。

条文注释

用益物权是权利人对他人所有的不动产或者动产,依法享有占有、使用和收益的权利。依照本条规定,用益物权人对他人所有的不动产或者动产,依照法律规定享有占有、使用和收益的权利:(1)占有的权利。"占有"是对物的实际控制。用益物权作为以使用、收益为目的的物权,自当

① 参见《人民法院贯彻实施民法典典型案例(第二批)》之四。

以权利人对物的实际占有为必要。利用他人之物为使用、收益,必然要对物予以实际支配。没有占有就不可能实现对物的直接利用。(2)使用、收益的权利。"使用"是依物的自然属性、法定用途或者约定的方式,对物进行实际上的利用。"收益"是通过对物的利用而获取经济上的收入或者其他利益。用益物权的设立目的是对物的使用和收益。比如,在他人的土地上自建房屋以供居住;在他人的土地上耕种、畜牧以供自用或出售而获得收益;在他人土地上建造楼宇用以出售、出租以取得收益等。

第三百二十四条 【国有和集体所有自然资源的用益物权】国家所有或者国家所有由集体使用以及法律规定属于集体所有的自然资源,组织、个人依法可以占有、使用和收益。

条文注释

本法物权编根据我国的基本经济制度,以及建立和完善社会主义市场经济体制的要求,在"用益物权"分编中设专章分别规定了土地承包经营权、建设用地使用权、宅基地使用权等用益物权。

第三百二十五条 【自然资源使用制度】国家实行自然资源有偿使用制度,但是法律另有规定的除外。

条文注释

我国的自然资源使用制度是建立在社会主义公有制基础上,适应社会主义市场经济发展的,按照《土地管理法》《矿产资源法》《水法》等法律以及国务院的有关规定,对自然资源实行有偿使用为原则、无偿利用为例外的制度。

自然资源有偿使用制度,是指国家以自然资源所有者和管理者的双重身份,为实现所有者权益,保障自然资源的可持续利用,向使用自然资源的组织和个人收取自然资源使用费的制度。目前,法律规定了土地资源、矿产资源、水资源等自然资源的有偿使用制度,但同时,《土地管理法》《水法》等法律规定了自然资源的无偿使用作为有偿使用基本原则的例外。

第三百二十六条 【用益物权人权利的行使】用益物权人行使权利,应当遵守法律有关保护和合理开发利用资源、保护生态环境的规定。所有权人不得干涉用益物权人行使权利。

条文注释

本条分别从用益物权人和所有权人的角度,规定了两个方面的内容:一是用益物权人行使权利,应当遵守法律有关保护和合理开发利用资源、保护生态环境的规定。二是所有权人不得干涉用益物权人行使权利。所有权人不得干涉用益物权人行使权利,是用益物权人正常行使权利的基本保障。当然,如果用益物权人在行使权利时存在违背法律规定、未合理利用和保护资源等损害所有权人权益的行为,所有权人有权依法制止,并要求其赔偿损失。

第三百二十七条 【用益物权人因征收、征用有权获得补偿】因不动产或者动产被征收、征用致使用益物权消灭或者影响用益物权行使的,用益物权人有权依据本法第二百四十三条、第二百四十五条的规定获得相应补偿。

条文注释

征收主要是针对不动产,而不动产中又以征收集体所有的土地最具代表性,因此,对征收集体土地,如何对所有权人即农民集体和用益物权人即承包经营权人给予补偿,就显得尤为重要。本法第243条第2款规定,征收集体所有的土地,应当依法及时足额支付土地补偿费、安置补助费以及农村村民住宅、其他地上附着物和青苗等的补偿费用,并安排被征地农民的社会保障费用,保障被征地农民的生活,维护被征地农民的合法权益。

本法第245条规定,因抢险救灾、疫情防控等紧急需要,依照法律规定的权限和程序可以征用组织、个人的不动产或者动产。被征用的不动产或者动产使用后,应当返还被征用人。组织、个人的不动产或者动产被征用或者征用后毁损、灭失的,应当给予补偿。根据这一规定,组织、个人的不动产或者动产被征用或者征用后毁损、灭失,致使用益物权消灭,或者影响用益物权行使的,应当对用益物权人给予补偿。

第三百二十八条 【海域使用权的法律保护】依法取得的海域使用权受法律保护。

条文注释

海域使用权是指组织或者个人依法取得对国家所有的特定海域排他性使用权。组织和个人使用海域,必须依法取得海域使用权。海域使用权取得的方式主要有三种:一是组织和个人向海洋行政主管部门申请;二是招标；三是拍卖。有关组织和个人使用海域的申请被批准或者通过招标、拍卖方式取得海域使用权后，海域使用权人应当办理登记手续。

本条只是对海域使用权作了原则性的规定，确立了海域使用权用益物权的属性，任何组织和个人使用海域必须依法取得海域使用权，依法取得的海域使用权受法律保护。根据特别法优先于普通法的原则，海域使用权首先应当适用《海域使用管理法》的规定；《海域使用管理法》没有规定的，适用本法有关规定。

关联法规

《海域使用管理法》第19～32条

第三百二十九条　【合法探矿权等权利的法律保护】依法取得的探矿权、采矿权、取水权和使用水域、滩涂从事养殖、捕捞的权利受法律保护。

条文注释

我国对自然资源实行有偿使用制度。《矿产资源法》《水法》《渔业法》分别对组织和个人利用自然资源的权利作出了规定。根据特别法优于普通法适用的原则，探矿权、采矿权，取水权，利用水域、滩涂从事养殖、捕捞的权利，应当首先适用《矿产资源法》《水法》《渔业法》等法律的规定；这些法律没有规定的，适用本法的有关规定。

第十一章　土地承包经营权

第三百三十条　【双层经营体制与土地承包经营制度】农村集体经济组织实行家庭承包经营为基础、统分结合的双层经营体制。

农民集体所有和国家所有由农民集体使用的耕地、林地、草地以及其他用于农业的土地，依法实行土地承包经营制度。

条文注释

“双层经营”包含两个经营层次：一是家庭分散经营层次。家庭分散经营是指农村集体经济组织的每一个农户家庭全体成员为一个生产经营单位，承包集体农村土地后，以家庭为单位进行的农业生产经营。二是集体统一经营层次。集体统一经营就是农村集体经济组织以村或者村民小组（或者乡镇）为生产经营单位，对集体所有的土地、房屋等集体资产享有、行使集体所有权，并组织本集体经济组织成员开展统一的生产经营。

需要注意的是,双层经营的基础是家庭承包,但必须统分结合,不能因为家庭经营而忽略集体经营,特别是必须强调对农村土地的集体所有权,承包方享有的仅仅是对农村土地的用益物权。

本条第2款规定,农民集体所有和国家所有由农民集体使用的耕地、林地、草地以及其他用于农业的土地,依法实行土地承包经营制度。土地承包经营权作为一种用益物权,属于他物权,这种他物权是针对特定对象而设定的,即是农民集体所有和国家所有由农民集体使用的耕地、林地、草地,以及其他依法用于农业的土地。因此,能够设立土地承包经营权的土地仅仅是农村土地,排除了城市的国有建设用地。

关联法规

《农村土地承包法》第2条;《土地管理法》第10条;《农业法》第10条

第三百三十一条 【土地承包经营权人享有的基本权利】土地承包经营权人依法对其承包经营的耕地、林地、草地等享有占有、使用和收益的权利,有权从事种植业、林业、畜牧业等农业生产。

条文注释

本条规定了承包人对承包地享有的占有、使用和收益这几项最基本、最重要的权利。这些权利都是法定权利,即使在承包合同中没有约定,承包人也依法享有这些权利,任何组织和个人不得剥夺和侵害:(1)依法享有对承包地占有的权利。占有的权利是土地承包经营权人对本集体所有的土地直接支配和排他的权利。(2)依法享有对承包地使用的权利。承包人在不改变土地的农业用途的前提下,有权对其承包的土地进行合理且有效的使用。至于从事农业生产的方式、种类等均由承包人自行决定,其他任何第三人都无权进行干涉。对承包土地的使用不仅仅表现为进行传统意义上的耕作、种植等,对于因进行农业生产而修建的必要的附属设施,如建造沟渠、修建水井等构筑物,也应是对承包土地的一种使用。所修建的附属设施的所有权应当归承包人享有。(3)依法获取承包地收益的权利。收益权是承包人获取承包地上产生的收益的权利,这种收益主要是从承包地上种植的农林作物以及畜牧中所获得的利益。

关联法规

《农村土地承包法》第5~10、17条

第三百三十二条　【土地承包期】耕地的承包期为三十年。草地的承包期为三十年至五十年。林地的承包期为三十年至七十年。

前款规定的承包期限届满，由土地承包经营权人依照农村土地承包的法律规定继续承包。

条文注释

本条规定的是土地承包经营权的期限，即承包期限。承包期限是指农村土地承包经营权存续的期间，在此期间内，承包方享有土地承包经营权，依照法律的规定和合同的约定，行使权利，承担义务。我国对土地实行用途管理制度，本条第1款根据我国农村土地家庭承包的实际情况，对不同用途的土地的承包期限作出了规定。

本条第2款规定，承包期限届满，由土地承包经营权人依照农村土地承包的法律规定继续承包。所谓“依照农村土地承包的法律规定”所指的就是《农村土地承包法》的有关规定，继续承包就是承包期限的延长。根据《中共中央、国务院关于保持土地承包关系稳定并长久不变的意见》的规定，现有承包地在第二轮土地承包到期后由农户继续承包，承包期再延长30年，以各地第二轮土地承包到期为起点计算。

关联法规

《土地管理法》第13条；《农村土地承包法》第21条

第三百三十三条　【土地承包经营权的设立和登记】土地承包经营权自土地承包经营权合同生效时设立。

登记机构应当向土地承包经营权人发放土地承包经营权证、林权证等证书，并登记造册，确认土地承包经营权。

条文注释

根据本条第1款的规定，土地承包经营权的设立，不以登记为生效的要件，土地经营权的设立以土地承包合同生效为准。因此，要确定取得土地承包经营权的时间，就必须根据承包合同的生效时间判断。承包合同生效时间应当是当事人签名、盖章或者捺印之时。

本条第2款的规定与《农村土地承包法》第24条的规定相衔接。《农村土地承包法》第24条第1款规定，国家对耕地、林地和草地等实行统一登记，登记机构应当向承包方颁发土地承包经营权证或者林权证等证书，并登记造册，确认土地承包经营权。第2款规定，土地承包经营权证或者林权证等证书应当将具有土地承包经营权的全部家庭成员列入。

关联法规

《农村土地承包法》第23、24条;《农地承包解释》第19条

第三百三十四条　【土地承包经营权的互换、转让】土地承包经营权人依照法律规定,有权将土地承包经营权互换、转让。未经依法批准,不得将承包地用于非农建设。

条文注释

根据本条规定,土地承包经营权人有权将土地承包经营权互换、转让,但是必须依照法律规定,且不得将承包地用于非农建设。这里的“依照法律规定”,主要就是依照《农村土地承包法》的相关规定。

需要注意的是:第一,土地承包经营权互换只是土地承包经营权人改变,不是土地用途及承包义务的改变,互换后的土地承包经营权人仍然要按照发包时确定的该土地的用途使用土地,履行该地块原来负担的义务,比如,发包时确定某地块用于种植粮食作物,承包经营权互换后不能用于开挖鱼塘。第二,家庭承包的土地,不仅涉及不同集体经济组织的土地权属,而且关系农户的生存保障。因此,承包方只能与属于同一集体经济组织的农户互换土地承包经营权,不能与其他集体经济组织的农户互换土地承包经营权。

关联法规

《农村土地承包法》第9、10条

第三百三十五条　【土地承包经营权互换、转让的登记】土地承包经营权互换、转让的,当事人可以向登记机构申请登记;未经登记,不得对抗善意第三人。

条文注释

根据本条规定,土地承包经营权互换、转让,当事人要求登记的,应当向登记机构申请办理登记。申请登记时,应当提交土地变更登记申请书及相关资料,内容包括转让人与受让人的姓名、住所,土地坐落、面积、用途,土地承包合同、土地承包经营权转让或者互换合同、土地承包经营权证书,以及登记部门要求提供的其他文件。登记部门收到变更登记的申请及上述文件后,经调查、审核,符合变更登记规定的,变更注册登记,更换或者更改土地承包经营权证书。

第三百三十六条 【承包地的调整】承包期内发包人不得调整承包地。

因自然灾害严重毁损承包地等特殊情形，需要适当调整承包的耕地和草地的，应当依照农村土地承包的法律规定办理。

条文注释

本条第1款明确承包期内发包人不得调整承包地。具体而言，一是发包人不得单方要求调整承包地。发包人一般不得以任何理由要求承包方调整承包地。当然，如果承包方自己有合理理由，请求发包人适当调整，只要符合有关规定，发包人是可以调整的。二是在承包期内，发包人不得调整。这里的承包期既包括二轮承包期，也包括根据法律规定延长后的承包期，都不得延长。三是发包人只有在符合法律规定的情形下，根据第2款的规定才可以适当调整承包地。

本条第2款规定，因自然灾害严重毁损承包地等特殊情形，需要适当调整承包的耕地和草地的，应当依照农村土地承包的法律规定办理。《农村土地承包法》第28条第2款规定，承包期内，因自然灾害严重毁损承包地等特殊情形对个别农户之间承包的耕地和草地需要适当调整的，必须经本集体经济组织成员的村民会议2/3以上成员或者2/3以上村民代表的同意，并报乡（镇）人民政府和县级人民政府农业农村、林业和草原等主管部门批准。承包合同中约定不得调整的，按照其约定。

关联法规

《农村土地承包法》第28～31条；《农地承包解释》第6条

第三百三十七条 【承包地的收回】承包期内发包人不得收回承包地。法律另有规定的，依照其规定。

条文注释

本条首先规定："承包期内发包人不得收回承包地。"这一规定对保持土地承包关系稳定并长久不变具有重要意义。

当然，承包地并非一律不得收回，《中共中央、国务院关于保持土地承包关系稳定并长久不变的意见》明确：维护进城农户土地承包权益，现阶段不得以退出土地承包权作为农户进城落户的条件。对承包农户进城落户的，引导支持其按照自愿有偿原则依法在本集体经济组织内转让土地承包权或将承包地退还集体经济组织，也可鼓励其多种形式流转承包地经营权。对长期弃耕抛荒承包地的，发包方可以依法采取措施防止和纠正弃耕抛荒行为。《农村土地承包法》第27条第2~4款规定,国家保护进城农户的土地承包经营权。不得以退出土地承包经营权作为农户进城落户的条件。承包期内,承包农户进城落户的,引导支持其按照自愿有偿原则依法在本集体经济组织内转让土地承包经营权或者将承包地交回发包方,也可以鼓励其流转土地经营权。承包期内,承包方交回承包地或者发包方依法收回承包地时,承包方对其在承包地上投入而提高土地生产能力的,有权获得相应的补偿。

第三百三十八条 【承包地的征收补偿】承包地被征收的,土地承包经营权人有权依据本法第二百四十三条的规定获得相应补偿。

条文注释

《宪法》规定,国家为了公共利益的需要,可以依照法律规定对土地实行征收或者征用并给予补偿。本条明确规定,承包地被征收的,土地承包经营权人有权依据本法第243条的规定获得相应补偿。关于补偿的标准,《土地管理法》有相应的规定。

关联法规

《土地管理法》第47、48条;《农村土地承包法》第17条;《农地承包解释》第20~22条

第三百三十九条 【土地经营权的流转】土地承包经营权人可以自主决定依法采取出租、入股或者其他方式向他人流转土地经营权。

条文注释

根据本条规定,土地承包经营权人可以自主决定依法采取出租、入股或者其他方式向他人流转土地经营权。具体而言,土地经营权流转的方式主要有以下三种:

第一种是出租。出租就是承包方以与非本集体经济组织成员的受让方签订租赁合同的方式设立土地经营权,由受让方在合同期限内占有、使用承包地,并按照约定向承包方支付租金。

第二种是入股。入股就是承包方将土地经营权作为出资方式,投入到农民专业合作社、农业公司等,并按照出资协议约定取得分红。承包方以土地经营权入股后,即成为农民专业合作社的成员或者公司的股东,享有法律规定的合作社成员或公司股东的权利,可以参与合作社、公司的经营管理,与其他成员、股东一道共担风险、共享收益。为了促进和规范土

地经营权入股行为,农业农村部等部门2018年12月出台了《关于开展土地经营权入股发展农业产业化经营试点的指导意见》,对土地经营权入股的基本原则、入股的实现形式、运行机制、风险防范等作了详细规定。

第三种是其他方式。比如,根据《农村土地承包法》第47条中的规定,承包方可以用承包地的土地经营权向金融机构融资担保。这也是一种设立土地经营权的方式。在当事人以土地经营权设定担保物权时,一旦债务人未能偿还到期债务,担保物权人就有权就土地经营权优先受偿。

关联法规

《农村土地承包法》第36条;《农地承包解释》第9、11、12条

第三百四十条　【土地经营权人享有的基本权利】土地经营权人有权在合同约定的期限内占有农村土地,自主开展农业生产经营并取得收益。

条文注释

根据本法物权编及《农村土地承包法》等相关法律规定,土地经营权人的权利具体包括以下几个方面的内容:

(1)占有权。土地经营权人取得土地经营权后,即有权占有承包方的承包地。

(2)使用权。土地经营权人对承包地享有使用权,就是利用承包地开展农业生产经营的权利。土地经营权人不得将农业用地转为非农用地,不得用来建设房屋、工场等。此外,需要注意的是,土地经营权人还必须严格按照农业用地种类性质使用承包地。

(3)收益权。土地经营权人占有、使用流转取得的承包地,最终目的就是取得农业生产经营的收益。

(4)改良土壤、建设附属设施的权利。《农村土地承包法》第43条规定,经承包方同意,受让方可以依法投资改良土壤,建设农业生产附属、配套设施,并按照合同约定对其投资部分获得合理补偿。因此,土地经营权人经承包方同意,可以对承包地进行改良。土地经营权人进行改良土壤、建设设施的,在土地经营权到期后,还可以根据合同约定获得合理补偿,承包方应当根据约定向其支付相应的补偿费。

(5)再流转的权利。《农村土地承包法》第46条规定,经承包方书面同意,并向本集体经济组织备案,受让方可以再流转土地经营权。根据此规定,土地经营权人在符合条件的情况下可以再次流转其土地经营权。

(6)以土地经营权融资担保的权利。《农村土地承包法》第47条第1款中规定,受让方通过流转取得的土地经营权,经承包方书面同意并向发包方备案,可以向金融机构融资担保。根据此规定,土地经营权人可以以土地经营权提供担保向金融机构融资。需要注意的是,土地经营权人以土地经营权设定担保同样要征得承包方的书面同意,并且向发包方备案。

(7)其他权利。土地经营权人还可以根据法律规定或者合同约定享有其他权利。比如,在流转合同有约定的情况下,承包地被依法征收或者征用时,土地经营权人可以获得相应补偿等。

第三百四十一条　【土地经营权的设立及登记】流转期限为五年以上的土地经营权,自流转合同生效时设立。当事人可以向登记机构申请土地经营权登记;未经登记,不得对抗善意第三人。

条文注释

本条规定,土地经营权流转期限为5年以上的,当事人可以向登记机构申请土地经营权登记,取得物权效力。同时规定,未经登记不得对抗善意第三人。根据本条规定,土地经营权登记后,可以对抗任何人,包括善意第三人。所谓善意第三人,是指不知道也不应当知道承包地上设有土地经营权的人。对于土地经营权而言,受让方一旦在流转的承包地上申请土地经营权登记,其他人就不得再在同一地块上申请土地经营权登记,包括土地承包经营权人本人。登记后的土地经营权相对于债权而言同样具有优先效力。从权利保护的角度而言,申请土地经营权登记对于土地经营权人具有更强的保护力。当然,由于土地经营权登记必然会对承包方的土地承包经营权形成更大的限制,受让方登记土地经营权后,由于物权排他性,这就意味着承包方自己将不能在承包地设定其他的土地经营权,承包方也就无法以该承包地的土地经营权向金融机构融资担保。

还应当注意的是,流转期限5年以上的未登记的土地经营权能够对抗恶意第三人,即可以对抗知情第三人。

关联法规

《农村土地承包法》第41条

第三百四十二条　【其他方式承包的土地经营权流转】通过招标、拍卖、公开协商等方式承包农村土地,经依法登记取得权属证书的,可以依法采取出租、入股、抵押或者其他方式流转土地经营权。

条文注释

根据《农村土地承包法》的规定，通过家庭承包方式的承包取得土地承包经营权后，登记机构应当向承包方颁发土地承包经营权证或者林权证等证书，并登记造册，确认土地承包经营权。承包方在此基础上，可以直接向他人流转土地经营权。但是，以招标、拍卖、公开协商等方式取得的土地经营权，承包方有的与发包人是债权关系，如承包菜地，约定承包期3年，其间是一种合同关系。而承包"四荒地"，由于期限较长，投入又大，双方需要建立一种物权关系，以便更好地得到保护。因此，应当依法登记取得权属证书。在此前提下，土地经营权才具备流转的基础，承包方才可以依法向他人流转土地经营权。需要注意的是，通过其他方式的承包所取得的土地经营权是通过市场化的行为并支付一定的对价获得的，其流转无须向发包人备案或经发包人同意。对受让方也没有特别限制，接受流转的一方可以是本集体经济组织以外的个人、农业公司等。

关联法规

《农村土地承包法》第48～51、53条

第三百四十三条　【国有农用地实行承包经营的法律适用】国家所有的农用地实行承包经营的，参照适用本编的有关规定。

关联法规

《土地管理法》第13条

第十二章　建设用地使用权

第三百四十四条　【建设用地使用权的概念】建设用地使用权人依法对国家所有的土地享有占有、使用和收益的权利，有权利用该土地建造建筑物、构筑物及其附属设施。

条文注释

建设用地使用权是用益物权中的一项重要权利。出让人通过设立建设用地使用权，使建设用地使用权人对国家所有的土地享有占有、使用和收益的权利，建设用地使用权人可以利用该土地建造建筑物、构筑物及其附属设施。建设用地包括住宅用地、公共设施用地、工矿用地、交通水利设施用地、旅游用地、军事设施用地等。本条中的建筑物主要是指住宅、写字楼、厂房等。构筑物主要是指不具有居住或者生产经营功能的人工建造物，如道路、桥梁、隧道、水池、水塔、纪念碑等；附属设施主要是指附属于建筑物、构筑物的一些设施。

第三百四十五条 【建设用地使用权的分层设立】建设用地使用权可以在土地的地表、地上或者地下分别设立。

条文注释

我国城市的土地属于国家所有，农村的土地属于集体所有。土地的性质决定了土地上下空间的所有权属于国家和集体，当事人只能通过设定建设用地使用权等用益物权的方式取得对土地以及上下空间的使用。目前，集体土地需要征收为国家所有后才能出让，国家在出让建设用地使用权时，只要对建筑物的四至、高度、建筑面积和深度作出明确的规定，那么该建筑物占用的空间范围是可以确定的。根据本法第348条第2款第3项的规定，建设用地使用权出让时，应当在合同中明确规定建筑物、构筑物及其附属设施占用的空间。这样建设用地使用权人对其取得的建设用地的范围就能界定清楚。本条规定，建设用地使用权可以在土地的地表、地上或者地下分别设立。

第三百四十六条 【建设用地使用权的设立原则】设立建设用地使用权，应当符合节约资源、保护生态环境的要求，遵守法律、行政法规关于土地用途的规定，不得损害已经设立的用益物权。

条文注释

本条在《物权法》第136条的基础上作了修改完善，增加规定“设立建设用地使用权，应当符合节约资源、保护生态环境的要求，遵守法律、行政法规关于土地用途的规定”。这也是本法总则编绿色原则的具体体现。

第三百四十七条 【建设用地使用权的设立方式】设立建设用地使用权，可以采取出让或者划拨等方式。

工业、商业、旅游、娱乐和商品住宅等经营性用地以及同一土地有两个以上意向用地者的，应当采取招标、拍卖等公开竞价的方式出让。

严格限制以划拨方式设立建设用地使用权。

条文注释

建设用地使用权出让的方式主要有两种：有偿出让和无偿划拨。有偿出让是建设用地使用权出让的主要方式，是指出让人将一定期限的建设用地使用权出让给建设用地使用权人使用，建设用地使用权人向出让人支付一定的出让金。有偿出让的方式主要包括拍卖、招标和协议等。划拨是无偿取得建设用地使用权的一种方式，是指县级以上人民政府依法批准，在建设用地使用权人缴纳补偿、安置等费用后将该幅土地交付其使用，或者将建设用地使用权无偿交付给建设用地使用权人使用的行为。划拨土地没有期限的规定。同时为了切实加强土地调控，制止违法违规用地行为，本条第3款也对划拨建设用地的问题作出了明确规定："严格限制以划拨方式设立建设用地使用权。"

应当注意的是，我国土地制度正在改革阶段，今后可能还会出现一些新的公开竞价的出让方式。因此本法仅列举了现行法律中已作规定的拍卖和招标两种出让方式，没有对现实中存在的公开竞价方式一一列举，但这并不表明出让土地时不能采取挂牌或者其他公开竞价方式。

关联法规

《土地管理法》第54条；《城市房地产管理法》第13、23、24条

第三百四十八条　【建设用地使用权出让合同】通过招标、拍卖、协议等出让方式设立建设用地使用权的，当事人应当采用书面形式订立建设用地使用权出让合同。

建设用地使用权出让合同一般包括下列条款：

（一）当事人的名称和住所；

（二）土地界址、面积等；

（三）建筑物、构筑物及其附属设施占用的空间；

（四）土地用途、规划条件；

（五）建设用地使用权期限；

（六）出让金等费用及其支付方式；

（七）解决争议的方法。

条文注释

· 以出让方式设立建设用地使用权的，无论是采取拍卖、招标等公开竞价方式，还是采取协议的方式，双方当事人都应当签订建设用地使用权出让合同，以明确双方当事人的权利和义务。建设用地使用权出让合同的内容主要包括：

(1)当事人的名称和住所。当事人的名称和住所是合同中最基本的

要件。

(2)土地界址、面积等。建设用地使用权出让合同中应当明确标明出让建设用地的具体界址、面积等基本的用地状况。为了准确界定建设用地的基本数据,建设用地使用权出让合同一般会附"出让宗地界址图",标明建设用地的位置、四至范围等,该附件须经双方当事人确认。

(3)建筑物、构筑物及其附属设施占用的空间。在分层设立建设用地使用权的情况下,必须界定每一建设用地使用权具体占用的空间,即标明建设用地占用的面积和四至,建筑物、构筑物以及附属设施的高度和深度,使建设用地使用权人行使权利的范围得以确定。

(4)土地用途、规划条件。为了保证建设用地使用权人按照约定的用途使用建设用地,在合同期限内,建设用地使用权人不得擅自改变建设用地的用途;需要改变建设用地使用权用途的,应当征得出让人的同意并经自然资源行政主管部门和城市规划行政主管部门批准,重新签订或者更改原有的建设用地使用权出让合同,调整土地出让金,并办理相应的登记。

(5)建设用地使用权期限。以出让方式设立的建设用地使用权都有期限的规定。建设用地使用权出让的期限自出让人向建设用地使用权人实际交付土地之日起算,原划拨土地使用权补办出让手续的,出让年限自合同签订之日起算。

(6)出让金等费用及其支付方式。以出让方式取得建设用地使用权是有偿的,建设用地使用权人应当按照约定支付出让金等费用。建设用地使用权人未按照出让合同约定支付出让金等费用的,出让人有权解除合同,并可以请求违约赔偿。

(7)解决争议的方法。因履行建设用地使用权合同发生争议的,出让人和建设用地使用权人可以双方协商解决,协商不成的,提交双方当事人指定的仲裁委员会仲裁,或者依法向人民法院起诉。

关联法规

《城市房地产管理法》第15条;《城镇国有土地使用权出让和转让暂行条例》第11条

第三百四十九条　【建设用地使用权的登记】设立建设用地使用权的,应当向登记机构申请建设用地使用权登记。建设用地使用权自登记时设立。登记机构应当向建设用地使用权人发放权属证书。

条文注释

建设用地使用权登记，是指县级以上人民政府将土地的权属、用途、面积等基本情况登记在登记簿上，并向建设用地使用权人颁发使用权证书。建设用地使用权适用登记生效的原则，经登记生效。根据《土地管理法》的规定，我国目前的建设用地使用权是由县级以上人民政府登记造册，核发证书。

关联法规

《土地管理法》第12条；《城市房地产管理法》第60条

第三百五十条　【土地用途】建设用地使用权人应当合理利用土地，不得改变土地用途；需要改变土地用途的，应当依法经有关行政主管部门批准。

条文注释

我国法律对以划拨方式使用建设用地的用途有着明确的规定，建设用地使用权人应当严格依照其用途使用土地。

建设用地使用权人以无偿或者有偿方式取得建设用地使用权后，确需改变土地用途的，应当向有关行政主管部门提出申请。有关行政主管部门经过审查后，认为改变的土地用途仍符合规划，同意对土地用途作出调整的，还需要报市、县人民政府批准，然后出让人和建设用地使用权人应当重新签订建设用地使用权出让合同或者变更合同相应的条款，并按照规定补交不同用途和容积率的土地差价。如果是将以划拨方式取得的建设用地使用权改为有偿使用方式的，在改变土地用途后，建设用地使用权人还应当补缴出让金。以变更合同条款的形式改变土地用途的，要依法到登记机构办理变更登记，签订新的建设用地使用权合同的，应办理登记手续。

关联法规

《土地管理法》第4、56条；《城市房地产管理法》第18、44条；《国有土地使用权合同解释》第5、6条

第三百五十一条　【建设用地使用权人支付出让金等费用的义务】建设用地使用权人应当依照法律规定以及合同约定支付出让金等费用。

条文注释

根据法律规定，应当支付土地出让金等费用的情形主要包括：(1)在

取得建设用地使用权时,采用出让等有偿使用方式的,应当支付出让金等费用。根据有关规定,划拨取得建设用地使用权的,在取得使用权时国家不收取出让金。(2)在建设用地使用权转让时,通过划拨取得的建设用地使用权应当补缴出让金。

关联法规

《城市房地产管理法》第16、67条;《城镇国有土地使用权出让和转让暂行条例》第14条;《国有土地使用权合同解释》第3条

第三百五十二条 【建设用地使用权人建造的建筑物等设施的权属】建设用地使用权人建造的建筑物、构筑物及其附属设施的所有权属于建设用地使用权人,但是有相反证据证明的除外。

条文注释

建设用地使用权人依法取得国有土地的使用权后,就有权利用该土地建造建筑物、构筑物及其附属设施。根据本法第231条的规定,合法建造房屋的,自事实行为成就时取得建筑物的所有权。在多数情况下,建设用地使用权人建造的建筑物、构筑物及其附属设施的所有权属于建设用地使用权人。

建设用地使用权人建造的建筑物、构筑物及其附属设施由建设用地使用权人所有作为通常情况,但仍然存在以下例外:一部分市政公共设施,是通过开发商和有关部门约定,由开发商在房地产项目开发中配套建设的,但是所有权归国家。这部分设施,其性质属于市政公用,其归属就应当按照有充分证据证明的事先约定来确定,而不是当然地归建设用地使用权人。后续通过房地产交易成为建设用地使用权人的权利人也应当尊重这种权属划分。

第三百五十三条 【建设用地使用权的流转方式】建设用地使用权人有权将建设用地使用权转让、互换、出资、赠与或者抵押,但是法律另有规定的除外。

条文注释

同支付出让金等费用一样,建设用地使用权的依法流转,也是我国土地有偿使用制度的重要内容。

本条规定的除外条款指的是以下限制性规定:(1)关于划拨取得的建设用地使用权的流转。根据法律、行政法规的规定,对于划拨取得的建设

用地，其流转要通过行政审批，并缴纳相应土地出让金或者土地收益。(2)关于以出让方式取得的建设用地使用权的流转。根据法律和行政法规的规定，即便是以出让方式取得的建设用地使用权，在有些情况下也是不能直接进入流转的。

关联法规

《城市房地产管理法》第39、40、48、51条

第三百五十四条　【处分建设用地使用权的合同形式和期限】建设用地使用权转让、互换、出资、赠与或者抵押的，当事人应当采用书面形式订立相应的合同。使用期限由当事人约定，但是不得超过建设用地使用权的剩余期限。

关联法规

《城市房地产管理法》第15、43条；《城镇国有土地使用权出让和转让暂行条例》第22条

第三百五十五条　【建设用地使用权流转后变更登记】建设用地使用权转让、互换、出资或者赠与的，应当向登记机构申请变更登记。

条文注释

本法第214条规定，不动产物权的设立、变更、转让和消灭，依照法律规定应当登记的，自记载于不动产登记簿时发生效力。建设用地使用权作为重要的用益物权，不但其取得需要登记，其流转也需要及时变更登记，否则该流转行为就无法发生法律效力，权利人的利益就得不到充分保障。2014年，国务院颁布《不动产登记暂行条例》，对不动产登记作出具体规定，进一步完善了建设用地使用权流转后变更登记的规定。

第三百五十六条　【建筑物等设施随建设用地使用权的流转而一并处分】建设用地使用权转让、互换、出资或者赠与的，附着于该土地上的建筑物、构筑物及其附属设施一并处分。

条文注释

在我国，建筑物、其他附着物的归属虽然具有相对独立性，但在转让中必须实行“房地一致”原则。《城市房地产管理法》第32条规定，房地产转让、抵押时，房屋的所有权和该房屋占用范围内的土地使用权同时转让、抵押。《城镇国有土地使用权出让和转让暂行条例》第23条规定，土

地使用权转让时，其地上建筑物、其他附着物所有权随之转让。第 33 条第 1 款规定，土地使用权抵押时，其地上建筑物、其他附着物随之抵押。

第三百五十七条　【建设用地使用权随建筑物等设施的流转而一并处分】建筑物、构筑物及其附属设施转让、互换、出资或者赠与的，该建筑物、构筑物及其附属设施占用范围内的建设用地使用权一并处分。

条文注释

地上建筑物和其他附着物所有权流转时，其使用范围内的建设用地使用权随之流转。本条规定了实现"房地一致"的另一种方式"地随房走"，这也已被法律实践和社会生活普遍接受。在理解和适用本条规定时，要特别注意和第 356 条的衔接，这两条实际上作为一个整体，只要建设用地使用权和地上房屋有一个发生了转让，另外一个就要相应转让。从法律后果来说，不可能也不允许把"房"和"地"分别转让给不同的主体。

关联法规

《城市房地产管理法》第 32 条

第三百五十八条　【建设用地使用权提前收回及其补偿】建设用地使用权期限届满前，因公共利益需要提前收回该土地的，应当依据本法第二百四十三条的规定对该土地上的房屋以及其他不动产给予补偿，并退还相应的出让金。

条文注释

理解本条，应注意以下两点：(1)对于建设用地上的房屋及其他不动产，应当依据征收的规定给予补偿。本法第 243 条第 1 款规定："为了公共利益的需要，依照法律规定的权限和程序可以征收集体所有的土地和组织、个人的房屋以及其他不动产。"第 3 款规定："征收组织、个人的房屋以及其他不动产，应当依法给予征收补偿，维护被征收人的合法权益；征收个人住宅的，还应当保障被征收人的居住条件。"因此，有关征收的规定是补偿的依据。(2)对于房屋所占用的建设用地，不适用征收的规定。征收是国家把集体所有的土地和单位、个人的不动产变为国有的财产，是一种改变所有权的法律行为。我国城市的土地属于国家所有，建设用地使用权人取得的是对土地使用的权利，国家收回本来就属于自己的建设用地，不适用有关征收的规定。但是，为了公共利益的需要，国家可以提前收回建设用地使用权。由于建设用地使用权人是按照建设用地的使用期限缴纳出让金的，所以，提前收回建设用地使用权的，出让人还应当向建设用地使用权人退还相应的出让金。

第三百五十九条　【建设用地使用权的续期】住宅建设用地使用权期限届满的，自动续期。续期费用的缴纳或者减免，依照法律、行政法规的规定办理。

非住宅建设用地使用权期限届满后的续期，依照法律规定办理。该土地上的房屋以及其他不动产的归属，有约定的，按照约定；没有约定或者约定不明确的，依照法律、行政法规的规定办理。

条文注释

国家通过出让的方式，使建设用地使用权人获得一定期限内利用土地的权利。土地使用权出让的最高年限为：居住用地70年；工业用地50年；教育、科技、文化、卫生、体育用地50年；商业、旅游、娱乐用地40年、综合或者其他用地50年。因此，建设用地使用权期限届满后，面临如何续期的问题。本条根据《物权法》第149条、《城市房地产管理法》第22条的规定，对此作出一个原则性规定，即住宅建设用地使用权期限届满的，自动续期。续期费用的缴纳或者减免，依照法律、行政法规的规定办理。

第三百六十条　【建设用地使用权注销登记】建设用地使用权消灭的，出让人应当及时办理注销登记。登记机构应当收回权属证书。

条文注释

建设用地使用权消灭的情况主要包括建设用地使用权期限届满、建设用地使用权提前收回以及因自然灾害等原因造成建设用地使用权灭失等情形。建设用地使用权消灭后，出让人应当及时办理注销登记。考虑到出让人全面掌握建设用地使用权消灭的情形，所以，本条规定，注销登记由出让人及时办理。建设用地使用权注销后，登记机构应当收回权属证书。

第三百六十一条　【集体所有土地作为建设用地的法律适用】集体所有的土地作为建设用地的，应当依照土地管理的法律规定办理。

关联法规

《土地管理法》第23、63、66、82条

第十三章 宅基地使用权

第三百六十二条 【宅基地使用权的内容】宅基地使用权人依法对集体所有的土地享有占有和使用的权利,有权依法利用该土地建造住宅及其附属设施。

条文注释

宅基地归集体所有,这是宅基地使用权能够成为用益物权的前提。农民使用宅基地是对集体所有的土地的使用。

根据《土地管理法》和国家的有关规定,土地的利用必须符合国家对土地的用途管制。我国人多地少,只有严格管制土地用途,控制建设用地总量,保护耕地,才能有效地保护资源,实现优化配置。因此,农民取得宅基地,必须依法办理有关手续,不得超量多占,也不得违反有关规划,改变土地用途。对于有的地方存在的多占宅基地,造成土地浪费的情况应当予以纠正。

第三百六十三条 【宅基地使用权取得、行使和转让的法律适用】宅基地使用权的取得、行使和转让,适用土地管理的法律和国家有关规定。

条文注释

根据《土地管理法》和国家有关规定,农村村民一户只能拥有一处宅基地,其宅基地的面积不得超过省、自治区、直辖市规定的标准。多出的宅基地,要依法收归集体所有。农村村民住宅用地,由乡(镇)人民政府审核批准。农村村民出卖、出租、赠与住宅后,再申请宅基地的,不予批准。国家允许进城落户的农村村民依法自愿有偿退出宅基地,鼓励农村集体经济组织及其成员盘活利用闲置宅基地和闲置住宅。

关联法规

《土地管理法》第62条

第三百六十四条 【宅基地的灭失和重新分配】宅基地因自然灾害等原因灭失的,宅基地使用权消灭。对失去宅基地的村民,应当依法重新分配宅基地。

条文注释

理解和把握本条规定时需要注意以下几个方面:(1)重新分配宅基地的客观原因是自然灾害导致宅基地的灭失。(2)可以享受重新分配宅基地的权利人应当是因此而丧失宅基地的集体的成员。因自然灾害等原因重新分配宅基地时,应当按照规定的标准分配给仍然属于本集体且丧失基本居住条件的村民。对于多占的宅基地的情况,要予以纠正,不应当把多占宅基地的人员也纳入重新分配宅基地的村民中。(3)重新分配宅基地应当按照国家有关规定,注意节约利用和保护耕地。

第三百六十五条　【宅基地使用权变更和注销登记】已经登记的宅基地使用权转让或者消灭的,应当及时办理变更登记或者注销登记。

第十四章　居　住　权

第三百六十六条　【居住权的概念】居住权人有权按照合同约定,对他人的住宅享有占有、使用的用益物权,以满足生活居住的需要。

条文注释

居住权,是指居住权人对他人住宅的全部或者部分及其附属设施,享有占有、使用的权利。根据本条规定,居住权具有以下法律特征:

(1)居住权是居住权人在他人所有的住宅上设立的物权。居住权只能在他人所有的住宅上设立,不能在其他类型的房屋上设立。

(2)居住权是一种用益物权。居住权是居住权人对他人所有的住宅的全部或者部分及其附属设施享有占有、使用的权利,以满足生活居住的需要。特别应注意的是,并非所有居住他人住宅的权利均是本条规定的居住权。如果当事人之间存在抚养、扶养、赡养、租赁、借用等关系,也同样可能享有居住他人住宅的权利。但由此而享有的权利不具有物权的排他效力,不是本条所规定的居住权,不能适用本章的规定。

(3)居住权是为特定自然人设定的。居住权是住宅所有人为特定自然人的利益在自己所有的住宅上设定的权利,法人或其他组织不能享有居住权。享有居住权的主体范围具有有限性,居住权人以外的人一般不能享有居住权。

(4)居住权是为特定自然人生活居住的需要而设定的权利。居住权人只能将享有居住权的住宅用于满足其生活居住的需要，一般情况下，居住权人不能将其享有居住权的住宅出租，但是当事人另有约定的除外。

(5)居住权人按照合同约定对他人的住宅享有占有、使用的权利。一般情况下，当事人通过订立居住权合同并对居住权进行登记后设立居住权。居住权人对住宅的各种附属设施亦有使用权。

第三百六十七条 【居住权合同】设立居住权，当事人应当采用书面形式订立居住权合同。

居住权合同一般包括下列条款：

(一)当事人的姓名或者名称和住所；

(二)住宅的位置；

(三)居住的条件和要求；

(四)居住权期限；

(五)解决争议的方法。

条文注释

本条是关于居住权合同的合同形式和内容的规定。根据本条第1款的规定，设立居住权，当事人应当采用书面形式订立居住权合同。住宅所有权人为满足他人生活居住的需要想在自己所有的住宅上为他人设立居住权的，途径之一就是与他人订立居住权合同，再按照订立的居住权合同向登记机构申请居住权登记。

需要注意的是，本条第2款所规定的内容并非全部都是居住权合同必须约定的内容。当事人应当对“当事人的姓名或者名称和住所”“住宅的位置”作出明确约定，如果欠缺这两项内容将导致居住权的主体和客体不明，不可能设立居住权。其他各项均非合同必须约定的内容，如果当事人未作约定，不影响居住权的设立。

第三百六十八条 【居住权的设立】居住权无偿设立，但是当事人另有约定的除外。设立居住权的，应当向登记机构申请居住权登记。居住权自登记时设立。

条文注释

我国物权制度有“登记生效”与“登记对抗”两种物权变动模式。对于居住权的设立，采用登记生效的物权变动模式。不动产登记簿是确定居住权的根本依据。本条规定，设立居住权的，应当向登记机构申请居住权登记。居住权自登记时设立。根据本条的规定，当事人签订居住权合同后，居住权并未设立，当事人须持居住权合同到不动产登记机构申请居住权登记。不动产登记机构将设立居住权的情况登记在不动产登记簿上，居住权自登记时设立。如果仅就住宅的部分设立居住权应当在此居住权合同中予以明确，并在不动产登记簿上予以明确。

典型案例

邱某光与董某军居住权执行案①

典型意义：《民法典》物权编正式确立了居住权制度，有利于更好地保障弱势群体的居住生存权益，对平衡房屋所有权人和居住权人的利益具有重要制度价值。本案申请执行人作为丧偶独居老人，其对案涉房屋的居住使用权益取得于《民法典》实施之前，执行法院依照《民法典》规定的居住权登记制度，向不动产登记机构发出协助执行通知书，为申请执行人办理了居住权登记，最大限度地保障了申请执行人既有的房屋居住使用权利，对于引导当事人尊重法院判决，推动《民法典》有关居住权制度的新规则真正惠及人民群众，具有积极的示范意义。

第三百六十九条　【居住权的限制】居住权不得转让、继承。设立居住权的住宅不得出租，但是当事人另有约定的除外。

条文注释

居住权一般为满足特定自然人生活居住的需要设立，通常只具有占有、使用的权能，一般情况下居住权人不得利用房屋进行收益。居住权不得转让、继承，设立居住权的住宅不能出租是居住权的权利特征之一。

本条关于居住权的限制主要有以下几点：一是居住权不得转让。居住权人对他人的住宅享有占有、使用的权利，但只能由居住权人本人享有，居住权人不得将其享有的居住权转让。二是居住权不得继承。居住权人死亡的，居住权消灭，居住权人的继承人不能继承居住权人对住宅享有的居住权。三是设立居住权的住宅不得出租。一般情形下，居住权人不能将住宅出租给他人以收取租金，但当事人根据需要达成协议的除外。

① 参见《人民法院贯彻实施民法典典型案例（第一批）》之五。

第三百七十条　【居住权的消灭】居住权期限届满或者居住权人死亡的，居住权消灭。居住权消灭的，应当及时办理注销登记。

条文注释

根据本条规定，居住权消灭主要包括两种情形：一是居住权期限届满。当事人可以根据自己的意思自由在居住权合同中约定居住权期限，居住权期限届满的，居住权消灭。居住权因期限届满消灭的，居住权人有返还房屋的义务。二是居住权人死亡。当事人可以根据意思自由约定居住权期限，如果没有约定，居住权一般至居住权人死亡时消灭。

同时根据本条的规定，居住权消灭的，当事人应当及时到不动产登记机构办理注销登记，将登记于不动产登记簿的居住权信息注销。

第三百七十一条　【以遗嘱方式设立居住权的参照适用】以遗嘱方式设立居住权的，参照适用本章的有关规定。

第十五章　地　役　权

第三百七十二条　【地役权的概念】地役权人有权按照合同约定，利用他人的不动产，以提高自己的不动产的效益。

前款所称他人的不动产为供役地，自己的不动产为需役地。

条文注释

地役权是传统民法用益物权中的一项重要权利，是按照合同约定利用他人的不动产，以提高自己不动产效益的权利。地役权具有以下特点：(1)地役权的主体为不动产的权利人。既可以是不动产的所有权人，也可以是不动产的使用权人。(2)地役权按照合同设立。地役权合同是地役权人和供役地权利人之间达成的以设立地役权为目的和内容的合同。设立地役权，当事人应当采取书面形式订立地役权合同。(3)地役权是利用他人的不动产。在地役权关系中，需役地和供役地属于不同的土地所有权人或者土地使用权人。利用他人的不动产来提高自己不动产的效益，是地役权设立的主要目的。(4)地役权是为了提高自己不动产的效益。地役权的设立，必须是以增加需役地的利用价值和提高其效益为前提。(5)地役权具有从属性。这种从属性主要体现在地役权的存续以需役地的存在为前提，与需役地的所有权或者其他物权相伴相随。

第三百七十三条　【地役权合同】设立地役权，当事人应当采用书面形式订立地役权合同。

地役权合同一般包括下列条款：

（一）当事人的姓名或者名称和住所；

（二）供役地和需役地的位置；

（三）利用目的和方法；

（四）地役权期限；

（五）费用及其支付方式；

（六）解决争议的方法。

条文注释

考虑到设立地役权事关不动产权利的行使，关系重大，为避免因权利义务内容不明确而产生纠纷，法律规定地役权应当以书面合同的形式设立。

地役权是由双方当事人通过约定设立的。对于地役权的内容法律不作严格限制，只要双方约定的内容不违反法律的强制性规定，就尊重当事人的约定。但地役权也是受限制的，如果地役权人滥用自己的权利，供役地权利人就有权解除地役权。对此，本法第 384 条还规定，地役权人违反法律规定或者合同约定，滥用地役权的，以及有偿利用供役地，约定的付款期限届满后在合理期限内经两次催告未支付费用的，供役地权利人有权解除地役权合同，地役权消灭。

第三百七十四条　【地役权的设立与登记】地役权自地役权合同生效时设立。当事人要求登记的，可以向登记机构申请地役权登记；未经登记，不得对抗善意第三人。

条文注释

根据第 373 条的规定，设立地役权必须签订书面地役权合同。根据本条的规定，地役权自地役权合同生效时设立。

地役权合同的成立以双方当事人均签字、盖章或者捺指印之时为准，如果一方先签字另一方后签字的，应以后签字的时间为成立之时。通常而言，合同成立之时即为生效之时。

《民法典》物权编对地役权实行登记对抗主义。所谓登记对抗主义，主要指不登记不得对抗不知道也不应知道土地设有地役权，而受让了该土地使用权的第三人。需要注意的是,地役权不登记,并非意味着地役权就不能对抗第三人,未登记的地役权,仅仅是不得对抗善意第三人。未登记的地役权可以对抗恶意第三人,所谓恶意第三人包括以不公正手段获得地役权登记的人,或者明知该地役权已经存在的第三人。

第三百七十五条 【供役地权利人的义务】供役地权利人应当按照合同约定,允许地役权人利用其不动产,不得妨害地役权人行使权利。

条文注释

本条规定的是供役地权利人的主要义务:

(1)利用其土地。供役地权利人承担的首要义务就是允许地役权人利用其土地。地役权人利用供役地时,通常都会给供役地权利人带来不便。对于供役地权利人来说,必须按照合同的约定,向地役权人提供所涉土地,并要容忍供役地上的负担。

(2)不得妨害地役权人行使权利。供役地权利人一方面得容忍地役权人使用其土地;另一方面,在地役权人利用其土地时,也不得妨害。妨害地役权人行使地役权有不同的表现形式。既可能是妨害地役权人行使主要权利,也可能是妨害地役权人行使附属性的权利。这种妨害既可能是以积极作为的方式进行,也可能是以消极不作为的方式进行。

还需要说明的是,在供役地权利人违反合同约定,阻挠、妨害地役权人行使地役权时,其行为形成违约责任与侵权责任的竞合,地役权人既可以选择根据合同请求供役地权利人承担违约责任,作为用益物权人也可以选择要求对方对侵害地役权的行为承担侵权责任。

第三百七十六条 【地役权人的权利义务】地役权人应当按照合同约定的利用目的和方法利用供役地,尽量减少对供役地权利人物权的限制。

条文注释

本条概括规定了地役权人行使地役权的权利和义务,主要有如下内容:

(1)按照合同约定的利用目的和方法利用供役地。地役权人的主要权利就是利用供役地,以提高自己土地的效益。应注意的是,地役权人在行使地役权的时候,必须按照合同约定的目的和方法行使,不得超越合同约定的范围。当然,地役权人除了行使合同约定的主要权利外,还可以实施必要的附随行为。

(2)尽量减少对供役地权利人物权的限制。地役权的实现,是供役地权利人为了需役地的便利而承受的负担。因此,地役权人按照合同约定的利用目的和方法利用供役地时,应当采取对供役地损害最小的方法,在利用供役地的同时,不要过分损害其利益。

第三百七十七条　【地役权期限】地役权期限由当事人约定;但是,不得超过土地承包经营权、建设用地使用权等用益物权的剩余期限。

条文注释

本条首先规定,地役权期限由当事人约定。因此,双方当事人应当在签订地役权合同时协商确定地役权的期限。

本条同时规定,地役权期限不得超过土地承包经营权、建设用地使用权等用益物权的剩余期限。这是对涉及特殊类型用益物权的地役权期限作出的特别规定。由于用益物权属于他物权,属于有期限物权。地役权具有从属性,必须依附于所涉不动产权利。比如,供役地属于用益物权,所设定的地役权不能脱离该用益物权,供役地的用益物权消灭的,在其上所设的地役权自然消灭。

第三百七十八条　【地役权的承继】土地所有权人享有地役权或者负担地役权的,设立土地承包经营权、宅基地使用权等用益物权时,该用益物权人继续享有或者负担已经设立的地役权。

条文注释

根据《宪法》和有关法律的规定,我国农村的土地属于农民集体所有。在农村,由于实行农村土地承包经营制度和宅基地制度,从集体所有的农业用地上可以派生出土地承包经营权这一用益物权,从集体所有的建设用地上可以派生出宅基地使用权这一用益物权。因此,由于集体所有的土地可能会依法提供给集体成员使用,此时,对涉及集体所有土地的地役权如何处理,需要立法予以明确。本条专门针对这种情况作出了规定,土地所有权人享有地役权或者负担地役权的,设立土地承包经营权、宅基地使用权等用益物权时,该用益物权人继续享有或者负担已设立的地役权。

第三百七十九条　【在先用益物权对地役权的限制】土地上已经设立土地承包经营权、建设用地使用权、宅基地使用权等用益物权的,未经用益物权人同意,土地所有权人不得设立地役权。

条文注释

根据本条规定,用益物权具有一定的优先效力,这种效力还可以对抗所有权人的所有权。第一,用益物权设立在先。土地所有人此前已经为他人设立了用益物权。比如,国有建设用地已经出让给他人,或者集体所有的农业用地已经发包给村民,或者集体所有的建设用地已经划定给村民作为宅基地使用,此时,他人在先取得用益物权,用益物权人对所涉土地即享有占有、使用、收益的权利。这种占有是排他性的占有,包括排除所有权人。第二,未经在先用益物权人同意,所有权人不得设立地役权。根据本条规定,如果用益物权在先设立,土地所有权人应当尊重用益物权人的权利。如果所有权人想以所涉地块为供役地为他人设立地役权,必须征得用益物权人的同意。

第三百八十条 【地役权的转让】地役权不得单独转让。土地承包经营权、建设用地使用权等转让的,地役权一并转让,但是合同另有约定的除外。

条文注释

本条规定,土地承包经营权、建设用地使用权等转让的,地役权一并转让,但是合同另有约定的除外。首先,当设立了地役权的土地承包经营权、建设用地使用权转让时,以该等土地承包经营权、建设用地使用权的土地为需役地的地役权须一并转让。其次,当事人在合同中有不同约定的,地役权并不必然一并转让。如果当事人在设立地役权合同时,明确约定地役权仅为特定权利主体设立,则需役地的所有权或者使用权转移的,地役权消灭。法律尊重当事人的意思自治。此时,如果需役地的所有权或者使用权转移,并不会导致地役权的转移。

第三百八十一条 【地役权的抵押】地役权不得单独抵押。土地经营权、建设用地使用权等抵押的,在实现抵押权时,地役权一并转让。

条文注释

地役权是为了提高土地利用的便利设立的,不能与土地经营权、建设用地使用权等用益物权分离而单独存在。对于受让地役权的主体来说,没有取得土地经营权和建设用地使用权,地役权也就无从发挥作用。地役权作为土地使用权的物上权利或者物上负担,与土地使用权紧紧联系在一起,因此应一并转让,否则设定抵押的土地价值就会降低或者丧失。

第三百八十二条　【地役权对需役地及其上权利的不可分性】需役地以及需役地上的土地承包经营权、建设用地使用权等部分转让时，转让部分涉及地役权的，受让人同时享有地役权。

条文注释

理解本条规定，需要注意以下几个方面：

一是部分转让的标的。本条规定的部分转让包括两种情况：第一种是需役地部分转让。第二种是需役地上的土地承包经营权、建设用地使用权等的部分转让。

二是转让部分需涉及地役权。无论是土地所有权的转让，还是用益物权的转让，只有在转让部分涉及地役权时，才涉及地役权的效力问题。如果所转让的部分不涉及地役权，则不得享有地役权。

三是受让人的权利。根据本条规定，受让人同时享有地役权。所谓同时，即只要受让人所受让的土地使用权、用益物权与地役权有关，即可以享有该地役权。受让人享有地役权是基于法律的规定享有的，并不需要当事人就此另行签订协议。

第三百八十三条　【地役权对供役地及其上权利的不可分性】供役地以及供役地上的土地承包经营权、建设用地使用权等部分转让时，转让部分涉及地役权的，地役权对受让人具有法律约束力。

条文注释

理解本条需要注意以下三个方面的内容：(1)供役地的所有权部分转让时，转让部分涉及地役权的，地役权对受让人具有法律约束力。(2)供役地上的土地承包经营权、建设用地使用权等部分转让时，地役权对受让人有约束力。供役地上的建设用地使用权等用益物权部分转让时，如果所转让部分涉及地役权的，因地役权的不可分性，受让人仍需要负担地役权的义务。(3)供役地以及供役地上的用益物权部分转让时，转让部分不涉及地役权的，地役权对受让人不再具有约束力。

第三百八十四条　【地役权消灭】地役权人有下列情形之一的，供役地权利人有权解除地役权合同，地役权消灭：

(一)违反法律规定或者合同约定，滥用地役权；

（二）有偿利用供役地，约定的付款期限届满后在合理期限内经两次催告未支付费用。

条文注释

根据本条规定，供役地权利人行使单方解除权的法定事由包括：

（1）地役权人违反法律规定或者合同约定，滥用地役权。认定地役权人是否滥用地役权，可以从两个方面判断：一是根据合同约定判断。一般而言，地役权合同会就供役地和需役地的位置、地役权的利用目的和方法等作出约定。如果地役权人违反合同约定的目的、方法等行使地役权，即可以认定为构成滥用地役权，此时供役地权利人可以单方解除地役权合同。二是根据法律规定判断。根据法律判断地役权人是否滥用地役权，所依据的法律既包括《民法典》的规定，也包括其他与行使地役权相关的法律。

（2）有偿利用供役地的，地役权人在约定的付款期限届满后在合理期限内经两次催告仍未支付费用。地役权合同是否有偿，由地役权人和供役地权利人约定。如果地役权为有偿，那么，地役权人必须按照合同的约定履行付款义务。如果地役权人无正当理由，在合同约定的履行期限届满后，仍没有按照合同约定支付供役地权利人费用的，而且在一个合理期限内经两次催告，地役权人仍不履行付款义务的，表明地役权人没有履行合同的诚意，或者根本不可能再履行合同，供役地权利人可以解除地役权合同。

本条规定的地役权消灭的两项法定事由，是专门为供役地权利人设立的权利。当然，供役地权利人除可以根据本条规定的法定解除事由解除地役权合同之外，还可以基于当事人的约定行使解除权。约定解除事由既可以在订立合同时双方约定，也可以在地役权合同履行过程中，双方协商一致解除。

第三百八十五条　【地役权变动后登记】已经登记的地役权变更、转让或者消灭的，应当及时办理变更登记或者注销登记。

条文注释

本条可以从以下几个方面理解：（1）需要办理变动登记的地役权范围。并非所有的地役权都会办理登记，没有办理登记的地役权，即使变更、消灭之后，也不可能再去办理变更、注销登记。（2）变动登记的类型。

本条规定，以下两种情况需要办理地役权变动登记：一是变更登记；二是注销登记。(3)办理地役权变动登记的主体。办理地役权变动登记，应当由地役权合同的双方当事人共同办理。办理地役权登记的机构负责地役权变更和注销登记。(4)办理地役权变动登记的程序。主要依据《不动产登记暂行条例实施细则》规定的相关程序要求办理申请地役权变更登记、转移登记、注销登记。(5)地役权变动登记的法律效果。地役权登记具有对抗善意第三人的效力。

第四分编 担 保 物 权

第十六章 一 般 规 定

第三百八十六条 【担保物权的概念】担保物权人在债务人不履行到期债务或者发生当事人约定的实现担保物权的情形，依法享有就担保财产优先受偿的权利，但是法律另有规定的除外。

条文注释

担保物权是以直接支配特定财产的交换价值为内容，以确保债权实现为目的而设定的物权。担保物权具有以下特征：(1)担保物权以确保债权人的债权得到完全清偿为目的。(2)担保物权具有优先受偿的效力。但需要注意的是，担保物权的优先受偿性并不是绝对的，如果本法或者其他法律有特别的规定，担保物权的优先受偿效力会受到影响。(3)担保物权是在债务人或者第三人的财产成立的权利。债务人既可以自己的财产，也可以第三人的财产为债权设立担保物权。(4)担保物权具有物上代位性。债权人设立担保物权并不以使用担保财产为目的，而是以取得该财产的交换价值为目的，因此，担保财产即使灭失、毁损，但代替该财产的交换价值还存在，担保物权的效力仍存在，但此时担保物权的效力转移到了该代替物上。这就是担保物权的物上代位性。

第三百八十七条 【担保物权的适用范围和反担保】债权人在借贷、买卖等民事活动中，为保障实现其债权，需要担保的，可以依照本法和其他法律的规定设立担保物权。

第三人为债务人向债权人提供担保的，可以要求债务人提供反担保。反担保适用本法和其他法律的规定。

条文注释

本条第1款明确了担保物权的适用范围。本款将担保物权的适用范围限定在借贷、买卖等民事活动中发生的债权债务关系。

本条第2款对反担保作了规定。反担保是指替债务人提供担保的第三人，无论该第三人是提供人的担保还是物的担保，为了保证自己的追偿权得到实现，可以要求债务人为自己追偿权的实现提供担保。反担保的法律性质、具体规则适用等方面与设立担保物权一样，因此，本款规定，反担保适用本法和其他法律的规定。

关联法规

《担保制度解释》第19条

第三百八十八条 【担保合同】设立担保物权，应当依照本法和其他法律的规定订立担保合同。担保合同包括抵押合同、质押合同和其他具有担保功能的合同。担保合同是主债权债务合同的从合同。主债权债务合同无效的，担保合同无效，但是法律另有规定的除外。

担保合同被确认无效后，债务人、担保人、债权人有过错的，应当根据其过错各自承担相应的民事责任。

条文注释

担保合同除了包括本法规定的抵押合同、质押合同以外，还包括其他具有担保功能的合同，如融资租赁、保理、所有权保留等非典型担保合同。担保合同的成立和生效等问题应当依照本法合同编的有关规定。

需要特别强调的是，导致担保合同无效的原因很多，主债权债务合同无效导致担保合同无效只是原因之一。在主债权债务合同有效的情况下，担保合同也有可能无效。例如，担保合同因违反法律、行政法规的强制性规定而无效，担保合同因担保人为无民事行为能力人而无效，等等。也就是说，判断担保合同是否有效，不能仅以主债权债务合同是否有效为标准，还要看担保合同本身是否有本法总则编第6章“民事法律行为”以及合同编规定的合同无效情形。

关联法规

《担保制度解释》第2、17、33条

第三百八十九条 【担保物权的担保范围】担保物权的担保范围包括主债权及其利息、违约金、损害赔偿金、保管担保财产和实现担保物权的费用。当事人另有约定的,按照其约定。

条文注释

担保物权的担保范围是指担保人所承担的担保责任范围。需要注意的是,对担保物权所担保的范围,当事人可以依照自己的意思进行约定。本条规定的“担保物权的担保范围包括主债权及其利息、违约金、损害赔偿金、保管担保财产和实现担保物权的费用”属于担保物权的法定担保范围,当事人约定的效力优先于本条关于担保物权的法定担保范围的规定,也就是说,当事人约定的担保物权的担保范围可以与本条规定的范围不同。

关联法规

《担保制度解释》第 3 条

第三百九十条 【担保物权的物上代位性】担保期间,担保财产毁损、灭失或者被征收等,担保物权人可以就获得的保险金、赔偿金或者补偿金等优先受偿。被担保债权的履行期限未届满的,也可以提存该保险金、赔偿金或者补偿金等。

条文注释

担保物权的物上代位性指担保物权的效力及于担保财产因毁损、灭失所得的赔偿金等代位物上,是担保物权的重要特征。

担保期间,担保财产毁损、灭失或者被征收的,如果担保债权已到期,担保物权人可以就担保人所得的保险金、赔偿金或者补偿金等优先受偿,并且担保物权的受偿顺位不受影响,各担保物权人依照其对担保财产的受偿顺位对代位物行使权利;如果未到期,担保物权人可以请求第三人或担保人向提存机构提存该保险金、赔偿金或者补偿金等。

关联法规

《担保制度解释》第 42 条

第三百九十一条 【未经担保人同意转移债务的法律后果】第三人提供担保,未经其书面同意,债权人允许债务人转移全部或者部分债务的,担保人不再承担相应的担保责任。

条文注释

本条对债权人的权利行使进行了限制,这种限制不但是对担保人利益的保护,而且是对债权人利益的保护。正确理解本条应当注意以下几点:(1)本条只适用于第三人提供担保财产的情况;(2)债权人允许债务人转移债务必须要经提供担保的第三人的书面同意;(3)未经担保人书面同意,债权人许可债务人转移全部债务的,可以免除担保人全部担保责任;债权人许可债务人转移部分债务的,可以免除担保人部分的担保责任。

第三百九十二条 【人保和物保并存时担保权的实行规则】被担保的债权既有物的担保又有人的担保的,债务人不履行到期债务或者发生当事人约定的实现担保物权的情形,债权人应当按照约定实现债权;没有约定或者约定不明确,债务人自己提供物的担保的,债权人应当先就该物的担保实现债权;第三人提供物的担保的,债权人可以就物的担保实现债权,也可以请求保证人承担保证责任。提供担保的第三人承担担保责任后,有权向债务人追偿。

条文注释

物的担保是以物担保债务的履行,包括本编规定的抵押权、质权和留置权;人的担保是以人的信誉担保债务的履行,指本法合同编规定的保证。本条区分三种情况对物的担保与人的担保的关系作了规定:(1)在当事人对物的担保和人的担保的关系有约定的情况下,应当尊重当事人的意思,按约定实现,这充分尊重了当事人的意思自治;(2)在没有约定或者约定不明确,债务人自己提供物的担保的情况下,应当先就物的担保实现债权;(3)在没有约定或者约定不明确,第三人提供物的担保,又有人的担保的情况下,应当允许当事人进行选择。

关联法规

《担保制度解释》第18条;《民诉法解释》第363条

第三百九十三条 【担保物权消灭原因】有下列情形之一的,担保物权消灭:

(一)主债权消灭;

(二)担保物权实现;

(三)债权人放弃担保物权;

(四)法律规定担保物权消灭的其他情形。

条文注释

根据本条,在下列情形下担保物权消灭:

(1)因主债权的消灭而消灭。担保物权是从属于主债权的权利,主债权消灭的,担保物权也随之消灭。

(2)担保物权实现导致担保物权消灭。担保物权是为担保债权而设定的,担保物权实现就意味着担保物权人权利的实现,担保物权自然就归于消灭。但需要强调的是,担保物权一旦实现,无论其所担保的债权是否全部清偿,担保物权都消灭。

(3)债权人放弃担保物权导致担保物权消灭。这里的"放弃"是指债权人的明示放弃,明示放弃主要包括两种情形:一是债权人用书面的形式明确表示放弃担保物权;二是债权人以行为放弃。

(4)法律规定的其他导致担保物权消灭的情形。这是一个兜底性条款,主要是指本法其他条款或者其他法律规定的担保物权消灭的特殊情形或者专属于某一类担保物权的消灭原因。

第十七章　抵　押　权

第一节　一般抵押权

第三百九十四条　【抵押权的概念】为担保债务的履行,债务人或者第三人不转移财产的占有,将该财产抵押给债权人的,债务人不履行到期债务或者发生当事人约定的实现抵押权的情形,债权人有权就该财产优先受偿。

前款规定的债务人或者第三人为抵押人,债权人为抵押权人,提供担保的财产为抵押财产。

条文注释

抵押权具有以下几个特征:(1)抵押权是担保物权。抵押权以抵押财产作为债权的担保,抵押权人对抵押财产享有的权利,可以对抗物的所有人以及第三人。这主要体现在抵押权人对抵押财产有追及、支配的权利。(2)抵押权是债务人或者第三人以其所有的或者有权处分的特定的财产设定的物权。(3)抵押权是不转移标的物占有的物权。(4)抵押权人有权就抵押财产优先受偿。

第三百九十五条　【抵押财产的范围】债务人或者第三人有权处分的下列财产可以抵押：

（一）建筑物和其他土地附着物；

（二）建设用地使用权；

（三）海域使用权；

（四）生产设备、原材料、半成品、产品；

（五）正在建造的建筑物、船舶、航空器；

（六）交通运输工具；

（七）法律、行政法规未禁止抵押的其他财产。

抵押人可以将前款所列财产一并抵押。

条文注释

债务人或者第三人对抵押财产有处分权包括：(1)债务人或者第三人是抵押财产的所有权人。(2)债务人或者第三人对抵押财产享有用益物权，法律规定该用益物权可以抵押。(3)债务人或者第三人根据法律、行政法规的规定，或者经过政府主管部门批准，可以将其占有、使用的财产抵押。

关联法规

《城市房地产管理法》第32、48条；《农村土地承包法》第53条；《海商法》第13条；《民用航空法》第16条

第三百九十六条　【浮动抵押】企业、个体工商户、农业生产经营者可以将现有的以及将有的生产设备、原材料、半成品、产品抵押，债务人不履行到期债务或者发生当事人约定的实现抵押权的情形，债权人有权就抵押财产确定时的动产优先受偿。

条文注释

按照本条以及相关规定，设立浮动抵押应当符合下列条件：第一，设立浮动抵押的主体限于企业、个体工商户、农业生产经营者。第二，设立浮动抵押的财产限于生产设备、原材料、半成品、产品。对除此以外的动产不得设立浮动抵押，对不动产也不得设立浮动抵押。第三，实现抵押权的条件是不履行到期债务或者发生当事人约定的实现抵押权的事由。第四，浮动抵押优先受偿的效力范围为抵押财产确定时的动产。

需要注意的是，设立浮动抵押仍要用书面形式订立抵押合同，该合同一般包括担保债权的种类和数额、债务履行期间、抵押财产的范围、实现

抵押权的条件等。

关联法规

《民法典》第411条

第三百九十七条 【建筑物与建设用地使用权同时抵押规则】以建筑物抵押的，该建筑物占用范围内的建设用地使用权一并抵押。以建设用地使用权抵押的，该土地上的建筑物一并抵押。

抵押人未依据前款规定一并抵押的，未抵押的财产视为一并抵押。

条文注释

由于房地的不可分性，我国在处理房地关系时的一个重要原则就是“地随房走或者房随地走”的房地一体原则。这一原则也同样适用于抵押，在设定抵押权时，房屋的所有权和建设用地使用权应当一并抵押，只有这样，才能保证实现抵押权时，房屋所有权和建设用地使用权同时转让。

关联法规

《城市房地产管理法》第32、48条；《担保制度解释》第51条

第三百九十八条 【乡镇、村企业的建设用地使用权抵押限制】乡镇、村企业的建设用地使用权不得单独抵押。以乡镇、村企业的厂房等建筑物抵押的，其占用范围内的建设用地使用权一并抵押。

条文注释

根据本条规定，乡镇、村企业不能仅以集体所有的建设用地使用权抵押，但可以将乡镇、村企业的厂房等建筑物抵押，以厂房等建筑物抵押的，依据本法第397条“地随房走”的原则，其占用范围内的建设用地使用权一并抵押。法律虽然允许乡镇、村企业的建设用地使用权随厂房等建筑物一并抵押，但对实现抵押权后土地的性质和用途作了限制性规定。本法第418条规定，以集体所有土地的使用权依法抵押的，实现抵押权后，未经法定程序，不得改变土地所有权的性质和土地用途。

第三百九十九条 【禁止抵押的财产范围】下列财产不得抵押：

（一）土地所有权；

（二）宅基地、自留地、自留山等集体所有土地的使用权，但是法律规定可以抵押的除外；

（三）学校、幼儿园、医疗机构等为公益目的成立的非营利法人的教育设施、医疗卫生设施和其他公益设施；

（四）所有权、使用权不明或者有争议的财产；

（五）依法被查封、扣押、监管的财产；

（六）法律、行政法规规定不得抵押的其他财产。

条文注释

理解本条应注意的是：(1)虽然宅基地、自留地、自留山等集体所有土地的使用权不得抵押，但是也有一些集体所有的土地的使用权依法可以抵押，如本法以及《农村土地承包法》规定的以家庭承包方式取得的承包地的土地经营权、以招标、拍卖、公开协商等方式承包农村土地的土地经营权，《土地管理法》规定的通过出让等方式取得的集体经营性建设用地使用权等，为此本条第2项规定“但是法律规定可以抵押的除外”。(2)本条第3项规定禁止抵押的，只是学校等非营利法人的教育设施和医疗卫生设施，而对于属于营利法人的民办学校、民办医疗机构等，其教育设施、医疗卫生设施等可以依法抵押。还应注意，除学校、幼儿园、医疗机构以外，其他以公益为目的成立的非营利法人的社会公益设施也不得抵押，如不得将公共图书馆、科学技术馆、博物馆、国家美术馆、少年宫、工人文化宫、敬老院、残疾人福利基金会等用于社会公益目的的设施抵押。

关联法规

《担保制度解释》第6、37、48～50条

第四百条　【抵押合同】设立抵押权，当事人应当采用书面形式订立抵押合同。

抵押合同一般包括下列条款：

（一）被担保债权的种类和数额；

（二）债务人履行债务的期限；

（三）抵押财产的名称、数量等情况；

（四）担保的范围。

条文注释

设立抵押权是双方民事法律行为，本条要求采用书面形式订立抵押合同。抵押合同除包括本条第2款规定的四项内容以外，当事人之间可

能还有其他认为需要约定的事项,如抵押财产的保险责任由谁承担,抵押人如果提前偿还债权向谁提存,发生纠纷后是否申请仲裁等,这些内容也可以在协商一致的情况下在抵押合同中进行约定。

关联法规

《城市房地产管理法》第50条;《担保制度解释》第47条

第四百零一条　【流押】抵押权人在债务履行期限届满前,与抵押人约定债务人不履行到期债务时抵押财产归债权人所有的,只能依法就抵押财产优先受偿。

条文注释

流押条款,是指债权人在订立抵押合同时与抵押人约定,债务人不履行债务时抵押财产归债权人所有。当事人订立流押条款的,发生实现抵押权的情形时,抵押财产不能直接归债权人所有,而是应当根据本法第410条、第413条规定的实现抵押权的方式就抵押财产优先受偿。需要注意的是,当事人之间订有流押条款的,债权人依法就抵押财产优先受偿,需要满足抵押权设立的前提条件,即不动产抵押权经登记设立;动产抵押权经抵押合同生效设立,未登记的不得对抗善意第三人。

关联法规

《时间效力规定》第7条

第四百零二条　【不动产抵押登记】以本法第三百九十五条第一款第一项至第三项规定的财产或者第五项规定的正在建造的建筑物抵押的,应当办理抵押登记。抵押权自登记时设立。

条文注释

财产抵押是重要的民事法律行为,法律除要求设立抵押权要订立书面合同以外,还要求对某些财产办理抵押登记,不经抵押登记,抵押权不发生法律效力。根据本条规定,需要进行抵押登记的财产为:(1)建筑物和其他土地附着物;(2)建设用地使用权;(3)海域使用权;(4)正在建造的建筑物。

关联法规

《城市房地产管理法》第62条;《担保制度解释》第46~52条

第四百零三条　【动产抵押的效力】以动产抵押的,抵押权自抵押合同生效时设立;未经登记,不得对抗善意第三人。

条文注释

以动产抵押的,可以办理抵押登记,也可以不办理抵押登记,抵押权不以登记为生效条件,而是自抵押合同生效时设立。合同生效后,即使当事人没有办理登记,债务人不履行债务时,抵押权人仍然可以就实现抵押权的价款优先受偿。但是,办理与不办理抵押登记的法律后果是不同的,未办理抵押登记的,不得对抗善意第三人。

关联法规

《担保制度解释》第 54 条

第四百零四条 【动产抵押对抗效力的限制】以动产抵押的,不得对抗正常经营活动中已经支付合理价款并取得抵押财产的买受人。

条文注释

按照本条规定,受到保护的买受人必须符合以下条件:第一,买受人是在正常经营活动中买受了抵押财产。第二,买受人必须已经支付合理价款。在判断买受人支付价款是否合理时,应当根据转让标的物的性质、数量以及付款方式等具体情况,参考转让时交易地市场价格以及交易习惯等因素综合认定。第三,买受人已取得抵押财产,即抵押财产的所有权已通过交付转让给买受人。具备这三个条件,无论该动产抵押是否登记,抵押财产的买受人可以对抗抵押权人,即买受人可以取得买受的抵押财产的所有权并且不受抵押权人的追及。

第四百零五条 【抵押权与租赁权的关系】抵押权设立前,抵押财产已经出租并转移占有的,原租赁关系不受该抵押权的影响。

条文注释

本法物权编将《物权法》中的“订立抵押合同前”修改为“抵押权设立前”,将“抵押财产已出租的”修改为“抵押财产已经出租并转移占有的”。即在判断租赁关系受不受抵押权的影响时,要看在抵押权设立前抵押财产是否已出租并转移占有。

对于抵押权设立后抵押财产出租的,已登记的可以对抗其后设立的租赁关系,未登记的按照不得对抗善意第三人的规则来判断抵押权与租赁权的效力。

第四百零六条　【抵押财产的转让】抵押期间，抵押人可以转让抵押财产。当事人另有约定的，按照其约定。抵押财产转让的，抵押权不受影响。

抵押人转让抵押财产的，应当及时通知抵押权人。抵押权人能够证明抵押财产转让可能损害抵押权的，可以请求抵押人将转让所得的价款向抵押权人提前清偿债务或者提存。转让的价款超过债权数额的部分归抵押人所有，不足部分由债务人清偿。

条文注释

根据本条规定，抵押人对其所有的抵押财产享有占有、使用、收益、处分的权利，抵押期间抵押人可以转让抵押财产，而不需要经过其他人的同意。如果抵押权人与抵押人在设立抵押权时约定抵押人在抵押期间不得转让抵押财产，那么抵押人不能转让抵押财产，但是该约定不得对抗善意受让人。抵押财产转让的，抵押权不受影响，即无论抵押财产转让到哪里，也无论抵押财产的受让人是谁，抵押权人对该抵押财产享有抵押权，在实现抵押权的条件成就时，可以追及该抵押财产并就抵押财产进行变价和优先受偿。

由于抵押权人并不占有、控制抵押财产，对于抵押财产的状态和权属状况不可能随时知悉，因此本条对抵押人规定了在转让抵押财产时及时通知抵押权人的义务。抵押人如果在转让抵押财产时未及时通知抵押权人，虽然不影响抵押权的效力，但是，如果因未及时通知造成抵押权人损害的，应当承担赔偿责任。同时本条规定，抵押权人能够证明抵押财产转让可能损害抵押权的，可以请求抵押人将转让所得价款提前清偿债务或者提存。

第四百零七条　【抵押权处分的从属性】抵押权不得与债权分离而单独转让或者作为其他债权的担保。债权转让的，担保该债权的抵押权一并转让，但是法律另有规定或者当事人另有约定的除外。

条文注释

根据担保物权的从属性，抵押权的转让或者以抵押权为其他债权设定担保，应当与抵押权所担保的债权一同进行。抵押权人转让抵押权的，抵押权应当与其所担保的债权一同转让；抵押权人以抵押权向他人提供担保的，抵押权应当与其所担保的债权一同向他人提供担保。单独转让抵押权或者单独以抵押权作为其他债权的担保的行为无效。

“法律另有规定”是指法律规定在一些情况下，债权转让的，抵押权不一并转让，如本法第421条规定，最高额抵押担保的债权确定前，部分债权转让的，最高额抵押权不得转让。“当事人另有约定”，既可以是抵押权人在转让债权时，与受让人约定，只转让债权而不转让担保该债权的抵押权，这种情形大多发生在债权的部分转让时；也可以是第三人专为特定的债权人设定抵押的，该第三人与债权人约定，被担保债权的转让未经其同意的，抵押权因债权的转让而消灭。

第四百零八条　【抵押权的保护】抵押人的行为足以使抵押财产价值减少的，抵押权人有权请求抵押人停止其行为；抵押财产价值减少的，抵押权人有权请求恢复抵押财产的价值，或者提供与减少的价值相应的担保。抵押人不恢复抵押财产的价值，也不提供担保的，抵押权人有权请求债务人提前清偿债务。

条文注释

抵押人使抵押财产价值减少的行为主要包括两个方面：一方面是抵押人采取积极的行为致使抵押财产价值减少，如砍伐抵押的林木、拆除抵押的房屋、因不当驾驶造成抵押的车辆损坏等；另一方面是抵押人消极的不作为致使抵押财产价值减少，如对抵押的危旧房屋不做修缮、对抵押的机动车不进行定期的维修保养、有库房却任由抵押的机器设备在室外风吹雨淋等。

需要注意的是，本条规定的抵押财产价值减少，均是由于抵押人的行为造成的，即只有在抵押人对抵押财产价值减少有过错的，才按照本条的规定处理。对于抵押人对抵押财产价值减少无过错时如何处理的问题，在本编担保物权分编之“一般规定”一章中作了规定。

第四百零九条　【抵押权及其顺位的处分】抵押权人可以放弃抵押权或者抵押权的顺位。抵押权人与抵押人可以协议变更抵押权顺位以及被担保的债权数额等内容。但是，抵押权的变更未经其他抵押权人书面同意的，不得对其他抵押权人产生不利影响。

债务人以自己的财产设定抵押，抵押权人放弃该抵押权、抵押权顺位或者变更抵押权的，其他担保人在抵押权人丧失优先受偿权益的范围内免除担保责任，但是其他担保人承诺仍然提供担保的除外。

条文注释

抵押权人不行使抵押权或者怠于行使抵押权的，不得推定抵押权人放弃抵押权。抵押权人放弃抵押权,不必经过抵押人的同意。抵押权人放弃抵押权的,抵押权消灭。

抵押权的顺位是抵押权人优先受偿的顺序,本法第414条对确定抵押权优先受偿顺序的原则作了规定。抵押权的顺位作为抵押权人享有的一项利益,抵押权人可以放弃其顺位,即放弃优先受偿的次序利益。

抵押权人与抵押人可以协议变更抵押权的顺位以及被担保的债权数额等内容。对抵押权顺位以及被担保的债权数额等内容的变更,如果在同一抵押财产上还有其他抵押权人的,可能对这些抵押权人产生不利的影响。为了保护同一财产上其他抵押权人的合法利益,本条特别规定:"抵押权的变更未经其他抵押权人书面同意的,不得对其他抵押权人产生不利影响。"

本条第2款是针对被担保的债权既有以债务人自己的财产作抵押的抵押担保又有其他担保的情形而作出的特别规定。这里的"其他担保人"既包括为债务人担保的保证人,也包括提供抵押、质押担保的第三人。

第四百一十条 【抵押权的实现】债务人不履行到期债务或者发生当事人约定的实现抵押权的情形,抵押权人可以与抵押人协议以抵押财产折价或者以拍卖、变卖该抵押财产所得的价款优先受偿。协议损害其他债权人利益的,其他债权人可以请求人民法院撤销该协议。

抵押权人与抵押人未就抵押权实现方式达成协议的,抵押权人可以请求人民法院拍卖、变卖抵押财产。

抵押财产折价或者变卖的,应当参照市场价格。

条文注释

本条第1款对抵押权人实现抵押权的条件作出了规定:一是债务履行期限届满,债务人不履行债务;二是发生了当事人约定的实现抵押权的情形。满足上述任一条件,抵押权人就可以依照本条规定的方式和程序处理抵押财产以实现其债权。

债务人不履行到期债务或者发生当事人约定的实现抵押权的情形的,抵押权人可以与抵押人就如何处理抵押财产进行协商,如果双方达成协议,就可以按照协议的方式实现抵押权。本条提供了三种抵押财产的处理方式供抵押权人与抵押人协议时选择:(1)折价方式;(2)拍卖方式;(3)变卖方式。

关联法规

《担保制度解释》第44、45、50、64、65、68条

第四百一十一条　【浮动抵押财产的确定】依据本法第三百九十六条规定设定抵押的，抵押财产自下列情形之一发生时确定：

（一）债务履行期限届满，债权未实现；

（二）抵押人被宣告破产或者解散；

（三）当事人约定的实现抵押权的情形；

（四）严重影响债权实现的其他情形。

条文注释

本条是专门针对浮动抵押的规定。浮动抵押区别于固定抵押的一个重要特征就是抵押财产的范围不确定，抵押财产的确定是抵押权实现的前提条件。本条规定的四种情形为抵押财产确定的法定情形，发生其中任一情形的，自该情形发生时浮动抵押即转化为固定抵押，抵押财产确定，抵押人不得再处分抵押财产，抵押权人可以依照本法第410、413条的规定实现抵押权。

第四百一十二条　【抵押权对抵押财产孳息的效力】债务人不履行到期债务或者发生当事人约定的实现抵押权的情形，致使抵押财产被人民法院依法扣押的，自扣押之日起，抵押权人有权收取该抵押财产的天然孳息或者法定孳息，但是抵押权人未通知应当清偿法定孳息义务人的除外。

前款规定的孳息应当先充抵收取孳息的费用。

条文注释

抵押财产的孳息，是指由抵押财产而产生的收益。抵押权设立后，抵押权的效力不及于该孳息。

但本条规定，抵押财产被人民法院依法扣押的，抵押权的效力及于抵押财产的孳息，自扣押之日起，抵押权人有权收取该抵押财产的天然孳息和法定孳息。需要说明的是，抵押权的效力及于抵押财产的孳息必须具备两个条件：(1)必须是抵押财产被人民法院依法扣押后，抵押权人才能收取其孳息；(2)抵押财产被扣押后，抵押权人已经通知应当给付法定孳息的义务人。

第四百一十三条　【抵押财产变价后的处理】抵押财产折价或者拍卖、变卖后，其价款超过债权数额的部分归抵押人所有，不足部分由债务人清偿。

条文注释

抵押财产按照本法第410条规定的方式和程序折价或者拍卖、变卖后，其价款可能超出其所担保的债权数额或者不足清偿债权。超过债权数额的部分，由于债权已经得到清偿，应当归抵押财产的原所有人即抵押人所有。如果抵押财产的变价款不足以清偿债权，由于抵押人已就其抵押财产承担了担保责任，不足部分应当由债务人清偿。

关联法规

《担保制度解释》第68条

第四百一十四条　【数个抵押权的清偿顺序】同一财产向两个以上债权人抵押的，拍卖、变卖抵押财产所得的价款依照下列规定清偿：

（一）抵押权已经登记的，按照登记的时间先后确定清偿顺序；

（二）抵押权已经登记的先于未登记的受偿；

（三）抵押权未登记的，按照债权比例清偿。

其他可以登记的担保物权，清偿顺序参照适用前款规定。

条文注释

根据本条规定，同一财产向两个以上债权人抵押的，拍卖、变卖抵押财产所得的价款按照以下原则清偿：(1)抵押权已登记的，按照登记的时间先后确定清偿顺序。确定抵押权登记的先后，以登记部门的登记材料中记载的登记时间为准。抵押登记的日期是同一天的，则抵押权顺序相同。(2)抵押权已登记的先于未登记的受偿。这一原则是针对动产抵押而言的。办理动产抵押登记的，抵押权人可以对抗第三人；未登记的，不得对抗善意第三人。(3)抵押权未登记的，按照债权比例清偿。这一原则也是针对动产抵押而言的。

第四百一十五条　【抵押权与质权的清偿顺序】同一财产既设立抵押权又设立质权的，拍卖、变卖该财产所得的价款按照登记、交付的时间先后确定清偿顺序。

条文注释

本条是关于同一财产上既有抵押权又有质权时清偿顺序的规定。

我国立法承认动产抵押,因而可能发生抵押财产被质押或质押财产被抵押的情形。同一财产上既设立抵押权又设立质权的,本条规定的清偿顺序是:拍卖、变卖该财产所得的价款,按照登记、交付的时间先后顺序来确定清偿顺序。

第四百一十六条　【动产购买价款抵押担保的优先权】动产抵押担保的主债权是抵押物的价款,标的物交付后十日内办理抵押登记的,该抵押权人优先于抵押物买受人的其他担保物权人受偿,但是留置权人除外。

条文注释

对于买卖价款抵押权的优先受偿效力,本条规定"该抵押权人优先于抵押物买受人的其他担保物权人受偿"。根据本法规定,买卖价款抵押权优先于在其登记之后设立的担保物权。根据本条规定,买卖价款抵押权具有的特殊优先受偿效力还体现在其优先于在先设立的担保物权。在债务人买受的动产上存在比买卖价款抵押权设立在先的担保物权,主要指债务人先前为他人设定了浮动抵押的情形。本法第396条规定了浮动抵押制度,设定浮动抵押以后,浮动抵押权人对于抵押人现有的及将有的动产享有抵押权,抵押人嗣后取得的动产,将自动成为抵押财产的一部分。这时就产生了在先设立的浮动抵押权与在后设立的买卖价款抵押权竞存的情形。根据本条规定,在后登记的买卖价款抵押权优先于在先设立的动产浮动抵押权,而不适用本法第414条规定的按照登记的时间先后确定清偿顺序。

此外,还需注意的是,本条规定买卖价款抵押权人优先于抵押物买受人的其他担保物权人受偿,但是留置权人除外。留置权是指当债务人不履行到期债务,债权人可以留置已经合法占有的债务人的动产,并有权就该动产优先受偿的一种法定担保物权。本法第456条也规定,同一动产上已经设立抵押权或者质权,该动产又被留置的,留置权人优先受偿。

关联法规

《担保制度解释》第57条

第四百一十七条 【抵押权对新增建筑物的效力】建设用地使用权抵押后，该土地上新增的建筑物不属于抵押财产。该建设用地使用权实现抵押权时，应当将该土地上新增的建筑物与建设用地使用权一并处分。但是，新增建筑物所得的价款，抵押权人无权优先受偿。

条文注释

建设用地使用权抵押后，抵押人仍然有权依法对该土地进行开发，建造建筑物。该土地上新增的建筑物，由于其不在抵押合同约定的抵押财产的范围内，因此不属于抵押财产。根据本条规定，处分抵押的建设用地使用权实现抵押权时，虽然新增的建筑物不属于抵押财产，但仍可以将其与建设用地使用权一并处分。处分后，由于新增的建筑物不属于抵押财产，处分新增建筑物所得的价款，抵押权人没有优先受偿的权利，只能以处分建设用地使用权所得的价款优先受偿。

关联法规

《担保制度解释》第51条

第四百一十八条 【集体所有土地使用权抵押权的实现效果】以集体所有土地的使用权依法抵押的，实现抵押权后，未经法定程序，不得改变土地所有权的性质和土地用途。

条文注释

为了保护我国农村集体土地，防止农业用地的流失，促进农村经济的发展，集体所有土地的使用权的流转应当坚持土地所有权的性质和土地用途不变的原则。根据本条规定，对农村土地的土地经营权实现抵押权时，未经依法批准不得将承包地用于非农建设；对依照法律可以抵押的集体建设用地使用权实现抵押权时，不得改变土地利用总体规划、城乡规划确定的土地用途。

第四百一十九条 【抵押权存续期间】抵押权人应当在主债权诉讼时效期间行使抵押权；未行使的，人民法院不予保护。

条文注释

需要注意的是，本条规定的是抵押权人在主债权诉讼时效期间内未行使抵押权的，人民法院不予保护。也就是说，过了主债权诉讼时效期间后，抵押权人丧失的是抵押权受人民法院保护的权利，即获得司法强制执行的权利，而抵押权本身并没有消灭，如果抵押人自愿履行担保义务的，抵押权人仍可以行使抵押权。

关联法规

《民法典》第188条；《担保制度解释》第44条

第二节　最高额抵押权

第四百二十条　【最高额抵押权的定义】为担保债务的履行，债务人或者第三人对一定期间内将要连续发生的债权提供担保财产的，债务人不履行到期债务或者发生当事人约定的实现抵押权的情形，抵押权人有权在最高债权额限度内就该担保财产优先受偿。

最高额抵押权设立前已经存在的债权，经当事人同意，可以转入最高额抵押担保的债权范围。

条文注释

本条是关于最高额抵押权概念的规定。最高额抵押权具有以下特征：(1)最高额抵押权是限额抵押权。实际发生的债权超过最高限额的，以抵押权设定时约定的最高债权额为限优先受偿；不及最高限额的，以实际发生的债权额为限优先受偿。(2)最高额抵押权是为将来发生的债权提供担保。这里的"将来债权"，是指设定抵押时尚未发生，在抵押期间将要发生的债权。(3)最高额抵押权所担保的最高债权额是确定的，但实际发生额不确定。设定最高额抵押权时，债权尚未发生，为担保将来债权的履行，抵押人和抵押权人协议确定担保的最高数额，在此额度内对债权担保。(4)最高额抵押权是对一定期间内连续发生的债权作担保。也就是指在担保的最高债权额限度内，对某一确定期间内连续多次发生的债权作担保。

关联法规

《担保制度解释》第15、30条

第四百二十一条　【最高额抵押权担保的债权转让】最高额抵押担保的债权确定前，部分债权转让的，最高额抵押权不得转让，但是当事人另有约定的除外。

条文注释

关于最高额抵押权是否随其所担保的债权的转让而转让的问题，应当区别不同情况分别对待:(1)最高额抵押所担保的债权确定后,债权在约定的最高限额内就抵押财产优先受偿,此时最高额抵押与一般抵押没有区别。因此,根据一般抵押权随债权的转让而转让的原则,债权转让的,最高额抵押权一并转让。(2)最高额抵押担保的债权确定前,最高额抵押是对一定期间内连续发生的所有债权作担保,而不是单独对其中的某一个债权作担保。因此,最高额抵押权并不从属于特定债权,而是从属于主合同关系。部分债权转让的,只是使这部分债权脱离了最高额抵押权的担保范围,对最高额抵押权并不发生影响,最高额抵押权还要在最高债权额限度内,对已经发生的债权和尚未发生而将来可能发生的债权作担保。因此,最高额抵押担保的债权确定前,部分债权转让的,最高额抵押权并不随之转让,除非当事人另有约定。

根据本条但书的规定,当事人可以约定在最高额抵押担保的债权确定前,最高额抵押权随部分债权的转让而转让。

第四百二十二条　【最高额抵押合同条款变更】最高额抵押担保的债权确定前,抵押权人与抵押人可以通过协议变更债权确定的期间、债权范围以及最高债权额。但是,变更的内容不得对其他抵押权人产生不利影响。

条文注释

最高额抵押担保的债权确定前,抵押权人与抵押人可以通过协议变更最高额抵押的有关内容。当事人可以协议变更的内容主要包括:(1)债权确定的期间。最高额抵押担保的债权确定前,当事人可以协议延长或缩短最高额抵押合同中约定的确定债权的期间。(2)债权范围。当事人可以协议变更最高额抵押权担保的债权范围。(3)最高债权额。当事人可以协议提高或者降低抵押财产担保的最高债权额。

为防止抵押权人与抵押人的变更损害其他抵押权人的利益,本条以但书的形式特别规定,变更的内容不得对其他抵押权人产生不利影响。根据这一规定,抵押权人与抵押人的变更对其他抵押权人产生不利影响的,该变更无效。

关联法规

《担保制度解释》第15条

第四百二十三条　【最高额抵押权所担保的债权确定】有下列情形之一的，抵押权人的债权确定：

（一）约定的债权确定期间届满；

（二）没有约定债权确定期间或者约定不明确，抵押权人或者抵押人自最高额抵押权设立之日起满二年后请求确定债权；

（三）新的债权不可能发生；

（四）抵押权人知道或者应当知道抵押财产被查封、扣押；

（五）债务人、抵押人被宣告破产或者解散；

（六）法律规定债权确定的其他情形。

条文注释

最高额抵押权所担保的债权的确定是指最高额抵押权所担保的债权因一定事由而归于固定。本条规定，具有下列情形之一的，最高额抵押权所担保的债权确定：

(1)约定的债权确定期间届满。债权确定的期间是指确定最高额抵押权所担保的债权实际数额的时间。当事人约定的债权确定期间届满，最高额抵押权所担保的债权额即自行确定。

(2)没有约定债权确定期间或者约定不明确，抵押权人或者抵押人自最高额抵押权设立之日起满2年后请求确定债权。本条规定的“二年”是一个固定期间，不存在中止、中断的问题，其起算点是最高额抵押权设立之日。

(3)新的债权不可能发生。这里的“新的债权不可能发生”主要包括两种情形：一是连续交易的终止；二是最高额抵押关系的基础法律关系消灭而导致新的债权不可能发生。

(4)抵押权人知道或者应当知道抵押财产被查封、扣押。需要注意的是，被担保的债权额因抵押财产被查封、扣押而确定的，除了其他法律另有规定，最高额抵押权人仍可以就确定的担保债权额对抵押财产行使优先受偿权。这种优先受偿权优先于一般债权，也优先于排在其后的其他担保物权。

(5)债务人、抵押人被宣告破产或者解散。由于债务人或者抵押人的主体将要终止，有必要在主体终止前将最高额抵押所担保的债权额确定下来，从而依法进入相关的清算程序，通过清偿了结权利义务关系。

(6)法律规定债权确定的其他情形。本项为保底性条款。除本条第

1～5 项所规定的可以确定债权额的法定事由外，在本法其他条款或者其他法律中也有可能规定确定债权的其他情形。

关联法规

《民法典》第 419、420 条；《担保制度解释》第 15、30 条

第四百二十四条　【最高额抵押权的法律适用】最高额抵押权除适用本节规定外，适用本章第一节的有关规定。

第十八章　质　　权

第一节　动产质权

第四百二十五条　【动产质权的基本权利】为担保债务的履行，债务人或者第三人将其动产出质给债权人占有的，债务人不履行到期债务或者发生当事人约定的实现质权的情形，债权人有权就该动产优先受偿。

前款规定的债务人或者第三人为出质人，债权人为质权人，交付的动产为质押财产。

条文注释

动产质权是债务人或者第三人将其动产移转给债权人占有作为债权的担保，当债务人不履行到期债务或者当事人约定的实现质权的情形出现时，债权人享有以该动产折价或者就拍卖、变卖该动产的价款优先受偿的权利。

动产质权主要具有以下法律特征：(1)动产质权是担保物权。(2)动产质权是在他人的财产上设立的物权。质权的标的既可以是债务人自己的财产，也可以是第三人的财产。(3)动产质权以债权人占有质押财产为生效条件，移转质押财产的占有是质权与抵押权的根本区别。(4)动产质权是就质押财产价值优先受偿的权利。当债务履行期限届满而债务人不履行债务或者出现债务人与债权人约定的实现质权的情形时，质权人有权以质押财产折价或者就拍卖、变卖该质押财产的价款优先受偿。

第四百二十六条 【禁止质押的动产范围】法律、行政法规禁止转让的动产不得出质。

条文注释

对于可以出质的动产的范围，本法没有逐一作出规定，但是这并不意味着任何动产均可以出质。可以出质的动产除需要符合一般的物的特征外，还必须是依法可以流通和让与的动产，以法律、行政法规禁止转让的动产出质的，则该设立质权的民事法律行为无效。需要注意的是，规定禁止转让的动产的依据只能是全国人大及其常委会制定的法律、国务院制定的行政法规；其他规范性文件，不能作为规定禁止转让动产的依据。

第四百二十七条 【质押合同】设立质权，当事人应当采用书面形式订立质押合同。

质押合同一般包括下列条款：

（一）被担保债权的种类和数额；

（二）债务人履行债务的期限；

（三）质押财产的名称、数量等情况；

（四）担保的范围；

（五）质押财产交付的时间、方式。

条文注释

设定质权的行为为要式行为，应当采用书面的形式进行。本条关于合同内容的规定，是提示性、指导性、非要式的。合同的内容是当事人双方真实意思的表示，应当由当事人自己确定，如果双方签订的质押合同包括的条款与本条规定不一致，不会必然导致该质押合同无效。

第四百二十八条 【流质】质权人在债务履行期限届满前，与出质人约定债务人不履行到期债务时质押财产归债权人所有的，只能依法就质押财产优先受偿。

条文注释

流质条款，是指债权人在订立质押合同时与出质人约定，债务人到期不履行债务时质押财产归债权人所有。根据本条规定，当事人订立流质条款的，当债务履行期限届满时，不发生质押财产所有权转移的效力，而是应当根据本法第436、438条规定的实现质权的方式就质押财产优先受偿。需要注意的是,当事人之间订有流质条款的,债权人依法就质押财产优先受偿,需要满足质权设立的前提条件,即存在合法有效的质押合同,并且通过交付或者登记设立了质权。如果质权没有有效设立,质权人不能对质押财产享有优先受偿权。

关联法规

《担保制度解释》第68条;《时间效力规定》第7条

第四百二十九条 【质权设立】质权自出质人交付质押财产时设立。

条文注释

本条规定动产质权的设立以交付质押财产为生效要件。出质人与质权人订立动产质押合同,该合同自成立时生效。但是在移转质押财产的占有之前,并不发生担保物权的效力,出质人只有将质押财产通过交付的形式实际移转给质权人占有时,质权才发生效力。根据本条的规定,质押财产是否移转是质权是否生效的判断标准:当事人没有移转质押财产,质权无效。

关联法规

《担保制度解释》第44、55条

第四百三十条 【质权人孳息收取权及孳息首要清偿用途】质权人有权收取质押财产的孳息,但是合同另有约定的除外。

前款规定的孳息应当先充抵收取孳息的费用。

条文注释

质权人能否收取孳息有两种情况:一是如果当事人在合同中明确约定质权人无权收取质押财产所产生的孳息,则质权人不能收取质押财产的孳息作为债权的担保;二是如果当事人对质权人能否收取孳息没有约定或者约定不明的,质权人有权依照本条的规定收取质押财产所产生的孳息。同时根据本条规定,依法收取的孳息首先应当充抵收取孳息的费用,然后充抵主债权的利息和主债权。

第四百三十一条 【质权人擅自使用、处分质押财产的责任】质权人在质权存续期间,未经出质人同意,擅自使用、处分质押财产,造成出质人损害的,应当承担赔偿责任。

条文注释

未经出质人同意,质权人在质权存续期间不得擅自使用、处分质押财产；质权人违反本条规定，擅自使用或者处分质押财产的，应当承担赔偿责任。质权人未经出质人同意，擅自使用质押财产、处分质押财产，一旦造成质押财产毁损、灭失给出质人造成损害的，质权人要根据法律规定承担赔偿责任。

关联法规

《担保制度解释》第55条

第四百三十二条 【质权人的保管义务和赔偿责任】质权人负有妥善保管质押财产的义务；因保管不善致使质押财产毁损、灭失的，应当承担赔偿责任。

质权人的行为可能使质押财产毁损、灭失的，出质人可以请求质权人将质押财产提存，或者请求提前清偿债务并返还质押财产。

条文注释

质权人在占有质押财产的同时即产生妥善保管质押财产的义务。所谓妥善保管，即以善良管理人的注意义务加以保管。善良管理人的注意义务，是指依照一般交易上的观念，认为有相当的知识经验及诚意的人所应负的注意义务，即以一种善良的心和应当具备的知识来保管质押财产。

在质权人有致使质押财产毁损、灭失的行为时，出质人得行使除去权利侵害请求权，要求质权人将质物提存以排除其对质物的侵害；或行使返还质物请求权，要求提前清偿债务而返还质押财产。如果是出质人提前清偿债务的，则应当扣除未到期部分的利息。

第四百三十三条 【质权的保护】因不可归责于质权人的事由可能使质押财产毁损或者价值明显减少，足以危害质权人权利的，质权人有权请求出质人提供相应的担保；出质人不提供的，质权人可以拍卖、变卖质押财产，并与出质人协议将拍卖、变卖所得的价款提前清偿债务或者提存。

条文注释

当质押财产可能存在损坏或者价值明显减少的事实足以危害质权人的利益时，质权人为保全其质权不受损害，可以要求出质人提供相应的担保，此为质权人的替代担保请求权，也称质权人的物上代位请求权。但出质人不提供的，质权人可以拍卖或者变卖质押财产，并与出质人通过协议将拍卖或者变卖所得的价款提前清偿债权，也可以将处分质押财产的价款提存。此时质权人拍卖、变卖质押财产无须经过出质人同意。拍卖、变卖所得的价款，性质上属于质押财产的替代物，质权人不当然取得价款的所有权，出质人可以用该价款提前向质权人清偿债务；如果以该价款提存的，则要等债务履行期限届满，以提存的价款清偿债务。无论是提前清偿债权，还是提存后届时清偿，其价款超出所担保债权的部分，应当直接归还出质人。

第四百三十四条 【责任转质】质权人在质权存续期间，未经出质人同意转质，造成质押财产毁损、灭失的，应当承担赔偿责任。

条文注释

质权人为担保自己或者他人的债务，在占有的质押财产上再次设定质权的行为称为转质，所成立的质权为转质权。因转质而取得质权的人为转质权人。转质既可以适用于动产质权，也可以适用于权利质权。转质依其是否经出质人同意，分为承诺转质和责任转质。承诺转质，指经出质人同意，质权人在占有的质押财产上为第三人设定质权的行为。承诺转质事前已经取得出质人的同意，质权人对因转质权人的过错而造成的损失承担责任，并不因转质而加重法律责任。责任转质，指质权人不经出质人同意，将质押财产转质于第三人的行为。责任转质因未经出质人同意就将质押财产转质，不仅要承担质押财产因转质权人的过错而毁损、灭失的责任，还要承担转质期间发生的因不可抗力产生的质押财产毁损、灭失的风险责任，其责任要比未转质的情况更为严重。

第四百三十五条 【质权的放弃】质权人可以放弃质权。债务人以自己的财产出质，质权人放弃该质权的，其他担保人在质权人丧失优先受偿权益的范围内免除担保责任，但是其他担保人承诺仍然提供担保的除外。

条文注释

质权人放弃质权，是指质权人放弃其因享有质权而就质押财产优先于普通债权人受清偿的权利的行为。质权人放弃质权应当明示作出意思表示。质权人不行使质权或者怠于行使质权的，不能推定为质权人放弃质权。质权因质权人的放弃而消灭。

质权人放弃质权，不得有损于其他利害关系人的利益。本条规定，在质权人放弃质权时，如果是债务人以自己的财产出质的，其他担保人在质权优先受偿的范围内，不再承担担保责任；但是其他担保人承诺仍然承担担保责任的,法律并不干涉。

第四百三十六条 【质物返还及质权实现】债务人履行债务或者出质人提前清偿所担保的债权的,质权人应当返还质押财产。

债务人不履行到期债务或者发生当事人约定的实现质权的情形,质权人可以与出质人协议以质押财产折价,也可以就拍卖、变卖质押财产所得的价款优先受偿。

质押财产折价或者变卖的,应当参照市场价格。

条文注释

债务人于债务履行期限届满时履行了债务或者出质人提前清偿了所担保的债权,质权消灭,质权人对其占有的质押财产负有返还给出质人的义务。质权人依质押合同有权占有质押财产,但是在质权消灭时,质权人就丧失了继续占有质押财产的依据,应当将质押财产返还出质人。

质权人实现质权,是指质权人在债权已届清偿期而债务人不履行债务或者发生当事人约定的实现质权的情形时,处分占有的质押财产并优先受偿的行为。质权人实现质权的前提条件是债务履行期限届满债务未受清偿或者发生当事人约定的实现质权的情形。当债务人不履行债务或者违约时,质权人有权将占有的质押财产以折价、拍卖、变卖等方式变价后优先受偿。

第四百三十七条 【质权的及时行使】出质人可以请求质权人在债务履行期限届满后及时行使质权;质权人不行使的,出质人可以请求人民法院拍卖、变卖质押财产。

出质人请求质权人及时行使质权,因质权人怠于行使权利造成出质人损害的,由质权人承担赔偿责任。

条文注释

本条赋予了出质人针对质权人的质权行使请求权以及质权人怠于行使质权的责任。也即出质人在债务履行期限届满,债务人不能偿还债务时,有权请求质权人及时行使质权;如果质权人经出质人请求后仍不行使的,出质人有权到人民法院要求拍卖、变卖质押财产,以清偿债务。

质押财产存在意外毁损、灭失以及随着市场风险的变化价值下跌的风险。因此,一旦债务履行期限届满,而债务人未清偿债务的,质权人应当及时行使质权,以免给出质人造成损失,出质人也有权请求质权人行使权利。质权人怠于行使权利可能会致使质押财产价格下跌,或者发生其他毁损、灭失等情形,质押财产无法获得与原有价值相当的变价款。在此情形下,质权人对于出质人的损失要承担赔偿责任。

第四百三十八条 【质押财产变价后的处理】质押财产折价或者拍卖、变卖后,其价款超过债权数额的部分归出质人所有,不足部分由债务人清偿。

条文注释

根据本条规定的质押财产变价款归属原则,质权人在实现质权时,应当注意以下几种情况:

(1)如果数个可分的质押财产为同一债权担保时,各个质押财产都担保债权的全部,但在实现质权时,如果质权人折价、拍卖或者变卖部分质押财产的价款足以清偿质押担保范围的债权,则应停止折价、拍卖或者变卖其余的质押财产。

(2)如果以一个质押财产作为债权担保,质押财产的变价款超出所担保的债权的,应当将剩余价款还给出质人,因为出质人是质押财产的所有权人。

(3)如果质押财产的变价款不足以清偿所担保的债权,出质人以全部变价款交给质权人后,质权消灭。担保债权未清偿的部分,仍然在债权人与债务人之间存在,只是不再是质权担保的债权,而是无质权担保的普通债权,债务人仍然负有清偿债务的义务。如果债务人和出质人不是同一人,未偿还的债务由债务人承担,出质人不再承担责任。

第四百三十九条 【最高额质权】出质人与质权人可以协议设立最高额质权。

最高额质权除适用本节有关规定外,参照适用本编第十七章第二节的有关规定。

条文注释

最高额质权,是指为担保债务的履行,债务人或者第三人对一定期间内将要连续发生的债权提供质押财产担保的,债务人不履行到期债务或者发生当事人约定的实现质权的情形,质权人有权在最高债权额限度内就该质押财产优先受偿。与动产质权相比,最高额质权有自己的特征,但就根本属性而言,其仍属于质权,本节关于动产质权的许多规定可以适用于最高额质权。

第二节 权利质权

第四百四十条 【权利质权的范围】债务人或者第三人有权处分的下列权利可以出质：

（一）汇票、本票、支票；

（二）债券、存款单；

（三）仓单、提单；

（四）可以转让的基金份额、股权；

（五）可以转让的注册商标专用权、专利权、著作权等知识产权中的财产权；

（六）现有的以及将有的应收账款；

（七）法律、行政法规规定可以出质的其他财产权利。

条文注释

权利质权，是指以出质人提供的财产权利为标的而设定的质权。权利质权的标的是出质人提供的作为债权担保的权利。但并不是所有的权利都可以作为权利质权的标的，其必须满足下列条件：(1)必须是财产权；(2)必须具有让与性；(3)必须是适于设定质权的权利。本条对哪些权利可以出质，采取了一一列举的方式；除这些权利以外，其他权利均不得出质。

第四百四十一条 【有价证券出质的质权的设立】以汇票、本票、支票、债券、存款单、仓单、提单出质的，质权自权利凭证交付质权人时设立；没有权利凭证的，质权自办理出质登记时设立。法律另有规定的，依照其规定。

条文注释

根据本条规定，以汇票、本票、支票、债券、存款单、仓单、提单出质的，其质权设立的情形可以分为以下三种：(1)有权利凭证的，质权自权利凭证交付质权人时设立。权利凭证是指记载权利内容的象征性的证书，通常采用书面形式，如汇票、本票、支票、存款单、仓单、提单和一部分实物债券等都有权利凭证。(2)没有权利凭证的，质权自办理出质登记时设立。在我国，部分债券如记账式国库券和在证券交易所上市交易的公司债券等都已经实现无纸化，这些债券没有权利凭证，如果要出质，就必须到法律、法规规定的有关登记部门办理出质登记，质权自登记时设立。(3)法律另有规定的，依照其规定。其他法律对于以汇票、本票、支票等出质的权利质权的设立有特别规定的，依照其规定。

关联法规

《担保制度解释》第58～61条

第四百四十二条　【有价证券出质的质权的特别实现方式】汇票、本票、支票、债券、存款单、仓单、提单的兑现日期或者提货日期先于主债权到期的，质权人可以兑现或者提货，并与出质人协议将兑现的价款或者提取的货物提前清偿债务或者提存。

条文注释

本条规定，汇票、本票、支票、债券、存款单、仓单、提单的兑现日期或者提货日期先于主债权到期的，质权人可以兑现或者提货。但是质权人兑现款项或者提取货物后不能据为己有，必须通知出质人，并与出质人协商，用兑现的款项或提取的货物提前清偿债权，或者将兑现的款项或提取的货物提存。提前清偿债权的，质权消灭；提存的，质权继续存在于提存的款项或者货物上，在主债权到期时可以以该提存的款项或者货物优先受偿。出质人只能在提前清偿债权和提存中选择，不能既不同意提前清偿债权，也不同意提存。

关联法规

《担保制度解释》第59、60条

第四百四十三条　【以基金份额、股权出质的质权设立及转让限制】以基金份额、股权出质的，质权自办理出质登记时设立。

基金份额、股权出质后，不得转让，但是出质人与质权人协商同意的除外。出质人转让基金份额、股权所得的价款，应当向质权人提前清偿债务或者提存。

条文注释

根据本条第1款的规定，以基金份额、股权出质的，在订立质押合同后，质权并不当然设立。应当到有关部门办理出质登记，质权自登记时设立。

基金份额和股权出质后，原则上不能转让；但如果出质人与质权人协商一致，都同意转让已出质的基金份额和股权，这属于双方当事人对自己权利的自由处分，法律自然允许。但是转让基金份额和股权所得的价款，出质人应当与质权人协商，将所得的价款提前清偿所担保的债权或者提存。出质人只能在提前清偿债权和提存中选择，不能既不同意提前清偿债权，也不同意提存。

关联法规

《担保制度解释》第 69 条

第四百四十四条　【以知识产权中的财产权出质的质权的设立及转让限制】以注册商标专用权、专利权、著作权等知识产权中的财产权出质的，质权自办理出质登记时设立。

知识产权中的财产权出质后，出质人不得转让或者许可他人使用，但是出质人与质权人协商同意的除外。出质人转让或者许可他人使用出质的知识产权中的财产权所得的价款，应当向质权人提前清偿债务或者提存。

条文注释

根据本法第 427 条第 1 款的规定，设立质权，当事人应当采用书面形式订立质押合同。以注册商标专用权、专利权、著作权等知识产权中的财产权出质的，双方当事人应当订立书面质押合同。订立质押合同后，质权并不当然设立，须办理出质登记后才能设立。

以知识产权中的财产权出质的，出质人不能自由转让或者许可他人使用。但是，经出质人与质权人协商同意的除外，是否会损害质权人的利益由质权人自己判断，法律不加干涉。

关联法规

《专利权质押登记办法》；《著作权质权登记办法》

第四百四十五条　【以应收账款出质的质权的设立及转让限制】以应收账款出质的，质权自办理出质登记时设立。

应收账款出质后，不得转让，但是出质人与质权人协商同意的除外。出质人转让应收账款所得的价款，应当向质权人提前清偿债务或者提存。

条文注释

根据本法第 427 条第 1 款的规定，设立质权，当事人应当采用书面形式订立质押合同。以应收账款出质的，双方当事人应当订立书面质押合同。在订立质押合同后，质权并不当然设立，双方当事人还须到有关部门办理出质登记后质权才设立。

出质人不得随意转让应收账款，只有在取得质权人同意的情况下才能转让应收账款。转让应收账款所得的价款，并不当然用于清偿所担保的债权。

关联法规

《担保制度解释》第61条

第四百四十六条　【权利质权的法律适用】权利质权除适用本节规定外,适用本章第一节的有关规定。

第十九章　留　置　权

第四百四十七条　【留置权的一般规定】债务人不履行到期债务,债权人可以留置已经合法占有的债务人的动产,并有权就该动产优先受偿。

前款规定的债权人为留置权人,占有的动产为留置财产。

条文注释

留置权,是指在债务人不履行到期债务时,债权人有权依照法律规定留置已经合法占有的债务人的动产,并就该动产优先受偿的权利。这时,债权人为留置权人,占有的动产为留置财产。

留置权具有以下特征:(1)从属性。留置权以担保债权为目的而存在,因此留置权为从属于所担保债权的从权利。留置权依主债权的存在而存在,依主债权的转移而转移,并因主债权的消灭而消灭。(2)法定性。留置权为法定担保物权,只能直接依据法律的规定发生,不能由当事人自由设定。(3)不可分性。只要债权未受全部清偿,留置权人就可以对全部留置财产行使权利,不受债权分割或者部分清偿以及留置财产分割的影响。

留置权成立的要件主要包括:(1)债权人已经合法占有债务人的动产。(2)债权人占有的动产,应当与债权属于同一法律关系,但企业之间留置的除外。(3)债务人不履行到期债务。债权人对已经合法占有的动产,并不能当然成立留置权,留置权的成立还须以债权已届清偿期而债务人未全部履行为要件。

第四百四十八条　【留置财产与债权的关系】债权人留置的动产,应当与债权属于同一法律关系,但是企业之间留置的除外。

条文注释

本条首先明确,债权人留置的动产,应当与债权属于同一法律关系。

所谓同一法律关系,就是留置财产应当与债权所形成的债权债务关系属于同一个民事法律关系。最为常见的就是因合同产生的债权债务关系。同一法律关系还可以是因侵权形成的同一债权债务关系。

本条还有但书的例外规定,即“但是企业之间留置的除外”。这意味着企业之间,只要债权人合法占有债务人的动产,债务人不履行债务,债权人即可留置其动产,而不论该动产是基于何种法律关系占有。

关联法规

《担保制度解释》第62条

第四百四十九条 【留置权适用范围的限制】法律规定或者当事人约定不得留置的动产,不得留置。

第四百五十条 【留置财产为可分物的特殊规定】留置财产为可分物的,留置财产的价值应当相当于债务的金额。

条文注释

可分物,是指经分割而不损害其经济用途或者失去其价值的物。债权人留置财产是为了担保债权的实现,只要留置财产的价值相当于债务金额,就能够保证其债权得到实现,没有必要留置过多的财产。但如果留置财产为不可分物,由于该物的分割会减损其价值,因此不适用本条的规定。对于不可分物,债权人可以将其全部留置。

关联法规

《担保制度解释》第38条

第四百五十一条 【留置权人的保管义务】留置权人负有妥善保管留置财产的义务;因保管不善致使留置财产毁损、灭失的,应当承担赔偿责任。

条文注释

妥善保管留置财产,是一种消极性义务,不需要留置权人有积极的作为,留置权人对留置财产并不负有保值增值的义务。留置权人只要使留置财产维持原状或者保持其正常状态,确保其不受到侵害、毁损或者灭失即可。

为了使留置权人能够履行其妥善保管留置财产的义务,本条还规定,留置权人因保管不善致使留置财产毁损、灭失的,应当承担赔偿责任。

第四百五十二条 【留置权人收取孳息的权利】留置权人有权收取留置财产的孳息。

前款规定的孳息应当先充抵收取孳息的费用。

条文注释

根据本条规定，留置权人有权收取留置财产的孳息。(1)收取留置财产的孳息属于留置权人的权利。留置权人既可以行使，也可以放弃。(2)留置权人收取的孳息仅限于留置财产的孳息，不能超出此范围收取。(3)留置权人的权利仅仅是收取孳息，并非直接能获得孳息的所有权。留置权人在收取孳息后，有权控制、占有孳息，且此种权利可以对抗作为所有人的债务人，债务人在未履行债务之前不能要求留置权人返还留置财产的孳息。

第四百五十三条 【留置权实现的一般规定】留置权人与债务人应当约定留置财产后的债务履行期限；没有约定或者约定不明确的，留置权人应当给债务人六十日以上履行债务的期限，但是鲜活易腐等不易保管的动产除外。债务人逾期未履行的，留置权人可以与债务人协议以留置财产折价，也可以就拍卖、变卖留置财产所得的价款优先受偿。

留置财产折价或者变卖的，应当参照市场价格。

条文注释

留置权的实现，是指留置权人对留置财产进行处分，以优先受偿其债权的行为。根据本条规定，留置权人实现留置权必须具备两个条件：(1)留置权人须给予债务人以履行债务的宽限期。债权已届清偿期债务人仍不履行债务，留置权人并不能立即实现留置权，而必须经过一定的期限后才能实现留置权。(2)债务人于宽限期内仍不履行义务。债务人在宽限期内履行了义务，留置权归于消灭，留置权人当然不能再实现留置权。如果债务人仍不履行义务，留置权人便可以按法律规定的方法实现留置权。

根据本条规定，留置权实现的方法有三种，即折价、拍卖和变卖。一般情况下，双方当事人可以先协议将留置财产折价以实现其债权；如果无法达成协议，留置权人可以依法拍卖或者变卖留置财产，并以拍卖或者变卖所得的价款优先受偿其债权。

关联法规

《担保制度解释》第38、44、62条

第四百五十四条 【留置权债务人的请求权】债务人可以请求留置权人在债务履行期限届满后行使留置权;留置权人不行使的,债务人可以请求人民法院拍卖、变卖留置财产。

条文注释

根据本条规定,债务履行期限届满后,债务人首先有权请求留置权人行使留置权。法律赋予债务人此项权利,也是基于对债务人对留置财产享有所有权的保护。债务人请求留置权人行使留置权后,留置权人应当在合理期限内行使留置权。为了防止留置权人怠于行使留置权,本条进一步规定,留置权人不行使留置权的,债务人可以请求人民法院拍卖、变卖留置财产。

关联法规

《担保制度解释》第44条

第四百五十五条 【留置权的实现】留置财产折价或者拍卖、变卖后,其价款超过债权数额的部分归债务人所有,不足部分由债务人清偿。

条文注释

在留置财产被折价或者拍卖、变卖后,可能出现以下三种情况:(1)留置财产的价值与债权金额相等,即留置财产折价或者被拍卖、变卖所得的价款刚好满足留置权人的债权,留置权人的债权完全得以实现,债务人的留置财产也因为折价或者拍卖、变卖而被处分,不存在剩余价款返还的问题。双方当事人的债权债务关系以及担保关系均告消灭。(2)留置财产的价值高于债权金额,即留置财产折价或者被拍卖、变卖所得的价款超过了留置权人的债权数额,超过的部分应当归债务人所有。(3)留置财产的价值低于债权金额,即留置财产折价或者被拍卖、变卖所得的价款不足以清偿留置权人的债权。由于留置财产不能完全满足留置权人的债权,所以留置权人与债务人之间的债权债务关系并不因留置权的实现而完全消灭,留置权人仍可以就留置财产不足以清偿的部分要求债务人偿还。

第四百五十六条 【留置权与抵押权或者质权竞合时的顺位原则】同一动产上已经设立抵押权或者质权,该动产又被留置的,留置权人优先受偿。

条文注释

可以从以下两个方面理解本条:(1)留置权的效力绝对优先,同一动产上,留置权对抵押权或者质权的优先效力不受其产生时间的影响。(2)留置权对抵押权或者质权的优先效力不受留置权人在留置动产时是善意还是恶意的影响。本条并没有强调留置权优先于抵押权或者质权的效力以留置权人的善意为前提。当然,如果留置权人与债务人恶意串通成立留置权,其目的就是排除在动产上的抵押权或者质权,这已属于严重违反诚信原则的恶意串通行为。在这种情况下,不但该留置权不能优先于抵押权或者质权,而且该留置权应当被视为不存在。

第四百五十七条　【留置权消灭的原因】留置权人对留置财产丧失占有或者留置权人接受债务人另行提供担保的,留置权消灭。

条文注释

本条规定包括以下两层含义:(1)留置权人对留置财产丧失占有的,留置权消灭。需要注意的是,若留置权人非依自己的意愿暂时丧失对留置财产占有,则留置权消灭;但这种消灭并不是终局性的消灭,留置权人可以依占有的返还原物之诉要求非法占有人返还留置物而重新获得留置权。(2)留置权因留置权人接受债务人另行提供担保而消灭。当然,在双方当事人协商一致的情况下,债务人另行提供的担保所能担保的债权也可以低于或者高于债权人的债权额。

第五分编　占　　有

第二十章　占　　有

第四百五十八条　【有权占有的法律适用】基于合同关系等产生的占有,有关不动产或者动产的使用、收益、违约责任等,按照合同约定;合同没有约定或者约定不明确的,依照有关法律规定。

条文注释

占有体现在社会经济生活的各个方面,除所有权人的占有之外,占有还有以下几种情况:基于经营、承包、土地使用、质押、留置等,产生他物权意义上的占有;基于保管合同、租赁合同、加工承揽合同等,产生保管人、承租人、承揽人等债权意义上的占有;基于亲权关系、监护关系、夫妻关系等产生的占有。当事人之间有关不动产或动产的权利义务等依照其约定;合同没有约定或者约定不明确的,依照有关的法律规定。有关不动产或者动产的使用、收益、法律责任等的合同约定优先于法律规定,充分体现了当事人的意思自治原则。

第四百五十九条　【无权占有造成占有物损害的赔偿责任】占有人因使用占有的不动产或者动产,致使该不动产或者动产受到损害的,恶意占有人应当承担赔偿责任。

条文注释

对于有权占有人因正常使用而导致不动产或者动产的损耗、折旧等,往往由所有权人负担,因为有权占有人所支付的价金即是对不动产或者动产因正常使用而发生损耗的补偿。

无权占有分为善意占有和恶意占有。善意占有人在使用占有的不动产或者动产时被法律推定为物的权利人,具有占有使用的权利,致使该不动产或者动产受到损害时不承担赔偿责任;而恶意占有人不具有占有使用的权利,应当承担赔偿责任。

第四百六十条　【权利人的返还请求权和占有人的费用求偿权】不动产或者动产被占有人占有的,权利人可以请求返还原物及其孳息;但是,应当支付善意占有人因维护该不动产或者动产支出的必要费用。

条文注释

本条明确以下几点:(1)无论被侵占的标的物是动产还是不动产,权利人都有权请求返还。(2)有返还请求权的人是权利人。这里的权利人既可以是所有权人,也可以是依法对标的物享有占有使用权的人。(3)无论善意占有人还是恶意占有人,都有义务返还。(4)应当返还的既包括原物,也包括孳息。

根据本条规定,占有人返还原物及其孳息之后,善意占有人对其因维护该不动产或者动产而支出的必要费用,有权请求权利人支付。

第四百六十一条　【占有的不动产或动产毁损、灭失时占有人的责任】占有的不动产或者动产毁损、灭失,该不动产或者动产的权利人请求赔偿的,占有人应当将因毁损、灭失取得的保险金、赔偿金或者补偿金等返还给权利人;权利人的损害未得到足够弥补的,恶意占有人还应当赔偿损失。

条文注释

本条规定可以从以下三个方面理解：

(1)毁损、灭失的含义。毁损，是指使被占有的不动产或者动产的使用价值或者交换价值降低。灭失，是指被占有的不动产或者动产对于占有人来说，不复存在，这包括物的实体消灭和丧失下落，或者被第三人善意取得而不能返还。

(2)善意占有人对占有物毁损、灭失的责任。在确定善意占有人的责任时，应当依照不当得利的返还原则，规定善意占有人只有因物的毁损、灭失而获得利益时，才对物的权利人承担赔偿责任；如果未获得利益，则不必赔偿。

(3)恶意占有人对占有物毁损、灭失的责任。恶意占有是占有人明知或者因重大过失不知自己为无权占有而仍然进行的占有。因此在决定恶意占有人责任时，应参考侵权损害赔偿原则，损失多少赔多少，除占有物的价值外，还包括物的权利人所失的利益。此外，占有物的价值，以物的实际价值为准；恶意占有人取得占有时的价值与物的权利人请求返还时的价值不同的，以较高的价值为准。

第四百六十二条 【占有保护请求权】占有的不动产或者动产被侵占的，占有人有权请求返还原物；对妨害占有的行为，占有人有权请求排除妨害或者消除危险；因侵占或者妨害造成损害的，占有人有权依法请求损害赔偿。

占有人返还原物的请求权，自侵占发生之日起一年内未行使的，该请求权消灭。

条文注释

占有保护请求权以排除对占有的侵害为目的，因而属于一种物权的请求权。根据占有受侵害的不同情形，分别发生占有物返还请求权、占有妨害排除请求权和占有危险消除请求权。

(1)占有物返还请求权。占有物返还请求权发生于占有物被侵夺的情形。此种侵夺占有而构成的侵占，是指非基于占有人的意思，采取违法的行为使其丧失对物的控制与支配。需要注意的是，非因他人的侵夺而丧失占有的，如因受欺诈或者胁迫而交付的，不享有占有物返还请求权。

(2)占有妨害排除请求权。占有被他人妨害时，占有人得请求妨害人除去妨害。排除妨害的费用应由妨害人负担。占有人自行除去妨害的，其费用可依无因管理的规定向相对人请求偿还。

(3)占有危险消除请求权。占有危险消除请求权中的危险,应为具体的事实的危险;对于一般抽象的危险,法律不加以保护。具体的事实的危险,指其所用的方法,使外界感知到对占有的妨害。

应当注意的是,首先,占有保护请求权中的妨害排除请求权和危险消除请求权,原则上同妨害或者危险的持续状态紧密相连。如果妨害已经消失或者危险已经不存在,自然没有妨害排除或者危险消除请求权提请的必要;如果此种妨害或者危险造成了实际的损害,占有人当然可以提起损害赔偿请求权,而此项损害赔偿请求权应当受普通诉讼时效的限制;如果妨害或者危险持续发生,那么此项妨害排除或者危险消除的请求权自然不受时效限制。其次,占有物返还请求权可因一定期间内不行使而消灭。

第三编　合　　同

第一分编　通　　则

第一章　一 般 规 定

第四百六十三条　【合同编的调整范围】本编调整因合同产生的民事关系。

条文注释

本法合同编的调整范围涵盖了所有平等民事主体之间设立、变更、终止民事权利义务关系的协议。不属于民事关系的其他活动不适用本法合同编的相关规定。

第四百六十四条　【合同的定义和身份关系协议的法律适用】合同是民事主体之间设立、变更、终止民事法律关系的协议。

婚姻、收养、监护等有关身份关系的协议，适用有关该身份关系的法律规定；没有规定的，可以根据其性质参照适用本编规定。

条文注释

本条第 1 款是关于合同定义的规定。本法合同编所规定的“合同”是民事主体之间的协议，即平等主体的自然人、法人和非法人组织之间的协议。“平等主体”是民事关系的核心特征，民事主体包括自然人、法人和非法人组织三类。

本条第 2 款是关于身份关系协议在特定情况下可以对合同编进行参照适用的原则性规定，对某一具体的身份关系协议是否可以以及如何参照适用本法合同编的相关规定，法律无法作统一性规定，只能根据该身份关系协议的性质，具体情况具体判断。

第四百六十五条　【依法成立的合同效力和合同相对性】依法成立的合同,受法律保护。

依法成立的合同,仅对当事人具有法律约束力,但是法律另有规定的除外。

条文注释

本条第1款是关于依法成立的合同受法律保护的规定。这包含两个层面的意思:一是对当事人而言,合同依法成立后,不管是否实际生效,均对当事人产生法律约束力。二是对当事人之外的第三人而言,合同依法成立后,当事人之外的任何组织或者个人均不得非法干预合同。

本条第2款明确确立了合同相对性原则。合同相对性原则是指合同项下的权利与义务只由合同当事人享有和承担,合同仅对当事人具有法律约束力,对合同当事人之外的第三人不具有法律约束力。同时,合同相对性原则只有一个例外,即"法律另有规定"。目前,法律对合同相对性原则的例外规定主要有以下几种:一是合同保全制度。二是真正的利益第三人合同制度。三是当事人之外的第三人对履行债务具有合法利益情形时的代为履行制度。四是"买卖不破租赁"制度。

第四百六十六条　【合同解释】当事人对合同条款的理解有争议的,应当依据本法第一百四十二条第一款的规定,确定争议条款的含义。

合同文本采用两种以上文字订立并约定具有同等效力的,对各文本使用的词句推定具有相同含义。各文本使用的词句不一致的,应当根据合同的相关条款、性质、目的以及诚信原则等予以解释。

条文注释

本条第1款是关于合同争议条款解释的规定。当事人对合同条款的理解有争议的,可以直接适用本法第142条第1款来确定争议条款的含义。结合该条款规定,对合同争议条款的解释规则,可作以下理解:

(1)按照条款所使用的词句进行解释。对条款中词句的理解首先应当按照一个合理人通常的理解来进行。对于何谓"合理人"应当结合具体情况来判断,如果是一般的民事活动,则"合理人"应是社会一般的人;如果是某种特殊交易,则"合理人"应是从事该特定领域的人。

(2)对条款中词句的理解不能孤立进行,而要结合其他相关条款、行为的性质和目的、习惯以及诚信原则,综合判断、确定争议条款的含义。①依据合同的性质进行解释,是指解释时充分考虑该合同所体现的显著区别于其他合同的本质特征。②根据行为目的即合同目的进行解释,是指应当根据当事人订立合同所追求的目的对争议条款进行解释。在解释争议条款时,应当从符合合同目的原则剖析,当条款表达意见含混不清或相互矛盾时,作出与合同目的协调一致的解释。③按照习惯进行解释,是指在某条款发生争议以后,应当根据当事人所知悉的生活和交易习惯来对争议条款进行解释。④依照诚信原则进行解释,是指根据诚信原则对有争议的条款进行解释。

关联法规

《合同编通则解释》第1、2条

第四百六十七条　【非典型合同及特定涉外合同的法律适用】本法或者其他法律没有明文规定的合同,适用本编通则的规定,并可以参照适用本编或者其他法律最相类似合同的规定。

在中华人民共和国境内履行的中外合资经营企业合同、中外合作经营企业合同、中外合作勘探开发自然资源合同,适用中华人民共和国法律。

条文注释

本条第1款是关于非典型合同法律适用规则的规定。本法合同编第2分编规定的典型合同,虽然是对某类合同的专门性规定,但其他一些合同可能会与合同编规定的典型合同存在共同之处或者相近之处。因此,其他非典型合同也可以参照适用本编或者其他法律最相类似合同的规定,本条对此予以明确。

本条第2款对特定的涉外合同的法律适用作了规定。

第四百六十八条　【非因合同产生的债权债务关系的法律适用】非因合同产生的债权债务关系,适用有关该债权债务关系的法律规定;没有规定的,适用本编通则的有关规定,但是根据其性质不能适用的除外。

条文注释

对本条的规定,可以从以下三个方面来理解:第一,非因合同产生的债权债务关系,应适用有关该债权债务关系的法律规定。第二,对于非因合同产生的债权债务关系,有关该债权债务关系的法律规定没有对相关内容作出特别规定的,直接适用本法合同编第1分编“通则”的有关规定。值得注意的是,本条规定的是“适用”,而不是“参照适用”。第三,将合同编“通则”适用于非因合同产生的债权债务时,还应当考虑该债权债务关系的性质,因此本条还规定“根据其性质不能适用的除外”。

第二章　合同的订立

第四百六十九条　【合同订立形式】当事人订立合同,可以采用书面形式、口头形式或者其他形式。

书面形式是合同书、信件、电报、电传、传真等可以有形地表现所载内容的形式。

以电子数据交换、电子邮件等方式能够有形地表现所载内容,并可以随时调取查用的数据电文,视为书面形式。

条文注释

根据本条第1款的规定,除了书面形式和口头形式,合同还可以采用其他形式订立。例如,可以根据当事人的行为或者特定情形推定合同的成立,这类合同也被称为默示合同。

本条第2款对书面形式的定义作了界定。依据本条第1款的规定,书面形式的核心特征是可以有形地表现所载内容。合同书、信件、电报、电传、传真是“可以有形地表现所载内容的形式”,但书面形式也不限于这几类,凡是“可以有形地表现所载内容的形式”都可以作为合同的书面形式。

本条第3款对符合书面形式的数据电文作了规定。依据本条第3款规定,数据电文要符合书面形式,必须满足两个条件:一是能够有形地表现所载内容;二是可以随时调取查用。

关联法规

《电子签名法》第4条

第四百七十条　【合同主要条款与示范文本】合同的内容由当事人约定,一般包括下列条款:

(一)当事人的姓名或者名称和住所;

(二)标的;

(三)数量;

(四)质量;

(五)价款或者报酬;

(六)履行期限、地点和方式;

（七）违约责任；

（八）解决争议的方法。

当事人可以参照各类合同的示范文本订立合同。

条文注释

本条第1款规定合同的主要条款包括：

(1)当事人的姓名或者名称和住所。不仅要把合同当事人都写入合同中,而且要把各方当事人的名称或者姓名和住所都作准确、清楚的表达。

(2)标的。标的是合同当事人的权利义务指向的对象。标的是合同成立的必要条件,是一切合同的必备条款。合同的标的多种多样,具体可包括有形财产、无形财产、劳务、工作成果等。

(3)数量。一般而言,合同的数量要准确,应选择使用共同接受的计量单位、计量方法和计量工具。根据不同情况,要求不同的精确度,允许不同的尾差、磅差、超欠幅度、自然耗损率等。

(4)质量。合同中应当对质量问题尽可能地规定细致、准确和清楚。国家有强制性标准的,必须按照规定的标准执行。如有其他质量标准的,应尽可能地约定其适用的标准。当事人可以约定质量检验的方法、质量责任的期限和条件、对质量提出异议的条件与期限等。

(5)价款或者报酬。价款指对提供财产的当事人支付的货币,如买卖合同的货款等。报酬,是指对提供劳务或者工作成果的当事人支付的货币。依法应当执行政府定价或者政府指导价的,要按照规定执行。

(6)履行期限、地点和方式。履行期限,是指合同中规定的当事人履行自己的义务如交付标的物、价款或者报酬,履行劳务,完成工作的时间界限。履行地点,是指当事人履行合同义务和对方当事人接受履行的地点。履行地点在合同中应当规定得明确、具体。履行方式,是指当事人履行合同义务的具体做法。不同的合同类型,决定了合同履行方式的差异。履行方式还包括价款或者报酬的支付方式、结算方式等。

(7)违约责任。违约责任,是指当事人一方或者双方在不履行合同义务或者履行合同义务不符合约定时应当承担的法律责任。当事人可以在合同中约定违约责任,如约定定金、违约金、损失赔偿金的计算方法等。

(8)解决争议的方法。这是指合同争议的解决途径以及法律适用问题等。解决争议的途径主要有:双方通过协商和解;由第三人进行调解;仲裁;诉讼。

关联法规

《合同编通则解释》第3条

第四百七十一条 【合同订立方式】当事人订立合同,可以采取要约、承诺方式或者其他方式。

条文注释

要约、承诺方式是最为典型的合同订立方式。当事人形成合意的过程,是对合同内容协商一致的过程,很多都是经过要约、承诺完成的。向对方提出合同条件、作出签订合同的意思表示称为“要约”,而另一方如果表示接受就称为“承诺”。除了要约、承诺方式之外,传统上还存在交叉要约、同时表示、意思实现等合同订立方式。

第四百七十二条 【要约的定义及条件】要约是希望与他人订立合同的意思表示,该意思表示应当符合下列条件:

(一)内容具体确定;

(二)表明经受要约人承诺,要约人即受该意思表示约束。

条文注释

根据本条规定,要约应当符合以下两个条件:

(1)要约的内容应具体确定。要约的内容必须具备足以使合同成立的主要条件,这要求要约的内容必须是具体的和确定的,必须明确清楚,不能模棱两可、产生歧义。一项要约的内容可以很详细,也可以较为简明,只要其内容具备使合同成立的基本条件,就可以作为一项要约。

(2)要约必须表明经受要约人承诺,要约人即受该意思表示拘束。能否构成一个要约要看这种意思表示是否表达了与受要约人订立合同的意愿,这要根据特定情况和当事人所使用的语言表达来判断。所谓“表明”并不是要有明确的词语进行说明,而是整个要约的内容表明了这一点。

第四百七十三条 【要约邀请】要约邀请是希望他人向自己发出要约的表示。拍卖公告、招标公告、招股说明书、债券募集办法、基金招募说明书、商业广告和宣传、寄送的价目表等为要约邀请。

商业广告和宣传的内容符合要约条件的,构成要约。

条文注释

本条第1款对要约邀请的定义作了规定。要约邀请又称要约引诱,是邀请或者引诱他人向自己发出要约的表示，其既可以是向特定人发出的，也可以是向不特定的人发出的。

需要说明的是，一般的商业广告和宣传并不能构成要约，但也不排除有些内容确定的商业广告和宣传构成要约。认定一项商业广告或者商业宣传是否符合要约的条件，需要根据实际情况进行判断。

关联法规

《商品房买卖合同解释》第3条

第四百七十四条 【要约生效时间】要约生效的时间适用本法第一百三十七条的规定。

第四百七十五条 【要约撤回】要约可以撤回。要约的撤回适用本法第一百四十一条的规定。

条文注释

要约的撤回，是指在要约发出之后、生效以前，要约人欲使该要约不发生法律效力而作出的意思表示。根据本法第137、474条的规定，对于以对话方式作出的要约，受要约人知道其内容时就生效，则要约人很难作出撤回的通知，这种情况下适用撤回的规定的空间比较小。对于以非对话方式作出的要约，在到达受要约人时生效，则要约人发出撤回要约的通知，且该通知在要约到达受要约人之前或者同时到达受要约人的，可以适用本条关于撤回的规定。

第四百七十六条 【要约不得撤销情形】要约可以撤销，但是有下列情形之一的除外：

（一）要约人以确定承诺期限或者其他形式明示要约不可撤销；

（二）受要约人有理由认为要约是不可撤销的，并已经为履行合同做了合理准备工作。

条文注释

要约的撤销，是指要约人在要约发生法律效力之后、受要约人作出承诺之前，欲使该要约失去法律效力的意思表示。本条将《合同法》第19条规定的第1项例外情形"要约人确定了承诺期限或者以其他形式明示要约不可撤销"修改为"要约人以确定承诺期限或者其他形式明示要约不可撤销"。并将《合同法》中的"作了准备工作"修改为"做了合理准备工作"。

第四百七十七条　【要约撤销】撤销要约的意思表示以对话方式作出的，该意思表示的内容应当在受要约人作出承诺之前为受要约人所知道；撤销要约的意思表示以非对话方式作出的，应当在受要约人作出承诺之前到达受要约人。

条文注释

对本条规定，可以从以下两个方面理解：一是本条根据撤销要约的意思表示是以对话方式作出的还是以非对话方式作出的，对撤销要约的条件分别规定。二是要约人应当在“受要约人作出承诺之前”撤销要约。本条将《合同法》第18条规定的“受要约人发出承诺通知之前”修改为“受要约人作出承诺之前”，主要是考虑到与本法第480条规定相协调。

第四百七十八条　【要约失效】有下列情形之一的，要约失效：

（一）要约被拒绝；

（二）要约被依法撤销；

（三）承诺期限届满，受要约人未作出承诺；

（四）受要约人对要约的内容作出实质性变更。

条文注释

要约的失效，亦称为要约的消灭或要约的终止，是指要约丧失法律效力，要约人与受要约人均不再受其约束。要约人不再承担接受承诺的义务，受要约人亦不再享有通过承诺使合同得以成立的权利。本条规定了要约失效的如下几种情形：

（1）要约被拒绝。要约被拒绝的，该要约即失去法律效力。如果受要约人的回复没有作出承诺，但提出了一些条件，若受要约人在规定期限内仍不作答复的，可以视为拒绝要约。

（2）要约被依法撤销。要约被依法撤销，要约自然失效。要约被依法撤销，指的是要符合撤销要约的条件。本法第477条对撤销要约的条件作了具体规定。如果不符合要约撤销的条件，不发生要约被撤销的效力。此外，如果属于本法第476条规定的要约不可撤销的情形，即使要约人作出了撤销要约的意思表示，也不发生要约被撤销的效力。

（3）承诺期限届满，受要约人未作出承诺。要约中确定了承诺期限的，表明要约人规定了要约发生法律效力的期限，受要约人超过这个期限仍不承诺，要约的效力当然归于消灭。如果要约中没有规定承诺期限，受要约人也不对要约作答复的,则应当按照本法第481条的规定进行处理。

(4)受要约人对要约的内容作出实质性变更。受要约人对一项要约的内容作出实质性变更的,为新要约。新要约使原要约失去效力,要约人即不受原要约的拘束。

第四百七十九条　【承诺的定义】承诺是受要约人同意要约的意思表示。

条文注释

承诺,是指受要约人同意接受要约的全部条件以缔结合同的意思表示。对承诺的定义,可以从以下几个方面理解:

(1)承诺须由受要约人作出。要约是要约人向受要约人发出的,受要约人是要约人选定的交易相对方,只有受要约人才具有作出承诺的资格,受要约人以外的第三人不具有承诺的资格。

(2)承诺须向要约人作出。承诺是对要约的同意,受要约人意在与要约人订立合同,当然要向要约人作出。如果承诺不是向要约人作出,则作出的承诺意思表示不视为承诺,不能达到与要约人订立合同的目的。

(3)承诺的内容须与要约的内容保持一致。这是承诺最核心的要件,承诺必须是对要约完全的、单纯的同意。受要约人如果想与要约人订立合同,必须使承诺在内容上与要约的内容保持一致,否则要约人就可能拒绝受要约人而使合同不能成立。

第四百八十条　【承诺的方式】承诺应当以通知的方式作出;但是,根据交易习惯或者要约表明可以通过行为作出承诺的除外。

条文注释

本条中"通知的方式"是典型的明示方式。"通过行为作出承诺"属于默示的方式,这里的"行为"通常是指履行行为,如预付价款、装运货物或在工地上开始施工等。但是商业实践中往往还存在一些交易习惯,根据这些交易习惯,承诺也可以通过行为作出。除交易习惯外,如果要约人在要约中表明了可以通过行为作出承诺,那么受要约人通过行为作出承诺的,符合要约人的意愿,也应当予以认可。

值得注意的是,本条规定是对承诺方式的一般性规定,原则上承诺需要以通知的方式或者通过行为作出,但并没有排除沉默方式的承诺。受要约人的沉默原则上不得推定为受要约人同意要约。根据本法第140条第2款的规定,沉默视为承诺的条件非常严格,如果没有要约人与受要约人的事先约定,也没有要约人与受要约人之间的交易习惯做法,在法律没有特别规定的情况下,仅仅由要约人在要约中表明如果不答复就视为承诺是不行的。

第四百八十一条　【承诺到达时间】承诺应当在要约确定的期限内到达要约人。

要约没有确定承诺期限的,承诺应当依照下列规定到达:

(一)要约以对话方式作出的,应当即时作出承诺;

(二)要约以非对话方式作出的,承诺应当在合理期限内到达。

条文注释

本条根据要约是否确定了承诺期限,对承诺的到达时间分别作了规定。要约确定了承诺期限的,受要约人自然应当尊重要约人的意愿,承诺应当在该承诺期限内到达要约人。要约没有确定承诺期限的,根据要约是以对话方式作出还是以非对话方式作出,承诺到达时间又有所不同:一是对于以对话方式作出的要约,如果要约本身没有确定承诺期限,则受要约人应当即时作出承诺,对话结束后再作出的承诺对要约人不具有拘束力。二是对于以非对话方式作出的要约,本条将要约以非对话方式作出情形下的承诺期限规定为"合理期限",即承诺应当在合理期限内到达要约人。

第四百八十二条　【承诺期限起算点】要约以信件或者电报作出的,承诺期限自信件载明的日期或者电报交发之日开始计算。信件未载明日期的,自投寄该信件的邮戳日期开始计算。要约以电话、传真、电子邮件等快速通讯方式作出的,承诺期限自要约到达受要约人时开始计算。

第四百八十三条　【合同成立时间】承诺生效时合同成立,但是法律另有规定或者当事人另有约定的除外。

条文注释

原则上,承诺生效之时,就是合同成立之时。因此本条规定,承诺生效时合同成立。此外,本条还作了但书规定,即"法律另有规定或者当事人另有约定的除外"。这样,既为法律另行规定留下空间,也有利于当事人根据实际情况对合同成立时间另行约定。

关联法规

《合同编通则解释》第3、4条

第四百八十四条　【承诺生效时间】以通知方式作出的承诺,生效的时间适用本法第一百三十七条的规定。

承诺不需要通知的,根据交易习惯或者要约的要求作出承诺的行为时生效。

条文注释

本条对以通知方式作出的承诺和以行为方式作出的承诺的生效时间分别作了规定:

(1)根据本法第137条的规定以通知方式作出的承诺的生效时间,也应当区分承诺是以对话方式作出的还是以非对话方式作出的,分别对待:①承诺是以对话方式作出的,受要约人作出承诺并使要约人知道时即发生效力。②承诺是以非对话方式作出的,于到达要约人时生效。③以非对话方式作出的采用数据电文形式的承诺,要约人指定特定系统接收数据电文的,该数据电文进入该特定系统时生效;未指定特定系统的,要约人知道或者应当知道该数据电文进入其系统时生效。要约人与受要约人对采用数据电文形式的承诺的生效时间另有约定的,按照其约定。

(2)通过行为作出承诺的生效时间。根据本条规定,承诺不需要通知的,根据交易习惯或者要约的要求作出承诺的行为时,承诺生效。

第四百八十五条　【承诺的撤回】承诺可以撤回。承诺的撤回适用本法第一百四十一条的规定。

条文注释

承诺的撤回,是指受要约人阻止承诺发生法律效力的意思表示。承诺是一种能够产生法律效果的意思表示,承诺作出后如果要撤回必须满足一定的条件。

本条关于承诺的撤回条件的规定,只是基于体例的考虑,作了转引性规定。根据本法第141条的规定,承诺的撤回条件可以概括为,撤回承诺的通知应当在承诺通知到达要约人之前或者与承诺通知同时到达要约人。如果撤回承诺的通知晚于承诺通知到达要约人,则承诺已经生效,合同已经成立,受要约人撤回承诺的通知不发生效力。

第四百八十六条　【逾期承诺】受要约人超过承诺期限发出承诺，或者在承诺期限内发出承诺，按照通常情形不能及时到达要约人的，为新要约；但是，要约人及时通知受要约人该承诺有效的除外。

条文注释

本条可以从以下两个层面理解：

（1）逾期承诺视为新要约。本条的"承诺期限"不仅指要约人在要约中确定的承诺期限，而且指要约人未确定承诺期限，而根据实际情况推断的合理期限。逾期承诺包括两类情形：第一类情形是，受要约人超过承诺期限发出承诺。第二类情形是，承诺虽然是在承诺期限内发出的，按照通常情形不能及时到达要约人，并且也确实没有在承诺期限内到达要约人。

（2）虽然承诺已经迟延到达要约人，但是如果要约人及时通知受要约人该承诺有效，该承诺仍为有效。这体现了对要约人意愿的尊重，也符合受要约人的利益，有利于促进交易。何谓"及时"，要根据交易的实际情况予以判断。

第四百八十七条　【因传递迟延造成逾期承诺的法律效果】受要约人在承诺期限内发出承诺，按照通常情形能够及时到达要约人，但是因其他原因致使承诺到达要约人时超过承诺期限的，除要约人及时通知受要约人因承诺超过期限不接受该承诺外，该承诺有效。

条文注释

依照本条规定，受要约人在承诺期限内发出承诺，按照通常情形能够及时到达要约人，但是因其他原因致使承诺到达要约人时超过承诺期限的，该承诺有效。同时，为了保护要约人的利益，本条对此作了除外规定，允许要约人及时否定该承诺的效力，即如果要约人及时通知受要约人因承诺超过期限不接受该承诺，则该承诺对要约人不产生拘束力。如果要约人没有及时通知受要约人不接受该承诺，则该承诺有效、合同成立。

第四百八十八条　【承诺对要约内容的实质性变更】承诺的内容应当与要约的内容一致。受要约人对要约的内容作出实质性变更的，为新要约。有关合同标的、数量、质量、价款或者报酬、履行期限、履行地点和方式、违约责任和解决争议方法等的变更，是对要约内容的实质性变更。

条文注释

承诺的内容必须与要约的内容一致，不得作更改，否则视为新的要约。若承诺虽然在形式上对要约内容有变更，但实质上并没有变更的，仍然可以认为与要约一致，承诺仍为有效。

本条对实质性条款作了列举，有关合同标的、数量、质量、价款或者报酬、履行期限、履行地点和方式、违约责任和解决争议方法的条款，为实质性条款。但是，实质性条款不限于所列的这些项目，比如，对合同所适用的法律的选择一般也可以归为实质性条款。本条对于实质性条款项目的列举具有提示性质，在实际交易的具体合同中，哪些条款内容的变更构成实质性变更，还需就个案进行具体分析。

第四百八十九条　【承诺对要约内容的非实质性变更】承诺对要约的内容作出非实质性变更的，除要约人及时表示反对或者要约表明承诺不得对要约的内容作出任何变更外，该承诺有效，合同的内容以承诺的内容为准。

条文注释

根据本条的规定，承诺对要约的内容作出非实质性变更的，该承诺有效，合同的内容以承诺的内容为准。但是，如果要约人及时表示反对或者要约表明承诺不得对要约的内容作出任何变更，则承诺对要约人不产生拘束力；如果要约人没有及时表示反对，要约也没有表明承诺不得对要约的内容作出任何变更，则该承诺仍为有效承诺，合同的内容以承诺的内容为准。

第四百九十条　【采用书面形式订立的合同的成立时间】当事人采用合同书形式订立合同的，自当事人均签名、盖章或者按指印时合同成立。在签名、盖章或者按指印之前，当事人一方已经履行主要义务，对方接受时，该合同成立。

法律、行政法规规定或者当事人约定合同应当采用书面形式订立，当事人未采用书面形式但是一方已经履行主要义务，对方接受时，该合同成立。

条文注释

本条第1款规定，当事人采用合同书形式订立合同的，自当事人均签名、盖章或者按指印时合同成立。除法律、行政法规要求必须签订合同书外，当事人要求签订合同书的，应当在承诺生效之前提出。同时，合同成立的核心要素是双方当事人意思表示一致。如果一个以合同书形式订立的合同已经履行，若仅仅是因为其没有签名、盖章或者按指印，就认定其不成立，则违背了当事人的真实意愿。既然当事人已经履行主要义务，对方也接受了，那么合同当然成立。

本条第2款规定属于当事人未按照规定或者约定采用书面形式但合同仍成立的一种情形。即使合同没有按照法律、行政法规规定或者当事人约定采用书面形式订立，但是一方已经履行主要义务，对方接受时，应视为合同成立符合双方当事人的共同意愿，该合同成立。

关联法规

《著作权解释》第22条

第四百九十一条　【签订确认书的合同及电子合同成立时间】当事人采用信件、数据电文等形式订立合同要求签订确认书的，签订确认书时合同成立。

当事人一方通过互联网等信息网络发布的商品或者服务信息符合要约条件的，对方选择该商品或者服务并提交订单成功时合同成立，但是当事人另有约定的除外。

条文注释

本条第1款虽然没有明确规定何时可以提出签订确认书的要求，但不能理解为允许当事人在承诺生效后再提出签订确认书的要求。因为按照本法规定的要约、承诺规则，承诺生效后合同即已成立。在合同成立后，一方当事人提出签订确认书的要求的，对合同的成立不产生任何影响。

本条第2款吸收了《电子商务法》的规定，对电子合同的成立时间作了规定。电子合同的成立需要具备两个基本条件：(1)当事人一方通过互联网等信息网络发布的商品或者服务信息应符合要约条件。符合要约条件，是指符合本法第472条规定的要约条件。(2)相对方选择该商品或者服务并提交订单成功。当事人通过信息网络发布的商品或者服务信息符合要约条件的，相对方可以直接作出承诺达成交易。相对方选择该商品或者服务并成功提交订单，即属于作出承诺。订单一旦提交成功，合同即成立，订单提交成功的时间即为合同成立的时间。合同成立后，即对双方当事人均产生法律约束力。此外，本法合同编奉行合同自愿原则，允许当事人对此作出另外的约定。

关联法规

《电子商务法》第49条第1款；《买卖合同解释》第1条

第四百九十二条　【合同成立地点】承诺生效的地点为合同成立的地点。

采用数据电文形式订立合同的，收件人的主营业地为合同成立的地点；没有主营业地的，其住所地为合同成立的地点。当事人另有约定的，按照其约定。

条文注释

一般来说，承诺生效时合同成立，承诺生效的地点为合同成立的地点。当事人采用特定形式订立合同的，特定形式的完成地点为合同成立的地点。此外，本条虽然没有明确规定，但基于民法的自愿原则，合同成立的地点也可以由双方当事人自行约定。

本条第2款规定的收件人是指要约人，即收到承诺的人。如果收件人没有主营业地，则其住所地为合同成立的地点，即收件人是自然人的，合同成立的地点以自然人的住所地为准；收件人是法人的，合同成立的地点以法人的主要办事机构所在地为准。

第四百九十三条　【书面合同成立地点】当事人采用合同书形式订立合同的，最后签名、盖章或者按指印的地点为合同成立的地点，但是当事人另有约定的除外。

条文注释

非要式的合同，一般以承诺生效的地点为合同成立的地点。要式合同，以要式达成的地点为合同成立的地点。当事人采用合同书形式订立合同的，以签名、盖章或者按指印的地点为合同成立的地点；如果各方当事人签名、盖章或者按指印的时间不同步，则以最后签名、盖章或者按指印的地点为合同成立的地点。当然，如果当事人对合同成立的地点另有约定，则应当尊重当事人的意愿，以当事人之间的约定确定合同成立的地点。如果当事人以要约与承诺达成合意后又协商签订合同书，则除非当事人另有约定，合同已于承诺生效时成立，承诺生效的地点为合同订立的地点，而不适用本条的规定。

第四百九十四条　【强制缔约义务】国家根据抢险救灾、疫情防控或者其他需要下达国家订货任务、指令性任务的，有关民事主体之间应当依照有关法律、行政法规规定的权利和义务订立合同。

依照法律、行政法规的规定负有发出要约义务的当事人，应当及时发出合理的要约。

依照法律、行政法规的规定负有作出承诺义务的当事人，不得拒绝对方合理的订立合同要求。

条文注释

本条第1款是关于按照国家订货任务、指令性任务订立合同的规定。

本条第2款是关于强制发出要约义务的规定。民事主体在特定情形下负有发出要约的义务，这是强制缔约义务的一种类型。本款还规定了施加此种限制的法律效力位阶，即“法律、行政法规”。根据本款规定，对于负有发出要约义务的当事人来说，其一，发出要约是其义务，不得拒绝；其二，发出要约要“及时”；其三，发出的要约内容要“合理”。

本条第3款是关于强制作出承诺义务的规定。强制作出承诺义务，是强制缔约义务中的典型类型。本款一方面明确了负有作出承诺义务的当事人不得拒绝作出承诺，另一方面也规定了对方提出的订立合同的要求应当是“合理的”。何谓“合理的”，要根据法律、行政法规的规定视具体情况进行判断。

第四百九十五条　【预约合同】当事人约定在将来一定期限内订立合同的认购书、订购书、预订书等，构成预约合同。

当事人一方不履行预约合同约定的订立合同义务的，对方可以请求其承担预约合同的违约责任。

条文注释

对本条第1款可以从以下几个方面予以理解：

(1)预约合同是独立的合同。本条将预约合同作为一项独立的合同予以规定。应当着重把握三点：①预约合同的成立，必须是双方当事人达成了合意，对双方当事人均具有约束力。②预约合同当事人合意的内容是将来订立本约，就将来订立本约的意思表示达成一致。③将来订立本约应当是确定的。本条规定的“在将来一定期限内订立合同”，是指当事人在约定的期限内确定要订立合同。

(2)预约合同与本约合同有所区别。是否要另行订立合同,是预约合同与本约合同最显著的区别。预约合同的目的在于订立本约合同,预约合同当事人的义务就是在一定期限内订立本约合同,订立本约合同是预约合同得到履行的结果。本约合同当事人可直接履行各自义务,实现合同目的,无须再另行订立合同。

(3)预约合同的本质内涵与表现形式的关系。本条第1款规定了预约合同的常见表现形式,如认购书、订购书、预订书等。当事人签订的认购书、订购书、预订书并不是确定无疑一定构成预约合同,其是否构成预约合同,关键还是要看当事人是否对在将来一定期限内订立本约合同达成合意。另外,即使属于本条没有列举的其他形式,只要其符合预约合同的本质内涵,也属于预约合同。

本条第2款规定了预约合同的违约责任。需要说明的是,一方违约,符合本法合同编规定的解除合同条件的,非违约方也可以请求解除预约合同。依据合同编第8章关于"违约责任"的规定,违约责任的形式主要有违约金责任、定金责任、继续履行和赔偿损失等。预约合同的违约责任原则上也可以包括以上几种责任形式。

关联法规

《合同编通则解释》第6~8条

第四百九十六条　【格式条款】格式条款是当事人为了重复使用而预先拟定,并在订立合同时未与对方协商的条款。

采用格式条款订立合同的,提供格式条款的一方应当遵循公平原则确定当事人之间的权利和义务,并采取合理的方式提示对方注意免除或者减轻其责任等与对方有重大利害关系的条款,按照对方的要求,对该条款予以说明。提供格式条款的一方未履行提示或者说明义务,致使对方没有注意或者理解与其有重大利害关系的条款的,对方可以主张该条款不成为合同的内容。

条文注释

本条第1款规定了格式条款的定义。格式条款最实质的特征在于"未与对方协商"。"未与对方协商",是指格式条款提供方没有就条款内容与相对方进行实质上的磋商,相对方对条款内容并没有进行实际修改的余地。本条对格式条款的定义还用了"为了重复使用"这一表述,对格式条款的通常表现形式予以描述。格式条款的提供方通常是基于重复使用进而提高交易效率的目的来拟定格式条款。

本条第2款规定了格式条款提供方的提示、说明义务,并明确了违反该义务的法律效果。依照本条第2款规定,格式条款提供方应当采取“合理的方式”提示对方注意免除或者减轻自己责任等与对方“有重大利害关系的条款”,还要按照对方的要求,对该条款予以说明、解释,使相对方真正理解该条款的含义。采取“合理的方式”,目的在于使相对方充分注意,如实践中一些格式条款采用特别的字体予以提示。对于“合理的方式”具体指什么方式,要视具体情况而定,应能引起相对方的注意。“有重大利害关系的条款”,一般来说主要包括但不限于格式条款提供方免除或者减轻自己责任、加重对方责任、限制或者排除对方主要权利等的条款。“有重大利害关系的条款”的认定,要视格式条款的具体情况而定。对格式条款提供方未履行提示或者说明义务的法律效果,本条第2款规定为“对方可以主张该条款不成为合同的内容”,这也是与本法第497条的不同之处。本法第497条规定的格式条款无效情形,属于合同成立后的效力评价层面,属于合同效力制度。还需要强调一点,本条第2款规定的“该条款不成为合同的内容”,只能由相对方主张,格式条款提供方无权主张。

关联法规

《时间效力规定》第9条;《合同编通则解释》第9~10条

第四百九十七条　【格式条款无效的情形】有下列情形之一的,该格式条款无效:

(一)具有本法第一编第六章第三节和本法第五百零六条规定的无效情形;

(二)提供格式条款一方不合理地免除或者减轻其责任、加重对方责任、限制对方主要权利;

(三)提供格式条款一方排除对方主要权利。

条文注释

本条总括性地规定了格式条款无效的情形:

(1)与其他民事法律行为通用的无效情形,即具有本法总则编第6章第3节和本法合同编第506条规定的无效情形。总则编第6章第3节对民事法律行为的无效情形作了总括性规定。如果格式条款具有总则编第6章第3节规定的民事法律行为的无效情形,则该格式条款无效。合同编第506条是对合同中免责条款无效情形的规定,如果合同中有免除“造成对方人身损害的"或者"因故意或者重大过失造成对方财产损失的"责任的条款，则该条款无效。

（2）格式条款特有的无效情形即具有本条第2项规定的"提供格式条款一方不合理地免除或者减轻其责任、加重对方责任、限制对方主要权利"，以及第3项规定的"提供格式条款一方排除对方主要权利"的情形，此均属于违背公平原则的情形。格式条款具有这些情形的，该格式条款无效。

第四百九十八条　【格式条款的解释】对格式条款的理解发生争议的，应当按照通常理解予以解释。对格式条款有两种以上解释的，应当作出不利于提供格式条款一方的解释。格式条款和非格式条款不一致的，应当采用非格式条款。

条文注释

本条对格式条款规定了专门的解释规则：（1）按照通常理解予以解释规则。格式条款是为了重复使用而拟定的，因此对格式条款也应当按照通常理解予以解释，既不按照提供格式条款一方的理解予以解释，也不按照个别的相对方的理解予以解释，而是按照可能订立该格式条款的一般人的理解予以解释，这对保护相对方的利益是公平的。（2）不利解释规则。格式条款提供方往往处于优势地位，相对方不能实际参与格式条款内容的拟定与磋商，无法对格式条款内容施加影响，因此在对格式条款内容有两种以上解释时，有必要给予相对方倾斜性的保护，即作出不利于提供格式条款一方的解释。（3）优先采用非格式条款原则。优先采用非格式条款更符合民法上的自愿原则，对当事人也更为公平。

第四百九十九条　【悬赏广告】悬赏人以公开方式声明对完成特定行为的人支付报酬的，完成该行为的人可以请求其支付。

条文注释

依据本条规定，悬赏广告的构成要满足以下几个条件：（1）以公开的方式作出声明。公开的具体方式，既可以是通过广播电视、报纸期刊或者互联网等媒介发布，也可以是在公众场所发传单、在公开的宣传栏张贴广告等。（2）悬赏人在声明中提出明确的要求，即要完成特定行为。声明对于该要求，要有具体、明确的表达，不能含混不清。（3）悬赏人具有支付报酬的意思表示，即对完成特定行为的人给付一定报酬。悬赏人应当对报酬的形式、给付方式等作出明确的表达；如果报酬是给付金钱，应当明确金钱的币种、数额等。对于满足以上条件的悬赏广告，完成该特定行为的人可以请求悬赏人支付报酬,悬赏人不得拒绝。

第五百条 【缔约过失责任】当事人在订立合同过程中有下列情形之一,造成对方损失的,应当承担赔偿责任:

(一)假借订立合同,恶意进行磋商;

(二)故意隐瞒与订立合同有关的重要事实或者提供虚假情况;

(三)有其他违背诚信原则的行为。

条文注释

缔约过失责任,是指当事人在订立合同过程中,因违背诚信原则而给对方造成损失的赔偿责任。根据本条规定,有下列情况之一,给对方当事人造成损失的,应当承担缔约过失责任:(1)假借订立合同,恶意进行磋商。这是指当事人根本没有与对方订立合同的目的,与对方进行谈判协商只是个借口,目的是损害对方或者第三人的利益。(2)故意隐瞒与订立合同有关的重要事实或者提供虚假情况。根据诚信原则的要求,当事人在订立合同过程中,对有关的重要事实和情况负有告知义务。当事人故意隐瞒重要事实和情况,造成对方损失的,应当承担缔约过失责任。(3)其他违背诚信原则的行为。如果当事人违反了诚信原则要求的互相协助、照顾、保护、通知等义务,实施了违背诚信原则的行为,并造成对方损失,就要承担缔约过失责任。

在合同订立过程中,若当事人基于对对方的信赖,为合同的成立做了一些前期准备工作,对方当事人违背诚信原则的行为损害了当事人的信赖利益的,应当予以赔偿。缔约过失责任的赔偿范围以受损害的当事人的信赖利益的损失为限,包括直接利益的减少,如谈判中发生的费用,还包括受损害的当事人因此失去的与第三人订立合同的机会损失。具体的损失额须根据案件实际情况进行计算,但不得超过合同履行利益即合同成立并得到履行后所获得的利益。

关联法规

《期货纠纷规定》第16条

第五百零一条 【当事人保密义务】当事人在订立合同过程中知悉的商业秘密或者其他应当保密的信息,无论合同是否成立,不得泄露或者不正当地使用;泄露、不正当地使用该商业秘密或者信息,造成对方损失的,应当承担赔偿责任。

条文注释

根据诚信原则，本条将当事人在订立合同过程中的保密义务予以法定化，将其作为当事人的一项法定义务，无论合同是否成立，当事人均不得泄露或者不正当地使用应当保密的信息。

需要说明的是，违法泄露或者不正当地使用商业秘密的，不仅仅限于承担民事赔偿责任，还有可能承担行政责任甚至刑事责任。

关联法规

《刑法》第219条；《反不正当竞争法》第9、21条

第三章　合同的效力

第五百零二条　【合同生效时间】依法成立的合同，自成立时生效，但是法律另有规定或者当事人另有约定的除外。

依照法律、行政法规的规定，合同应当办理批准等手续的，依照其规定。未办理批准等手续影响合同生效的，不影响合同中履行报批等义务条款以及相关条款的效力。应当办理申请批准等手续的当事人未履行义务的，对方可以请求其承担违反该义务的责任。

依照法律、行政法规的规定，合同的变更、转让、解除等情形应当办理批准等手续的，适用前款规定。

条文注释

本条第1款对合同的生效时间作了规定。该规定是本法第136条关于民事法律行为生效时间在合同领域的体现。本条第1款包括两个层面的含义：(1)依法成立的合同，自成立时生效。也就是说，原则上，合同的生效时间与合同的成立时间是一致的。(2)对合同生效时间，法律另有规定或者当事人另有约定的，依照法律规定或者当事人约定。例如，附生效条件和附生效期限的合同，在合同成立时并不立即生效，只有在条件成就时或者期限届至时才生效。

本条第2款专门对未办理批准等手续影响合同生效的情形作了规定。本款明确将履行报批等义务条款以及相关条款作为一种特殊的条款予以独立对待，即使合同整体因未办理批准等手续不生效，也不影响合同中履行报批等义务条款以及相关条款的效力。也即合同中履行报批等义务条款以及相关条款的效力不受合同整体不生效的影响。同时，从责任

形式上来说，本条"违反该义务的责任"可以参照合同违约责任，包括继续履行、赔偿损失等责任形式。

关联法规

《技术合同解释》第8条

第五百零三条　【被代理人以默示方式对无权代理合同的追认】无权代理人以被代理人的名义订立合同，被代理人已经开始履行合同义务或者接受相对人履行的，视为对合同的追认。

条文注释

本条对被代理人以默示方式追认无权代理行为作出了具体规定。

本条所规定的"无权代理人以被代理人的名义订立合同"，是指行为人没有代理权、超越代理权或者代理权终止后，仍然以被代理人的名义与他人订立合同的情形。

无权代理人以被代理人的名义订立合同后，被代理人对该无权代理行为享有追认的权利。一般情况下，被代理人实际进行追认的，往往会以口头或者书面等明示的方式作出追认的意思表示。但在一些情况下，被代理人没有以明示的方式作出追认或者拒绝的意思表示，已经开始履行合同义务或者接受相对人履行。本条将被代理人开始履行合同义务或者接受相对人履行的行为，视为以默示的方式对无权代理行为作出追认的意思表示，并对此作出明确的规定。

关联法规

《合同编通则解释》第19条

第五百零四条　【越权订立的合同效力】法人的法定代表人或者非法人组织的负责人超越权限订立的合同，除相对人知道或者应当知道其超越权限外，该代表行为有效，订立的合同对法人或者非法人组织发生效力。

条文注释

本条规定法人的法定代表人或者非法人组织的负责人超越权限订立合同的，一般情况下该代表行为有效，所订立的合同对法人或者非法人组织发生效力。如果合同的相对人在订立合同时知道或者应当知道法人的法定代表人或者其他组织的负责人的行为是超越权限的，而仍与之订立合同，则合同相对人具有恶意，此时没有对合同的相对人加以保护的必要。本条立足于维护交易安全，应当保护的是善意相对人的利益。因此，本条在规定法定代表人、负责人超越权限订立的合同一般对法人或者非法人组织发生效力的同时，排除了相对人知道或者应当知道其超越权限的情形。

关联法规

《担保制度解释》第7条；《合同编通则解释》第20～23条

第五百零五条　【超越经营范围订立的合同效力】当事人超越经营范围订立的合同的效力，应当依照本法第一编第六章第三节和本编的有关规定确定，不得仅以超越经营范围确认合同无效。

条文注释

经营范围是市场主体从事经营活动的业务范围。本条在总结司法实践经验的基础上，对当事人超越经营范围订立的合同的效力问题予以明确。本法总则编第6章第3节和本编对合同的效力问题作了全面、系统的规定。对当事人超越经营范围订立的合同效力的判断，应当依照这些规定确定，如要看是否有违反法律、行政法规强制性规定的情形等，而不得仅以超越经营范围认定合同无效。

第五百零六条　【免责条款效力】合同中的下列免责条款无效：

（一）造成对方人身损害的；

（二）因故意或者重大过失造成对方财产损失的。

条文注释

合同中的免责条款，是指合同中的双方当事人在合同中约定的免除、限制一方或者双方当事人责任的条款。

本条规定了以下两种免责条款无效：(1)造成对方人身损害的免责条款。在实践中，这种免责条款一般也都是与另一方当事人的真实意思相违背的，所以本条对于这类免责条款加以禁止。(2)因故意或者重大过失给对方造成财产损失的免责条款。这种条款严重违反了诚信原则。对于第二种免责条款需要注意以下两点：一是对于免除因一般过失而给对方当事人造成财产损失责任的条款，可以认定为有效。二是因故意或者重大过失造成的损失限于财产损失。如果是免除造成对方人身损害责任的条款，则不管当事人是否有故意或者重大过失，只要是免除对人身损害责任的条款，都应当依据本条第1项的规定确认无效。

第五百零七条　【争议解决条款效力】合同不生效、无效、被撤销或者终止的，不影响合同中有关解决争议方法的条款的效力。

条文注释

本条所说的有关解决争议方法的条款包括以下几种形式：(1)仲裁条款。仲裁条款是仲裁协议的一种表现形式，是当事人在合同中约定的用仲裁方式解决双方争议的条款。如果当事人在合同中订有仲裁条款，则当事人在发生争议时，不能向人民法院提出诉讼。(2)选择受诉法院的条款。《民事诉讼法》第35条规定，合同或者其他财产权益纠纷的当事人可以书面协议选择被告住所地、合同履行地、合同签订地、原告住所地、标的物所在地等与争议有实际联系的地点的人民法院管辖，但不得违反该法对级别管辖和专属管辖的规定。当事人选择受诉人民法院的条款，不受合同效力的影响。(3)选择检验、鉴定机构的条款。当事人可以在合同中约定，若对标的物的质量或技术的品种发生争议，在提交仲裁或者诉讼前，应当将标的物送交双方认可的机构或科研单位检验或鉴定。这种解决争议方法的约定出于双方自愿，不涉及合同的实体权利和义务，应当承认其效力。(4)法律适用条款。依照《涉外民事关系法律适用法》第41条中的规定，对于具有涉外因素的合同争议，当事人可以协议选择合同适用的法律。当然，外国法律的适用损害我国社会公共利益的，应当适用我国法律。当事人就法律适用条款所达成的协议的效力具有独立性，不受合同效力的影响。

关联法规

《合同编通则解释》第24～25条

第五百零八条　【合同效力援引规定】本编对合同的效力没有规定的，适用本法第一编第六章的有关规定。

条文注释

本法总则编第6章对民事法律行为的效力作了全面、系统的规定。合同属于双方或者多方民事法律行为，本法合同编没有规定的，自然应当适用本法总则编第6章的有关规定。

关联法规

《合同编通则解释》第11～25条

第四章 合同的履行

第五百零九条 【合同履行的原则】当事人应当按照约定全面履行自己的义务。

当事人应当遵循诚信原则,根据合同的性质、目的和交易习惯履行通知、协助、保密等义务。

当事人在履行合同过程中,应当避免浪费资源、污染环境和破坏生态。

条文注释

本条第1款是关于全面履行原则的规定。按照全面履行原则的要求,当事人应当履行的义务不限于合同的主要义务,对于其他义务,当事人也应当按照约定履行。不管当事人是不履行合同主要义务还是不履行合同其他义务,当事人都要承担违约责任。依照本法合同编关于合同解除的有关规定,当事人违反合同义务,符合法定或者约定的合同解除条件的,还可以解除合同。

本条第2款是关于诚信履行原则的规定。合同履行应当遵循诚信原则,当事人应当按照诚信原则行使合同权利、履行合同义务。根据诚信履行原则,则可产生履行的附随义务。当事人除应当按照合同约定履行自己的义务外,也要履行合同未作约定但依照诚信原则应当履行的通知、协助、保密等义务。

本条第3款规定是绿色原则在合同履行中的体现。依照本款规定,当事人在履行合同过程中,应当避免浪费资源,避免污染环境和破坏生态。

关联法规

《民法典》第7、9条;《合同编通则解释》第26条

第五百一十条 【合同没有约定或者约定不明的补救措施】合同生效后,当事人就质量、价款或者报酬、履行地点等内容没有约定或者约定不明确的,可以协议补充;不能达成补充协议的,按照合同相关条款或者交易习惯确定。

条文注释

本条关于合同内容补充规定所适用的前提是,合同已经依法成立并

生效。对本条规定,可以从以下两个方面予以理解:

一是当事人协议补充。按照民法自愿原则,当事人有权自主决定合同内容。在当事人就合同有关内容没有约定或者约定不明确时,可由当事人通过协商的方式达成补充协议。

二是按照合同有关条款或者交易习惯确定。如果当事人就有关内容不能达成补充协议,则按照合同有关条款或者交易习惯确定。交易习惯在一定范围内被普遍接受和采用,或者在特定当事人之间经常使用。在合同欠缺有关内容或者对有关内容约定不明确时,也可以用交易习惯来对合同内容进行补充。

关联法规

《合同编通则解释》第3条

第五百一十一条 【合同约定不明确时的履行】当事人就有关合同内容约定不明确,依据前条规定仍不能确定的,适用下列规定:

(一)质量要求不明确的,按照强制性国家标准履行;没有强制性国家标准的,按照推荐性国家标准履行;没有推荐性国家标准的,按照行业标准履行;没有国家标准、行业标准的,按照通常标准或者符合合同目的的特定标准履行。

(二)价款或者报酬不明确的,按照订立合同时履行地的市场价格履行;依法应当执行政府定价或者政府指导价的,依照规定履行。

(三)履行地点不明确,给付货币的,在接受货币一方所在地履行;交付不动产的,在不动产所在地履行;其他标的,在履行义务一方所在地履行。

(四)履行期限不明确的,债务人可以随时履行,债权人也可以随时请求履行,但是应当给对方必要的准备时间。

(五)履行方式不明确的,按照有利于实现合同目的的方式履行。

(六)履行费用的负担不明确的,由履行义务一方负担;因债权人原因增加的履行费用,由债权人负担。

条文注释

当事人就有关合同内容约定不明确,既不能通过协商达成补充协议,又不能按照合同的有关条款或者交易习惯确定的,适用本条规定确定合同相关内容。

(1)质量要求不明确的。在当事人对作为合同重要内容的质量要求不明确,通过合同相关条款或者交易习惯均不能确定的情况下,优先按照国家标准、行业标准履行。没有国家标准、行业标准的，再按照同类产品或者服务的市场通常质量标准或者符合合同目的的特定标准履行。这里讲的通常标准，一般指的是同一价格的中等质量标准。

(2)价款或者报酬不明确的。对这类情况，除依法应当执行政府定价、政府指导价的以外，按照同类产品或者同类服务订立合同时履行地的市场价格履行。

(3)履行地点不明确的。对这类情况，给付货币的，在接受货币一方的所在地履行；交付不动产的，在不动产所在地履行；其他标的，在履行义务一方所在地履行。

(4)履行期限不明确的。对这类情况，债务人可以随时向债权人履行义务，债权人也可以随时请求债务人履行义务，但都要给对方必要的准备时间。

(5)履行方式不明确的。不同的合同，其履行方式多种多样、差别较大，很难确定一般性的标准。合同目的是当事人双方订立合同所共同追求的，因此履行方式不明确的，就按照有利于实现合同目的的方式履行。

(6)履行费用的负担不明确的。对这类情况，由履行义务一方负担履行费用。为了平衡债权人与债务人之间的利益，本条同时规定，因债权人原因增加的履行费用，由债权人负担。

关联法规

《合同编通则解释》第3条

第五百一十二条　【电子合同标的交付时间】通过互联网等信息网络订立的电子合同的标的为交付商品并采用快递物流方式交付的，收货人的签收时间为交付时间。电子合同的标的为提供服务的，生成的电子凭证或者实物凭证中载明的时间为提供服务时间；前述凭证没有载明时间或者载明时间与实际提供服务时间不一致的，以实际提供服务的时间为准。

电子合同的标的物为采用在线传输方式交付的，合同标的物进入对方当事人指定的特定系统且能够检索识别的时间为交付时间。

电子合同当事人对交付商品或者提供服务的方式、时间另有约定的，按照其约定。

条文注释

本条第1款和第2款规定是对电子合同当事人交付商品、提供服务的方式与时间的一般规则，当事人可以对交付商品或者提供服务的方式、时间另行约定。当事人作出另外约定的，按照其约定。

关联法规

《电子商务法》第51条

第五百一十三条 【政府定价、政府指导价】执行政府定价或者政府指导价的,在合同约定的交付期限内政府价格调整时,按照交付时的价格计价。逾期交付标的物的,遇价格上涨时,按照原价格执行;价格下降时,按照新价格执行。逾期提取标的物或者逾期付款的,遇价格上涨时,按照新价格执行;价格下降时,按照原价格执行。

条文注释

合同交易中,价格通常按照市场调节价由当事人共同商定。国家对合同交易规定有政府指导价的,当事人应当在指导价的幅度内商定价格。国家对合同交易规定了政府定价的,当事人均应当遵守,一方违反价格管理规定的,另一方可以请求其退还多收的价金。

合同执行政府定价、政府指导价的,如果在合同约定的履行期间政府定价、政府指导价调整,则按标的物交付时的价格计价。逾期交付的,遇价格上涨时,按原价格执行;价格下降时,按新价格执行。逾期提取标的物或者逾期付款的,遇价格上涨时,按新价格执行;价格下降时,按原价格执行。

第五百一十四条 【以实际履行地的法定货币履行金钱债务】以支付金钱为内容的债,除法律另有规定或者当事人另有约定外,债权人可以请求债务人以实际履行地的法定货币履行。

条文注释

法定货币依靠国家规定成为一定地域内合法流通的货币。中华人民共和国的法定货币是人民币,我国香港特别行政区和澳门特别行政区的法定货币分别为港币、澳门币。美国的法定货币为美元,英国的法定货币为英镑等。正是基于法定货币的特殊地位,本条规定,在合同交易中,对于以支付金钱为内容的债务,除法律另有规定或者当事人另有约定外,债权人可以请求债务人以实际履行地的法定货币履行。

第五百一十五条 【选择之债中选择权归属与移转】标的有多项而债务人只需履行其中一项的,债务人享有选择权;但是,法律另有规定、当事人另有约定或者另有交易习惯的除外。

享有选择权的当事人在约定期限内或者履行期限届满未作选择，经催告后在合理期限内仍未选择的，选择权转移至对方。

条文注释

本条第1款确立了选择权归属的一般原则。本条采用了一般原则加除外规定的方式，对选择权的归属主体作出规定。依照本条规定，标的有多项而债务人只需履行其中一项的，原则上选择权归属于债务人。同时，本条规定了法律另有规定、当事人另有约定或者另有交易习惯三种例外：(1)法律对选择权的归属主体另有规定的，应当按照该规定确定享有选择权的主体；(2)民事活动应当遵循自愿原则，在当事人对选择权的归属主体作出特别约定的情况下，应当尊重当事人的选择，按照当事人的约定确定选择权的归属主体；(3)交易习惯在某一地域、某一领域、某一行业等范围内被普遍接受和采用，或者在特定当事人之间经常使用的，适用交易习惯确定选择权的归属主体符合当事人的预期，有利于公平、合理地平衡当事人之间的利益。对于选择之债中选择权的归属主体，在法律没有特别规定、当事人没有约定的情况下，如果有相关交易习惯存在，则适用该交易习惯确定选择权的归属主体。

本条第2款是关于选择权转移的规定。享有选择权的当事人应当在约定期限内作出选择；当事人未对选择权行使约定期限的，应当在履行期限届满前作出选择。同时，考虑到选择权的行使直接关系到债的标的的确定，选择权转移对当事人影响重大，因此本条在行使选择权的约定期限和履行期限届满后，又设定了一个催告期间以作缓冲，使不及时行使选择权的一方予以充分注意。

第五百一十六条　【选择权的行使】当事人行使选择权应当及时通知对方，通知到达对方时，标的确定。标的确定后不得变更，但是经对方同意的除外。

可选择的标的发生不能履行情形的，享有选择权的当事人不得选择不能履行的标的，但是该不能履行的情形是由对方造成的除外。

条文注释

本条第1款对选择权的行使方式和法律效果作了规定。有选择权的当事人行使选择权应当采用通知的方式，通知到达对方时，标的即确定，不需要经过相对方同意。标的一旦确定，对双方当事人均产生拘束力。

除非经过相对方同意，享有选择权的当事人不得再自行变更标的。

本条第2款对选择之债发生标的不能履行情形时如何行使选择权作出了规定。从尽可能促成债务履行的角度出发，规定可选择的标的之中发生不能履行情形的，享有选择权的当事人不得选择不能履行的标的，即只能从剩余的标的中选择。同时，为了公平、合理地平衡当事人双方之间的利益作了除外规定，即“但是该不能履行的情形是由对方造成的除外”。

第五百一十七条　【按份之债】债权人为二人以上，标的可分，按照份额各自享有债权的，为按份债权；债务人为二人以上，标的可分，按照份额各自负担债务的，为按份债务。

按份债权人或者按份债务人的份额难以确定的，视为份额相同。

条文注释

按份债权和按份债务的标的都是可分的，标的不可分不能成立按份债权或者按份债务。当然，标的可分的债权并不都是按份债权，标的可分的债务并不都是按份债务，标的可分的债权或者债务可依照法律规定或者当事人约定成立连带债权或者连带债务。依照本条第1款的规定，按份债权的债权人为2人以上，按照份额各自享有债权，每个债权人只能就自己的份额向债务人主张债权，不得超过自己份额行使债权。按份债务的债务人为2人以上，按照份额各自负担债务，每个债务人只就自己应当承担的份额向债权人履行债务，对超过自己份额的债务有权拒绝。由此可以看出，本条第1款对按份债权和按份债务的定义所作的界定，同时包含了按份债权和按份债务的内外部效力，即各债权人之间对内按照份额分享权利，对外按照各自份额行使权利；各债务人之间对内按照份额分担债务，对外按照各自份额履行债务。

按份债权人的份额或者按份债务人的份额，法律有规定或者当事人有约定的，依照法律规定或者当事人约定。法律没有规定，当事人也没有约定或者约定不明确，难以确定按份债权人或者按份债务人的份额的，视为份额相同，每个债权人平均分享债权，每个债务人平均分担债务。

第五百一十八条　【连带之债】债权人为二人以上，部分或者全部债权人均可以请求债务人履行债务的，为连带债权；债务人为二人以上，债权人可以请求部分或者全部债务人履行全部债务的，为连带债务。

连带债权或者连带债务，由法律规定或者当事人约定。

条文注释

连带债权的债权人为2人以上,部分或者全部债权人均可以请求债务人履行债务。连带债务的债务人为2人以上,不管债务人之间的内部份额如何划分,债权人既可以请求全部债务人履行全部债务或者部分债务,也可以请求部分债务人履行全部债务或者部分债务。全部或者部分债务人履行一部分债务的,未履行的债务部分仍然是各债务人的连带债务,债权人有权请求全部债务人或者部分债务人履行。

连带债务的成立对债权人有利,但对各债务人影响重大。因此本条第2款规定,连带债务由法律规定或者当事人约定。既没有法律规定,也没有当事人约定的,不可成立连带债务。连带债权的各债权人共享同一债权,但可以由某一债权人单独行使该债权,这种情况也要有法律的明确规定或者当事人之间的特别约定。

第五百一十九条　【连带债务人的份额确定及追偿权】连带债务人之间的份额难以确定的,视为份额相同。

实际承担债务超过自己份额的连带债务人,有权就超出部分在其他连带债务人未履行的份额范围内向其追偿,并相应地享有债权人的权利,但是不得损害债权人的利益。其他连带债务人对债权人的抗辩,可以向该债务人主张。

被追偿的连带债务人不能履行其应分担份额的,其他连带债务人应当在相应范围内按比例分担。

条文注释

债权人有权要求任一连带债务人履行全部债务,这是就各连带债务人与债权人之间的关系而言的。至于在连带债务人内部关系中如何确定各自应当承担的债务份额,有法律规定或者当事人约定的,按照法律规定或者当事人约定;既没有法律规定也没有当事人约定,难以确定各连带债务人的债务份额的,视为份额相同,即由各连带债务人平均分担债务。

连带债务人的追偿权,是指一个连带债务人因履行债务、抵销债务等使连带债务人对债权人的债务在一定范围内消灭的,该连带债务人享有向其他连带债务人追偿的权利。本条第2款对连带债务人追偿权的成立条件进行了规定,即连带债务人实际承担的债务须超过自己的债务份额,才能向其他连带债务人行使追偿权,并且行使追偿权的范围限于实际承担债务超过自己份额的部分。

为了合理平衡享有追偿权的连带债务人与其他连带债务人之间的利益,本条第2款还规定,其他连带债务人对债权人的抗辩,可以向该债务人主张。

基于公平考虑,本条第3款规定被追偿的连带债务人不能履行其应分担份额的,其他连带债务人应当在相应范围内按比例分担。“其他连带债务人”,是指除不能履行其应分担份额的连带债务人之外的所有连带债务人,包括实际承担债务后行使追偿权的连带债务人。

第五百二十条 【连带债务涉他效力】部分连带债务人履行、抵销债务或者提存标的物的,其他债务人对债权人的债务在相应范围内消灭;该债务人可以依据前条规定向其他债务人追偿。

部分连带债务人的债务被债权人免除的,在该连带债务人应当承担的份额范围内,其他债务人对债权人的债务消灭。

部分连带债务人的债务与债权人的债权同归于一人的,在扣除该债务人应当承担的份额后,债权人对其他债务人的债权继续存在。

债权人对部分连带债务人的给付受领迟延的,对其他连带债务人发生效力。

条文注释

根据本条第1款的规定,部分连带债务人向债权人履行债务、以债权人对自己所负债务与连带债务人对债权人所负债务相抵销,或者提存标的物,均可使债权人的债权全部或者部分得到满足,其他债务人对债权人的债务也就在相应范围内消灭。

根据本条第2款的规定,债权人免除其中一个或者部分连带债务人的债务的,债权人仍可向其他债务人请求履行,但是其他债务人承担的连带债务数额要扣除被免除的连带债务人应当承担的内部份额。

根据本条第3款的规定,部分连带债务人的债务与债权人的债权同归于一人的,混同后的债权人(或者发生混同的连带债务人)仍然可以以债权人的地位,向其他连带债务人请求承担连带债务,但是连带债务的数额要扣除发生混同的连带债务人应当承担的内部份额。

本条第4款规定,债权人对部分连带债务人的给付受领迟延的,对其他连带债务人发生效力。债权人受领迟延,是指债权人无正当理由对于债务人的给付未及时受领。债权人受领迟延的,会产生一定的法律效果。例如,对于债权人受领迟延期间的利息,作出给付行为的连带债务人有权拒绝,其他连带债务人根据本款规定也有权拒绝。

第五百二十一条 【连带债权的内外部关系】连带债权人之间的份额难以确定的,视为份额相同。

实际受领债权的连带债权人,应当按比例向其他连带债权人返还。

连带债权参照适用本章连带债务的有关规定。

条文注释

在连带债权内部关系中,如何确定各连带债权人的份额,有法律规定或者当事人约定的,按照法律规定或者当事人约定;如果既没有法律规定,也没有当事人约定,难以确定各连带债权人的份额的,依照本条第1款规定,视为份额相同,即由各连带债权人平均分享债权。

依照本条第2款的规定,实际受领债权的连带债权人应当向其他连带债权人返还,返还的数额按照连带债权人的份额比例计算。

本条第3款的"参照适用"主要是就外部关系而言,就部分连带债权人与债务人之间发生的事项对其他连带债权人产生的效力,参照适用本法第520条的规定。

第五百二十二条 【利益第三人合同】当事人约定由债务人向第三人履行债务,债务人未向第三人履行债务或者履行债务不符合约定的,应当向债权人承担违约责任。

法律规定或者当事人约定第三人可以直接请求债务人向其履行债务,第三人未在合理期限内明确拒绝,债务人未向第三人履行债务或者履行债务不符合约定的,第三人可以请求债务人承担违约责任;债务人对债权人的抗辩,可以向第三人主张。

条文注释

涉他合同,又称涉及第三人的合同,包括利益第三人合同和由第三人履行的合同。本条规定的是利益第三人合同,本法第523条规定的是由第三人履行的合同。

本条第1款是关于不真正的利益第三人合同的规定。由债务人向第三人履行债务,是债权人与债务人之间所作的约定,该约定不对第三人产生法律约束力。第三人不享有请求债务人履行的权利,履行请求权仍然属于作为合同当事人的债权人。债务人未向第三人履行债务或者履行债务不符合约定的,债务人应当向债权人承担违约责任,而不是向第三人承担违约责任。第三人没有享受到预期利益的,可以依据其与债权人之间的约定等另作处理。

本条第2款对真正利益第三人合同中第三人取得履行请求权的条件及相关法律效果作了规定。

(1)第三人取得履行请求权的条件包括:一是第三人取得履行请求权要有法律规定或者当事人约定。二是利益第三人合同是为第三人的利益而设置,按照民法的自愿原则,即使是为他人赋予利益,他人也有权拒绝。因此,本条对利益第三人合同还规定了第三人的拒绝权,第三人在合理期限内可以拒绝,未在合理期限内明确拒绝的,第三人就取得了直接请求债务人履行的权利,可以直接请求债务人向其履行。

(2)真正的利益第三人合同的法律效果是:债务人未向第三人履行债务或者履行债务不符合约定的,第三人可以请求债务人承担继续履行、赔偿损失等违约责任。第三人对债务人虽取得履行请求权,但由于其不是合同当事人,合同本身的权利,如解除权、撤销权等,第三人不得行使。同时,还应注意债务人的抗辩问题。债务人基于债务人地位对债权人所享有的抗辩,不应因向第三人履行而受到影响。因此,本条第2款中规定,债务人对债权人的抗辩,可以向第三人主张。

关联法规

《合同编通则解释》第29条

第五百二十三条 【由第三人履行的合同】当事人约定由第三人向债权人履行债务,第三人不履行债务或者履行债务不符合约定的,债务人应当向债权人承担违约责任。

条文注释

由第三人履行的合同,具有以下几个特点:(1)合同是在债权人与债务人之间订立,以债权人、债务人为合同双方当事人,第三人不是合同当事人。(2)合同标的是第三人向债权人的履行行为。由第三人履行的合同,不是由债务人直接向债权人履行债务,而是由第三人向债权人履行债务。根据合同相对性原则,合同仅对合同当事人产生法律约束力。对于由第三人履行的合同,虽然合同债权人与债务人约定由第三人向债权人履行债务,但是由于第三人不是合同当事人,合同对该第三人并没有法律约束力。(3)不履行债务或者履行债务不符合约定而产生的违约责任,由债务人向债权人承担违约责任。

第五百二十四条　【第三人代为履行】债务人不履行债务，第三人对履行该债务具有合法利益的，第三人有权向债权人代为履行；但是，根据债务性质、按照当事人约定或者依照法律规定只能由债务人履行的除外。

债权人接受第三人履行后，其对债务人的债权转让给第三人，但是债务人和第三人另有约定的除外。

条文注释

为了保护就债务履行有合法利益的第三人，本条规定打破了债的相对性，赋予该第三人代为履行的权利。该第三人代为履行债务，不需要考虑是否违反债务人的意思，债权人也不得拒绝。

当然，具有合法利益的第三人并不是在所有情况下都享有代为履行的权利，本条对此作了除外规定，即根据债务性质、按照当事人约定或者依照法律规定只能由债务人履行的，则第三人即使具有合法利益，也不能代为履行。此外，自愿原则是民法的基本原则，如果债权人与债务人特别约定只能由债务人履行的，应当尊重该特别规定，排除第三人的履行。法律对此作出特别规定的，依照法律规定。

有合法利益的第三人代为履行后，债权人的债权得以实现，债权人与债务人之间的债权债务关系终止。对于第三人与债务人之间的关系，根据本条第2款的规定，债权人接受第三人履行后，其对债务人的债权转让给第三人。

关联法规

《合同编通则解释》第30条

典型案例

某物流有限公司诉吴某运输合同纠纷案①

典型意义：《民法典》合同编新增了具有合法利益的第三人代为履行的规定，对于确保各交易环节有序运转，促进债权实现，维护交易安全，优化营商环境具有重要意义。本案是适用《民法典》关于具有合法利益的第三人代为履行规则的典型案例。审理法院适用《民法典》相关规定，依法认定原告某物流有限公司代被告吴某向承运司机支付吴某欠付的运费具有合法利益，且在原告

① 参见《人民法院贯彻实施民法典典型案例(第一批)》之六。

履行后依法取得承运司机对被告吴某的债权。本案判决不仅对维护物流运输行业交易秩序、促进物流运输行业蓬勃发展具有保障作用，也对人民法院探索具有合法利益的第三人代为履行规则的适用具有积极意义。

第五百二十五条 【同时履行抗辩权】当事人互负债务，没有先后履行顺序的，应当同时履行。一方在对方履行之前有权拒绝其履行请求。一方在对方履行债务不符合约定时，有权拒绝其相应的履行请求。

条文注释

同时履行抗辩权，是指在没有先后履行顺序的双务合同中，一方当事人在对方当事人未为履行或者履行不符合约定的情况下，享有拒绝对待给付的权利。

同时履行抗辩权的成立需要具备以下四个要件：(1)须基于同一双务合同互负债务，在履行上存在关联性。(2)当事人的债务没有先后履行顺序。(3)须双方所负的债务均已届履行期。(4)对方当事人未履行自己所负的债务或者履行债务不符合约定仍然提出履行请求。履行债务不符合约定的情况，包括部分履行、瑕疵履行等。

同时履行抗辩权属延期的抗辩权，只是暂时阻止对方当事人请求权的行使，非永久的抗辩权。对方当事人完全履行了合同义务，同时履行抗辩权消灭，当事人应当履行自己的义务。当事人行使同时履行抗辩权致使合同迟延履行的，该当事人不承担违约责任。

关联法规

《合同编通则解释》第31条

第五百二十六条 【先履行抗辩权】当事人互负债务，有先后履行顺序，应当先履行债务一方未履行的，后履行一方有权拒绝其履行请求。先履行一方履行债务不符合约定的，后履行一方有权拒绝其相应的履行请求。

条文注释

先履行抗辩权，是指在双务合同中应当先履行的一方当事人未履行或者履行债务不符合约定的，后履行的一方当事人享有拒绝对方履行请求或者拒绝对方相应履行请求的权利。

先履行抗辩权的成立需要具备以下要件：(1)须基于同一双务合同。双方当事人因同一合同互负债务，在履行上存在关联性。先履行抗辩权不适用于单务合同。(2)当事人的债务有先后履行顺序。这种履行顺序的确立,或依法律规定,或按当事人约定,或按交易习惯。(3)应当先履行的当事人不履行债务或者履行债务不符合约定。例如,对于应先交付租赁物再付租金的租赁合同,出租方不按时交付租赁物或者交付的租赁物不符合约定。(4)后履行一方当事人的债务已届履行期。

符合上述条件,后履行的一方当事人可以行使先履行抗辩权,对抗应先履行债务的对方当事人的履行请求。应先履行合同债务的当事人不能行使先履行抗辩权。先履行抗辩权属延期的抗辩权,只是暂时阻止对方当事人请求权的行使,非永久的抗辩权。对方当事人履行了合同义务,先履行抗辩权消灭,当事人应当履行自己的义务。后履行一方当事人行使先履行抗辩权致使合同迟延履行的,该当事人不承担违约责任,迟延履行的责任由对方承担。后履行一方当事人行使先履行抗辩权,不影响追究应当先履行一方当事人的违约责任。

第五百二十七条 【不安抗辩权】应当先履行债务的当事人,有确切证据证明对方有下列情形之一的,可以中止履行:

(一)经营状况严重恶化;

(二)转移财产、抽逃资金,以逃避债务;

(三)丧失商业信誉;

(四)有丧失或者可能丧失履行债务能力的其他情形。

当事人没有确切证据中止履行的,应当承担违约责任。

条文注释

不安抗辩权,是指双务合同成立后,应当先履行的当事人有确切证据证明对方不能履行义务,或者不履行合同义务的可能性较高时,在对方恢复履行能力或者提供担保之前,有权中止履行合同义务。

不安抗辩权的成立需要具备以下要件:(1)当事人须基于同一双务合同互负债务。(2)当事人互负的债务有先后履行顺序。这也是不安抗辩权和后履行抗辩权共同的成立要件。(3)后履行的当事人发生了丧失或者可能丧失债务履行能力的情形。这些情形包括经营状况严重恶化,转移财产、抽逃资金以逃避债务,丧失商业信誉和其他丧失或者可能丧失履行债务能力的情形。

尤其需要注意的是,对于后履行的当事人发生了丧失或者可能丧失债务履行能力的情形,应当先履行债务的当事人必须要有确切的证据证明。如果有确切的证据证明,则属于正当行使不安抗辩权,可以中止履行顺序在先的债务;如果没有确切的证据证明而中止履行的,则属于违约行为,应当先履行债务的当事人要承担违约责任。由此可以看出,有无确切的证据证明是非常关键的因素,直接决定中止履行行为是正当行使不安抗辩权,还是属于违约行为。"有无确切的证据证明",不是由先履行债务的当事人单方决定的。如果事后双方当事人对"有无确切的证据证明"产生争议,应当由应先履行债务的一方当事人承担举证责任,由仲裁机构或者法院作出最终裁断。

第五百二十八条　【不安抗辩权的效力】当事人依据前条规定中止履行的,应当及时通知对方。对方提供适当担保的,应当恢复履行。中止履行后,对方在合理期限内未恢复履行能力且未提供适当担保的,视为以自己的行为表明不履行主要债务,中止履行的一方可以解除合同并可以请求对方承担违约责任。

条文注释

本条根据对方是否提供担保规定了不同的法律效果:

(1)应先履行一方行使不安抗辩权,中止履行并及时通知对方后,如果对方提供了适当担保的,消除了影响先履行债务一方当事人债权实现的情形,先履行债务一方自然应当恢复履行。何为"适当担保",只能在具体案件中作具体判断,法律无法划定统一的标准。

(2)依照本条规定,当事人行使不安抗辩权、中止履行后,对方在合理期限内未恢复履行能力且未提供适当担保的,视为以自己的行为表明不履行主要债务。中止履行的一方,即行使不安抗辩权的一方不但可以解除合同,还可以请求对方承担赔偿损失等违约责任。

第五百二十九条　【因债权人原因致债务履行困难时的处理】债权人分立、合并或者变更住所没有通知债务人,致使履行债务发生困难的,债务人可以中止履行或者将标的物提存。

条文注释

债权人分立、合并或者变更住所应当及时通知债务人,以便债务人履行债务。如果没有通知债务人,致使债务人履行债务发生困难的,此时债务人可以中止履行或者将标的物提存。这种情形下债务人中止履行或者将标的物提存,不能认定为债务人违约。当然,如果债权人分立、合并或者变更住所没有通知债务人，但并不会使债务履行发生困难的，此时债务人不得以此为由中止履行或者将标的物提存，否则属于债务人违约。

第五百三十条　【债务人提前履行债务】债权人可以拒绝债务人提前履行债务，但是提前履行不损害债权人利益的除外。

债务人提前履行债务给债权人增加的费用，由债务人负担。

条文注释

本条第1款在确立债权人可以拒绝债务人提前履行债务作为一般原则的同时，还规定了但书：提前履行不损害债权人利益的除外。提前履行不损害债权人利益的举证责任应当由请求提前履行的债务人一方承担。

债务人提前履行可能会给债权人增加额外的费用，如仓储费用等。依照本条第2款的规定，债务人提前履行债务给债权人增加的费用，由债务人负担。

第五百三十一条　【债务人部分履行债务】债权人可以拒绝债务人部分履行债务，但是部分履行不损害债权人利益的除外。

债务人部分履行债务给债权人增加的费用，由债务人负担。

条文注释

本条所规定的部分履行，是指债务的履行期限届满时，债务人只履行其中一部分债务，既可以是就整个债务部分履行，也可以是就分期履行中的某一期部分履行。

本法合同编将全面履行作为合同履行的原则。当事人全面履行自己的义务包括按照约定履行全部债务。债务人履行部分债务，属于违反合同约定的行为，原则上属于违约行为，债权人当然可以拒绝并请求债务人承担违约责任。但是，如果债务人部分履行不损害债权人的利益，基于诚信原则，债权人应当接受债务人部分履行债务，不得拒绝。债权人接受债务人部分履行，可能会额外增加一些费用，这些费用由债务人负担。

第五百三十二条　【当事人姓名等变化对合同履行的影响】合同生效后，当事人不得因姓名、名称的变更或者法定代表人、负责人、承办人的变动而不履行合同义务。

条文注释

合同生效后，当事人的姓名变更、法人或者非法人组织的名称变更，并没有实质上改变合同主体。法人或者非法人组织的法定代表人、负责人、承办人，是代表法人或者非法人组织从事民事活动，合同的权利义务由法人或者非法人组织承受，合同一方当事人是法人或者非法人组织，而不是其法定代表人、负责人、承办人。基于此，本条明确规定，合同生效后，当事人不得因姓名、名称的变更或者法定代表人、负责人、承办人的变动而不履行合同义务。

第五百三十三条　【情势变更】合同成立后，合同的基础条件发生了当事人在订立合同时无法预见的、不属于商业风险的重大变化，继续履行合同对于当事人一方明显不公平的，受不利影响的当事人可以与对方重新协商；在合理期限内协商不成的，当事人可以请求人民法院或者仲裁机构变更或者解除合同。

人民法院或者仲裁机构应当结合案件的实际情况，根据公平原则变更或者解除合同。

条文注释

情势变更制度，是指合同依法成立后，客观情况发生了无法预见的重大变化，致使原来订立合同的基础丧失或者动摇，如继续履行合同则对一方当事人明显不公平，因此允许变更或者解除合同以维持当事人之间的公平。

1. 适用情势变更制度的基本条件

(1) 合同成立后，合同的基础条件发生了重大变化。一是这种重大变化是一种客观情况，要达到足以动摇合同基础的程度。二是这种重大变化应发生在合同成立后至履行完毕前的期间内。三是这种重大变化应当是当事人在订立合同时无法预见的。四是这种重大变化不能属于商业风险。对于合同履行过程中的商业风险，按照独立决定、独立负责的原则，遭受不利的当事人应当自行承担不利后果。

(2) 继续履行合同对于当事人一方明显不公平。合同严守是原则，情势变更制度只能是例外。只有在继续履行合同对于一方当事人明显不公平时，才可能适用情势变更制度，对当事人之间的权利义务关系进行干预和调整。

2. 适用情势变更制度的法律效果

(1) 受不利影响的当事人有权请求与对方重新协商。对于因情势变更造成的双方权利义务严重失衡的状态,受不利影响的当事人请求与对方协商的,对方应当积极回应,参与协商。双方当事人应依诚信、公平原则,重新调整权利义务关系,变更或者解除合同。

(2)双方当事人在协商过程中,就合同的变更或者解除达不成一致意见,协商不成的,当事人可以请求法院或者仲裁机构作最终裁断。人民法院或者仲裁机构应当结合案件的实际情况,判断是否符合情势变更制度的适用条件,符合情势变更制度适用条件的,人民法院或者仲裁机构应当根据公平原则作出裁断。

关联法规

《合同编通则解释》第32条

第五百三十四条 【合同监管】对当事人利用合同实施危害国家利益、社会公共利益行为的,市场监督管理和其他有关行政主管部门依照法律、行政法规的规定负责监督处理。

条文注释

本条是从行政监督管理的角度对当事人利用合同实施危害国家利益、社会公共利益行为进行监督处理。市场监督管理部门和其他有关行政主管部门的监督处理,应当符合下列条件:(1)监督处理的对象是当事人利用合同实施危害国家利益、社会公共利益的违法行为,不得干涉当事人依法享有的合同权利;(2)应当依照法律、行政法规规定负责监督处理。

第五章 合同的保全

第五百三十五条 【债权人代位权行使要件】因债务人怠于行使其债权或者与该债权有关的从权利,影响债权人的到期债权实现的,债权人可以向人民法院请求以自己的名义代位行使债务人对相对人的权利,但是该权利专属于债务人自身的除外。

代位权的行使范围以债权人的到期债权为限。债权人行使代位权的必要费用,由债务人负担。

相对人对债务人的抗辩,可以向债权人主张。

条文注释

代位权,是指债务人怠于行使权利,债权人为保全债权,以自己的名义代位行使债务人对相对人的权利。

债权人行使代位权应当符合以下条件:(1)须债务人享有对外的债权。这是代位权存在的基础。(2)须债务人怠于行使其债权或者与该债权有关的从权利。"怠于行使"是指债务人应当行使其权利,且能够行使而不行使。代位权的客体,即债务人怠于行使的权利,不能是专属于债务人自身的权利。(3)须债务人怠于行使自己的权利,已影响债权人的到期债权实现。(4)须债务已陷入迟延履行。债务人的债务履行期限未届满的,债权人不能行使代位权。债务履行期限已届满,债务陷入迟延履行,债权人方可行使代位权。

代位权的行使范围,以债权人的到期债权为限,超越此范围,债权人不能行使。债权人行使代位权会支出一定的费用,该费用由债务人负担。

如果债务人作为第三人参加诉讼,法院的判决自然对其发生效力。如果债务人未参加诉讼,法院判决的效力亦及于债务人,债务人不得就债权人行使代位权请求的数额另行起诉,否则违反一事不再理原则。但是,债务人对相对人的债权数额超出债权人行使代位权请求数额的,就超出部分,债务人仍然可以向有管辖权的法院另行起诉相对人。

债权人行使代位权,债务人的相对人的地位不应受到影响,债务人的相对人对债务人的抗辩(不限于抗辩权),如同时履行抗辩权、后履行抗辩、时效届满的抗辩、虚假表示可撤销的抗辩等,同样可以对抗债权人。

关联法规

《建工合同解释一》第44条;《合同编通则解释》第33~35、38~39条

第五百三十六条 【保存行为】债权人的债权到期前,债务人的债权或者与该债权有关的从权利存在诉讼时效期间即将届满或者未及时申报破产债权等情形,影响债权人的债权实现的,债权人可以代位向债务人的相对人请求其向债务人履行、向破产管理人申报或者作出其他必要的行为。

条文注释

本条列举了保存行为的两种典型类型:(1)债权人可以代位债务人作出中断诉讼时效的行为。针对的是债权人的债权到期前,债务人的债权或者与债权有关的从权利存在诉讼时效期间即将届满的情况。(2)债权人可以代位向破产管理人申报破产债权。针对的是债务人的相对人破产,债务人不积极申报破产债权,影响债权人的债权将来实现的,债权人

可以代位向债务人的相对人的破产管理人申报破产债权。

保存行为不限于以上两种类型，本条在“未及时申报破产债权”后还有一个“等”字，并规定了“作出其他必要的行为”，以适应实践发展需求。

第五百三十七条　【债权人代位权行使效果】人民法院认定代位权成立的，由债务人的相对人向债权人履行义务，债权人接受履行后，债权人与债务人、债务人与相对人之间相应的权利义务终止。债务人对相对人的债权或者与该债权有关的从权利被采取保全、执行措施，或者债务人破产的，依照相关法律的规定处理。

条文注释

债权人提起代位权诉讼，人民法院认定代位权成立的，由债务人的相对人向债权人履行义务，债权人接受履行后，债权人与债务人、债务人与相对人之间相应的权利义务终止。需要注意的是，本条规定的是“相应的”权利义务终止，即债权人与债务人、债务人与相对人之间权利义务只是就相对人向债权人履行债务的这一数额部分终止。

第五百三十八条　【无偿处分时的债权人撤销权行使】债务人以放弃其债权、放弃债权担保、无偿转让财产等方式无偿处分财产权益，或者恶意延长其到期债权的履行期限，影响债权人的债权实现的，债权人可以请求人民法院撤销债务人的行为。

条文注释

撤销权亦称废罢诉权，是指债务人有减少责任财产而影响债权实现的行为时，债权人为保全债权而请求法院撤销该行为的权利。撤销权的成立需要具备以下要件：

(1)债务人要有无偿处分财产的行为。无偿转让财产的行为，既包括无偿转让动产或者不动产等有形财产的行为，也包括无偿转让股权、债权、知识产权、网络虚拟财产等财产权益的行为；既可以是双方民事法律行为，也可以是单方民事法律行为。除了几种比较典型的无偿处分财产行为外，本条还用了一个“等”字用以涵盖其他各种无偿处分财产的行为。此外，本条还规定债权人也可以撤销债务人恶意延长其到期债权的履行期限的行为。

(2)债务人的行为要影响债权人的债权实现。本条并不要求债务人必须要有损害债权的主观过错，只要是债务人的行为在客观上影响债权人债权的实现，就可以行使撤销权。

撤销权的行使主体是指因债务人的行为影响其债权实现的债权人。债权人有多个的，每个债权人都享有撤销权，但多个债权人都提起撤销权诉讼的，法院一般合并审理。

第五百三十九条 【有偿行为情形下的债权人撤销权行使】债务人以明显不合理的低价转让财产、以明显不合理的高价受让他人财产或者为他人的债务提供担保，影响债权人的债权实现，债务人的相对人知道或者应当知道该情形的，债权人可以请求人民法院撤销债务人的行为。

条文注释

债务人的行为是有偿行为情形下撤销权的成立要件包括：

(1)要有以明显不合理的低价转让财产、以明显不合理的高价受让他人财产或者为他人的债务提供担保的行为。至于何谓“明显不合理的低价”“明显不合理的高价”，人民法院应当依交易当地一般经营者的判断，并参考交易时交易地的市场交易价或者物价部门指导价予以认定。“为他人的债务提供担保”的行为，既包括为他人的债务担任保证人，也包括为他人的债务以自己的财产设定抵押、质押等，这些行为也会对债权人的债权实现造成重大影响，因此本条将其纳入撤销权的行使对象。

(2)债务人的行为影响债权人的债权实现。债务人的有偿行为，要在客观上影响债权人债权的实现，方能撤销。不管债务人的行为是影响债权人的到期债权实现还是影响债权人的未到期债权将来实现的，债权人均可以行使撤销权。

(3)债务人的相对人主观上存在恶意。债务人的相对人在主观上存在恶意，指债务人的相对人知道或者应当知道债务人的行为影响债权人的债权实现，该要件的举证责任由行使撤销权的债权人承担。

关联法规

《合同编通则解释》第42～46条

第五百四十条 【债权人撤销权行使范围及必要费用承担】撤销权的行使范围以债权人的债权为限。债权人行使撤销权的必要费用，由债务人负担。

条文注释

债权人向人民法院提起诉讼，行使撤销权的目的在于恢复债务人的责任财产而保全债权，这在一定程度上限制了债务人自由处分财产的权利，突破了合同相对性原则，也会对债务人的相对人的利益产生一定影响。因此，债权人行使撤销权的范围不宜过宽，应以自己的债权为限。当然，如果债务人的行为无法分割的，即使债务人减少责任财产的数额超过了债权人的债权额，债权人也可以撤销。两个或者两个以上债权人同时提起撤销权诉讼，请求撤销债务人的行为的，人民法院可以合并审理，以各债权人为原告，以债务人和债务人的相对人为共同被告，此时撤销权的行使范围以作为原告的各债权人的债权额总和为限。如果债权人人数众多，也可以通过代表人诉讼的形式行使撤销权。

关联法规

《合同编通则解释》第44、45条

第五百四十一条　【债权人撤销权行使期间】撤销权自债权人知道或者应当知道撤销事由之日起一年内行使。自债务人的行为发生之日起五年内没有行使撤销权的，该撤销权消灭。

条文注释

撤销权的行使期间为除斥期间。撤销权原则上应在债权人知道或者应当知道撤销事由之日起1年内行使，自债务人的行为发生之日起5年内没有行使的，撤销权消灭。将撤销权行使期间起算点规定为“债权人知道或者应当知道撤销事由之日起”有利于保护债权人的利益，防止其因不知撤销事由存在而错失撤销权的行使。同时规定“自债务人的行为发生之日起五年”的客观期间，有助于稳定民事法律关系，维护交易秩序。

第五百四十二条　【债权人撤销权行使效果】债务人影响债权人的债权实现的行为被撤销的，自始没有法律约束力。

条文注释

债权人的撤销权成立，债务人的行为被人民法院撤销的，债务人的行为自始没有法律约束力。债务人放弃其债权、放弃债权担保的行为被撤销后，债务人的相对人仍对债务人负有债务、担保人仍对债务人负有担保责任。债务人无偿或者低价转让财产的行为、高价受让财产的行为被撤销后，债务人尚未给付的，不得再向相对人给付，相对人也不再享有请求债务人给付的权利；债务人已经向相对人给付的或者已经互相给付的，债务人、债务人的相对人负有返还财产、恢复原状的义务，不能返还的应当折价补偿。债务人为他人的债务提供担保的行为被撤销后,债务人不再负有担保责任;债务人已经承担担保责任的,担保权人对债务人负有返还义务。

第六章 合同的变更和转让

第五百四十三条 【协议变更合同】当事人协商一致,可以变更合同。

条文注释

合同的变更,是指合同成立后,当事人对合同的内容进行修改或者补充。合同变更需要满足以下条件:(1)要求存在已成立的有效合同关系,这是合同变更的前提,无效、被撤销、确定不发生效力的合同不能被变更;(2)要求对合同的内容进行变更;(3)要求当事人就变更事项协商一致;(4)法律、行政法规规定合同的变更等情形需要办理批准等手续的,应当依照其规定。

同时应注意的是,当事人之间的合同变更,未经第三人同意,不得对该第三人产生不利影响,否则对第三人不发生效力。例如,本法第765条规定:"应收账款债务人接到应收账款转让通知后,应收账款债权人与债务人无正当理由协商变更或者终止基础交易合同,对保理人产生不利影响的,对保理人不发生效力。"

还应注意的是,合同的变更不仅可以通过当事人协商一致的民事法律行为实现,还可以通过人民法院的判决或者仲裁机构的仲裁裁决实现,如本法第533条第1款规定,构成情势变更的情况下,当事人可以请求人民法院或者仲裁机构变更合同。另外,当事人也可以在符合法律规定的前提下单方变更合同,如本法第777条规定的定作人单方变更。判决、仲裁裁决变更和当事人单方变更必须以符合法律的规定为前提。

第五百四十四条 【变更不明确推定为未变更】当事人对合同变更的内容约定不明确的,推定为未变更。

条文注释

合同变更的过程,就是当事人协商一致的过程。当事人在变更合同的过程中,可能出现对需要变更的内容达不成完全一致意见的情况。本条规定,当事人对合同变更的内容约定不明确的,推定为未变更。即使当事人对变更形成合意,但是,在对变更的内容约定不明确的情况下,推定为未变更,除非当事人可以举证推翻该推定。如果当事人在约定合同变更时,对部分条款的变更约定是明确的,但另一部分条款的变更约定是不明确的,若这两类条款在内容上可以分开,则约定明确的部分有效,而约定不明确的部分推定为未变更;但如果这两类条款在内容上是不可分割的,则应当认为整个合同条款的变更约定不明确,推定为未变更。

第五百四十五条　【债权转让】债权人可以将债权的全部或者部分转让给第三人,但是有下列情形之一的除外:

(一)根据债权性质不得转让;

(二)按照当事人约定不得转让;

(三)依照法律规定不得转让。

当事人约定非金钱债权不得转让的,不得对抗善意第三人。当事人约定金钱债权不得转让的,不得对抗第三人。

条文注释

债权转让,是指不改变债权的内容,由债权人通过合同将债权转让给第三人。本条明确有以下情形之一的,债权人不得转让其权利:

(1)根据债权性质不得转让的权利。这主要包括以下类型:一是当事人基于信任关系订立的委托合同、赠与合同等产生的债权。二是债权人的变动必然导致债权内容的实质性变更。三是债权人的变动会危害债务人基于基础关系所享有的利益,实质性地增加了债务人的负担或风险,或实质性地损害了债务人的利益。此外,在债权的部分转让中,不可分的债权根据债权性质不得被部分转让。

(2)按照当事人约定不得转让的权利。当事人可以对债权的转让作出特别约定,禁止债权人将权利转让给第三人。这种约定只要是有效的,债权人就应当遵守,不得再将权利转让给他人;否则其行为构成违约,造成债务人利益损害的,债权人应当承担违约责任。

(3)依照法律规定不得转让的权利。我国一些法律中对某些权利的转让作出了禁止性规定。对于这些规定,当事人应当严格遵守,不得违反法律的规定,擅自转让法律禁止转让的权利。

需要注意的是,有关证券、债券、票据等权利的转让,存在《证券法》《票据法》等特别法规定,应当适用这些特别规定。同时,在我国法律中,除了通过民事法律行为转让债权外,还存在一些法定的债权移转情形,债权转让的一些规则可以参照适用于这些情形;在应收账款质押中,对应收账款债务人的效力也可以参照适用债权转让的规则。

第五百四十六条 【债权转让通知】债权人转让债权，未通知债务人的，该转让对债务人不发生效力。

债权转让的通知不得撤销，但是经受让人同意的除外。

条文注释

受让人取得转让债权不以通知债务人作为条件，债权转让合同效力不因未通知债务人而受影响。如果转让债权已经存在，则除非让与人和受让人另有约定，受让人在债权转让合同生效时即取得债权；如果被转让的权利是将来债权或者尚不具备可转让性的债权，则在债权转让合同生效之后，转让债权成为现存权利或者具备可转让性时，受让人才取得债权。但是，为保护债务人，债权转让未通知债务人，该转让对债务人不发生效力，即使受让人取得了债权，债务人有权拒绝受让人的履行请求；债务人向让与人履行债务的，债权消灭。如果债权转让通知了债务人，则债权转让对债务人发生效力，此时债务人即对受让人负有履行义务，并且有权以此拒绝让与人的履行请求；如果债务人仍然向让与人履行，则不发生债权消灭的效力。

债权转让通知的生效、解释、撤回等，参照适用本法关于意思表示的规定，除法律另有规定、让与人和债务人另有约定外，转让通知原则上为不要式。

债权转让通知债务人后，按照有效的债权转让合同，为保护受让人的利益，让与人对受让人负有不得撤销转让通知的义务。原债权人无权撤销转让权利的通知，只有在受让人同意的情况下，债权人才能撤销其转让权利的通知。

关联法规

《合同编通则解释》第 48 条

第五百四十七条 【债权转让时从权利一并变动】债权人转让债权的，受让人取得与债权有关的从权利，但是该从权利专属于债权人自身的除外。

受让人取得从权利不因该从权利未办理转移登记手续或者未转移占有而受到影响。

条文注释

从权利是指附随于主权利的权利。抵押权、质权、保证等担保权利以及附属于主债权的利息等孳息请求权,都属于主权利的从权利。

本条第1款规定,债权人转让主权利时应当将从权利一并转让,受让人在取得主权利的同时,也取得与债权有关的从权利。同时规定,专属于债权人自身的从权利不随主权利的转让而转让。在法律另有规定或者当事人另有约定时,受让人可能也会在取得主债权的同时未取得从权利。例如,本法第421条规定,最高额抵押担保的债权确定前,部分债权转让的,最高额抵押权不得转让,但是当事人另有约定的除外。

本条第2款规定,债权受让人取得从权利是基于法律的规定,并非基于法律行为的物权变动,有利于保障主债权顺利实现。在债权转让前,这些从属性的担保权利已经进行了公示,公示公信的效果已经达成,因此没有进一步地保护第三人进而维护交易安全的必要。此时,在物和权利担保的顺位上,仍是以设定担保的公示时间为依据而确定顺位。

第五百四十八条　【债权转让时债务人抗辩权】债务人接到债权转让通知后,债务人对让与人的抗辩,可以向受让人主张。

条文注释

理解本条时应注意以下问题:

(1)债务人在接到债权转让通知后,可以向受让人主张债务人对让与人的抗辩。根据本法第546条第1款可推知,只有在债务人接到债权转让通知后,债权转让对债务人才发生效力;在债务人接到债权转让通知前,债权转让对债务人不发生效力,此时债务人只需向让与人提出抗辩即可。

(2)债务人可以向受让人主张其对让与人的抗辩。债务人接到债权转让通知后,可以行使抗辩来保护自己的利益,债务人的抗辩并不随债权的转让而消灭。因此,在债权转让的情况下,债务人可以向作为新债权人的受让人行使该抗辩。这些抗辩包括阻止或者排斥债权的成立、存续或者行使的所有事由所产生的一切实体抗辩以及程序抗辩,包括:诉讼时效完成的抗辩,债权不发生的抗辩,债权因清偿、提存、免除、抵销等而消灭的抗辩,基于双务合同产生的同时履行抗辩权、不安抗辩权和后履行抗辩权,先诉抗辩权以及程序上的抗辩等。债务人可以行使这些抗辩对抗新债权人的请求。债权让与后,债务人还可能因某项事实产生新的抗辩。

比如，附解除条件的合同权利转让后，合同规定的解除条件成就时，债务人可以向受让人提出终止合同的抗辩。

第五百四十九条　【债权转让时债务人抵销权】有下列情形之一的，债务人可以向受让人主张抵销：

（一）债务人接到债权转让通知时，债务人对让与人享有债权，且债务人的债权先于转让的债权到期或者同时到期；

（二）债务人的债权与转让的债权是基于同一合同产生。

条文注释

根据本条第1项的规定，债务人对受让人主张抵销权的条件如下：(1)债务人必须对让与人享有债权，且标的物种类、品质相同；(2)债务人对让与人享有债权的法律原因必须在债务人接到债权转让通知时已经存在；(3)债务人对让与人的债权先于转让的债权到期或者同时到期。

根据本条第2项的规定，债务人对受让人主张抵销权的条件如下：(1)债务人必须对让与人享有债权，且标的物种类、品质相同；(2)债务人对让与人的债权与转让债权是基于同一合同产生的。由于这两个债权是基于同一合同产生的，因此具有密切的联系，受让人就应当认识到债务人对让与人可能基于该合同享有债权，因此受让人能够在订立债权转让合同时对这种抵销可能性进行预先安排。

应当注意的是，如果债务人在接到债权转让通知时，债务人的抵销权依照法律规定已经产生，其可以行使抵销权但尚未行使，即使在债权转让后，债务人原本可以主张抵销的利益此时也应加以保护，因此在债务人接到转让通知后，仍可以向受让人主张该抵销。

第五百五十条　【债权转让增加的履行费用的负担】因债权转让增加的履行费用，由让与人负担。

条文注释

因债权转让而额外增加的债务人的履行费用，有约定的按约定处理；无约定的，不应由债务人自行负担，债务人有权在受让人要求履行时相应地依法主张抵销或者行使履行抗辩权。债务人或者受让人先负担了增加的履行费用的，除另有约定外，可以要求让与人最终负担该增加的履行费用。这也与本法第511条第6项的规定保持一致，当事人就有关履行费用的负担约定不明确并且无法确定的，因债权人原因增加的履行费用，由债权人负担。

第五百五十一条　【债务转移】债务人将债务的全部或者部分转移给第三人的，应当经债权人同意。

债务人或者第三人可以催告债权人在合理期限内予以同意，债权人未作表示的，视为不同意。

条文注释

债务转移，是指不改变债务的内容，债务人将债务全部或者部分地转移给第三人。转移债务要经过债权人的同意，这是债务转移制度与债权转让制度最主要的区别。

债务转移需要满足以下条件：(1)要求存在债务。(2)要求存在有效的债务转移合同。最为常见是的债务人和第三人之间签订债务转移合同，该债务转移合同适用民事法律行为和合同的一般规定。如果法律、行政法规规定应当办理批准等手续生效的，应依法办理这些手续。(3)需要经过债权人的同意。如果债务人与第三人订立的债务转移合同未征得债权人同意，则此时可以认为是由第三人代为履行债务而非债务转移，债务人仍负有向债权人履行的义务，债权人仍有权向债务人请求履行债务，但不能请求第三人履行债务。在债务转移经过债权人同意后，第三人向债权人履行债务时，债权人不能拒绝受领。债务人、第三人可以和债权人三方共同签订债务转移合同。债权人的同意也可以事先作出，此时债务转移仅需要通知债权人即可对债权人发生效力。债权人的同意可以采取明示或默示的方式。

除另有约定外，全部债务被转移后，第三人作为新债务人完全取代原债务人的地位，成为新的债务人，债权人有权请求该第三人履行债务，并在第三人不履行债务或者不完全履行债务时请求第三人承担责任；债务被部分转移的，除另有约定外，第三人和债务人对债权人负有按份债务。除另有约定外，债务人对第三人的履行能力不负有担保义务。

第五百五十二条　【债务加入】第三人与债务人约定加入债务并通知债权人，或者第三人向债权人表示愿意加入债务，债权人未在合理期限内明确拒绝的，债权人可以请求第三人在其愿意承担的债务范围内和债务人承担连带债务。

条文注释

债务加入，即第三人加入到债务中，作为新债务人和原债务人一起向债权人负有连带债务。

在债务加入中，首先要求存在债务，其次要求存在债务加入合同。该债务加入合同既可以是第三人和债务人约定，也可以是第三人直接向债权人表示愿意加入。构成债务加入后，除另有约定外，第三人和债务人负有同一内容的债务，但债务人并不因此而免负债务，而是与第三人一起对债权人负有连带债务，当然，连带债务的范围应当限制在第三人愿意承担的债务范围内。此时，本法关于连带债务的规定应当在债务加入中被适用。同时，本法第553、554条关于新债务人抗辩、抵销权和承担有关从债务的规定，在债务加入中，也应当被适用。

需要注意的是，由于在债务加入中，债务人并未被取代而摆脱债务，仍然要对债权人负有债务，因此，为债务人提供的担保并不因第三人加入债务而受到影响，但该担保仍然仅对债务人发生担保效力，而对加入的第三人不发生担保效力。

关联法规

《担保制度解释》第12条；《合同编通则解释》第51条

典型案例

蔡某勤诉姚某、杨某昊买卖合同纠纷案[①]

典型意义：本案是适用《民法典》债务加入规则的典型案例。《民法典》总结民商事审判经验，回应民商事实践发展需要，以立法形式对债务加入作出规定，赋予民事主体更加多元的选择，对于贯彻自愿原则、保障债权安全、优化营商环境具有重要意义。本案中，审理法院结合具体案情，依法认定被告向原告作出的还款意思表示不属于债务转移，而是构成债务加入，是人民法院适用民法典新增制度规则的一次生动实践。

第五百五十三条　【债务转移时新债务人抗辩和抵销】债务人转移债务的，新债务人可以主张原债务人对债权人的抗辩；原债务人对债权人享有债权的，新债务人不得向债权人主张抵销。

---

① 参见《人民法院贯彻实施民法典典型案例（第二批）》之六。

条文注释

债务人转移债务的，新的债务人取代了原债务人的地位，承担其履行义务的责任。这意味着新债务人和原债务人具有相同的法律地位，因此原债务人享有的对债权人的抗辩，不因债务的转移而消灭，新债务人可以继续向债权人主张。这些抗辩只要是基于债权人和原债务人之间的法律关系所产生的，阻止或者排斥债权的成立、存续或者行使的所有事由所产生的一切实体抗辩和程序抗辩，均可由新债务人向债权人主张。

第五百五十四条　【债务转移时从债务一并转移】债务人转移债务的，新债务人应当承担与主债务有关的从债务，但是该从债务专属于原债务人自身的除外。

条文注释

债务人转移主债务的，与主债务有关的从债务随着主债务的转移而转移，新债务人应当承担与主债务有关的从债务。所谓从债务，是指附随于主债务的债务。从债务与主债务密切联系在一起，不能与主债务相互分离而单独存在。所以当主债务发生移转以后，从债务也要发生转移，新债务人应当承担与主债务有关的从债务。如附随于主债务的未发生的利息债务等，因主债务转移将转移给新的债务人，新债务人应当向债权人承担这些从债务。但是，有的从债务是专属于债务人本身的，这些从债务不随主债务的转移而转移。

第五百五十五条　【合同权利义务一并转让】当事人一方经对方同意，可以将自己在合同中的权利和义务一并转让给第三人。

条文注释

合同权利义务的一并转让，又称概括转让或者合同地位转让，是指合同关系的一方当事人将其合同权利义务一并转移给第三人，由第三人全部承受这些权利义务。根据本法规定，债权人转让债权应当通知债务人；债务人转移债务必须经债权人的同意。因此，当事人一方将合同权利义务一并转让时，应当经过对方当事人的同意。

应当注意的是，本条仅规定了通过约定进行的合同权利义务的一并转让。除此之外，还有法定的债权和债务的一并转让，此时适用特别规定。最为典型的是，法人合并和分立情形中的一并转让。法人的合并、分立不应当影响法人外部债权人的利益,合并、分立前法人的权利义务应当概括转移给合并、分立后的法人。

第五百五十六条　【合同权利义务一并转让的法律适用】合同的权利和义务一并转让的,适用债权转让、债务转移的有关规定。

条文注释

合同权利和义务一并转让时,应当遵守本法有关债权转让和债务转移的其他规定。具体而言,在涉及债权转让的范围内,适用以下规定:(1)不得转让的债权的规定(第545条);(2)债权受让人取得与债权有关的从权利的规定(第547条);(3)债务人对让与人的抗辩可以继续向受让人主张的规定(第548条);(4)债务人对受让人主张抵销的规定(第549条);(5)债权转让增加的履行费用的负担的规定(第550条);(6)债权转让批准的规定(第502条第3款)。

在涉及债务转移的范围内,适用以下规定:(1)新债务人的抗辩和抵销的规定(第553条);(2)新债务人承担与主债务有关的从债务的规定(第554条);(3)债务转移批准的规定(第502条第3款)。

第七章　合同的权利义务终止

第五百五十七条　【债权债务终止情形】有下列情形之一的,债权债务终止:

(一)债务已经履行;

(二)债务相互抵销;

(三)债务人依法将标的物提存;

(四)债权人免除债务;

(五)债权债务同归于一人;

(六)法律规定或者当事人约定终止的其他情形。

合同解除的,该合同的权利义务关系终止。

条文注释

按照本条第1款规定,有下列情形之一的,债权债务终止:

(1)债务已经履行。这是指债务人按照债的标的、质量、数量、价款或者报酬、履行期限、履行地点和方式正确地、适当地全面履行了债务。

(2)债务相互抵销。这是指当事人互负债务、互享债权，以自己的到期债权充抵对方的债权，使自己的债务与对方的债务在等额内消灭。

(3)债务人依法将标的物提存。提存，是指由于法律规定的原因，债务人无法向债权人交付合同标的物时，债务人将该标的物交给提存部门而消灭债务的制度。

(4)债权人免除债务。债权人可以免除债务的部分，也可以免除债务的全部。本法第575条对免除进行了具体规定。

(5)债权债务同归于一人。这是指由于某种事实的发生，使原本由一方当事人享有的债权，而由另一方当事人负担的债务，统归于一方当事人，使该当事人既是债权人，又是债务人。本法第576条具体规定了此种终止事由。

(6)法律规定或者当事人约定终止的其他情形。除了前述债权债务终止的情形，出现了法律规定的终止的其他情形的，合同的权利义务也可以终止。比如，根据本法第934条的规定，委托人死亡、终止或者受托人死亡、丧失民事行为能力、终止，构成了委托合同的特殊终止事由。

本条第2款规定了合同解除导致该合同的权利义务关系终止。解除导致合同整体权利义务关系的终止，而非合同关系中单个债权债务的终止，并且在合同权利义务终止后，还涉及解除后的各种权利义务关系。同时，解除仅能适用于合同的权利义务关系，而不能适用于其他法定的债权债务关系。

关联法规

《民法典》第562~566条；《企业破产法》第40条

第五百五十八条　【后合同义务】债权债务终止后，当事人应当遵循诚信等原则，根据交易习惯履行通知、协助、保密、旧物回收等义务。

条文注释

后合同义务，是指合同的权利义务终止后，当事人依照法律的规定，遵循诚信等原则，根据交易习惯履行的各项义务。后合同义务的主要特点是：(1)后合同义务是合同的权利义务终止后产生的义务。(2)后合同义务主要是法律规定的义务。如果当事人在合同中约定履行某项义务，该义务为合同义务。(3)后合同义务是诚信等原则派生的义务。(4)后合同义务的内容根据交易习惯确定。所谓交易习惯，一方面指一般的民商事活动应遵循的习惯；另一方面指当事人双方长期交易关系中形成的习惯。

遵循诚信等原则,根据交易习惯,债权债务终止后的义务通常有以下四种:(1)通知的义务。合同权利义务终止后,一方当事人应当将有关情况及时通知另一方当事人。(2)协助的义务。合同的权利义务终止后,当事人应当协助对方处理与原合同有关的事务。(3)保密的义务。保密指保守国家秘密、商业秘密和合同约定不得泄露的事项。(4)旧物回收的义务。

应当注意的是,后合同义务的具体范围需要根据个案予以细致的判断,不宜以结果倒推后合同义务的范围,要考虑诚信原则所要求的不同价值之间的平衡,要考虑交易习惯的举证,结合当事人主观方面的要求、履行的对价、成本和收益的对比、当事人约定的可能性等,在个案中判断后合同义务的具体范围、内容、期限等。

第五百五十九条 【债权的从权利消灭】债权债务终止时,债权的从权利同时消灭,但是法律另有规定或者当事人另有约定的除外。

条文注释

从权利,是指附随于主权利的权利。抵押权、质权、保证等权利都属于主权利的从权利。由于从权利是从主权利派生出来的,从权利从属于主权利,其也包括消灭上的从属性。当主债权债务终止时,从权利一般也就没有了存在的价值,同时随之消灭。

但是,法律也可能会作出不同的规定。例如,主债权部分消灭的,作为从权利之一的担保物权并不在相应范围内部分消灭,而是根据担保物权的不可分性,主债权部分消灭,担保物权仍然存在,担保财产仍然担保剩余的债权,直到债务人履行全部债务时为止。

关联法规

《企业破产法》第124条

第五百六十条 【债的清偿抵充顺序】债务人对同一债权人负担的数项债务种类相同,债务人的给付不足以清偿全部债务的,除当事人另有约定外,由债务人在清偿时指定其履行的债务。

债务人未作指定的,应当优先履行已经到期的债务;数项债务均到期的,优先履行对债权人缺乏担保或者担保最少的债务;均无担保或者担保相等的,优先履行债务人负担较重的债务;负担相同的,按照债务到期的先后顺序履行;到期时间相同的,按照债务比例履行。

条文注释

清偿抵充，指的是债务人对同一债权人负担的数项债务种类相同，债务人的给付不足以清偿全部债务时，确定该给付抵充这些债务中某项或者某几项债务；或者债务人在履行主债务外还应当支付利息和实现债权的有关费用，其给付不足以清偿全部债务的，确定该给付抵充该项债务中的某个或者某几个部分。

本条的适用，首先要求债务人对同一债权人负担数项债务。其次要求债务人负担的数项债务的种类相同。最后要求债务人的给付不足以清偿全部债务。

确定清偿抵充顺序的基本原则是：有约定从约定，无约定从指定，无指定从法定。当事人对抵充顺序没有约定时，则由债务人指定其履行的债务，但债务人的指定应在清偿时作出，其生效适用本法第137条的一般规则。在当事人对抵充顺序没有约定且债务人在清偿时未指定的，直接依据法定的顺序。在本条第1款已经承认了债务人指定权的情况下，根据债权人利益优先、兼顾债务人利益的原则确定顺序。依据本条第2款规定，依次依据下列方式确定抵充顺序：(1)已到期债务。如果到期的债务和未到期的债务并存，则应当先抵充已到期的债务。(2)缺乏担保或者担保最少的债务。应当注意的是，此处的“担保最少”并非担保的绝对数额最少，而是对债权人而言担保利益最少或者担保状况最低的。(3)债务人负担较重的债务。该规定旨在保护债务人的利益，优先清偿负担较重的债务，使债务人因清偿而获益最多。(4)先到期的债务。(5)债务比例。

关联法规

《合同编通则解释》第56条

第五百六十一条　【费用、利息和主债务的抵充顺序】债务人在履行主债务外还应当支付利息和实现债权的有关费用，其给付不足以清偿全部债务的，除当事人另有约定外，应当按照下列顺序履行：

（一）实现债权的有关费用；

（二）利息；

（三）主债务。

条文注释

本条的适用，首先要求债务人在履行主债务外还应当支付利息和实现债权的有关费用。其次要求债务人的给付不足以清偿主债务、利息和实现费用。此时确定清偿抵充顺序的基本原则是:有约定按约定,无约定按法定。

在当事人对抵充顺序没有约定时,依次按照下列顺序抵充:

(1)实现债权的有关费用。其包括保管费用、诉讼费用、执行费用等。

(2)利息。利息应当先于主债务或者本金而抵充。

(3)主债务。应当注意的是,本条规定更着重于对债权人利益的保护,与第560条规定不同,本条排除了债务人指定的权利,以免与本条保护债权人利益的立场相违背。

第五百六十二条 【合同约定解除】当事人协商一致,可以解除合同。

当事人可以约定一方解除合同的事由。解除合同的事由发生时,解除权人可以解除合同。

条文注释

根据自愿原则,当事人在法律规定范围内享有自愿解除合同的权利。当事人约定解除合同包括两种情况:

(1)协商解除。协商解除是双方的民事法律行为,是通过订立一个新的合同来解除原来的合同,因此应当遵循关于民事法律行为和合同的一般规定,即双方当事人应当对解除合同意思表示一致,协议未达成之前,原合同仍然有效。如果协商解除违反了法律规定的法律行为有效的条件,如违背了公序良俗,那么解除合同的协议不能发生法律效力,原有的合同仍要履行。在协商解除中,最重要的是当事人具有解除原合同的明确意思表示,如果双方都明确同意解除,则即使双方未就协商解除后的法律后果作出约定,只要双方解除合同的意思是明确形成一致的,一般也可以认为构成协商解除。

(2)约定解除权。这是指当事人约定,在合同履行过程中出现某种情况时,当事人一方或者双方有解除合同的权利。解除权可以在订立合同时约定,也可以在履行合同的过程中约定;可以约定一方享有解除合同的权利,也可以约定双方享有解除合同的权利。当约定解除合同的条件出现时,享有解除权的当事人可以行使解除权解除合同,而不必再与对方当事人协商。当事人行使约定解除权的,应当通知对方,合同解除的时间根据本法第565条的规定处理,除非当事人另有约定。合同解除的效果首先根据当事人的约定予以确定,当事人没有约定或约定不明的,适用本法关于合同解除效果的规定。

第五百六十三条 【合同法定解除】有下列情形之一的，当事人可以解除合同：

（一）因不可抗力致使不能实现合同目的；

（二）在履行期限届满前，当事人一方明确表示或者以自己的行为表明不履行主要债务；

（三）当事人一方迟延履行主要债务，经催告后在合理期限内仍未履行；

（四）当事人一方迟延履行债务或者有其他违约行为致使不能实现合同目的；

（五）法律规定的其他情形。

以持续履行的债务为内容的不定期合同，当事人可以随时解除合同，但是应当在合理期限之前通知对方。

条文注释

法定解除，是指合同具有法律约束力后，当事人在法律规定的解除事由出现时，行使解除权而使合同权利义务关系终止。本条第1款规定的解除合同的事由主要包括：

1. 因不可抗力致使不能实现合同目的

不可抗力事件的发生，对履行合同的影响可能有大有小，有时只是暂时影响到合同的履行，可以通过延期履行实现合同的目的，此时当事人不能行使法定解除权。只有不可抗力致使合同目的不能实现时，当事人才可以解除合同。

在发生不可抗力事件时，根据其对合同履行的影响，可以分别适用情势变更和法定解除。不可抗力事件致使继续履行合同对于一方当事人明显不公平的，可以适用本法第533条规定；不可抗力事件致使合同目的不能实现的，可以适用本条规定。

2. 在履行期限届满之前，当事人一方明确表示或者以自己的行为表明不履行主要债务

当事人一方明确表示或者以自己的行为表明不履行主要债务，这一解除合同事由当然要求不存在履行抗辩权等不履行主要债务的正当理由，并且不履行的是主要债务，因此是根本性的违约。

3. 当事人一方迟延履行主要债务，经催告后在合理期限内仍未履行

债务人迟延履行债务是违反合同约定的行为，但债权人不可因此解除合同。只有符合以下条件，债权人才可以解除合同：(1)债务人迟延履

行主要债务。一般来说,影响合同目的实现的债务为主要债务。(2)经催告后债务人仍然不履行债务。债权人一般应当进行催告,并且指定一个确定的合理期间。在该合理期间内,债权人可以请求违约责任的承担,但不得解除合同。

4. 当事人一方迟延履行债务或者有其他违约行为致使不能实现合同目的

(1)通常以下情况可以视为构成根本违约的迟延履行:第一,当事人在合同中明确约定超过期限履行合同,债权人将不接受履行,而债务人履行迟延。第二,履行期限构成合同的必要因素,超过期限履行将严重影响债权人订立合同所期望得到的经济利益,如标的物的季节性、时效性较强的合同。第三,继续履行不能得到合同利益。(2)致使不能实现合同目的的其他违约行为,该种违约行为主要包括:第一,不能履行主要债务。在不能履行主要债务的场合下,如果不能履行是由不可抗力导致的,则通过本条第1款第1项解决;如果不能履行是由其他原因造成的,则债权人可依据本项规定解除合同且无须催告。第二,拒绝履行,即债务人拒绝履行合同义务,包括债务人在履行期限届满前明示或者默示地拒绝履行主要债务致使不能实现合同目的,或在履行期限届满后拒绝履行主要债务或拒绝履行其他合同义务致使不能实现合同目的。第三,履行质量与约定严重不符,无法通过修理、替换、降价的方法予以补救,致使不能实现合同目的。第四,履行主要债务之外的其他合同义务不适当,致使不能实现合同目的。

5. 法律规定的其他解除情形

除了上述四种情形外,本法第533条第1款还规定了其他产生法定解除权的情形。除此之外,其他法律也规定了一些合同的法定解除权事由,如《旅游法》第66条、《保险法》第52条、《劳动法》第25条、《企业破产法》第18条等。

本条在《合同法》的基础上增加第2款。首先,双方当事人都有解除权,而非仅当事人一方享有解除权。其次,应当在合理期限之前通知对方。当事人没有在合理期限之前通知对方的,不影响合同解除的效力,但要赔偿因未在合理期限前通知对方从而给对方造成的损失;或者解除通知延至合理期限之后才发生效力。

关联法规

《民法典》第180条;《商品房买卖合同解释》第11条;《买卖合同解

释》第19条;《技术合同解释》第15、23条;《期货纠纷规定》第44条

第五百六十四条　【解除权行使期限】法律规定或者当事人约定解除权行使期限,期限届满当事人不行使的,该权利消灭。

法律没有规定或者当事人没有约定解除权行使期限,自解除权人知道或者应当知道解除事由之日起一年内不行使,或者经对方催告后在合理期限内不行使的,该权利消灭。

条文注释

按照本条规定,行使解除权的期限分为以下三种情况:

一是法律规定或者当事人约定的解除权的行使期限。法律规定或者当事人约定解除权行使期限,期限届满当事人不行使的,该权利消灭。

二是对方当事人催告后的合理期限。法律没有规定或者当事人没有约定解除权行使期限的,对方当事人为明确自己义务是否还需要履行,可以催告享有解除权的当事人行使解除权,享有解除权的当事人超过合理期限不行使解除权的,解除权消灭,合同关系仍然存在,当事人仍要按照合同约定履行义务。

三是自解除权人知道或者应当知道解除事由之日起1年内。本条中1年的期限并非自解除权发生之日起计算,而是自解除权人知道或者应当知道解除事由之日起计算,这也与本法第199条规定的"自权利人知道或者应当知道权利产生之日起计算"保持了一致。但是,如果解除权人有权解除合同,而选择请求对方当事人在合理期限内采取修理、重作、更换等补救措施,对方当事人置之不理,则该期间应当从补救的合理期限届满时起算。

需要注意的是,根据本法第199条的规定,该期间不适用有关诉讼时效中止、中断和延长的规定;并且该期间届满后,解除权消灭。因此其后果与诉讼时效期间届满后的后果并不相同,诉讼时效期间届满的,根据本法第192条的规定,义务人可以提出不履行义务的抗辩,但权利本身并不消灭。

另外,解除权消灭的事由除了行使期限届满,还包括当事人知道解除事由后明确表示或者以自己的行为表明放弃解除权。解除权人无论是明确表示还是通过行为表示对解除权的放弃,均属于对自己权利的处分,依据自愿原则,法律予以准许。如果有充分的证据证明,解除权人知道自己享有解除权,但仍然请求对方当事人继续履行合同,则可以视为解除权人以自己行为表明放弃解除权。

关联法规

《商品房买卖合同解释》第 11 条;《时间效力规定》第 25 条

第五百六十五条 【合同解除程序】当事人一方依法主张解除合同的,应当通知对方。合同自通知到达对方时解除;通知载明债务人在一定期限内不履行债务则合同自动解除,债务人在该期限内未履行债务的,合同自通知载明的期限届满时解除。对方对解除合同有异议的,任何一方当事人均可以请求人民法院或者仲裁机构确认解除行为的效力。

当事人一方未通知对方,直接以提起诉讼或者申请仲裁的方式依法主张解除合同,人民法院或者仲裁机构确认该主张的,合同自起诉状副本或者仲裁申请书副本送达对方时解除。

条文注释

当事人一方依照本法第 562 条第 2 款、第 563 条规定行使解除权而解除合同的,应当符合下列条件:

1. 享有解除权

本法第 562 条第 2 款和第 563 条对约定解除权和法定解除权作了规定,按照规定,不具备解除条件,当事人即不享有解除权,自然不能行使解除权而单方解除合同,即使解除通知到达对方,对方未提出异议,也不发生合同解除的效果。

2. 通知对方当事人

根据本条规定,当事人根据约定解除权和法定解除权主张解除合同的,应当通知对方。解除权是一种形成权,仅需要通知对方即可,而无须取得对方的同意。行使解除权也是一种民事法律行为,适用本法总则编关于民事法律行为和意思表示的一般规定。解除通知不限于书面形式,只要享有解除权的一方将解除合同的意思表示通知对方即可。为了避免争议,解除通知中最好写明解除原因并附有初步证据。自解除通知到达对方当事人时,合同解除。

如果一方当事人向对方当事人发出了解除通知,对方对解除合同有异议,认为解除通知的发出人不享有解除权,则对方可以请求人民法院或者仲裁机构确认解除合同的效力。解除通知发出人为了使争议最终确定,也可以在向对方发出解除通知之后,请求人民法院或者仲裁机构确认解除行为的效力,由人民法院或者仲裁机构判断发出人是否享有解除权。

关联法规

《时间效力规定》第10条;《合同编通则解释》第53、54条

第五百六十六条　【合同解除的效力】合同解除后,尚未履行的,终止履行;已经履行的,根据履行情况和合同性质,当事人可以请求恢复原状或者采取其他补救措施,并有权请求赔偿损失。

合同因违约解除的,解除权人可以请求违约方承担违约责任,但是当事人另有约定的除外。

主合同解除后,担保人对债务人应当承担的民事责任仍应当承担担保责任,但是担保合同另有约定的除外。

条文注释

在本条第1款规定中,如果当事人互负恢复原状或者采取其他补救措施的义务,则可以行使同时履行抗辩权。

所谓根据履行情况,是指根据履行部分对债权的影响。如果债权人的利益不是必须通过恢复原状才能得到保护,则不必恢复原状。

所谓根据合同性质,是指根据合同标的的属性。根据合同标的的属性不可能或者不容易恢复原状的,不必恢复原状。

所谓恢复原状,是指恢复到订约前的状态。恢复原状时,因合同而取得的财产,应当返还,财产不存在的,如果原物是种类物,则可以返还同一种类物。恢复原状还包括返还以下三类财产:(1)被返还的财产所产生的利息和其他孳息;(2)返还财产方在占有财产期间为保存或者维护该财产所花费的必要费用;(3)因返还财产所支出的必要费用。

所谓采取其他补救措施,主要指的是财产因不可归责于债务人的原因而发生毁损、灭失、添附或者其他事由,导致不能恢复原状的,或者受领的标的为劳务或者物的使用而无法恢复原状的,或者虽然能够恢复原状但因为成本过高等原因而没有必要恢复原状的,应当折价补偿。

本条第1款同时规定,合同解除后,当事人有权要求赔偿损失。关于解除合同后是否承担损害赔偿责任,应根据不同情况判断:(1)协议解除合同且当事人在协议中明确免除了对方损害赔偿责任的,协议生效后,不得再请求赔偿。(2)因不可抗力解除合同的,依据本法第590条的规定,一般不承担损害赔偿责任。但在不可抗力发生后,应当采取补救措施减少损失扩大而没有采取的,应对扩大的损失承担赔偿责任。(3)因一方根本违约或者经催告仍不履行义务而解除合同的,违约方应当赔偿另一方

因己方违反合同而受到的损失。

本条第2款适用的前提是合同因违约而被解除，如果合同是因为不可抗力而被解除，则依据本法第590条的规定，不存在违约责任。此外，这里的违约责任并不包括继续履行、修理、重作、更换，因为合同解除与这些违约责任形式是互斥的。但是，合同因违约而解除后，解除权人可以请求违约方承担退货、减少价款或者报酬、赔偿损失等违约责任。其中，赔偿损失既包括法定的违约损失赔偿，也包括约定的违约损失赔偿。在当事人约定了违约金的数额、因违约产生的损失赔偿额的计算方法、定金等违约责任条款时，当事人可以在合同解除后主张这些条款。

关于本条第3款，在主合同解除后，债务人对于已经履行的债务应当恢复原状或者采取其他补救措施，对债权人利益的损失应当予以赔偿，此时债权人对债务人仍然享有请求权。担保本来就是为保障主债务的履行而设立，在合同因主债务未履行而被解除时，合同解除后所产生的债务人的责任也同样是因主债务未履行而导致的，因此担保人对债务人仍应当承担担保责任，这并不违反担保人的通常意思。担保合同中约定保证责任随主合同的解除而免除或者变更的，基于自愿原则，应承认此种约定的效力。

关联法规

《民法典》第584条

第五百六十七条 【合同终止后有关结算和清理条款效力】合同的权利义务关系终止，不影响合同中结算和清理条款的效力。

条文注释

结算是经济活动中的货币给付行为，如果当事人在合同中约定了结算方式，则合同终止后，应当按照约定的方式结算。

清理，是指对债权债务进行清点、估价和处理。如果合同中约定了进行清理的主体、清理的范围以及清理的方法，则应当按照合同约定进行清理。关于违约金和定金的约定也可以被认为是结算和清理条款。

应当注意的是，根据本法第507条的规定，合同不生效、无效、被撤销或者终止的，不影响合同中有关解决争议方法的条款的效力。

关联法规

《合同编通则解释》第52条

第五百六十八条　【债务法定抵销】当事人互负债务,该债务的标的物种类、品质相同的,任何一方可以将自己的债务与对方的到期债务抵销;但是,根据债务性质、按照当事人约定或者依照法律规定不得抵销的除外。

当事人主张抵销的,应当通知对方。通知自到达对方时生效。抵销不得附条件或者附期限。

条文注释

抵销,是指当事人双方互负债务,各以其债权充抵债务的履行,双方各自的债权和对应债务在对等额内消灭。抵销因其产生的根据不同,可分为法定抵销和约定抵销。法定抵销,是指法律规定抵销的条件,条件具备时依当事人一方的意思表示即发生抵销的效力。

当事人互负债务,且债务的标的物种类、品质相同的,任何一方可以将自己的债务与对方的到期债务抵销,但下列情况除外:

(1)根据债务性质不得抵销的。这些情形主要有:第一,必须履行的债务不得抵销。如应当支付给下岗工人的生活保障金,不得用以抵销工人欠企业的债务。第二,具有特定人身性质或者依赖特定技能完成的债务,以及相互提供劳务的债务,不得相互抵销。第三,不作为债务不得相互抵销,此种债务不经过相互实际履行,就无法实现债权的目的。第四,故意侵权所产生的债务,作为债务人的侵权人不得主张抵销,以免债权人任意侵犯债务人的人身和财产权利,如果允许抵销,则有违公序良俗,且会诱发故意的侵权行为。第五,约定应当向第三人履行的债务,债务人不得以自己对于对方当事人享有的债权为由主张抵销。第六,相互出资的义务不得抵销,即使仅存在两个出资人。

(2)按照当事人约定不得抵销的。本条第1款明确规定了按照当事人约定不得抵销的例外。但是,当事人之一将其债权转让给第三人的,此种不得抵销的特别约定不得对抗善意的受让人,以保护债权善意受让人的利益。

(3)依照法律规定不得抵销的。法律规定不得抵销的债务,当事人不得主张抵销。本法第549、553、719条还规定了抵销的一些特别情形。

在当事人双方债权债务相等的情况下,抵销产生债权债务消灭的法律后果;但如果债务的数额大于抵销额,则抵销不能全部消灭债务,而只是在抵销范围内使债务部分消灭。应当注意的是,主动债权数额较少,不足以抵销全部被动债权数额时，应当参照适用本法第560、561条的清偿抵充规则。

关联法规

《信托法》第18条；《证券投资基金法》第6条；《企业破产法》第40条；《合同编通则解释》第55～58条

第五百六十九条　【债务约定抵销】当事人互负债务，标的物种类、品质不相同的，经协商一致，也可以抵销。

条文注释

约定抵销，是指当事人双方协商一致，使自己的债务与对方的债务在对等额内消灭。法定抵销与约定抵销都是将双方的债务在对等额内消灭，二者的区别则主要表现在：一是抵销的根据不同。法定抵销是基于法律规定，只要具备法定条件，任何一方均可将自己的债务与对方的债务抵销，无须对方当事人同意；约定抵销中，双方必须协商一致，不能由单方决定抵销。二是对抵销的债务的要求不同。法定抵销要求标的物的种类、品质相同；约定抵销标的物的种类、品质可以不同。三是对抵销的债务的期限要求不同。法定抵销要求提出抵销的当事人一方所享有的债权也即对方的债务已经到期；约定抵销中，即使双方互负的债务没有到期，只要双方当事人协商一致，愿意在履行期到来前将互负的债务抵销，就可以抵销。四是程序要求不同。法定抵销中，当事人主张抵销时应当通知对方，通知未到达对方的，抵销不生效；约定抵销中，双方达成抵销协议时，即发生抵销的法律效力，不必履行通知义务，但双方另有约定的除外。

第五百七十条　【标的物提存的条件】有下列情形之一，难以履行债务的，债务人可以将标的物提存：

（一）债权人无正当理由拒绝受领；

（二）债权人下落不明；

（三）债权人死亡未确定继承人、遗产管理人，或者丧失民事行为能力未确定监护人；

（四）法律规定的其他情形。

标的物不适于提存或者提存费用过高的，债务人依法可以拍卖或者变卖标的物，提存所得的价款。

条文注释

提存，是指由于法律规定的原因导致债务人难以向债权人履行债务时,债务人将标的物交给提存部门而消灭债务的制度。除了此种以消灭债权债务为目的的清偿提存之外,还有以保管或者担保为目的的提存,后者在本法第390、406、432、433、442～445条中有规定。本条至本法第574条的规定仅适用于清偿提存。

根据本条规定,有下列情形之一,难以履行债务的,债务人可以将标的物提存:

(1)债权人无正当理由拒绝受领。这是指在债务履行期届至后,债务的履行需要债权人受领时,债务人提出了履行债务的请求,债权人能够接受履行,却无正当理由不予受领。如果债权人拒绝受领并提出了正当理由,则债务人不能将标的物提存。如果债务人没有提出履行请求,则不能构成债权人拒绝受领。债权人无正当理由拒绝受领,既包括债权人无正当理由明确或者以自己的行为表明拒绝受领,也包括债权人无正当理由长期迟延受领。据此,本法也明确规定了一些具体情形,如第837、916、957条等的规定。

(2)债权人下落不明。这是指债权人离开自己的住所、不知去向,或因为债权人地址不详等原因无法查找。债权人下落不明也包括债权人的代理人下落不明,如果债权人下落不明但其代理人确定,此时债务人可以向其代理人履行以清偿债务,不得将标的物提存。

(3)债权人死亡未确定继承人、遗产管理人或者丧失民事行为能力未确定监护人。债权人死亡或者丧失民事行为能力,并不必然导致债务人债务的消灭。当债权人死亡时,由于该债权人的继承人可以继承其债权,债务人应当向债权人的继承人、遗产管理人履行债务。债权人死亡以后其继承人、遗产管理人未确定,造成债务人无法履行其债务的,债务人可以将标的物提存。如果债权人因为丧失民事行为能力导致其在法律上不能受领,则应由其监护人代理。债权人的监护人未确定,造成债务人无法履行其债务的,债务人可以将标的物提存。

(4)法律规定的其他情形。这主要指债务人非因过失而无法确知谁是债权人的情形。比如,债权人和债权人的受让人之间就债权转让发生争议,此时债务人无法确知谁是真正的债权人,债务人就可以提存。债权人不在债务履行地又不能到履行地受领,也可以作为提存原因之一。

具备提存的上述情形之一的,除法律另有规定外,必须是导致债务人难以履行债务的才可以提存。

提存的标的物主要是货币、有价证券、票据、提单、权利证书、贵重物品等适宜提存的标的物。标的物不适于提存或者提存费用过高的，债务人依法可以拍卖或者变卖标的物，提存所得的价款。所谓标的物不适于提存，是指标的物不适于长期保管或者长期保管将损害其价值的，如易腐、易烂、易燃、易爆等物品。所谓标的物提存费用过高，一般是指提存费与所提存的标的的价额不成比例，如需要特殊设备或者人工照顾的动物。

当然，除了符合本条规定的情形可以提存之外，当事人在合同中约定以提存方式给付的，也可以提存。同时，还有一些法律规定了担保情形中的提存。这类提存不要求具备债务人难以履行债务这一条件，一般是为了维护担保权人的利益，如本法第390条、第406条第2款、第433条等的规定。

应当注意的是，第三人履行而债权人没有权利拒绝的，第三人也可以依据本条予以提存。

关联法规

《执行和解规定》第7条

第五百七十一条 【提存成立及提存对债务人效力】债务人将标的物或者将标的物依法拍卖、变卖所得价款交付提存部门时，提存成立。

提存成立的，视为债务人在其提存范围内已经交付标的物。

条文注释

本条第1款的规定有助于确定提存的成立时间，同时也与本法第890条中"保管合同自保管物交付时成立"的规定保持了一致。具体而言：(1)提存货币的，以现金、支票交付提存部门的日期或提存款划入提存部门提存账户的日期为提存成立的日期。(2)提存的物品需要验收的，以提存部门验收合格的日期为提存成立的日期。(3)提存有价证券、提单、权利证书或无须验收的物品，以实际交付提存部门的日期为提存成立的日期。

提存成立，则视为债务人在其提存范围内已经交付标的物，但这并非必然、绝对地导致债务消灭。提存的标的物存在瑕疵，或者提存标的物与债的标的不符，债权人因此原因拒绝受领提存标的物的，不能构成本法第557条第1款第3项规定的"债务人依法将标的物提存"，债务并不消灭。

第五百七十二条 【提存通知】标的物提存后，债务人应当及时通知债权人或者债权人的继承人、遗产管理人、监护人、财产代管人。

条文注释

通知应当告知提存的标的、提存的地点、领取提存物的时间和方法等有关提存的事项，并且应当及时通知。提存通知的义务，是法律规定的义务，债务人必须履行，如怠于通知造成债权人损害，则债务人应承担赔偿责任。但应当注意的是，通知本身不是提存成立的要件，通知与否不影响提存的成立。

第五百七十三条　【提存期间风险、孳息和提存费用】标的物提存后，毁损、灭失的风险由债权人承担。提存期间，标的物的孳息归债权人所有。提存费用由债权人负担。

条文注释

标的物提存后，无论债权人是否领取，都视为债务人在其提存范围内已经交付标的物，因此，标的物毁损、灭失的风险就由债权人承担。本条适用于本法第605、608条规定情形之外的其他情形。标的物提存后，因不可抗力、标的物的自然变化、第三人的原因或者提存人保管不当，都可能引起标的物的毁坏、损失，甚至导致标的物不复存在。标的物毁损、灭失的风险由债权人承担，一方面由债权人承担因不可抗力、标的物自身性质而产生的毁损、灭失的后果，另一方面债权人有权向造成标的物毁损、灭失的第三人或者提存部门索赔。比如，提存期间，提存标的物因为提存部门未履行保管职责而毁损、灭失的，提存部门负有赔偿责任，由债权人向提存部门索赔。

标的物的孳息，是指由标的物产生的收益，包括自然孳息和法定孳息。自然孳息，是指依物的用法所产生的作为独立物的收益。法定孳息，是指依法律关系产生的收益，如金钱所产生的利息，有价证券产生的股息、红利。债权人对提存物享有收益的权利，提存期间，标的物的孳息归债权人所有。在提存期间，提存部门负责提存物孳息的收取。

提存费用由债权人负担。提存费用并非债务人履行债务所必要的费用，故应由债权人负担，除非债权人和债务人另有约定。提存费用包括提存公证费、公告费、邮电费、保管费、评估鉴定费、代管费、拍卖变卖费、保险费，以及为保管、处理、运输提存标的物所支出的其他费用。债权人应当支付提存费用，在支付提存费用前，提存部门有权留置价值相当的提存标的物。但是，在债务人依据本法第574条第2款依法取回标的物时，提存费用由债务人负担。

关联法规

《民法典》第 604 条

第五百七十四条 【提存物的受领及受领权消灭】债权人可以随时领取提存物。但是,债权人对债务人负有到期债务的,在债权人未履行债务或者提供担保之前,提存部门根据债务人的要求应当拒绝其领取提存物。

债权人领取提存物的权利,自提存之日起五年内不行使而消灭,提存物扣除提存费用后归国家所有。但是,债权人未履行对债务人的到期债务,或者债权人向提存部门书面表示放弃领取提存物权利的,债务人负担提存费用后有权取回提存物。

条文注释

标的物提存后,视为债务人在其提存范围内已经交付标的物。债权人基于债权有权取得该标的物,此时提存可以被认为是为债权人利益的保管,债权人有权随时领取提存物。如果债权人对债务人也负有对待给付的义务,则当事人双方均需要履行各自的义务,债务人虽然依法将标的物提存,但与其互负到期债务的债权人并未履行对待给付的义务。为避免先行履行可能发生的风险、保证债务人债权的实现,债务人针对债权人所享有的债权可以行使的抗辩,也可以针对债权人领取提存物的权利行使。因此,债务人申办提存时,可以对提存部门给付提存物的行为附条件,即只有在债权人履行了对债务人的对待债务,或者为履行提供了相应的担保后,才能领取提存物。提存部门应根据债务人的要求,按提存人所附条件给付提存标的物。债权人未履行债务或者提供担保而不符合所附条件的,提存部门应当拒绝债权人领取提存物。提存部门未按列明的给付条件而直接向债权人给付提存标的物,给当事人造成损失的,提存部门负有赔偿责任。

本条第 2 款中规定了领取提存物的权利的存续期间,依据本法第 199 条的规定,该期间不适用有关诉讼时效中止、中断和延长的规定,期间届满后领取提存物的权利消灭,而不发生义务人不履行义务的抗辩。债权人领取提存物的权利因 5 年内不行使而消灭的,提存物扣除提存费用后归国家所有,债权人不能再对提存物主张权利。

根据本条第 2 款中的规定,债务人行使取回提存物权利的前提是符合以下两种情形之一:(1)债权人未履行对债务人的到期债务,债务人取回提存物。如果债权人已经履行了对债务人的到期债务,则债务人不享有取回权,以免造成对债权人利益的损害。(2)债权人领取提存物的权利也可能因为债权人向提存部门书面表示放弃领取提存物而消灭,此时,债务人享有取回提存物的权利。符合上述条件,债务人取回提存物的,视为未提存,此时提存费用由债务人承担。

关联法规

《提存公证规则》第26条第2款

第五百七十五条　【债务免除】 债权人免除债务人部分或者全部债务的,债权债务部分或者全部终止,但是债务人在合理期限内拒绝的除外。

条文注释

免除,是指债权人抛弃债权,从而全部或者部分消灭债权债务。免除也是意思表示,而且是有相对人的意思表示,因此应当适用关于意思表示的一般规定。免除债务表明债权人放弃债权,不再要求债务人履行义务,属于无偿的民事法律行为,故债务人不必为此付出相应的对价。免除发生债权消灭的后果,需要债权人具有处分权,且不得损害第三人的利益,否则对第三人不发生免除效力。免除债务不必有特定形式,口头、书面,明示、默示都可。债权人免除部分债务的,债权债务部分消灭;免除全部债务的,债权债务全部消灭,债权债务因此终止。在债务被全部免除的情况下,有债权证书的,债务人可以请求返还。债权因免除而消灭的,从属于债权的担保权利、利息权利、违约金请求权等也随之消灭。

第五百七十六条　【债权债务混同】 债权和债务同归于一人的,债权债务终止,但是损害第三人利益的除外。

条文注释

债权债务的混同,是指债权人和债务人同归于一人,致使债权债务终止。混同是一种法律规定的事件,即因某些客观事实发生而产生的债权债务同归一人,不必由当事人为意思表示。

债权人和债务人双方混同,债权债务失去存在基础,自然应当终止。债权因混同消灭的,从属于债权的担保权利、利息权利、违约金请求权等也随之消灭。如果债权消灭将损害第三人利益,例如,债权是他人权利的标的,则为保护第三人的利益,债权不能因混同而消灭。又如,甲将其对乙的债权出质给丙,此后甲乙之间的债权债务即使混同,为了保护质权人丙的利益,作为权利质权标的的债权也不消灭。再如,债权人甲请求法院扣押乙对丙的债权,此后乙丙之间的债权债务即使混同,为了保护甲的利益,被扣押的债权也不消灭,甲仍可请求法院强制执行该债权。

第八章 违约责任

第五百七十七条 【违约责任基本规则】当事人一方不履行合同义务或者履行合同义务不符合约定的,应当承担继续履行、采取补救措施或者赔偿损失等违约责任。

条文注释

首先,违约责任要求合同义务的有效存在。不以合同义务的存在为前提所产生的民事责任,不是违约责任,这将违约责任与侵权责任、缔约过失责任区分开,后两者都不以合同义务的存在为必要前提。其次,违约责任要求债务人不履行合同义务或者履行合同义务不符合约定。这包括履行不能、履行迟延和不完全履行等,还包括瑕疵担保、违反附随义务和债权人受领迟延等可能与合同不履行发生关联的情形。

本条规定了违约责任的形式包括继续履行、采取补救措施或者赔偿损失等,具体而言包括:(1)继续履行;(2)修理、重作、更换;(3)退货、减少价款或者报酬等;(4)法定的赔偿损失和违约金、定金等约定的赔偿损失。

关联法规

《民法典》第179条

第五百七十八条 【预期违约责任】当事人一方明确表示或者以自己的行为表明不履行合同义务的,对方可以在履行期限届满前请求其承担违约责任。

条文注释

按照发生的时间,违约行为可分为预期违约和届期违约。违约行为发生于合同履行期限届满之前的,为预期违约,又称先期违约。在履行期限届满之前,当事人一方明确表示或者以自己的行为表明不履行合同义务,当然要求其不享有履行抗辩权等正当理由的,才构成预期违约。应当注意的是,本条规定的预期违约,无论当事人一方明确表示或者以自己行为表明其不履行的合同义务是不是主要义务,即使是从给付义务或者附随义务等,对方都有权请求其承担违约责任。

关联法规

《执行和解规定》第11、19条

第五百七十九条　【金钱债务继续履行】当事人一方未支付价款、报酬、租金、利息,或者不履行其他金钱债务的,对方可以请求其支付。

条文注释

所谓金钱债务,是指以债务人给付一定货币作为内容的债务,包括以支付价款、报酬、租金、利息,或者以履行其他金钱债务为内容的债务。当然,这里所说的报酬指的是金钱报酬,而不包括其他形式的报酬。当事人一方未按照合同约定履行金钱债务的,对方可以请求其履行。当事人一方迟延履行金钱债务的,除应当继续履行金钱债务外,还应当承担其他违约责任,如支付违约金、赔偿逾期利息等。

第五百八十条　【非金钱债务继续履行责任及违约责任】当事人一方不履行非金钱债务或者履行非金钱债务不符合约定的,对方可以请求履行,但是有下列情形之一的除外:

(一)法律上或者事实上不能履行;

(二)债务的标的不适于强制履行或者履行费用过高;

(三)债权人在合理期限内未请求履行。

有前款规定的除外情形之一,致使不能实现合同目的的,人民法院或者仲裁机构可以根据当事人的请求终止合同权利义务关系,但是不影响违约责任的承担。

条文注释

所谓继续履行,也称实际履行,就是按照合同的约定继续履行义务。如果当事人一方不履行非金钱债务或者履行非金钱债务不符合约定,且非金钱债务能够继续履行,则守约方可以请求违约方继续履行,还可以请求违约方承担赔偿损失等其他民事责任。

债权人请求继续履行,必须以非金钱债务能够继续履行为前提。不能请求继续履行具体包括以下情形:

一是法律上或者事实上不能履行。所谓法律上不能履行,指的是基于法律规定而不能履行,或者履行将违反法律的强制性规定。所谓事实上不能履行,是指依据自然法则已经不能履行。比如,合同标的物是特定物，该特定物已经毁损、灭失。

二是债务的标的不适于强制履行或者履行费用过高。所谓债务的标的不适于强制履行，是指依据债务的性质不适合强制履行。所谓履行费用过高，是指履行虽然可能，但会导致履行方负担过重、产生不合理的过大的负担或者过高的费用。债务的标的不适于强制履行或者履行费用过高的，如果债权人请求继续履行，则债务人享有拒绝履行的抗辩权。

三是债权人在合理期限内未请求履行。合理期限首先可以由当事人事先约定；没有约定或者约定不明确的，当事人可以协议补充；无法协议补充的，则需要在个案中结合合同种类、性质、目的和交易习惯等因素予以具体判断。债权人在合理期限内未请求继续履行，之后再请求债务人继续履行的，债务人享有拒绝履行的抗辩权。

关联法规

《时间效力规定》第 11 条；《合同编通则解释》第 59 条

典型案例

北京某旅游公司诉北京某村民委员会等合同纠纷案①

典型意义：本案是人民法院准确适用《民法典》关于合同权利义务关系终止和违约责任承担等制度，依法妥善化解民事纠纷的典型案例。审理法院根据案件具体情况认定所涉案件事实不构成情势变更，防止市场主体随意以构成情势变更为由逃避合同规定的义务，同时考虑到合同已经丧失继续履行的现实可行性，依法终止合同权利义务关系。本案裁判有利于指引市场主体遵循诚信原则依法行使权利、履行义务，对于维护市场交易秩序、弘扬诚实守信的社会主义核心价值观具有积极意义。

第五百八十一条　【替代履行】当事人一方不履行债务或者履行债务不符合约定，根据债务的性质不得强制履行的，对方可以请求其负担由第三人替代履行的费用。

条文注释

本条适用的前提是，当事人一方不履行债务或者履行债务不符合约

① 参见《人民法院贯彻实施民法典典型案例（第二批）》之七。

定,并且该债务根据其的性质不得强制履行。此时,债权人可以请求债务人负担由第三人替代履行的费用。该请求权是实体法上的请求权,不以进入执行程序为前提,故不同于《民事诉讼法》规定的执行措施。同时,也并非第三人替代履行之后才可以请求债务人负担费用,债权人可以直接请求债务人负担由第三人替代履行的费用。从债权人的角度而言,替代履行最终实现了自己的债权,类似于继续履行;从债务人的角度而言,替代履行类似于赔偿损失。同时,本条的规定不妨碍债权人就其他损失请求债务人赔偿。

第五百八十二条　【瑕疵履行的补救措施】履行不符合约定的,应当按照当事人的约定承担违约责任。对违约责任没有约定或者约定不明确,依据本法第五百一十条的规定仍不能确定的,受损害方根据标的的性质以及损失的大小,可以合理选择请求对方承担修理、重作、更换、退货、减少价款或者报酬等违约责任。

条文注释

债务人履行合同义务不符合约定的,主要是标的的品质、数量等不符合约定,可以采取一些补救措施,主要包括修理、重作、更换以及退货、减少价款或者报酬。债务人和债权人事先对此有约定的,应当按照约定承担违约责任,如果当事人对违约责任没有约定,或者虽有约定但约定不明确,就应当依据本法第510条的规定确定违约责任,即合同生效后,当事人就质量、价款或者报酬、履行地点等内容没有约定或者约定不明确的,可以协议补充;不能达成补充协议的,按照合同相关条款或者交易习惯确定。如果当事人对此既无约定,也无法依据本法第510条的规定予以确定,则受损害方根据标的的性质以及损失的大小,可以合理选择请求对方承担修理、重作、更换、退货、减少价款或者报酬等违约责任。价款或者报酬未支付的,债权人可以主张减少其应支付的价款或者报酬;价款或者报酬已经支付的,债权人可以主张返还减价后多出部分的价款或者报酬。债权人主张减价,债务人对减价与否或者减价数额均认可的,按照当事人协商一致的意思表示处理;债务人对减价与否或者减价数额有异议的,可以由人民法院或者仲裁机构予以确定。

关联法规

《买卖合同解释》第15～17条

第五百八十三条　【违约损害赔偿责任】当事人一方不履行合同义务或者履行合同义务不符合约定的，在履行义务或者采取补救措施后，对方还有其他损失的，应当赔偿损失。

条文注释

当事人一方不履行合同义务或者履行合同义务不符合约定，因此而承担继续履行或者采取补救措施的违约责任的，在其履行完毕前，债权人有权拒绝其相应的履行请求。债务人未能在约定期间或者合理期间内继续履行的，或者不能采取有效的补救措施的，债权人可以采取任何救济措施。尽管债务人在约定期间或者合理期间内已经继续履行或者采取了有效的补救措施，但债权人还有其他损失的，债权人仍然可以请求债务人依法赔偿。这些损失主要包括：(1)债务人最初的不履行合同义务或者履行合同义务不符合约定给债权人造成的损失；(2)嗣后的不继续履行或者继续履行不符合约定给债权人造成的损失；(3)债务人继续履行或者采取补救措施完毕前的迟延履行给债权人造成的损失；(4)补救措施本身给债权人造成的损失；(5)补救措施仍然无法弥补的债权人的损失。

第五百八十四条　【损害赔偿范围】当事人一方不履行合同义务或者履行合同义务不符合约定，造成对方损失的，损失赔偿额应当相当于因违约所造成的损失，包括合同履行后可以获得的利益；但是，不得超过违约一方订立合同时预见到或者应当预见到的因违约可能造成的损失。

条文注释

违约的赔偿损失包括法定的赔偿损失和约定的赔偿损失，本条规定的是法定的违约赔偿损失。违约赔偿损失责任的构成要件包括：一是有违约行为，即当事人一方不履行合同义务或者履行合同义务不符合约定。二是违约行为造成了对方的损失。如果违约行为未给对方造成损失，则不能用赔偿损失的方式追究违约人的民事责任。三是违约行为与对方损失之间有因果关系，即对方的损失是违约行为所导致的。四是无免责事由。

根据本条规定，违约损失赔偿额应当相当于因违约所造成的损失，包括实际损失和可得利益：

(1)实际损失，即所受损害，是指因违约而导致现有利益的减少，是现实利益的损失,又称积极损失。实际损失具体包括:第一,信赖利益的损失,包括费用的支出、丧失其他交易机会的损失以及因对方违约导致自己对第三人承担违约赔偿的损失等。第二,固有利益的损失,这体现在债务人违反保护义务的情形中。

(2)可得利益,即所失利益,是指受害人在合同履行后本可以获得的,但因违约而无法获得的利益,是未来的、期待的利益的损失,又称消极损失。可得利益是合同履行后债权人所能获得的纯利润。可得利益也可能与信赖利益中的丧失其他交易机会的损失存在重合。根据交易的性质、合同的目的等因素,可得利益损失主要分为生产利润损失、经营利润损失和转售利润损失等类型。

按照本条规定,违约赔偿的数额不得超过违约一方订立合同时预见到或者应当预见到的因违约可能造成的损失,这不仅适用于对可得利益的限制,而且适用于对实际损失的限制。根据本条规定,可预见性规则的适用应当注意以下问题:第一,预见的主体是违约方,而不是非违约方。第二,预见的标准是客观的理性人标准,即应为一个正常勤勉的人处在违约方的位置所能合理预见到的。第三,预见的时点是订立合同之时,而不是违约之时。第四,预见的内容是损失的类型或者种类,而无须预见到损失的具体范围。

关联法规

《买卖合同解释》第22、23条;《合同编通则解释》第60、63条

第五百八十五条　【约定违约金】当事人可以约定一方违约时应当根据违约情况向对方支付一定数额的违约金,也可以约定因违约产生的损失赔偿额的计算方法。

约定的违约金低于造成的损失的,人民法院或者仲裁机构可以根据当事人的请求予以增加;约定的违约金过分高于造成的损失的,人民法院或者仲裁机构可以根据当事人的请求予以适当减少。

当事人就迟延履行约定违约金的,违约方支付违约金后,还应当履行债务。

条文注释

约定违约金主要适用于合同之债,但法定之债也可以约定违约金。约定违约金可能表现为不同的形式,可以约定一定数额的违约金,也可以约定因违约产生的损失赔偿额的计算方法。

本条第2款第一个分句确立了司法酌增规则。司法酌增适用的前提是:(1)约定的违约金低于造成的损失。此处的损失应当按照法定赔偿损失的范围和数额予以认定,包括实际损失和可得利益。(2)债权人提出申请,并应当对违约金低于造成的损失予以举证。此时,人民法院或者仲裁机构可以增加违约金数额,但并非应当增加,一般而言,增加后的违约金数额不应超过对债权人造成的损失。

本条第2款第二个分句确立了司法酌减规则。司法酌减适用的前提是:(1)约定的违约金过分高于造成的损失。此处的损失同样应当按照法定赔偿损失的范围和数额予以认定,包括实际损失和可得利益。但是,约定的违约金必须"过分"高于造成的损失。(2)债务人提出申请,并就约定的违约金高于造成的损失予以举证。债务人提出请求的方式既可以是另行提起反诉,也可以是针对债权人的请求予以抗辩。

本条第3款规定,违约方支付迟延履行违约金后,还应当履行债务,对此不应进行反面解释,即认为如果债权人先主张继续履行或先行受领了继续履行,即不得请求迟延履行违约金或者视为放弃迟延履行违约金。债权人受领了债务人迟延后的继续履行,仍可并行主张迟延履行违约金,此并行主张不以受领给付时作特别保留为必要条件。

关联法规

《买卖合同解释》第18、20、21条;《民间借贷规定》第29条;《合同编通则解释》第64、65条

第五百八十六条　【定金担保】当事人可以约定一方向对方给付定金作为债权的担保。定金合同自实际交付定金时成立。

定金的数额由当事人约定;但是,不得超过主合同标的额的百分之二十,超过部分不产生定金的效力。实际交付的定金数额多于或者少于约定数额的,视为变更约定的定金数额。

条文注释

所谓定金,是指当事人约定的,为保证债权的实现,由一方在履行前预先向对方给付的一定数量的货币或者其他代替物。定金是担保的一种形式。

按照本条第1款的规定,定金合同是实践性合同,自实际交付定金时成立,当然定金交付的时间由双方当事人约定。当事人订立定金合同后,不履行交付定金的约定,不承担违约责任。同时,定金合同是一种从

合同,主债权债务合同无效,定金合同也随之无效。但是,在主合同因违约而被解除后,解除权人仍有权依据定金罚则请求违约方承担责任。

按照本条第 2 款的规定,定金的数额由当事人约定。但是,在能够确定主合同标的额的前提下,约定的数额不得超过主合同标的额的 20%。如果超过,则超过的部分不产生定金的效力,应当予以返还或者按照约定抵作价款,未超过的部分仍然产生定金效力。同时,实际交付的定金数额多于或者少于约定的数额的,除了超过法定限额的部分之外,视为变更约定的定金数额,按照变更后的定金数额适用定金罚则。

第五百八十七条 【定金罚则】债务人履行债务的,定金应当抵作价款或者收回。给付定金的一方不履行债务或者履行债务不符合约定,致使不能实现合同目的的,无权请求返还定金;收受定金的一方不履行债务或者履行债务不符合约定,致使不能实现合同目的的,应当双倍返还定金。

条文注释

适用定金罚则的前提条件首先是按照当事人的约定和法律的规定:当法律对定金有特别规定时,应当适用特别规定;当事人另有约定时,根据自愿原则,应尊重当事人的特别约定。其次,在不存在法律另有规定或者当事人另有约定的情形中,适用定金罚则的前提条件是,当事人一方不履行债务或者履行债务不符合约定,并且该违约行为要达到致使合同目的不能实现即根本违约的程度。虽然有违约行为但比较轻微,未达到不能实现合同目的的程度时,不能适用或者不能全部适用定金罚则。当事人一方不完全履行合同的,在能够区分比例的情况下,应当按照未履行部分所占合同约定内容的比例,适用定金罚则。同时,违约方必须要因违约行为承担违约责任的,才能适用定金罚则。如果违约方因不可抗力而免责,则不能适用定金罚则。

关联法规

《合同编通则解释》第 67、68 条

第五百八十八条 【违约金与定金竞合】当事人既约定违约金,又约定定金的,一方违约时,对方可以选择适用违约金或者定金条款。

定金不足以弥补一方违约造成的损失的,对方可以请求赔偿超过定金数额的损失。

条文注释

本条第1款规定了违约金和定金之间的适用关系，即对方当事人享有选择权，可以选择适用违约金条款，也可以选择适用定金条款，但二者不能并用。当然，不能并用的前提是针对同一违约行为，如果违约金和定金是针对不同的违约行为，则在这些违约行为都存在的前提下，仍然存在并用的可能性，但不应超过违约行为所造成的损失总额。

本条第2款规定了定金和法定赔偿损失之间的适用关系。与违约金不同，定金的数额不得超过主合同标的额的20%，但是，违约行为造成的损失可能会超过适用定金罚则之后的数额；并且，对于违约金，本法第585条第2款规定了司法酌增的规则，而对于定金并未明确规定类似规则。根据本款规定，约定的定金不足以弥补一方违约造成的损失的，守约方既可以请求定金，也可以就超过定金数额的部分请求法定的赔偿损失，此时，定金和损失赔偿的数额总和不会高于因违约造成的损失。

第五百八十九条　【拒绝受领和受领迟延】债务人按照约定履行债务，债权人无正当理由拒绝受领的，债务人可以请求债权人赔偿增加的费用。

在债权人受领迟延期间，债务人无须支付利息。

条文注释

债权人无正当理由拒绝受领，是指债务人按照约定履行了债务或者提出了履行债务的请求，债权人无理由地不予受领或者协助。其构成的要件包括：(1)债务人按照约定现实履行了债务，或者提出了履行债务的请求。但是，如果债权人预先表示了拒绝受领的意思，或者给付也同时需要债权人的行为，则债务人可以以准备给付的情事通知债权人，代替提出。这里同样也包括第三人依法有权代债务人履行债务，且债权人无权拒绝的情形。(2)债务内容的实现以债权人的受领给付或者其他协助为必要。如果是不需要受领给付或者其他协助的债务，如不作为债务，就不会产生拒绝受领的问题。(3)债权人拒绝受领，这里的拒绝受领是广义的，包括迟延受领或以自己的行为表明拒绝受领等情形。(4)债权人无正当理由。即不存在债权人拒绝的正当理由。

本条第1款中规定的“增加的费用”包括：(1)债务人提出给付的费用，如货物往返运送的费用、履行债务所支付的交通费用、通知费用等；(2)保管给付物的必要费用；(3)其他费用，如对不宜保存的标的物的处理费用。

第五百九十条 【不可抗力】当事人一方因不可抗力不能履行合同的，根据不可抗力的影响，部分或者全部免除责任，但是法律另有规定的除外。因不可抗力不能履行合同的，应当及时通知对方，以减轻可能给对方造成的损失，并应当在合理期限内提供证明。

当事人迟延履行后发生不可抗力的，不免除其违约责任。

条文注释

不可抗力作为违约责任的免责事由，包含两个方面的含义：(1)不可抗力仅是其造成合同履行障碍范围内对应的违约责任之免责事由，即根据不可抗力的影响程度，对应地免除当事人部分或者全部的违约责任。(2)当事人迟延履行后发生不可抗力的，不发生免除违约责任的效力。以上两点，其实质是考虑不可抗力与合同履行障碍之间的因果关系。

因不可抗力不能履行合同的，应当及时通知对方。"通知规则"旨在给对方当事人留出减损的时间和空间，故当事人如未尽通知义务的，应就对方扩大的损失承担过错赔偿责任。

受不可抗力影响的合同当事人应当在合理期限内提供证明。根据《民事诉讼法》规定的"谁主张，谁举证"之原则，如果合同当事人无法就不可抗力予以证明的，则其基于不可抗力免责的法律主张不能得到支持。在实践中，不可抗力的证明一般由公证机构提供。对于自然灾害，出证机关可以是不可抗力事件发生地的气象部门、地震管理部门以及专司防灾救灾职能的部门。对于社会事件，如战争、罢工等，通常由政府部门出具证明。

第五百九十一条 【减损规则】当事人一方违约后，对方应当采取适当措施防止损失的扩大；没有采取适当措施致使损失扩大的，不得就扩大的损失请求赔偿。

当事人因防止损失扩大而支出的合理费用，由违约方负担。

条文注释

本条第1款适用的关键是债权人是否采取了防止损失扩大的适当措施。措施是否适当，主要考虑债权人是否按照诚信原则的要求尽自己的努力采取措施避免损失扩大。如果采取的措施将严重损害债权人自身的利益，或者有悖于商业道德，或者所支付的代价过高，则不应认为债权人采取了适当的措施。措施是否适当还要考虑采取措施的期限是否合理。

关联法规

《买卖合同解释》第 22 条

第五百九十二条 【双方违约和与有过错】当事人都违反合同的,应当各自承担相应的责任。

当事人一方违约造成对方损失,对方对损失的发生有过错的,可以减少相应的损失赔偿额。

条文注释

本条第 1 款规定了双方违约。违约可以分为单方违约和双方违约。在双务合同中,有些合同义务是彼此独立的,不具有牵连性和对价性,因此,双方违反这些相互独立的合同义务是可能的,并且不成立双务合同的履行抗辩权。在双方各自违反了相互独立的合同义务时,实际上是两个独立的违约行为,因此各自都要向对方承担相应的违约责任。

本条第 2 款规定了与有过错。与有过错,又称过错相抵、混合过错,是指受损害一方对于损害结果的发生存在过错的,在计算损失赔偿额时应当予以相应减少。与有过错适用的前提是:(1)债权人因债务人违约遭受损失。(2)债务人的违约行为导致了损失的发生,但是,债权人的过错也是导致损失发生的原因。(3)债权人具有过错。此处的“过错”,既可能是债权人自身的行为部分导致了损害的发生,也可能是由债权人承担风险的其他事件部分导致了损害的发生,这些事件包括债权人应对之负责的工作人员等第三人的作为和不作为。与有过错适用的法律后果是,扣减债务人相应的损失赔偿额。具体扣减的数额要综合考虑当事人的过错程度、原因力的强弱等因素确定。

关联法规

《买卖合同解释》第 22 条

第五百九十三条 【第三人原因造成违约时违约责任承担】当事人一方因第三人的原因造成违约的,应当依法向对方承担违约责任。当事人一方和第三人之间的纠纷,依照法律规定或者按照约定处理。

条文注释

本法对因第三人原因造成违约所应承担的违约责任作了适当限缩,给司法实践留下空间,将《合同法》第 121 条中“应当向对方承担违约责任”修改为“应当依法向对方承担违约责任”。

一般而言，因第三人的原因造成债务人违约而应当由债务人向债权人承担违约责任的，主要包括但并不限于以下两类第三人：(1)履行辅助人。履行辅助人，即法定代理人和根据债务人的意思事实上从事债务履行的使用人。使用人包括委托代理人或者意定代理人，以及债务人为履行债务而与之订立合同的第三人。(2)与债务人有其他合同关系的第三人。该类第三人主要包括原材料供应人、配件供应人、产品制造人、产品上游供应商、次承租人等。对这类第三人，债务人比债权人具有更强的风险预知可能性、控制可能性和更低的救济成本。因此，因该类第三人原因造成违约的，债务人通常应当向债权人承担违约责任。

应当注意的是，如果第三人原因构成了本法第180条第2款规定的不可抗力，则可以适用本法第590条第1款的规定，根据不可抗力的影响，部分或者全部免除债务人的违约责任。同时，如果违约责任依据法律的特别规定采取过错责任，则可以将第三人原因纳入债务人是否具有过错中予以考量。

第五百九十四条 【国际贸易合同诉讼时效和仲裁时效】因国际货物买卖合同和技术进出口合同争议提起诉讼或者申请仲裁的时效期间为四年。

条文注释

本条规定的提起诉讼或者申请仲裁的4年时效期间，只适用于因国际货物买卖合同和技术进出口合同发生的争议。对其他合同争议提起诉讼或者申请仲裁的期限，不适用本条规定，依照其他有关的规定；法律无其他特别规定的，适用本法第188条第1款的规定，时效期间为3年。同时，本条仅规定了特别的时效期间，关于时效期间的起算、届满后的效力、时效的中止、时效的中断等，在法律无其他特别规定的情况下，适用本法关于诉讼时效的一般规定。

第二分编　典型合同

第九章　买卖合同

第五百九十五条　【买卖合同概念】买卖合同是出卖人转移标的物的所有权于买受人，买受人支付价款的合同。

条文注释

买卖合同的法律特征主要包括：(1)买卖合同是典型合同。(2)买卖合同是卖方转移财产所有权，买方支付价款的合同。(3)买卖合同是双务合同。出卖人与买受人互为给付，双方都享有一定的权利，又都负有相应的义务。(4)买卖合同是有偿合同。出卖人与买受人有对价关系，卖方取得价款是以转移标的物的所有权为代价的，买方取得标的物的所有权是以给付价款为代价的。(5)买卖合同多是诺成合同。一般当事人就买卖达成合意，买卖合同即成立，而不以标的物或者价款的现实交付为成立的要件。但是，买卖合同当事人也可以在合同中作出这样的约定，标的物或者价款交付时，买卖合同始为成立。此时的买卖合同即为实践合同或者称要物合同。(6)买卖合同为要式或者不要式合同，法律对合同的形式一般不作要求。

第五百九十六条　【买卖合同条款】买卖合同的内容一般包括标的物的名称、数量、质量、价款、履行期限、履行地点和方式、包装方式、检验标准和方法、结算方式、合同使用的文字及其效力等条款。

条文注释

买卖合同当事人在订立买卖合同时，通常应包括以下内容：(1)标的物的名称。标的物是买卖合同当事人权利义务指向的对象。(2)标的物的数量。标的物的数量，是指当事人约定的买卖标的物的数目。(3)标的物的质量。当事人应当就标的物的品种、规格、品质等级、型号、级别等作出明确约定。没有明确约定的，应当适用本法第510条以及第511条第1项的规定。(4)标的物的价款。关于价款，国家法律有强制性规定的，应当执行强制性的规定；没有强制性规定的，由当事人自己约定。(5)履行期限。履行期限,是指买卖合同的当事人所约定的履行合同义务的时间界限,包括交货时间和付款时间。(6)履行地点和方式。履行地点,是指买卖合同的当事人所约定的履行合同义务的具体地点,如合同的提货地点、付款地点等。履行方式,是指买卖合同当事人履行合同义务的具体方式,如是送货式、自提式还是代办托运式等。(7)包装方式。包装方式既可以指包装物的材料,又可以指包装的操作方式。(8)检验标准和方法。关于检验标准,如果当事人没有特殊要求的,可以依据国家标准或者行业标准进行检验;如果当事人有特殊要求的,则应在合同中作出明确约定。关于检验方法,有国家标准或者行业标准的,应当执行该标准;没有国家标准或者行业标准的,应当由当事人在合同中作出约定。(9)结算方式。结算方式主要有两种:一是现金结算;二是转账结算。(10)合同使用的文字及其效力。此条款主要涉及涉外合同。涉外合同常用中外文两种文字书写,且两种文本具有同等效力。

第五百九十七条 【无权处分效力】因出卖人未取得处分权致使标的物所有权不能转移的,买受人可以解除合同并请求出卖人承担违约责任。

法律、行政法规禁止或者限制转让的标的物,依照其规定。

条文注释

无权处分,是指没有处分权而处分他人财产。依据买卖合同的定义,出卖人负有交付买卖标的物并移转所有权的义务,因此,出卖人为保证买卖合同的履行,应当对买卖标的物具有处分权。当出卖人对买卖合同的标的物不具有处分权时,意味着买受人无法获得标的物的所有权,也就不能实现合同的目的,根据本法第563、566条的规定,买受人可以解除其与出卖人之间订立的买卖合同并要求出卖人承担违约责任。

第五百九十八条 【出卖人基本义务】出卖人应当履行向买受人交付标的物或者交付提取标的物的单证,并转移标的物所有权的义务。

条文注释

交付标的物并转移标的物所有权是出卖人最基本的义务。交付,是指标的物占有的转移。标的物的交付一般分为两种:(1)现实的交付,是指出卖人将标的物的占有直接转移给买受人,使标的物处于买受人的实际控制之下。(2)拟制的交付,是指出卖人将对标的物占有的权利转移给买受人,以替代现实的交付。

买卖合同中买受人的目的是取得标的物的所有权，因此，将标的物的所有权转移给买受人，同样是出卖人的基本义务。

关联法规

《买卖合同解释》第2、5条

第五百九十九条 【出卖人交付有关单证和资料义务】出卖人应当按照约定或者交易习惯向买受人交付提取标的物单证以外的有关单证和资料。

条文注释

《买卖合同解释》第4条对"标的物单证以外的有关单证和资料"作了明确，主要包括保险单、保修单、普通发票、增值税专用发票、产品合格证、质量保证书、质量鉴定书、品质检验证书、产品进出口检疫书、原产地证明书、使用说明书、装箱单等。出卖人向买受人交付提取标的物单证以外的有关单证和资料如果仅是基于约定才需要交付的，则不具有普遍约束力。如果基于交易习惯，抑或国际贸易中的国际惯例，出卖人向买受人交付提取标的物单证以外的有关单证和资料是合同履行过程中诚信原则的要求，依据本法第10条以及第509条第2款的规定，则具有普遍约束力，出卖人不能抗辩为交易习惯而拒绝履行。

第六百条 【知识产权归属】出卖具有知识产权的标的物的，除法律另有规定或者当事人另有约定外，该标的物的知识产权不属于买受人。

条文注释

依据本法第123条第2款的规定，知识产权是权利人依法就下列客体享有的专有的权利：(1)作品；(2)发明、实用新型、外观设计；(3)商标；(4)地理标志；(5)商业秘密；(6)集成电路布图设计；(7)植物新品种；(8)法律规定的其他客体。在买卖合同中，有些标的物本身就是知识产权的载体，如计算机软件等。本条规定意在说明作为知识产权的载体的买卖与知识产权转让有所不同。知识产权转让是权利买卖的一种。涉及权利主体转变的合同法律关系，在有关法律中一般称为权利的转让。如果一个买卖合同的标的物本身体现着一定的知识产权，除非当事人明确表示或者法律有相关规定，否则，该标的物所体现的知识产权就不转移至买受人。

第六百零一条　【标的物交付期限】出卖人应当按照约定的时间交付标的物。约定交付期限的,出卖人可以在该交付期限内的任何时间交付。

条文注释

出卖人具体交付标的物的时间,可以区分两种情况:(1)合同约定在某确定时间交付。除非对交付标的物的时间有精确要求的合同外,一般落实到日即是合理的,出卖人应当按照约定的时间履行标的物交付义务。迟于此时间,即为迟延交付,属于违约;早于此时间,即为提前履行,严格意义上也是一种违约。按照本法合同编通则部分的规定,买受人可以拒绝出卖人提前履行债务,但提前履行不损害买受人利益的除外。出卖人提前履行债务给债权人增加的费用,由出卖人承担。(2)合同约定了一个交付的期限。交付期限,通常指的是一个时间段。这种情况下,依照本条规定,出卖人就可以在该交付期限内的任何时间交付标的物。

关联法规

《商品房买卖合同解释》第14条

第六百零二条　【标的物交付期限不明时的处理】当事人没有约定标的物的交付期限或者约定不明确的,适用本法第五百一十条、第五百一十一条第四项的规定。

条文注释

依据本法第510条的规定,合同生效后,当事人就标的物的交付期限没有约定或者约定不明确时,可以重新协商达成补充协议;不能达成补充协议的,按照合同相关条款或者交易习惯确定。如果仍然不能确定,按照本法第511条第4项的规定,出卖人可以随时履行,买受人也可以随时要求出卖人履行,但应当给对方必要的准备时间。

如果买卖合同当事人没有约定交付时间,根据我国的司法实践,通常可以依据下列情形进行判断:(1)合同约定由买受人自提货物的,以出卖人通知买受人提货时间为交付时间。(2)合同约定由出卖人送货的,出卖人在交货地点将标的物交付买受人实际占有并点收完毕,即视为交付。但是,如果买受人对货物的质量或者数量等提出异议而拒绝接受的,则不能视为交付。(3)出卖人因买受人无正当理由拒绝接受而将标的物提存的,提存时间即为交付时间。(4)出卖人提前交付而买受人接受的,以买受人实际接受的时间为交付时间。(5)当事人约定由出卖人代办托运或者邮寄货物的，出卖人将货物交给第一承运人或者邮局的时间为交付时间。

第六百零三条 【标的物交付地点】出卖人应当按照约定的地点交付标的物。

当事人没有约定交付地点或者约定不明确，依据本法第五百一十条的规定仍不能确定的，适用下列规定：

（一）标的物需要运输的，出卖人应当将标的物交付给第一承运人以运交给买受人；

（二）标的物不需要运输，出卖人和买受人订立合同时知道标的物在某一地点的，出卖人应当在该地点交付标的物；不知道标的物在某一地点的，应当在出卖人订立合同时的营业地交付标的物。

条文注释

根据本法第510条的规定，即合同生效后，当事人就标的物的交付地点没有约定或者约定期限不明确的，可以重新协商达成补充协议；不能达成补充协议的，按照合同相关条款或者交易习惯确定。如果仍不能确定的，首先应当适用本条第2款的规定；在本条第2款无法适用或者没有规定时，适用本法第511条第3项的规定。

本条所确定的规则可以从以下三个层次把握：(1)如果买卖合同标的物需要运输，无论运输以及运输工具是出卖人安排联系的，还是买受人安排联系的，出卖人的交付义务就是将标的物交付给第一承运人。(2)如果标的物不需要运输，即合同中没有涉及运输的事宜，这时如果出卖人和买受人订立合同时知道标的物在某一地点的，出卖人应当在该地点交付标的物。(3)在不属于以上两种情况的其他情况下，出卖人的义务是在其订立合同时的营业地将标的物交付给买受人。

关联法规

《买卖合同解释》第8条

第六百零四条 【标的物毁损、灭失风险承担的基本规则】标的物毁损、灭失的风险，在标的物交付之前由出卖人承担，交付之后由买受人承担，但是法律另有规定或者当事人另有约定的除外。

条文注释

风险承担，是指买卖的标的物在合同生效后因不可归责于当事人双方的事由,如地震、火灾、飓风等致使发生毁损、灭失时,该损失应当由哪方当事人承担。需要说明的是,本条确立的规则属于买卖合同风险承担的一般性规则,如果特别法或者本法另有特别的规定,则应当适用该特别规定。

第六百零五条 【迟延交付标的物的风险承担】因买受人的原因致使标的物未按照约定的期限交付的,买受人应当自违反约定时起承担标的物毁损、灭失的风险。

条文注释

依据本法第604条的规定,标的物的风险自交付时起,由出卖人转移至买受人。在合同履行中发生交付迟延的情况下,本条规定由于买受人的原因致使标的物不能按约定时间交付,买卖标的物自买受人违反约定时起发生风险转移。其条件可以概括为四个方面:一是须有买受人的原因。这里的原因,一般来讲是指买受人的过错,该过错包括故意和过失两种情况。二是须有出卖人不能按照约定的期限交付标的物的事实存在。如果没有这一事实的存在,也不会出现本条的情况。三是出卖人不能按照约定的期限交付标的物的事实是由于买受人引起的。也就是说,必须有因果关系。四是买受人承担风险的期限为自约定交付之日至实际交付之时。

关联法规

《商品房买卖合同解释》第8条

第六百零六条 【路货买卖中的标的物风险承担】出卖人出卖交由承运人运输的在途标的物,除当事人另有约定外,毁损、灭失的风险自合同成立时起由买受人承担。

条文注释

路货买卖,是指标的物已在运输途中,出卖人寻找买主,出卖在途中的标的物。它可以是出卖人先把标的物装上开往某个目的地的运输工具(一般是船舶)上,然后再寻找适当的买主订立买卖合同;也可以是一个买卖合同的买受人未实际收取标的物前,再把处于运输途中的标的物转卖给另一个买受人。本条的适用范围:一是出卖人出卖的标的物为"运输的在途标的物";二是当事人没有对运输途中的标的物毁损、灭失的风险作出特别约定,如果有特别约定,则应适用特别约定,不能适用本条的规定。

关联法规

《买卖合同解释》第 10 条

第六百零七条 【需要运输的标的物风险承担】出卖人按照约定将标的物运送至买受人指定地点并交付给承运人后,标的物毁损、灭失的风险由买受人承担。

当事人没有约定交付地点或者约定不明确,依据本法第六百零三条第二款第一项的规定标的物需要运输的,出卖人将标的物交付给第一承运人后,标的物毁损、灭失的风险由买受人承担。

条文注释

本条规定解决的是标的物在运输中的风险由谁承担的问题。根据本法第 604 条的规定,标的物毁损、灭失的风险,在标的物交付之前由出卖人承担,交付之后由买受人承担,但是法律另有规定或者当事人另有约定的除外。该条只是一个原则性的规定,核心是交付确定风险承担。本条针对经常出现的运输途中货物的风险承担划分问题作出了规定,确定了法定的交付界限。

关联法规

《买卖合同解释》第 9、11 条

第六百零八条 【买受人不收取标的物的风险承担】出卖人按照约定或者依据本法第六百零三条第二款第二项的规定将标的物置于交付地点,买受人违反约定没有收取的,标的物毁损、灭失的风险自违反约定时起由买受人承担。

条文注释

本条规定解决的是标的物在非运输途中的风险由谁承担的问题。同时,本条也是细化第 604 条规定,针对货物的风险承担划分问题作出具体规定,确定法定的交付界限。

这里需要说明的是,本法第 605 条和本条规定的法律后果均是买受人应当自违反约定时起承担标的物毁损、灭失的风险,但是两者却存在四点不同之处:一是两者承担风险的适用原则不同。前者是交付转移风险原则的例外,而本条适用交付转移风险原则。二是买受人的主观原因不同。前者要求买受人存在故意或者过失的原因,而本条无此要求。三是出卖人履行交付义务的状态不同。在前者的规定中,出卖人没有也无法履行交付义务,而本条的出卖人已经履行了部分交付行为。四是买受人开始承担风险责任的时间点不同。前者的时间点是出卖人交付标的物行为之前,本条的时间点是出卖人履行部分交付标的物的行为之后。

第六百零九条　【未交付单证、资料不影响风险转移】出卖人按照约定未交付有关标的物的单证和资料的,不影响标的物毁损、灭失风险的转移。

条文注释

本条内容主要包括两个方面:一方面,出卖人已经将标的物交付给买受人并由买受人占有,只是没有按照约定履行交付有关标的物的单证和资料的义务;另一方面,没有交付有关单证和资料,不影响标的物毁损、灭失风险的转移,即此时的风险由买受人承担。需要说明的是,本条中所称的"有关标的物的单证和资料",既可能是提取标的物的单证,也可能是提取标的物单证以外的有关单证和资料。

第六百一十条　【出卖人根本违约的风险负担】因标的物不符合质量要求,致使不能实现合同目的的,买受人可以拒绝接受标的物或者解除合同。买受人拒绝接受标的物或者解除合同的,标的物毁损、灭失的风险由出卖人承担。

条文注释

根据本条规定,对于买卖合同交付的标的物质量不合格而导致标的物毁损、灭失的风险由出卖人承担,应当具备以下三个条件:(1)出卖人交付的标的物不符合质量要求。如果当事人虽然就标的物质量发生了争议,但是并不能确定交付的产品不符合质量要求,则不适用本条规定。(2)因标的物质量不合格致使不能实现合同目的。(3)买受人拒绝接受标的物或者解除合同。另外,本条关于风险负担的规则属于任意性规范,当事人可以通过协议加以改变,如果当事人之间没有特别约定,则应当适用本条的规定。

第六百一十一条　【买受人承担风险与出卖人违约责任关系】标的物毁损、灭失的风险由买受人承担的,不影响因出卖人履行义务不符合约定,买受人请求其承担违约责任的权利。

条文注释

本条规定表明,在出卖人违约的情况下,买受人虽然按照本法的规定承担了标的物毁损、灭失的风险，但并不影响因出卖人的违约行为，买受人有请求其承担违约责任的权利，如请求损害赔偿。需要特别说明的是，本条规定可能与前条的规定存在交叉。比如，在出卖人向买受人交付的标的物不符合质量要求，致使不能实现合同目的的情况下，买受人可以依据前条的规定主张权利。即买受人既可以通过拒收标的物或者解除合同而不承担标的物毁损、灭失的风险，同时也可以进一步要求出卖人承担相应的违约责任。

第六百一十二条　【出卖人权利担保义务】出卖人就交付的标的物，负有保证第三人对该标的物不享有任何权利的义务，但是法律另有规定的除外。

条文注释

买卖合同中出卖人对标的物的权利担保义务，是指出卖人应当保证对标的物享有合法的权利，没有侵犯任何第三人的权利，并且任何第三人就该标的物不享有任何权利。根据本条规定，出卖人的权利担保义务包括：(1)出卖人对出卖的标的物享有合法的权利，对标的物具有所有权或者处分权。(2)出卖人应当保证标的物上不存在他人实际享有的权利，如抵押权、租赁权等。(3)出卖人应当保证标的物没有侵犯他人的知识产权。

出卖人未能履行权利担保义务，使合同订立后标的物上的权利缺陷没有去除，应当承担相应的法律责任。首先，买受人可以依照本法合同编第8章“违约责任”的有关规定，请求出卖人承担违约责任。其次，在标的物的部分权利属于他人的情况下，也可以认为出卖人的行为构成根本违约，买受人可以单方解除合同。如果买受人不想解除合同，则可以请求出卖人减少标的物的价款。

至于本条所规定的“但是法律另有规定的除外”，主要包括以下三个方面：(1)如果有关专门立法对有权利缺陷标的物的买卖作出特别规定，则首先要依照其规定。(2)如果有关涉及知识产权的立法就出卖人的权利有特殊规定的，应当按该特殊规定处理。(3)如果买受人明知第三人对标的物享有权利的，应当受其约束。

第六百一十三条　【出卖人权利担保义务免除】买受人订立合同时知道或者应当知道第三人对买卖的标的物享有权利的，出卖人不承担前条规定的义务。

条文注释

根据本条规定,出卖人不承担权利担保义务须具备两个条件:(1)买受人须了解情况。也就是说,买受人订立合同时知道或者应当知道存在权利瑕疵,这里的权利包括所有权及其与所有权有关的其他权利,如抵押权、质权和租赁权等。(2)买受人了解情况应在订立合同时。买受人知道或者应当知道第三人对买卖的标的物享有权利,应当在订立合同时,包括订立合同过程中和合同签字之时。如果在合同订立后,则不属于本条所规定的情况。

另外,需要注意的是:(1)如果就买受人是否知情发生争议,出卖人如果主张买受人在订立合同时明知标的物的权利缺陷,则对此举证的责任在出卖人,而非买受人。(2)出卖人不承担权利担保义务,意味着买受人无权请求出卖人就其不能取得完整的标的物所有权承担违约责任。(3)本条规定只是一个原则性的规定,并没有否定当事人以协议的方式排除这一规定。也就是说,买卖合同当事人如果在合同中约定应当由出卖人承担权利瑕疵担保责任的,出卖人就应当承担。

第六百一十四条　【买受人的中止支付价款权】买受人有确切证据证明第三人对标的物享有权利的,可以中止支付相应的价款,但是出卖人提供适当担保的除外。

条文注释

本条规定的买受人可以中止支付相应价款的权利,是指暂时不支付还没有支付的价款,等到权利瑕疵不存在时再予以支付。依据本条的规定,买受人中止支付相应价款必须符合如下条件:(1)买受人必须有确切证据,不能凭猜疑认为第三人对标的物享有权利,就中止支付价款。这里所说的证据包括买卖标的物的所有权凭证、他项权证、租赁合同书等。(2)买受人有丧失标的物部分权利的可能。也就是说,第三人所提供的证据或者买受人自己查到的证据,均表明第三人对标的物享有权利。(3)中止支付与受影响的标的物之间具有牵连性。也就是说,买受人中止支付的,应当是标的物的"相应"价款,并非一定是全部价款,具体要根据证据所能反映的第三人就标的物享有的权利大小而定。(4)出卖人未提供适当担保。也就是说,如果出卖人提供了相应的担保,足以消除买受人的疑虑,那么买受人自然不能再中止价款的支付。实践操作中,在买受人要求提供担保之后,出卖人拒绝提供的,买受人方可中止支付价款。

第六百一十五条　【标的物的质量要求】出卖人应当按照约定的质量要求交付标的物。出卖人提供有关标的物质量说明的，交付的标的物应当符合该说明的质量要求。

条文注释

按照约定的质量要求交付标的物，是出卖人的一项基本义务。需要说明的是，本条是一个原则性的规定，究竟何为按照要求履行了义务，还需要看当事人的具体约定。这里需要强调说明的有两点：第一，要求交付质量说明的，当事人应当交付质量说明并符合要求。第二，没有要求交付质量说明的，当事人可以不交付质量说明。这是指没有法律规定和没有约定的情形，在这种情形下，当事人可以不交付标的物质量说明。但是交付的标的物的质量，必须符合合同的具体要求。

关联法规

《买卖合同解释》第24条

第六百一十六条　【标的物质量要求不明时的处理】当事人对标的物的质量要求没有约定或者约定不明确，依据本法第五百一十条的规定仍不能确定的，适用本法第五百一十一条第一项的规定。

条文注释

本条规定的出卖人法定质量担保义务是，质量要求不明确的，按照强制性国家标准履行；没有强制性国家标准的，按照推荐性国家标准履行；没有推荐性国家标准的，按照行业标准履行；没有国家标准、行业标准的，按照通常标准或者符合合同目的的特定标准履行。在实践中的适用则要结合所遇到的个案进行具体的分析，以确定"通常标准"或者"特定标准"的内容，即在具体问题的处理过程中体现出法律规定的原则和精神。比如，标的物属于《产品质量法》规范的产品的，产品的质量应当符合该法第26、27条等的规定。

第六百一十七条　【质量瑕疵担保责任】出卖人交付的标的物不符合质量要求的，买受人可以依据本法第五百八十二条至第五百八十四条的规定请求承担违约责任。

条文注释

本条是关于出卖人交付标的物质量不符合要求应当承担违约责任的

规定,其构成应当具备以下四个构成要件:(1)交付的标的物有瑕疵。(2)标的物瑕疵在标的物风险转移时存在。(3)买受人为善意且无重大过失。(4)买受人须在异议期间内履行瑕疵的通知义务。

根据本条规定,买受人有权请求出卖人对交付的不符合质量要求的标的物承担违约责任。买受人行使这一权利需注意以下四点:(1)买卖合同为有效合同。(2)出卖人交付的标的物不符合质量要求。(3)买受人应当及时向出卖人提出。(4)买受人没有处置或者使用该标的物。

第六百一十八条　【减轻或者免除瑕疵担保责任的例外】当事人约定减轻或者免除出卖人对标的物瑕疵承担的责任,因出卖人故意或者重大过失不告知买受人标的物瑕疵的,出卖人无权主张减轻或者免除责任。

条文注释

本条中的出卖人的过错包括故意或者重大过失两类。另外,需要指出的是,在适用本条的过程中,主张出卖人存在故意或者重大过失的情形,应当由买受人承担举证责任。对于特约免除瑕疵担保责任的形式,由于该约定对双方的权利义务都存在重大影响,因此无论采取什么形式约定,都应当以明示的方式作出,而不能以默示的方式作出。

第六百一十九条　【标的物包装方式】出卖人应当按照约定的包装方式交付标的物。对包装方式没有约定或者约定不明确,依据本法第五百一十条的规定仍不能确定的,应当按照通用的方式包装;没有通用方式的,应当采取足以保护标的物且有利于节约资源、保护生态环境的包装方式。

条文注释

出卖人应当按照约定的包装方式交付标的物,这是本条规定的出卖人的义务,如果出卖人不履行或者不正确履行这一义务,则属于违约行为,应当依法承担违约责任。

对于包装方式,合同中没有约定或者约定不明确时如何履行义务,本条规定了两种解决方案:一是按照本法第510条的规定确定。即由当事人协商重新订立包装条款或者按照交易习惯确定包装方式,一经重新协商确定,则应照此执行。二是依据本法第510条的规定不能确定的,本条直接规定了解决方案——采用通用的方式或者采取足以保护标的物且有利于节约资源、保护生态环境的包装方式。至于何为"通用的包装方式",

一般理解为,有强制性国家标准、推荐性国家标准、行业标准的,这些标准应当理解为“通用的包装方式”。至于何为“足以保护标的物的包装方式”,则需根据具体的买卖合同的标的物作出判断。

第六百二十条 【买受人的检验义务】买受人收到标的物时应当在约定的检验期限内检验。没有约定检验期限的,应当及时检验。

条文注释

本条要求买受人收到标的物后应当及时进行检验。此处的“及时”,通常应当理解为:有法定时间的,依据法定时间进行检验;没有法定时间的,应在收货时或者收货后的合理时间内进行检验。

第六百二十一条 【买受人的异议通知义务】当事人约定检验期限的,买受人应当在检验期限内将标的物的数量或者质量不符合约定的情形通知出卖人。买受人怠于通知的,视为标的物的数量或者质量符合约定。

当事人没有约定检验期限的,买受人应当在发现或者应当发现标的物的数量或者质量不符合约定的合理期限内通知出卖人。买受人在合理期限内未通知或者自收到标的物之日起二年内未通知出卖人的,视为标的物的数量或者质量符合约定;但是,对标的物有质量保证期的,适用质量保证期,不适用该二年的规定。

出卖人知道或者应当知道提供的标的物不符合约定的,买受人不受前两款规定的通知时间的限制。

条文注释

当事人如果约定检验期限,买受人就应当在检验期限内将标的物的数量或者质量不符合约定的情形通知出卖人。买受人怠于通知的,视为标的物的数量或者质量符合约定。在“视为标的物的数量或者质量符合约定”的情况下,即使标的物实际上不符合合同约定,出卖人也不用承担违约责任,其不利后果由买受人承担。

对于没有约定检验期限的情况,法律没有对数量或者质量违约的情形进行分类并相应地规定买受人提出异议的期限,而是规定了买受人在收取标的物开始检验之后发现或者应当发现标的物的数量或者质量不符合约定之日起的合理期限。这个时间段,需要根据商业习惯和具体的标的物来确定。此外,本条规定了买受人的2年最长异议通知时间。买受人自标的物收到之日起2年内未通知出卖人的,视为标的物的数量或者质量符合约定。如果合同对标的物的质量保证期作了约定，就应当认为构成了当事人对最长的异议通知时间的约定，这时就不适用本条“二年”法定期限的规定。

另外，出卖人故意提供不符合约定的标的物属于一种欺诈行为，对于存在欺诈行为的人，不应当让他享有这种法律规定的利益，这实际上是对出卖人欺诈行为的一种惩罚，是民法的公平原则和诚信原则在买卖合同履行中的具体体现。

关联法规

《买卖合同解释》第12～14条

第六百二十二条　【检验期限或质量保证期过短时的处理】当事人约定的检验期限过短，根据标的物的性质和交易习惯，买受人在检验期限内难以完成全面检验的，该期限仅视为买受人对标的物的外观瑕疵提出异议的期限。

约定的检验期限或者质量保证期短于法律、行政法规规定期限的，应当以法律、行政法规规定的期限为准。

条文注释

判断当事人约定的检验期限是否过短，应主要从以下三个方面加以考虑：一是应当根据标的物的性质和交易习惯，在综合考虑的情况下，判断约定的检验期限对于隐蔽瑕疵的检验是否过短；二是买受人是否存在怠于通知的行为。如果买受人在约定检验期限发现隐蔽瑕疵却没有及时通知出卖人的，应当视为标的物质量符合约定；三是买受人对不能及时检验隐蔽瑕疵是否存在过失。买受人依法应当在收货后及时检验标的物，但是其没有采取适当的措施发现隐蔽瑕疵的存在的，则不能认定检验期限过短。

在实践中，对于检验期限和质量保证期，除了当事人的约定之外，法律、行政法规或者部门规章等也可能对此作出了规定。在当事人约定的检验期限或者质量保证期短于法律、行政法规等规定的期限时，应当以法定期限为准。从另一角度来看，如果约定的检验期限或者质量保证期长于法律、行政法规等规定的期限，这是出卖人自愿加重义务，且不违反法律或者行政法规等的规定，故应当尊重约定的期限。

第六百二十三条　【检验期限未约定时的处理】当事人对检验期限未作约定，买受人签收的送货单、确认单等载明标的物数量、型号、规格的，推定买受人已经对数量和外观瑕疵进行检验，但是有相关证据足以推翻的除外。

条文注释

本条规定签收即推定为检验合格的一般原则，可以避免实践中发生一些没有实际意义的抗辩或者反诉。当事人未约定检验期限的，签收载明标的物数量、型号、规格的收货单据即推定对数量和外观瑕疵进行了检验，有相反证据足以证明当事人没有对数量和外观瑕疵进行检验的除外。

另外，需要明确以下几点：一是为实现敦促买卖双方尽快结算的宗旨，买受人负有的异议和通知义务原则上不受交付数量和约定偏离程度的影响；二是出卖人明知或者应知实际交付的标的物数量或外观与约定不符的，买受人则不负有异议和通知义务；三是买受人对出卖人的部分履行行为可以接受或者拒绝，但是并不影响买受人可以追究出卖人违约责任的权利。

第六百二十四条　【向第三人履行情形下的检验标准】出卖人依照买受人的指示向第三人交付标的物，出卖人和买受人约定的检验标准与买受人和第三人约定的检验标准不一致的，以出卖人和买受人约定的检验标准为准。

条文注释

本条规定的内容，属于经由被指令人而为交付的情形，属于合同履行的一种常见的特殊形式，即出卖人应买受人的要求，将合同标的物向第三人交付。对于交付的标的物质量的判断标准，结合本法第510、511、615、616条的具体规定，确立了六个层次的质量判断标准：一是当事人约定的标的物质量标准；二是样品或者有关质量说明；三是协商一致的标的物质量标准；四是有关条款或交易习惯所确定的标准；五是国家或者行业标准；六是通常标准或符合合同目的的特定质量标准。

第六百二十五条　【出卖人回收义务】依照法律、行政法规的规定或者按照当事人的约定，标的物在有效使用年限届满后应予回收的，出卖人负有自行或者委托第三人对标的物予以回收的义务。

条文注释

本法第9条规定了绿色原则，本条规定是该原则在买卖合同中的具体体现。出卖人对于买卖标的物在有效使用年限后的回收义务，需要基于法律、行政法规的规定或者当事人的约定。

第六百二十六条　【买受人支付价款的数额和方式】买受人应当按照约定的数额和支付方式支付价款。对价款的数额和支付方式没有约定或者约定不明确的,适用本法第五百一十条、第五百一十一条第二项和第五项的规定。

条文注释

买卖合同当事人未就价款的支付方式作出约定或者约定不明确的,一旦发生纠纷,当事人之间的补充协议或者交易惯例可以解决。如果交易惯例解决不了,则需要法律规定出解决的原则,以便维护交易秩序和提高交易效率。根据本条规定,买受人应当按照约定的数额和支付方式支付价款,对价款的数额和支付方式没有约定或者约定不明确的,适用本法第510条、第511条第2项和第5项的规定。

第六百二十七条　【买受人支付价款的地点】买受人应当按照约定的地点支付价款。对支付地点没有约定或者约定不明确,依据本法第五百一十条的规定仍不能确定的,买受人应当在出卖人的营业地支付;但是,约定支付价款以交付标的物或者交付提取标的物单证为条件的,在交付标的物或者交付提取标的物单证的所在地支付。

条文注释

买受人应按约定的地点支付价款。本条规定了两种为当事人可以操作的具体原则:第一,依据本法第510条的规定确定。依据该规定,当事人重新订立补充条款或者买受人按照合同的有关条款、交易习惯自行确定。第二,在依据第510条规定不能确定支付地点的前提下,本条规定了两种情况:一是买受人应当在出卖人的营业地支付,这与本法第511条第3项规定的"给付货币的,在接受货币一方所在地履行"是一致的;二是如果约定支付价款以交付标的物或者交付提取标的物单证为条件,那么买受人应当在交付标的物或者交付提取标的物单证的所在地支付。

第六百二十八条　【买受人支付价款的时间】买受人应当按照约定的时间支付价款。对支付时间没有约定或者约定不明确,依据本法第五百一十条的规定仍不能确定的,买受人应当在收到标的物或者提取标的物单证的同时支付。

条文注释

买受人应当按照约定的时间支付价款。本条规定了两种为当事人可以操作的具体原则:第一种原则,依据本法第510条的规定确定。依据该规定,当事人重新订立补充条款或者买受人按照合同的有关条款、交易习惯自行确定。根据目前的规定,买受人可以随时支付价款;出卖人也可以随时请求买受人支付,但是应当给买受人一定的准备时间。第二种原则,在依据第510条规定不能确定支付时间的前提下,买受人应当在收到标的物或者提取标的物单证的同时支付,也就是人们平常所说的"一手交钱,一手交货"。

第六百二十九条 【出卖人多交标的物的处理】出卖人多交标的物的,买受人可以接收或者拒绝接收多交的部分。买受人接收多交部分的,按照约定的价格支付价款;买受人拒绝接收多交部分的,应当及时通知出卖人。

条文注释

对于出卖人多交标的物的情况,除当事人有约定具体处理方法外,本条规定了两种法定处理方法:一是买受人接收多交的部分。出卖人多交,买受人接收,在一定程度而言系在原买卖合同的基础上,就产品的数量达成了事实的补充条款。也就是说,在执行原合同其他条款的基础上,可以收取多交的部分。由于买受人接收了多交的部分,又对多收部分价款没有提出异议,等于同意以原价格购买该部分标的物。二是买受人拒绝接收多交的部分。对于拒绝接收的,买受人应当履行通知和保管的义务,至于通知的具体方式,既可以是书面的,也可以是非书面的,如电话通知等。

关联法规

《买卖合同解释》第3条

第六百三十条 【标的物孳息的归属】标的物在交付之前产生的孳息,归出卖人所有;交付之后产生的孳息,归买受人所有。但是,当事人另有约定的除外。

条文注释

本条规定是和本法第604条"标的物毁损、灭失的风险,在标的物交付之前由出卖人承担,交付之后由买受人承担"的规定相联系的。第604条规定的是交付划分风险的原则,根据这一原则,本条也将孳息和风险联系在一起,对买卖合同标的物的孳息归属作了规定。同时,本条还规定了"当事人另有约定的除外"的情形。

第六百三十一条　【从物与合同解除】因标的物的主物不符合约定而解除合同的，解除合同的效力及于从物。因标的物的从物不符合约定被解除的，解除的效力不及于主物。

条文注释

本条规定分为两个方面：一方面，因主物不符合约定而解除的合同，涉及从物的合同，自然也就解除，当事人不必在从物问题上再作明确的意思表示，除非法律另有规定或者当事人另有约定。这就是主物决定从物理论的具体体现。另一方面，当合同标的物中涉及从物的合同被解除时，并不影响到涉及主物的合同，涉及主物的合同仍然具有法律效力。当事人不能因为涉及从物不符合合同要求的合同解除，而提出涉及主物的合同解除。

第六百三十二条　【数物同时出卖时的合同解除】标的物为数物，其中一物不符合约定的，买受人可以就该物解除。但是，该物与他物分离使标的物的价值显受损害的，买受人可以就数物解除合同。

条文注释

本条规定的买受人有权解除合同分为两种情形：一是买受人解除一物不影响数物的解除。在标的物为数物的买卖合同中，出卖人交付的标的物中的一物不符合约定不被买受人接受，而出卖人交付的作为标的物的其他物符合要求又被买受人所接受时，买受人可以仅仅就不符合约定的物解除合同，但不影响符合要求的其他物的法律效力。二是买受人解除一物影响到数物的解除。买受人购买了数物，其中一物的质量不符合约定，而该物又不宜与数物中的其他物分离，否则将明显受到损害，那么买受人可以要求就数物解除合同，即解除合同的全部。

本条作为买受人的一项权利，使用了“可以”二字，出现依法可以解除合同的情形时，是否解除合同完全由买受人自己决定。

第六百三十三条　【分批交付标的物的合同解除】出卖人分批交付标的物的，出卖人对其中一批标的物不交付或者交付不符合约定，致使该批标的物不能实现合同目的的，买受人可以就该批标的物解除。

出卖人不交付其中一批标的物或者交付不符合约定，致使之后其他各批标的物的交付不能实现合同目的的，买受人可以就该批以及之后其他各批标的物解除。

买受人如果就其中一批标的物解除，该批标的物与其他各批标的物相互依存的，可以就已经交付和未交付的各批标的物解除。

条文注释

对于长期供货合同分批交付标的物的情况，如果出现出卖人不适当履行的情况，买受人要求解除合同的，应当受本条规定调整，表现为以下三个层次：第一，一般情况下，出卖人不适当履行某一批标的物的交付，买受人可以针对该批标的物不适当履行的情况，要求出卖人承担违约责任。第二，出卖人就某批标的物的交付构成根本违约，即交付的结果将导致该批以及之后其他各批标的物的交付不能实现合同目的的，买受人有权以该批标的物的交付违约为由，解除长期供货合同该部分及之后应当交付部分的内容。需要明确指出的是，某批标的物交付的根本违约，将致使今后各批的交付也构成根本违约的情况必须是十分明显的，才能适用这一规定。第三，某批标的物的交付与整个长期供货合同的其他各批标的物的交付可能是相互依存的，或者说是不可分的，即某批标的物的不适当履行导致整个合同无法实现合同目的。在这种情况下，买受人如果依法可以对该批标的物解除，那么他就有权解除整个长期供货合同。

第六百三十四条　【分期付款买卖合同】分期付款的买受人未支付到期价款的数额达到全部价款的五分之一，经催告后在合理期限内仍未支付到期价款的，出卖人可以请求买受人支付全部价款或者解除合同。

出卖人解除合同的，可以向买受人请求支付该标的物的使用费。

条文注释

分期付款买卖合同，是指由出卖人先向买受人交付标的物，买受人将应付的总价款在一定期限内分次向出卖人支付的买卖合同。法律对出卖人请求支付全部价款的特别约定的限制，属于法律强制性规定。当事人在合同中不得排除或者违反这些限制，否则合同无效。

在合同解除后，买卖当事人应当将从对方取得的财产进行返还，违约的一方应当赔偿对方因此而受到的损失。一般情况下，出卖人因买受人的原因解除合同时，出卖人向买受人请求支付或者抵扣的金额，不得超过相当于该标的物的使用费的金额。如果标的物有毁损，那么出卖人当然还可以请求相应的赔偿。

关联法规

《买卖合同解释》第27、28条

第六百三十五条　【凭样品买卖合同】凭样品买卖的当事人应当封存样品，并可以对样品质量予以说明。出卖人交付的标的物应当与样品及其说明的质量相同。

条文注释

凭样品买卖合同，又称货样买卖，是指买卖双方根据货物样品而订立的由出卖人按照样品交付标的物的合同。本条对样品的要求有两个：一是凭样品买卖的当事人应当封存样品；二是凭样品买卖的当事人可以对样品质量予以说明。

凭样品买卖合同的一个基本特点是加强出卖人的责任，视为出卖人担保交付的买卖标的物与样品具有同一品质。这是对出卖人的一项义务性规定，出卖人必须履行这一义务。如果出卖人未履行这项义务，会出现下列法律后果：一是出卖人应承担违约责任；二是因出卖人的交付行为使买受人的合同目的不能实现，买受人将有权解除合同。

关联法规

《买卖合同解释》第29条

第六百三十六条　【凭样品买卖合同的隐蔽瑕疵处理】凭样品买卖的买受人不知道样品有隐蔽瑕疵的，即使交付的标的物与样品相同，出卖人交付的标的物的质量仍然应当符合同种物的通常标准。

条文注释

本条是针对前条规定而作出的特别规定，即加重出卖人对标的物的质量担保责任。这里需要特别指出两点：一是为了减少纠纷，合同中应当将买受人了解样品的程序作出规定，特别是对于买受人所了解到的样品存在的隐蔽瑕疵的情况规定清楚；如果合同中没有规定，则需要由出卖人提供证据证明买受人知道该情况。二是本条所讲的“同种物的通常标准”，应理解为同种物的强制性国家标准、推荐性国家标准、行业标准或者同种物的通常标准、符合合同目的的特定标准，若出现这几类标准竞合的情况，原则上应适用对标的物质量要求更高的标准。

第六百三十七条　【试用买卖的试用期限】试用买卖的当事人可以约定标的物的试用期限。对试用期限没有约定或者约定不明确,依据本法第五百一十条的规定仍不能确定的,由出卖人确定。

条文注释

试用买卖合同,也称试验买卖合同,是指出卖人和买受人约定,由买受人对标的物进行试用,并由买受人决定是否购买标的物的一种特殊的买卖合同。标的物的试用期限是试用买卖合同中的重要条款,基于合同的自愿原则,合同当事人可以就标的物的试用期限进行约定。如果当事人在试用买卖合同中对试用期限没有约定或者约定不明确,自然应当依据本法第510条的规定,通过重新协商或者根据合同的条款、交易习惯来确定。如果还不能确定,则由出卖人来确定试用的期限。

关联法规

《买卖合同解释》第30条

第六百三十八条　【试用买卖的效力】试用买卖的买受人在试用期内可以购买标的物,也可以拒绝购买。试用期限届满,买受人对是否购买标的物未作表示的,视为购买。

试用买卖的买受人在试用期内已经支付部分价款或者对标的物实施出卖、出租、设立担保物权等行为的,视为同意购买。

条文注释

本条第1款第1句明确了试用买卖合同中买受人享有选择权。本条第1款第2句明确了视为购买的情形。本条第2款规定了视为同意购买的情形。值得注意的是,买受人虽未支付价金,但对标的物从事了试用或者检验以外的一些活动,如在试用期内对标的物实施出卖、出租、设立担保物权等行为,因为买受人在试用期间对标的物并无处置的权利,其从事试用以外的出卖、出租等行为,显然是将标的物视为自己之物,自然也可以视为其对标的物表示了认可。

第六百三十九条　【试用买卖使用费的负担】试用买卖的当事人对标的物使用费没有约定或者约定不明确的,出卖人无权请求买受人支付。

条文注释

理解本条需注意,即使出卖人无权请求买受人支付使用费,但是,如果买受人在试用期限内没有尽到一般注意义务,未能按照规定的用途或者标的物通常性能进行试用,导致标的物发生毁损、灭失的,由于当事人在试用期间并不存在权利义务关系,因此,出卖人无法向买受人主张违约责任。但是,出卖人可以依据本法侵权责任编的相关规定,在买受人的行为符合侵权责任构成要件的前提下,要求买受人承担赔偿损失等侵权责任。

第六百四十条 【试用期间标的物灭失风险的承担】标的物在试用期内毁损、灭失的风险由出卖人承担。

条文注释

在试用期间,标的物发生不可归责于买卖双方当事人的原因而毁损、灭失时,应当由出卖人承担该风险,出卖人无权要求买受人承担赔偿责任。在此需要特别指出的是,本条是原则性的规定,允许存在例外。如果买卖双方约定标的物在试用期内毁损、灭失的风险由出卖人和买受人共同承担,自然应当得到尊重。在本条规定的前提下,买受人向出卖人作出同意购买标的物的意思表示时,标的物的风险才发生转移。

第六百四十一条 【标的物所有权保留】当事人可以在买卖合同中约定买受人未履行支付价款或者其他义务的,标的物的所有权属于出卖人。

出卖人对标的物保留的所有权,未经登记,不得对抗善意第三人。

条文注释

本条实际上是一个提示性的条款,当事人可以根据实际情况运用这样的约定确定相互的权利义务关系,而这种约定是当事人根据合同自愿原则确定合同内容的表现,是受法律保护的。本条第2款规定明确了必须登记才能取得对抗第三人的效力。需要特别指出的是,按照《买卖合同解释》第25条的规定,本条关于所有权保留的规定不适于不动产。

第六百四十二条 【出卖人的取回权】当事人约定出卖人保留合同标的物的所有权,在标的物所有权转移前,买受人有下列情形之一,造成出卖人损害的,除当事人另有约定外,出卖人有权取回标的物:

(一)未按照约定支付价款,经催告后在合理期限内仍未支付;

(二)未按照约定完成特定条件;

(三)将标的物出卖、出质或者作出其他不当处分。

出卖人可以与买受人协商取回标的物;协商不成的,可以参照适用担保物权的实现程序。

条文注释

出卖人取回权，是指在所有权保留买卖合同中，当买受人出现违约情形时，出卖人享有取回标的物的权利。出卖人可以行使取回权的具体条件如下：第一，买受人未按照约定支付价款。本条在买受人未按照约定支付价款的同时增加规定出卖人的催告程序，即出卖人在决定行使对标的物的取回权时，应当先向买受人催告，在催告期满后买受人仍不支付价款的，出卖人才可以实施取回权。第二，买受人未按照约定完成特定条件。第三，买受人在占有标的物期间擅自处分标的物且标的物未被第三人善意取得。在买卖双方未就出卖人何时可以取回标的物作出约定时，买受人就标的物实施了转卖、出质等行为的，严重侵害了出卖人的所有权，故出卖人依法有权行使取回权。但是，如果第三人依据本法第 311 条的规定已经善意取得标的物所有权或者其他物权的，出卖人无权取回标的物。

本条第 2 款规定表明取回标的物首先尊重当事人之间的协商结果；在协商不成的前提下，出卖人可以参照《民事诉讼法》第 15 章“特别程序”第 7 节“实现担保物权案件”的规定行使取回权。

第六百四十三条　【买受人的回赎权及出卖人的再出卖权】出卖人依据前条第一款的规定取回标的物后，买受人在双方约定或者出卖人指定的合理回赎期限内，消除出卖人取回标的物的事由的，可以请求回赎标的物。

买受人在回赎期限内没有回赎标的物，出卖人可以以合理价格将标的物出卖给第三人，出卖所得价款扣除买受人未支付的价款以及必要费用后仍有剩余的，应当返还买受人；不足部分由买受人清偿。

条文注释

买受人回赎权，是指所有权保留买卖中出卖人对标的物行使取回权后，在一定期间内，买受人可以通过履行支付价款义务或者完成其他条件后享有的重新占有标的物的权利。回赎期是出卖人可以行使回赎权的期间，一般包括法定期间和意定期间。法定期间由法律明确规定。意定期间是当事人确定的期间，包括买卖双方约定的期间和出卖人指定的期间。本条同时规定出卖人单方指定的回赎期限必须是合理期限，即主要根据标的物性质来确定期限，应当具体情况具体分析。

如果买受人在双方约定的回赎期限内或者出卖人指定的回赎期间内没有履行相应义务而丧失回赎权的，出卖人就取得了对标的物的再出卖权，可以再次出卖标的物。本条就出卖人的再出卖权规定，出卖人可以以合理价格出卖标的物,出卖所得价款扣除买受人未支付的价款以及必要费用后仍有剩余的,应当返还买受人;不足部分由买受人清偿。

第六百四十四条　【招标投标买卖】招标投标买卖的当事人的权利和义务以及招标投标程序等,依照有关法律、行政法规的规定。

条文注释

招标投标买卖,是指招标人公布买卖标的物的出卖条件,投标人参加投标竞买,招标人选定中标人的买卖方式。招标投标买卖的程序,一般经过招标、投标和中标三个阶段。

《招标投标法》第46条第1款规定:"招标人和中标人应当自中标通知书发出之日起三十日内,按照招标文件和中标人的投标文件订立书面合同。招标人和中标人不得再行订立背离合同实质性内容的其他协议。"这意味着,在投标人中标以后,并非投标书的所有内容都自然转化为合同条款。在协商签订正式合同的过程中,双方可能会进一步修改投标文件的内容,也可能完全保留投标书的内容,这就涉及投标文件和正式书面合同的关系问题。依照《招标投标法》第48条第1款规定:"中标人应当按照合同约定履行义务,完成中标项目。中标人不得向他人转让中标项目,也不得将中标项目肢解后分别向他人转让。"因此,在投标文件和合同不一致的情况下,应当以合同为准。当然,当事人通过中标后协商签订合同,可以对投标文件进行适当修改,但不得实质性地改变招标投标文件的内容。另外,如果合同中明确规定有关价款等内容以投标文件为准的,则应当以投标文件确定价款。

第六百四十五条　【拍卖】拍卖的当事人的权利和义务以及拍卖程序等,依照有关法律、行政法规的规定。

条文注释

拍卖,是指以公开竞价的形式,将特定物品或者财产权利转让给最高应价者的买卖方式。根据《拍卖法》的相关规定,拍卖合同的成立应当经过出卖人出价、竞买人应价和拍定三个阶段。拍定,是指拍卖成交,即拍卖人以拍板、击槌或者其他惯用方式确定拍卖合同成立或者宣告竞争终结的一种行为,这种行为在性质上属于承诺。一经拍定,竞买人和出卖人之间就成立买卖合同关系,出卖人负有交付标的物并转移标的物所有权的义务,竞买人负有向出卖人支付价款的义务。相对于一般买卖合同而言,拍卖合同的效力有三个特殊之处：一是出卖人对标的物的瑕疵担保责任具有特殊性，如《拍卖法》第61条第2款的规定。二是出卖人对标的物风险的转移具有特殊性。根据本法第604条的规定，买卖标的物风险原则上随交付而转移。具体到拍卖合同，出卖人对标的物通常是先交付给拍卖人，拍定之后再由拍卖人交付给买受人，即经历两次交付。根据拍卖实践，第一次交付并不发生风险承担责任的转移，第二次交付给买受人后才发生转移。三是买受人承担违约责任方式的特殊性，如《拍卖法》第39条的规定。

第六百四十六条　【买卖合同准用于有偿合同】法律对其他有偿合同有规定的，依照其规定；没有规定的，参照适用买卖合同的有关规定。

条文注释

以当事人享有合同权利是否需偿付代价为标准，可以把合同分为有偿合同和无偿合同。当事人享有合同权利时必须向对方支付一定代价的合同，称为有偿合同。依据本条的规定，除买卖合同外其他有偿合同的法律适用，分为两种情况：第一种情况是，法律对其他有偿合同有规定的，依照其规定。对于其他有偿合同，本法和其他法律有特别规定的，适用本法和其他法律的特别规定，而不适用"买卖合同"一章的规定。这是特别法优先适用原则在法律适用中的具体体现。第二种情况是，法律对其他有偿合同没有规定的，参照适用买卖合同的有关规定。

对于本条的具体法律适用，应当注意准确理解"参照"二字的具体含义。一是参照适用并不是全部能够适用。也就是说，即使其他法律没有就有偿合同的具体规则作出明确规定，也不一定都可以适用"买卖合同"一章的全部内容。二是参照适用并不是直接能够适用。也就是说，如果买卖合同之外的其他有偿合同当事人发生纠纷，人民法院不能直接适用"买卖合同"一章中规定具体权利义务的条文。依据《买卖合同解释》的有关规定，正确的做法是：权利转让或者其他有偿合同参照适用买卖合同的有关规定的，人民法院应当首先引用本条的规定，再引用买卖合同的有关规定。

第六百四十七条　【易货交易合同】当事人约定易货交易，转移标的物的所有权的，参照适用买卖合同的有关规定。

条文注释

易货交易合同又称互易合同，一般是指当事人相互交换货币以外的标的物，转移标的物所有权的合同。互易人包括自然人、法人或者非法人组织，互易人各自享有取得对方互易标的物的权利，负有将本人的标的物转移交付对方的义务。因此，互易是双务、有偿合同。易货交易合同的当事人可以是双方，也可以是三方以上的当事人，如三角互换。易货交易合同的当事人互为互易人。

第十章　供用电、水、气、热力合同

第六百四十八条　【供用电合同概念及强制缔约义务】供用电合同是供电人向用电人供电，用电人支付电费的合同。

向社会公众供电的供电人，不得拒绝用电人合理的订立合同要求。

条文注释

供用电合同具有以下法律特征：(1)合同的主体是供电人和用电人。(2)合同的标的是一种无形物质——电力。(3)供用电合同属于持续供给合同。(4)供用电合同一般按照格式条款订立。(5)电力的价格实行统一定价原则。(6)供用电合同为诺成、双务、有偿合同。供用电合同自双方当事人达成协议时起成立并生效，而不以电力的实际供应为合同的生效要件，因而供用电合同是诺成性合同。供用电双方都享有一定权利，负担一定义务，双方的权利义务具有对应性，所以供用电合同也是双务合同。用电人使用电力须支付电费，供电人取得电费须供应电力，因此供用电合同还是有偿合同。

强制缔约，是指只要一方提出订立合同的要求，负有强制缔约义务的人依法不得拒绝，必须与之订立合同。我国《电力法》第26条第1款规定："供电营业区内的供电营业机构，对本营业区内的用户有按照国家规定供电的义务；不得违反国家规定对其营业区内申请用电的单位和个人拒绝供电。"这就是供电人的强制缔约义务。

第六百四十九条　【供用电合同内容】供用电合同的内容一般包括供电的方式、质量、时间，用电容量、地址、性质，计量方式，电价、电费的结算方式，供用电设施的维护责任等条款。

条文注释

为指导当事人订立供用电合同，国家有关部门还制定了供用电合同示范文本，对当事人订立合同应当约定哪些内容，作了详细的规范。至于供用电合同应当包括的具体内容，除本法第470条规定应当包括的条款外，本条根据供用电合同的特点，规定了供用电合同还应当包括的内容。

第六百五十条　【供用电合同履行地点】供用电合同的履行地点，按照当事人约定；当事人没有约定或者约定不明确的，供电设施的产权分界处为履行地点。

条文注释

本条中的"供用电合同的履行地点"，具体是指供电人将电力的所有权转移于用电人的转移点。根据合同自愿原则，供用电双方可以在供用电合同中约定该履行地点，供用电合同约定了履行地点的，供电人应当按照该约定履行供电义务。如果供用电双方对履行地点没有约定或者约定不明确，本条规定供电设施的产权分界处为履行地点。以供电设施的产权分界处作为供用电合同的履行地点，对于履行供用电合同、确定供电设施的维护管理责任，具有重要的作用。供用电双方应当根据供电设施的产权归属，承担供电设施的安装、维护、检修和管理责任。

第六百五十一条　【供电人的安全供电义务】供电人应当按照国家规定的供电质量标准和约定安全供电。供电人未按照国家规定的供电质量标准和约定安全供电，造成用电人损失的，应当承担赔偿责任。

条文注释

本条强调供电人应当正确履行供用电合同约定的义务，按照国家规定的供电质量标准和合同的约定安全供电。《供电营业规则》对供电质量标准作了规定。这里的"安全供电"，是指按照国家有关安全供电的规章制度供应电力，电压要稳定，频率要达到标准，输电线路要安全畅通等。

本条中的"承担赔偿责任"，是指供电人就其违约行为赔偿给用电人所造成的损失，损失既包括直接损失，也包括合同履行后可以获得的利益，但不得超过供电人订立合同时预见到或者应当预见到的因违约可能造成的损失。

第六百五十二条　【供电人中断供电时的通知义务】供电人因供电设施计划检修、临时检修、依法限电或者用电人违法用电等原因，需要中断供电时，应当按照国家有关规定事先通知用电人；未事先通知用电人中断供电，造成用电人损失的，应当承担赔偿责任。

条文注释

供用电合同是一种持续供给合同,供电人在发电、供电系统正常的情况下,应当连续向用电人供电,不得中断,否则应当承担违约责任。这是供电人连续供电的义务。但是,在某些法定情形下,供电人可以中断供电,根据本条和《电力法》第29条的规定,这些情形主要包括供电设施检修、依法限电、用电人违法用电。《电力法》第32条第1款规定:"用户用电不得危害供电、用电安全和扰乱供电、用电秩序。"其中的"危害供电、用电安全",是指用户违反供用电安全的有关规定,故意采取不正当手段,威胁供用电安全,或由于管理、使用不当,引发电气设施损坏事故、火灾事故、人身伤亡事故、停电事故等情况。"扰乱供电、用电秩序"主要包括违章用电行为、窃电行为、超计划用电行为、故意冲击供电企业与变电设施所在地行为等。供电人在上述情形下中断供电,不承担违约责任,但前提是应当按照国家有关规定事先通知用电人。

关联法规

《电力供应与使用条例》第28条

第六百五十三条　【供电人的抢修义务】因自然灾害等原因断电,供电人应当按照国家有关规定及时抢修;未及时抢修,造成用电人损失的,应当承担赔偿责任。

条文注释

本条中的"自然灾害等原因",主要是指不可抗力的原因。我国法律规定不可抗力为合同的免责事由。不可抗力独立于人的行为之外,不受当事人的意志所支配。不可抗力包括某些自然现象(如地震、台风、洪水)和某些社会现象(如战争)。本条所指的自然灾害等原因,主要包括:(1)自然因素造成的事故损害,如风、雪、霜、雾、空气污染等造成的断电;(2)一些不能预见又不可避免的外力破坏,如鸟害等。

因自然灾害等原因断电后,供电人应当按照国家有关规定及时抢修,尽早恢复供电,减少用电人因断电所造成的损失。供电人未及时抢修给用电人造成损失的,应承担赔偿责任。

关联法规

《民法典》第180、590条

第六百五十四条　【用电人的交付电费义务】用电人应当按照国家有关规定和当事人的约定及时支付电费。用电人逾期不支付电费的,应当按照约定支付违约金。经催告用电人在合理期限内仍不支付电费和违约金的,供电人可以按照国家规定的程序中止供电。

供电人依据前款规定中止供电的,应当事先通知用电人。

条文注释

用电人按照国家有关规定支付电费,主要是按照有关电力供应与使用的法律法规的规定履行交费的义务。用电人在合同约定的期限内未支付电费,应当承担迟延支付的违约责任。本条中的“国家规定的程序”,具体是指《供电营业规则》第66、67条的规定。本条规定的供电人中止供电应当符合下列四个条件:一是用电人未按照国家规定和当事人的约定支付电费;二是用电人逾期不按照约定支付违约金;三是经催告用电人在合理期限内仍不支付电费和违约金;四是按照国家有关规定履行批准和通知用电人的程序。上述四个条件同时具备时,供电人才可以停止供电。用电人支付电费和违约金后,供电人应当及时恢复供电。

第六百五十五条　【用电人的用电义务】用电人应当按照国家有关规定和当事人的约定安全、节约和计划用电。用电人未按照国家有关规定和当事人的约定用电,造成供电人损失的,应当承担赔偿责任。

条文注释

根据本条规定,用电人的安全用电、节约用电和计划用电主要表现在以下两个方面:第一,用电人应当依照国家有关规定用电。第二,用电人应当按照供用电合同的约定用电。其通常主要包括:(1)用电人应当按照合同中约定的用电容量、用电地址、用电时间、用电质量、用电方式、用电类别和用电指标等约定用电;(2)用电人应当按照合同中约定的用电计量方式和电价、电费结算方式缴纳电费;(3)用电人应当按照合同中约定的用电人一方对供用电设施的维护责任做好对供用电设施的维护工作。用电人违章用电,应当承担一定的法律责任,有关电力供应与使用的法律法规对违章用电的法律责任作出了规定。

第六百五十六条　【供用水、供用气、供用热力合同的参照适用】供用水、供用气、供用热力合同,参照适用供用电合同的有关规定。

条文注释

鉴于供用水、供用气、供用热力合同与供用电合同有许多共同点，本条规定了供用水、供用气、供用热力合同，参照适用供用电合同的有关规定。同时，供用水、供用气、供用热力合同，又各有其特性，与供用电合同并不完全相同。比如，供热与供水、供电、供气存在一个明显区别，即供热不达标或者报停仍需缴纳基础费用，而供水、供电和供气不存在这个问题。因此，本条规定的是“参照适用供用电合同的有关规定”，而不是完全适用。

第十一章　赠与合同

第六百五十七条　【赠与合同概念】赠与合同是赠与人将自己的财产无偿给予受赠人，受赠人表示接受赠与的合同。

条文注释

赠与合同的特征主要包括：(1)赠与是一种合意，是双方的法律行为。赠与合同虽为单务、无偿合同，但也需有当事人双方一致的意思表示才能成立。(2)赠与合同是转移财产所有权的合同。(3)赠与合同为无偿合同。指仅由当事人一方为给付，另一方不必向对方偿付相应代价。(4)赠与合同是单务合同。指仅由当事人一方负债务，另一方不负债务，或者另一方虽负有债务但无对价关系的合同。(5)赠与合同为诺成合同。指当事人之间意思表示一致，即能成立的合同。它以当事人的合意为成立要件。(6)赠与合同为不要式合同。指法律没有要求必须具备特定的形式的合同。不要式合同不排斥合同采用书面、公证等形式，只是合同的形式不影响合同的成立。

第六百五十八条　【赠与人任意撤销权及其限制】赠与人在赠与财产的权利转移之前可以撤销赠与。

经过公证的赠与合同或者依法不得撤销的具有救灾、扶贫、助残等公益、道德义务性质的赠与合同，不适用前款规定。

条文注释

赠与的任意撤销，是指赠与合同成立后，赠与财产的权利转移之前，赠与人可以根据自己的意思撤销赠与行为。这里需要特别说明的是，本条第1款表述赠与财产可撤销的时间点是“权利转移”而不是“交付”。本条第2款对赠与的任意撤销作了如下限制:(1)赠与合同订立后经公证证明的,赠与人不得任意撤销。(2)具有公益、道德义务性质的赠与合同,无论当事人以何种形式订立,无论是否经过公证,赠与人均不得任意撤销。具有公益性质的赠与,主要是指为了救灾、扶贫、助残、助学等目的或为了资助公共设施建设、环境保护等公共事业所为的赠与。(3)依法不得任意撤销的其他情形。

另外,需要指出的是,如果赠与的财产的权利已被转移的,赠与人自然不得任意撤销赠与。如果赠与的财产一部分已交付并已转移其权利的,任意撤销赠与仅限于未交付并未转移其权利的部分,以维护赠与合同当事人权利义务关系的稳定。

关联法规

《婚姻家庭编解释一》第32条

第六百五十九条　【赠与财产办理有关法律手续】赠与的财产依法需要办理登记或者其他手续的,应当办理有关手续。

条文注释

依照我国现有法律,赠与财产依法需要办理登记等手续的,主要情形分述如下:(1)房屋等不动产作为赠与财产需要办理登记等有关手续。本法第209条第1款规定:“不动产物权的设立、变更、转让和消灭,经依法登记,发生效力;未经登记,不发生效力,但是法律另有规定的除外。”这表明,房屋的赠与作为不动产转让的一种形式,原则上应当依法进行登记,否则不产生效力。(2)汽车等动产作为赠与财产需要办理登记等有关手续。本法第224条规定:“动产物权的设立和转让,自交付时发生效力,但是法律另有规定的除外。”也就是说,动产自交付时发生所有权的转移。本法第225条规定,“船舶、航空器和机动车等的物权的设立、变更、转让和消灭,未经登记,不得对抗善意第三人”。根据该规定,涉及特殊的动产,如汽车,尽管在交付汽车时,汽车的所有权已经发生了转移,但是,如果没有在车管所等车辆登记机构办理更名登记,那么就不得对抗善意第三人。(3)股权等权利作为赠与财产需要办理登记等有关手续。接受股权赠与的受赠人,应当及时和赠与人一起到作为公司登记机关的市场监督管理部门办理相应的股权变更登记手续,才能真正享有作为公司股东的权利。

第六百六十条 【受赠人的交付请求权以及赠与人的赔偿责任】经过公证的赠与合同或者依法不得撤销的具有救灾、扶贫、助残等公益、道德义务性质的赠与合同，赠与人不交付赠与财产的，受赠人可以请求交付。

依据前款规定应当交付的赠与财产因赠与人故意或者重大过失致使毁损、灭失的，赠与人应当承担赔偿责任。

条文注释

将赠与的财产按照赠与合同约定交付受赠人并转移其所有权，是赠与人的义务。赠与人不交付赠与财产是否构成违约行为，并承担违约责任，应当依照赠与合同的性质来区分。如果是任意撤销赠与，依据本法第658条第1款的规定，赠与人不交付赠与财产不构成违约，因为赠与人在赠与财产的权利转移之前可以撤销赠与。如果是法定不得撤销赠与，依据本法第658条第2款的规定，赠与人不交付赠与财产的，构成违约，如果受赠人要求这类赠与人交付赠与财产，赠与人就应当交付，否则应当依法承担违约责任。

具有救灾、扶贫、助残等公益、道德义务性质的赠与合同，在赠与财产的权利移转给受赠人之前，由于赠与人的故意或者重大过失致使赠与财产发生毁损、灭失，因而无法实际交付赠与财产的，赠与人应当向受赠人赔偿因其故意或者重大过失所造成的损失。

第六百六十一条 【附义务赠与合同】赠与可以附义务。

赠与附义务的，受赠人应当按照约定履行义务。

条文注释

附义务的赠与，也称附负担的赠与，是指以受赠人对赠与人或者第三人为一定给付为条件的赠与，也即受赠人接受赠与后负担一定义务的赠与。

赠与人向受赠人给付赠与财产后，受赠人应依约履行其义务。受赠人不履行的，赠与人有权要求受赠人履行义务或者撤销赠与。赠与人撤销赠与的，受赠人应将取得的赠与财产返还赠与人。同时，受赠人仅在赠与财产的价值限度内有履行其义务的责任。如果赠与所附义务超过赠与财产的价值，受赠人对超过赠与财产价值部分的义务没有履行的责任。

第六百六十二条 【赠与人瑕疵担保责任】赠与的财产有瑕疵的，赠与人不承担责任。附义务的赠与，赠与的财产有瑕疵的，赠与人在附义务的限度内承担与出卖人相同的责任。

赠与人故意不告知瑕疵或者保证无瑕疵，造成受赠人损失的，应当承担赔偿责任。

条文注释

本条的内涵有以下三个方面：一是赠与的财产有瑕疵的，赠与人原则上不承担责任。二是在附义务的赠与中，赠与的财产如有瑕疵，赠与人需在受赠人所附义务的限度内承担与出卖人相同的责任。至于出卖人在买卖合同中的瑕疵担保责任，具体可见本法第612～619条的相关规定。三是赠与人故意不告知瑕疵或者保证无瑕疵，并且造成受赠人损失的，应当承担损害赔偿责任。

第六百六十三条 【赠与人的法定撤销权及其行使期间】受赠人有下列情形之一的，赠与人可以撤销赠与：

(一)严重侵害赠与人或者赠与人近亲属的合法权益；

(二)对赠与人有扶养义务而不履行；

(三)不履行赠与合同约定的义务。

赠与人的撤销权，自知道或者应当知道撤销事由之日起一年内行使。

条文注释

赠与合同的法定撤销，是指赠与合同成立后，在具备法律规定的情形时，撤销权人可以撤销赠与。依本条规定，赠与人撤销赠与应当具有以下三种法定情形之一：

第一种情形，受赠人严重侵害赠与人或者赠与人近亲属的合法权益。近亲属的范围依照本法第1045条第2款的规定为配偶、父母、子女、兄弟姐妹、祖父母、外祖父母、孙子女、外孙子女，如果侵害的是其他亲友的合法权益则不在此列。

第二种情形，受赠人对赠与人有扶养义务而不履行。如果受赠人没有扶养义务或者丧失了扶养能力，则不产生赠与人撤销赠与的权利。

第三种情形，受赠人不履行赠与合同约定的义务。其要点在于：一是赠与合同约定了受赠人负有一定的义务；二是赠与人已将赠与的财产交付于受赠人；三是受赠人不履行赠与合同约定的义务。

赠与人的法定撤销权属于形成权。赠与人行使撤销权的期间为1年,自知道或者应当知道撤销原因之日起计算。这一期间属于除斥期间,即法律对某种权利所预定的行使期间,不存在中止、中断和延长的问题。撤销权人如在法律规定的期间内不行使撤销权的,其撤销权即归于消灭。当然,依据本法第152条第2款的规定,"当事人自民事法律行为发生之日起五年内没有行使撤销权的,撤销权消灭"。因此,赠与人的法定撤销权应受该5年期间的限制。

另外,需要说明的是,赠与人行使法定撤销权,应当将其撤销赠与的意思表示通知受赠人。撤销赠与的意思表示既可以是明示的,也可以是默示的。

第六百六十四条　【赠与人继承人或者法定代理人的撤销权】因受赠人的违法行为致使赠与人死亡或者丧失民事行为能力的,赠与人的继承人或者法定代理人可以撤销赠与。

赠与人的继承人或者法定代理人的撤销权,自知道或者应当知道撤销事由之日起六个月内行使。

条文注释

赠与的撤销权本应属于赠与人,但因受赠人的违法行为致赠与人死亡或使其丧失民事行为能力时,赠与人的撤销权事实上已无法行使。而由赠与人的继承人或法定代理人行使撤销权,才能实现赠与人撤销赠与的权利与意愿。

赠与人的继承人或法定代理人行使撤销权的期间为6个月,自知道或者应当知道撤销事由之日起计算。当然,依据本法第152条第2款的规定,"当事人自民事法律行为发生之日起五年内没有行使撤销权的,撤销权消灭"。因此,赠与人的继承人或者法定代理人的法定撤销权应受该5年期间的限制。

第六百六十五条　【撤销赠与的法律后果】撤销权人撤销赠与的,可以向受赠人请求返还赠与的财产。

条文注释

赠与的法定撤销权应为形成权,一经撤销权人依据本法第663、664条的规定行使撤销权即发生效力,使赠与人与受赠人的赠与关系自始解除。赠与财产的所有权或者赠与财产的实物已经转移给受赠人,而赠与被撤销后，赠与合同便自始没有法律效力，受赠人取得的赠与财产便失去了合法依据，因此撤销权人可以向受赠人请求返还。

第六百六十六条　【赠与人穷困抗辩】赠与人的经济状况显著恶化，严重影响其生产经营或者家庭生活的，可以不再履行赠与义务。

条文注释

根据本条规定，赠与人不再履行赠与义务，应当符合三个条件：一是赠与合同已经成立，但是赠与财产的权利尚未完全转移。二是赠与人的经济状况显著恶化。所谓显著恶化，是指在赠与合同成立之后，赠与人的经济状况出现明显恶化的状态。三是经济状况显著恶化达到严重影响其生产经营或者家庭生活的程度。符合上述条件的，无论赠与合同以何种方式订立，无论赠与的目的性质如何，赠与人可以不再履行尚未履行的赠与义务。

第十二章　借款合同

第六百六十七条　【借款合同定义】借款合同是借款人向贷款人借款，到期返还借款并支付利息的合同。

条文注释

借款合同的法律特征主要包括：(1)借款合同的主体是贷款人和借款人。贷款人也称出借人，是指将金钱贷与借款人的人。借款人是指接受贷款人贷款的人，可以是自然人、法人或者非法人组织。(2)借款合同的标的是货币，包括可流通的各种货币。(3)借款合同是转移标的物所有权的合同。货币一经借出，所有权即转移于借款人。(4)借款合同既可以是单务、无偿合同，也可以是双务、有偿合同。在借款合同中，如果当事人之间没有约定利息或者自然人之间约定的利息不清晰，那么就是没有利息，即借款人无须向贷款人支付利息，故此类借款合同是单务、无偿合同。如果借款合同当事人之间明确约定了支付利息，那么支付利息便是借款人向贷款人贷款的对价，双方当事人在合同中都享有一定的权利，又都负有相应的义务，故该类借款合同是双务、有偿合同。(5)借款合同既可以是诺成合同，也可以是实践合同。所谓诺成合同，是指当事人意思表示一致即成立的合同。所谓实践合同，是指除当事人之间的意思表示一致外，还需实际交付标的物才能成立的合同。(6)借款合同既可以是要式合同，也可以是不要式合同。本法第668条第1款规定："借款合同应当采用书面形式，但是自然人之间借款另有约定的除外。"据此表明，采用书面形式的借款合同为要式合同；自然人之间的借款如果未采用书面形式的，为不要式合同。

第六百六十八条　【借款合同形式和内容】借款合同应当采用书面形式，但是自然人之间借款另有约定的除外。

借款合同的内容一般包括借款种类、币种、用途、数额、利率、期限和还款方式等条款。

条文注释

对于金融借款合同，我国《商业银行法》第37条规定："商业银行贷款，应当与借款人订立书面合同。合同应当约定贷款种类、借款用途、金额、利率、还款期限、还款方式、违约责任和双方认为需要约定的其他事项。"据此表明，订立借款合同已成为金融机构贷款业务的必经程序。

考虑到借款合同的特殊性质，其主要内容应当包括以下几个方面：(1)借款种类。这主要是指金融机构作为贷款人的情况下，根据国家有关规定和资金市场的需求创设的货币商品种类。借款人可以根据自己的需要向贷款人申请某种特定形式的贷款。(2)币种。这主要是指借款合同标的是哪一种货币，是人民币还是其他国家或地区的货币。(3)用途。这主要是指借款使用的目的和范围。(4)数额。这是指借款数量的多少。数量是借款合同的重要内容，在订立借款合同时，没有数额或者数额不清，合同便不能成立。因此，当事人应当在合同中明确借款的总金额以及在分批支付借款时，每一次支付借款的金额，以便于合同的具体履行。(5)利率。这是指借款人和贷款人约定的应当收的利息的数额与所借出资金的比率。(6)期限。这是指借款人在合同中约定能使用借款的时间。(7)还款方式。这是指贷款人和借款人约定以什么结算方式偿还借款给贷款人。

第六百六十九条　【借款人应当提供真实情况义务】订立借款合同，借款人应当按照贷款人的要求提供与借款有关的业务活动和财务状况的真实情况。

条文注释

依据本条规定，借款人在提出借款申请的同时，应当按照借款人的要求如实提供以下三方面资料：一是与借款人资格有关的基本情况。二是与借款有关的业务活动的真实情况。三是借款人财务状况的真实情况。

需要说明的是，对于非金融机构的法人、非法人组织和自然人之间的借款合同，借款人应当向贷款人提供哪些情况，由当事人协商确定，不一定必须提供本条所规定的“与借款有关的业务活动和财产状况的真实情况”。

第六百七十条　【借款利息不得预先扣除】借款的利息不得预先在本金中扣除。利息预先在本金中扣除的，应当按照实际借款数额返还借款并计算利息。

条文注释

本条明确规定，贷款人在提供借款时不得预先将利息从本金中扣除。如果贷款人违反法律规定，仍在提供借款时将利息从本金中扣除，那么，借款人只需按照实际借款数额返还借款并计算利息。《民间借贷规定》第26条规定：“借据、收据、欠条等债权凭证载明的借款金额，一般认定为本金。预先在本金中扣除利息的，人民法院应当将实际出借的金额认定为本金。”据此，在借款人对贷款人出借款项时即已收取利息的事实提出证据后，人民法院便不会以借据等证据载明的借款金额为本金，而会以该本金减去贷款人已收取的利息后的数额为本金。

第六百七十一条　【贷款人未按照约定提供借款以及借款人未按照约定收取借款的后果】贷款人未按照约定的日期、数额提供借款，造成借款人损失的，应当赔偿损失。

借款人未按照约定的日期、数额收取借款的，应当按照约定的日期、数额支付利息。

条文注释

对于贷款人来说，自借款合同成立后，按照约定的日期、数额向借款人提供借款，是其主要的合同义务。贷款人的违约责任，可以在借款合同中约定；如果没有约定，贷款人违约逾期放款造成借款人损失的，那么贷款人应当赔偿损失，损失赔偿额应当相当于因其违约所造成的损失，包括合同履行后可以获得的利益，但不得超过违反合同一方订立合同时预见到或者应当预见到的因违反合同可能造成的损失。

对于借款人来说，自借款合同成立后，应当按照约定的日期和数额收取借款，也是其主要的合同义务。无论借款人是否按照约定的日期及数额收取借款，都必须按照合同约定向贷款人支付利息。

需要特别指出的是，本条的规定，主要是针对金融机构作为贷款人的情况。由于自然人之间借款是贷款人实际交付借款时，借款合同才成立，所以自然人之间借款的，不适用本条的规定。

第六百七十二条　【贷款人的监督、检查权】贷款人按照约定可以检查、监督借款的使用情况。借款人应当按照约定向贷款人定期提供有关财务会计报表或者其他资料。

条文注释

贷款人对借款人贷款资金的使用情况进行监督、检查，应当严格在合同约定的范围内进行，不得干预借款人正常的生产经营活动、内部经营管理等。同时，借款人应当按照约定向贷款人定期提供有关的财务会计报表等资料，主要包括：资产负债表、损益表、财务状况变动表、现金流量表、附表及会计报表附注和财务状况说明书等。

第六百七十三条　【借款人未按照约定用途使用借款的责任】借款人未按照约定的借款用途使用借款的，贷款人可以停止发放借款、提前收回借款或者解除合同。

条文注释

本条明确规定，借款人违反合同约定的借款用途使用借款的，贷款人可以采取以下三种措施：(1)停止发放借款。这主要是针对分期提供贷款或者根据资金使用进度提供贷款而采取的措施。实际上也就是停止履行合同中约定的尚未履行完毕的义务。(2)提前收回借款。这种做法在贷款业务中称为“加速到期条款”，这是金融机构的通行做法。贷款人不必等到借款合同约定的还款日期，就有权要求借款人提前履行还款的义务。(3)解除合同。根据本法第563条第1款第4项的规定，构成根本违约时，贷款人有权解除借款合同。根据本法第566条第1、2款的规定，一旦解除借款合同，贷款人可以对尚未履行的贷款终止履行（停止发放借款），对已经履行的贷款要求恢复原状（收回已经贷出的借款），而且还可以要求借款人承担相应的违约责任。

第六百七十四条　【借款人支付利息的期限】借款人应当按照约定的期限支付利息。对支付利息的期限没有约定或者约定不明确，依据本法第五百一十条的规定仍不能确定，借款期间不满一年的，应当在返还借款时一并支付；借款期间一年以上的，应当在每届满一年时支付，剩余期间不满一年的，应当在返还借款时一并支付。

条文注释

根据本条的规定，当事人对支付利息的期限没有约定或者约定不明确的，首先应当依据本法第510条的规定来确定，即当事人可以就支付利息的期限进行协议补充；不能达成协议的，则依据合同其他条款或者双方当事人之间的交易习惯来确定。如果依据以上原则仍不能确定支付利息的期限，那么，借款人按照以下规定的期限向贷款人支付利息：(1)借款合同在1年以内的，在返还借款时一并支付。(2)借款合同在1年以上的，在每届满1年时支付，剩余期间不满1年的，在返还借款时一并支付。

第六百七十五条　【借款人返还借款的期限】借款人应当按照约定的期限返还借款。对借款期限没有约定或者约定不明确，依据本法第五百一十条的规定仍不能确定的，借款人可以随时返还；贷款人可以催告借款人在合理期限内返还。

条文注释

根据本条的规定，当事人未约定还款期限的：第一，应当依据本法第510条的规定来确定，即当事人可以就还款期限一事进行协商，达成补充协议，确定还款期限；第二，对于不能达成补充协议的，可以按照合同有关条款或者当事人之间的交易习惯来确定还款期限；第三，按照上述两种方式仍无法确定的，依据本法第511条第4项的规定，借款人可以随时返还借款，贷款人也有权向借款人发出催告，要求其在合理期限内返还借款。

第六百七十六条　【借款人逾期返还借款的责任】借款人未按照约定的期限返还借款的，应当按照约定或者国家有关规定支付逾期利息。

条文注释

本条规定借款人逾期返还借款的，应当按照约定或者国家规定支付逾期利息；这种约定既可以是自然人之间对是否收取逾期利息或者逾期利率为多少的约定，也可以是金融机构与借款人在国家规定的幅度内对逾期利率的确定。

就民间借贷的逾期利息问题,2020年12月29日最高人民法院最新修改的《民间借贷规定》第28条规定,借贷双方对逾期利率有约定的,从其约定,但是以不超过合同成立时1年期贷款市场报价利率4倍为限。未约定逾期利率或者约定不明的,人民法院可以区分不同情况处理:(1)既未约定借期内利率,也未约定逾期利率,出借人主张借款人自逾期还款之日起参照当时1年期贷款市场报价利率标准计算的利息承担逾期还款违约责任的,人民法院应予支持;(2)约定了借期内利率但是未约定逾期利率,出借人主张借款人自逾期还款之日起按照借期内利率支付资金占用期间利息的,人民法院应予支持。第29条规定,出借人与借款人既约定了逾期利率,又约定了违约金或者其他费用,出借人可以选择主张逾期利息、违约金或者其他费用,也可以一并主张,但是总计超过合同成立时1年期贷款市场报价利率4倍的部分,人民法院不予支持。

第六百七十七条　【借款人提前返还借款】借款人提前返还借款的,除当事人另有约定外,应当按照实际借款的期间计算利息。

条文注释

根据本条规定,对于提前还款应当按照以下原则确定双方的权利和义务:首先,当事人可以在借款合同中对提前还款问题作出约定,按照约定确定是否经贷款人同意及利息如何计算等问题。其次,当事人在合同中对提前还款没有约定的,提前还款不损害贷款人利益的,可以不经贷款人同意,利息按照实际借款期间计算;提前还款损害贷款人利益的(该利益不应当仅仅是指剩余借款期间的利息,而主要是指对贷款人经营秩序破坏超过利息损失的内容),贷款人有权拒绝借款人提前还款的要求。贷款人同意提前还款的,等于贷款人同意变更合同的履行期,因此,借款人应当按照变更后的实际借款期间向贷款人支付利息。

关联法规

《民间借贷规定》第30条

第六百七十八条　【借款展期】借款人可以在还款期限届满前向贷款人申请展期;贷款人同意的,可以展期。

条文注释

申请展期,是指借款人在借款合同约定的还款期限不能履行还款义务，在还款期限届满前向贷款人申请变更原合同约定的借款期限的行为。由于延长借款期限直接涉及贷款人的利益，因此，允许贷款人自行决定是否同意借款人延长借款期限。贷款人同意的，借款人才可以延期向贷款人返还借款。

根据本法第695条第2款的规定，在借款人有保证人提供担保的情况下，贷款人如果要求保证人继续承担保证责任，还应当征得保证人的同意。

关联法规

《贷款通则》第12条

第六百七十九条　【自然人之间借款合同的成立时间】自然人之间的借款合同，自贷款人提供借款时成立。

条文注释

自然人之间的借款合同与金融机构作为主体的借款合同有所区别，其中最主要的一点就是金融借款合同是诺成合同，而自然人之间的借款合同为实践合同。自然人之间借款的，自贷款人交付借款时成立。需要指出的是，本条规定的是自然人之间的借款，是指借贷双方均为自然人的情况，如果有一方当事人并非自然人，则不适用本条的规定。

第六百八十条　【禁止高利放贷以及对借款利息的确定】禁止高利放贷，借款的利率不得违反国家有关规定。

借款合同对支付利息没有约定的，视为没有利息。

借款合同对支付利息约定不明确，当事人不能达成补充协议的，按照当地或者当事人的交易方式、交易习惯、市场利率等因素确定利息；自然人之间借款的，视为没有利息。

条文注释

本条第1款明确规定禁止高利放贷，借款的利率不得违反国家有关规定。

本条第2款将没有约定支付利息的借贷情形，拓展到了所有借贷领域，即所有类型或者当事人之间订立的借贷合同，只要没有约定支付利息，就一律视为没有利息。

本条第3款规定，借款合同对支付利息约定不明确，当事人不能达成补充协议的，按照当地或者当事人的交易方式、交易习惯、市场利率等因素确定利息;自然人之间借款的,视为没有利息。对于借款合同当事人就支付利息约定不明确时的处理规则是:首先,应当允许当事人就支付利息问题进行重新协商,经重新协商能够达成补充协议的,按补充协议的内容执行。其次,不能达成补充协议的,依据本法第 142 条第 1 款的规定,如果通过合同的文义解释和整体解释能够确定利息的,可据此确定的利息标准执行。再次,如果通过上述两种方式均无法确定借款合同的利息标准,可以按照合同履行地或者当事人之间的交易方式、交易习惯补充确定利息。对于交易习惯,由提出主张的一方当事人承担举证责任。最后,如果按照上述三种方法仍然无法确定利息标准的,应当依据本法第 511 条第 2 项的规定,价款或者报酬不明确的,按照订立合同时履行地的市场价格履行;依法应当执行政府定价或者政府指导价的,依照规定履行,以此最终确定借款合同的利息计付标准。实践中,法院或者仲裁机构在当事人就利息问题约定不明时,可以以订立借款合同时合同履行地的商业银行同期同类贷款利率计算利息。

关联法规

《民法典》第 510 条;《民间借贷规定》第 24、25 条

第十三章　保 证 合 同

第一节　一 般 规 定

第六百八十一条　【保证合同概念】保证合同是为保障债权的实现,保证人和债权人约定,当债务人不履行到期债务或者发生当事人约定的情形时,保证人履行债务或者承担责任的合同。

条文注释

在保证合同中,只有保证人承担债务,债权人不负对待给付义务,故而保证合同为单务合同。在保证合同中,保证人对债权人承担保证债务,债权人对此不提供相应代价,所以保证合同为无偿合同。保证合同因保证人和债权人协商一致而成立,无须另交标的物,所以它为诺成合同。保证合同是附从性合同,除涉外的不可撤销的保函等独立保证以外,主合同有效成立或将要成立,保证合同才发生效力。所以主合同无效,不论什么原因使然,保证合同均为无效,从而表现出附从性。正因这种主从关系,

保证合同无效,并不必然导致主合同无效,但当事人另有约定的,依其约定。

关于保证合同的当事人的界定,是保证人和债权人之间的合同关系。据此,解决保证合同纠纷,应当适用保证合同规范,不应适用法律关于委托合同、无因管理等的规定。只有在处理保证人和主债务人之间的关系时,若有委托合同,才适用法律关于委托合同的规定;若无委托合同,则适用法律关于无因管理的规定,也可能适用本法侵权责任编的规定。

第六百八十二条 【保证合同的附从性及保证合同无效的法律后果】 保证合同是主债权债务合同的从合同。主债权债务合同无效的,保证合同无效,但是法律另有规定的除外。

保证合同被确认无效后,债务人、保证人、债权人有过错的,应当根据其过错各自承担相应的民事责任。

条文注释

保证合同是主债权债务合同的从合同,保证合同具有附从性。保证债务以主合同的存在或将来可能存在为前提,随主合同的消灭而消灭。其范围不得超过主合同中的债务,不得与主合同债务分离而移转,其具体表现在以下几个方面:首先,成立上的附从性。保证合同以主合同的成立为前提。其次,范围和强度上的附从性。保证债务与主合同债务分属于两个债务,保证债务不得超过主合同债务的范围和强度,如有超过,应随着主合同债务额的降低而降低。再次,移转上的附从性。在保证期间,债权人依法将主债权转让给第三人的,保证人在原担保的范围内继续承担保证责任。保证合同另有约定的,按照约定。在保证期间,债权人许可债务人转让部分债务,保证人书面同意的,应当对此承担保证责任;未经保证人书面同意的,保证人对未经其同意转让的部分债务,不再承担保证之责任。但保证人仍应对未转让部分的债务承担保证责任。最后,变更、消灭上的附从性。在主合同债务消灭时,保证债务也随之消灭。在主合同变更时,保证债务一般随之变更,但不得增加其范围和强度。

根据本条第 2 款的规定,保证合同被确认无效后,债务人、保证人、债权人有过错的,应当根据其过错各自承担相应的民事责任。关于各个主体应当承担责任的具体份额,可以参照《担保制度解释》第 17 条的相关规定:主合同有效而第三人提供的担保合同无效,人民法院应当区分不同情形确定担保人的赔偿责任:(1)债权人与担保人均有过错的,担保人承担的赔偿责任不应超过债务人不能清偿部分的1/2;(2)担保人有过错而债权人无过错的,担保人对债务人不能清偿的部分承担赔偿责任;(3)债权人有过错而担保人无过错的,担保人不承担赔偿责任。主合同无效导致第三人提供的担保合同无效,担保人无过错的,不承担赔偿责任;担保人有过错的,其承担的赔偿责任不应超过债务人不能清偿部分的1/3。

第六百八十三条　【不得担任保证人的主体范围】机关法人不得为保证人,但是经国务院批准为使用外国政府或者国际经济组织贷款进行转贷的除外。

以公益为目的的非营利法人、非法人组织不得为保证人。

条文注释

机关法人等非以营利为目的的法人以及以公益为目的的非营利法人并不是市场上的主体,不适合作为保证人。但是经国务院批准为使用外国政府或者国际经济组织贷款进行转贷的除外。

以公益为目的的事业单位、社会团体也不得作为保证人。对事业单位法人可否充任保证人,不可一概而论。对那些领取企业法人营业执照或国家政策允许从事经营活动的事业单位法人,应当认为其有从事保证活动的权利能力,可以充任保证人,如无其他导致保证合同无效的情况,所签订的保证合同应当认定为有效。

关联法规

《担保制度解释》第5、6条

第六百八十四条　【保证合同内容】保证合同的内容一般包括被保证的主债权的种类、数额,债务人履行债务的期限,保证的方式、范围和期间等条款。

条文注释

保证合同的内容包括:(1)被保证的主债权种类和数额。被保证的主债权种类,如借款合同中的还本付息债权、买卖合同中的请求交付标的物或支付价款的债权等均属此类。(2)债务人履行债务的期限。它有两种情形:一为期日,二为期间。(3)保证的方式(第686条)。(4)保证担保的范围(第691条)。(5)保证期间(第692条)。(6)双方认为需要约定的其他事项。主要指赔偿损失的范围及计算方法、是否设立反担保等。

在一个具体的保证合同中,没有完全具备上述条款的,尚可补正,不影响保证合同的效力。

第六百八十五条 【保证合同形式】保证合同可以是单独订立的书面合同,也可以是主债权债务合同中的保证条款。

第三人单方以书面形式向债权人作出保证,债权人接收且未提出异议的,保证合同成立。

条文注释

保证合同为要式合同。此要式为书面形式,即保证合同既可以是单独订立的书面合同,也可以是书面订立的主债权债务合同中的保证条款。保证合同的成立方式也可以有所变通,债权人和保证人可以协议约定保证合同的成立方式和时间。但当第三人单方以书面形式向债权人作出保证时,只要债权人接收第三人的保证书或主债权债务中的保证条款且未提出异议的,保证合同也可成立,此时法律推定债权人默示同意。

值得注意的是,本法物权编第388条对于担保合同的一般规定没有要求书面形式,但这并不代表具有担保功能的合同都不要求书面形式。从物权编和合同编规定的各种担保物权以及具有担保功能的制度来看,抵押合同要求书面形式(第400条第1款),质押合同要求书面形式(第427条第1款),融资租赁合同要求书面形式(第736条第2款),法律明文规定的具有担保功能的制度中,只有所有权保留的买卖合同(第641条)没有强制要求书面形式。

第六百八十六条 【保证方式】保证的方式包括一般保证和连带责任保证。

当事人在保证合同中对保证方式没有约定或者约定不明确的,按照一般保证承担保证责任。

条文注释

保证的方式被分为一般保证和连带责任保证。

当事人之间没有特别约定或者约定不明时,以一般保证来处理。同时,本条是任意性规范,如果当事人选择加强对债权实现的保护时,可以特别约定保证人的保证方式为连带责任保证。

关联法规

《担保制度解释》第25条

第六百八十七条 【一般保证及先诉抗辩权】当事人在保证合同中约定,债务人不能履行债务时,由保证人承担保证责任的,为一般保证。

一般保证的保证人在主合同纠纷未经审判或者仲裁,并就债务人财产依法强制执行仍不能履行债务前,有权拒绝向债权人承担保证责任,但是有下列情形之一的除外:

(一)债务人下落不明,且无财产可供执行;

(二)人民法院已经受理债务人破产案件;

(三)债权人有证据证明债务人的财产不足以履行全部债务或者丧失履行债务能力;

(四)保证人书面表示放弃本款规定的权利。

条文注释

一般保证是指当事人在保证合同中约定,在债务人不能履行债务时,保证人承担保证责任的保证。一般保证与连带责任保证之间最大的区别在于保证人是否享有先诉抗辩权。在一般保证的情况下,保证人享有先诉抗辩权,即一般保证的保证人在就债务人的财产依法强制执行仍不能履行债务前,对债权人可以拒绝承担保证责任。先诉抗辩权既可以通过诉讼方式行使,也可以在诉讼外行使。但在下列四种情况下不得行使先诉抗辩权:第一,债务人下落不明,且无财产可供执行。第二,人民法院已经受理债务人破产案件。人民法院受理了债务人的破产案件后,应当依法中止执行程序,在这种情况下,债务人的财产实际上处于冻结状况,债权人在此期间不能从主债务人处实现其债权,且将来也极有可能如此,只有保证人实际承担保证责任才能实现债权,故法律不允许保证人行使先诉抗辩权,如果破产的债务人有保证人提供保证的,债权人可以不向破产组织申报债权,而直接要求保证人承担保证责任。为了保护保证人的利益,保证人可以在债权人未向人民法院申报债权的情况下,向人民法院申报债权,直接参加破产财产的分配,预先行使追偿权。第三,债权人有证据证明债务人的财产不足以履行全部债务或者丧失履行债务能力。此种情况下,债权人在一定期间内无法从主债务人处实现债权,故只能要求保证人承担保证责任。第四,保证人书面表示放弃本款规定的权利。

关联法规

《担保制度解释》第25、26条

第六百八十八条　【连带责任保证】当事人在保证合同中约定保证人和债务人对债务承担连带责任的，为连带责任保证。

连带责任保证的债务人不履行到期债务或者发生当事人约定的情形时，债权人可以请求债务人履行债务，也可以请求保证人在其保证范围内承担保证责任。

条文注释

连带责任保证是指当事人在保证合同中约定保证人与债务人对债务承担连带责任的保证。债务履行期届满债务人没有履行债务的，债权人既可以要求债务人履行债务，也可以要求保证人在其保证范围内履行债务。故在连带责任保证中，保证责任已届承担期，债权人请求保证人实际承担保证责任的，保证人没有先诉抗辩权，但有主债务已适当履行或相应责任已经承担的抗辩权。

值得注意的是，本条的连带责任保证（理论上简称为“连带保证”）要与本法第699条规定的共同保证中的多个保证人之间承担连带责任的情形（理论上简称为“保证连带”）进行区分。本条解决的是保证人和债务人之间的关系是不是连带责任的问题；本法第699条解决的是多个保证人之间是否是连带责任的问题。

关联法规

《担保制度解释》第25条

第六百八十九条　【反担保】保证人可以要求债务人提供反担保。

条文注释

反担保，是指在商品贸易、工程承包和资金借贷等经济往来中，为了换取担保人提供保证、抵押或质押等担保方式，由债务人或第三人向该担保人新设担保，以担保该担保人在承担了担保责任后易于实现其追偿权的制度。

需要注意的是，并不是所有担保常见的五种方式均可作为反担保的方式。首先，留置权不能为反担保方式。反担保产生于约定，而留置权却发生于法定。其次，定金虽然在理论上可以作为反担保的方式，但是因为支付定金会进一步削弱债务人向债权人支付价款或酬金的能力，加之往往形成原担保和反担保不成比例的局面，所以在实践中极少采用。在实践中运用较多的反担保形式是保证、抵押权，然后是质权。不过，在债务人亲自向原担保人提供反担保的场合，保证就不得作为反担保的方式。

设立反担保的行为是法律行为,必须符合本法总则编关于民事法律行为有效的条件。每种反担保的方式又各有其特定的成立条件,因此,尚需符合本法物权编和合同编相应条款规定的特定成立要件。此外,依反担保设立的目的要求,反担保的实行应于原担保实行之后。

关联法规

《民法典》第387条第2款;《担保制度解释》第19条

第六百九十条　【最高额保证】保证人与债权人可以协商订立最高额保证的合同,约定在最高债权额限度内就一定期间连续发生的债权提供保证。

最高额保证除适用本章规定外,参照适用本法第二编最高额抵押权的有关规定。

条文注释

最高额保证,是指保证人和债权人签订一个总的保证合同,为一定期限内连续发生的借款合同或同种类其他债权提供保证,只要债权人和债务人在保证合同约定的期限内且债权额限度内进行交易,保证人则依法承担保证责任的保证行为。值得注意的是,最高额保证与最高额抵押权(本法第420~424条)的区别。最高额抵押,指为担保债务的履行,债务人或者第三人对一定期间内将要连续发生的债权提供担保财产的,债务人不履行到期债务或者发生当事人约定的实现抵押权的情形,抵押权人有权在最高债权额限度内就该担保财产优先受偿的情形。本条第2款规定,最高额保证除适用本章规定外,参照适用本法物权编最高额抵押权的有关规定。也就是说,最高额保证的债权的范围、确定、转让等方面的规定与最高额抵押权保持一致。

关联法规

《担保制度解释》第15条

第二节　保证责任

第六百九十一条　【保证范围】保证的范围包括主债权及其利息、违约金、损害赔偿金和实现债权的费用。当事人另有约定的,按照其约定。

条文注释

保证范围一般包括:(1)主债权。即主合同所确立的债权,这是保证范围的主要部分。(2)利息。即主债权所产生的利息,有法定利息和约定利息两种。法定利息是法律直接规定的利息,如迟延履行所生之利息,它由主债权所派生,当属保证范围之内。约定利息是当事人专门约定的利息,它也从属于主债权,并以主债权作为计息基础。当事人虽然可以自行约定利率,但是该利率必须符合法律规定,超过法律规定部分的利息无效,对于超出法定幅度的高利贷,法律不能予以保护,也不能成为保证的对象。(3)违约金。(4)损害赔偿金。在担保关系中,担保的对象也包括损害赔偿金。(5)实现债权的费用。包括诉讼费用,申请扣押、执行等的费用。

保证范围是保证合同的一项内容,保证人可以随意约定保证范围。约定范围与法定范围不一致的,适用约定范围,即约定范围优于法定范围。

第六百九十二条　【保证期间】保证期间是确定保证人承担保证责任的期间,不发生中止、中断和延长。

债权人与保证人可以约定保证期间,但是约定的保证期间早于主债务履行期限或者与主债务履行期限同时届满的,视为没有约定;没有约定或者约定不明确的,保证期间为主债务履行期限届满之日起六个月。

债权人与债务人对主债务履行期限没有约定或者约定不明确的,保证期间自债权人请求债务人履行债务的宽限期届满之日起计算。

条文注释

保证期间为确定保证人承担保证责任的期间,事关保证人和债权人之间的债权债务能否行使或履行,也是确定保证债务和诉讼时效关系的依据,既可以是法定期间也可以是约定期间。如果债权人请求保证人承担保证责任超过该期间,则保证人无须再承担保证责任。如果当事人没有就保证期间作出特别约定,则可以适用法定期间。

保证期间具有如下特征:第一,保证期间是就保证责任的承担所设定的期间。第二,保证期间由当事人约定或法律规定,在当事人没有约定或约定不明时,才适用法律规定的保证期间。第三,保证期间是保证合同的组成部分。只要不违反法律的强制性规定,该保证期间的约定就是有效的,其应当成为保证合同的重要组成部分。

本条对于约定的保证期间早于主债务履行期限或者与主债务履行期限同时届满的“视为没有约定”的情形与“约定不明确”的情形作了统一处理,两种情况下保证期间均为主债务履行期限届满之日起6个月。

本条第3款规定了主债务履行期限没有约定或约定不明确的情况下保证期间的起算问题，此时保证期间自债权人请求债务人履行债务的宽限期届满之日起计算。

关联法规

《担保制度解释》第30、32条；《时间效力规定》第27条

第六百九十三条　【保证期间届满的法律效果】一般保证的债权人未在保证期间对债务人提起诉讼或者申请仲裁的，保证人不再承担保证责任。

连带责任保证的债权人未在保证期间请求保证人承担保证责任的，保证人不再承担保证责任。

条文注释

对于一般保证而言，由于保证人依法享有先诉抗辩权，因而法律将债权人在保证期间内要求债务人偿债（提起诉讼或者申请仲裁）作为要求保证人承担保证责任的法定方式。如果债权人在合同约定的保证期间内或没有约定及约定不明时在6个月内不向主债务人提起诉讼或者申请仲裁，则保证人的保证责任免除。

在连带责任保证中，主债务履行期间届满后，债权人可以直接请求保证人承担保证责任，保证人也必须承担保证责任，因而在连带责任保证期间以内，债权人未对保证人提出请求，保证期间经过的，保证责任将消灭。

由此可见，保证期间和诉讼时效的区别在于，保证期间的届满会导致权利本身的消灭，而不仅仅只是导致抗辩权的产生。诉讼时效届满的后果仅仅是义务人可以据此提出抗辩。无论是一般保证还是连带责任保证，保证期间的经过都发生保证责任消灭的后果。

关联法规

《担保制度解释》第27、33、34条

第六百九十四条　【保证债务诉讼时效】一般保证的债权人在保证期间届满前对债务人提起诉讼或者申请仲裁的，从保证人拒绝承担保证责任的权利消灭之日起，开始计算保证债务的诉讼时效。

连带责任保证的债权人在保证期间届满前请求保证人承担保证责任的，从债权人请求保证人承担保证责任之日起，开始计算保证债务的诉讼时效。

条文注释

保证债务的诉讼时效,是指债权人请求保证人履行保证债务,经过法定的时效期间即丧失获得法院强制执行保证人承担保证责任的权利。该时效期间适用本法关于诉讼时效的规定。

不同于一般保证,连带责任保证中债权人对债务人或保证人主张债权并无先后次序之分,债权人既可以要求债务人履行主债务,也可以要求保证人履行其保证责任,保证人不能以债权人尚未对债务人主张债务而拒绝履行保证责任。所以在连带责任保证中,债权人在保证期间届满前要求保证人履行保证责任之时,才是保证责任的诉讼时效开始之日。但此处有两点值得注意:其一,债权人要求保证人履行保证责任的方式,并不仅限于诉讼与仲裁,还包括其他的非司法途径,如口头催告、书面告知等,实务中一般采用书面的方式请求保证人履行保证责任,因为书面的方式更加易于举证;其二,债权人需要向保证人要求履行保证责任,才构成保证债务诉讼时效的开始,而债权人向债务人要求履行债务,并不构成保证债务诉讼时效的开始。

关联法规

《担保制度解释》第28、31条

第六百九十五条 【主合同变更对保证责任影响】债权人和债务人未经保证人书面同意,协商变更主债权债务合同内容,减轻债务的,保证人仍对变更后的债务承担保证责任;加重债务的,保证人对加重的部分不承担保证责任。

债权人和债务人变更主债权债务合同的履行期限,未经保证人书面同意的,保证期间不受影响。

条文注释

债的变更有广义和狭义两种。广义的债的变更包括债的内容和主体发生变化。狭义的债的变更仅指债的内容的变更。本法所指的债的变更指狭义的债的变更,具体是指合同的数量、价款、履行期限等具体规定的变更。在司法实践中,对主合同的变更要考虑变更的要素,若变更的要素改变了主合同,使之与原来的合同不存在同一性,则为债的更新,旧债消灭,从而原保证合同也消灭,保证人不再承担保证责任。另外,本条单独规定主合同履行期限,显然系其规则有别于第1款债的内容。也就是说,债权人与债务人对主合同履行期限作了变动,无论结果是加重还是减轻保证人保证责任,保证期间为原合同约定的或者法律规定的期间。

关联法规

《民法典》第692条;《担保制度解释》第16条

第六百九十六条 【债权转让对保证责任影响】债权人转让全部或者部分债权,未通知保证人的,该转让对保证人不发生效力。

保证人与债权人约定禁止债权转让,债权人未经保证人书面同意转让债权的,保证人对受让人不再承担保证责任。

条文注释

保证债权作为从权利,随主债权的转让而转让。在转让的过程中,保证人与债务人未发生变化,发生变化的仅仅是债权人。由于保证人保障的是债务人的履约能力,债务人未变化不影响保证人利益,由谁享受债权对保证人不产生影响。因此,债权转让时,不需要保证人同意,只需要通知保证人即可,未经通知,该转让对保证人不发生效力。但如果保证合同对债权人有特定要求或者有禁止债权转让的约定,反映了保证人仅愿意与特定的债权人发生担保关系,此时应该尊重当事人的意思自治。需要注意的是,保证合同关于禁止债权转让的规定,并不会真正发生阻止主债权转让的法律效力,因为保证人并非主债权的合同当事人,根据合同相对性的要求,保证人或者受让人均不得以债权人与保证人有禁止债权转让的约定而否定主债权转让效力,其直接法律效果是保证人获得免除保证责任的抗辩权。

关联法规

《担保制度解释》第20条

第六百九十七条 【债务承担对保证责任影响】债权人未经保证人书面同意,允许债务人转移全部或者部分债务,保证人对未经其同意转移的债务不再承担保证责任,但是债权人和保证人另有约定的除外。

第三人加入债务的,保证人的保证责任不受影响。

条文注释

债务承担,是指在不改变债务内容的情况下移转债务,由第三人承担了原债务人的债务。债务承担可以分为免责的债务承担和并存的债务承担。免责的债务承担,即第三人代替原债务人成为新债务人,原债务人的债务消灭。并存的债务承担,即第三人成为连带债务人,与原债务人共同承担债务。本条第1款规定免责的债务承担对保证责任的影响，第2款规定并存的债务承担对保证责任的影响。

正确理解本条应当注意以下几点：一是债权人允许债务人转移债务必须要经保证人的书面同意。如果不是书面形式，而是其他形式，视为不存在担保人的同意。二是本条规定的债务转移既包括债务人将债务全部转移给他人，也包括将部分债务转移给他人。债权人许可债务人部分转移的，原债务人并不退出债务关系，只是其所应承担的债务额发生减少，新债务人与原债务人共同向债权人承担债务。部分转移债务的也必须经担保人同意，否则担保人对转移出去的部分债务不承担担保责任。三是未经担保人书面同意，债权人许可债务人转移全部债务的，可以免除担保人全部担保责任；债权人许可债务人转移部分债务的，可以免除担保人部分担保责任，担保人不得要求免除全部担保责任。

关于本条第2款，第三人加入债务，债务人的整体责任承担能力只会增加而不会有所减损，对保证人的权益不会有影响，只会更有利于保证人，因此，不需要保证人书面同意，保证人按照约定继续承担保证责任。

关联法规

《民法典》第552条；《担保制度解释》第20条

第六百九十八条　【一般保证人保证责任免除】一般保证的保证人在主债务履行期限届满后，向债权人提供债务人可供执行财产的真实情况，债权人放弃或者怠于行使权利致使该财产不能被执行的，保证人在其提供可供执行财产的价值范围内不再承担保证责任。

条文注释

本条规定在保证人向债权人提供债务人可供执行财产的真实情况时，债权人放弃或怠于行使其债权，导致债务人财产无法执行时，保证人可以在相应范围内免责。此条适用于一般保证的情形。一般保证情形下，债权人需要在对债务人财产执行不能之后，才能主张保证人承担保证责任。

第六百九十九条　【共同保证】同一债务有两个以上保证人的，保证人应当按照保证合同约定的保证份额，承担保证责任；没有约定保证份额的，债权人可以请求任何一个保证人在其保证范围内承担保证责任。

条文注释

共同保证，是指两个或两个以上的保证人为同一债务而向债权人所提供的担保。其特点主要表现在:第一,数个保证人为主债务人提供担保。第二,数个保证人必须为同一债务提供担保。共同保证强调债务的同一性,就债务人而言,既可以是单个债务人,也可以是数个债务人,但债务应当是同一债务。第三,共同保证人的责任既可以是连带的,也可以是按份的。共同保证既可以是按份共同保证,也可以是连带共同保证。

本条所涉及的按份共同保证和连带共同保证定义的是多个保证人之间的关系,因此,对于共同保证来说,多个保证人之间的关系有按份和连带两种可能。多个保证人之间的关系,结合保证人和主债务人之间的两种关系,会产生四种保证责任承担方式:

第一,连带共同连带保证。债务人和保证人之间的关系为连带责任保证,多个保证人之间也为连带共同保证,因此,债务履行期限届满时,债权人既可以请求债务人承担全部或部分责任,也可以请求多个保证人中任何一个保证人承担全部或部分责任。

第二,连带共同一般保证。债务人和保证人之间为一般保证关系,保证人享有先诉抗辩权,因此,债务履行期限届满时,债权人需要先请求债务人承担责任,在债务人财产执行不能时,可请求保证人承担责任,由于多个保证人之间的关系为连带共同保证,此时债权人可选择请求其中任意一个保证人承担全部或者部分责任。

第三,按份共同连带保证。债务人和保证人之间的关系为连带责任保证,多个保证人之间为按份共同保证,因此,债务履行期限届满时,债权人可选择请求债务人或者保证人承担全部或者部分责任,但在请求多个保证人承担责任时,由于多个保证人之间为按份共同保证,债权人需要按照约定的份额请求保证人承担责任。

第四,按份共同一般保证。债务人和保证人之间为一般保证关系,保证人享有先诉抗辩权,多个保证人之间为按份共同保证,因此,债务履行期限届满时,债权人需要先请求债务人承担责任,在债务人财产执行不能时,可请求保证人承担责任,且债权人需要按照约定的份额请求多个保证人按份额承担责任。

多个保证人之间的关系,实际上是三种情形:明确约定为按份共同保证;明确约定为连带共同保证,此时为真正连带;没有约定保证份额,但适用本条所规定的“没有约定保证份额的,债权人可以请求任何一个保证人在其保证范围内承担保证责任”的不真正连带共同保证,此时债权人可以请求任何一个保证人承担全部保证责任,保证人承担保证责任之后可以找债务人追偿，但是多个保证人之间没有相互追偿权。

关联法规

《担保制度解释》第13、20条

第七百条　【保证人追偿权】保证人承担保证责任后，除当事人另有约定外，有权在其承担保证责任的范围内向债务人追偿，享有债权人对债务人的权利，但是不得损害债权人的利益。

条文注释

保证人的追偿权，又称保证人的求偿权，是指保证人在承担保证责任后，可以向主债务人请求偿还的权利。保证人行使追偿权必须具备以下几项要件：(1)必须是保证人已经对债权人承担了保证责任。保证人的追偿，必须限于自己有所给付，致使有偿地消灭主债务人对于债权人的责任。假如自己毫无给付，仅因其尽力致使主债务消灭，如说服债权人，使债权人免除主债务人的债务，则不得向主债务人追偿。(2)必须使主债务人对债权人因保证而免责。如果主债务人的免责不是由保证人承担保证责任的行为引起的，那么保证人就没有追偿权。再者，在保证人的给付额高于主债务人的免责额时，如以价值超过主债务数额之物抵债或者代物清偿，保证人只能就免责额追偿；在保证人的给付额低于主债务人的免责额时，保证人只能就给付额追偿。(3)必须是保证人没有赠与的意思。这是保证人的追偿权的消极要件，保证人在行使追偿权时不必就此举证。

本条中的"享有债权人对债务人的权利"的范围无争议的内容主要包括对债务人财产的抵押权等担保物权、迟延利息或者违约金。

关联法规

《担保制度解释》第13、14、18条

第七百零一条　【保证人抗辩权】保证人可以主张债务人对债权人的抗辩。债务人放弃抗辩的，保证人仍有权向债权人主张抗辩。

条文注释

保证人享有主债务人所享有的抗辩权，是指在主债权人请求保证人承担保证责任时，保证人有权主张主债务人对债权人享有的各项抗辩权，这也是保证从属性的重要体现。依据本条规定，凡是主债务人所享有的抗辩权，保证人都能主张，这些抗辩包括：主合同未生效的抗辩、主合同无效的抗辩、主合同已经终止的抗辩、主合同已过诉讼时效的抗辩、抵销抗辩，以及主债务人享有的各类抗辩权（包括同时履行抗辩权、不安抗辩权和先履行抗辩权）。

应当指出的是，即使主债务人放弃这些抗辩权，保证人仍然可以主张。这是因为，这些抗辩权既是主债务人享有的抗辩权，也是法律赋予保证人的抗辩权，主债务人放弃此类抗辩权不应当对保证人的抗辩权产生影响。同时，保证人只有通过行使债务人的抗辩权，才能依法保护自己的权益。

关联法规

《民法典》第525～527条；《担保制度解释》第20条

第七百零二条　【抵销权和撤销权范围内的免责】债务人对债权人享有抵销权或者撤销权的，保证人可以在相应范围内拒绝承担保证责任。

条文注释

债务人享有对债权人的抵销权或者撤销权，保证人也可以在相应范围内免责。这是保证人所享有的权利之一。本条应与第701条作体系解释，都是对保证人权利的具体规定。保证合同是单务、无偿合同，保证人对债权人不享有请求给付的权利，所享有的是抗辩权或其他防御性权利，包括以下几种类型：

（1）主张债务人权利的权利。保证具有附从性，因而主债务人对于债权人所有的抗辩或其他类似的权利，保证人均可主张。

（2）基于保证人的地位而特有的抗辩权。基于保证人的地位而特有的抗辩权，在实体法上即先诉抗辩权，一般保证的保证人享有此权。

（3）基于一般债务人的地位应有的权利。在保证关系中，保证人是债务人，因而一般债务人应有的权利，保证人也应享有。例如，在保证债务已经单独消灭时，保证人有权主张；在保证债务未届清偿期时，保证人有权抗辩；在保证合同不成立、无效或被撤销致使保证债务不存在时，保证人有权拒绝履行保证债务；在保证债务罹于诉讼时效时，保证人亦可拒绝负责。

第十四章　租赁合同

第七百零三条　【租赁合同概念】租赁合同是出租人将租赁物交付承租人使用、收益，承租人支付租金的合同。

条文注释

租赁合同具有以下特征:(1)租赁合同是转移财产使用权的合同。在租赁的有效期内,承租人可以对租赁物占有、使用、收益,而不能任意处分租赁物。(2)承租人取得租赁物的使用权以支付租金为代价。(3)租赁合同的标的物是有体有形的财产、非消耗物。(4)租赁合同是双务、有偿合同。在租赁合同中,出租人和承租人均享有权利和承担义务。(5)租赁合同具有临时性。租赁合同是出租人将租赁物有限期地交给承租人使用,承租人按照约定使用该租赁物并获得收益。

第七百零四条　【租赁合同主要内容】租赁合同的内容一般包括租赁物的名称、数量、用途、租赁期限、租金及其支付期限和方式、租赁物维修等条款。

条文注释

本条是一个指导性条款,是指在一般情况下,租赁合同应当具备的主要条款,包括如下事项:

(1)有关租赁物的条款。一是租赁物的名称;二是租赁物的数量;三是租赁物的用途。约定租赁物的用途也可以明确承租人对租赁物使用过程中消耗的责任归属问题。

(2)有关租赁期限的条款。租赁期限的长短由当事人自行约定,但不能超过本法规定的最高期限。

(3)有关租金的条款。租金同租赁物一样是租赁合同中必不可少的条款。租金的多少,支付的期限和方式,这些问题都应当在订立合同时明确,以免事后发生争议。

(4)有关租赁物维修的条款。对租赁物的维修义务应当由出租人承担,这是出租人在租赁合同中的主要义务。但并不排除在有些租赁合同中承租人负有维修义务。

第七百零五条　【租赁最长期限】租赁期限不得超过二十年。超过二十年的,超过部分无效。

租赁期限届满,当事人可以续订租赁合同;但是,约定的租赁期限自续订之日起不得超过二十年。

条文注释

20年实际上并不是一个绝对的最长期限,因为如果租赁合同双方当事人在20年期满时,仍然希望保持租赁关系,可以采取两个办法:一是不终止原租赁合同,承租人仍然使用租赁物,出租人也不提出任何异议。这时法律规定视为原租赁合同继续有效,但租赁期限为不定期,如果一方当事人想解除合同随时都可以为之,这种情况被称为合同的“法定更新”。二是双方当事人根据原合同确定的内容再续签一份租赁合同,如果需要较长的租期,当事人仍然可以再订一份租期为20年的合同,这种情况被称为“约定更新”。

第七百零六条 【租赁合同登记备案对合同效力影响】当事人未依照法律、行政法规规定办理租赁合同登记备案手续的,不影响合同的效力。

条文注释

对租赁合同进行登记的规定主要体现在房屋租赁关系中,即当事人订立、变更、终止房屋租赁合同,应当向房屋所在地直辖市、市、县人民政府建设(房地产)主管部门办理登记备案。房屋租赁登记的对象是租赁合同的内容及变动情况。

本条规定否认了登记备案作为租赁合同生效要件的观点,确认未登记不影响合同效力。这不仅是出于对合同当事人意思自治的尊重,而且与租赁权的债权性质保持一致。

第七百零七条 【租赁合同形式】租赁期限六个月以上的,应当采用书面形式。当事人未采用书面形式,无法确定租赁期限的,视为不定期租赁。

条文注释

本条对租赁合同的形式作了以下几个层次的规定:第一,租赁期限不满6个月的租赁合同,既可以采用口头形式也可以采用书面形式。第二,租赁期限在6个月以上的应当采用书面形式。第三,租赁期限6个月以上的,当事人没有采用书面形式,并非导致合同无效,而是产生约定的期限不予承认的效果,双方可以随时解除合同。

在本条规定中,即使应采用书面形式而未采用,也有可以视为定期租赁的情况。其一,如果租赁合同虽未采用书面形式,但双方当事人对租赁期限无争议的,应为定期租赁。其二,即使双方当事人对租赁期限有争议,但一方如果能举证证明约定有确切的租赁期限的,应为定期租赁。其三,若双方对租赁期限有争议,可以参照本法第510条确定租赁期限,也可以适用本法第730条关于租赁期限“没有约定或者约定不明确”情形下的规定。

关联法规

《民法典》第469条

第七百零八条 【出租人交付租赁物义务和对租赁物的瑕疵担保责任】出租人应当按照约定将租赁物交付承租人,并在租赁期限内保持租赁物符合约定的用途。

条文注释

本条规定,出租人应当按照约定将租赁物交付承租人。如果租赁物分主物和从物时,在交付主物的同时应将从物一并交付。

关于约定的用途:首先,出租人应保证租赁物具备应有的使用价值。其次,若双方约定了租赁物特殊使用目的下的用途,出租人也应尽到相应的瑕疵担保义务。

本条规定出租人对租赁物的瑕疵担保责任在合同履行的两个阶段都有要求:一是在租赁物交付时保证交付的租赁物符合约定的用途,具有品质完整的使用价值,使承租人能够正常使用。二是在租赁期限内保持租赁物符合约定的用途。在租赁期限内如果租赁物本身出现问题,承租人请求出租人进行维修时,出租人应及时维修,以保证承租人的正常使用。出租人如不能及时予以维修,承租人可以自行维修,维修的费用应由出租人负担。因维修租赁物影响承租人使用时,承租人有权请求减少租金或延长租期。

第七百零九条 【承租人按约定使用租赁物的义务】承租人应当按照约定的方法使用租赁物。对租赁物的使用方法没有约定或者约定不明确,依据本法第五百一十条的规定仍不能确定的,应当根据租赁物的性质使用。

条文注释

承租人按约定使用租赁物是承租人的一项义务。承租人履行此项义务的条件是:第一,租赁物已由出租人按约定交付承租人,承租人对租赁物已实际占有,因此,取得了对该租赁物的使用权。第二,出租人交付的租赁物符合约定中的质量、数量、用途的要求,不存在瑕疵。第三,双方当事人能够约定租赁物的使用方法或者根据租赁物的性质可以确定其使用方法。如果难以确定其使用方法,很难要求承租人履行此项义务。

按约定的方法使用租赁物,应注意以下几个方面:首先,体现在如果约定租赁物用途的,必须按约定的用途使用租赁物。其次,在按照约定的用途进行使用的情形下，当事人还可就具体的利用方式、利用手段等作出约定限制。如房屋租赁中，双方还可以就是否对入住人数加以限制、是否允许对房屋转租等利用方式的具体内容进行约定。承租人如果违反了按约定使用租赁物的义务，就要承担相应的违约责任。

第七百一十条 【承租人按约定使用租赁物的免责义务】承租人按照约定的方法或者根据租赁物的性质使用租赁物，致使租赁物受到损耗的，不承担赔偿责任。

条文注释

对租赁物的使用可能分两种不同情况：其一，双方约定的使用方法符合租赁物性质或依据租赁物性质使用租赁物，该租赁物的损耗乃正常使用不可避免，即该损耗不因承租人的不同而有所改变增减。其二，由于尊重意思自治，则双方可以约定不依据租赁物的性质使用租赁物。在该种情况下，可能会造成租赁物非按照通常使用方式下的额外损耗。但依据本条，此种损耗依然是按照约定的方法进行所必然产生，因出租人已经允许以该种方式进行，故需承担额外损耗的后果。

本条所称的“损耗”应当与“损失、损毁”相区分。从语义上理解，损耗应当不包括严重损毁以致毁灭的程度。因此，该条与租赁物在租赁期内毁损灭失情形下责任承担与赔偿的问题应当有所区分。

第七百一十一条 【承租人未按约定使用租赁物的责任】承租人未按照约定的方法或者未根据租赁物的性质使用租赁物，致使租赁物受到损失的，出租人可以解除合同并请求赔偿损失。

条文注释

未按照约定的方法，既包括合同有约定情形下，未按照租赁合同约定的用途使用租赁物，未按照双方约定的具体使用方式使用租赁物；也包括合同未约定，或约定不明的情形下，未按照本法第510条确定的方法使用租赁物，及无法确定情形下未依据租赁物本身性质使用租赁物的情况。具备其中的情形，即认为承租人对租赁物的损失具有过错，对造成的损失负有赔偿损失的责任。

本条中的“损失”应当包括直接损失和间接损失。直接损失是指承租人不按约定的方法或未依据租赁物性质使用的行为造成租赁物本身价值减少、灭失或损毁，以及出租人因此所需要增加的支出。间接损失是指因承租人的行为造成出租人就该租赁物既得利益的减少。

本条还规定了出租人对承租人违约行为的救济手段,即可以解除合同并请求赔偿损失。在租赁期限尚未届满时,出租人有权解除合同并要求承租人赔偿损失;在租赁期限届满时,出租人无须解除合同,可直接要求承租人赔偿损失。

关联法规

《城镇房屋租赁合同解释》第6条

第七百一十二条 【出租人维修义务】出租人应当履行租赁物的维修义务,但是当事人另有约定的除外。

条文注释

维修义务是指在租赁物出现不符合约定的使用状态时,出租人须对该租赁物进行修理和维护,以保证承租人能够正常使用该租赁物。维修义务也包括对租赁物的正常保养。出租人的维修义务并不是绝对的、无限的,应当满足如下要件:其一,有维修的正当理由,即限于租赁物本身的缺陷造成,对承租人增添于租赁物的缺陷无维修的义务。如果是因为承租人保管使用不善,造成租赁物损坏的,出租人不负有维修的义务。其二,租赁物有维修的必要。有维修的必要是指租赁物已出现影响正常使用、发挥效用的情况,不进行维修就不能使用,出租人应对租赁物进行及时的维修,以保证其正常使用。其三,租赁物有维修的可能。有维修的可能是指租赁物损坏后能够将其修好以恢复或达到损坏前的状态。维修不能,包括事实不能与经济不能。无论事实不能还是经济不能,出租人皆无维修义务。此时出租人的维修义务就转化为承担一定的民事责任的义务,如减少租金等。其四,当事人无相反的约定。基于租赁合同债权相对性,尊重当事人意思自治,允许当事人对维修义务的分配作出约定,即另有约定时也存在承租人承担维修义务的情况。

第七百一十三条 【出租人不履行维修义务的法律后果】承租人在租赁物需要维修时可以请求出租人在合理期限内维修。出租人未履行维修义务的,承租人可以自行维修,维修费用由出租人负担。因维修租赁物影响承租人使用的,应当相应减少租金或者延长租期。

因承租人的过错致使租赁物需要维修的,出租人不承担前款规定的维修义务。

条文注释

出租人履行维修义务,既可以由出租人主动做出,也可以由承租人提出。承租人请求出租人履行维修义务的,以租赁物有维修的必要及维修的可能为要件。租赁物有维修的必要及可能时,承租人可以向出租人发出维修的请求,催告出租人在合理的期限内对租赁物进行维修。该合理期限应当根据租赁物的损坏程度、承租人需要维修的紧迫程度以及出租人的维修能力等具体情况确定。

出租人无正当理由在催告确定的合理期限内没有对租赁物进行维修的,构成不履行维修义务,承租人可以自行修理。由此支出的费用应当由出租人负担,承租人已经垫付的,有权要求出租人偿还,或要求抵扣租金。同时,出租人不履行维修义务,任凭租赁物部分或全部毁损、灭失,致使承租人无法实现合同目的的,构成根本违约,承租人可依据本法的有关规定,解除合同并请求出租人承担违约责任。

第七百一十四条　【承租人妥善保管租赁物义务】承租人应当妥善保管租赁物,因保管不善造成租赁物毁损、灭失的,应当承担赔偿责任。

条文注释

妥善保管租赁物也是承租人的主要义务之一。承租人的保管义务应包括以下几项内容:第一,按照约定的方式或者租赁物的性质所要求的方法保管租赁物。第二,按照租赁物的使用状况进行正常的维护。第三,通知和协助。租赁期限内,租赁物有瑕疵并影响承租人正常使用时,承租人应及时通知出租人,并采取积极措施防止损坏的扩大。有时租赁物发生故障来不及要求出租人维修,如果承租人有能力,也可先行对其进行维修,维修的费用由承租人先垫付,之后可向出租人追偿或者在租金里扣除。承租人绝不能因维修义务应由出租人负担而对租赁物坐视不管,这样就没有尽到善良管理人的义务。

承租人如果没有对租赁物尽到上述妥善保管的义务,造成租赁物毁损、灭失的,应当承担损害赔偿责任。

第七百一十五条　【承租人对租赁物进行改善或增设他物】承租人经出租人同意,可以对租赁物进行改善或者增设他物。

承租人未经出租人同意,对租赁物进行改善或者增设他物的,出租人可以请求承租人恢复原状或者赔偿损失。

条文注释

承租人在征得出租人同意后对租赁物进行改善或者增设他物，使其使用效用和本身的价值增加，在租赁的有效期限内是可行的，但如果租赁期限届满，承租人须将租赁物返还出租人时就有一个与原租赁物的状况发生变化如何处理的问题，一般应遵循以下规则：第一，可以要求出租人偿还由于改善或增设他物使租赁物价值增加部分的费用。但仅限于合同终止时租赁物增加的价值额，而不能以承租人实际支付的数额为准。第二，对于增设他物的，如果拆除不影响租赁物的原状，承租人有权拆除。

承租人未经出租人同意对租赁物进行改善、增设他物的，承租人不但不能要求出租人返还所支付的费用，反过来出租人可以要求承租人恢复原状或者赔偿损失。

关联法规

《城镇房屋租赁合同解释》第7～12条

第七百一十六条 【承租人对租赁物转租】承租人经出租人同意，可以将租赁物转租给第三人。承租人转租的，承租人与出租人之间的租赁合同继续有效；第三人造成租赁物损失的，承租人应当赔偿损失。

承租人未经出租人同意转租的，出租人可以解除合同。

条文注释

转租，是指承租人将租赁物转让给第三人使用、收益，承租人与第三人形成新的租赁合同关系，而承租人与出租人的租赁关系继续合法有效的一种交易形式。转租包括经出租人同意和未经出租人同意两种情况。

(1)经出租人同意的转租。经出租人同意的转租包括两种情形：一是在租赁合同订立时明确约定承租人有权转租租赁物；二是在租赁期限内承租人征得出租人同意将租赁物转租。

(2)未经出租人同意的转租，出租人可以解除合同。擅自将租赁物转租他人造成多层次的对租赁物的占有关系，增加了出租人要求返还租赁物的困难或使租赁物的毁损程度加重，所以出租人有权解除合同。

第七百一十七条 【转租期限】承租人经出租人同意将租赁物转租给第三人，转租期限超过承租人剩余租赁期限的，超过部分的约定对出租人不具有法律约束力，但是出租人与承租人另有约定的除外。

条文注释

承租人经出租人同意将租赁物转租给第三人后，出租人与承租人的原租赁合同仍然有效，承租人同样需要承担原租赁合同中约定的权利义务；转租人（承租人）与次承租人之间按照新租赁合同中的约定行使自己的权利义务。

本条规定转租合同中约定的转租期限超过承租人剩余租赁期限的，该约定只要不存在本法规定的无效事由即为有效，次承租人也因此取得相应权利，但该权利对出租人不产生法律约束力。原租赁合同期限届满后，出租人可以要求次承租人限期返还租赁物，次承租人则可依据转租合同的约定向承租人主张违约责任。

第七百一十八条　【视为出租人同意转租】出租人知道或者应当知道承租人转租，但是在六个月内未提出异议的，视为出租人同意转租。

条文注释

出租人同意承租人转租后，将对出租人、承租人和次承租人都产生一定的法律后果，因此出租人将该同意的意思表示于外的行为，属于意思表示。根据本法第140条第1款的规定，行为人可以明示或者默示作出意思表示。所谓默示的意思表示，是指行为人虽没有以语言或文字等明示方式作出意思表示，但通过其行为可以推定出其作出一定的意思表示。在现实生活中也会出现以沉默的方式作出的意思表示。沉默是一种既无语言表示也无行为表示的纯粹的缄默，是一种完全的不作为。沉默只有在有法律规定、当事人约定或者符合当事人之间的交易习惯时，才可以视为意思表示。本条规定的出租人明知承租人转租，但在6个月内不提出任何异议的不作为，就是一项法律关于沉默的意思表示的特殊规定。

第七百一十九条　【次承租人代为清偿权】承租人拖欠租金的，次承租人可以代承租人支付其欠付的租金和违约金，但是转租合同对出租人不具有法律约束力的除外。

次承租人代为支付的租金和违约金，可以充抵次承租人应当向承租人支付的租金；超出其应付的租金数额的，可以向承租人追偿。

条文注释

承租人经出租人同意转租的，次承租人与出租人之间不存在合同关系，故而次承租人本不应向出租人支付租金。但是，根据本法第524条第1款的规定,第三人对债之履行有利害关系时,无须债务人或债权人的同意即可代为履行债务,债权人不得拒绝。并且租金属于金钱之债,不具有只能由承租人履行的性质,因此次承租人有权向出租人代为履行,出租人不得拒绝。

当然,未经出租人同意转租的,在租赁合同未解除的情况下,转租合同对出租人不具有法律约束力。第三人对租赁物的占有属于无权占有,作为所有权人的出租人有权随时要求该第三人返还租赁物,故该第三人对租赁物并不具有合法权利,对该租金债务的履行不具有合法利益,出租人有权拒绝其代为履行的请求。

第七百二十条 【租赁物收益归属】在租赁期限内因占有、使用租赁物获得的收益,归承租人所有,但是当事人另有约定的除外。

条文注释

本条中的收益是指承租人因占有、使用租赁物而获得的效益。收益包括两类:一类是因为占有租赁物而产生的收益;另一类是使用租赁物而产生的收益,如承租人从房屋租赁的转租中收取的超额租金等。除当事人在合同中另有约定外,租赁期限内承租人因占有、使用租赁物获得的收益归承租人所有。

第七百二十一条 【租金支付期限】承租人应当按照约定的期限支付租金。对支付租金的期限没有约定或者约定不明确,依据本法第五百一十条的规定仍不能确定,租赁期限不满一年的,应当在租赁期限届满时支付;租赁期限一年以上的,应当在每届满一年时支付,剩余期限不满一年的,应当在租赁期限届满时支付。

条文注释

支付租金是承租人的主要义务。在实际生活中,一些当事人在订立合同时,未约定租金支付期限或约定不明确,可以进行进一步协商、达成协议。如果不能达成协议,且依据合同的有关条款和交易习惯也不能确定的,按照本条的规定可依据下述方法确定支付期限:(1)租赁期限不满1年的,租金应当在租赁期限届满时支付。(2)租赁期限1年以上的,应当在每届满1年时支付,剩余期限不满1年的,应当在租赁期限届满时支付。

第七百二十二条　【承租人违反支付租金义务的法律后果】承租人无正当理由未支付或者迟延支付租金的，出租人可以请求承租人在合理期限内支付；承租人逾期不支付的，出租人可以解除合同。

条文注释

本条规定，承租人在租赁期限内无正当理由不得拒付和迟延支付租金。所谓正当理由包括以下几种情况：一是因不可抗力或意外事件，使租赁物部分或者全部毁损、灭失的，承租人已无法对租赁物使用、收益，承租人可以请求不支付租金。二是因出租人没有履行义务或不完全履行义务。例如，交付的租赁物不符合约定的使用要求；在租赁期限内租赁物出现质量问题，出租人不尽维修义务的。三是因承租人本身发生一些意外事件致使其暂时无力支付租金。

承租人不支付租金虽然是一种根本违约行为，但出租人并不一定要马上解除合同，为了保持合同的稳定性，可以给承租人补救的机会。因此，本条规定，出租人可以请求承租人在合理期限内支付。承租人经催告后在合理的期限内仍不支付租金的，出租人可以解除合同。租赁合同被解除后，租赁期限尚未届满的，合同终止履行，承租人应返还租赁物，承租人欠付的租金以及对出租人造成的损害，应当进行清算。

第七百二十三条　【出租人权利瑕疵担保责任】因第三人主张权利，致使承租人不能对租赁物使用、收益的，承租人可以请求减少租金或者不支付租金。

第三人主张权利的，承租人应当及时通知出租人。

条文注释

出租人的权利瑕疵担保，是指出租人担保第三人不能就租赁物主张任何权利。权利瑕疵担保责任是指当第三人对租赁物主张权利时，出租人所应承担的责任。权利瑕疵担保责任的构成要件为：(1)权利瑕疵在合同成立时已存在；(2)相对人不知有权利瑕疵的存在，如果在订立合同时相对人明知行为人对该物无处分权而与之订立合同，相对人不能作为善意相对人而享受对对方的权利瑕疵担保的要求；(3)权利瑕疵在合同成立后仍未能排除，如果在合同成立时，虽有权利瑕疵，但在合同成立后，行为人取得了该物的处分权，则应视为权利瑕疵已经除去。

出租人承担权利瑕疵担保责任的条件为：第一，因第三人向承租人主张权利。第三人主张权利既可以是第三人作为租赁物的所有人主张出租人对租赁物无处分权,该租赁合同无效;也可以是第三人作为租赁物的抵押权人,在义务人不履行义务时,要求实现其抵押权。第二,第三人主张权利妨碍承租人对租赁物的使用和收益。第三,承租人在订立合同时不知有权利瑕疵。如果承租人在订立合同时明知出租人对该租赁物没有处分权,而自愿承担第三人主张权利的风险,出租人不负瑕疵担保责任。

在第三人主张权利时,除出租人已经知道第三人主张权利外,承租人应当及时通知出租人,如果承租人怠于通知致使出租人能够救济而未能及时救济的,则出租人对承租人的损失不负赔偿责任。承租人及时通知出租人,出租人对第三人主张权利不能排除的,承租人事实上对租赁物已无法使用、收益,这时,承租人有权请求减少租金或不支付租金。

第七百二十四条　【非承租人原因致使租赁物无法使用时承租人解除权】有下列情形之一,非因承租人原因致使租赁物无法使用的,承租人可以解除合同:

(一)租赁物被司法机关或者行政机关依法查封、扣押;

(二)租赁物权属有争议;

(三)租赁物具有违反法律、行政法规关于使用条件的强制性规定情形。

条文注释

租赁合同中,根据解除权行使主体不同分为承租人享有法定解除权和出租人享有法定解除权的情形,本条规定的是承租人享有法定解除权的情形。综合本法的相关规定,承租人享有法定解除权的情形如下:一是因不可抗力致使不能实现合同目的的;二是出租人未按约定交付租赁物,经承租人催告在合理期限内仍拒不交付租赁物的;三是因不可归责于承租人的事由导致租赁物部分或全部毁损、灭失,致使合同目的不能实现的;四是不定期租赁,承租人有权随时解除合同;五是租赁物危及承租人安全或健康的,即使承租人订立合同时明知该租赁物质量不合格,承租人仍有权随时解除合同;六是司法机关或者行政机关依法查封租赁房屋导致承租人不能使用的;七是租赁物权属有争议导致承租人不能使用的;八是不符合《建筑法》《消防法》等法律关于房屋使用条件的强制性规定并导致承租人不能使用的;九是"一物数租"之有效合同不能实际履行的。

所谓"无法使用",是指无法按照租赁物的约定用途使用,或者无法按照租赁物的性质使用。

第七百二十五条　【买卖不破租赁】租赁物在承租人按照租赁合同占有期限内发生所有权变动的，不影响租赁合同的效力。

条文注释

"买卖不破租赁"，是指当出租人在租赁合同有效期内将租赁物的所有权转让给第三人时，租赁合同对新所有权人有效。

"买卖不破租赁"并不限于出租人出售租赁物的行为，还应包括赠与以及遗赠、互易甚至将租赁物作为合伙投资等情况，上述情况都会涉及租赁物的所有权变动问题。本条规定中的"不影响租赁合同的效力"是指承租人依据租赁合同占有期限内发生所有权变动后，其设定在该租赁物上的租赁权仍然存在，承租人与受让人之间无须另行订立租赁合同，受让人继承原出租人的权利和义务，受让人要受该租赁合同的约束。如果出租人没有将所有权变动的事项通知承租人，承租人向原出租人支付的租金效力及于受让人。

关联法规

《城镇房屋租赁合同解释》第14条

第七百二十六条　【房屋承租人优先购买权】出租人出卖租赁房屋的，应当在出卖之前的合理期限内通知承租人，承租人享有以同等条件优先购买的权利；但是，房屋按份共有人行使优先购买权或者出租人将房屋出卖给近亲属的除外。

出租人履行通知义务后，承租人在十五日内未明确表示购买的，视为承租人放弃优先购买权。

条文注释

房屋承租人优先购买权的适用条件包括以下几个方面：第一，存在合法有效的房屋租赁合同关系，即两者之间的房屋租赁合同依法成立并生效。第二，在同等条件下行使。在非同等条件下，承租人不能享有优先购买权。第三，必须在一定期限内行使。如果出租人通知承租人其将要出卖租赁的房屋，而承租人在15日内没有购买的意思表示，则承租人优先购买权丧失。

同时，本条也规定了房屋承租人优先购买权行使的限制情形：第一，共有人的优先购买权与承租人优先购买权行使的竞合。本法第306条规定,按份共有人在同等条件下也享有优先购买权。本条将按份共有人行使优先购买权作为承租人行使优先购买权的例外。第二,本条确认出租人将租赁房屋出卖给近亲属的,承租人不得主张优先购买权。

关联法规

《城镇房屋租赁合同解释》第15条

第七百二十七条 【委托拍卖情况下房屋承租人优先购买权】出租人委托拍卖人拍卖租赁房屋的,应当在拍卖五日前通知承租人。承租人未参加拍卖的,视为放弃优先购买权。

条文注释

拍卖的特质导致其与承租人的优先购买权存在一定冲突,由于优先购买权有一定的优先效力,在拍卖程序中亦不例外。《最高人民法院关于人民法院民事执行中拍卖、变卖财产的规定》第13条第1款规定:"拍卖过程中,有最高应价时,优先购买权人可以表示以该最高价买受,如无更高应价,则拍归优先购买权人;如有更高应价,而优先购买权人不作表示的,则拍归该应价最高的竞买人。"在拍卖负担有优先购买权的租赁房屋时一般遵循如下程序:(1)拍卖通知。出租人在拍卖5日前以书面或者其他能够确认收悉的适当方式,通知优先购买权人于拍卖日到场。(2)优先购买权人应按照拍卖通知或拍卖公告的要求,与其他竞买人一样进行竞买登记、缴纳竞买保证金,在拍卖日到场参加竞拍。(3)举牌应价。若优先购买权人在出现最高应价时表示以该最高价买受,如无更高应价,则拍归优先购买权人。

第七百二十八条 【出租人妨害承租人优先购买权的法律后果】出租人未通知承租人或者有其他妨害承租人行使优先购买权情形的,承租人可以请求出租人承担赔偿责任。但是,出租人与第三人订立的房屋买卖合同的效力不受影响。

条文注释

本条所说的赔偿的范围是实际损失,即优先购买权人要获得类似房屋所多支出的价款损失,以及在购买房屋过程中支出的费用损失。这些损失都是因为出租人侵害承租人优先购买权而造成的,所以出租人应当赔偿。另外,如果承租人确有足够证据证明买受人与出租人恶意串通,则可以按照合同无效的相关规定主张合同无效。

第七百二十九条　【租赁物毁损、灭失的承租人的请求权】因不可归责于承租人的事由，致使租赁物部分或者全部毁损、灭失的，承租人可以请求减少租金或者不支付租金；因租赁物部分或者全部毁损、灭失，致使不能实现合同目的的，承租人可以解除合同。

条文注释

不可归责于承租人的事由有下列几种情况：第一，因不可抗力的原因造成租赁物毁损、灭失的。第二，因意外事件造成租赁物毁损、灭失的。第三，因出租人不履行义务造成租赁物毁损、灭失的。

在上述三种情况下，由于承租人对租赁物已不能使用或使用的效能受到了影响，本条规定承租人可行使以下权利：第一，要求减少租金或不支付租金。减少租金一般适用于租赁物部分毁损，但还能够使用；或者是承租人已经支付了部分租金，租赁物全部毁损、灭失的，已支付的租金不再返还，未支付的租金不再支付。不支付租金一般是指租赁物虽然部分毁损，但已失去其效用或者租赁物全部毁损、灭失，承租人已不能使用该租赁物，当然可以要求不支付租金。第二，解除合同。解除合同的条件是不能实现合同目的。只要承租人没有过错，租赁物毁损、灭失的，实际上已经不可能再履行合同了，这时承租人可以行使解除权。这种解除权不同于协议解除，它是法定解除，也不是请求权，而是一种形成权，即承租人主张解除合同的，只要通知到达出租人，合同即行解除，如果出租人对此有异议，提请诉讼或仲裁，人民法院或者仲裁机构也只是对承租人行使解除权的效力进行确认。

第七百三十条　【租赁期限没有约定或约定不明确时的法律后果】当事人对租赁期限没有约定或者约定不明确，依据本法第五百一十条的规定仍不能确定的，视为不定期租赁；当事人可以随时解除合同，但是应当在合理期限之前通知对方。

条文注释

根据本条规定，当事人对租赁期限没有约定或者约定不明确时，应首先依照本法第510条的规定进行协议补充。如果合同双方当事人既不能就租赁期限达成补充协议，又不能根据合同有关条款或者交易习惯加以确定，只要出租人没有收回租赁物的意思，同时也没有收回行为并且继续收取租金的，就表明租赁关系仍然存在，但这时的租赁视为不定期租赁，双方当事人可以随时解除合同。如果承租人在使用租赁物后已达到了其预期目的，同时履行了其义务，可以提出终止合同的履行；如果出租人对租赁物有客观原因需要利用，而非出于其他恶意，可以在保障承租人利益不受损害的情况下，收回租赁物。但出租人解除合同时，应依诚信原则，在一个合理期限之前通知承租人。

第七百三十一条　【租赁物质量不合格时承租人解除权】租赁物危及承租人的安全或者健康的，即使承租人订立合同时明知该租赁物质量不合格，承租人仍然可以随时解除合同。

条文注释

出租人的瑕疵担保责任包括权利瑕疵担保责任和物的瑕疵担保责任（也称质量瑕疵担保责任）。构成出租人物的瑕疵担保责任的条件有两个：第一，租赁物有瑕疵。租赁物有瑕疵，即标的物的品质或者数量不符合约定的标准，或者不符合标的物的通常使用状态。租赁物无论是在交付前还是交付后发生瑕疵的，出租人均负有瑕疵担保责任。第二，承租人于合同订立时不知租赁物有瑕疵，也不存在可以免除出租人责任的情形。

根据本条规定，租赁物危及承租人的安全或者健康的，即使承租人订立合同时明知该租赁物质量不合格，承租人仍然可以随时解除合同。

第七百三十二条　【房屋承租人死亡的租赁关系的处理】承租人在房屋租赁期限内死亡的，与其生前共同居住的人或者共同经营人可以按照原租赁合同租赁该房屋。

条文注释

在住房租赁中，承租人取得的只是房屋使用权，原则上其承租权不得继承。承租人死亡后，生前未与其共同生活的亲属或者法定继承人，如果确需继续租用住房的，享有优先承租权，可以与出租人另行签订房屋租赁合同。但是，在租赁期限内，与承租人共同居住的人有在租赁的房屋内居住的权利，出租人不得干涉。承租人死亡后，生前与承租人共同居住的人可以继续租赁原住房，但应与出租人办理续租手续，变更承租人。承租人死亡后无共同居住之人的，租赁关系终止。

第七百三十三条 【租赁期限届满承租人返还租赁物】租赁期限届满，承租人应当返还租赁物。返还的租赁物应当符合按照约定或者根据租赁物的性质使用后的状态。

条文注释

租赁期限届满，承租人应向出租人返还租赁物，这是租赁合同中承租人的一项主要义务。承租人未经出租人同意对租赁物改建、改装或者增加附着物的，于返还租赁物时应当恢复原状；如果承租人的行为是经出租人同意的，承租人可以不恢复原状，并可以在现有增加价值的范围内向出租人请求偿还费用。

第七百三十四条 【租赁期限届满承租人继续使用租赁物及房屋承租人的优先承租权】租赁期限届满，承租人继续使用租赁物，出租人没有提出异议的，原租赁合同继续有效，但是租赁期限为不定期。

租赁期限届满，房屋承租人享有以同等条件优先承租的权利。

条文注释

根据本条第1款的规定，租赁期限届满，承租人仍继续使用租赁物，出租人亦不反对的，即可以推定双方有继续租赁关系的意向，租赁期限视为更新。但在这种情况下，当事人之间的定期租赁更改为不定期租赁，任何一方当事人均可以随时解除合同。

本条第2款是关于承租人的优先承租权的规定。法定优先承租权的行使包括以下几个要件：第一，存在合法有效的租赁关系。应注意的是，对于转租而言，基于合同的相对性，次承租人仅与承租人存在租赁关系，因此只能向承租人而非出租人主张优先承租权。第二，出租人继续出租房屋。第三，满足同等条件。承租人行使该权利时续租的租赁条件应当与第三人同等。第四，在合理期限内主张。为保障承租人在合理期限内能够主张权利，出租人应当承担通知义务。

关联法规

《时间效力规定》第21条

第十五章 融资租赁合同

第七百三十五条 【融资租赁合同概念】融资租赁合同是出租人根据承租人对出卖人、租赁物的选择，向出卖人购买租赁物，提供给承租人使用，承租人支付租金的合同。

条文注释

融资租赁是一种贸易与信贷相结合，融资与融物为一体的综合性交易。典型的融资租赁合同具有以下三方面的含义：第一，出租人须根据承租人对出卖人和租赁物的选择出资购买租赁物。第二，出租人须将购买的租赁物交付承租人使用收益。第三，承租人须向出租人支付租金。也正是在这种意义上，该种合同的名称中含有“租赁”一词。

关联法规

《融资租赁合同解释》第1条

第七百三十六条 【融资租赁合同内容和形式】融资租赁合同的内容一般包括租赁物的名称、数量、规格、技术性能、检验方法，租赁期限，租金构成及其支付期限和方式、币种，租赁期限届满租赁物的归属等条款。

融资租赁合同应当采用书面形式。

条文注释

典型的融资租赁交易涉及三方当事人（出租人、承租人、出卖人）和两个合同（融资租赁合同和买卖合同）。在实践中，由于租赁方式的不同，融资租赁合同的内容往往也不同，典型的融资租赁合同的内容主要包括以下几方面：

（1）有关租赁物的条款。此条款应写明租赁物的名称、数量、规格、技术性能、检验方法等。

（2）有关租金的条款。合同对租金的规定包括租金总额、租金构成、租金支付方式、支付地点和次数、租金支付期限、每期租金额、租金计算方法、租金币种等。

（3）有关租赁期限的条款。租赁期限一般根据租赁物的经济寿命、使用及利用设备所产生的效益，由双方当事人商定。此条款应当明确租赁起止日期。

(4)有关租赁期限届满租赁物的归属的条款。租赁期限届满,租赁物的所有权归出租人享有。租赁期限届满,承租人一般有三种选择权,即留购、续租或退租。在留购情况下,承租人取得租赁物的所有权。在续租和退租情况下,租赁物仍归出租人所有。

除上述条款外,融资租赁合同一般还应包括租赁物的交付、使用、保养、维修和保险、担保、违约责任、合同发生争议时的解决方法、合同签订日期和地点等条款。

融资租赁合同采用书面形式主要有四个原因:第一,当事人人数较多。第二,法律关系较为复杂。第三,履行期限较长。第四,可能具有涉外因素。

第七百三十七条 【融资租赁虚假表示合同无效】当事人以虚构租赁物方式订立的融资租赁合同无效。

条文注释

本条是本法总则编虚假表示规定的具体化,根据本法总则编第146条第1款的规定,行为人与相对人以虚假的意思表示实施的民事法律行为无效。虚构租赁物,不构成融资租赁法律关系,因此融资租赁合同无效。

关联法规

《民法典》第146条第1款

第七百三十八条 【租赁物经营许可对合同效力影响】依照法律、行政法规的规定,对于租赁物的经营使用应当取得行政许可的,出租人未取得行政许可不影响融资租赁合同的效力。

条文注释

在传统租赁中,对租赁物的经营使用需要取得行政许可的,应由出租人取得行政许可,即法律、法规要求的是租赁物的所有权人即出租人取得行政许可,方可进行相关经营使用行为。在融资租赁中,租赁物的所有权和使用权几乎是永久性地分离,出租人表面上是租赁物的所有权人,实质上只是满足承租人融资的需要,只享有观念上的所有权,而承租人是租赁物的占有、使用、收益人,租赁物主要发挥的是担保功能。因此,法律法规限制租赁物的经营使用活动的主体应该是承租人,承租人对于租赁物的经营使用应当依法获得行政许可,出租人未取得行政许可不影响融资租赁合同的效力。

第七百三十九条 【融资租赁标的物交付】出租人根据承租人对出卖人、租赁物的选择订立的买卖合同,出卖人应当按照约定向承租人交付标的物,承租人享有与受领标的物有关的买受人的权利。

条文注释

出卖人按照约定向承租人交付标的物,承租人享有与受领标的物有关的买受人的权利,是融资租赁与传统租赁的一个重要区别。在传统租赁中,出租人是将自己现有的物或者根据自己的意愿购买的物出租给承租人,承租人与出卖人之间不存在任何法律关系,出租人对租赁物负有瑕疵担保责任。在融资租赁中,融资租赁合同的租赁物即是买卖合同的标的物。融资租赁合同最重要的法律特征就是融资与融物相结合,融资为融物服务。买卖合同是出租人根据承租人对出卖人和租赁物的选择订立的,作为买受人的出租人只负支付货款的义务,而承租人是租赁物的占有、使用、收益人,且了解租赁物。出租人实质上是为承租人购买租赁物提供资金,真正的买卖双方是承租人和出卖人,因此,出卖人应直接向承租人交付标的物。

出卖人不仅应向承租人直接交付标的物,而且应承担租赁物的瑕疵担保责任。承租人应当按照合同约定的时间、地点、验收方法接收标的物。

第七百四十条 【承租人拒绝受领权】出卖人违反向承租人交付标的物的义务,有下列情形之一的,承租人可以拒绝受领出卖人向其交付的标的物:

(一)标的物严重不符合约定;

(二)未按照约定交付标的物,经承租人或者出租人催告后在合理期限内仍未交付。

承租人拒绝受领标的物的,应当及时通知出租人。

条文注释

在实践中,出租人往往将选择由谁来提供何种品质、规格的租赁物的决定权赋予承租人,由承租人与出卖人就租赁物直接进行交流,由承租人负责收货验收。因此,对由于租赁物的质量瑕疵或交付瑕疵,需要对租赁物行使拒绝受领权的,由承租人行使更为合适。

承租人依照本条规定拒绝受领标的物的，应当及时通知出租人。承租人迟延通知或无正当理由拒绝受领租赁物造成出租人损失的，出租人有权请求承租人承担损害赔偿责任。

关联法规

《融资租赁合同解释》第3条

第七百四十一条　【承租人行使索赔权】出租人、出卖人、承租人可以约定，出卖人不履行买卖合同义务的，由承租人行使索赔的权利。承租人行使索赔权利的，出租人应当协助。

条文注释

承租人直接向出卖人行使索赔权的内容主要有以下两种：

(1)出卖人交付的标的物质量不符合约定时，承租人可以要求：①减少价金。如果出卖人交付的标的物虽不符合合同约定，但不影响使用，而承租人也愿意继续使用的，可以按质论价，要求出卖人减少价金。②修理、调换。当出卖人交付的标的物不能使用时，根据标的物的具体情况，承租人可以请求出卖人负责修理或者另行交付无瑕疵的标的物，并承担因修理、调换而支付的实际费用。③支付违约金。在出卖人交付的标的物不符合质量要求时，承租人可以请求出卖人支付约定的或者法定违约金。在违约金不足以抵偿损失时，承租人还可以要求出卖人支付损害赔偿金。④解除合同并赔偿损失。当出卖人交付的标的物由于质量问题无法使用时，承租人不仅可以要求解除合同，而且可以要求赔偿损失。

(2)出卖人未交付或者迟延交付标的物的，承租人可以请求出卖人继续履行交付义务，并请求因迟延履行导致的损害赔偿，构成本法第563条第1款的情形之一的，可以解除合同并请求替代履行的损害赔偿。

第七百四十二条　【承租人行使索赔权租金支付义务】承租人对出卖人行使索赔权利，不影响其履行支付租金的义务。但是，承租人依赖出租人的技能确定租赁物或者出租人干预选择租赁物的，承租人可以请求减免相应租金。

条文注释

在租赁物存在瑕疵时，承租人可以依照约定向出卖人请求其承担瑕疵担保责任，但即使因租赁物有瑕疵致使承租人不能使用、收益，也不影响承租人向出租人承担支付租金的义务，承租人仍应按照约定支付租金。

在例外情形下，即在承租人依赖出租人的技能确定租赁物或出租人干预选择租赁物（由承租人负举证责任）的情况下，租赁物不符合约定或不符合使用目的的，出租人承担瑕疵担保责任，因此承租人有权主张减轻或者免除相应的租金支付义务。具体来说，在出租人存在以下情形时，承租人可以请求减免相应租金：(1)在承租人选择出卖人、租赁物时，出租人利用自己的专业技能、经验判断对承租人提供帮助，并对租赁物的选定起决定作用的；(2)出租人直接干预或要求承租人按照出租人意愿选择出卖人或者租赁物的；(3)出租人擅自变更承租人已经选定的出卖人或者租赁物的。

但是，出租人根据承租人的要求，提供与供应商、租赁物有关的信息，但未对相关信息进行筛选或未给承租人选定供应商、租赁物提供意见，承租人无权要求减免相应租金。

第七百四十三条 【索赔失败的责任承担】出租人有下列情形之一，致使承租人对出卖人行使索赔权利失败的，承租人有权请求出租人承担相应的责任：

（一）明知租赁物有质量瑕疵而不告知承租人；

（二）承租人行使索赔权利时，未及时提供必要协助。

出租人怠于行使只能由其对出卖人行使的索赔权利，造成承租人损失的，承租人有权请求出租人承担赔偿责任。

条文注释

出租人有以下情形之一，致使承租人对出卖人行使索赔权利失败的，承租人有权请求出租人承担相应的责任：

第一，明知租赁物有质量瑕疵而不告知承租人。在融资租赁关系存续期间，承租人的权利的行使都有赖于出租人的协助，这实际上是基于诚信原则所产生的附随义务。如果出租人明知租赁物有质量瑕疵，而没有告知承租人，则违反了附随义务。

第二，承租人行使索赔权利时，未及时提供必要协助。在融资租赁关系存续期间，如果承租人按照约定向出卖人行使索赔权，出租人应当协助，如出租人应提供买卖合同的文本、提供出卖人的地址和联系方式等。

依据本法第741条的规定，对出卖人的索赔权可由承租人主张，但如果当事人未作出由承租人行使索赔权的约定，或约定相关的索赔权只能由出租人主张而出租人怠于主张索赔，则按照合同相对性原则，出卖人可以拒绝承租人主张的索赔权利，承租人因而无法直接向出卖人主张索赔权。规定出租人怠于行使只能由其行使的索赔权时应承担赔偿责任，同时赋予承租人对出租人怠于行使索赔权利造成损害的求偿权，可以促使出租人积极配合承租人主张其基于租赁物的索赔权。

第七百四十四条 【出租人不得擅自变更买卖合同内容】出租人根据承租人对出卖人、租赁物的选择订立的买卖合同，未经承租人同意，出租人不得变更与承租人有关的合同内容。

条文注释

为融资租赁而订立的融资租赁合同和买卖合同，不同于传统的租赁合同与买卖合同。在融资租赁交易中，先签订的买卖合同是租赁物的依据，后签订的融资租赁合同是买卖合同成立的前提。两者缺一不可，构成联立联动关系。与承租人有关的买卖合同的内容的变更主要涉及以下几个方面：

第一，主体的变更。买卖合同的主体是出租人与出卖人。由于出卖人是由承租人预先选择并在融资租赁合同中指定的，因此，未经承租人同意，出租人不得擅自变更买卖合同的另一方当事人。

第二，标的物的变更。由于买卖合同的标的物是融资租赁合同的租赁物，两者是一致的，它也是由承租人预先选择并在融资租赁合同中约定的，它必须符合承租人指定的条件，因此，未经承租人同意，出租人不得擅自变更买卖合同的标的物。

第三，标的物的交付。由于买卖合同的标的物是由出卖人直接交付于承租人的，如果出租人与出卖人协商变更标的物的交付时间、地点和方式的，应当征得承租人的同意。由此而增加承租人的费用的，应由出租人和出卖人协商分担。

出租人按照承租人要求与出卖人订立的买卖合同，未经承租人同意擅自变更与承租人有关的合同内容的，即构成对承租人的违约。首先，承租人可以要求出租人支付违约金。其次，承租人还可以拒收租赁物，并通知出租人解除合同。如果因此给承租人造成损失的，承租人还有权要求出租人赔偿。

关联法规

《融资租赁合同解释》第4、8条

第七百四十五条 【租赁物的所有权】出租人对租赁物享有的所有权，未经登记，不得对抗善意第三人。

条文注释

出租人对租赁物虽然享有名义上的所有权，但是这个名义上的所有权却产生了一个真正所有权的效果，使出租人在承租人破产的时候可以行使取回权。这种做法使这种没有公示的权利取得了一个强大的效力，必然会给交易安全造成巨大的影响，尤其是在同一标的物上可能同时存在动产抵押、浮动抵押、融资租赁、所有权保留、动产质押等各种竞存的担保物权情形。当发生以上权利冲突时，按照相关法律规定，出租人借助于未公示的所有权即可享有一个最强大、最完整的权利，这样就会使其他按照现有法律规范进行真正公示的权利的当事人反而得不到保障。所以，基于实现优化营商环境、消灭隐形担保的总目标，本条规定出租人对租赁物享有的所有权未经登记不得对抗善意第三人，明确了必须登记才能取得对抗第三人的效力。

第七百四十六条 【融资租赁合同租金构成】融资租赁合同的租金，除当事人另有约定外，应当根据购买租赁物的大部分或者全部成本以及出租人的合理利润确定。

条文注释

与商品价格概念相对应，租金以出租人消耗在租赁物上的价值为基础，同时依据租赁物的供求关系而波动。通常情况下，出租人消耗在租赁物上的价值包括三部分：第一，租赁物的成本。租赁物成本包括租赁物购买价金及其运输费、保险费等。第二，利息。出租人为购买租赁物向银行贷款而支付的利息，是租金构成的又一重要因素。利息按租赁业务成交时的银行贷款利率计算且一般以复利率来计算。第三，营业费用。营业费用是指出租人经营租赁过程中所支出的费用，包括业务人员工资、办公费、差旅费和必要的盈利。

在融资租赁交易中，当事人经常根据承租人对租赁物的使用或者通过使用租赁物所获得的收益来确定支付租金的多少和方式，也可以按承租人现金收益的情况形成一个计算公式来确定租金，或由当事人约定并在融资租赁合同中规定以其他方式来确定租金。

第七百四十七条 【租赁物质量瑕疵担保责任】租赁物不符合约定或者不符合使用目的的，出租人不承担责任。但是，承租人依赖出租人的技能确定租赁物或者出租人干预选择租赁物的除外。

条文注释

租赁物瑕疵分为物的瑕疵（也称质量瑕疵）和权利瑕疵两种。对于租赁物质量瑕疵，在传统租赁中，出租人与买卖合同中的出卖人一样负有质量瑕疵担保责任。在融资租赁合同中，一般都明确规定，出卖人迟延交付租赁物或者租赁物的规格、式样、性能等不符合合同约定或者不符合使用目的的，出租人不承担责任，由承租人直接向出卖人索赔，并承担索赔不成时的损害后果。此即所谓出租人瑕疵担保的免责特约。

当然，并不是在任何情况下，出租人都能免除其质量瑕疵担保责任。当承租人完全依赖出租人的技能和判断选择租赁物，或者出租人干预选择租赁物时，如出租人为承租人确定租赁物或者擅自变更承租人已选定的租赁物的，出租人应承担全部或者部分租赁物的质量瑕疵担保责任。

此外，在以下几种特殊情况下，租赁物的质量瑕疵担保责任也应由出租人负担：(1)出租人明知租赁物有瑕疵而未告知或者因重大过失不知有瑕疵的；(2)出租人与出卖人有密切关系的；(3)承租人无法或者不能直接向出卖人索赔的。

关联法规

《融资租赁合同解释》第8条

第七百四十八条 【出租人保证承租人占有和使用租赁物】出租人应当保证承租人对租赁物的占有和使用。

出租人有下列情形之一的，承租人有权请求其赔偿损失：

（一）无正当理由收回租赁物；

（二）无正当理由妨碍、干扰承租人对租赁物的占有和使用；

（三）因出租人的原因致使第三人对租赁物主张权利；

（四）不当影响承租人对租赁物占有和使用的其他情形。

条文注释

在出卖人将租赁物交付给承租人后，出租人应当保障承租人能够持续、和平地占有和使用租赁物。具体而言，应当包括以下几个方面：第一，出租人不得妨碍承租人依照融资租赁合同所拥有的承租权，也不得擅自变更原承租条件。第二，承租人在租赁期限内，对租赁物拥有独占使用权。在租赁期限内，承租人对租赁物享有独占使用权，对使用租赁物所取得的收益可以独立处分。第三，出租人应保证承租人在租赁期限内对租赁物的占有和使用，不受第三人的干扰。

当然，如果在融资租赁合同期间出现本条第2款列举的因出租人原因，不当影响承租人对租赁物占有和使用的，承租人有权请求出租人赔偿损失。

第七百四十九条　【租赁物致人损害的责任承担】承租人占有租赁物期间，租赁物造成第三人人身损害或者财产损失的，出租人不承担责任。

条文注释

依据本条规定，承租人应当承担租赁物造成第三人损害的赔偿责任。其构成要件包括以下两个方面：

第一，租赁物造成了第三人的损害。这种损害既包括人身损害，也包括财产损害。严格地说，租赁物造成的损害包括两类情况：一是租赁物在正常使用过程中对第三人造成了损害。二是租赁物自身固有的缺陷造成了第三人的损害。

第二，租赁物造成损害发生于承租人占有租赁物期间。通常来说，它是指租赁物自交付承租人之日起至租赁期限届满租赁物被返还给出租人之日止。承租人的占有既包括直接占有，也包括间接占有。

如果租赁物是因为他人原因对第三人造成损害，则应由他人负责。

第七百五十条　【承租人对租赁物的保管、使用和维修义务】承租人应当妥善保管、使用租赁物。

承租人应当履行占有租赁物期间的维修义务。

条文注释

本条第1款是关于承租人妥善保管和合理使用义务的规定。所谓“妥善”保管，是指应当根据善良管理人的标准来进行保管，它要求比处理自己的事务更为谨慎。所谓合理使用，是指承租人应当按照租赁物的性质和通常方法进行使用。在融资租赁合同中，如果标的物在租赁期限内毁损、灭失，应当由承租人承担损失，且不能免除其支付租金的义务。

本条第2款是关于承租人维修义务的规定。在融资租赁合同中，出租人并不负有维修义务，而应当由承租人承担该义务。承租人的维修义务限于占有租赁物期间，如果在租赁期限内，租赁物被出租人取回或因其他原因而丧失占有，承租人不再负有维修义务。

第七百五十一条　【融资租赁风险负担规则】承租人占有租赁物期间，租赁物毁损、灭失的，出租人有权请求承租人继续支付租金，但是法律另有规定或者当事人另有约定的除外。

条文注释

所谓融资租赁中的风险负担，是指租赁物意外毁损、灭失的风险应当由何人承担的问题。对这一问题，首先应当考虑当事人是否通过合同作出约定，如果作出了约定，就应当尊重当事人的约定。在当事人没有约定，而在租赁期限内发生租赁物毁损、灭失的情况下，承租人仍然负有继续支付租金的义务。

法律作出此种考虑的主要理由在于：(1)出租人享有的所有权主要具有担保功能，不能因此要求其承受标的物毁损、灭失的风险。(2)在融资租赁关系存续期间，标的物置于承租人的占有、控制和管领之下，承租人更容易知悉标的物所面临的风险，以及如何消除此种危险。(3)在融资租赁的情形下，承租人实际上享有了相对于所有人的权益，仅仅是缺少名义上的所有权。因此，要求承租人承担风险，符合权利义务对等的原则。(4)从比较法的经验来看，有关的国际公约和示范法对此也作出了同样的规定。

第七百五十二条　【承租人支付租金义务】承租人应当按照约定支付租金。承租人经催告后在合理期限内仍不支付租金的，出租人可以请求支付全部租金；也可以解除合同，收回租赁物。

条文注释

承租人未按照约定支付租金时，出租人可以规定一个合理期限，要求承租人支付。经出租人催告，承租人在规定的期限内仍不支付租金的，即构成违约，出租人可以采取以下两种救济措施：

第一，要求承租人支付全部租金。所谓全部租金，是指融资租赁合同中所规定的全部已到期而承租人未支付的租金，以及其他依约定未到期的租金。在承租人违约不支付租金时，出租人有权要求承租人支付全部租金，这有利于保护出租人的利益；同时，承租人丧失了期限利益，也是对承租人违约行为的一种惩罚，有利于促使承租人更好地履行自己的义务。

第二，解除合同，收回租赁物。出租人不选择要求承租人支付全部租金的，可以解除合同，收回租赁物。因为出租人对租赁物享有所有权，这一所有权具有担保其租金债权的功能，所以当承租人违约、出租人解除合同时，出租人可以收回租赁物。

关联法规

《融资租赁合同解释》第5、9、11条

第七百五十三条　【出租人解除融资租赁合同】承租人未经出租人同意，将租赁物转让、抵押、质押、投资入股或者以其他方式处分的，出租人可以解除融资租赁合同。

条文注释

本条规定出租人一方可以解除融资租赁合同的情形，以承租人违约作为解约的前提条件。承租人擅自处分租赁物的行为对出租人的租赁物所有权和租金债权的实现均构成严重威胁，属于承租人的严重违约。

承租人未经出租人同意，将租赁物转让、抵押、质押、投资入股或者以其他方式处分的，侵犯了出租人对租赁物的所有权，符合本法第563条第1款第4项可以解除合同的规定，出租人有权解除合同。

关联法规

《融资租赁合同解释》第5条

第七百五十四条　【出租人或承租人解除融资租赁合同】有下列情形之一的，出租人或者承租人可以解除融资租赁合同：

（一）出租人与出卖人订立的买卖合同解除、被确认无效或者被撤销，且未能重新订立买卖合同；

（二）租赁物因不可归责于当事人的原因毁损、灭失，且不能修复或者确定替代物；

（三）因出卖人的原因致使融资租赁合同的目的不能实现。

条文注释

本条是基于本法第563条合同法定解除的情形针对融资租赁合同作出的特别规定。

出租人或者承租人可以解除融资租赁合同的三种情形具体分析如下：

第一，出租人与出卖人订立的买卖合同解除、被确认无效或者被撤销,且未能重新订立买卖合同。在典型的融资租赁交易中,买卖合同系为融资租赁合同而订立,融资租赁合同是买卖合同订立的前提,因此,买卖合同与融资租赁合同的效力、履行与解除必然影响到另一个合同。一方面,融资租赁交易中的涉及买卖合同的诉争应当依据本法“买卖合同”章的规定予以解决。另一方面,若出租人与出卖人订立的买卖合同解除、被确认无效或者被撤销,承租人与出租人之间的融资租赁合同可能即因此丧失履行的基础和意义,因此,出租人与承租人均可解除融资租赁合同。

第二,租赁物因不可归责于当事人的原因毁损、灭失,且不能修复或者确定替代物。在上述情形下,融资租赁合同不再具有履行的可能性及意义,承租人及出租人均可解除融资租赁合同。不可归责于当事人的事由有下列两种情况:其一,因不可抗力的原因造成租赁物毁损、灭失的。其二,因意外事件造成租赁物毁损灭失的。

第三,因出卖人的原因致使融资租赁合同的目的不能实现。因出卖人的原因致使融资租赁合同的目的不能实现,与不可归责于融资租赁合同当事人的不可抗力、意外事件致使不能实现合同目的的合同解除事由系依照相似事务相同处理的原则进行规定。

第七百五十五条　【承租人承担赔偿责任】融资租赁合同因买卖合同解除、被确认无效或者被撤销而解除,出卖人、租赁物系由承租人选择的,出租人有权请求承租人赔偿相应损失;但是,因出租人原因致使买卖合同解除、被确认无效或者被撤销的除外。

出租人的损失已经在买卖合同解除、被确认无效或者被撤销时获得赔偿的,承租人不再承担相应的赔偿责任。

条文注释

融资租赁合同因买卖合同解除、被确认无效或者被撤销而解除的,属于因融资租赁合同当事人以外的原因导致合同解除,承租人虽无违约行为,但如果买卖合同的出卖人、租赁物系由承租人选择,承租人亦应当对选择的后果负责,即对由此而给出租人造成的损失承担赔偿责任。

本条在适用过程中应当注意以下问题:

第一,出租人求偿的适用条件。出租人主张损失赔偿的前提是其对买卖合同的无效、被撤销或被解除均不具有可归责事由,否则,其不享有求偿权。

第二,出租人赔偿损失的抵扣。由于融资租赁合同解除对出租人造成的损失与买卖合同解除、被撤销或被确认无效对出租人造成的损失往往存在一定的交叉和重合。为保护承租人的合法权益,避免出租人通过在不同法律关系中分别求偿而获得双重利益,本条规定出租人在买卖合同中已经获得赔偿的,则此部分受偿金额应当在其以此为由再向承租人主张时予以抵减。

关联法规

《融资租赁合同解释》第11条;《全国法院民商事审判工作会议纪要》第33条

第七百五十六条 【租赁物意外毁损灭失合同解除的法律后果】融资租赁合同因租赁物交付承租人后意外毁损、灭失等不可归责于当事人的原因解除的,出租人可以请求承租人按照租赁物折旧情况给予补偿。

条文注释

当租赁物意外毁损、灭失,融资租赁合同可以解除时,法律赋予当事人可以自由选择的两种处理方式:如果当事人不行使解除权,则按风险负担规则处理,承租人应当继续支付租金,实际上是承担了租金的风险,但却可以避免合同解除后一次性补偿出租人的资金压力,从而获得分期支付的期限利益;如果当事人行使解除权,则风险负担规则不再适用,而代之以合同解除制度的登场,承租人应承担返还租赁物的义务,并承担返还不能时的代物清偿义务,即按租赁物的价值对出租人给予补偿。

合同解除时,承租人补偿出租人的租赁物价值中包含了剩余租赁期限内租赁物的价值和租赁期届满后租赁物的残值两部分。如果融资租赁合同事先约定租赁期满后租赁物的残值属于承租人所有,则承租人可以在支付的补偿金额中扣除应属于自己的残值部分。

第七百五十七条 【租赁期限届满租赁物归属】出租人和承租人可以约定租赁期限届满租赁物的归属;对租赁物的归属没有约定或者约定不明确,依据本法第五百一十条的规定仍不能确定的,租赁物的所有权归出租人。

条文注释

如果当事人双方对于租赁物的归属没有约定或者约定不明确,可以依照本法第510条的规定补充协议;不能达成补充协议时,应依照合同有关条款或者交易习惯加以确定。如果合同双方当事人既不能就租赁物的归属达成补充协议,又不能根据合同有关条款或者交易习惯确定时,租赁物的所有权归出租人享有。这是因为，融资租赁与传统租赁一样，在租赁期限内，租赁物的所有权归出租人。租赁期限届满时，如果承租人未支付名义货价，即使名义货价只值一分钱，承租人也不能取得租赁物所有权，租赁物所有权仍归出租人享有。

第七百五十八条　【租赁物价值返还及租赁物无法返还】当事人约定租赁期限届满租赁物归承租人所有，承租人已经支付大部分租金，但是无力支付剩余租金，出租人因此解除合同收回租赁物，收回的租赁物的价值超过承租人欠付的租金以及其他费用的，承租人可以请求相应返还。

当事人约定租赁期限届满租赁物归出租人所有，因租赁物毁损、灭失或者附合、混合于他物致使承租人不能返还的，出租人有权请求承租人给予合理补偿。

条文注释

鉴于出租人对租赁物享有的权利实质为担保物权，仅在形式上表现为所有权，出租人于承租人不能支付租金的情形下，解除融资租赁合同、收回租赁物无须经过人民法院同意，但应当进行强制清算。租赁物的价值超过剩余欠款的，出租人应当予以返还。因为在融资租赁实践中，损害赔偿金是以相当于残存租金额或者以残存租金额减去中间利息计算的。这样出租人不仅收回了租赁物，而且可以获得一笔相当于残存租金额的损害赔偿金。在融资租赁合同完全履行时，出租人仅可取得全部租金及期满后取得租赁物的残余价值。由此可以看出，如果不进行强制清算，出租人中途解约取得的利益，比合同全部履行本应得到的利益还要多。这不仅不公平，而且由于利益驱动，会使出租人尽量使用解除合同的办法，不利于融资租赁合同关系的稳定。

当事人约定了租期届满后租赁物归属于出租人的，租赁物在承租人处因毁损、灭失或者附合、混合于他物致使承租人不能返还的，承租人应该向出租人补偿租赁物的残值。

关联法规

《担保制度解释》第65条

第七百五十九条　【支付象征性价款后租赁物归属】当事人约定租赁期限届满，承租人仅需向出租人支付象征性价款的，视为约定的租金义务履行完毕后租赁物的所有权归承租人。

条文注释

在融资租赁中，鉴于租赁物对于出租人和承租人的价值不同，合同双方通常会约定租赁期限届满租赁物的归属。合同双方未约定的，承租人一般可以有三种选择权：留购、续租或退租。其中留购即指租期届满，承租人支付给出租人象征性价款，于租赁义务履行完毕后取得租赁物的所有权。在上述三种租赁物的处理方式中，出租人更愿意选择留购这一处理方式。

所以，这种租赁期限届满，承租人仅需向出租人支付象征性价款的约定，实际上使在租赁物归属约定不明的情形下，在依照本法第757条规定判断顺序之前，承租人即通过支付象征性价款的方式于租金义务履行完毕后取得租赁物的所有权。

第七百六十条 【融资租赁合同无效租赁物归属】融资租赁合同无效，当事人就该情形下租赁物的归属有约定的，按照其约定；没有约定或者约定不明确的，租赁物应当返还出租人。但是，因承租人原因致使合同无效，出租人不请求返还或者返还后会显著降低租赁物效用的，租赁物的所有权归承租人，由承租人给予出租人合理补偿。

条文注释

鼓励融资租赁双方当事人以市场化的方式对合同的履行和解除、租赁物的风险负担、租赁物清算等问题作出约定，以减少诉讼风险和损失的不确定性。融资租赁合同无效的，应当依照当事人间就租赁物归属的约定履行。当事人没有约定或约定不明的，出租人作为租赁物的所有权人应当收回租赁物。但是，实践中，租赁物通常为承租人所选，且为承租人生产经营所需，租赁物在出租人手中不能发挥其效用，不利于租赁物价值的实现和承租人、出租人利益的最大化。因此，在融资租赁合同无效的事由系承租人导致的情形下，可以由承租人取得租赁物的所有权，并由承租人根据合同履行情况和租金支付情况就租赁物向出租人作出经济补偿。

关联法规

《全国法院民商事审判工作会议纪要》第34条

第十六章 保理合同

第七百六十一条 【保理合同概念】保理合同是应收账款债权人将现有的或者将有的应收账款转让给保理人,保理人提供资金融通、应收账款管理或者催收、应收账款债务人付款担保等服务的合同。

条文注释

保理合同是以债权人转让其应收账款为前提,集资金融通、应收账款催收或者管理、付款担保等服务于一体的综合性金融服务合同。保理目前在我国区分为银行业保理和商业保理,保理合同必备的要素是:

第一,保理合同必须具备的要素是应收账款债权的转让,没有应收账款的转让就不能构成保理合同。所谓应收账款,是指权利人因提供一定的货物、服务或设施而获得的要求债务人付款的权利以及依法享有的其他付款请求权,包括现有的和未来的金钱债权,但不包括因票据或其他有价证券而产生的付款请求权,以及法律、行政法规禁止转让的付款请求权。

第二,保理合同还需要保理人提供资金融通、应收账款管理或者催收、应收账款债务人付款担保等服务,但是保理人并非必须提供上述所有各项的服务。除了这些服务之外,保理合同中,保理人提供的服务通常还包括资信调查与评估、信用风险控制等其他可认定为保理性质的金融服务。这些服务均有对应的或者类似的合同类型供参照适用。

关联法规

《商业银行保理业务管理暂行办法》第6条;《中国银行业保理业务规范》第4条;《时间效力规定》第12条

第七百六十二条 【保理合同内容和形式】保理合同的内容一般包括业务类型、服务范围、服务期限、基础交易合同情况、应收账款信息、保理融资款或者服务报酬及其支付方式等条款。

保理合同应当采用书面形式。

条文注释

本条第1款规定了保理合同中一般包含的内容。保理合同的具体内容由保理人和应收账款债权人具体约定,本款仅仅是倡导性的规定。

保理业务按照不同的标准可以被区分为不同的类型。按照保理人在债务人破产、无理拖欠或无法偿付应收账款时，是否可以向债权人反转让应收账款，或者要求债权人回购应收账款、归还融资，可以区分为有追索权保理（第766条）和无追索权保理（第767条）。

需要说明的是，基础交易合同的存在是保理合同订立的前提，虽然两者有关权利义务关系的约定存有牵连，但两者并非主从合同关系，而是相对独立的两个合同。据此，首先，基础交易合同的效力不影响保理合同的效力。其次，保理人以保理合同为依据向基础交易合同债务人主张债权的，如果保理合同中对债权内容即债务人债务的约定与基础交易合同中的约定不同，除债务人同意或者法律另有规定外，保理合同中关于债务人债务的约定并不能约束债务人。这也是债权转让的一般规则在保理合同中的具体应用。

本条第2款明确规定了保理合同应当采用书面形式。按照本法第469条第2款和第3款的规定，书面形式是合同书、信件、电报、电传、传真等可以有形地表现所载内容的形式。

第七百六十三条 【虚构应收账款】应收账款债权人与债务人虚构应收账款作为转让标的，与保理人订立保理合同的，应收账款债务人不得以应收账款不存在为由对抗保理人，但是保理人明知虚构的除外。

条文注释

1. 本条适用的前提

（1）作为转让标的的应收账款不存在。所谓应收账款不存在，既包括应收账款全部不存在；也包括应收账款存在但与真实债权数额不实，因而部分不存在。

（2）应收账款不存在是因为应收账款债权人与债务人虚构。虚构的方式可能是以下两种：①应收账款债权人与债务人通谋以虚假的意思表示制造了虚假应收账款的外观。这属于本法第146条第1款所规定的通谋虚假行为，即行为人与相对人以虚假的意思表示实施的民事法律行为无效；但是，该无效仅是在应收账款债权人和债务人之间无效，不得对抗据此产生信赖的保理人。②债务人向保理人确认应收账款的真实性，制造了虚假应收账款的外观。虽然债权一般不具有权利外观，原则上不适用善意取得，但是，在本条所针对的情形中，债权在例外情况下具有一定的权利外观，对据此产生信赖的债权受让人（保理人）应当予以保护。

（3）保理人必须是因应收账款债权人与债务人的虚构而对应收账款

存在产生了合理的信赖,从而签订了保理合同。本条中的应收账款不包括因票据或其他有价证券产生的付款请求权,而仅仅是普通的债权。

2. 本条适用的法律后果

本条适用的法律后果是,应收账款债务人不得以应收账款不存在为由对抗保理人。这意味着,在债务人虚构或者确认债权的范围内,保理人仍有权请求债务人履行如同债权存在时相对应的债务,债务人不得以应收账款实际上不存在为由对保理人提出抗辩。

第七百六十四条 【保理人表明身份义务】保理人向应收账款债务人发出应收账款转让通知的,应当表明保理人身份并附有必要凭证。

条文注释

保理合同的核心是应收账款债权转让,在此应当适用本法关于债权转让的一般规则,为保护债务人利益,依据本法第546条第1款的规定,债权人转让债权,未通知债务人的,该转让对债务人不发生效力。因此,应收账款债权转让未通知债务人的,该转让对债务人不发生效力,即使保理人取得了债权,债务人也有权拒绝保理人的履行请求;债务人向债权人履行债务的,债权消灭。如果应收账款债权转让通知了债务人,则债权转让对债务人发生效力,此时债务人即对保理人负有履行义务,并且有权以此拒绝债权人的履行请求;如果债务人仍然向债权人履行,则不发生债权消灭的效力。因此,只有通知了债务人,才可以最大程度地保护保理人的利益。

如果保理人提交了书面的债权转让合同、保理合同或者债权人签字盖章的书面转让通知,并不必然构成充分的必要凭证,需要结合其他具体情况予以判断。但是,如果表明了保理人身份并提交了经过公证的债权转让合同、保理合同或者转让通知等必要凭证,可以认为具有同债权人发出转让通知同等的效力。受让人单独通知但未提出充分的必要凭证的,转让通知不发生效力,债务人可以向让与人履行债务,债务人也有权要求受让人在合理期间内提供充分的必要凭证,并在受让人提供之前有权拒绝履行。

第七百六十五条 【基础交易合同变更或者终止对保理人的效力】应收账款债务人接到应收账款转让通知后,应收账款债权人与债务人无正当理由协商变更或者终止基础交易合同,对保理人产生不利影响的,对保理人不发生效力。

条文注释

1. 本条适用的前提

(1)应收账款债权人和债务人协商作出了有关转让债权的民事法律行为。(2)该民事法律行为对保理人产生不利影响。这里意味着债权人和债务人通过协商使得应收账款债权的价值落空或者减损,而对保理人产生不利影响。(3)该民事法律行为发生在债务人接到债权转让通知后。(4)对保理人产生不利影响的民事法律行为无正当理由。这里所谓的正当理由,一是指经过了保理人的同意,二是指该民事法律行为符合诚信原则且保理人并无合理理由反对的情形。

2. 本条适用的法律后果

本条适用的法律后果是,该民事法律行为对保理人不发生效力。这意味着,保理人仍然可以根据该民事法律行为成立之前的债权状况请求债务人履行支付应收账款的债务。该规定的目的是保护保理人利益,保理人自然可以放弃此种保护,而选择依法解除保理合同并请求债权人承担违约责任。

第七百六十六条 【有追索权保理】当事人约定有追索权保理的,保理人可以向应收账款债权人主张返还保理融资款本息或者回购应收账款债权,也可以向应收账款债务人主张应收账款债权。保理人向应收账款债务人主张应收账款债权,在扣除保理融资款本息和相关费用后有剩余的,剩余部分应当返还给应收账款债权人。

条文注释

有追索权保理,是指保理人不承担为债务人核定信用额度和提供坏账担保的义务,仅提供包括融资在内的其他金融服务;在应收账款到期无法从债务人处收回时,保理人可以向债权人反转让应收账款,或要求债权人回购应收账款或归还融资,又称回购型保理。本条属于任意性规范,如果当事人另有约定,应当按照当事人的约定处理。

在有追索权保理中,保理人向应收账款债务人主张应收账款债权的,在获得债务人的履行后,首先应当扣除保理融资款本息和相关费用,具体包括:保理融资款本息、保理商未受清偿的应收账款融资额度承诺费、保理手续费、保理首付款使用费,以及其他债权人到期未付款等。在扣除后仍有剩余的这部分保理余款,应当返还给应收账款债权人。

第七百六十七条 【无追索权保理】当事人约定无追索权保理的，保理人应当向应收账款债务人主张应收账款债权，保理人取得超过保理融资款本息和相关费用的部分，无需向应收账款债权人返还。

条文注释

无追索权保理，是指保理人根据债权人提供的债务人核准信用额度，在信用额度内承购债权人对债务人的应收账款并提供坏账担保责任；债务人因发生信用风险未按基础合同约定按时足额支付应收账款时，保理人不能向债权人追索，又称买断型保理。无追索权保理在性质上属于应收账款债权买卖，保理人受让债权并享有债权的全部清偿利益，负担债权不能受偿的风险，作为债权转让对价的融资款实际上是通过买卖取得债权的价款。

按照本条规定，当事人约定无追索权保理的，保理人应当向应收账款债务人主张应收账款债权，而不能向应收账款债权人主张返还保理融资款本息或者回购应收账款债权。这适用于债务人发生了信用风险的情形，即债务人未按照基础交易合同约定履行债务或者履行债务不符合约定，包括债务人破产、无正当理由不按照约定履行债务等。

无追索权保理并非意味着在任何情形下保理人对债权人均无追索权，一旦发生债务人未及时全额付款，保理人需要根据债务人违约的具体原因来判断追索对象。

在无追索权保理中，保理人向应收账款债务人主张应收账款债权，在获得债务人的履行后，对保理人的超过保理融资款本息和相关费用的这部分保理余款的归属，首先由保理人和债权人在保理合同中约定。保理合同对此无约定或者约定不明确时，基于无追索权保理在性质上属于应收账款债权买卖，因此这部分保理余款应当归属于保理人，无须向应收账款债权人返还。该默认规则既符合无追索权保理的特性，也符合风险与收益相一致的基本原理。

第七百六十八条 【应收账款债权重复转让】应收账款债权人就同一应收账款订立多个保理合同，致使多个保理人主张权利的，已经登记的先于未登记的取得应收账款；均已经登记的，按照登记时间的先后顺序取得应收账款；均未登记的，由最先到达应收账款债务人的转让通知中载明的保理人取得应收账款；既未登记也未通知的，按照保理融资款或者服务报酬的比例取得应收账款。

条文注释

在实践中，经常会出现应收账款债权人就同一应收账款订立多个保理合同，致使多个保理人主张应收账款债权的情形。以何种方式确定多个保理人之间的优先顺位，取决于哪种方式能够使债权交易的公示成本、事先的调查成本、事中的监督防范成本、事后的债权实现的执行成本等各种成本更低，对第三人和社会整体的外部成本也更低。

为了提升营商环境，保护交易安全，便利融资，在利益结构相似的情形中保持规则的一致，提高裁判的统一性，本条首先采取了登记在先的方式确定多个保理人之间的优先顺位，即应收账款债权人就同一应收账款订立多个保理合同，致使多个保理人主张权利的，已经登记的先于未登记的取得应收账款；均已经登记的，按照登记时间的先后顺序取得应收账款。

对于保理人都未进行债权转让登记的情形，考虑到通知在先虽然较之登记在先的社会成本要高，但较之合同成立时间仍然成本要低，因此，此时采取通知在先的顺位确定方式，即最先到达债务人的转让通知中载明的保理人顺位在先。

对于保理人既未登记也未通知债务人的情形，按照保理融资款或者服务报酬的比例取得应收账款。

关联法规

《担保制度解释》第66条

第七百六十九条　【适用债权转让规定】本章没有规定的，适用本编第六章债权转让的有关规定。

条文注释

在本章没有特别规定的情形中，应当适用本法合同编第6章关于债权转让的一般规定，具体而言，在涉及债权转让的范围内，适用以下规定：(1)不得转让的债权的规定(第545条)。(2)关于债权转让通知的效力和撤销的规定(第546条)。(3)债权受让人取得与债权有关的从权利的规定(第547条)。(4)债务人对让与人的抗辩可以继续向受让人主张的规定(第548条)。(5)债务人对受让人主张抵销权的规定(第549条)。(6)债权转让增加的履行费用的负担的规定(第550条)。

当然，本法合同编第6章债权转让中未规定，而在本法其他地方对债权转让有规定的，也要在保理中予以适用，如本法第502条第3款中关于债权转让批准的规定。

第十七章　承揽合同

第七百七十条　【承揽合同定义和承揽主要种类】承揽合同是承揽人按照定作人的要求完成工作，交付工作成果，定作人支付报酬的合同。

承揽包括加工、定作、修理、复制、测试、检验等工作。

条文注释

承揽合同是承揽人按照定作人的要求完成一定的工作，并将工作成果交付给定作人，定作人接受该工作成果并按照约定向承揽人支付报酬的合同。承揽合同的主体是承揽人和定作人。承揽人和定作人既可以是法人或者非法人组织，也可以是自然人。承揽合同的客体是完成特定的工作。

本章所指的承揽合同主要是指加工承揽合同。根据本条第2款的规定，承揽包括加工、定作、修理、复制、测试、检验等工作。需要说明的是，承揽合同作为一种广义上的劳务合同，其范围并不限于本条第2款所列举的几类，任何符合本条第1款所定义的合同行为，如印刷、洗染、打字、翻译、拍照、冲卷、扩印、广告制作、测绘、鉴定等都属于本章所调整的承揽。

第七百七十一条　【承揽合同主要内容】承揽合同的内容一般包括承揽的标的、数量、质量、报酬，承揽方式，材料的提供，履行期限，验收标准和方法等条款。

条文注释

本条规定的是承揽合同的主要内容，当事人可以根据合同性质和双方的需要对上述规定的条款进行增减。

承揽合同的标的是合同的必要条款。双方当事人未约定承揽标的或者约定不明确的，承揽合同不成立。

数量是承揽合同的必备条件之一，当事人未明确标的数量的，承揽合同不成立。

标的质量应当订得详细具体，如标的的技术指标、质量要求、规格、型号等都要明确。

报酬是承揽合同中的主要条款，当事人在订立合同时应当明确报酬。

当事人既可以约定报酬的具体数额，也可以约定报酬的计算方法。

材料是指完成承揽工作所需的原料。当事人应当约定由哪一方提供材料，并且应当明确提供材料的时间、地点、材料的数量和质量等。

承揽合同中的履行期限主要是指双方当事人履行义务的时间，对承揽人而言，是指承揽人完成工作、交付工作成果的时间；对定作人而言，是指定作人支付报酬或者其他价款的时间。

第七百七十二条　【承揽人独立完成主要工作】承揽人应当以自己的设备、技术和劳力，完成主要工作，但是当事人另有约定的除外。

承揽人将其承揽的主要工作交由第三人完成的，应当就该第三人完成的工作成果向定作人负责；未经定作人同意的，定作人也可以解除合同。

条文注释

承揽合同的标的是定作人所要求的、由承揽人所完成的工作成果。该工作成果既可以是体力劳动成果，也可以是脑力劳动成果；既可以是物，也可以是其他财产。但其必须具有特定性，是按照定作人的特定要求，只能由承揽人为满足定作人特殊需求通过自己与众不同的劳动技能而完成。

承揽合同的本质特点决定了该合同是建立在对承揽人的工作能力信任的基础上的，承揽人应当以自己的设备、技术和劳力完成承揽的主要工作。承揽人的设备、技术和劳力是决定其工作能力的重要因素，也是定作人选择该承揽人完成工作的决定性因素。

本条中的“主要工作”，一般是指对工作成果的质量起决定性作用的工作，也可以说是技术要求高的那部分工作。

第七百七十三条　【承揽人对辅助性工作的责任】承揽人可以将其承揽的辅助工作交由第三人完成。承揽人将其承揽的辅助工作交由第三人完成的，应当就该第三人完成的工作成果向定作人负责。

条文注释

根据本条规定，与承揽的主要工作不同，承揽人可以将承揽的辅助工作交由第三人完成，并且可以不经定作人同意。

本条中的辅助工作，是指承揽工作中主要工作之外的部分，是相对于主要工作而言的。即使承揽人根据本条规定将辅助性工作交由第三人完成，也要对整个的工作负责，如果第三人完成的工作不符合定作人的要求，承揽人应当向定作人承担违约责任。

从尊重当事人的意思自治出发，本法合同编允许承揽合同的当事人对辅助工作的完成作出特别约定。关于辅助性工作的责任，当事人的约定一般有以下三种情况：一是如果当事人有约定，承揽工作必须全部由承揽人独自完成的，承揽人不得将工作交由第三人完成，即使辅助工作也不例外，承揽人违反约定将辅助工作交由第三人完成的，承揽人应当承担违约责任，赔偿定作人损失。二是如果承揽合同中约定，承揽人将辅助性工作交由第三人完成的，承揽人仅对其完成的主要工作负责，第三人对其完成的辅助工作负责。三是承揽合同中约定，承揽人将辅助性工作交由第三人完成的，承揽人与第三人对由第三人完成的辅助工作向定作人承担连带责任。

第七百七十四条　【承揽人提供材料时的义务】承揽人提供材料的，应当按照约定选用材料，并接受定作人检验。

条文注释

根据本条规定，如果当事人在承揽合同中约定由承揽人提供材料，并约定了提供材料的时间、数量和质量，承揽人应当按照约定准备材料。如果合同中未明确由哪一方提供材料，但根据合同条款或者通过补充协议、交易习惯等方式确定应当由承揽人提供材料的，合同中如果约定了材料提供的时间、数量和质量，承揽人应当按照约定提供材料。承揽人准备材料时，还应当备齐发票、质量说明书等说明文件。

如果明确由承揽人提供材料，但是合同中未约定材料提供的时间、数量和质量，事后又未就此达成补充协议的，承揽人应当根据承揽工作的性质和定作人对交付工作成果的要求，及时准备材料。

承揽人准备好材料后，应当及时通知定作人检验，并如实提供发票以及数量和质量的说明文件。定作人发现材料质量不符合约定的，应当及时通知承揽人更换，因此发生的费用，由承揽人承担。

第七百七十五条　【定作人提供材料时双方当事人的义务】定作人提供材料的，应当按照约定提供材料。承揽人对定作人提供的材料应当及时检验，发现不符合约定时，应当及时通知定作人更换、补齐或者采取其他补救措施。

承揽人不得擅自更换定作人提供的材料，不得更换不需要修理的零部件。

条文注释

承揽合同中,根据承揽工作性质或者交易习惯,双方当事人可以约定由定作人提供材料,并且应当约定提供材料的时间、数量和质量。该材料主要指承揽工作所必需的原材料,如制作家具的木材、制作衣服的面料等。

根据本条规定,当定作人按约定提供原材料后,承揽人应当立即检验原材料。检验的内容主要包括原材料的数量是否符合合同约定,原材料的质量是否达到合同约定的要求。承揽人经对定作人提供的材料检验之后,如果发现材料不符合约定,应当及时通知定作人。未通知定作人的,视为原材料符合约定,因该原材料数量、质量原因造成承揽工作不符合约定的,由承揽人承担违约责任,定作人有权要求承揽人修理、更换、减少报酬或者解除合同;造成定作人损失的,承揽人应承担赔偿责任。

根据本条第2款的规定,定作人提供的原材料符合约定的,承揽人在工作中应当以该原材料完成工作,不得擅自更换。如因承揽人擅自更换材料致使工作成果不符合约定质量的,定作人有权要求承揽人修理、更换、减少报酬或者解除合同;造成定作人损失的,承揽人承担赔偿责任。

第七百七十六条　【定作人要求不合理时双方当事人的义务】承揽人发现定作人提供的图纸或者技术要求不合理的,应当及时通知定作人。因定作人怠于答复等原因造成承揽人损失的,应当赔偿损失。

条文注释

如果承揽人发现定作人提供的图纸或者技术要求不合理,即按此图纸或者技术要求难以产生符合合同约定的工作成果,在此情况下,承揽人应当及时将该情况通知定作人。承揽人未及时通知定作人的,怠于通知期间的误工损失由承揽人自己承担;造成工期拖延、给定作人造成损失的,承揽人应当赔偿定作人损失。如果承揽人发现定作人提供的图纸或者技术要求不合理而未通知定作人,仍然按照原图纸或者技术要求工作致使工作成果不符合合同约定的,由承揽人承担违约责任,定作人有权要求承揽人修理、更换、减少价款或者解除合同。造成定作人损失的,承揽人应当赔偿。

定作人在接到承揽人关于图纸或者技术要求不合理的通知后,应当立即采取措施,修改图纸或者技术要求。在承揽人发出通知至收到定作人答复期间,承揽人可以停止工作,工期顺延,定作人还应当赔偿承揽人在此期间的误工以及其他损失。如果定作人在接到通知后,未能及时答复承揽人并提出修改意见的,承揽人有权要求定作人赔偿其误工等损失;定作人怠于答复的,承揽人可以催告定作人在合理期限内予以答复并提出修改意见,承揽人在合理期限内仍未收到定作人答复的,有权解除合同,并通知定作人,因此造成的损失,由定作人赔偿。

第七百七十七条 【定作人变更工作要求的法律后果】定作人中途变更承揽工作的要求,造成承揽人损失的,应当赔偿损失。

条文注释

根据公平原则,定作人中途变更对承揽工作的要求,造成承揽人损失的,应当赔偿承揽人的损失。承揽人按照原要求完成部分工作的,定作人应当支付该部分工作的报酬。由承揽人提供材料的,定作人应当支付完成该部分工作所耗费的材料的价款和保管费。按照新要求,需增加材料的,由定作人负担费用。新要求使原承揽工作质量、难度提高的,定作人应当增加相应报酬。因定作人中途变更合同,使工期顺延,造成承揽人误工损失的,由定作人赔偿损失。

定作人变更合同的要求应在承揽人履行合同过程中提出,如果承揽人的承揽工作已经完成,只是尚未交付,原则上定作人不能再提出针对承揽工作的变更要求。

第七百七十八条 【定作人协助义务】承揽工作需要定作人协助的,定作人有协助的义务。定作人不履行协助义务致使承揽工作不能完成的,承揽人可以催告定作人在合理期限内履行义务,并可以顺延履行期限;定作人逾期不履行的,承揽人可以解除合同。

条文注释

如果定作人的协助义务是完成承揽合同的前提条件,定作人不履行的,承揽人应当催告定作人在合理期限内履行,并可以顺延完成工作的期限。如果在合理期限内定作人仍未履行协助义务,将构成本条所称的逾期不履行。定作人的逾期不履行将导致合同不能继续履行,承揽工作无法按约完成,合同目的无法实现,此时,承揽人可以解除合同。承揽人解除合同的,应当通知定作人,通知到达定作人时,解除生效。当然,合同的解除并不能免除定作人不履行协助义务的责任,由此给承揽人造成损失的,定作人应当赔偿损失。

定作人不履行协助义务,无论有无过错,只要是经催告仍未在合理期限内履行,客观上致使承揽工作无法完成的,承揽人就可以解除合同。未经催告的,承揽人不能解除合同。如果定作人不履行协助义务并不会导致工作不能完成,即定作人的不协助并不导致无法实现合同目的时,承揽人不能解除合同,而只能要求定作人赔偿损失;如果因此导致工作成果交付的期限拖延的,定作人应当承担迟延履行的责任。

第七百七十九条 【定作人监督检验】承揽人在工作期间,应当接受定作人必要的监督检验。定作人不得因监督检验妨碍承揽人的正常工作。

条文注释

根据本条规定,定作人在承揽人工作期间享有监督检验权,但定作人行使这一权利需符合以下两个条件:

一是定作人的监督检验必须是必要的。这里的“必要”是指如果合同中已经约定定作人监督检验的范围的,定作人应当按照约定的内容按时进行检验;如果合同中未约定检验范围的,定作人应当根据承揽工作的性质,对承揽工作质量进行检验,如承揽人是否使用符合约定的材料、是否按照定作人提供的图纸或者技术要求工作等。如果定作人发现承揽人的工作不符合约定,可以要求承揽人返工、修理或者更换。

二是定作人的监督检验行为不得妨碍承揽人的正常工作。具体而言,承揽合同中约定监督检验时间的,定作人应当按照约定的时间进行检验。合同中未约定监督检验的,定作人在监督检验承揽工作前应当与承揽人协商确定监督检验的方式、时间和内容;未达成协议的,定作人在检验前应当通知承揽人监督检验的时间和内容,以便于承揽人对自身工作作出适当的安排。定作人的监督检验行为妨碍承揽人正常工作的,承揽人可以拒绝定作人的监督检验;定作人的监督检验行为给承揽人造成损失的,应当承担损害赔偿责任。

第七百八十条 【承揽人工作成果交付】承揽人完成工作的,应当向定作人交付工作成果,并提交必要的技术资料和有关质量证明。定作人应当验收该工作成果。

条文注释

为了便于定作人的验收和检验,承揽人在交付工作成果的同时,还应当提交必要的技术资料和有关质量证明。技术资料主要包括使用说明书、结构图纸、有关技术数据。质量证明包括有关部门出具的质量合格证书以及其他能够证明工作成果质量的数据、鉴定证明等。承揽人除交付工作成果、必要的技术资料和质量证明外,还应当交付工作成果的附从物,如工作成果必备的配件、特殊的维护工具等。如果定作人提供的材料尚有剩余,承揽人也应当退还给定作人。

交付工作成果时,由承揽人运送工作成果的,定作人应当积极配合,为承揽人的交付创造条件,提供方便。定作人在接收承揽人交付,也就是实际收到工作成果时,应当对工作成果及时进行验收。验收的目的主要是检验工作成果的质量、数量是否符合合同约定或者定作人的要求。验收往往是双方当事人进行结算、定作人支付报酬等费用的前提条件。

第七百八十一条 【工作成果不符合质量要求时的违约责任】承揽人交付的工作成果不符合质量要求的,定作人可以合理选择请求承揽人承担修理、重作、减少报酬、赔偿损失等违约责任。

条文注释

承揽人应当保证其完成的工作成果符合合同约定,在质量上达到合同约定的标准。承揽人所交付的工作成果不符合质量标准的,应当对工作成果负瑕疵担保责任,定作人有权要求承揽人承担相应的违约责任。承揽人承担瑕疵担保责任,应具备两个条件:

(1)承揽人交付的工作成果不符合质量要求。当事人约定了质量标准和要求的,承揽人交付的工作成果质量不符合该约定的,即可认定工作成果不符合质量要求。如果当事人未约定质量标准或者约定不明确的,则工作成果应当符合根据合同有关条款、合同性质、合同目的或者交易习惯所确定的质量标准。如果根据合同有关条款、合同性质、合同目的或者交易习惯难以确定质量标准的,工作成果应当具备通常使用的效用。

(2)定作人在合理的期限内提出质量异议。承揽人交付工作成果后,定作人应当及时进行验收,检验工作成果是否符合质量要求。承揽人提供的工作成果不符合质量要求,定作人在合理期限内提出质量异议的,可以请求承揽人承担违约责任。违约责任的类型主要包括:修理;重作;减少报酬;赔偿损失。

第七百八十二条 【定作人支付报酬的期限】定作人应当按照约定的期限支付报酬。对支付报酬的期限没有约定或者约定不明确,依据本法第五百一十条的规定仍不能确定的,定作人应当在承揽人交付工作成果时支付;工作成果部分交付的,定作人应当相应支付。

条文注释

这里的"报酬",是指定作人通过承揽合同获得承揽人技术、劳务所应当支付的对价,一般指金钱。向承揽人支付报酬是定作人最基本的义务。定作人支付报酬的前提是承揽人交付的工作成果符合合同约定的质量和数量;不符合质量、数量要求的,定作人可以不支付或者相应减少报酬。定作人应当按照合同约定的期限,以合同约定的币种、数额,向承揽人支付报酬。

如果承揽合同对支付报酬的期限没有约定或者约定不明确的,依照本法第510条的规定,当事人可以协议补充报酬支付期限,定作人按照补充约定的期限向承揽人支付报酬。当事人不能达成补充协议的,定作人按照合同有关条款、合同性质、合同目的或者交易习惯确定的支付期限,向承揽人支付报酬。如果合同对报酬支付期限未作约定,根据本法第510条仍不能确定的,定作人应当在承揽人交付工作成果的同时支付,也就是承揽人将其完成的工作成果交给定作人占有的时间,为定作人支付报酬的时间。

如果工作成果部分交付的,定作人验收该部分工作成果,并根据已交付部分的工作,向承揽人支付报酬。

第七百八十三条 【承揽人留置权及同时履行抗辩权】定作人未向承揽人支付报酬或者材料费等价款的,承揽人对完成的工作成果享有留置权或者有权拒绝交付,但是当事人另有约定的除外。

条文注释

承揽人行使留置权应当符合以下两个前提条件:

第一,定作人无正当理由不支付报酬、材料费等费用。

第二,承揽人合法占有本承揽合同的工作成果。承揽人留置的工作成果应当是根据本承揽合同而合法占有的定作人的动产。如果已经将工作成果交付给定作人,承揽人就无法实现留置权;如果工作成果不是动产,承揽人也无法实现留置权;如果定作人同承揽人订有数个承揽合同,定作人未支付其中一个合同的报酬的，承揽人只能留置定作人未付报酬的那个合同的工作成果。

第七百八十四条　【承揽人保管责任】承揽人应当妥善保管定作人提供的材料以及完成的工作成果，因保管不善造成毁损、灭失的，应当承担赔偿责任。

条文注释

本条所谓的“妥善保管”，是指承揽人在没有特别约定的情况下，须按照本行业的一般要求，根据物品的性质选择合理的场地、采用适当的保管方式加以保管，防止物品毁损和灭失。在具体的保管方式上，承揽人既可以自己保管材料，也可以将材料交由第三人保管。承揽人将材料交由第三人保管的，不得给定作人增加不合理的费用。由于承揽人未尽妥善保管义务，致使材料毁损、灭失的，承揽人应当承担赔偿责任，自负费用补齐、更换与定作人提供材料同质同量的材料，因此造成定作人损失的，应当赔偿损失；造成迟延交付的，应当承担违约责任。

承揽人妥善保管的对象除定作人提供的材料外，还包括已经完成的工作成果。在承揽合同中，承揽人的主要义务是完成并交付工作成果。在交付前，工作成果处于承揽人的占有之下，承揽人应当妥善保管工作成果，保证工作成果如期交付。

如果材料及工作成果毁损、灭失的结果系由于意外或者不可抗力所致，则应根据本编有关合同风险负担的规则予以处理，这不属于本条的调整范围，承揽人也不构成违约。

第七百八十五条　【承揽人保密义务】承揽人应当按照定作人的要求保守秘密，未经定作人许可，不得留存复制品或者技术资料。

条文注释

承揽人的保密义务体现在不同方面。关于缔约过程中的保密义务，本法第501条已经作了规定；本条的规定主要侧重于在承揽合同成立后，承揽人在工作中以及工作完成后的保密义务。

承揽合同成立后，定作人可以要求承揽人对承揽的工作保密。保密的内容既包括技术秘密也包括商业秘密，如具有创造性的图纸、技术数据，或者是专利技术的工作成果；还包括定作人不愿他人知晓的其他信息，如定作人的名称、工作成果的名称等。保密的期限不限于承揽合同履行期间，在承揽合同终止后的一段期间内，承揽人仍应当保守有关秘密。

承揽人在工作中，应当妥善保管有关图纸、技术资料及其他应保密的信息，不得将秘密泄露给他人，也不得不正当地利用保密信息。在定作人提供图纸、技术资料、样品的情况下，承揽人未经定作人许可不得擅自复制工作成果。此外，非经定作人许可，承揽人不得保留技术资料和复制品。

承揽工作完成后，承揽人在交付工作成果的同时，也应当把定作人提供的图纸、技术资料返还定作人。如果承揽人根据定作人的要求，在工作中自己制作出图纸、技术资料、模具等，对此是否可以留存，有约定的，按照约定；无约定的，则视情况而定。

承揽人未尽保密义务，泄露秘密，给定作人造成损失的，应承担损害赔偿责任。如果定作人已经公开秘密，承揽人可以不再承担保密义务，但不能不正当地利用已公开的秘密。如定作人将其工作成果申请专利的，承揽人不得未经定作人许可，擅自生产与工作成果同样的产品。

第七百八十六条　【共同承揽人连带责任】共同承揽人对定作人承担连带责任，但是当事人另有约定的除外。

条文注释

共同承揽，是指由两个或者两个以上的人共同完成承揽工作的合同。每一个共同承揽人都应当对承揽的全部工作向定作人负责。如果交付的工作成果不符合要求，定作人可以要求共同承揽中的任何一个承揽人承担违约责任，任何一个共同承揽人都应当无条件承担违约责任。承担责任的共同承揽人可以向其他共同承揽人追偿超出其实际应承担的责任份额。

根据权利义务相对等的原则，共同承揽人对定作人承担连带责任，意味着共同承揽人对定作人也享有连带权利，任何一个共同承揽人都可以根据法律规定或者合同约定向定作人主张权利，再根据约定或者工作比例分享。

本条从尊重当事人意思自治出发，规定了当事人可以约定共同承揽的责任承担。如定作人与共同承揽人约定，共同承揽人各自承担责任；也可以约定，指定其中一个承揽人承担合同责任。有当事人约定的，共同承揽人根据约定向定作人承担责任；无约定或者约定不明确的，共同承揽人承担连带责任。

准确理解和适用本条，还需要注意以下两点：一是共同承揽与转承揽不同。转承揽是承揽人将自己承揽的部分工作交由第三人完成。二是本条规定共同承揽人对定作人承担连带责任，这属于法定责任，但是当事人可以通过约定排除。

第七百八十七条　【定作人任意解除权】定作人在承揽人完成工作前可以随时解除合同，造成承揽人损失的，应当赔偿损失。

条文注释

解除合同，是指在合同成立后，因当事人一方或者双方的意思表示而使合同关系消灭的行为。

定作人解除合同的前提是赔偿承揽人的损失。定作人依据本条行使随时解除权的，应当符合以下要求：

第一，定作人应当在承揽人完成工作前提出解除合同。

第二，定作人根据本条解除合同的，应当通知承揽人。解除通知到达承揽人时，解除生效，合同终止，承揽人可以不再进行承揽工作。

第三，定作人根据本条解除承揽合同造成承揽人损失的，应当赔偿损失。这些损失主要包括承揽人已完成的工作部分所应当获得的报酬、承揽人为完成这部分工作所支出的材料费以及承揽人因合同解除而受到的其他损失。

合同解除后，承揽人应当将已完成的部分工作交付定作人。定作人提供材料的，如有剩余，也应当返还定作人。定作人预先支付报酬的，在扣除已完成部分的报酬后，承揽人也应当将剩余价款返还定作人。

第十八章　建设工程合同

第七百八十八条　【建设工程合同定义和种类】建设工程合同是承包人进行工程建设，发包人支付价款的合同。

建设工程合同包括工程勘察、设计、施工合同。

条文注释

建设工程合同，是指承包人进行工程建设，发包人支付价款的合同。建设工程合同的客体是工程。这里的工程是指土木建筑工程和建筑业范围内的线路、管道、设备安装工程的新建、扩建、改建及大型的建筑装修装饰活动，主要包括房屋、铁路、公路、机场、港口、桥梁、矿井、水库、电站、通信线路等。建设工程的主体是发包人和承包人。承包人的基本义务就是按质按期地进行工程建设，包括工程勘察、设计和施工。工程勘察、设计、施工是专业性很强的工作，所以一般应当由专门的具有相应资质的工程单位来完成。发包人的基本义务就是按照约定支付价款。

本条第2款规定了建设工程合同的主要内容。一项工程一般包括勘察、设计和施工等一系列过程，因此建设工程合同通常包括工程勘察、设计、施工合同。勘察合同，是指发包人与勘察人就完成建设工程地理、地质状况的调查研究工作而达成的协议。设计合同，是指发包人与设计人就完成建设工程设计工作而达成的协议。施工合同，是指发包人与施工单位就完成建设工程的一定施工活动而达成的协议。

第七百八十九条 【建设工程合同的形式】建设工程合同应当采用书面形式。

条文注释

依据本条的规定，建设工程合同除双方当事人意思表示达成一致外，还应当采用书面形式明确双方的权利义务。

在实践中，较大的工程建设一般采用合同书的形式订立合同。通过合同书，当事人写明各自的名称、地址，工程名称和工程范围，明确规定履行的内容、方式、期限，违约责任以及解决争议的方法等。勘察、设计合同，还应当明确提交勘察或者设计基础资料、设计文件（包括概预算）的期限、设计的质量要求、勘察或者设计费用以及其他协作条件等内容。施工合同，还应当明确工程范围、建设工期、中间交工工程的开工和竣工时间、工程质量、工程造价、技术资料交付时间、材料和设备供应责任、拨款和结算、交工验收、质量保证期、双方互相协作等内容。当事人也可以选择有关的合同示范文本作为参照订立建设工程合同。

第七百九十条 【建设工程招投标活动的要求】建设工程的招标投标活动，应当依照有关法律的规定公开、公平、公正进行。

条文注释

招标投标是市场经济条件下进行大宗货物买卖或者建设工程发包与承包时通常采用的竞争交易方式。

招标分为公开招标和邀请招标。公开招标，是指招标人以招标公告的方式邀请不特定的法人或者非法人组织投标。邀请招标,是指招标人以投标邀请书的方式邀请特定的法人或者非法人组织投标。

关联法规

《招标投标法》第3条;《建工合同解释一》第1、2条

第七百九十一条 【建设工程的发包、承包、分包】发包人可以与总承包人订立建设工程合同,也可以分别与勘察人、设计人、施工人订立勘察、设计、施工承包合同。发包人不得将应当由一个承包人完成的建设工程支解成若干部分发包给数个承包人。

总承包人或者勘察、设计、施工承包人经发包人同意,可以将自己承包的部分工作交由第三人完成。第三人就其完成的工作成果与总承包人或者勘察、设计、施工承包人向发包人承担连带责任。承包人不得将其承包的全部建设工程转包给第三人或者将其承包的全部建设工程支解以后以分包的名义分别转包给第三人。

禁止承包人将工程分包给不具备相应资质条件的单位。禁止分包单位将其承包的工程再分包。建设工程主体结构的施工必须由承包人自行完成。

条文注释

建设工程合同发包承包根据订约双方的不同,可以分为直接承包和分包两大类。直接承包是指发包人直接将工程承包给承包人,包括工程总承包和单项工程承包两种方式。分包是指总承包人或者勘察、设计、施工承包人经发包人同意,可以将自己承包的部分工作交由第三人完成。

在承包与分包相结合的承包形式中,存在承包合同与分包合同两个不同的合同关系。承包合同是发包人与总承包人或者勘察人、设计人、施工人之间订立的合同,总承包人或者勘察、设计、施工承包人应当就承包合同的履行向发包人承担全部的责任;即使总承包人或者勘察、设计、施工承包人根据合同约定或者经发包人同意将承包合同范围内的部分建设项目分包给他人,其也需要对分包的工程向发包人负责。分包合同是承包合同中的总承包人或者勘察、设计、施工承包人与分包人之间订立的合同。通常来说,分包人仅就分包合同的履行向总承包人或者勘察、设计、施工承包人负责,并不直接向发包人承担责任;但为了维护发包人的利益,保证工程的质量,本条适当地加重了分包人的责任,即第三人(分包人)就其完成的工作成果与总承包人或者勘察、设计、施工承包人向发

包人承担连带责任。分包的工程出现问题,发包人既可以要求总承包人或者勘察、设计、施工承包人承担责任,也可以直接要求分包人承担责任。

转包,是指建设工程的承包人将其承包的建设工程转让给第三人,使该第三人实际上成为该建设工程新的承包人的行为。转包与分包的根本区别在于:转包行为中,原承包人将其工程全部转给他人,自己并不实际履行合同约定的义务;而在分包行为中,承包人只是将其承包工程的某一部分或几部分再分包给其他承包人,承包人仍然要就承包合同约定的全部义务的履行向发包人负责。依照本法和相关法律规定,承包人经发包人同意将其部分工程分包给他人的行为是允许的,但承包人的转包行为是禁止的。本条明确规定承包人不得将其承包的全部建设工程转包给第三人或者将其承包的全部建设工程支解以后以分包的名义分别转包给第三人。

为避免因层层分包造成责任不清以及因中间环节过多造成实际用于工程的费用减少的问题,依据本条第3款的规定,分包人不得将其承包的工程再分包,即对工程建设项目只能实行一次分包。实行施工承包的,建设工程的主体结构必须由承包人自行完成,不得分包,即承包人承包工程全部施工任务的,该工程的主体结构必须由承包人自行完成,即使经发包人同意,也不得将主体工程的施工再分包给第三人;承包人违反本条第3款规定,将工程主体部分的施工任务分包给第三人的,该分包合同无效。

关联法规

《建工合同解释一》第5条

第七百九十二条　【订立国家重大建设工程合同】国家重大建设工程合同,应当按照国家规定的程序和国家批准的投资计划、可行性研究报告等文件订立。

条文注释

对于建设工程合同,从合同的签订到合同的履行,从资金的投放到最终的成果验收,都要受到国家严格的管理和监督。

依据本条规定,国家重大建设工程合同,应当按照国家规定的程序和国家批准的投资计划、可行性研究报告等文件订立。一般在实践中,国家重大建设工程在事先应当进行可行性研究,对工程的投资规模、建设效益进行论证分析,并编制可行性研究报告,然后到申请立项。立项经批准后,再根据立项制订投资计划并报国家有关主管部门批准。投资计划经批准后,有关建设单位根据工程的可行性研究报告和国家批准的投资计划,遵照国家规定的程序进行发包,与承包人订立建设工程合同。

国家重大建设工程项目一般都属于国家强制监理的建设工程,因此,发包人应当委托具有相应资质条件的工程监理单位对建设工程进行监理。发包人应当与其委托的工程监理单位订立书面的委托监理合同。

第七百九十三条 【建设工程合同无效时对承包人补偿】建设工程施工合同无效,但是建设工程经验收合格的,可以参照合同关于工程价款的约定折价补偿承包人。

建设工程施工合同无效,且建设工程经验收不合格的,按照以下情形处理:

(一)修复后的建设工程经验收合格的,发包人可以请求承包人承担修复费用;

(二)修复后的建设工程经验收不合格的,承包人无权请求参照合同关于工程价款的约定折价补偿。

发包人对因建设工程不合格造成的损失有过错的,应当承担相应的责任。

条文注释

建设工程施工合同的履行过程就是承包人将劳务及建筑材料物化到建设工程的过程,建设工程施工过程完成会有建筑物等不动产的产生。基于这一特殊性,合同无效时,发包人既无法向承包人返还建设工程,也无法向承包人返还已经付出的劳务和使用的建筑材料,因此只能折价补偿。

折价补偿的前提是建设工程本身具有价值。建设工程施工合同无效后,对承包人进行折价补偿的前提是建设工程经验收合格。对于经验收不合格但是具有修复可能的建设工程,基于节约社会资源和维护当事人之间的公平原则,在确保工程质量安全的前提下,如果可以通过修复使建设工程验收合格的,应当提倡进行修复,并由承包人承担修复费用,不宜一概要求恢复原状推倒重建,造成社会资源的浪费。如果从技术和经济上判断确属没有可能修复或修复成本明显过高,进行修复显著不经济、不合理的,则没有必要要求必须进行修复,徒增不合理的负担和成本。因此,本条第2款规定,建设工程施工合同无效,且建设工程经验收不合格,如果修复后经验收合格的,发包人可以请求承包人承担修复费用;如果修复后仍不能验收合格的,则无须对承包人进行折价补偿。

建设工程施工合同无效时，当事人有过错的，应赔偿因此给对方造成的损失。建设工程施工合同无效，建设工程经验收不合格，修复后建设工程经验收仍不合格的，承包人不能请求参照合同关于工程价款的约定补偿；但是，发包人对因建设工程不合格造成的损失有过错的，也应根据其过错承担相应的责任。

关联法规

《建工合同解释一》第6、13、24条

第七百九十四条　【勘察、设计合同的内容】勘察、设计合同的内容一般包括提交有关基础资料和概预算等文件的期限、质量要求、费用以及其他协作条件等条款。

条文注释

勘察、设计合同是指勘察人、设计人完成工程勘察、设计任务，发包人支付勘察、设计费的合同。提交有关勘察或者设计基础资料和文件是发包人的义务，勘察或者设计的基础资料是指勘察人、设计人进行勘察、设计工作所依据的基础文件和情况。勘察基础资料包括可行性报告，工程需要勘察的地点、内容，勘察技术要求及附图等。勘察文件一般包括对工程选址的测量数据、地质数据和水文数据等。

这里的质量要求，主要是指发包人对勘察、设计工作提出的标准。

这里的费用，是指勘察人、设计人完成勘察、设计工作的报酬。支付勘察、设计费是发包人在勘察、设计合同中的主要义务，因此，在勘察、设计费用条款中应当明确勘察、设计费用的数额或者计算方法、支付方式、地点、期限等内容。

其他协作条件，是指双方当事人为了保证勘察、设计工作顺利完成所应当履行的相互协助的义务。

本条规定的内容是建议性的，只是根据勘察、设计合同的性质作出的一般性规定，当事人签订的勘察、设计合同中不具备上述内容的，并不因本条规定导致该合同的无效。

第七百九十五条　【施工合同的内容】施工合同的内容一般包括工程范围、建设工期、中间交工工程的开工和竣工时间、工程质量、工程造价、技术资料交付时间、材料和设备供应责任、拨款和结算、竣工验收、质量保修范围和质量保证期、相互协作等条款。

条文注释

施工，主要是指工程的建筑与安装。施工合同，主要是指施工人完成工程的建筑、安装工作，发包人验收后，接收该工程并支付价款的合同。本条根据工程施工的一般特点，规定了施工合同中一些主要内容，即工程范围、建设工期、中间交工工程的开工和竣工时间、工程质量、工程造价、技术资料交付时间、材料和设备供应责任、拨款和结算、竣工验收、质量保修范围和质量保证期、相互协作等条款。

工程范围，是指施工的界区，是施工人进行施工的工作范围。工程范围是施工合同的必备条款。建设工期，是指施工人完成施工任务的期限。工程质量，是指工程的等级要求，是施工合同中的核心内容。工程造价，是指施工建设该工程所需的费用，包括材料费、施工成本等费用。技术资料，主要是指勘察、设计文件以及其他施工人据以施工所必需的基础资料。材料和设备供应责任，是指由哪一方当事人提供工程建设所必需的原材料以及设备。拨款，是指工程款的拨付。结算，是指工程交工后，计算工程的实际造价以及其与已拨付工程款之间的差额。拨款和结算条款是施工人请求发包人支付工程款和报酬的依据。竣工验收是工程交付使用前的必经程序，也是发包人支付价款的前提。建设工程的质量保修范围通常包括地基基础工程，主体结构工程，屋面防水工程和其他工程，以及电气管线、上下水管线的安装工程，供热、供冷工程等项目。质量保证期是指工程各部分正常使用的期限，在实践中也称质量保修期。双方相互协作条款一般包括双方当事人在施工前以及施工过程中应当相互提供的必要协助。

关联法规

《建工合同解释一》第8条

第七百九十六条　【建设工程监理】建设工程实行监理的，发包人应当与监理人采用书面形式订立委托监理合同。发包人与监理人的权利和义务以及法律责任，应当依照本编委托合同以及其他有关法律、行政法规的规定。

条文注释

本条所称的建设工程监理，是指由具有法定资质条件的工程监理单位，根据发包人的委托，依照法律、行政法规以及有关的建设工程技术标准、设计文件和建设工程合同，代表发包人对承包人在施工质量、建设工期和建设资金使用等方面进行监督。建设工程监理是建设项目的发包人为了保证工程质量、控制工程造价和工期,维护自身利益而采取的监督措施,因此,对建设工程是否实行监理,原则上应由发包人自行决定。但是,为了加强对项目建设的监督,保证投资效益,维护国家利益和公共利益,国家对于特定的项目规定了强制监理,明确了强制监理的范围。实施工程监理的,在进行工程监理前,发包人应当将委托的监理人的名称、资质等级、监理人员、监理内容及监理权限,书面通知被监理的建设工程的承包人。

工程监理人不按照委托监理合同的约定履行监理义务,对应当监督检查的项目不检查或者不按照法律、行政法规和有关技术标准、设计文件和建设工程合同规定的要求和检查方法进行检查,给发包人造成损失的,应当承担相应的赔偿责任。

第七百九十七条 【发包人的检查权】发包人在不妨碍承包人正常作业的情况下,可以随时对作业进度、质量进行检查。

条文注释

依据本条的规定,发包人可以随时对工程作业的进度和质量进行检查。发包人的检查行为要合理,不能因此妨碍承包人的正常作业。发包人对工程作业的检查一般通过两种方式:一种是委派具体管理人员作为工地代表。发包人委派工地代表后,应当及时通知承包人。另一种是发包人委托监理人实施对工程建设过程的检查。

工地代表、监理人在检查过程中发现工程设计不符合建设工程质量要求的,应当报告发包人要求设计人改正。如果发现工程施工不符合工程设计要求、施工技术标准和合同约定,工地代表和监理人有权要求承包人改正。承包人应当接受发包人的检查,为工地代表和监理人的工作提供方便和协助,并应发包人的要求,及时向发包人提供月份作业计划、月份施工统计报表、施工进度报告表、工程事故报告等文件。

第七百九十八条 【隐蔽工程】隐蔽工程在隐蔽以前,承包人应当通知发包人检查。发包人没有及时检查的,承包人可以顺延工程日期,并有权请求赔偿停工、窝工等损失。

条文注释

隐蔽工程,是指地基、电气管线、供水与供热管线等需要覆盖、掩盖的工程。为了避免资源的浪费和当事人双方的损失，保证工程的质量和工程顺利完成，本条规定了承包人在隐蔽工程隐蔽以前，应当通知发包人检查，发包人检查合格的，方可进行隐蔽工程。

实践中，当工程具备覆盖、掩盖条件时，承包人应当先进行自检，自检合格后，在隐蔽工程进行隐蔽前及时通知发包人或发包人派驻的工地代表对隐蔽工程的条件进行检查并参加隐蔽工程的作业。通知包括承包人的自检记录、隐蔽的内容、检查时间和地点。发包人或其派驻的工地代表接到通知后，应当在要求的时间内到达隐蔽现场，对隐蔽工程的条件进行检查。

检查合格的，发包人或者其派驻的工地代表在检查记录上签字；经检查合格后，承包人方可进行隐蔽施工。发包人检查发现隐蔽工程条件不合格的，有权要求承包人在一定期限内完善工程条件。

关联法规

《建设工程质量管理条例》第30条

第七百九十九条 【建设工程的竣工验收】建设工程竣工后，发包人应当根据施工图纸及说明书、国家颁发的施工验收规范和质量检验标准及时进行验收。验收合格的，发包人应当按照约定支付价款，并接收该建设工程。

建设工程竣工经验收合格后，方可交付使用；未经验收或者验收不合格的，不得交付使用。

条文注释

建设工程的竣工验收，是指建设工程已按照设计要求完成全部工作任务，准备交付给发包人投入使用前，由发包人或者有关主管部门依照国家关于建设工程竣工验收制度的规定，对该项工程是否合乎设计要求和工程质量标准所进行的检查、考核工作。建设工程的竣工验收是工程建设全过程的最后一道程序，是对工程质量实行控制的最后一个重要环节。

发包人接到竣工验收报告后，应当根据施工图纸及说明书、国家颁发的施工验收规范和质量检验标准及时组织有关部门对工程进行验收。验收的内容主要是：第一，工程是否符合规定的建设工程质量标准。第二，承包人是否提供了完整的工程技术经济资料。第三，承包人是否有建设工程质量检验书等凭证。第四，工程是否具备国家规定的其他竣工条件。

竣工验收合格后，发包人应当按照约定支付价款。

建设工程竣工经验收合格后，方可交付使用；没有经过竣工验收或者经过竣工验收确定为不合格的建设工程，不得交付使用。

关联法规

《建工合同解释一》第9、14条

第八百条　【勘察人、设计人对勘察、设计的责任】勘察、设计的质量不符合要求或者未按照期限提交勘察、设计文件拖延工期，造成发包人损失的，勘察人、设计人应当继续完善勘察、设计，减收或者免收勘察、设计费并赔偿损失。

条文注释

勘察、设计的质量是整个建设工程质量的基础，如果勘察、设计的质量存在问题，整个建设工程质量也就没有保障，因此，工程的勘察、设计必须符合质量要求。依据本法及其他有关法律的规定，建设工程的勘察人、设计人必须对其勘察、设计的质量负责，其所提交的建设工程的勘察、设计文件应当符合以下要求：(1)符合有关法律、行政法规的规定。既包括要符合本法的规定，也包括要符合《建筑法》《城乡规划法》《土地管理法》《环境保护法》以及其他相关的法律、行政法规的规定。(2)符合建设工程质量、安全标准。其是指依照《标准化法》及有关行政法规的规定制定的保证建设工程质量和安全的技术标准。(3)符合建设工程勘察、设计的技术规范。(4)符合合同的约定。

勘察人、设计人提交的勘察、设计文件不符合上述要求的，发包人可以请求勘察人、设计人承担以下违约责任：继续完善勘察、设计，减收或者免收勘察、设计费，赔偿损失。

勘察人、设计人未按照合同约定的期限提交勘察、设计文件的，发包人可以催告勘察人、设计人尽快提交。如果勘察、设计文件的迟延致使工期拖延给发包人造成了损失的，发包人可以请求勘察人、设计人赔偿损失。如果勘察人、设计人在催告后的合理期限内仍未能提交勘察、设计文件，严重影响工程进度的，发包人可以解除合同，并委托其他勘察人、设计人完成勘察、设计工作。

关联法规

《建设工程质量管理条例》第19条第1款、第22条第1款

第八百零一条　【施工人建设工程质量责任】因施工人的原因致使建设工程质量不符合约定的，发包人有权请求施工人在合理期限内无偿修理或者返工、改建。经过修理或者返工、改建后，造成逾期交付的，施工人应当承担违约责任。

条文注释

凡是因施工原因造成的工程质量问题，都要由施工人承担责任。这些责任包括：由施工人对存在质量问题的工程进行修理、返工或改建，并承担赔偿损失等民事责任；由有关行政机关对违法施工人依法给予行政处罚的行政责任；对造成重大质量事故、构成犯罪的，由司法机关依照《刑法》的规定追究刑事责任。

本条主要规定了施工人因施工质量不符合约定所应承担的民事责任。如果因施工人的原因导致工程质量不符合约定的，发包人可以请求施工人在合理期限内无偿对工程进行修理或者返工、改建以使工程达到约定的质量要求。如果经过修理或者返工、改建，工程迟延交付的，施工人应当承担逾期交付的违约责任。这里的违约责任包括发包人可以要求承包人赔偿因逾期交付所受到的损失，按照约定支付违约金，减少价款或执行定金罚则等。发包人可以根据施工人的违约程度和自己的损失大小，按照合同约定及法律规定合理选择请求施工人承担相应的违约责任。

关联法规

《建工合同解释一》第12条

第八百零二条　【合理使用期限内质量保证责任】因承包人的原因致使建设工程在合理使用期限内造成人身损害和财产损失的，承包人应当承担赔偿责任。

条文注释

根据本条的规定，承包人承担损害赔偿责任应当具备以下条件：(1)因承包人的原因引起建设工程对他人人身、财产的损害。(2)人身、财产损害是发生在建设工程合理使用期限内。(3)造成人身和财产损害。这里的受损害方不仅仅指建设工程合同的对方当事人即发包人，也包括建设工程的最终用户以及因该建设工程而受到损害的其他人。

关联法规

《建工合同解释一》第18条

第八百零三条　【发包人未按约定的时间和要求提供相关物资的违约责任】发包人未按照约定的时间和要求提供原材料、设备、场地、资金、技术资料的，承包人可以顺延工程日期，并有权请求赔偿停工、窝工等损失。

条文注释

如果工程承包合同中约定由发包人提供原材料、设备的，发包人应当按照约定的要求，向承包人提供建设所需的原材料、设备及其产品合格证明。承包人与发包人一起对原材料、设备进行检验、验收后，由承包人妥善保管，发包人支付相应的保管费用。对于必须经过试验才能使用的材料，承包人应当按照约定进行测燃等测试；不具备测试条件的，可以委托专业机构进行测试，费用由发包人承担。如果经检验发包人提供的原材料、设备等与约定不符，承包人有权拒绝接收，并可以要求发包人运出施工现场并予以更换。如果发包人未按照约定时间提供原材料、设备的，承包人可以中止施工并顺延工期，因此造成承包人停工、窝工损失的，由发包人承担赔偿责任。

由发包人提供场地的，发包人应当按照合同约定向承包人提供承包人施工、操作、运输、堆放材料设备的场地以及建设工作涉及的周围场地（包括一切通道）。

由发包人提供工程建设所需资金的，发包人应当按照约定的时间和数额向承包人支付。这里的资金一般是指工程款。

由发包人提供有关工程建设的技术资料的，发包人应当按照合同约定的时间和份数向承包人提供符合约定要求的技术资料。这里的技术资料主要包括勘察数据、设计文件、施工图纸以及说明书等。

第八百零四条　【因发包人原因造成工程停建、缓建所应承担责任】因发包人的原因致使工程中途停建、缓建的，发包人应当采取措施弥补或者减少损失，赔偿承包人因此造成的停工、窝工、倒运、机械设备调迁、材料和构件积压等损失和实际费用。

条文注释

本条所指的“因发包人的原因”在实践中一般指下列情况：(1)发包人变更工程量；(2)发包人提供的设计文件等技术资料有错误或者因发包人原因变更设计文件；(3)发包人未能按照约定及时提供材料、设备或者工程进度款；(4)发包人未能及时进行中间工程和隐蔽工程条件的验收并办理有关交工手续;(5)发包人不能按照合同的约定保障建设工作所需的工作条件致使建设工作无法正常进行。

在发生上述原因,致使工程建设无法正常进行的情况下,承包人可以停建、缓建、顺延工期,并及时通知发包人。承包人在停建、缓建期间应当采取合理措施减少和避免损失,妥善保护好已完成工程和做好已购材料、设备的保护和移交工作,将自有机械和人员撤出施工现场,发包人应当为承包人的撤出提供必要的条件。承包人应当就停建、缓建过程中发生的经济支出和实际发生的其他费用向发包人报告。

发包人因自身原因致使工程停建、缓建的,应当承担违约责任。首先,发包人应当采取必要措施,弥补或者减少损失,同时应当排除障碍,使承包人尽快恢复建设工作。其次,发包人还应当赔偿因停建、缓建给承包人造成的损失,包括停工、窝工、倒运、机械设备调迁、材料和构件积压所造成的损失和实际发生的费用。

第八百零五条　【因发包人原因造成勘察、设计的返工、停工或者修改设计所应承担责任】因发包人变更计划,提供的资料不准确,或者未按照期限提供必需的勘察、设计工作条件而造成勘察、设计的返工、停工或者修改设计,发包人应当按照勘察人、设计人实际消耗的工作量增付费用。

条文注释

在工程勘察、设计合同中,发包人应当按照合同约定向勘察人、设计人提供开展勘察、设计工作所需要的基础资料、技术要求,并对提供的时间、进度和资料的可靠性负责,否则要承担相应的责任。

(1)发包人变更勘察、设计项目、规模、条件,需要重新进行勘察、设计的,应当及时通知勘察人、设计人;勘察人、设计人在接到通知后,应当返工或者修改设计,并有权顺延工期。发包人应当按照勘察人、设计人返工或修改设计后实际消耗的工作量增加支付勘察费、设计费。

(2)勘察人、设计人在工作中发现发包人提供的技术资料不准确的,应当通知发包人修改技术资料,在合理期限内提供准确的技术资料。如果该技术资料有严重错误,致使勘察、设计工作无法正常进行的,在发包人重新提供技术资料前,勘察人、设计人有权停工、顺延工期,停工的损失应当由发包人承担。发包人重新提供的技术资料有重大修改,需要勘察人、设计人返工、修改设计的,勘察人、设计人应当按照新的技术资料进行勘察、设计工作,发包人应当按照勘察人、设计人实际消耗的工作量相应增加支付勘察费、设计费。

（3）发包人未能按照合同约定提供勘察、设计工作所需的工作条件的，勘察人、设计人应当通知发包人在合理期限内提供。如果发包人未提供必要的工作条件，致使勘察、设计工作无法正常进行的，勘察人、设计人有权停工、顺延工期，并要求发包人承担勘察人、设计人停工期间的损失。

第八百零六条　【合同解除及后果处理的规定】承包人将建设工程转包、违法分包的，发包人可以解除合同。

发包人提供的主要建筑材料、建筑构配件和设备不符合强制性标准或者不履行协助义务，致使承包人无法施工，经催告后在合理期限内仍未履行相应义务的，承包人可以解除合同。

合同解除后，已经完成的建设工程质量合格的，发包人应当按照约定支付相应的工程价款；已经完成的建设工程质量不合格的，参照本法第七百九十三条的规定处理。

条文注释

本条对特定情况下建设工程合同的法定解除进行了细化规定，以期在给予建设工程合同守约方当事人必要救济、赋予当事人必要的合同解除权的同时，尽力维护建设工程合同法律关系的稳定性。

承包人转包和违法分包，不仅使当事人之间的信赖丧失，而且还有可能影响建设工程的质量，使建设工程合同的目的落空。因此，承包人转包、违法分包的，有必要赋予发包人法定解除权，允许发包人解除合同。

如果合同约定由发包人提供建设工程所需的建筑材料、建筑构配件和设备，但发包人提供的主要建筑材料、建筑构配件和设备不符合强制性标准或者不履行协助义务，致使承包人无法施工，经承包人催告，在合理期限内发包人仍未履行相应义务的，无法施工的状态将一直持续，此种情况下，承包人可以解除合同。

建设工程施工合同解除后，尚未履行的，双方终止履行。基于建设工程施工合同的特殊性以及物尽其用、节约社会资源的原则和价值导向，合同解除后，已经完成的建设工程质量合格的，发包人应当按照约定支付相应的工程价款；已经完成的建设工程质量不合格的，包括经修复后可以达到质量合格以及经修复后仍不能达到质量合格两种情况，相应地参照本法第793条的规定处理。

第八百零七条　【发包人未支付工程价款的责任】发包人未按照约定支付价款的，承包人可以催告发包人在合理期限内支付价款。发包人逾期不支付的，除根据建设工程的性质不宜折价、拍卖外，承包人可以与发包人协议将该工程折价，也可以请求人民法院将该工程依法拍卖。建设工程的价款就该工程折价或者拍卖的价款优先受偿。

条文注释

发包人在工程建设完成后，对竣工验收合格的工程应当按照合同约定的方式和期限进行工程决算，在向承包人支付价款后接收工程。

承包人按照本条规定行使优先受偿权，应当注意以下几点：

(1)本条适用的前提是，按照合同约定已经达到付款条件。如果是出现了建设工程质量不合格或者其他承包人违约的情形，发包人依法主张抗辩不进行付款；或者有其他未达到合同约定的付款条件的情况的，则发包人本身无立即付款的义务，更不可能有优先受偿权的存在空间。

(2)发包人不支付价款的，承包人不能立即将该工程折价、拍卖，而是应当催告发包人在合理期限内支付价款。如果在催告后的合理期限内，发包人仍不支付价款的，承包人才能与发包人协商将该工程折价或者请求人民法院将该建设工程拍卖以优先受偿。

(3)承包人对工程依法折价或者拍卖的，应当遵循一定的程序。承包人对工程折价的，应当与发包人达成协议；达不成折价协议而采取拍卖方式的，应当请求人民法院依法将该工程予以拍卖。承包人不得委托拍卖公司或者自行将建设工程予以拍卖。

(4)建设工程折价或者拍卖后所得的价款如果超出发包人应付的价款数额的，该超过的部分应当归发包人所有；如果折价或者拍卖所得的价款还不足以清偿承包人的价款债权的，承包人可以请求发包人支付不足部分。

(5)按照工程的性质不宜折价、拍卖的，承包人不能将该工程折价或者拍卖。如国家重点工程、具有特定用途的工程等不宜折价或者拍卖，应当拆除的违章建筑无法折价或者拍卖。

关联法规

《建工合同解释一》第35、36条

第八百零八条 【适用承揽合同】本章没有规定的,适用承揽合同的有关规定。

条文注释

在适用本条时,应当注意:首先,只有在本章无规定时才可适用承揽合同的有关规定(如本法第774~776、784、785条);其次,只有在根据建设工程合同的性质可以适用承揽合同的相关规定时,才可适用承揽合同的相关规定;最后,建设工程合同中的发包人相当于承揽合同中的定作人,承包人相当于承揽合同中的承揽人。

第十九章 运输合同

第一节 一般规定

第八百零九条 【运输合同定义】运输合同是承运人将旅客或者货物从起运地点运输到约定地点,旅客、托运人或者收货人支付票款或者运输费用的合同。

条文注释

运输合同又称运送合同。根据本条规定,运输合同的定义包含以下几个方面的内容:

(1)运输合同的主体是承运人和旅客、托运人。运输合同的主体是运输合同权利义务的承担者,即运输合同的当事人。

(2)运输合同中的托运人有时就是收货人,但在多数情况下,另有收货人,此时收货人不是运输合同的一方当事人。

(3)运输合同的内容是承运人将旅客或者货物运输到约定地点。由此可见,运输合同的客体是承运人的运送行为,不是货物和旅客。

(4)在运输合同中,承运人的义务是将旅客或者货物运输到约定地点,权利是收取票款或者运费;而旅客、托运人的权利是要求承运人将其运输到约定地点,义务是向承运人支付票款或者运费。

根据不同的标准,运输合同可以作出不同的分类:(1)以运输合同的标的划分,可以分为客运合同和货运合同。(2)以承运人人数划分,可以分为单一承运人的运输合同和联运合同。(3)以运输工具划分,可以分为铁路运输合同、公路运输合同、水上运输合同和航空运输合同。

第八百一十条 【承运人强制缔约义务】从事公共运输的承运人不得拒绝旅客、托运人通常、合理的运输要求。

条文注释

公共运输，是指面向社会公众的，由取得营运资格的营运人所从事的商业运输的行为，主要包括班轮、班机和班车运输，还包括其他以对外公布的固定路线、固定时间、固定价格进行商业性运输的运输行为。公共运输一般具有以下特征：(1)公共运输的服务对象不是特定的某些人，而是社会公众。(2)公共运输的承运人要有专门的运输许可。(3)从事公共运输的承运人一般都制定了固定的路线、时间和价格，这是公共运输最为显著的特征。(4)从事公共运输的承运人与旅客或者托运人之间的运输合同的形式一般都是格式化的。

本条规定明确了从事公共运输的承运人的强制缔约义务，即从事公共运输的承运人不得拒绝旅客、托运人通常、合理的运输要求。对这里的"通常、合理"要有一个正确的理解，如果旅客、托运人的运输要求不是"通常、合理"的，则承运人有权拒绝。如果从事公共运输的承运人有正当理由的，也可以免除其强制缔约义务。

第八百一十一条 【承运人安全运输义务】承运人应当在约定期限或者合理期限内将旅客、货物安全运输到约定地点。

条文注释

按照约定时间进行安全运输是承运人的一项主要义务。运输合同一般都会对运输时间、到达地点和运输的安全等作出约定，承运人据此进行运输，否则就要承担违约责任。

本条所规定的承运人及时安全运输义务主要包含以下三层意思：(1)承运人应当在约定的期限内或者合理的期限内进行运输。如果由于承运人的原因造成旅客或者货物不能按时到达目的地的，承运人就要承担运输迟延的违约责任。(2)承运人在运输过程中，应当保证旅客或者货物的安全。(3)承运人应当将旅客或者货物运到约定的地点。

第八百一十二条 【承运人合理运输义务】承运人应当按照约定的或者通常的运输路线将旅客、货物运输到约定地点。

条文注释

运输合同是从起运地点到目的地的位移,所以承运人运输时要按照约定的或者通常的运输路线进行运输,这也是承运人的一项义务。

在运输中,承运人首先应当按照合同约定的运输路线进行运输。约定的运输路线,是指运输合同当事人在合同中明确约定的运输路线。个别情况下,承运人不按通常的运输路线运输,进行合理的绕行也是准许的,一般不按违约处理。比如,由于运输合同中列明的一些具体的事由出现而发生的绕行,或者在运输中遇到危险,为了运输工具、旅客、货物的安全,承运人也可不按通常的运输路线运输而进行绕行。

承运人如果不按照本条规定履行其义务,应当依法承担违约责任。

第八百一十三条 【支付票款或者运输费用】旅客、托运人或者收货人应当支付票款或者运输费用。承运人未按照约定路线或者通常路线运输增加票款或者运输费用的,旅客、托运人或者收货人可以拒绝支付增加部分的票款或者运输费用。

条文注释

支付票款或者运费是旅客、托运人或者收货人的主要义务。在客运合同中,旅客支付票款的义务是在购买旅客运输票证时履行,旅客没有支付票款是不能取得运输票证的。在货运合同中,一般由托运人支付运输费用;如果是由收货人支付运费的,则应当在运输单证上载明。

承运人没有正当理由不按照约定的路线或者合理的路线进行运输,是其自己的过错,旅客、托运人或者收货人没有任何过错。因此,在此种情况下,旅客、托运人或者收货人可以拒绝支付增加部分的票款或者运费。

第二节 客运合同

第八百一十四条 【客运合同成立时间】客运合同自承运人向旅客出具客票时成立,但是当事人另有约定或者另有交易习惯的除外。

条文注释

客运合同的成立时间与普通民事合同不同。一般情况下,客票是客运合同成立的凭据,也就是说,承运人向旅客签发的客票证明了承运人和旅客之间订立了合同。所以客运合同的成立时间一般即是旅客客票的取得时间,即承运人向旅客交付客票时成立。

在运输合同的当事人另有约定的情况下,旅客运输合同的成立时间可以不是在承运人出具客票时成立。在另有交易习惯的情况下,客运合同的成立时间也可以不在出具客票时成立。例如,在出租车运输中,客票的交付时间一般在运输行为完成后,所以,按出租车运输的交易习惯,该运输合同在旅客登上出租车时就成立。

第八百一十五条　【旅客乘运义务的一般规定】旅客应当按照有效客票记载的时间、班次和座位号乘坐。旅客无票乘坐、超程乘坐、越级乘坐或者持不符合减价条件的优惠客票乘坐的,应当补交票款,承运人可以按照规定加收票款;旅客不支付票款的,承运人可以拒绝运输。

实名制客运合同的旅客丢失客票的,可以请求承运人挂失补办,承运人不得再次收取票款和其他不合理费用。

条文注释

客票是客运合同的证明,旅客持有的客票一般也就意味着其与承运人之间有运输关系的存在,旅客凭客票就可以要求承运人履行运输的义务。旅客应当按照有效客票记载的时间、班次和座位号乘坐。

对于旅客无票乘坐、超程乘坐、越级乘坐或者持不符合减价条件的优惠客票乘坐的行为的处理:首先,应当向承运人补交票款;同时,承运人可以按照规定加收票款。补足票款是乘客的义务,所以本条用了"应当",至于是否按规定向乘客加收票款,则由承运人自己酌情处理,所以用了"可以"二字。其次,旅客不支付票款的,承运人可以拒绝运输且仍有权向其追偿。这里的拒绝运输是指承运人有权在适当的地点令其离开运输工具。

如果客运合同是实名制的,旅客丢失客票时,承运人在确认旅客的真实身份后,应当为其办理挂失补办手续,在办理这些手续时,不得乘机再次收取票款或者高额手续费等不合理费用。

第八百一十六条　【旅客办理退票或者变更乘运手续】旅客因自己的原因不能按照客票记载的时间乘坐的,应当在约定的期限内办理退票或者变更手续;逾期办理的,承运人可以不退票款,并不再承担运输义务。

条文注释

在客票载明的乘坐时间之前,旅客有单方解除运输合同或者单方变更运输合同的权利。需要注意的是，本条规定的旅客可以办理退票或者变更手续的适用情形是有条件的：

第一，必须是旅客因自己的原因不能按照客票记载的时间乘坐。如果旅客不能按照客票的时间乘坐的原因是承运人造成的，则应当适用本法第820条的规定。

第二，必须在约定的时间内办理。旅客办理退票或者变更手续的权利是有时间限制的，如果旅客在约定的时间内不办理退票或者变更手续，超过该时间后，承运人可以不退票款，并且也不再承担运输旅客的义务。

实践中，一般在客运合同中对于办理退票或者变更手续的时间都有明确规定，而且在不同的时间办理退票或者变更手续所需要支付的手续费等也是不一样的。

第八百一十七条　【行李携带及托运要求】旅客随身携带行李应当符合约定的限量和品类要求；超过限量或者违反品类要求携带行李的，应当办理托运手续。

条文注释

旅客运输合同中，承运人的主要义务是将旅客从起运地运到目的地，而不是专门运输行李。但为了旅客乘运途中的方便，承运人或者有关部门也允许旅客随身携带一定品种、数量、质量和重量的行李。旅客超过限量或者违反品类要求携带行李，应当办理托运手续。如果旅客拒不办理托运手续，承运人可以拒绝运输。

第八百一十八条　【禁止旅客携带危险物品、违禁物品】旅客不得随身携带或者在行李中夹带易燃、易爆、有毒、有腐蚀性、有放射性以及可能危及运输工具上人身和财产安全的危险物品或者违禁物品。

旅客违反前款规定的，承运人可以将危险物品或者违禁物品卸下、销毁或者送交有关部门。旅客坚持携带或者夹带危险物品或者违禁物品的，承运人应当拒绝运输。

条文注释

旅客在旅行过程中自身亦负有安全注意义务，最典型的就是本条规定的不得携带危险物品或者违禁物品的义务。

本条是对旅客规定的强制性义务，是旅客不得违反的法定义务。如果旅客由于违反本条第1款的规定，对其他旅客的人身和财产或者对承运人的财产造成损害的,旅客应当负赔偿责任。

第八百一十九条 【承运人的告知义务和旅客的协助义务】承运人应当严格履行安全运输义务,及时告知旅客安全运输应当注意的事项。旅客对承运人为安全运输所作的合理安排应当积极协助和配合。

条文注释

在客运合同中,安全运输就是承运人要确保被运输的旅客完好无损。

承运人应当"及时"告知旅客安全运输应当注意的事项。这里的"及时"是一个弹性要求,应当视具体情况来判断承运人的告知是否及时。

此外,本条明确了旅客的协助配合义务。承运人为了安全运输,会根据有关规定和实际情况作出一些合理安排,旅客对于这些合理安排应当积极协助和配合,否则要依照有关法律规定予以处理,直至对其予以行政处罚乃至追究其刑事责任。

第八百二十条 【承运人按照约定运输的义务】承运人应当按照有效客票记载的时间、班次和座位号运输旅客。承运人迟延运输或者有其他不能正常运输情形的,应当及时告知和提醒旅客,采取必要的安置措施,并根据旅客的要求安排改乘其他班次或者退票;由此造成旅客损失的,承运人应当承担赔偿责任,但是不可归责于承运人的除外。

条文注释

客票是承运人与旅客之间订立运输合同的凭证。承运人的主要任务就是按照有效客票记载的时间、班次和座位号运输旅客。

承运人迟延运输或者有其他不能正常运输情形的,应当履行以下义务:一是履行告知和提醒义务。二是采取必要的安置措施。三是根据旅客的要求,安排改乘其他班次或者退票。四是由此造成旅客损失的,应当承担赔偿责任,但是不可归责于承运人的除外。

第八百二十一条 【承运人变更服务标准的后果】承运人擅自降低服务标准的,应当根据旅客的请求退票或者减收票款;提高服务标准的,不得加收票款。

条文注释

在旅客运输中,承运人应当按照客运合同中约定的服务标准来提供服务。承运人擅自降低服务标准的行为,实质上是对旅客要求按合同的约定获得相应服务权利的侵害。所以在这种情况下,应当尊重旅客的选择权,旅客要求退票的,承运人应当退还旅客的全部票款;旅客要求减收票款的,承运人应当按照旅客的要求减收票款。在有些情况下,承运人提高了对旅客的服务标准,但是由于没有经过旅客的同意,所以也不应当加收旅客的票款。

第八百二十二条 【承运人救助义务】承运人在运输过程中,应当尽力救助患有急病、分娩、遇险的旅客。

条文注释

在承运人与旅客的运输合同中,运送为承运人的主要义务,承运人还负有衍生于诚信原则的一些附随义务,本条规定的"应当尽力救助患有急病、分娩、遇险的旅客"就是其中之一。这是承运人在运输过程中所应承担的道德义务,也是法定义务,如果未尽此义务,要承担责任。

当然,承运人需要负担的是"尽力"救助的义务。所谓"尽力",是指承运人尽到自己最大的努力,采取各种合理措施,以帮助照顾旅客或者对旅客进行救援等。超出承运人的能力范围的,承运人可以免责。

第八百二十三条 【旅客人身伤亡责任】承运人应当对运输过程中旅客的伤亡承担赔偿责任;但是,伤亡是旅客自身健康原因造成的或者承运人证明伤亡是旅客故意、重大过失造成的除外。

前款规定适用于按照规定免票、持优待票或者经承运人许可搭乘的无票旅客。

条文注释

理解本条规定,需要注意以下三个方面的内容:

(1)归责原则。在旅客运输活动中实行无过错责任制度,即承运人即使在没有过错的情况下,也应当承担损害赔偿责任。

(2)免责事由。根据本条规定,在两种情况下承运人可以免除责任:一是旅客自身健康原因造成的伤亡。如旅客在运输途中突发重病而死亡的。二是承运人证明伤亡是旅客故意、重大过失造成的。需要注意的是,只有在旅客有重大过失的情况下,承运人才可以免责。如果旅客对伤亡的造成只有一般过失,承运人仍应当承担赔偿责任。

(3)本条规定的适用范围。根据本条第2款的规定,按照规定免票、持优待票或者经承运人许可搭乘的无票旅客,享有与普通旅客相同的权利，其在运输过程中伤亡的，承运人同样要承担赔偿责任。

此外，各专门法对旅客运输中承运人的免责事由规定有所不同时，应当适用专门法的规定。

第八百二十四条　【旅客随身携带物品毁损、灭失的责任承担】在运输过程中旅客随身携带物品毁损、灭失，承运人有过错的，应当承担赔偿责任。

旅客托运的行李毁损、灭失的，适用货物运输的有关规定。

条文注释

本条第1款对承运人实行的是过错责任原则，也就是说，在发生旅客自带物品毁损、灭失的情况下，承运人对此有过错时，才承担赔偿责任。

根据本条第2款的规定，对于旅客托运的行李毁损、灭失的，主要适用本编货运合同第832条的规定，对承运人实行的是无过错责任原则。

第三节　货运合同

第八百二十五条　【托运人如实申报义务】托运人办理货物运输，应当向承运人准确表明收货人的姓名、名称或者凭指示的收货人，货物的名称、性质、重量、数量，收货地点等有关货物运输的必要情况。

因托运人申报不实或者遗漏重要情况，造成承运人损失的，托运人应当承担赔偿责任。

条文注释

货运合同，是指将特定的货物运送至约定地点，由托运人或者收货人支付费用的合同。

根据本条第1款的规定，托运人办理货物运输，一般应当向承运人准确表明以下内容：(1)收货人的姓名、名称或者凭指示的收货人。(2)货物的名称、性质、重量、数量等内容。这些因素都涉及货物本身的情况。(3)收货地点。这对承运人的正确运输非常重要。(4)有关货物运输的其他必要情况。

托运人应当向承运人准确表明以上内容，如果托运人所提供的情况与实际情况不符合，或者托运人遗漏重要的情况，往往会造成两种结果：一是致使承运人按照托运人申报的情况进行运输，结果给托运人造成损失的,理应由托运人自己承担损失,承运人可以不负任何责任。二是因托运人申报不实或者遗漏重要情况,造成承运人损失的,托运人应当承担赔偿责任。

第八百二十六条 【托运人办理审批、检验等手续的义务】货物运输需要办理审批、检验等手续的,托运人应当将办理完有关手续的文件提交承运人。

条文注释

本条对托运人应当办理的手续列举了审批、检验两种,但是托运人在货物运输前应当办理的手续不限于这两种,一般还包括检疫、港口准入等;在运输危险品时,还包括危险品运输的许可手续。

托运人一般应当在承运人进行货物运输前向承运人及时提供这些手续,如果不及时向承运人提供这些手续,就有可能造成运输的迟延,或者对承运人造成损失。由此给承运人造成损失的,托运人应当赔偿。

第八百二十七条 【托运人包装货物义务】托运人应当按照约定的方式包装货物。对包装方式没有约定或者约定不明确的,适用本法第六百一十九条的规定。

托运人违反前款规定的,承运人可以拒绝运输。

条文注释

在当事人对包装约定的标准不违反国家规定的强制性标准的情况下,托运人应当按照约定的包装标准对货物进行包装。对包装方式没有约定或者约定不明确的,适用本法第619条的规定,“出卖人应当按照约定的包装方式交付标的物。对包装方式没有约定或者约定不明确,依据本法第五百一十条的规定仍不能确定的,应当按照通用的方式包装;没有通用方式的,应当采取足以保护标的物且有利于节约资源、保护生态环境的包装方式”。该条中的“足以保护标的物”的包装方式,在运输合同中是指托运人根据货物的性质与重量、运输方式、运输距离、气候条件及运输工具的装载条件,使用符合运输要求,便于装卸和保证货物安全的包装。

如果按照规定货物需要包装,而托运人没有进行包装或者包装不符合约定及运输安全需要的,承运人可以拒绝运输。对于因此给托运人造成的损失,承运人不负赔偿责任;对于因此给承运人造成损失的,托运人应当赔偿。

第八百二十八条　【运输危险货物】托运人托运易燃、易爆、有毒、有腐蚀性、有放射性等危险物品的，应当按照国家有关危险物品运输的规定对危险物品妥善包装，做出危险物品标志和标签，并将有关危险物品的名称、性质和防范措施的书面材料提交承运人。

托运人违反前款规定的，承运人可以拒绝运输，也可以采取相应措施以避免损失的发生，因此产生的费用由托运人负担。

条文注释

本条第1款针对危险货物的运输对托运人规定了三项义务：(1)对危险物品进行妥善包装。这里的妥善包装应当按照有关危险物品运输的规定进行，这些规定在国务院的行政法规或者运输主管部门的规章中都有规定。(2)托运人应当在危险物品上做出标志和标签。(3)托运人还应当将有关危险物品的名称、性质和防范措施的书面材料提交承运人。

本条第2款规定，如果托运人没有对危险物品进行妥善包装，或者没有对危险物品做出标志和标签，或者没有将有关危险物品的名称、性质和防范措施的书面材料及时提交承运人的，承运人可以拒绝进行运输；如果是在运输过程中发现了托运人托运的是危险物品的，承运人也可以采取各种措施避免损失的发生。如果因为承运人采取的措施对托运人造成损失的，承运人可以不负赔偿责任。但如果因此而给承运人造成损失的，托运人应当向承运人负赔偿责任；因此而产生的各种费用也应当由托运人承担。

第八百二十九条　【托运人变更或者解除运输合同权利】在承运人将货物交付收货人之前，托运人可以要求承运人中止运输、返还货物、变更到达地或者将货物交给其他收货人，但是应当赔偿承运人因此受到的损失。

条文注释

所谓托运人的变更或者解除权，是指货物运输合同成立后，托运人有权变更或者解除合同而无须经过承运人同意。

在承运人将货物交付收货人之前，托运人享有以下权利：一是中止运输、返还货物。二是改变原来约定的到达地，对此承运人不得拒绝变更。三是变更收货人。

理解本条还需要注意以下几点：(1)如果托运人或者提单持有人的指

示不能执行，承运人应当立即通知托运人或者提单持有人。(2)托运人或者提单持有人这种单方变更或者解除权只能在货物交付收货人之前行使。但是收货人拒绝接收货物的，或者承运人无法同收货人联系的，托运人或者提单持有人可以恢复行使这种权利。(3)本条的单方变更或者解除权只能由托运人或者提单持有人享有。承运人在运输合同成立后，不得单方变更或者解除合同，除非对方严重违约或者发生不可抗力。(4)托运人变更或解除运输合同给承运人造成损失的，应予以赔偿。

第八百三十条 【提货】货物运输到达后，承运人知道收货人的，应当及时通知收货人，收货人应当及时提货。收货人逾期提货的，应当向承运人支付保管费等费用。

条文注释

承运人将货物安全运到目的地后，还应当按照约定将货物交付给收货人，这是承运人的一项主要义务。承运人将货物安全运到目的地后，如果知道收货人的，应当及时通知收货人，不知道收货人是谁时，承运人应当通知托运人在合理期限内就运输的货物的处分作出指示。

如果收货人在收到承运人提货通知后的规定时间内，没有提取货物的，其应当向承运人支付逾期的保管费用；如果因为逾期提货给承运人造成损失的，收货人应当承担损失。如果在逾期期间，货物因发生不可抗力而毁损灭失的，承运人不负赔偿责任。

第八百三十一条 【收货人检验货物】收货人提货时应当按照约定的期限检验货物。对检验货物的期限没有约定或者约定不明确，依据本法第五百一十条的规定仍不能确定的，应当在合理期限内检验货物。收货人在约定的期限或者合理期限内对货物的数量、毁损等未提出异议的，视为承运人已经按照运输单证的记载交付的初步证据。

条文注释

收货人在提货时应当及时对货物进行检验，这既是收货人的权利，也是其义务。

对于收货人的检验时间：(1)如果运输合同对检验时间有约定的，收货人应当在约定的期限内对货物进行检验。(2)如果对检验货物的时间没有约定或者约定不明确的，应当依据本法第510条的规定来确定，即“合同生效后，当事人就质量、价款或者报酬、履行地点等内容没有约定或者约定不明确的,可以协议补充;不能达成补充协议的,按照合同相关条款或者交易习惯确定”。(3)如果依据第510条的规定仍不能确定的,则应当在合理期限内检验货物。

收货人未在约定的期限或者合理的期限内对货物的数量、毁损等提出异议的,只能视为承运人已经按照运输单证的记载交付的初步证据。

收货人即使未在约定或者合理的期限内提出异议,但其以后仍可以提出据以进行异议和索赔的相反的证据,一旦有证据证明货物的毁损、灭失是发生在运输期间的,承运人仍应当赔偿。

第八百三十二条　【承运人对货损的赔偿责任】承运人对运输过程中货物的毁损、灭失承担赔偿责任。但是,承运人证明货物的毁损、灭失是因不可抗力、货物本身的自然性质或者合理损耗以及托运人、收货人的过错造成的,不承担赔偿责任。

条文注释

在货物运输中,承运人应当对自接收货物时起至交付货物时止所发生的货物的毁损、灭失承担无过错赔偿责任,即该赔偿责任的成立不以承运人在运输过程中存在过错为前提条件。

根据本条规定,承运人可以免除赔偿责任的三种情况是:(1)不可抗力。(2)货物本身的自然性质或者合理损耗。例如,承运人运输的货物是气体,而气体的自然性质就是易挥发,如果由于挥发造成损失,承运人就不承担责任。(3)托运人、收货人的过错。承运人要求免除赔偿责任的,应当负举证责任。如果承运人自己不能证明存在以上三种情形之一的,就要承担损害赔偿责任。

第八百三十三条　【确定货物赔偿额】货物的毁损、灭失的赔偿额,当事人有约定的,按照其约定;没有约定或者约定不明确,依据本法第五百一十条的规定仍不能确定的,按照交付或者应当交付时货物到达地的市场价格计算。法律、行政法规对赔偿额的计算方法和赔偿限额另有规定的,依照其规定。

条文注释

实践中,根据以下规则来确定货物的损害赔偿额:(1)当事人对货物毁损、灭失的赔偿额有约定的,按约定数额进行赔偿。(2)当事人对赔偿额没有约定或者约定不明确的,则承运人赔偿的数额应当依照本法第510

条的规定进行确定。(3)如果依照本法第510条的规定仍不能确定的,则按照交付或者应当交付时货物到达地的市场价格计算。(4)法律、行政法规对赔偿额的计算方法和赔偿限额另有规定的,应当依照其规定进行赔偿。

如果托运人在托运货物时自愿办理了货物运输保险的,在发生货物的毁损、灭失等保险事故时,可根据保险合同向保险人索赔。但保险人给付保险赔偿金后取得对承运人的赔偿金的代位求偿权。

第八百三十四条　【相继运输责任承担】两个以上承运人以同一运输方式联运的,与托运人订立合同的承运人应当对全程运输承担责任;损失发生在某一运输区段的,与托运人订立合同的承运人和该区段的承运人承担连带责任。

条文注释

所谓相继运输,又称连续运输,就是多个承运人以同一种运输方式共同完成货物运输的一种运输方式,如转车、转机、转船。在相继运输中,托运人只与数个承运人中的某一个承运人签订运输合同,在实践中,主要是与第一承运人签订运输合同。相继运输中,一方面,以同一运输方式、由不同运输区段的承运人完成;另一方面,运输关系要求特定的货物运输从起点到终点具有连续性、不能中断、不可分割。

本条规定包括两方面的内容:一是订约的第一承运人应当对货物安全、及时送达目的地负责;如果货物因为其他承运人的原因而未能安全、及时送达目的地,订约的第一承运人应当就此对托运人或者收货人负责。二是如果查明货物的毁损、灭失是发生在某一具体运输区段的,由该区段的承运人和订约的第一承运人承担连带责任。

第八百三十五条　【货物因不可抗力灭失的运费处理】货物在运输过程中因不可抗力灭失,未收取运费的,承运人不得请求支付运费;已经收取运费的,托运人可以请求返还。法律另有规定的,依照其规定。

条文注释

货物因不可抗力灭失,托运人已经因货物的灭失而遭受了极大的损失,如果其还要负担运费,就意味着要承担双重损失。从公平和诚信的角度来讲,法律应当允许托运人请求承运人返还已支付的运费,使风险得以合理分担。

第八百三十六条 【承运人留置权】托运人或者收货人不支付运费、保管费或者其他费用的,承运人对相应的运输货物享有留置权,但是当事人另有约定的除外。

条文注释

承运人在行使留置权时,应当注意下列事项:

(1)除法律另有规定外,承运人可以自行留置货物,不必通过法定程序。

(2)本条所指的对"相应的运输货物"享有留置权包括两层含义:一是对于可分的货物,承运人留置的货物应当合理和适当,其价值应包括未支付的运费、保管费或者其他费用加上可能因诉讼产生的费用,而不能留置过多的货物。二是对于不可分的货物,承运人可以对全部货物进行留置,即使承运人已取得了大部分运费、保管费以及其他费用。

(3)"当事人另有约定的除外"包含两层意思:第一,如果当事人在合同中约定,即使在运费、保管费或者其他费用没有付清的情况下,承运人也不能留置货物的,承运人就不能留置货物。第二,如果托运人或者收货人提供了适当的担保,则承运人也不能留置货物。

第八百三十七条 【承运人提存货物】收货人不明或者收货人无正当理由拒绝受领货物的,承运人依法可以提存货物。

条文注释

理解本条应当注意以下几点:(1)如果运输的货物不适于提存(如货物是易于腐烂的食品)或者提存费用过高的,承运人应当可以依法拍卖或者变卖货物,然后提存所得的价款。(2)在货物被提存后,承运人应当及时通知托运人;在收货人明确的情况下,应当及时通知收货人。(3)如果货物在提存后毁损、灭失的,承运人不承担该货物毁损、灭失的风险。(4)如果承运人应得的运费、保管费以及其他费用加上提存的费用没有付清的,承运人可以依照规定留置该货物,将该货物拍卖或者折价后,从中扣除运费和其他各种费用后,再提存剩余的价款或者没有被留置的相应货物。

第四节　多式联运合同

第八百三十八条　【多式联运经营人应当负责履行或者组织履行合同】多式联运经营人负责履行或者组织履行多式联运合同，对全程运输享有承运人的权利，承担承运人的义务。

条文注释

本法所称的多式联运合同，是指多式联运经营人以两种以上的不同运输方式，负责将货物从接收地运至目的地交付收货人，并收取全程运费的合同。

多式联运经营人要根据多式联运合同履行运输义务或者组织承运人履行运输义务，承担全程运输所发生的责任和风险，享有向托运人或者收货人收取运输费用的权利等。

第八百三十九条　【多式联运经营人责任承担】多式联运经营人可以与参加多式联运的各区段承运人就多式联运合同的各区段运输约定相互之间的责任；但是，该约定不影响多式联运经营人对全程运输承担的义务。

条文注释

多式联运经营人就全程运输中所发生的责任对托运人或者收货人负全责，但是多式联运经营人可以与参加多式联运的各区段承运人约定相互之间的责任。例如，在一个海陆空的多式联运合同中，多式联运经营人与海上运输区段的承运人、陆路运输区段的承运人、航空运输区段的承运人分别对每一段的运输责任约定，在多式联运经营人对托运人或者收货人负全程的运输责任后，可以依据其与每一区段的运输承运人签订的合同，向其他承运人追偿。

第八百四十条　【多式联运单据】多式联运经营人收到托运人交付的货物时，应当签发多式联运单据。按照托运人的要求，多式联运单据可以是可转让单据，也可以是不可转让单据。

条文注释

所谓多式联运单据，就是证明多式联运合同存在及多式联运经营人接管货物并按合同条款提交货物的证据。多式联运单据应当由多式联运经营人或者经他授权的人签字，这种签字可以是手签、盖章、符号或者用任何其他机械、电子仪器打出。

多式联运单据一般包括以下内容：(1)货物品类、标志、危险特征的声明、包数或者件数、重量；(2)货物的外表状况；(3)多式联运经营人的名称与主要营业地；(4)托运人名称；(5)收货人的名称；(6)多式联运经营人接管货物的时间、地点；(7)交货地点；(8)交货日期或者期间；(9)多式联运单据可转让或者不可转让的声明；(10)多式联运单据签发的时间、地点；(11)多式联运经营人或其授权人的签字；(12)每种运输方式的运费、用于支付的货币、运费由收货人支付的声明；(13)航线、运输方式和转运地点；(14)双方商定的其他事项。但是，以上一项或者多项内容的缺乏，不影响单据作为多式联运单据的性质。

根据本条的规定，多式联运单据依托运人的要求，可以是可转让的单据，也可以是不可转让的单据。

第八百四十一条　【托运人承担过错责任】因托运人托运货物时的过错造成多式联运经营人损失的，即使托运人已经转让多式联运单据，托运人仍然应当承担赔偿责任。

条文注释

在多式联运中，托运人一般应当承担以下三个方面的责任：

(1)保证责任。在多式联运经营人接管货物时，托运人应视为已经向多式联运经营人保证其在多式联运单据中所提供的货物品类、标志、件数、重量、数量及危险特性的陈述准确无误，并应对违反这项保证造成的损失负赔偿责任。

(2)对于凡是因为托运人或者其受雇人、代理人在受雇范围内行事时的过失或者大意而给多式联运经营人造成的损失，托运人应当向多式联运经营人赔偿责任。

(3)运送危险物品的特殊责任。托运人将危险品交付多式联运经营人时，应当告知多式联运经营人危险物品的危险特性，必要时应告知需采取的预防措施，否则其要对多式联运经营人因运送这类货物所遭受的损失负赔偿责任。

只要因托运人的过错造成多式联运经营人损失，不管多式联运单据在谁手中，多式联运经营人都可向托运人要求赔偿，而不能向持票人或者收货人要求赔偿。

第八百四十二条　【多式联运经营人赔偿责任的法律适用】货物的毁损、灭失发生于多式联运的某一运输区段的，多式联运经营人的赔偿责任和责任限额，适用调整该区段运输方式的有关法律规定；货物毁损、灭失发生的运输区段不能确定的，依照本章规定承担赔偿责任。

条文注释

本条确立了两个规则：

(1)如果货物发生毁损、灭失的运输区段是确定的，多式联运经营人的赔偿责任和责任限额，适用调整该区段运输方式的有关法律规定。

(2)对于货物发生毁损、灭失的运输区段不能确定的，多式联运经营人应当依照本章的规定承担损害赔偿责任。

第二十章　技术合同

第一节　一般规定

第八百四十三条　【技术合同定义】技术合同是当事人就技术开发、转让、许可、咨询或者服务订立的确立相互之间权利和义务的合同。

条文注释

技术合同是当事人就技术开发、转让、许可、咨询或者服务订立的确立相互之间权利和义务的合同。技术合同具有以下特征：(1)技术合同属于《民法典》规定的一种有名合同，具有合同的一般特征。(2)技术合同的主体是平等主体的自然人、法人、非法人组织。(3)技术合同的标的是技术开发、转让、许可、咨询、服务。(4)技术合同的内容是当事人就技术开发、转让、许可、咨询、服务所确立的相互之间权利和义务关系。(5)技术合同是双务、有偿合同。在技术合同中，当事人双方都承担相应的义务和所享相应的权利，一方当事人权利的取得，需要以履行自己的义务为代价。(6)技术合同是技术商品生产和消费之间的一个媒介。技术成果不被运用难以体现其自身的价值，技术成果的持有者只有与需求方联合，通过技术合同，将技术成果转化为现实的生产力。

第八百四十四条　【订立技术合同的原则】订立技术合同,应当有利于知识产权的保护和科学技术的进步,促进科学技术成果的研发、转化、应用和推广。

条文注释

知识产权,是指人们就其智力劳动成果所依法享有的专有权利,通常国家赋予创造者对其智力成果在一定时期内享有的专有权或独占权。

第八百四十五条　【技术合同主要条款】技术合同的内容一般包括项目的名称,标的的内容、范围和要求,履行的计划、地点和方式,技术信息和资料的保密,技术成果的归属和收益的分配办法,验收标准和方法,名词和术语的解释等条款。

与履行合同有关的技术背景资料、可行性论证和技术评价报告、项目任务书和计划书、技术标准、技术规范、原始设计和工艺文件,以及其他技术文档,按照当事人的约定可以作为合同的组成部分。

技术合同涉及专利的,应当注明发明创造的名称、专利申请人和专利权人、申请日期、申请号、专利号以及专利权的有效期限。

条文注释

技术合同一般包括但不限于以下内容:(1)项目的名称。技术合同标的涉及的项目的名称,当事人应当准确约定。(2)标的的内容、范围和要求。(3)履行的计划、进度、期限、地点、地域和方式。(4)技术信息和资料的保密。(5)风险责任的承担。(6)技术成果的归属和收益的分配办法。(7)验收标准和方法。(8)价款、报酬或者使用费及其支付方式。(9)违约金或者损失赔偿的计算方法。(10)解决争议的方法。(11)名词和术语的解释。

第八百四十六条　【技术合同价款、报酬及使用费】技术合同价款、报酬或者使用费的支付方式由当事人约定,可以采取一次总算、一次总付或者一次总算、分期支付,也可以采取提成支付或者提成支付附加预付入门费的方式。

约定提成支付的,可以按照产品价格、实施专利和使用技术秘密后新增的产值、利润或者产品销售额的一定比例提成,也可以按照约定的其他方式计算。提成支付的比例可以采取固定比例、逐年递增比例或者逐年递减比例。

约定提成支付的，当事人可以约定查阅有关会计账目的办法。

条文注释

技术合同价款、报酬或者使用费的支付方式：(1)一次总算、一次总付。(2)一次总算、分期支付。(3)提成支付。(4)提成支付附加预付入门费。

提成支付的计算方式：(1)按照产品的价格提成。(2)按照新增产值提成。(3)按照新增利润提成。(4)按照产品销售额提成。(5)按照其他方式提成。提成支付的比例既可以采取固定比例，也可以采取逐年递增比例或者逐年递减比例。

关联法规

《技术合同解释》第14条

第八百四十七条　【职务技术成果的财产权权属】职务技术成果的使用权、转让权属于法人或者非法人组织的，法人或者非法人组织可以就该项职务技术成果订立技术合同。法人或者非法人组织订立技术合同转让职务技术成果时，职务技术成果的完成人享有以同等条件优先受让的权利。

职务技术成果是执行法人或者非法人组织的工作任务，或者主要是利用法人或者非法人组织的物质技术条件所完成的技术成果。

条文注释

技术成果，是指利用科学技术知识、信息和经验作出的产品、工艺、材料及其改进等技术方案，包括专利、专利申请、技术秘密、计算机软件、集成电路布图设计、植物新品种等。技术成果的财产权，即使用和转让技术成果的权利。

技术成果财产权的归属要根据技术成果是职务技术成果还是非职务技术成果来决定。

关联法规

《技术合同解释》第2～4、6、16条

第八百四十八条　【非职务技术成果的财产权权属】非职务技术成果的使用权、转让权属于完成技术成果的个人，完成技术成果的个人可以就该项非职务技术成果订立技术合同。

条文注释

非职务技术成果的财产权即非职务技术成果的使用权、转让权属于完成技术成果的个人。法人或者非法人组织擅自以生产经营为目的使用或者转让属于个人的非职务技术成果的,是侵犯个人合法权益的行为。

关联法规

《技术合同解释》第5条

第八百四十九条　【技术成果的人身权归属】完成技术成果的个人享有在有关技术成果文件上写明自己是技术成果完成者的权利和取得荣誉证书、奖励的权利。

条文注释

技术成果的人身权,即在有关技术成果文件上署名以及取得国家荣誉证书、奖章和其他奖励的权利。这一权利属于对完成技术成果作出了创造性贡献的个人。

本条中所称的完成技术成果的个人,是指对技术成果单独作出或者共同作出创造性贡献的人,不包括仅提供资金、设备、材料、试验条件的人员,进行组织管理的人员,协助绘制图纸、整理资料、翻译文献等辅助服务人员。本条中所称的技术成果文件,是指专利申请书、科学技术奖励申报书、科技成果登记书等确认技术成果完成者身份和授予荣誉的证书和文件。

第八百五十条　【技术合同无效情形】非法垄断技术或者侵害他人技术成果的技术合同无效。

条文注释

本条明确了技术合同无效的两种情形:

一是非法垄断技术。其是指合同的一方当事人通过合同条款限制另一方当事人在合同标的技术的基础上进行新的研究开发,限制另一方当事人从其他渠道吸收技术,或者阻碍另一方根据市场的需求,按照合理的方式充分实施专利和使用技术秘密。

二是侵害他人技术成果。其是指侵害另一方或者第三方的专利权、专利申请权、专利实施权、技术秘密使用权和转让权或者发明权、发现权以及其他科技成果权的行为。主要是未经拥有者或者持有技术成果的个人、法人、非法人组织的许可,而与他人订立自己无权处分的技术成果的技术合同，或者订立了侵害技术成果完成人身份权、荣誉权的技术合同。

关联法规

《技术合同解释》第10～13条；《技术合同认定规则》第18条

第二节　技术开发合同

第八百五十一条　【技术开发合同概念及合同形式】技术开发合同是当事人之间就新技术、新产品、新工艺、新品种或者新材料及其系统的研究开发所订立的合同。

技术开发合同包括委托开发合同和合作开发合同。

技术开发合同应当采用书面形式。

当事人之间就具有实用价值的科技成果实施转化订立的合同，参照适用技术开发合同的有关规定。

条文注释

1. 技术开发合同的概念和特点

本条第1款规定了技术开发合同的概念。技术开发合同具有以下特点：一是技术开发合同通常是双务合同、有偿合同。在技术开发合同中双方当事人均有义务，一方当事人在取得权利的同时必须向另一方支付一定的费用，付出相应的义务。二是技术开发合同是一种要式合同（应当采用书面形式）。三是技术开发合同的标的（新技术、新产品、新工艺、新品种或者新材料及其系统）应有相对新的特点。四是技术开发合同风险性较大。

2. 技术开发合同的种类

根据本条第2款的规定，技术开发合同包括委托开发合同和合作开发合同。委托开发合同，是指当事人一方委托另一方进行研究开发所订立的合同。合作开发合同，是指当事人各方就共同研究开发所订立的合同。

3. 科技成果实施转化合同参照适用技术开发合同的有关规定

当事人之间就具有实用价值的科技成果实施转化订立的合同，是指当事人之间就具有实用价值但尚未实现工业化应用的科技成果包括阶段性技术成果，以实现该科技成果工业化应用为目标，约定后续试验、开发和应用等内容的合同。本条第4款规定这些合同参照适用技术开发合同的有关规定。

关联法规

《技术合同解释》第17、18条;《技术合同认定规则》第24条

第八百五十二条 【委托开发合同的委托人义务】委托开发合同的委托人应当按照约定支付研究开发经费和报酬,提供技术资料,提出研究开发要求,完成协作事项,接受研究开发成果。

条文注释

委托开发合同的委托人主要义务有:(1)支付研究开发经费和报酬。(2)提供技术资料。(3)提出研究开发要求。(4)完成协作事项。研究开发人需要委托人提供哪些协作、辅助事项,最好在委托开发合同中作出明确的约定,合同一旦约定,委托人必须履行。(5)接受研究开发成果。当事人可以在合同中约定委托人接受研究开发成果的方式、时间或者期限,便于合同及时履行。

第八百五十三条 【委托开发合同的研究开发人义务】委托开发合同的研究开发人应当按照约定制定和实施研究开发计划,合理使用研究开发经费,按期完成研究开发工作,交付研究开发成果,提供有关的技术资料和必要的技术指导,帮助委托人掌握研究开发成果。

条文注释

委托开发合同的研究开发人主要义务有:(1)制定和实施研究开发计划。(2)合理使用研究开发经费。(3)按期完成研究开发工作,交付研究开发成果。研究开发人可以采用下列一种或者几种方式提交研究开发成果,但其数量不能超过合理的范围:①产品设计、工艺规程、材料配方和其他图纸、论文、报告等技术文件;②磁带、磁盘、计算机软件;③动物或者植物的新品种、微生物菌种;④样品、样机;⑤成套技术设备。(4)提供有关的技术资料和必要的技术指导,帮助委托人掌握研究开发成果。

第八百五十四条 【委托开发合同的违约责任】委托开发合同的当事人违反约定造成研究开发工作停滞、延误或者失败的,应当承担违约责任。

条文注释

本条将《合同法》第333、334条合并为一条,统一规定委托开发合同的当事人违反委托开发合同应当承担违约责任。

第八百五十五条 【合作开发合同的当事人主要义务】合作开发合同的当事人应当按照约定进行投资,包括以技术进行投资,分工参与研究开发工作,协作配合研究开发工作。

条文注释

根据本条规定,在合作开发合同中,当事人各方的主要义务是:(1)进行投资,包括以技术进行投资。(2)合作开发合同的各方当事人不仅需要出钱,进行投资,还必须出人直接参与研究开发工作。需要说明的是,当事人一方提供资金、设备、材料等物质条件,承担辅助协作事项,另一方进行研究开发工作的合同,不属于合作开发合同,应当按委托开发合同处理。(3)协作配合研究开发工作。

关联法规

《技术合同解释》第19条

第八百五十六条 【合作开发合同的违约责任】合作开发合同的当事人违反约定造成研究开发工作停滞、延误或者失败的,应当承担违约责任。

条文注释

本条中"合作开发合同的当事人违反约定"的情形,主要是指违反本法第855条所约定的情形,以及当事人违反合作开发合同中约定的其他情形。

合作开发合同的当事人违反约定承担违约责任的条件:一是合作开发合同的当事人存在违约行为;二是由于违约行为造成研究开发工作停滞、延误或者失败。

第八百五十七条 【技术开发合同解除】作为技术开发合同标的的技术已经由他人公开,致使技术开发合同的履行没有意义的,当事人可以解除合同。

条文注释

本法合同编第7章"合同的权利义务终止"中对合同解除作了较为详细的规定。根据技术开发合同的特点,本条规定了技术开发合同可以解除的另一种情形,即作为技术开发合同标的的技术已经由他人公开,致使履行技术开发合同没有意义,当事人可以解除合同。

第八百五十八条 【技术开发合同风险负担及通知义务】技术开发合同履行过程中,因出现无法克服的技术困难,致使研究开发失败或者部分失败的,该风险由当事人约定;没有约定或者约定不明确,依据本法第五百一十条的规定仍不能确定的,风险由当事人合理分担。

当事人一方发现前款规定的可能致使研究开发失败或者部分失败的情形时,应当及时通知另一方并采取适当措施减少损失;没有及时通知并采取适当措施,致使损失扩大的,应当就扩大的损失承担责任。

条文注释

当事人应当在订立合同时明确约定风险责任的承担。如果当事人对风险责任的承担等合同的主要内容在订立合同时没有约定或者约定不明确,那么在合同生效后甚至在合同开始履行后,可以依据本法第510条的规定确定风险责任。为避免技术开发风险出现后损失的扩大,本条第2款规定当事人有防止损失扩大的义务。

第八百五十九条 【委托开发合同的技术成果归属】委托开发完成的发明创造,除法律另有规定或者当事人另有约定外,申请专利的权利属于研究开发人。研究开发人取得专利权的,委托人可以依法实施该专利。

研究开发人转让专利申请权的,委托人享有以同等条件优先受让的权利。

条文注释

本条对委托开发完成的发明创造的技术成果归属与分享作了明确规定:(1)法律没有规定或者当事没有约定时,发明创造的专利申请权属于研究开发人。(2)当事人另有约定时,委托开发完成的发明创造的专利申请权归属依照约定确定。(3)法律另有规定的,专利申请权归属依照法律规定确定。比如,《专利法》第6条第3款规定,利用本单位的物质技术条件所完成的发明创造,单位与发明人或者设计人订有合同,对申请专利的权利和专利权的归属作出约定的,从其约定。

第八百六十条 【合作开发合同的技术成果归属】合作开发完成的发明创造,申请专利的权利属于合作开发的当事人共有;当事人一方转让其共有的专利申请权的,其他各方享有以同等条件优先受让的权利。但是,当事人另有约定的除外。

合作开发的当事人一方声明放弃其共有的专利申请权的，除当事人另有约定外，可以由另一方单独申请或者由其他各方共同申请。申请人取得专利权的，放弃专利申请权的一方可以免费实施该专利。

合作开发的当事人一方不同意申请专利的，另一方或者其他各方不得申请专利。

条文注释

首先，合作开发完成的发明创造专利申请权原则上属于合作开发的各方当事人共有。

其次，在各方当事人共有的情况下，有三项处分原则：第一，通常情况下，当事人一方转让其共有的专利申请权的，无须得到其他共有人的同意，但是该转让不得损害其他共有人的利益。同时，其他各方享有以同等条件优先受让的权利。第二，合作开发的当事人一方声明放弃其共有的专利申请权的，可以由另一方单独申请或者由其他各方共同申请。申请人取得专利权的，放弃专利申请权的一方可以免费实施该专利。第三，合作开发的当事人一方不同意申请专利的，另一方或者其他各方不得申请专利。

最后，当事人可以约定合作开发完成的发明创造的专利申请权的归属与享有。合作开发的当事人可以在合同中约定合作开发完成的发明创造的专利申请权不属于当事人共有，约定只属于合同的一方当事人所有；还可以约定合作开发的当事人放弃其共有的专利申请权。

第八百六十一条　【技术秘密成果归属与分享】委托开发或者合作开发完成的技术秘密成果的使用权、转让权以及收益的分配办法，由当事人约定；没有约定或者约定不明确，依据本法第五百一十条的规定仍不能确定的，在没有相同技术方案被授予专利权前，当事人均有使用和转让的权利。但是，委托开发的研究开发人不得在向委托人交付研究开发成果之前，将研究开发成果转让给第三人。

条文注释

关于技术秘密成果的使用权、转让权以及收益的分配办法：首先，当事人自行约定解决。其次，没有约定或者约定不明确的，依据本法第510条的规定确定。即当事人首先应当在原有合同约定的基础上进行协商，作出补充约定，也可以废除原有合同的约定重新作出约定；不能达成补充协议的，按照合同相关条款或者交易习惯确定。按照交易习惯确定的，应当由双方当事人一致协商同意才可以适用。最后，没有约定或者约定不明确，依据本法第510条的规定仍不能确定的，在没有相同技术方案被授予专利前，当事人均有使用和转让技术秘密成果的权利。包括当事人均有不经对方同意而自己使用或者以普通使用许可的方式许可他人使用技术秘密，并独占由此所获收益的权利。

在委托开发中，由于技术秘密成果是由委托人出资委托研究开发人开发的，所以研究开发人如果转让委托人委托开发的技术秘密成果，必须是在向委托人交付该项成果之后进行。

关联法规

《技术合同解释》第20、21条

第三节　技术转让合同和技术许可合同

第八百六十二条　【技术转让合同和技术许可合同定义】技术转让合同是合法拥有技术的权利人，将现有特定的专利、专利申请、技术秘密的相关权利让与他人所订立的合同。

技术许可合同是合法拥有技术的权利人，将现有特定的专利、技术秘密的相关权利许可他人实施、使用所订立的合同。

技术转让合同和技术许可合同中关于提供实施技术的专用设备、原材料或者提供有关的技术咨询、技术服务的约定，属于合同的组成部分。

条文注释

技术转让合同和技术许可合同具有以下特点：

(1)标的的特点。一是必须是特定的完整的技术内容。该内容构成一项产品、工艺、材料及其系统的技术方案；该方案须有特定的名称、技术指标、功能和适用范围。二是转让和许可的标的应当是当事人已经掌握的、特定的、现有的技术成果。包括专利权、专利申请权、技术秘密使用权和转让权，不包括尚待研究开发的技术成果或者不涉及专利、专利申请或者技术秘密的知识、技术、经验和信息。

(2)转让人和许可人应当保证自己是所提供的技术的合法拥有者。

(3)技术商品不同于一般的商品，可以多次转让和许可。

关联法规

《技术合同解释》第22条

第八百六十三条　【技术转让合同和技术许可合同类型和形式】技术转让合同包括专利权转让、专利申请权转让、技术秘密转让等合同。

技术许可合同包括专利实施许可、技术秘密使用许可等合同。

技术转让合同和技术许可合同应当采用书面形式。

条文注释

技术转让合同包括专利权转让合同、专利申请权转让合同、技术秘密转让合同。专利权转让合同,是指专利权人作为让与人将其发明创造专利的所有权或者持有权移交受让人,受让人支付约定价款所订立的合同。专利申请权转让合同,是指让与人将其就特定的发明创造申请专利的权利移交给受让人,受让人支付约定价款所订立的合同。技术秘密转让合同,是指让与人将拥有的技术秘密成果转让给受让人,明确相互之间技术秘密成果使用权、转让权,受让人支付约定使用费所订立的合同。

技术许可合同包括专利实施许可合同、技术秘密使用许可合同。专利实施许可合同,是指专利权人或者其授权的人作为让与人许可受让人在约定的范围内实施专利,受让人支付约定使用费所订立的合同。技术秘密使用许可合同,是指让与人将拥有的技术秘密成果提供给受让人,明确相互之间技术秘密成果使用权、转让权,受让人支付约定使用费所订立的合同。

技术转让合同、技术许可合同的内容复杂,涉及转让技术、许可技术的范围,转让、许可的对象,受让人与被许可使用人使用转让、许可技术的范围和方式,技术的保密,使用费、转让费的支付,以及对使用技术产生的新的技术成果的归属等。因此,当事人订立技术转让合同、技术许可合同必须采用书面形式。

关联法规

《技术合同解释》第25条

第八百六十四条　【技术转让合同和技术许可合同的限制性条款】技术转让合同和技术许可合同可以约定实施专利或者使用技术秘密的范围,但是不得限制技术竞争和技术发展。

条文注释

实施专利或者使用技术秘密的范围,是指实施专利的期限、实施专利或者技术秘密的地区和方式。

技术转让合同的当事人不得以合同条款限制技术竞争和技术发展，主要包括：(1)不得通过合同条款限制另一方在合同标的技术的基础上进行新的研究开发。(2)不得通过合同条款限制另一方从其他渠道吸收技术，或者阻碍另一方根据市场的需求，按照合同的方式充分实施专利和使用技术秘密。如在合同中约定了这些内容，属于无效条款。

同样，技术许可合同也不得在合同中约定限制技术竞争和技术发展的条款。

关联法规

《技术合同解释》第28条

第八百六十五条 【专利实施许可合同限制】专利实施许可合同仅在该专利权的存续期限内有效。专利权有效期限届满或者专利权被宣告无效的，专利权人不得就该专利与他人订立专利实施许可合同。

条文注释

专利权，是指依法取得的在法律规定的有效期限内享有的独占利益的权利。专利权只有在法定的期间内才能获得法律的保护。超过法定期间，或者因法定情形失去专利权后，该技术也就成为公开的任何人均可以免费使用的技术。专利实施许可合同也只在该项专利权的存续期限内有效。

在合同有效期内，专利权被终止的，合同同时终止，让与人应当支付违约金或者赔偿损失。专利权被宣布无效的，让与人应当赔偿由此给受让人造成的损失。

第八百六十六条 【专利实施许可合同许可人主要义务】专利实施许可合同的许可人应当按照约定许可被许可人实施专利，交付实施专利有关的技术资料，提供必要的技术指导。

条文注释

专利实施许可合同许可人的主要义务是：第一，保证自己是所提供的专利技术的合法拥有人，并且保证所提供的专利技术完整、无误、有效，能够达到合同约定的目的。第二，按照合同的约定，许可被许可人实施专利，交付实施专利有关的技术资料，提供必要的技术指导，使被许可人的专业人员能够掌握、实施该专利技术。第三，排他实施许可合同的许可人不得在已经许可被许可人实施专利的范围内，就同一专利与第三人订立专利实施许可合同。独占实施许可合同的许可人不得在已经许可被许可人实施专利的范围内实施该专利。第四,依法缴纳专利年费和应对他人提出宣告专利权无效的请求。

关联法规

《技术合同解释》第26条

第八百六十七条　【专利实施许可合同被许可人主要义务】专利实施许可合同的被许可人应当按照约定实施专利,不得许可约定以外的第三人实施该专利,并按照约定支付使用费。

条文注释

专利实施许可合同被许可人的主要义务是:第一,按照约定的范围、方式、期限等实施专利技术。第二,不得许可合同约定以外的第三人实施该项专利技术。第三,按照合同的约定支付使用费。第四,承担合同约定的其他义务以及本法合同编规定的法律义务。

第八百六十八条　【技术秘密让与人和许可人主要义务】技术秘密转让合同的让与人和技术秘密使用许可合同的许可人应当按照约定提供技术资料,进行技术指导,保证技术的实用性、可靠性,承担保密义务。

前款规定的保密义务,不限制许可人申请专利,但是当事人另有约定的除外。

条文注释

技术秘密转让合同的让与人和技术秘密使用许可合同的许可人的主要义务是:第一,保证自己是所提供技术秘密的合法拥有者,并且保证所提供的技术完整、无误、有效,能够达到合同约定的目标。第二,按照合同的约定,提供技术资料,进行技术指导,保证技术的实用性、可靠性。第三,承担保密义务。第四,承担受让人和被许可人按照约定使用技术秘密侵害他人合法权益的责任。第五,使用技术秘密不得超出约定的范围。第六,不得擅自许可第三人使用该项技术秘密。

为了鼓励技术秘密转让合同的让与人和技术秘密使用许可合同的许可人申请专利,本条第2款明确规定,前款规定的保密义务,不限制许可人申请专利,但是当事人另有约定的除外。

第八百六十九条　【技术秘密受让人和被许可人主要义务】技术秘密转让合同的受让人和技术秘密使用许可合同的被许可人应当按照约定使用技术，支付转让费、使用费，承担保密义务。

条文注释

技术秘密转让合同的受让人和技术秘密使用许可合同的被许可人的主要义务是：第一，按照合同的约定使用技术。第二，按照合同的约定支付使用费。第三，承担保密义务。保密是指不得将技术秘密中的技术资料、数据、样品、相关文件等泄露给第三人。第四，使用技术秘密不得超越合同约定的范围。第五，未经让与人和许可人同意，不得擅自许可第三人使用该项技术秘密。

第八百七十条　【技术转让合同让与人和技术许可合同许可人保证义务】技术转让合同的让与人和技术许可合同的许可人应当保证自己是所提供的技术的合法拥有者，并保证所提供的技术完整、无误、有效，能够达到约定的目标。

条文注释

技术转让合同转让的标的是技术本身，因此，技术转让合同的让与人首先应当保证自己是所转让技术的合法权利人。如果转让人本身无权处分该技术，则该转让合同属于无权处分的合同，合同效力待定。技术转让合同的转让人还应当保证所提供的技术完整、无误、有效，能够实现合同目的。技术转让合同中不论转让的是专利技术还是技术秘密，转让人均应当保证其转让的技术本身是完整的，可以被实施，不存在技术上无法实现的问题。技术许可合同的许可人和技术转让合同的让与人具有同样的保证义务。

第八百七十一条　【技术转让合同受让人和技术许可合同被许可人保密义务】技术转让合同的受让人和技术许可合同的被许可人应当按照约定的范围和期限，对让与人、许可人提供的技术中尚未公开的秘密部分，承担保密义务。

条文注释

一般情况下，技术转让合同的受让人和技术许可合同的被许可人通过技术转让合同获得技术后，其本身成为该技术的权利人，其是否公开该技术并不受该保密义务的约束。但是，基于技术转让合同的多样性，转让的技术本身以及为实施该技术所需的其他技术条件等可能涉及技术秘密，这些技术秘密有可能损害国家利益或者让与人、许可人的重大经济利益。因此，受让人和被许可人应当按照合同约定的范围和期限承担保密义务。

第八百七十二条　【许可人和让与人违约责任】许可人未按照约定许可技术的，应当返还部分或者全部使用费，并应当承担违约责任；实施专利或者使用技术秘密超越约定的范围的，违反约定擅自许可第三人实施该项专利或者使用该项技术秘密的，应当停止违约行为，承担违约责任；违反约定的保密义务的，应当承担违约责任。

让与人承担违约责任，参照适用前款规定。

条文注释

技术许可合同中许可人的违约责任主要是：

第一，违反专利权许可合同的责任。许可人不履行合同义务，迟延办理专利权移交手续，未提供有关技术资料，许可的专利不是许可人合法拥有的专利或者违反保密义务的，应当返还部分或者全部使用费，并且应当承担违约责任。

第二，违反专利申请权许可合同的责任。许可人不履行合同，迟延提供技术信息和资料的，或者所提供的技术信息和资料没有达到使该领域一般专业技术人员能够实施发明创造的程度的，应当承担违约责任。违反保密义务的，应当承担违约责任。

第三，违反专利实施许可合同的责任。许可人未按照约定许可实施专利技术，应当返还部分或者全部使用费，并且承担违约责任；使用专利技术超越约定的范围，违反约定擅自许可第三人使用该项专利技术，应当停止违约行为，承担违约责任；违反保密义务的，承担违约责任；承担被许可人按照约定使用专利技术侵害他人合法权益的责任。

第四，违反技术秘密使用许可合同的责任。许可人未按照合同约定许可他人使用技术秘密的，应当返还部分或者全部使用费，并且承担违约责任；使用技术秘密超越合同约定的范围，违反约定擅自许可第三人使用该项技术秘密，应当停止违约行为，承担违约责任；技术秘密成果达不到合同约定的技术指标，承担违约责任。违反保密义务，泄露技术秘密，使被许可人遭受损失的，承担违约责任。

第八百七十三条　【被许可人和受让人违约责任】被许可人未按照约定支付使用费的，应当补交使用费并按照约定支付违约金；不补交使用费或者支付违约金的，应当停止实施专利或者使用技术秘密，交还技术资料，承担违约责任；实施专利或者使用技术秘密超越约定的范围的，未经许可人同意擅自许可第三人实施该专利或者使用该技术秘密的，应当停止违约行为，承担违约责任；违反约定的保密义务的，应当承担违约责任。

受让人承担违约责任，参照适用前款规定。

条文注释

技术许可合同被许可人的违约责任主要是：

第一，违反专利权许可合同的责任。被许可人未按照约定支付使用费，应当补交并按照约定支付违约金，不补交使用费或者支付违约金的，应当停止实施专利，交还技术资料，承担违约责任；违反保密义务的，承担违约责任。

第二，违反专利申请权许可合同的责任。被许可人不履行合同，迟延支付使用费的，承担违约责任。未按照约定支付价款，应当补交并承担违约责任；不补交使用费或者不支付违约金的，应当返还专利申请权，交还技术资料，并承担违约责任。违反保密义务的，承担违约责任。

第三，违反专利实施许可合同的责任。被许可人未按照约定支付使用费，应当补交使用费并按照约定支付违约金；不补交使用费或者支付违约金的，应当停止使用专利技术，交还技术资料，承担违约责任；使用专利技术超过约定范围，未经许可人同意擅自许可第三人使用该专利技术的，应当停止违约行为，承担违约责任；违反保密义务的，应当承担违约责任。

第四，违反技术秘密使用许可合同的责任。被许可人不按照合同约定支付使用费的，应当补交使用费并按照约定支付违约金；不补交使用费或者支付违约金的，应当停止使用技术秘密，交还技术资料，承担违约责任；使用技术秘密超越约定的范围，未经许可人同意擅自许可第三人实施使用该技术秘密的，应当停止违约行为，承担违约责任；违反保密义务，泄露技术秘密，给许可人造成损失的，应当承担违约责任。

第八百七十四条　【受让人和被许可人侵权责任】受让人或者被许可人按照约定实施专利、使用技术秘密侵害他人合法权益的，由让与人或者许可人承担责任，但是当事人另有约定的除外。

条文注释

本条之所以规定由让与人或者许可人承担侵权责任，是因为侵权行为的发生是让与人让与受让人或者许可人许可被许可人使用的专利、技术秘密具有不合法性，而受让人、被许可人并不了解此情况，故其为善意受让人、善意被许可人。此时由让与人或者许可人承担侵权责任是合情、合法、合理的。

如果当事人作出了由受让人、被许可人承担责任或者由受让人与让与人、被许可人与许可人共同承担责任的约定，那么，侵权责任则要按照当事人的约定确定。

第八百七十五条 【后续技术成果的归属与分享】当事人可以按照互利的原则，在合同中约定实施专利、使用技术秘密后续改进的技术成果的分享办法；没有约定或者约定不明确，依据本法第五百一十条的规定仍不能确定的，一方后续改进的技术成果，其他各方无权分享。

条文注释

本条中所讲的后续改进，是指在技术转让合同、技术许可合同的有效期内，一方或双方对作为合同标的的专利或者技术秘密成果所作的革新和改良。

后续改进的技术成果的分享以互利为原则，首先，可以在合同中约定；其次，无约定的协商研究、补充确定；最后，仍无法确定的，归完成该项后续改进技术成果的一方，其他各方无权分享。

第八百七十六条 【其他知识产权的转让和许可】集成电路布图设计专有权、植物新品种权、计算机软件著作权等其他知识产权的转让和许可，参照适用本节的有关规定。

条文注释

计算机软件、集成电路布图设计、植物新品种也是知识产权，随着科学技术的发展，这些新类型的知识产权会越来越多，本法合同编“技术合同”一章也应当对计算机软件、集成电路布图设计、植物新品种等的转让与许可作出规定，以促进科学技术成果的研发、转化、应用和推广，促进科学技术的进步，保护知识产权。

关联法规

《技术合同解释》第1、46条

第八百七十七条　【技术进出口合同或者专利、专利申请合同法律适用】法律、行政法规对技术进出口合同或者专利、专利申请合同另有规定的,依照其规定。

条文注释

技术进出口合同,是指我国境内的自然人、法人或者非法人组织从境外引进或者向境外输出技术,与技术输出国、地区或者技术引进国、地区的当事人订立的合同。对涉及技术转让的问题,可以依据《民法典》合同编中的技术转让合同的有关规定处理,对涉及技术进出口的管理问题,则依据其他法律、法规的规定。

专利权转让、专利申请权转让涉及专利问题,因此,当事人订立专利权转让合同或者专利申请权转让合同,不仅要遵守本法的有关规定,还要遵守《专利法》等其他法律、法规的规定。

第四节　技术咨询合同和技术服务合同

第八百七十八条　【技术咨询合同和技术服务合同定义】技术咨询合同是当事人一方以技术知识为对方就特定技术项目提供可行性论证、技术预测、专题技术调查、分析评价报告等所订立的合同。

技术服务合同是当事人一方以技术知识为对方解决特定技术问题所订立的合同,不包括承揽合同和建设工程合同。

条文注释

技术咨询合同,是指一方当事人,通常是科技人员,作为受托人运用自己的技术知识,对委托人提出的特定技术项目进行可行性论证、技术预测、专题技术调查、分析评价等所订立的合同。技术咨询合同的基本特点如下:(1)受托人要具有一定的技术知识。(2)技术咨询合同的标的是对技术项目的咨询。即对技术项目的可行性论证、技术预测、专题技术调查、分析评价报告。(3)技术咨询的范围是与技术有关的项目。主要分三类:①有关科学技术与经济、社会协调发展的软科学研究项目。②促进科技进步和管理现代化,提高经济效益和社会效益的技术项目。③其他专业性技术项目。(4)技术咨询合同履行的结果是由提供咨询的一方(受托方)向委托方提供尚待实践检验的报告或者意见。(5)技术咨询合同风险责任的承担有其特殊性。除合同另有约定外,因委托人实施咨询报告或者意见而造成的风险,受托方不承担风险。

技术服务合同,是指当事人一方以技术知识为另一方解决特定技术问题所订立的合同,不包括建设工程合同和承揽合同。这里所讲的“特定技术问题”,是指需要运用科学技术知识解决专业技术工作中有关改进产品结构、改良工艺流程、提高产品质量、降低产品成本、节约资源能耗、保护资源环境、实现安全操作、提高经济效益和社会效益等问题。

关联法规

《技术合同解释》第30、33、34条

第八百七十九条　【技术咨询合同委托人义务】技术咨询合同的委托人应当按照约定阐明咨询的问题,提供技术背景材料及有关技术资料,接受受托人的工作成果,支付报酬。

条文注释

技术咨询合同的委托人应当全面履行合同约定的各项义务:第一,阐明咨询问题。第二,提供技术背景材料及有关技术资料。第三,接受受托人的工作成果。取得工作成果是委托人的权利,接受工作成果是委托人的义务。第四,支付报酬。

第八百八十条　【技术咨询合同受托人义务】技术咨询合同的受托人应当按照约定的期限完成咨询报告或者解答问题,提出的咨询报告应当达到约定的要求。

条文注释

技术咨询合同的受托人应当全面履行合同约定的各项义务,主要有:第一,受托人利用自己的专业知识、技术技能、技术手段、人才优势等按照合同约定的时间完成咨询报告或者提供咨询意见、解答问题等,并交给委托人。第二,保证咨询报告和意见符合合同约定的质量要求。

第八百八十一条　【技术咨询合同的违约责任和决策风险责任】技术咨询合同的委托人未按照约定提供必要的资料,影响工作进度和质量,不接受或者逾期接受工作成果的,支付的报酬不得追回,未支付的报酬应当支付。

技术咨询合同的受托人未按期提出咨询报告或者提出的咨询报告不

符合约定的,应当承担减收或者免收报酬等违约责任。

技术咨询合同的委托人按照受托人符合约定要求的咨询报告和意见作出决策所造成的损失,由委托人承担,但是当事人另有约定的除外。

条文注释

1. 技术咨询合同当事人的违约责任

委托人违反技术咨询合同的违约责任:(1)委托人未按照约定提供必要的资料,或者所提供的资料有严重缺陷,影响工作进度和质量的,已支付的报酬不得追回,未支付的报酬应当支付。给受托人造成损失的,应当承担违约责任。委托人逾期不提供或者不补充有关技术资料,导致受托人无法开展工作的,受托人有权解除合同,委托人承担违约责任,但合同另有约定的除外。(2)委托人不接受或者逾期接受工作成果的,向受托人支付的报酬不得追回,未支付的报酬应当支付,并且还应当支付受托人因保管工作成果所支出的费用。

受托人违反技术咨询合同的违约责任:(1)受托人迟延提交咨询报告和意见或者提供的咨询报告和意见不符合合同约定条件的,应当减收或者免收报酬,并承担违约责任。受托人不提交咨询报告和意见,或者所提交的咨询报告和意见水平低劣,无参考价值的,应当免收报酬,并承担违约责任。(2)受托人在接到委托人提交的技术资料和数据后,不进行调查论证,委托人有权解除合同,受托人应当返还委托人已付的报酬,并承担违约责任,但是合同另有约定的除外。

2. 技术咨询合同涉及的决策风险责任

咨询报告和意见经验收合格后,合同即告终止。委托人是否采纳以及如何采纳受托人作出的咨询报告或者意见,由委托人自行决策。受托人对委托人实施咨询报告或意见所受到的损失,不负赔偿责任,除非合同另有约定。

第八百八十二条　【技术服务合同委托人义务】技术服务合同的委托人应当按照约定提供工作条件,完成配合事项,接受工作成果并支付报酬。

条文注释

技术服务合同的委托人应当全面履行合同约定的义务,主要有:(1)按照合同的约定提供工作条件,完成配合事项。(2)接受工作成果。

(3)支付报酬。

第八百八十三条　【技术服务合同受托人义务】技术服务合同的受托人应当按照约定完成服务项目,解决技术问题,保证工作质量,并传授解决技术问题的知识。

条文注释

技术服务合同的受托人应当全面履行合同约定的义务,主要有:第一,按照约定完成服务项目,解决技术问题,保证工作质量。本义务的核心是,受托人应当向委托人提供真正解决问题的技术。第二,传授解决技术问题的知识。

关联法规

《技术合同解释》第35条

第八百八十四条　【技术服务合同的违约责任】技术服务合同的委托人不履行合同义务或者履行合同义务不符合约定,影响工作进度和质量,不接受或者逾期接受工作成果的,支付的报酬不得追回,未支付的报酬应当支付。

技术服务合同的受托人未按照约定完成服务工作的,应当承担免收报酬等违约责任。

条文注释

委托人的违约责任:(1)委托人未按照合同约定提供有关技术资料、数据、样品和工作条件,影响工作质量和进度的,应当如实支付报酬。(2)委托人逾期不支付报酬或者违约金的,应当交还工作成果,补交报酬,支付违约金或者赔偿损失。(3)委托人迟延接受工作成果的,应当支付违约金和保管费。

受托人的违约责任:(1)受托人迟延交付工作成果的,应当支付违约金。(2)受托人的工作成果、服务质量有缺陷,委托人同意利用的,受托人应当减收报酬并采取适当补救措施;工作成果、服务质量有严重缺陷,没有解决合同约定的技术问题的,受托人应当免收报酬,支付违约金或者赔偿损失。(3)受托人对委托人交付的样品、技术资料保管不善,造成灭失、缺少、变质、污染或者损坏的,应当支付违约金或者赔偿损失。

第八百八十五条　【创新技术成果归属】技术咨询合同、技术服务合同履行过程中，受托人利用委托人提供的技术资料和工作条件完成的新的技术成果，属于受托人。委托人利用受托人的工作成果完成的新的技术成果，属于委托人。当事人另有约定的，按照其约定。

条文注释

技术咨询合同、技术服务合同中技术成果的归属和分享的基本原则是：第一，谁完成谁拥有。技术咨询合同、技术服务合同履行过程中，受托人利用委托人提供的技术资料和工作条件完成的新的技术成果，属于受托人；委托人利用受托人的工作成果完成的新的技术成果，属于委托人。第二，当事人另有约定的，按照其约定。此约定，优于法律的一般原则规定。

第八百八十六条　【工作费用的负担】技术咨询合同和技术服务合同对受托人正常开展工作所需费用的负担没有约定或者约定不明确的，由受托人负担。

第八百八十七条　【技术中介合同和技术培训合同法律适用】法律、行政法规对技术中介合同、技术培训合同另有规定的，依照其规定。

条文注释

技术中介合同，是指当事人一方以知识、技术、经验和信息为另一方与第三方订立技术合同进行联系、介绍、组织工业化开发并对履行合同提供服务所订立的合同。技术培训合同，是指当事人一方委托另一方对指定的专业技术人员进行特定项目的技术指导和专业训练所订立的合同，不包括职业培训、文化学习和按照行业、单位的计划进行的职工业余教育。

本条规定包括两层含义：一是本法之外的法律、行政法规对技术中介合同、技术培训合同另有规定的，应当优先适用该规定。二是本法之外的其他法律、行政法规对技术中介合同、技术培训合同没有作出规定的，适用本法的有关规定。

关联法规

《技术合同解释》第36、38条

第二十一章　保 管 合 同

第八百八十八条　【保管合同定义】保管合同是保管人保管寄存人交付的保管物,并返还该物的合同。

寄存人到保管人处从事购物、就餐、住宿等活动,将物品存放在指定场所的,视为保管,但是当事人另有约定或者另有交易习惯的除外。

条文注释

保管物品的一方称为保管人,或者称为受寄人;其所保管的物品称为保管物,或者称为寄托物;交付物品保管的一方称为寄存人,或者称为寄托人。

本条规定的视为保管的情形需要具备两个条件:一是需要到购物中心、饭店、宾馆等场所从事购物、就餐、住宿等活动;二是需要将物品存放在指定的场所。

保管合同的主要法律特征有:第一,保管合同既可以是有偿合同,也可以是无偿合同,由保管人和寄存人自行约定。第二,保管合同为单务合同(无偿的保管合同)或者双务合同(有偿的保管合同)。第三,保管合同原则上为要物合同。本法第890条规定,保管合同的成立须交付保管物。第四,订立保管合同既可以是口头形式,也可以是书面形式,为不要式合同。第五,保管合同为继续性合同。在保管合同中,保管人要持续地履行其保管义务,并不是一次履行即告完结,具有继续性的特点。作为继续性合同的保管合同解除的效果不同于非继续性合同,保管合同的解除仅向将来发生效力。

第八百八十九条　【保管费】寄存人应当按照约定向保管人支付保管费。

当事人对保管费没有约定或者约定不明确,依据本法第五百一十条的规定仍不能确定的,视为无偿保管。

条文注释

寄存人和保管人可以约定保管是有偿的,也可以约定保管是无偿的。寄存人和保管人没有就是否支付报酬作出约定,或者约定不明确的,双方可以协议补充;不能达成补充协议的,按照合同相关条款或者交易习惯确定。在没有约定的情况下,依合同有关条款或者交易习惯仍不能确定的,则视为保管合同是无偿的。

第八百九十条 【保管合同成立时间】保管合同自保管物交付时成立,但是当事人另有约定的除外。

条文注释

保管合同原则上为要物合同,即实践合同。保管合同的成立,不仅须有当事人双方意思表示一致,而且须有寄存人将保管物交付给保管人,即寄存人交付保管物是保管合同成立的要件。

如果当事人有特别约定,自双方当事人达成合意时合同成立并生效,则该合同可以成为诺成合同。此时,保管物的交付就成为合同规定的义务。

第八百九十一条 【保管人出具保管凭证义务】寄存人向保管人交付保管物的,保管人应当出具保管凭证,但是另有交易习惯的除外。

条文注释

寄存人向保管人交付保管物后,保管合同成立。保管人应当向寄存人出具保管凭证。出具保管凭证不是保管合同成立的形式要件,如果当事人另有约定或者依交易习惯无须出具保管凭证的,也可以不出具保管凭证,不影响保管合同的成立。

第八百九十二条 【保管人妥善保管义务】保管人应当妥善保管保管物。

当事人可以约定保管场所或者方法。除紧急情况或者为维护寄存人利益外,不得擅自改变保管场所或者方法。

条文注释

妥善保管保管物是保管人应负的主要义务之一。

当事人可以约定保管场所或者保管方法。当事人已经约定的,应当从其约定,不得擅自改变保管场所或者方法;但如保管物因第三人的原因或者因自然原因,可能发生毁损、灭失的危险时,保管人除应当及时通知寄存人外,为了维护寄存人的利益,可以改变原来约定的保管场所或者保管方法。当事人无约定的,保管人应当依保管物的性质、合同目的以及诚信原则,妥善保管保管物。

第八百九十三条　【寄存人告知义务】寄存人交付的保管物有瑕疵或者根据保管物的性质需要采取特殊保管措施的，寄存人应当将有关情况告知保管人。寄存人未告知，致使保管物受损失的，保管人不承担赔偿责任；保管人因此受损失的，除保管人知道或者应当知道且未采取补救措施外，寄存人应当承担赔偿责任。

条文注释

寄存人对保管人负有告知的义务，包括以下两种情况：一是如果保管物有瑕疵的，应当将真实情况如实告知保管人。此处所说的“瑕疵”，不同于买卖合同中的瑕疵，主要是指保管物自身存在的、可能造成保管物自身或者其他物品毁损、灭失的缺陷。二是按照保管物的性质需要采取特殊保管措施的，寄存人应当告知保管人。所谓“保管物的性质”，即如保管物属于易燃、易爆、有毒、有腐蚀性、有放射性等危险物品或者易变质物品。

寄存人未履行相应的告知义务的，将使保管人免责；使保管人的人身、财产遭受损失的，寄存人应当承担赔偿责任。但保管人知道或者应当知道并且未采取补救措施的，寄存人不承担损害赔偿责任。

第八百九十四条　【保管人亲自保管保管物义务】保管人不得将保管物转交第三人保管，但是当事人另有约定的除外。

保管人违反前款规定，将保管物转交第三人保管，造成保管物损失的，应当承担赔偿责任。

条文注释

保管人亲自保管保管物是保管人的一项义务。亲自保管义务包括两个方面的内容：一方面，保管人应当按照合同的约定，为实现合同目的而亲自保管保管物。另一方面，未经寄存人的同意，保管人不得将保管物交给第三人保管。基于保管人转保管的过错造成的损害，保管人应当承担损害赔偿责任。

第八百九十五条　【保管人不得使用或者许可第三人使用保管物的义务】保管人不得使用或者许可第三人使用保管物，但是当事人另有约定的除外。

条文注释

保管合同的目的是为寄存人保管保管物，一般要求维持保管物的现状。当事人没有在合同中预先约定保管人可以使用保管物，或者保管人未经寄存人同意而擅自使用或者许可第三人使用保管物，造成保管物损坏的，保管人应当承担赔偿责任。

第八百九十六条　【保管人返还保管物及通知寄存人的义务】第三人对保管物主张权利的，除依法对保管物采取保全或者执行措施外，保管人应当履行向寄存人返还保管物的义务。

第三人对保管人提起诉讼或者对保管物申请扣押的，保管人应当及时通知寄存人。

条文注释

第三人对保管物主张权利时，保管人应当将保管物返还给寄存人而不是第三人。保管人保管货币的，应当返还相同种类、数量的货币。保管其他可替代物的，应当按照约定返还相同种类、品质、数量的物品。但由于第三人的原因而使履行返还义务发生危险时，保管人应当及时通知寄存人。

第八百九十七条　【保管人赔偿责任】保管期内，因保管人保管不善造成保管物毁损、灭失的，保管人应当承担赔偿责任。但是，无偿保管人证明自己没有故意或者重大过失的，不承担赔偿责任。

条文注释

保管期间，因保管人保管不善造成保管物毁损、灭失的，原则上保管人都应当承担赔偿责任。在保管有偿与无偿的情况下，保管人责任的大小有所区别：在有偿的情况下，无论保管人是故意还是过失，保管人都应对保管物的毁损、灭失负责；在无偿的情况下，保管人只对故意或者重大过失造成保管物毁损、灭失的后果负责，一般轻微过失不负责。另外，凡是因不可归责于保管人的事由造成保管物毁损、灭失的，保管人都不承担赔偿责任。

第八百九十八条　【寄存人声明义务】寄存人寄存货币、有价证券或者其他贵重物品的，应当向保管人声明，由保管人验收或者封存；寄存人未声明的，该物品毁损、灭失后，保管人可以按照一般物品予以赔偿。

条文注释

寄存人单就货币、有价证券或者如珠宝等贵重物品进行寄存的，应当向保管人声明(通常以明示的方法声明),声明的内容是保管物的性质及数量;保管人在验收后进行保管,或者以封存的方式进行保管。这主要是因为:第一,对寄存贵重物品收取的保管费可能不同。第二,保管人对其承担的风险和责任有合理预期。第三,妥当保管贵重物品的需要。

第八百九十九条　【领取保管物】寄存人可以随时领取保管物。

当事人对保管期限没有约定或者约定不明确的,保管人可以随时请求寄存人领取保管物;约定保管期限的,保管人无特别事由,不得请求寄存人提前领取保管物。

条文注释

寄存人可以随时领取保管物。这是寄存人的权利,同时又是保管人的义务,即保管人得应寄存人的请求,随时返还保管物。

当事人未约定保管期限的,根据本法第510条的规定,当事人不能达成补充协议,且按照合同相关条款或者交易习惯仍不能确定的,保管合同自然可以随时终止。不但寄存人可以随时领取保管物而终止合同,保管人也可以随时请求寄存人领取保管物而终止合同,但是保管人应当给予寄存人必要的准备时间。当事人约定保管期限的,即便是无偿保管的保管人,基于诚信原则,如果保管人没有特别事由,亦不得请求寄存人提前领取保管物。

第九百条　【返还保管物及其孳息】保管期限届满或者寄存人提前领取保管物的,保管人应当将原物及其孳息归还寄存人。

条文注释

在一般的保管合同中,保管物仅是转移了占有,保管人并不享有保管物的所有权,所有权仍归寄存人享有,保管期间保管物所生孳息的所有权亦归属于寄存人。因此,保管人除返还保管物外,如果保管物有孳息的,还应一并返还孳息。当然,本条规定是任意性规定,如果当事人对保管期间保管物孳息的归属另有约定的,应当按照其约定。

第九百零一条　【消费保管合同】保管人保管货币的,可以返还相同种类、数量的货币;保管其他可替代物的,可以按照约定返还相同种类、品质、数量的物品。

条文注释

消费保管也称不规则保管，是指保管物为可替代物时，如约定将保管物的所有权移转给保管人，保管期间届满由保管人以同种类、品质、数量的物返还的保管。

消费保管合同与一般保管合同有以下几点不同：

第一，消费保管合同的保管物必须为可替代物，即种类物。种类物是相对于特定物而言的，是指以品种、质量、规格或度量衡确定，不需具体指定的转让物，如标号相同的水泥，相同品牌、规格的电视机等。货币是一种特殊的种类物。

第二，并不是所有种类物的寄存都属于消费保管合同。例如，本法第898条规定的寄存货币的情形，就属于需返还原货币的一般保管合同，而不属于消费保管合同。消费保管合同必须是当事人约定将保管物的所有权移转于保管人，保管人在接受保管物后享有占有、使用、收益和处分的权利。

第三，从寄存人交付时起，保管人就享有该物的利益，并承担该物的风险。

第四，消费保管的保管人以同种类、品质、数量的物返还即可。一般保管的保管人须返还原保管物。当保管人不履行返还义务时，一般保管的寄存人可以行使返还原物请求权，而消费保管的寄存人则只能请求保管人承担违约责任。

第九百零二条 【保管费支付期限】有偿的保管合同，寄存人应当按照约定的期限向保管人支付保管费。

当事人对支付期限没有约定或者约定不明确，依据本法第五百一十条的规定仍不能确定的，应当在领取保管物的同时支付。

条文注释

在有偿的保管合同中，合同约定了保管费的具体数额的，寄存人就应当按照合同约定进行支付。如果无约定且依据本法第510条的规定仍然无法确定保管费支付的期限，则应当在领取保管物的同时支付。

第九百零三条 【保管人留置权】寄存人未按照约定支付保管费或者其他费用的，保管人对保管物享有留置权，但是当事人另有约定的除外。

条文注释

所谓“其他费用”，是指保管人为保管保管物而实际支出的必要费用。

必要费用，是保管人为了实现物的保管目的，以维持保管物之原状而支出的费用，如保管人支付的电费、场地费用、交通运输费用等。这些费用即便是在无偿保管的过程中也会产生。

寄存人违反约定不支付保管费或者其他费用的，保管人对保管物享有留置权，即以该财产折价或者以拍卖、变卖该财产的价款优先受偿的权利。保管人享有留置权必须符合以下要件：第一，寄存人到期未支付保管费及其他费用；第二，保管人占有保管物；第三，寄存人与保管人没有事先约定不得留置保管物。

第二十二章　仓储合同

第九百零四条　【仓储合同定义】仓储合同是保管人储存存货人交付的仓储物，存货人支付仓储费的合同。

条文注释

仓储合同，是指当事人双方约定由保管人（又称仓管人或仓库营业人）为存货人保管储存的货物，存货人支付仓储费的合同。

从根本上讲，仓储合同属于保管合同的范畴。但随着仓储业在贸易活动中日益重要，仓储合同具备了不同于保管合同的特征，成为一种独立的有名合同。

第九百零五条　【仓储合同成立时间】仓储合同自保管人和存货人意思表示一致时成立。

条文注释

仓储合同是诺成合同，即双方当事人意思表示一致就可成立的合同。仓储合同为不要式合同，既可以采用书面形式，又可以采用口头形式。

第九百零六条　【危险物品和易变质物品的储存】储存易燃、易爆、有毒、有腐蚀性、有放射性等危险物品或者易变质物品的，存货人应当说明该物品的性质，提供有关资料。

存货人违反前款规定的，保管人可以拒收仓储物，也可以采取相应措施以避免损失的发生，因此产生的费用由存货人负担。

保管人储存易燃、易爆、有毒、有腐蚀性、有放射性等危险物品的，应当具备相应的保管条件。

条文注释

存货人没有说明所储存的货物是危险物品或易变质物品，也没有提供有关资料，保管人在入库验收时发现是危险物品或易变质物品的，可以拒收仓储物。保管人在接收仓储物后发现是危险物品或易变质物品的，除及时通知存货人外，也可以采取相应措施，以避免损害的发生，因此产生的费用由存货人承担。

如果保管人不具备相应的保管条件，就对储存易燃、易爆、有毒、有腐蚀性、有放射性等危险物品予以储存，对自身造成的损害，存货人不负赔偿责任。

第九百零七条 【保管人验收义务以及损害赔偿】保管人应当按照约定对入库仓储物进行验收。保管人验收时发现入库仓储物与约定不符合的，应当及时通知存货人。保管人验收后，发生仓储物的品种、数量、质量不符合约定的，保管人应当承担赔偿责任。

条文注释

本条确立了保管人入库验收的义务。验收是指保管人对仓储物的数量、规格、品质等进行检验，以确定是否属于合同约定的仓储物。保管人验收时发现入库的仓储物与约定不符合的，由存货人作出解释，可以修改合同，或者将不符合约定的货物予以退回。

验收之后，保管人接收货物，已经实际占有仓储物，开始承担保管义务。如果发生仓储物的品种、数量、质量不符合约定的情况，则可以推定保管人未尽到妥善保管义务，由其承担相应的赔偿责任。

第九百零八条 【保管人出具仓单、入库单义务】存货人交付仓储物的，保管人应当出具仓单、入库单等凭证。

条文注释

仓单或者入库单是保管人收到仓储物后给存货人开具的表示其收到仓储物的凭证，也是存货人提取仓储物的凭证。保管人向存货人出具仓单或者入库单等凭证，就表明其已经接收了货物。

第九百零九条 【仓单应记载事项】保管人应当在仓单上签名或者盖章。仓单包括下列事项：

(一)存货人的姓名或者名称和住所；

(二)仓储物的品种、数量、质量、包装及其件数和标记；

(三)仓储物的损耗标准；

(四)储存场所；

(五)储存期限；

(六)仓储费；

(七)仓储物已经办理保险的，其保险金额、期间以及保险人的名称；

(八)填发人、填发地和填发日期。

条文注释

仓单是收取和提取仓储物的凭证，还可以通过背书转让或出质，因此应当具备一定的形式。

无论仓单是转让还是出质，受让人和质权人并不了解存货人和保管人之间的合同的具体内容，因此本条规定了仓单应当记载的事项，以便受让人或质权人明确和行使自己的权利。

第九百一十条 【仓单性质和转让】仓单是提取仓储物的凭证。存货人或者仓单持有人在仓单上背书并经保管人签名或者盖章的，可以转让提取仓储物的权利。

条文注释

仓单是有价证券，可以流通。流通的形式有两种：一是转让仓单，即转让仓单项下仓储物的所有权，仓单持有人即成为所有权人，可以依法提取仓储物。二是以仓单出质，质权人即享有提取仓单项下仓储物的权利。

无论是仓单转让还是仓单出质，都应当通过法定的形式才能生效。仓单的转让或者出质，必须由存货人或者仓单持有人在仓单上背书。

第九百一十一条 【存货人或者仓单持有人有权检查仓储物或者提取样品】保管人根据存货人或者仓单持有人的要求，应当同意其检查仓储物或者提取样品。

条文注释

存货人将货物存置于仓库,有权了解仓库堆藏及保管的安全程度与保管行为。无论是转让仓单还是出质仓单,仓单持有人与存货人一样,都有检查仓储物或者提取样品的权利。存货人或者仓单持有人提出检查仓储物或者提取样品的要求,应当在必要的限度和适当的时间内进行,不宜增加保管人的管理成本。

第九百一十二条　【保管人的通知义务】保管人发现入库仓储物有变质或者其他损坏的,应当及时通知存货人或者仓单持有人。

条文注释

本条包括两层含义:

(1)造成仓储物变质、损坏的,应当及时将此种情况通知存货人或者仓单持有人。如果因保管人保管不善,保管人还应当承担赔偿责任;在符合合同约定的保管条件和保管要求进行保管的情况下,因仓储物的性质、包装不符合约定或者超过有效储存期,保管人不承担责任。

(2)虽然仓储物没有变质或其他损坏,但有发生变质或其他损坏的危险时,保管人也应当及时通知存货人或者仓单持有人,使其尽快采取相应措施,避免发生更大的损失。

第九百一十三条　【保管人的催告义务和紧急处置权】保管人发现入库仓储物有变质或者其他损坏,危及其他仓储物的安全和正常保管的,应当催告存货人或者仓单持有人作出必要的处置。因情况紧急,保管人可以作出必要的处置;但是,事后应当将该情况及时通知存货人或者仓单持有人。

条文注释

保管人承担催告义务的条件:一是保管人发现入库仓储物有变质或者其他损坏;二是仓储物的变质或者其他损坏已经危及其他仓储物的安全和正常保管。催告必须是针对存货人或者仓单持有人,催告的内容是要求存货人或者仓单持有人对仓储物作出必要的处置。

第九百一十四条　【储存期限不明确时仓储物提取】当事人对储存期限没有约定或者约定不明确的,存货人或者仓单持有人可以随时提取仓储物,保管人也可以随时请求存货人或者仓单持有人提取仓储物,但是应当给予必要的准备时间。

条文注释

当事人对储存期间没约定或者约定不明确的，存货人或者仓单持有人可以根据自己的意愿确定提取仓储物的时间；保管人也可以根据自己的储存能力和业务需要随时要求存货人或者仓单持有人提取仓储物，但应当给予必要的准备时间。所谓“给予必要的准备时间”，是指保管人预先通知提货，然后确定一个合理的期限，以给存货人或者仓单持有人留出必要的准备时间，在期限届至前提货即可，而并不是在通知的当时就必须提取仓储物。

第九百一十五条　【储存期限届满仓储物提取】储存期限届满，存货人或者仓单持有人应当凭仓单、入库单等提取仓储物。存货人或者仓单持有人逾期提取的，应当加收仓储费；提前提取的，不减收仓储费。

条文注释

理解本条，需注意以下几点：

(1)当事人在合同中约定储存期限的，存货人或者仓单持有人应当在储存期限届满时凭仓单、入库单等凭证提取仓储物，并按约定支付仓储费。(2)如果存货人或者仓单持有人要求提前提取仓储物，一般不会造成保管人的损失，可以允许其提前提取。但是保管人已经做好了约定的储存期限的准备，提前提取不仅不符合当事人之间的约定，还有可能打乱保管人的经营计划，因此，存货人或者仓单持有人提前提取仓储物的，不减收仓储费。(3)如果存货人或者仓单持有人逾期不提取，将会增加保管人的保管成本，挤占保管人的仓储空间，所以保管人对于逾期不提取仓储物的存货人或者仓单持有人有权加收仓储费。

关联法规

《民法典》第 908 条

第九百一十六条　【逾期提取仓储物】储存期限届满，存货人或者仓单持有人不提取仓储物的，保管人可以催告其在合理期限内提取；逾期不提取的，保管人可以提存仓储物。

条文注释

如果储存期限届满，存货人或者仓单持有人不能或者拒绝提取仓储物，保管人可以确定一个合理的期限，催告存货人或者仓单持有人在此期限内提取。

如果逾期仍不提取的,保管人可以依照本法第570条的规定将仓储物提存。保管人将仓储物提存后,如果存货人或者仓单持有人未支付仓储费的,依照本法第577条的规定,可以请求其支付仓储费。存货人或者仓单持有人迟延给付的,还可以按照约定要求其给付违约金。没有约定违约金的,可以要求其支付迟延给付的逾期利息。

第九百一十七条　【保管人的损害赔偿责任】储存期内,因保管不善造成仓储物毁损、灭失的,保管人应当承担赔偿责任。因仓储物本身的自然性质、包装不符合约定或者超过有效储存期造成仓储物变质、损坏的,保管人不承担赔偿责任。

条文注释

对于保管人保管不善的行为导致了仓储物的毁损、灭失的情形,需要二者之间存在因果关系,保管人才应承担赔偿责任。

保管人在符合合同约定的保管条件和保管要求进行保管的情况下,因仓储物本身的自然性质、包装不符合约定或者超过有效储存期,造成仓储物变质、损坏的,或有发生变质或其他损坏的危险时,尽管保管人不承担责任,但是根据本法第912条的规定,保管人应当及时将此种情况通知存货人或者仓单持有人。

第九百一十八条　【适用保管合同】本章没有规定的,适用保管合同的有关规定。

条文注释

尽管仓储合同与保管合同有几项重要区别,如保管合同是实践合同,而仓储合同为诺成合同;保管合同是否有偿由当事人约定,而仓储合同均为有偿契约等。但仓储合同与保管合同的本质是一样的,即都是为他人保管财物。故本章没有规定的,适用保管合同有关规定。

第二十三章　委托合同

第九百一十九条　【委托合同概念】委托合同是委托人和受托人约定,由受托人处理委托人事务的合同。

条文注释

委托合同又称委任合同,是指当事人双方约定一方委托他人处理事务,他人同意为其处理事务的协议。在委托合同关系中,委托他人为自己处理事务的人称委托人,接受委托的人称受托人。

委托合同具有以下特征:(1)委托合同的标的是劳务;(2)委托合同是诺成、非要式合同;(3)委托合同既可以是有偿的,也可以是无偿的;(4)委托合同既可以是双务合同,也可以是单务合同。

第九百二十条　【委托权限】委托人可以特别委托受托人处理一项或者数项事务,也可以概括委托受托人处理一切事务。

条文注释

受托人在处理委托事务时,应以委托人指示的委托事务范围为准。以受托人处理委托事务的范围为标准把委托划分为两大类,即特别委托和概括委托。

特别委托是指双方当事人约定受托人为委托人处理一项或者数项事务的委托。特别委托一般有以下几种情况:(1)不动产出售、出租或者就不动产设定抵押权。(2)赠与。由于赠与属于无偿行为,所以需要有委托人的特别授权。(3)和解。在发生纠纷后,有关人员在处理问题时需要双方当事人彼此作出一定的妥协与让步,以终止争执或者防止争执的扩大。(4)诉讼。(5)仲裁。

概括委托是指双方当事人约定受托人为委托人处理某个方面或者范围内的一切事务的合同。例如,委托人委托受托人处理其买卖业务或租赁业务的所有事宜。

第九百二十一条　【委托费用的预付和垫付】委托人应当预付处理委托事务的费用。受托人为处理委托事务垫付的必要费用,委托人应当偿还该费用并支付利息。

条文注释

无论委托合同是否有偿,或者委托事务是否完成,委托人都有义务事先提供处理委托事务的费用和补偿受托人为处理委托事务所垫付的必要的费用。

第九百二十二条 【受托人应当按照委托人的指示处理委托事务】受托人应当按照委托人的指示处理委托事务。需要变更委托人指示的,应当经委托人同意;因情况紧急,难以和委托人取得联系的,受托人应当妥善处理委托事务,但是事后应当将该情况及时报告委托人。

条文注释

受托人按照委托人的指示处理委托事务,这是受托人首要的义务。

受托人只有在具备以下条件的情况下才可以不按这些指示办事:(1)因情况紧急,需要立即采取新的措施;(2)由于客观上的原因,难以和委托人取得联系;(3)变更指示办理是为了委托人的利益所必需。

第九百二十三条 【受托人亲自处理委托事务】受托人应当亲自处理委托事务。经委托人同意,受托人可以转委托。转委托经同意或者追认的,委托人可以就委托事务直接指示转委托的第三人,受托人仅就第三人的选任及其对第三人的指示承担责任。转委托未经同意或者追认的,受托人应当对转委托的第三人的行为承担责任;但是,在紧急情况下受托人为了维护委托人的利益需要转委托第三人的除外。

条文注释

委托合同强调当事人的人身属性。这就要求受托人应当亲自办理委托事务,不得擅自将自己受托的事务转托他人处理。

在特殊情况下,受托人可以进行转委托,但须满足以下条件:第一,转委托须事先取得委托人的同意。委托人对于转委托的同意也包括追认,追认具有与事先同意一样的法律效果。第二,在紧急情况下受托人为了维护委托人的利益,也可以进行转委托。

第九百二十四条 【受托人的报告义务】受托人应当按照委托人的要求,报告委托事务的处理情况。委托合同终止时,受托人应当报告委托事务的结果。

条文注释

受托人在办理委托事务的过程中,应当根据委托人的要求,向委托人报告事务处理的进展情况、存在的问题和应对措施等,以使委托人及时了解事务的状况。

委托合同终止,不论委托事务是否完成,委托合同的目的是否实现,委托人都有权全面了解有关委托合同的所有情况;不论委托人是否提出受托人进行报告的要求,受托人都负有报告委托事务结果的义务。

第九百二十五条 【受托人以自己名义从事受托事务的法律效果】受托人以自己的名义,在委托人的授权范围内与第三人订立的合同,第三人在订立合同时知道受托人与委托人之间的代理关系的,该合同直接约束委托人和第三人;但是,有确切证据证明该合同只约束受托人和第三人的除外。

条文注释

依照本条的规定,在下列条件下,受托人以自己的名义与第三人订立的合同,该合同不是直接约束受托人和第三人,而是直接约束委托人和第三人:第一,委托人和受托人之间应当存在代理关系,这是前提。从代理的角度看,受托人是委托人的代理人,则受托人基于代理权与第三人订立的合同,法律效果直接由委托人承担。第二,受托人与第三人订立合同,必须在委托人的授权范围内。第三,第三人清楚地知道受托人与委托人之间的代理关系。这是受托人与第三人订立的合同可以产生直接约束委托人与第三人之法律效力、突破合同相对性原则的关键。第四,第三人"知道"应当以订立合同时间为准,即第三人是在订立合同时就知道受托人与委托人之间的代理关系。第五,如果有确切证据证明该合同只约束受托人与第三人的,则不能适用本条的一般规定。

第九百二十六条 【委托人介入权和第三人选择权】受托人以自己的名义与第三人订立合同时,第三人不知道受托人与委托人之间的代理关系的,受托人因第三人的原因对委托人不履行义务,受托人应当向委托人披露第三人,委托人因此可以行使受托人对第三人的权利。但是,第三人与受托人订立合同时如果知道该委托人就不会订立合同的除外。

受托人因委托人的原因对第三人不履行义务,受托人应当向第三人披露委托人,第三人因此可以选择受托人或者委托人作为相对人主张其权利,但是第三人不得变更选定的相对人。

委托人行使受托人对第三人的权利的,第三人可以向委托人主张其对受托人的抗辩。第三人选定委托人作为其相对人的,委托人可以向第三人主张其对受托人的抗辩以及受托人对第三人的抗辩。

条文注释

委托人的介入权,指的是在受托人与第三人的合同关系中,委托人取代受托人的地位，介入原本是受托人与第三人的合同关系中。

第三人的选择权，指的是在受托人与第三人的合同关系中，因委托人的原因造成受托人不履行义务，受托人应当向第三人披露委托人，第三人因此可以选择受托人或者委托人作为相对人主张其权利，即第三人可以选择请求委托人承担违约责任，也可以请求仍然由受托人承担违约责任。但第三人只能选择其一，而且选定后不得变更。

委托人行使介入权或者第三人行使选择权后，权利义务的相对人发生变化，就会产生相应的法律效果。委托人行使介入权的，委托人取代受托人的地位，成为第三人的相对人。除了委托人可以行使受托人对第三人的权利外，第三人自然也可以向委托人主张其对受托人的抗辩。第三人行使选择权，选择委托人作为其相对人的，委托人取代受托人的地位，则第三人可以向委托人主张权利，而委托人也可以向第三人主张其对受托人的抗辩以及受托人对第三人的抗辩。委托人对受托人的抗辩，是基于双方之间的委托合同；受托人对第三人的抗辩，是基于受托人与第三人之间的合同关系。

第九百二十七条　【受托人转移利益】受托人处理委托事务取得的财产，应当转交给委托人。

条文注释

这里所说的“取得的财产”，包括取得的金钱、实物、金钱与实物所生的孳息以及其他财产。受托人在处理委托事务的过程中，不论其是否以自己的名义从事活动取得的财产，权利人都是委托人，受托人应当将该财产转交给委托人。受托人转移利益的义务不仅适用于受托人，还适用于转委托的第三人。

第九百二十八条　【委托人支付报酬】受托人完成委托事务的，委托人应当按照约定向其支付报酬。

因不可归责于受托人的事由，委托合同解除或者委托事务不能完成的，委托人应当向受托人支付相应的报酬。当事人另有约定的，按照其约定。

条文注释

在有偿委托中，按照约定向受托人支付报酬，是委托人的主要义务。

本条第2款中所规定的“相应的报酬”，具体来说，就是委托人根据受托人处理委托事务所付出的工作时间的长短或者所处理事务的大小及完成情况，向受托人支付相应的报酬。不过此规定是任意性规定，当事人可以另行约定这种情况下受托人的报酬请求权。

第九百二十九条 【受托人的赔偿责任】有偿的委托合同，因受托人的过错造成委托人损失的，委托人可以请求赔偿损失。无偿的委托合同，因受托人的故意或者重大过失造成委托人损失的，委托人可以请求赔偿损失。

受托人超越权限造成委托人损失的，应当赔偿损失。

条文注释

在有偿的委托合同中，受托人负有较高的注意义务，其在处理委托事务时只要有过错，即存在故意、重大过失或者一般过失，并给委托人造成损失的，就要承担赔偿责任。

在无偿的委托合同中，受托人没有报酬，因此，其承担责任相比有偿委托合同要轻一些。受托人在一般过失下并不承担赔偿责任，只有在故意和重大过失的情况下才对损害承担赔偿责任。在无偿委托合同中，所谓“超越权限”，包括没有相应的权限、超出委托人的授权以及权限终止后继续处理委托事务。受托人超越权限给委托人造成损失的，无论委托合同是否有偿，都应当赔偿损失。

第九百三十条 【委托人的赔偿责任】受托人处理委托事务时，因不可归责于自己的事由受到损失的，可以向委托人请求赔偿损失。

条文注释

本条规定的受托人的损失，不仅包括上述可归责于委托人的事由(例如，委托人在受托人无过错的情况下，解除委托合同的；委托人未经受托人同意，又委托第三人处理同一事务，致使受托人报酬减少的等)；还应当包括因为意外事故等不可归责于受托人的原因而导致受托人受到损害的情形。

受托人向委托人请求赔偿其损失，需要具备以下条件：一是受托人受到损失。二是受托人的损失基于不可归责于受托人的原因。三是受托人的损失发生在处理委托事务的过程中。

第九百三十一条 【委托人另行委托他人处理事务】委托人经受托人同意，可以在受托人之外委托第三人处理委托事务。因此造成受托人损失的，受托人可以向委托人请求赔偿损失。

条文注释

委托人如果要把委托事务再委托他人处理,需要征得受托人的同意。如果受托人不同意,委托人或者受托人都可以解除合同,因解除合同给对方造成损失的,需要承担相应的赔偿责任。当然,如果委托人未经受托人同意,擅自将委托事务重复委托给第三人的,需要向受托人支付全部报酬,如果给受托人造成损失的,受托人亦可以向委托人请求赔偿。

本条规定的委托人在受托人之外委托第三人处理的委托事务,应当与受托人处理的委托事务内容相同,也就是委托人将同一事项先后委托两个受托人,存在两个委托合同。

第九百三十二条　【共同委托】两个以上的受托人共同处理委托事务的,对委托人承担连带责任。

条文注释

共同委托,是指委托人委托两个以上的受托人共同行使代理权处理事务。

共同委托的特点如下:第一,共同委托的代理权必须是由数个受托人共同行使的。所谓共同行使,是指数个受托人享有共同的权利义务,即平等享有、共同享有代理权,处理事务时只有经过全体受托人的共同同意,才能行使代理权。第二,受托人承担连带责任。共同委托中的一个受托人与其他受托人协商后或者数个受托人共同协商后,单独或者共同实施的委托行为,应该被认为是全体受托人的共同行为,由此造成损失的,若干个受托人依法应当对委托合同的履行承担连带责任。但是,如果共同受托人中的一个受托人或者数个受托人没有经过协商而擅自行使代理权,对于由此造成的损失,若干个受托人仍然承担连带责任。当然,委托人与各受托人事先约定了按份责任的除外,即合同中无特别规定,他们应对委托人承担连带责任。

第九百三十三条　【委托合同解除】委托人或者受托人可以随时解除委托合同。因解除合同造成对方损失的,除不可归责于该当事人的事由外,无偿委托合同的解除方应当赔偿因解除时间不当造成的直接损失,有偿委托合同的解除方应当赔偿对方的直接损失和合同履行后可以获得的利益。

条文注释

本条规定赋予了委托人和受托人对委托合同的任意解除权，即只要一方想终止合同，就可以随时解除合同，而且无须任何理由。

一方当事人在行使任意解除权时，给对方造成损失的，除不可归责于解除一方的事由外，所要承担的赔偿责任范围在有偿委托和无偿委托中是不同的。在无偿委托中，解除方的责任范围仅限于直接损失；而在有偿委托中，解除方的责任范围不仅包括直接损失，还包括间接损失，即可以获得的利益。

第九百三十四条　【委托合同终止】委托人死亡、终止或者受托人死亡、丧失民事行为能力、终止的，委托合同终止；但是，当事人另有约定或者根据委托事务的性质不宜终止的除外。

条文注释

本条规定的委托合同终止的原因从当事人的角度可以分为两类：第一，委托人死亡或者终止。第二，受托人死亡、丧失民事行为能力或者终止。之所以对委托人和受托人作出不同规定，是因为受托人一旦死亡、丧失民事行为能力或者终止，就无法再继续处理委托事项，委托关系只能终止。

根据本条规定，委托人死亡、终止或者受托人死亡、丧失民事行为能力、终止这几种法定事由发生时合同应当终止，但也有例外情况：第一，当事人可以另行约定，即使有委托人死亡、终止或者受托人死亡、丧失行为能力、终止的情况发生，委托关系仍不消灭。第二，因委托事务的性质不宜终止的。在一些特殊的委托合同中，根据委托事务的性质，不能因以上事由的发生而终止，受托人或者其继承人、遗产管理人、法定代理人应当继续处理委托事务。

第九百三十五条　【受托人继续处理委托事务】因委托人死亡或者被宣告破产、解散，致使委托合同终止将损害委托人利益的，在委托人的继承人、遗产管理人或者清算人承受委托事务之前，受托人应当继续处理委托事务。

条文注释

委托人发生死亡或者被宣告破产、解散的事由时，一般来说，委托关系终止。但是，委托合同终止将损害到委托人的利益时，委托合同不能终止,受托人还应当负有继续处理委托事务的义务,应当采取必要的措施保护对方当事人的利益,直至委托人的继承人、遗产管理人或者清算人承受了委托事务为止。

第九百三十六条　【受托人的继承人等的义务】因受托人死亡、丧失民事行为能力或者被宣告破产、解散,致使委托合同终止的,受托人的继承人、遗产管理人、法定代理人或者清算人应当及时通知委托人。因委托合同终止将损害委托人利益的,在委托人作出善后处理之前,受托人的继承人、遗产管理人、法定代理人或者清算人应当采取必要措施。

条文注释

因受托人死亡、丧失民事行为能力或者被宣告破产、解散,致使委托合同终止的,受托人的继承人、遗产管理人、法定代理人或者清算人负有两项义务:一是及时通知委托人。二是在委托合同终止将损害委托人利益的情况下,受托人的继承人、遗产管理人、法定代理人或者清算人不仅应当及时告知委托人,还应当采取必要的措施保护委托人的利益。委托人在知道受托人死亡、丧失民事行为能力或者被宣告破产、解散后,需要有一段时间进行善后处理,如需要找新的受托人代替前一受托人的工作,寻找的过程需要时间等。在委托人作出善后处理之前,受托人的继承人、遗产管理人、法定代理人或者清算人有义务采取必要的、有效的措施,以维护委托人的利益。

第二十四章　物业服务合同

第九百三十七条　【物业服务合同定义】物业服务合同是物业服务人在物业服务区域内,为业主提供建筑物及其附属设施的维修养护、环境卫生和相关秩序的管理维护等物业服务,业主支付物业费的合同。

物业服务人包括物业服务企业和其他管理人。

条文注释

本条所规定的物业服务合同指广义的物业服务合同,即:前期由建设单位与物业服务人订立的前期物业服务合同,以及后期业主通过业主委员会或者业主大会与物业服务人订立的物业服务合同。狭义的物业服务合同仅指后者,也可称为普通物业服务合同。

物业服务合同的特征主要包括:

(1)其是平等主体之间的民事合同。

(2)合同主体具有特殊性,为业主和物业服务人。物业服务人又包括物业服务企业和其他管理人。物业服务事关全体业主的人身、财产安全,同时,有的物业服务活动具有较高的专业性、技术性要求,如小区公共设施的检修、保养与维护等,这对物业服务人提出了一定的要求。

(3)客体是物业服务人提供的物业服务行为。物业服务合同与委托合同、行纪合同、中介合同等类似,所给付的内容都不是具体的标的物,而是行为,而且提供服务的行为还具有持续性和重复性的特点,如检修建筑物内的电梯、做好小区保洁工作维护环境卫生等。

(4)服务内容的综合性和专业性。物业服务的内容十分庞杂,既包括物的管理,也包括人的管理。

(5)订立程序的特殊性。物业服务合同的订立需要遵循法定的程序,业主需要通过一定的方式来作出决定。

(6)物业服务合同属于双务、有偿、要式、继续性合同。

第九百三十八条　【物业服务合同内容和形式】物业服务合同的内容一般包括服务事项、服务质量、服务费用的标准和收取办法、维修资金的使用、服务用房的管理和使用、服务期限、服务交接等条款。

物业服务人公开作出的有利于业主的服务承诺,为物业服务合同的组成部分。

物业服务合同应当采用书面形式。

条文注释

合同的内容从形式上看就是合同的条款,其实质则是当事人之间的权利义务。物业服务合同来源于当事人约定、法律规定以及交易习惯等,主要来源是当事人的约定。物业服务合同的内容包括:

(1)物业服务合同的主要条款。物业服务合同的内容一般包括服务事项、服务质量、服务费用的标准和收取办法、维修资金的使用、服务用房的管理和使用、服务期限、服务交接等条款。

(2)物业服务人公开作出的有利于业主的服务承诺为物业服务合同的组成部分。物业服务承诺,是指物业服务人为保证物业服务的质量和效益,向全体业主公开作出的有关物业服务内容和标准的单方意思表示。

(3)物业服务合同的其他内容。物业服务合同的内容,除了物业服务合同中明确约定的内容,以及物业服务人公开作出的有利于业主的服务承诺,还应当包括法律法规的规定、地方性规定以及物业服务人的服务细则。

本条第3款规定,物业服务合同应当采用书面形式,主要是为了明确物业服务人与业主之间的具体权利义务关系,同时也有利于避免纠纷的发生。

关联法规

《物业管理条例》第34条

第九百三十九条　【物业服务合同的约束力】建设单位依法与物业服务人订立的前期物业服务合同,以及业主委员会与业主大会依法选聘的物业服务人订立的物业服务合同,对业主具有法律约束力。

条文注释

广义的物业服务合同,既包括建设单位与物业服务人订立的前期物业服务合同,也包括业主或者业主委员会与物业服务人订立的物业服务合同。虽然两种物业服务合同存在诸多区别,但两者之间也存在诸多联系。第一,两者都属于物业服务合同,都适用物业服务合同的有关规定。第二,两者的目的和初衷是相同的,都是为了全体业主的利益,为全体业主提供物业服务,为在物业服务区域内的服务和管理行为提供依据和保障。第三,两者在时间先后上有衔接性,两种合同所涉及的权利义务内容和权利主体存在交叉和更替。

第九百四十条　【前期物业服务合同法定终止条件】建设单位依法与物业服务人订立的前期物业服务合同约定的服务期限届满前,业主委员会或者业主与新物业服务人订立的物业服务合同生效的,前期物业服务合同终止。

条文注释

为了便于物业服务企业统筹安排工作,降低交易成本,防范经营风险,维护物业管理秩序,前期物业服务合同可以约定期限。但是,前期物业服务合同具有过渡性质,一般来说,约定的服务期限较短。前期物业服务合同约定的服务期限届满后,如果双方当事人没有订立新的物业服务合同或者通过约定延长物业服务合同的服务期限,则前期物业服务合同终止，物业服务人应当退出物业服务区域，并和新的物业服务人或者决定自行管理的业主进行交接。

前期物业服务合同终止的原因包括：一是双方当事人约定的服务期限届满；二是前期物业服务合同的服务期限虽然未届满，但是全体业主通过召开业主大会，选聘新的物业服务人并订立新的物业服务合同，该合同生效时前期物业服务合同终止。

关联法规

《物业管理条例》第26条

第九百四十一条　【物业服务转委托的条件和限制性条款】物业服务人将物业服务区域内的部分专项服务事项委托给专业性服务组织或者其他第三人的，应当就该部分专项服务事项向业主负责。

物业服务人不得将其应当提供的全部物业服务转委托给第三人，或者将全部物业服务支解后分别转委托给第三人。

条文注释

物业服务人可以将管理区域内的专项服务事项委托给第三人；但不得将全部物业服务转委托给第三人，或者支解后分别转委托给第三人。之所以如此规定，主要目的是保护业主的合法权益，并促进物业服务行业的健康发展。这类似于建设工程合同中，为禁止承包方违法转包给第三人从中牟取非法利益，法律规定承包人不得将其承包的全部建设工程转包给第三人，或者将其承包的全部建设工程支解以后以分包的名义分别转包给第三人。通过转包非法渔利的合同，司法实践中通常被认定为无效合同。

关联法规

《物业管理条例》第39条

第九百四十二条　【物业服务人的主要义务】物业服务人应当按照约定和物业的使用性质，妥善维修、养护、清洁、绿化和经营管理物业服务区域内的业主共有部分，维护物业服务区域内的基本秩序，采取合理措施保护业主的人身、财产安全。

对物业服务区域内违反有关治安、环保、消防等法律法规的行为，物业服务人应当及时采取合理措施制止、向有关行政主管部门报告并协助处理。

条文注释

物业服务人的主要义务有以下几项：

(1)对业主共有部分的管理和维护。物业服务人的义务首先就是对物业服务区域内的建筑物及其附属设施等共有财产进行管理和维护，这是物业服务人最重要的合同义务之一，也是保障业主正常生活、改善业主生活品质的重要基础。

(2)维护物业服务区域内的基本秩序。物业服务区域内的基本秩序，是业主正常生活的重要方面。物业服务人应当负有维护小区内共同生活秩序的义务，该项义务主要涉及对人的管理。例如，对外来人员的管理、对小区内停车位使用的管理等。

(3)保护业主的人身、财产安全。保护业主的人身和财产安全，是物业服务合同对物业服务人的基本要求，也可以说是最为重要的内容。具体来说，此项义务主要包括两个方面的内容：一是物业服务人应当采取合理措施保护业主的人身及财产安全，消除安全隐患，预防损害的发生。二是如果出现可能危害或者已经危害到业主人身、财产安全的情形时，物业服务人应当及时制止相关行为，并且视情况采取必要措施以尽量保障业主的人身、财产安全。需要注意的是，物业服务人承担的安全保障义务，应当在一定、合理、正常范围内，不能过于苛求。

(4)对违法行为的制止、报告义务。本条第2款规定，对物业服务区域内违反有关治安、环保、消防等法律法规的行为，物业服务人应当及时采取合理措施制止、向有关行政主管部门报告并协助处理。这也是为了更好地为业主提供物业服务，履行前述的几项基本义务，妥善管理、维护物业服务区域内的相关设施，维护物业服务区域内的基本秩序，保护业主的人身、财产安全。

关联法规

《物业管理条例》第45条、第46条第1款、第55条

第九百四十三条　【物业服务人信息公开义务】物业服务人应当定期将服务的事项、负责人员、质量要求、收费项目、收费标准、履行情况，以及维修资金使用情况、业主共有部分的经营与收益情况等以合理方式向业主公开并向业主大会、业主委员会报告。

条文注释

规定物业服务人的报告义务，主要有以下理由：第一，有利于保障业

主的知情权。第二，是实现业主对物业服务人的监督权的需要。第三，通过业主对物业服务人的监督，物业服务人会更加努力地做好各项服务工作，提高服务质量；业主将获得更好的服务，提高生活品质，从而实现物业服务合同的目的。

有关物业服务人公开及报告的具体内容、范围、方式、时间等，当事人可以在物业服务合同中加以约定。

关联法规

《物业管理条例》第40条

第九百四十四条　【业主支付物业费义务】业主应当按照约定向物业服务人支付物业费。物业服务人已经按照约定和有关规定提供服务的，业主不得以未接受或者无需接受相关物业服务为由拒绝支付物业费。

业主违反约定逾期不支付物业费的，物业服务人可以催告其在合理期限内支付；合理期限届满仍不支付的，物业服务人可以提起诉讼或者申请仲裁。

物业服务人不得采取停止供电、供水、供热、供燃气等方式催交物业费。

条文注释

业主应当按照合同约定缴纳物业费，业主无正当理由逾期不支付物业费构成违约的，应当承担相应的违约责任。业主拖欠物业费的行为构成违约的要件主要有：一是业主逾期没有支付物业费。二是业主欠缺正当理由。业主可以拒绝支付物业费的正当理由包括：第一，物业服务人不履行物业服务合同义务，或者履行义务不符合合同约定。第二，物业服务人违反物业服务合同约定或者法律、法规、部门规章规定，擅自扩大收费范围、提高收费标准或者重复收费，业主可以就属于违规收费的部分拒绝缴纳。

但是，业主不得以未接受或者无须接受相关物业服务为抗辩的理由拒绝向物业服务人支付物业费。

业主逾期不支付物业费的，物业服务人可以通过诉讼或者仲裁等合法途径主张权利，但是无权采取停止供电、供水等措施。如果物业服务人为催交物业费，采取停止向业主供电、供水、供热、供燃气等措施，造成业主损失的，应当承担相应的赔偿责任。

关联法规

《物业管理条例》第41、64条

第九百四十五条 【业主告知、协助义务】业主装饰装修房屋的，应当事先告知物业服务人，遵守物业服务人提示的合理注意事项，并配合其进行必要的现场检查。

业主转让、出租物业专有部分、设立居住权或者依法改变共有部分用途的，应当及时将相关情况告知物业服务人。

条文注释

在物业服务人按照合同约定和有关规定提供服务，对物业服务区域进行管理的过程中，业主负有接受、配合物业服务人服务和管理的义务，其中就包括了当业主遇到有关重要事项时，应当及时告知物业服务人。所谓"重要事项"包括装饰装修房屋，转让、出租物业专有部分，设立居住权或者依法改变共有部分用途等。这主要是因为，发生这些重要事项可能影响到其他业主的合法权益，影响到物业服务人对全体业主的物业服务和对小区内物业的管理。

关联法规

《物业管理条例》第52条

第九百四十六条 【业主合同任意解除权】业主依照法定程序共同决定解聘物业服务人的，可以解除物业服务合同。决定解聘的，应当提前六十日书面通知物业服务人，但是合同对通知期限另有约定的除外。

依据前款规定解除合同造成物业服务人损失的，除不可归责于业主的事由外，业主应当赔偿损失。

条文注释

为了保护业主的合法权益，构建和谐物业服务关系，本法赋予业主一方任意解除权。

所谓业主一方的任意解除权，此处的"业主"并非单个业主，而是指全体业主。单个业主是不能行使这种任意解除权的，必须由全体业主"依照法定程序共同决定解聘物业服务人"，才能解除物业服务合同。根据本法第278条的规定，解聘物业服务企业或者其他管理人由业主共同决定。该"法定程序"，也就是通过业主大会的形式，而且应当由专有部分面积占比2/3以上的业主且人数占比2/3以上的业主参与表决，还应当经参与表决专有部分面积过半数的业主且参与表决人数过半数的业主同意。

此外，业主最终决定解聘的，还应当提前60日书面通知物业服务人，但是合同对通知期限另有约定的除外。不过，业主行使任意解除权解除合同造成物业服务人损失的，除不可归责于业主的事由外，应当赔偿物业服务人的损失。

第九百四十七条　【物业服务人的续聘】物业服务期限届满前，业主依法共同决定续聘的，应当与原物业服务人在合同期限届满前续订物业服务合同。

物业服务期限届满前，物业服务人不同意续聘的，应当在合同期限届满前九十日书面通知业主或者业主委员会，但是合同对通知期限另有约定的除外。

条文注释

物业服务期限届满前，如果业主选择续聘物业服务人的，应当与其续订物业服务合同。需要注意的是，续聘也应当由业主依法共同决定，即根据本法第278条的规定，由专有部分面积占比2/3以上的业主且人数占比2/3以上的业主参与表决，还应当经参与表决专有部分面积过半数的业主且参与表决人数过半数的业主同意。另外，业主与物业服务人应当在合同期限届满前进行续订，这样续订的物业服务合同可以与原物业服务合同衔接，不会出现物业服务的真空期。

本条规定物业服务人应当在合同期限届满前90日内通知业主或者业主委员会，而且应当以书面的形式明确告知。不过，合同期限届满前90日的通知期限是任意性规定，双方可以对通知期限作出特别约定。

第九百四十八条　【不定期物业服务合同】物业服务期限届满后，业主没有依法作出续聘或者另聘物业服务人的决定，物业服务人继续提供物业服务的，原物业服务合同继续有效，但是服务期限为不定期。

当事人可以随时解除不定期物业服务合同，但是应当提前六十日书面通知对方。

条文注释

物业服务合同约定的服务期限届满后，如果业主没有依法作出续聘或者另聘物业服务人的决定，小区的物业将处于无人管理的状态，将影响到全体业主的正常生活，损害全体业主的共同利益，此时物业服务人基于诚信原则，从保护全体业主共同利益的角度出发，继续为业主提供物业服务的，原物业服务合同继续有效，只是服务期限变为不定期。此时，双方当事人都可以随时解除物业服务合同，只需要提前60日书面通知对方。

第九百四十九条 【物业服务人的移交义务及法律责任】物业服务合同终止的,原物业服务人应当在约定期限或者合理期限内退出物业服务区域,将物业服务用房、相关设施、物业服务所必需的相关资料等交还给业主委员会、决定自行管理的业主或者其指定的人,配合新物业服务人做好交接工作,并如实告知物业的使用和管理状况。

原物业服务人违反前款规定的,不得请求业主支付物业服务合同终止后的物业费;造成业主损失的,应当赔偿损失。

条文注释

物业服务合同终止后,当事人仍然负有一定的后合同义务。所谓后合同义务,属于附随义务的一种,是指在合同关系终止后,当事人依据法律法规的规定,以及诚信原则的要求对另一方负有保密、协助等义务。物业服务人在合同终止后所应承担的后合同义务主要包括以下内容:第一,在约定期限或者合理期限内退出物业服务区域。第二,妥善交接义务。第三,如实告知物业的使用和管理状况。

物业服务人违反上述义务,不仅不得请求业主支付物业服务合同终止后的物业费,造成业主损失的,还应当赔偿损失。需要特别说明的是,此处规定的“物业服务合同终止后的物业费”,并非其履行上述后合同义务的额外报酬,应是在他人接管相关物业前,原物业服务人继续为全体业主提供物业服务期间所应收取的物业费。

关联法规

《物业管理条例》第38条;《物业服务解释》第3条

第九百五十条 【物业服务合同终止后继续提供服务的相关规定】物业服务合同终止后,在业主或者业主大会选聘的新物业服务人或者决定自行管理的业主接管之前,原物业服务人应当继续处理物业服务事项,并可以请求业主支付该期间的物业费。

条文注释

物业服务合同期限届满或者物业服务合同终止后,在业主或者业主大会选聘的新物业服务人或者决定自行管理的业主接管之前,原物业服务人应当继续为业主提供物业服务。之所以作出该规定,主要有以下几个理由:一是出于保护业主利益的考虑;二是基于诚信原则;三是符合公平与效率。

在这种情况下,物业服务人可以请求业主支付在其继续为业主提供物业服务期间的物业费。在物业服务人继续处理物业服务事项,业主实际接受物业服务人所提供的服务的情形下,即使当事人没有订立正式的书面的物业服务合同,业主也应当向物业服务人支付相应的报酬。

第二十五章 行纪合同

第九百五十一条 【行纪合同定义】行纪合同是行纪人以自己的名义为委托人从事贸易活动,委托人支付报酬的合同。

条文注释

行纪合同,是指行纪人接受委托人的委托,以自己的名义,为委托人从事贸易活动,委托人支付报酬的合同。接受委托的一方为行纪人,另一方则为委托人。

行纪合同具有以下特征:(1)行纪人从事的活动限于贸易行为,这是行纪合同和委托合同的重要区别。(2)行纪人应当具有相应的资质。行纪人一般专门从事贸易活动,其开业和经营往往需要经过国家有关部门的审批或者登记,并不是所有民事主体都可以无条件地成为行纪人从事行纪业务。(3)行纪人必须以自己的名义为委托人从事贸易行为,而非委托人的名义。这也是行纪人和受托人、代理人的重要区别。(4)行纪合同为诺成合同、不要式合同、有偿合同、双务合同。

第九百五十二条 【行纪人承担费用的义务】行纪人处理委托事务支出的费用,由行纪人负担,但是当事人另有约定的除外。

条文注释

在行纪合同中,如果当事人对行纪人处理委托事务所支出费用负担问题有约定的,应依当事人的约定。如果当事人对此约定不明,则该费用应由行纪人承担。由于委托人所支付的报酬中一般已包括了各项费用的支出,行纪人除要求委托人支付报酬外,不得再要求委托人支付费用。但是,如果当事人对费用承担问题作了特别约定的,即约定报酬不包括费用支出部分,则行纪人有权要求委托人支付费用。该费用应当是为了委托人的利益,并且是必要的费用。

第九百五十三条　【行纪人的保管义务】行纪人占有委托物的，应当妥善保管委托物。

条文注释

在行纪合同中，有的委托人自行保管委托物，也有的将委托物交由行纪人保管。只有行纪人实际占有委托物，行纪人才负有妥善保管义务。本条规定的“委托物”不仅包括一般意义上的物，还应当包括委托人交付给行纪人的金钱和权利凭证等。

寄售商品通常以积压商品、旧物品等居多，行纪人有义务尽心尽力尽职地妥善保管好，如果因保管不善造成物品损坏、灭失、缺少、变质、污染，造成委托物的价值贬损，甚至导致委托物无法出售的，行纪人应承担赔偿责任。除非行纪人能证明已经尽了善良管理人的注意。对于灭失、毁损的财物，如果是由于不可抗力或物品本身的自然损耗等不可归责于行纪人的事由造成损失，行纪人可以免除责任，由委托人自己承担损失。

第九百五十四条　【行纪人处置委托物的义务】委托物交付给行纪人时有瑕疵或者容易腐烂、变质的，经委托人同意，行纪人可以处分该物；不能与委托人及时取得联系的，行纪人可以合理处分。

条文注释

紧急情况下行纪人进行合理处分需要具备以下几个要件：第一，发现委托物有瑕疵，或者容易腐烂、变质。委托物的瑕疵应该是可能影响委托物价值，或者将导致委托物毁损、灭失的瑕疵。第二，应当是委托物交付给行纪人时就存在的瑕疵，或者委托物容易腐烂、变质，而不是在交付后出现的情况。第三，行纪人欲通知委托人作出指示，但是不能及时与委托人取得联系。所谓“合理”，即应以善良管理人的标准来衡量，根据委托物的实际情况决定处分的价格和方式等，尽量减少委托人的损失，维护委托人的利益，而不能随意处分。

紧急情况下行纪人对委托物进行处分，既是法律赋予的权利，也是行纪人应当履行的义务。这是行纪人负有善良管理人之注意义务的具体表现。

第九百五十五条　【行纪人依照委托人指定价格买卖的义务】行纪人低于委托人指定的价格卖出或者高于委托人指定的价格买入的，应当经委托人同意；未经委托人同意，行纪人补偿其差额的，该买卖对委托人发生效力。

行纪人高于委托人指定的价格卖出或者低于委托人指定的价格买入的，可以按照约定增加报酬；没有约定或者约定不明确，依据本法第五百一十条的规定仍不能确定的，该利益属于委托人。

委托人对价格有特别指示的，行纪人不得违背该指示卖出或者买入。

条文注释

行纪人应当依照委托人已明确指定的价格操作，行纪人违反委托人指示的交易而进行买卖的，委托人可以拒绝承受，因此而造成的损害，由行纪人赔偿。

一般情况下，行纪人低于委托人指定的价格卖出或者高于委托人指定的价格买入的，将给委托人带来损失，委托人不会同意。如果行纪人以高于委托人指定的价格卖出或者低于委托人指定的价格买入，如无特别约定，额外获得的利益归属于委托人，委托人自然愿意接受。但是，在委托人对价格有特别指示时，行纪人就不得违背委托人的指示卖出或者买入。

第九百五十六条　【行纪人的介入权】行纪人卖出或者买入具有市场定价的商品，除委托人有相反的意思表示外，行纪人自己可以作为买受人或者出卖人。

行纪人有前款规定情形的，仍然可以请求委托人支付报酬。

条文注释

行纪人的介入权，即行纪人按照委托人的指示实施行纪行为时，有权以自己作为买受人或者出卖人与委托人进行交易活动。如果在订立行纪合同或者行纪人在履行义务时告知委托人自己想作为买受人或者出卖人，委托人明确表示不同意的，行纪人便不能实施该行为。

第九百五十七条　【委托人及时受领、取回和处分委托物及行纪人提存委托物】行纪人按照约定买入委托物，委托人应当及时受领。经行纪人催告，委托人无正当理由拒绝受领的，行纪人依法可以提存委托物。

委托物不能卖出或者委托人撤回出卖，经行纪人催告，委托人不取回或者不处分该物的，行纪人依法可以提存委托物。

条文注释

1. 委托人无正当理由拒绝受领买入商品时,行纪人的提存权

行纪人行使提存权的条件是:第一,行纪人应当催告委托人在一定期限内受领,催告期应当与委托人进行约定,或者行纪人根据委托物的性质决定催告期的时间。催告是提存的前置程序,如果没有进行催告,不得直接将委托物提存。第二,委托人无正当理由逾期仍拒绝受领买入物。如果行纪人没有按照约定买入委托物,或者违反委托人的指示,买入的委托物不符合约定的,委托人可以拒绝受领。第三,行纪人应当依法提存买入物,主要是按照本法合同编通则分编中关于提存的规定行使提存权。

2. 委托人不处分、不取回不能出卖的委托物时,行纪人的提存权

委托行纪人出卖的委托物,如果不能卖出或者委托人撤回出卖委托物,行纪人应当通知委托人取回,行纪人虽然可以暂时代为保管,但没有继续保管委托物的义务。行纪人代为保管期间产生的相关费用应当由委托人负担。经过行纪人的催告,在合理期限内委托人逾期仍不取回或者不处分委托物的,行纪人可以依法行使提存权。

3. 行纪人享有拍卖权

拍卖权,是指委托人无故拒绝受领或者不取回出卖物时,法律赋予行纪人依照法定程序将委托物予以拍卖的权利,并可以优先受偿,即从拍卖后的价款中扣除委托人应付的报酬、偿付的费用以及损害赔偿金等,如果还有剩余,行纪人应当交给有关部门进行提存。

第九百五十八条　【行纪人的直接履行义务】行纪人与第三人订立合同的,行纪人对该合同直接享有权利、承担义务。

第三人不履行义务致使委托人受到损害的,行纪人应当承担赔偿责任,但是行纪人与委托人另有约定的除外。

条文注释

行纪人是为委托人的利益,受委托人的委托以自己的名义与第三人订立合同,委托人与第三人并不发生直接的法律关系。在因委托人的原因发生合同违约行为、追究违约责任时,第三人不得直接对委托人主张损害赔偿权,而只能向行纪人主张权利,而且行纪人也不得以自己没有过错为由而拒绝承担违约责任,行纪人只能先承担责任后,再向委托人行使追偿权。同样地,如果第三人违约,委托人不得直接对第三人行使请求权,

而只能向行纪人主张权利,行纪人此时也不得以自己无过错为由而拒绝承担自己的责任。行纪人承担责任向委托人履行后,再行使向第三人的追偿权。

第九百五十九条　【行纪人的报酬请求权及留置权】行纪人完成或者部分完成委托事务的,委托人应当向其支付相应的报酬。委托人逾期不支付报酬的,行纪人对委托物享有留置权,但是当事人另有约定的除外。

条文注释

1. 行纪人请求报酬的权利

行纪合同是双务有偿合同,行纪人负有完成委托事务的义务,与之相对应,委托人则负有向行纪人支付相应报酬的义务。一般而言,有以下几种情况:(1)行纪人按照委托人的指示和要求履行了全部合同的义务,有权请求全部报酬;(2)因委托人的过错使合同义务部分或者全部不能履行而使委托合同提前终止的,行纪人可以请求支付全部报酬;(3)行纪人完成部分委托事务的,可以按已履行的部分的比例请求给付报酬。委托人和行纪人也可以另行约定,比如双方约定,只要因非可归责于行纪人的原因导致委托事务不能完成的,委托人都应当支付全部报酬。

2. 行纪人享有留置权

委托人不按照约定支付报酬时,行纪人对其占有的委托物可以行使留置权。留置期届满后,以留置物折价或者从变卖留置物所得价款中优先受偿。行纪人留置委托物需具备以下几个条件:(1)已合法占有委托物。(2)必须具有委托人不按照约定支付报酬的事实存在。(3)如果委托人与行纪人在行纪合同订立时已经约定,不得将委托物进行留置的,行纪人就不得留置委托物,但是,行纪人可以要求委托人提供其他担保。

第九百六十条　【参照适用委托合同】本章没有规定的,参照适用委托合同的有关规定。

条文注释

行纪合同与委托合同有许多共同点,行纪关系中委托人与行纪人的关系就是委托关系,只不过委托的事项特殊固定。但是,行纪合同与委托合同又有诸多不同之处,在本章没有规定的情况下,也不能一概直接适用委托合同的有关规定,应视具体情况参照适用。

第二十六章 中介合同

第九百六十一条 【中介合同定义】中介合同是中介人向委托人报告订立合同的机会或者提供订立合同的媒介服务,委托人支付报酬的合同。

条文注释

中介合同,传统理论一般将其称为居间合同,是指当事人双方约定一方接受他方的委托,并按照他方的指示要求,为他方报告订立合同的机会或者为订约提供媒介服务,委托人给付报酬的合同。中介的宗旨是中介人把同一商品的买卖双方联系在一起,以促成交易后取得合理佣金的服务。无论何种中介,中介人都不是委托人的代理人,而只是居于交易双方当事人之间起介绍、协助作用的中间人。

中介合同的法律特征主要有:(1)中介合同以促成委托人与第三人订立合同为目的。(2)中介人在合同关系中处于介绍人的地位。(3)中介合同具有诺成性、双务性和不要式性。(4)中介合同具有有偿性。

第九百六十二条 【中介人报告义务】中介人应当就有关订立合同的事项向委托人如实报告。

中介人故意隐瞒与订立合同有关的重要事实或者提供虚假情况,损害委托人利益的,不得请求支付报酬并应当承担赔偿责任。

条文注释

中介人的报告义务是中介人在中介合同中承担的主要义务,中介人应依诚信原则履行此项义务。

所谓"如实报告",就是中介人所报告的情况应当是客观真实的。这就要求中介人尽可能了解更多的情况,必要时可能还要进行深入的调查,对了解到的信息进行核实,再将掌握的实际情况向委托人进行报告,以便委托人作出判断是否订立合同。

本条第2款规定故意隐瞒有关事实或者提供虚假情况的后果,应当从以下两个方面理解:第一,中介人主观上具有故意;第二,中介人客观上没有将与订立合同有关的重要事实向委托人报告,或者提供了虚假的情况。

除上述义务外,基于诚信原则,中介人还负有其他一些义务。例如,中介人不得对交易双方订立合同实施不利影响，从而影响合同的订立或损害委托人的利益；在中介活动中应当遵守法律、法规和国家政策，遵循商事惯例和交易习惯，不得从事违法的中介活动等。

第九百六十三条 【中介人报酬请求权】中介人促成合同成立的，委托人应当按照约定支付报酬。对中介人的报酬没有约定或者约定不明确，依据本法第五百一十条的规定仍不能确定的，根据中介人的劳务合理确定。因中介人提供订立合同的媒介服务而促成合同成立的，由该合同的当事人平均负担中介人的报酬。

中介人促成合同成立的，中介活动的费用，由中介人负担。

条文注释

在中介合同中，向中介人支付报酬是委托人的主要义务。中介人的报酬，通常也被称为“佣金”或者“中介费”，是中介人完成中介服务后委托人向中介人支付的酬劳。委托人和中介人应当在中介合同中约定报酬的数额和支付方式等。

如果委托人与第三人没有订立合同，或者合同并非因中介人的活动而成立，或者中介人最终促成的合同并非中介合同约定之合同，中介人都不能请求委托人支付报酬。

第九百六十四条 【中介人必要费用请求权】中介人未促成合同成立的，不得请求支付报酬；但是，可以按照约定请求委托人支付从事中介活动支出的必要费用。

条文注释

中介活动费用是中介人在促使合同成立的活动中支出的必要费用，与报酬不是一个概念。所谓“按照约定”，就是在合同未成立的情况下，中介人向委托人请求支付从事中介活动的必要费用，须以中介人和委托人之间存在合同未成立中介人亦享有费用请求权的约定为前提。反过来理解，在委托人与中介人没有约定委托人与第三人合同未成立而中介人仍可以主张返还从事中介活动的必要费用的情况下，中介人无权向委托人请求返还，委托人也没有义务向中介人支付该费用。结合本条规定和本法第963条第2款的规定可知，中介活动的费用原则上由中介人自己负担。在没有特别约定的情况下，不论中介人是否促成合同成立，中介人都要自己负担从事中介活动的费用。

第九百六十五条　【委托人私下与第三人订立合同后果】委托人在接受中介人的服务后，利用中介人提供的交易机会或者媒介服务，绕开中介人直接订立合同的，应当向中介人支付报酬。

条文注释

本条规定的是委托人实施"跳单"行为须承担向中介人支付报酬的法律后果。"跳单"，是指委托人接受中介人的服务后，利用中介人提供的订约信息或者媒介服务，绕开中介人直接与第三人签订合同的行为，其目的是规避向中介人支付报酬义务。

第九百六十六条　【参照适用委托合同】本章没有规定的，参照适用委托合同的有关规定。

条文注释

中介合同和委托合同有很多共同之处，都是当事人接受委托人委托从事一定事务的合同，只不过中介合同委托的事项特殊固定。但是，中介合同也有一些区别于委托合同的特点，所以委托合同的规定，有的也不适用于中介合同。在本章没有规定的情况下，可以参照适用委托合同的有关规定。例如，中介人应当亲自处理中介事务，不得擅自将中介事务交给他人处理；两个以上的中介人共同处理委托事务的，对委托人承担连带责任等。

第二十七章　合伙合同

第九百六十七条　【合伙合同定义】合伙合同是两个以上合伙人为了共同的事业目的，订立的共享利益、共担风险的协议。

条文注释

合伙合同，是指两个以上合伙人为了共同的事业目的，订立的共享利益、共担风险的协议。合伙合同以共同出资为基础，以共同事业为目的，以共享利益、共担风险为本质。

合伙合同具有以下特征：(1)合伙合同的主体为两个以上的合伙人。合伙人的数量要求两个以上，只有一个则无法成立合伙。(2)为了共同目的或者共同利益。(3)共享利益、共担风险。(4)合伙具有较强的人合性和一定的组织性。合伙合同的成立是基于合伙人之间的互相信任，合伙人之间可以互为代理人，且全体合伙人对合伙债务承担连带责任。(5)合伙合同为不要式合同（既可以是口头形式，也可以是书面形式或者其他形式）。(6)合伙合同是继续性合同。

关联法规

《合伙企业法》第18条

第九百六十八条 【合伙人履行出资义务】合伙人应当按照约定的出资方式、数额和缴付期限，履行出资义务。

条文注释

出资义务既是合伙人的根本义务，也是合伙得以成立的前提。合伙人的出资既可以是货币形式，也可以是非货币形式。对于非货币资产出资的，要按商定的或者法定评估机构进行评估的价值来计算并约定数额。缴付期限，即合伙人对用于出资的资产进行缴付的期限。对于合伙的出资，并不要求必须一次性完全缴付。合伙人可以采取实际缴付或者认缴的方式进行缴付。

关联法规

《合伙企业法》第16、17条

第九百六十九条 【合伙财产】合伙人的出资、因合伙事务依法取得的收益和其他财产，属于合伙财产。

合伙合同终止前，合伙人不得请求分割合伙财产。

条文注释

合伙财产包括两个部分：一是合伙人对合伙的出资，也就是合伙的原始财产；二是所有因合伙事务依法取得的收益和其他财产，如合伙经营的收入、债权、因他人违约或者侵权向合伙作出的赔偿或者补偿等。此处的“财产”仅指积极财产。

成立合伙企业后，合伙人的出资等财产都归合伙企业所有，需要登记的财产，应当登记在合伙企业名下。

合伙财产是合伙得以成立、存续和发展的重要条件，因此必须保证合伙财产的稳定性。合伙人在合伙合同终止前分割合伙财产，往往会影响到合伙的正常经营，甚至可能导致共同目的的落空。故合伙合同终止前，合伙人不得请求分割合伙财产。

关联法规

《合伙企业法》第20、21条

第九百七十条 【合伙事务的决定和执行】合伙人就合伙事务作出决定的，除合伙合同另有约定外，应当经全体合伙人一致同意。

合伙事务由全体合伙人共同执行。按照合伙合同的约定或者全体合伙人的决定，可以委托一个或者数个合伙人执行合伙事务；其他合伙人不再执行合伙事务，但是有权监督执行情况。

合伙人分别执行合伙事务的，执行事务合伙人可以对其他合伙人执行的事务提出异议；提出异议后，其他合伙人应当暂停该项事务的执行。

条文注释

1. 关于合伙事务的决定

由于合伙事务关系到全体合伙人的共同利益，原则上应当由全体合伙人共同决定，尤其是关于合伙事务或者合伙财产的重要事项，例如，改变合伙的事业目的或者经营范围，转让、处分合伙财产中的不动产等，必须由全体合伙人一致同意才能进行。当然，合伙合同可以对此作出特别约定。

2. 关于合伙事务的执行

每一个合伙人对企业的经营管理和其他事务的执行不但有参与权，而且权利平等。无论出资多少，出资方式是否相同，都不影响这一法定权利，不影响各合伙人在执行合伙事务时的平等资格。

但是，如果所有合伙事务都由全体合伙人共同执行，则程序将变得十分烦琐，容易导致经营效率低下，不利于合伙事务的执行、处理。因此，合伙人可以在合伙合同中约定，或者在订立合伙合同后由全体合伙人共同决定，委托一个或者数个合伙人来执行合伙事务。

3. 关于非执行事务合伙人的监督权

非执行合伙事务的合伙人虽然不直接参与合伙日常事务的经营管理，但是仍然享有对合伙重大事务的参与权和决定权，如参加合伙人会议，对重大事务行使表决权等。

本条第2款还赋予了非执行事务合伙人对合伙事务执行人执行合伙事务的监督权。该监督权的内容主要包括：执行事务的合伙人要向非执行事务的合伙人报告业务经营情况；必要时非执行事务合伙人有权查阅企业的有关会计账册，查看合伙财产的实际状况，等等。

4. 关于合伙人对其他合伙人执行事务的异议权

各执行事务合伙人既是事务执行人，也是他人执行事务的监督人。如果执行事务合伙人的行为有损合伙的利益、不当或有错误，其他执行事务的合伙人可以提出异议。一旦提出异议，就应暂停该项事务的执行。这主要是为了防止被提异议人对异议置之不理；如果已经造成损失，还可以防止损失的扩大。

关联法规

《合伙企业法》第26～30条

第九百七十一条 【执行合伙事务报酬】合伙人不得因执行合伙事务而请求支付报酬，但是合伙合同另有约定的除外。

条文注释

合伙人既是合伙的投资者也是经营者，合伙人执行合伙事务，既是其权利也是其义务。合伙人执行合伙事务也就是在处理自己的事务，因此，原则上合伙人不得以执行合伙事务为由请求支付报酬。

但是，合伙合同可以约定在委托部分合伙人执行合伙事务的情况下，对执行事务合伙人的报酬或者奖励办法，这种报酬或者奖励通常应与其劳务提供量、业绩和难易程度挂钩。

关联法规

《合伙企业法》第67条

第九百七十二条 【合伙的利润分配与亏损分担】合伙的利润分配和亏损分担，按照合伙合同的约定办理；合伙合同没有约定或者约定不明确的，由合伙人协商决定；协商不成的，由合伙人按照实缴出资比例分配、分担；无法确定出资比例的，由合伙人平均分配、分担。

条文注释

本条规定了合伙的利润分配和亏损分担的方法。首先，合伙的利润分配、亏损分担，应当按照合伙合同的约定办理。其次，合伙合同对此没有约定或者约定不明确时，还是应当尊重合伙人的意思，尽量由合伙人协商作出决定，充分体现意思自治原则。再次，如果合伙人经过协商仍未能作出决定的，则应当按照各合伙人的实缴出资比例进行分配、分担。需要注意的是，这里的出资比例应当是实缴出资的比例，不包括合伙人承诺出资或者应当出资而未实际缴付的部分。最后，合伙人之间的出资比例也无法确定的,只能由各合伙人平均分配和分担。前两种程序是合伙人之间协议、协商解决,后两种程序是由法律直接规定的一般原则。

关联法规

《合伙企业法》第33条

第九百七十三条 【合伙人的连带责任及追偿权】合伙人对合伙债务承担连带责任。清偿合伙债务超过自己应当承担份额的合伙人,有权向其他合伙人追偿。

条文注释

合伙人对合伙债务承担连带责任,是指全体合伙人以自己的所有财产向债权人承担连带责任,债权人可以请求任何一个或者数个合伙人清偿所有合伙债务。这是对合伙人的外部关系作出的规定。当合伙人实际偿付的合伙债务超过其应承担的份额时,就该超过部分,应当允许其向其他合伙人进行追偿。

关联法规

《合伙企业法》第38~40条

第九百七十四条 【合伙人转让其财产份额】除合伙合同另有约定外,合伙人向合伙人以外的人转让其全部或者部分财产份额的,须经其他合伙人一致同意。

条文注释

合伙财产属于全体合伙人共同共有,对合伙财产的处分应当按照合伙合同约定,或者经过全体合伙人同意。合伙人有权将其持有的合伙财产份额转让。该转让包括向合伙内部的其他合伙人转让和向合伙人以外的人转让。如果没有特别约定,合伙人将其全部或者部分合伙财产份额转让给合伙人以外的人,必须经过其他合伙人一致同意。

关联法规

《合伙企业法》第22、25条

第九百七十五条 【合伙人权利代位】合伙人的债权人不得代位行使合伙人依照本章规定和合伙合同享有的权利,但是合伙人享有的利益分配请求权除外。

条文注释

合伙人在合伙以外以自己名义，为自己的目的所从事的经营或交易等民事活动产生的有关债务，属于其个人债务，与合伙无关，应由合伙人自行偿还。

合伙人的债权人要求合伙人偿还债务，只能通过与合伙人签订合同或通过诉讼的方式，获得对合伙人在合伙中利益分配的请求权或者分割其在合伙财产中的份额以实现债权，而对合伙人的其他具有人身属性的权利，如合伙事务执行权、重大事务表决权、对合伙的监督权等均没有请求权。

关联法规

《合伙企业法》第41、42条

第九百七十六条　【合伙期限】合伙人对合伙期限没有约定或者约定不明确，依据本法第五百一十条的规定仍不能确定的，视为不定期合伙。

合伙期限届满，合伙人继续执行合伙事务，其他合伙人没有提出异议的，原合伙合同继续有效，但是合伙期限为不定期。

合伙人可以随时解除不定期合伙合同，但是应当在合理期限之前通知其他合伙人。

条文注释

合伙期限，即合伙合同的存续期限。实践中，基于各种原因，合伙合同可能对合伙期限并没有作出约定或者约定不明确。对于这种情况，合伙人可以补充协议；不能达成补充协议的，则按照合同相关条款或者交易习惯确定。按照合同相关条款或者交易习惯仍无法确定的，视为不定期合伙。

一般来说，合伙期限届满，合伙合同即告终止。但是，如果合伙人在合伙期限届满后，仍继续执行合伙事务，且其他合伙人也没有提出异议的，可以推定全体合伙人均具有使合伙继续存续的意思，因此法律规定这种情况下视为原合伙合同继续有效。但是由于约定的合伙期限已经届满，合伙人都没有约定新的合伙期限或者延长的期限，此时合伙合同的期限变为不定期。

合伙合同是继续性合同，对于不定期的合伙合同，合伙人均有任意解除权，其解除仅向将来发生效力。但是，合伙人解除合同，应当尽量不损害合伙及其他合伙人的利益，给予其他合伙人必要的准备时间，以便对合伙事务及时作出安排和调整。

如果合伙合同明确约定了合伙期限,在合伙期限届满前,除非有合伙合同约定的事由,或者行使法定解除权的重大事由等正当理由,合伙人不得解除合伙合同或者退伙。

关联法规

《合伙企业法》第46条

第九百七十七条 【合伙合同终止】合伙人死亡、丧失民事行为能力或者终止的,合伙合同终止;但是,合伙合同另有约定或者根据合伙事务的性质不宜终止的除外。

条文注释

当作为自然人的合伙人死亡、丧失民事行为能力,或者作为合伙人的法人、非法人终止的,合伙合同也应当终止。需要说明的是,合伙合同对此有所约定的,应当按照约定。

当合伙人死亡、丧失民事行为能力或者出现被宣告破产、解散等法定终止原因时,为了最大限度地保护全体合伙人的利益,合伙人的继承人、遗产管理人、法定代理人或者清算人应当及时通知其他合伙人,如果合伙事务的执行不宜停止,或者停止将给合伙人造成不可弥补之损失的,在通知后或者一时无法通知其他合伙人的情况下,还应当继续执行原合伙人未完成的有关事务。

第九百七十八条 【合伙剩余财产分配顺序】合伙合同终止后,合伙财产在支付因终止而产生的费用以及清偿合伙债务后有剩余的,依据本法第九百七十二条的规定进行分配。

条文注释

对于剩余财产,应按照本法第972条规定的利益分配规则进行分配,即首先按照合伙合同的约定办理;合伙合同没有约定或者约定不明确的,由合伙人协商决定;协商不成的,由合伙人按照实缴出资比例分配;无法确定出资比例的,由合伙人平均分配。

需要注意的是,合伙人将自己的财产交由全体合伙人共同使用,并非作为实物出资的,在支付因终止而产生的费用和清偿合伙债务之前,合伙人有权取回。因为该财产并不属于合伙财产,合伙人可以基于所有权要求返还。

第三分编 准 合 同

第二十八章 无 因 管 理

第九百七十九条 【无因管理构成要件及管理人主要权利】管理人没有法定的或者约定的义务,为避免他人利益受损失而管理他人事务的,可以请求受益人偿还因管理事务而支出的必要费用;管理人因管理事务受到损失的,可以请求受益人给予适当补偿。

管理事务不符合受益人真实意思的,管理人不享有前款规定的权利;但是,受益人的真实意思违反法律或者违背公序良俗的除外。

条文注释

根据本条的规定,无因管理应当满足以下要件:首先,管理人对所管理的事务没有法定或者约定的义务。这是认定是否构成无因管理的前提条件。其次,管理人管理他人的事务。这里的他人事务是指有关人们生活利益并能成为债务的一切事项,既可以是涉及他人经济利益的事项,也可以是涉及他人非经济利益的事项;既可以是管理财产的事项,也可以是提供服务的事项。最后,管理人具有管理他人事务的意思,即管理人有为他人谋取利益的意思或者有使管理行为所生的利益归于他人的意思。

第九百八十条 【不适当无因管理制度】管理人管理事务不属于前条规定的情形,但是受益人享有管理利益的,受益人应当在其获得的利益范围内向管理人承担前条第一款规定的义务。

条文注释

根据管理人的管理行为是否符合受益人的真实意愿,本章所规定的无因管理可以分为适当的无因管理和不适当的无因管理两类。所谓适当的无因管理,就是管理人没有法定的或者约定的义务,为避免他人利益受损失而管理他人事务,并且符合受益人真实意思的管理行为。所谓不适当的无因管理,就是管理人没有法定的或者约定的义务,为避免他人利益受损失而管理他人事务,但不符合受益人真实意思的管理行为。

对于不适当无因管理的后果,根据本法第 979 条第 2 款的规定,除受益人的真实意愿违反法律或者违背公序良俗外,不适当无因管理的管理人原则上不享有请求受益人偿还必要费用和补偿损失的权利。实践中,不适当无因管理的管理行为虽不符合受益人的真实意思,但是受益人事实上却享有了管理人在管理过程中所获得的管理利益。从公平的角度讲,且考虑到这种管理的管理人仍有为受益人利益进行管理的意愿,受益人在享受管理利益的同时也有义务偿还管理人在管理事务中所支付的必要费用;管理人因管理事务受到损失的,也可以请求受益人给予适当补偿。但是,受益人向管理人偿还的费用和补偿的损失不超过其在管理中获得的利益,对超出所得利益范围的费用和损失,其不承担偿还和补偿责任。

第九百八十一条 【管理人适当管理义务】管理人管理他人事务,应当采取有利于受益人的方法。中断管理对受益人不利的,无正当理由不得中断。

条文注释

管理人在管理他人事务时,应当履行一定的义务,其中最主要的是按照善良管理人的注意义务管理他人事务,这主要体现在以下方面:一是管理人依受益人明示的或者可推知的意思进行管理。二是管理人应当以利于受益人的方法进行管理。三是管理人还应当履行继续管理义务。管理人在开始管理后,如其中途停止管理行为较不管理对受益人更为不利的,管理人不得中断对事务的管理,应当继续管理事务。管理人违反该义务导致受益人的利益受到损害的,管理人应当承担损害赔偿责任。

第九百八十二条 【管理人通知义务】管理人管理他人事务,能够通知受益人的,应当及时通知受益人。管理的事务不需要紧急处理的,应当等待受益人的指示。

条文注释

管理人在管理事务时对受益人有通知的义务。管理人发出通知后应当中止管理行为,等待受益人的指示。受益人指示同意管理人管理其事务的,管理人可以继续管理;受益人没有指示或者虽有指示但拒绝其管理的,管理人不得再继续管理。但是如果管理人管理的事务属于紧急事务,如处置受益人所有的即将变质的海鲜食品,若不继续管理可能对受益人的利益造成重大损害,因此,管理人可在收到受益人指示前继续管理事务。

第九百八十三条 【管理人报告和交付义务】管理结束后，管理人应当向受益人报告管理事务的情况。管理人管理事务取得的财产，应当及时转交给受益人。

条文注释

根据本条的规定，管理人报告管理事务情况的时间原则上是在管理事务结束后，但在管理人中断管理事务或者受益人提出请求时，也应当将中断前管理事务的情况报告给受益人。管理人向受益人报告管理事务时，既可以采用书面形式，也可以采用口头形式或者其他方式。报告的内容原则上应当包括管理的过程、结果等，且报告的内容应当真实，不得欺瞒受益人，否则管理人应当承担责任。此外，管理人在履行报告义务时，还应当将其持有的与管理事务相关的所有资料交付给受益人，以确保受益人全面了解管理的过程和结果。对于管理人因履行报告义务而产生的必要费用，属于管理人有权请求受益人偿还的必要费用的组成部分，受益人应当偿还。管理人履行报告义务的前提是管理人可以确定受益人的情况，管理不知道受益人具体是谁或者不知道受益人的联系方式的，管理人可以暂不履行该义务，而将因管理他人事务而获得的收益予以提存。但是一旦知道了具体受益人及其联系方式，管理人仍应向受益人报告管理情况。

第九百八十四条 【受益人追认的法律效果】管理人管理事务经受益人事后追认的，从管理事务开始时起，适用委托合同的有关规定，但是管理人另有意思表示的除外。

条文注释

在管理人进行管理的过程中，受益人可以通过追认方式对管理人管理自己的事务予以追认。这种追认原则上应当以明示方式进行，在一定情况下也可以用默示方式进行，但受益人请求管理人返还因管理所获得利益行为本身不构成追认。

管理人管理事务开始后，一旦受益人追认，管理人与受益人之间的权利义务法律关系就由无因管理制度调整为委托合同制度。受益人的追认具有溯及既往的效力，即一旦受益人事后对管理人的管理事务进行追认，从管理人开始管理事务时起，双方当事人就应当按照委托合同的规定从事。

第二十九章　不当得利

第九百八十五条　【不当得利定义】得利人没有法律根据取得不当利益的，受损失的人可以请求得利人返还取得的利益，但是有下列情形之一的除外：

（一）为履行道德义务进行的给付；

（二）债务到期之前的清偿；

（三）明知无给付义务而进行的债务清偿。

条文注释

不当得利，是指没有法律根据，取得不当利益，造成他人损失的情形。因不当得利产生的债称为不当得利之债。本条规定，因得利人没有法律根据，取得不当利益，受损失的人有权请求其返还不当利益。

不当得利一般分为两种类型：

（1）给付型不当得利。给付型不当得利是指基于给付而产生的不当得利。构成给付型不当得利，有以下几个要件：一是基于给付而取得利益。二是他方当事人有损失。三是具有因果关系。四是没有法律根据。

（2）非给付型不当得利。非给付型不当得利是因给付以外的事由而发生的类型。其事由包括：一是基于受益人的行为而产生的不当得利。二是基于受害人的行为而产生的不当得利。三是基于第三人的行为而产生的不当得利。四是基于法律规定而产生的不当得利。五是基于自然事件而产生的不当得利。

本条是关于不得请求返还的不当得利的规定，主要针对的是给付型不当得利。

第九百八十六条　【善意得利人返还义务免除】得利人不知道且不应当知道取得的利益没有法律根据，取得的利益已经不存在的，不承担返还该利益的义务。

条文注释

受领人为善意时，仅负返还现存利益的义务，如果该利益已不存在，则不必返还原物或偿还价值额。这里的“善意”，是指受领人非因过失不知，即不知且不应知；没有法律根据，即无法律上的原因。

需要特别说明的是，这里的“取得的利益”有无的判断，不同于不当得利中的个别判断标准，应抽象概括地就受领人整个财产加以判断，以取得利益的过程而产生的现有财产总额与若无此事实应有财产的总额比较，而决定有无利益的存在。这种按照经济考察方法认定的利益概念，称为差额说，不当得利过程中出现的利益（积极项目）与不利益（消极项目）均应纳入计算，以其结算的余额，作为应返还的利益。

第九百八十七条　【恶意得利人返还责任】得利人知道或者应当知道取得的利益没有法律根据的，受损失的人可以请求得利人返还其取得的利益并依法赔偿损失。

条文注释

此处所说的“恶意”，是指受领人明知没有法律根据（无法律上的原因），包括受领时明知和其后明知，以及因过失而不知晓的情形。受领人为法人机关时，该机关的明知或者应知即为法人的明知或者应知。代理人的明知或者应知，应归被代理人负责。受领人为限制行为能力人的，应依其法定代理人的明知或者应知加以认定。

1. 自始恶意的受领人的返还责任

(1) 加重的返还责任。恶意受领人应将受领时取得的利益，附加利息，一并返还。(2) 受领人的支出费用请求权。

2. 嗣后恶意的受领人的返还责任

受领人如果是嗣后知道或者应当知道欠缺法律上的根据，那么在知道或者应当知道欠缺法律上的根据之前，依据本法第 986 条的规定，仅就现存利益负返还义务，若所取得的利益不存在，亦可主张不负返还责任；在知道或者应当知道欠缺法律上的根据之后，才开始承担本条的加重责任。

第九百八十八条　【第三人返还义务】得利人已经将取得的利益无偿转让给第三人的，受损失的人可以请求第三人在相应范围内承担返还义务。

条文注释

关于“无偿转让给第三人”，应该注意：(1) 须为无偿转让，如赠与或遗赠。只要是有偿转让，不论是否支付合理对价，都不能要求第三人承担返还义务。在半卖半送的廉价买卖(混合赠与)中,赠与部分仍可要求第三人承担返还义务。(2)须为原受领人所应返还的赠与物,包括所受利益以及基于该利益更有所得者。

第四编　人　格　权

第一章　一 般 规 定

第九百八十九条　【人格权编的调整范围】本编调整因人格权的享有和保护产生的民事关系。

条文注释

本编调整的是因人格权的享有和保护产生的民事关系。人格权的享有和保护涉及多个部门法，如宪法、民法、行政法、刑法等，本编仅涉及其中的民事关系。

关联法规

《宪法》第37、38条；《刑法》第238条；《治安管理处罚法》第27、40、43条

第九百九十条　【人格权类型】人格权是民事主体享有的生命权、身体权、健康权、姓名权、名称权、肖像权、名誉权、荣誉权、隐私权等权利。

除前款规定的人格权外，自然人享有基于人身自由、人格尊严产生的其他人格权益。

条文注释

本条第1款未对人格权采取概括定义的方式，而仅对人格权的具体类型进行了不全面的列举。关于所列举的人格权的具体类型，本法第110条第1款还规定了自然人享有婚姻自主权。婚姻自主权，是指自然人享有的结婚、离婚自由不受他人干涉的权利。该权利属于自然人人格权的一种，但对其的确认和保护主要体现在本法婚姻家庭编中。因此，本条未具体列举自然人享有的婚姻自主权，可以包含在第1款所规定的“等”中。

本条第2款适用的前提有三个：首先，法律没有对被侵犯的人格权益进行明确规定，并且无法纳入本条具体列举的人格权的保护范围。其次，

被侵犯的人格权益是基于人身自由、人格尊严产生的,因此是需要法律保护的。最后,只有自然人的人格权益才能通过本款予以保护,法人和非法人组织不能适用本款。

关联法规

《精神损害解释》第1条;《网络侵权规定》第1条

典型案例

养女墓碑刻名维权案①

典型意义:养子女在过世养父母墓碑上刻名的权益关涉人格尊严和人格平等,符合孝道传统和公序良俗,本案将此种人格权益纳入一般人格权予以保护,回应了社会发展所产生的新型人格权益保护需求,对类似案件处理具有参考价值。

第九百九十一条 【人格权受法律保护】民事主体的人格权受法律保护,任何组织或者个人不得侵害。

条文注释

人格权受法律保护,要求任何组织或者个人不得侵害。民事主体按照自己的意愿依法保护和行使人格权,不受干涉。民事主体保护和行使人格权时,应当履行法律规定的和当事人约定的义务,并且不得滥用民事权利损害国家利益、社会公共利益或者他人合法权益。

第九百九十二条 【人格权禁止性规定】人格权不得放弃、转让或者继承。

条文注释

首先,人格权不得放弃。作为专属于权利人享有的权利,人格权始终由权利主体享有,禁止权利主体随意放弃。其次,人格权不得转让。人格权作为整体必须由权利人享有,而不能转让给他人。最后,人格权不得继承。能够被继承的只能是个人的合法财产,而不能是人格权。

关联法规

《民法典》第993、1122条

---

① 参见《民法典颁布后人格权司法保护典型民事案例》之二。

第九百九十三条　【人格标识许可使用】民事主体可以将自己的姓名、名称、肖像等许可他人使用，但是依照法律规定或者根据其性质不得许可的除外。

条文注释

适用本条，需要注意以下几点：

(1)许可他人使用，是许可他人在商品、商标或者服务等上面使用，不包括他人正当使用别人的姓名等情形；同时，许可他人使用不仅包括以营利为目的的使用，而且包括以非营利为目的的使用。是否以营利为目的，是衡量赔偿损失数额的一个重要因素。

(2)许可使用也是一种民事法律行为，应当适用本法有关民事法律行为的一般性规定。此种许可使用不得违反法律和违背公序良俗，否则许可使用的民事法律行为无效。

(3)本条基于人格尊严保护的要求，规定了对许可使用的限制。这些限制主要如下：一是依照法律规定不得许可使用；二是根据其性质不得许可使用。这主要指的是人格尊严以及公序良俗的限制。许可使用的目的是更好地保护人格尊严，如果许可使用损害了人格尊严，就背离了上述目的，不应当被允许。

关联法规

《商标法》第43条；《企业名称登记管理规定》第23条；《人类辅助生殖技术管理办法》第3条

第九百九十四条　【死者人格利益保护】死者的姓名、肖像、名誉、荣誉、隐私、遗体等受到侵害的，其配偶、子女、父母有权依法请求行为人承担民事责任；死者没有配偶、子女且父母已经死亡的，其他近亲属有权依法请求行为人承担民事责任。

条文注释

本条适用的前提是：(1)被侵害者已经死亡。如果被侵害者并未死亡，而只是丧失民事行为能力，就不应适用本条。丧失民事行为能力人仍然具有民事权利能力，有权依法请求侵权人承担民事责任；不具有民事行为能力的，可以由监护人代理请求。(2)死者的姓名、肖像、名誉、荣誉、隐私、遗体等受到侵害。这包括但不限于以下情形：一是未经许可而擅自使用死者的姓名、肖像等；二是以侮辱、诽谤、贬损、丑化等方式，侵害死者的名誉、荣誉；三是以非法披露、利用等方式侵害死者的隐私；四是以非法利用、损害等方式侵害死者的遗体等。

关联法规

《刑法》第302条；《英雄烈士保护法》第25条；《精神损害解释》第3条

第九百九十五条 【不适用诉讼时效的请求权】人格权受到侵害的，受害人有权依照本法和其他法律的规定请求行为人承担民事责任。受害人的停止侵害、排除妨碍、消除危险、消除影响、恢复名誉、赔礼道歉请求权，不适用诉讼时效的规定。

关联法规

《食品安全法》第141条；《消费者权益保护法》第50条

第九百九十六条 【责任竞合情形下精神损害赔偿】因当事人一方的违约行为，损害对方人格权并造成严重精神损害，受损害方选择请求其承担违约责任的，不影响受损害方请求精神损害赔偿。

条文注释

精神损害赔偿，是指受害人因人格利益或身份利益受到损害或者遭受精神痛苦而获得的金钱赔偿。

受损害方请求行为人承担违约责任时，可以请求违约方承担精神损害赔偿责任。第一，受损害方应当证明行为人不履行合同义务或者履行合同义务不符合约定，同时也应当证明行为人的违约行为损害了自己的人格权并给自己造成了严重精神损害。第二，与侵权责任中的情形相同，确定精神损害赔偿的数额应当考虑行为人的主观过错程度，侵害的手段、场合、行为方式等具体情节，侵权行为所造成的后果等情形。第三，要适用本法合同编第8章“违约责任”的规定，尤其是关于违约责任的限制性规定，如本法第584条规定的可预见性规则、第590条规定的不可抗力免责规则、第591条规定的减损规则、第592条第2款规定的与有过错规则等，这些规则能够防止精神损害赔偿的范围过于宽泛。

关联法规

《旅游纠纷规定》第7条

第九百九十七条 【人格权行为禁令】民事主体有证据证明行为人正在实施或者即将实施侵害其人格权的违法行为,不及时制止将使其合法权益受到难以弥补的损害的,有权依法向人民法院申请采取责令行为人停止有关行为的措施。

条文注释

(1)本条适用的前提。首先,行为人正在实施或者即将实施侵害其人格权的违法行为。其次,不及时制止行为人的有关违法行为将使权利人的合法权益受到难以弥补的损害。最后,民事主体有证据证明。民事主体必须提出相关的证据,证明已经具备了申请责令停止有关行为的前提条件。

(2)本条适用的法律效果。本条适用的法律效果是,权利人有权依法向人民法院申请采取责令行为人停止有关行为的措施。具体而言,首先,权利人必须是向人民法院提出申请,申请的内容也必须具体明确,包括明确的对方当事人、申请采取的具体措施等。其次,申请的程序要依照法律的规定。

关联法规

《民事诉讼法》第103、104条;《反家庭暴力法》第4章

第九百九十八条 【认定人格侵权责任应考虑的主要因素】认定行为人承担侵害除生命权、身体权和健康权外的人格权的民事责任,应当考虑行为人和受害人的职业、影响范围、过错程度,以及行为的目的、方式、后果等因素。

条文注释

为妥当平衡好人格权保护和其他权利之间的关系,本条规定了认定行为人承担侵害人格权责任时的考量因素。具体包括:

(1)人格权的类型。生命权、身体权和健康权是自然人赖以生存的最基本的人格权,具有特殊性和最重要性,对这些权利应当进行最高限度的保护。据此,在认定侵害生命权、身体权和健康权是否需要承担民事责任时无须进行权衡,体现了对此类人格权的特殊保护。

(2)主体方面的因素。本条所规定的"行为人和受害人的职业、影响范围"就是关于主体方面因素的列举。

(3)主观的过错程度。主观过错程度越高,如行为人存在故意或者重大过失,则越可能侵害人格权而承担民事责任。

(4)行为方面的因素。本条所规定的“行为的目的、方式、后果”是对行为方面因素的列举。

除了本法之外,其他法律也规定了对人格权的限制。在其他法律对人格权进行合法限制的情况下,当符合法律规定的条件、权限、程序、救济时,适用这些法律的特别规定。

关联法规

《宪法》第40条;《刑事诉讼法》第143条;《国家安全法》第65条;《精神损害解释》第5条

第九百九十九条 【人格权的合理使用】为公共利益实施新闻报道、舆论监督等行为的,可以合理使用民事主体的姓名、名称、肖像、个人信息等;使用不合理侵害民事主体人格权的,应当依法承担民事责任。

条文注释

新闻报道是新闻单位对新近发生的事实的报道,包括对有关政治、经济、军事、外交等社会公共事务的报道以及有关社会突发事件的报道。舆论监督是社会公众运用各种传播媒介对社会运行过程中出现的现象表达信念、意见和态度,从而进行监督的活动。在新闻报道和舆论监督中,为了保障公民的知情权、维护国家利益和社会公共利益,可以合理使用民事主体的姓名、名称、肖像、个人信息等,无须得到民事主体的同意。

实施新闻报道、舆论监督等行为的,对民事主体的姓名、名称、肖像、个人信息等使用不合理,侵害民事主体人格权的,应当依法承担民事责任。第一,虽然在新闻报道和舆论监督中,可以不经民事主体的同意使用其姓名、名称、肖像、个人信息等,但这种使用必须是合理的。如果经判断认为使用不合理且侵害了民事主体人格权,则应当依法承担民事责任。第二,所谓“依法”,即依照本法和其他法律的规定,行为人承担民事责任,应当以符合本法和其他法律规定的构成要件为前提。

第一千条 【消除影响、恢复名誉、赔礼道歉等民事责任的承担】行为人因侵害人格权承担消除影响、恢复名誉、赔礼道歉等民事责任的,应当与行为的具体方式和造成的影响范围相当。

行为人拒不承担前款规定的民事责任的,人民法院可以采取在报刊、网络等媒体上发布公告或者公布生效裁判文书等方式执行,产生的费用由行为人负担。

条文注释

本条第1款的规定意味着，在是否适用这些民事责任规定时，应当考虑侵害人格权行为的具体方式和造成的影响范围。同时，还应当将被侵权人的心理感受及所受煎熬、痛苦的程度纳入考虑范围。

理解本条第2款的规定应注意以下几点：(1)行为人拒不承担消除影响、恢复名誉、赔礼道歉的民事责任。如果行为人主动承担了这些民事责任，就不存在执行的问题。(2)执行的方式是在报刊、网络等媒体上发布公告或者公布生效裁判文书等。(3)人民法院是“可以”而非“应当”采取。鉴于侵害人格权的情形较为复杂，发布公告或者公布裁判文书可能会导致后续的损害，本款因此赋予人民法院根据情况加以酌定处理的权力。

第一千零一条 【身份权的法律适用】对自然人因婚姻家庭关系等产生的身份权利的保护，适用本法第一编、第五编和其他法律的相关规定；没有规定的，可以根据其性质参照适用本编人格权保护的有关规定。

条文注释

对自然人因婚姻家庭关系等产生的身份权利的保护，首先应当适用本法总则编、婚姻家庭编和其他法律的相关规定。本法总则编以及婚姻家庭编对此种身份权利的保护进行了明确的规定，其他法律也有对自然人身份权利进行保护的相关规定，这些规定具有优先适用性。在对自然人的身份权利进行保护时，应当首先适用这些明确的特殊规定。没有特殊规定的，可以根据自然人因婚姻家庭关系等产生的身份权利的性质参照适用本编人格权保护的有关规定。

第二章 生命权、身体权和健康权

第一千零二条 【生命权】自然人享有生命权。自然人的生命安全和生命尊严受法律保护。任何组织或者个人不得侵害他人的生命权。

条文注释

生命权，是指自然人享有的以维护生命安全和生命尊严为内容的权利。生命权是自然人最为重要的人格权，是其他人格权和其他权利存在的前提，是从事民事活动和其他一切活动的前提和基本要求。

生命尊严受法律保护，是指自然人有权基于人格尊严，在消极意义上禁止他人侵害自己作为生命主体者的尊严；在积极意义上要求自己作为生命主体者的尊严获得应有的尊重，提升生命的品质。

第一千零三条　【身体权】自然人享有身体权。自然人的身体完整和行动自由受法律保护。任何组织或者个人不得侵害他人的身体权。

条文注释

身体权，是指自然人享有的以身体完整和行动自由受法律保护为内容的权利。自然人的身体权是自然人重要的人格权之一。

应当注意的是，虽然自然人死亡之后就不再享有身体权，但是，自然人死亡后的遗体、遗骨和骨灰也应当受到尊重。例如，对遗体的解剖必须符合现有规范的条件、权限和程序的规定，禁止对遗体进行商业性利用。死者近亲属也应当尊重自然人生前意愿，以不违反法律和违背公序良俗的方式处置死者的遗体、遗骨和骨灰。

第一千零四条　【健康权】自然人享有健康权。自然人的身心健康受法律保护。任何组织或者个人不得侵害他人的健康权。

条文注释

健康权，是指自然人享有的以身心健康受法律保护为内容的权利。健康是维持人体正常生命活动的基础，健康权是自然人重要的人格权之一。

应当注意的是，健康权的保护范围不仅限于身体健康，也应当包括心理健康，导致受害人产生精神分裂、痴呆、狂想症、恐惧症、焦虑症、抑郁症等侵害其心理健康的行为，也构成侵害健康权。另外，劳动能力的保持也属于健康权的内容之一。

第一千零五条　【法定救助义务】自然人的生命权、身体权、健康权受到侵害或者处于其他危难情形的，负有法定救助义务的组织或者个人应当及时施救。

条文注释

本条适用的前提是：(1)自然人的生命权、身体权、健康权受到侵害或者处于其他危难情形；(2)特定的组织或者个人负有法定的救助义务。

本条适用的法律效果是：负有法定救助义务的组织或者个人应当及

时施救。(1)应当及时施救,不得以未付费等为由拒绝或者拖延救助。(2)施救的措施包括亲自救助以及联系国家机关、急救机构等方式。

关联法规

《医师法》第27条;《道路交通安全法》第70条;《消防法》第44条;《基本医疗卫生与健康促进法》第27条

第一千零六条 【人体捐献】完全民事行为能力人有权依法自主决定无偿捐献其人体细胞、人体组织、人体器官、遗体。任何组织或者个人不得强迫、欺骗、利诱其捐献。

完全民事行为能力人依据前款规定同意捐献的,应当采用书面形式,也可以订立遗嘱。

自然人生前未表示不同意捐献的,该自然人死亡后,其配偶、成年子女、父母可以共同决定捐献,决定捐献应当采用书面形式。

条文注释

本条规定的主要内容如下:

(1)自然人享有捐献或者不捐献人体细胞、人体组织、人体器官和遗体的自主决定权。人体捐献与自然人的人格尊严密切相关,获得人体捐献者的同意是人体捐献最为重要的前提。

(2)人体捐献的意愿必须真实合法,任何组织或者个人不得强迫、欺骗、利诱捐献人捐献。一是人体捐献意愿必须是捐献人的真实意愿,捐献意愿不是由于遭受强迫、欺骗、利诱而作出的。二是人体捐献必须合法,不得违反法律规定和违背公序良俗。

(3)完全民事行为能力人才有权依法自主决定是否进行人体捐献。人体捐献者必须对捐献行为具有充分的判断和辨认能力,未成年人以及不能辨认或者不能完全辨认自己行为的成年人等限制民事行为能力人和无民事行为能力人,作出的同意人体捐献的决定是无效的。

(4)完全民事行为能力人同意捐献的,应当采用书面形式,也可以订立遗嘱。本法继承编对遗嘱的形式进行了严格的限定,足以确保捐献意愿的真实。

(5)自然人生前未表示不同意捐献的,该自然人死亡后,其配偶、成年子女、父母可以共同决定捐献,决定捐献应当采用书面形式。

关联法规

《人体器官移植条例》第7、8条;《人体器官移植技术临床应用管理暂

行规定》第30条

第一千零七条　【禁止人体买卖】禁止以任何形式买卖人体细胞、人体组织、人体器官、遗体。

违反前款规定的买卖行为无效。

条文注释

本条第1款首先明确，禁止以任何形式买卖人体细胞、人体组织、人体器官、遗体，人体捐献只能是无偿的。买卖人体的形式在实践中多种多样，任何形式只要构成实质上的买卖，都应当被禁止。本条第2款进一步明确，违反前款规定的买卖行为无效。

关联法规

《人体器官移植条例》第3条

第一千零八条　【人体临床试验】为研制新药、医疗器械或者发展新的预防和治疗方法，需要进行临床试验的，应当依法经相关主管部门批准并经伦理委员会审查同意，向受试者或者受试者的监护人告知试验目的、用途和可能产生的风险等详细情况，并经其书面同意。

进行临床试验的，不得向受试者收取试验费用。

条文注释

人体临床试验，又称人体试验，是指在病人或健康志愿者等受试者的人体上进行系统性研究，以了解新药、医疗器械或者发展新的预防和治疗方法的疗效与安全性。目前，我国对人体临床试验已有相关的规范。例如，《基本医疗卫生与健康促进法》第32条第3款规定，开展药物、医疗器械临床试验和其他医学研究应当遵守医学伦理规范，依法通过伦理审查，取得知情同意。《疫苗管理法》第16～18条对疫苗的临床试验、《药品管理法》第18～23条对药物的临床试验都作出了规定。

本条规定的主要内容如下：

(1)人体临床试验应当依法经相关主管部门批准并经伦理委员会审查同意。

(2)受试者享有是否参加试验的自主决定权。

(3)受试者同意参加临床试验的意愿必须真实合法。这要求必须告知受试者必要、完整的信息，并以受试者能够理解的语言文字表达。

(4)知情同意权由受试者或者监护人依法行使。如果受试者是完全民事行为能力人，就能够单独有效地行使知情同意权。但是，在受试者不具备完全的民事行为能力时，本法仅作出了原则性规定，具体由特别法进一步规定。

(5)知情同意必须是书面形式。应当对知情同意的形式严格限制为书面形式，这也是我国现行有关规范的共识。

(6)进行临床试验的，不得向受试者收取试验费用。

关联法规

《疫苗管理法》第16、18条；《药品管理法》第19、21条；《药品管理法实施条例》第30条；《涉及人的生物医学研究伦理审查办法》

第一千零九条 【与人体基因、人体胚胎等有关的医学科研活动】从事与人体基因、人体胚胎等有关的医学和科研活动，应当遵守法律、行政法规和国家有关规定，不得危害人体健康，不得违背伦理道德，不得损害公共利益。

条文注释

与人体基因有关的医学和科研活动，包括基因鉴定、基因制药、基因诊断、基因治疗、基因编辑、基因克隆等。与人体胚胎有关的医学和科研活动，包括与人体胚胎干细胞等有关的治疗性研究和生殖性研究。本条规定主要包括以下内容：

(1)尊重人格尊严。从事与人体基因、人体胚胎等有关的医学和科研活动，必须建立在尊重人格尊严的基础上，这意味着，应当禁止违背人格尊严、生命保护的一切行为。从事与人体基因、人体胚胎等有关的医学和科研活动，应当以治疗疾病和提升人类福祉为目的，不得危及特定人员和全人类的健康利益。

(2)尊重知情同意权。从事与人体基因、人体胚胎等有关的医学和科研活动，应当事先征得有关人员自愿、知情和明确表示的同意，向其提供清楚、公正、充分和适当的信息，尊重其作出决定的自主权。

(3)尊重当事人的隐私，保护相关个人信息。从事相关活动时，应尊重当事人的隐私，对与个人有关的遗传信息应加以保密。

(4)正当程序等保障。包括研究活动的专业谨慎、诚实正直与决策的透明理性，伦理委员会的评估，利益共享，团结互助与国际合作。

关联法规

《基因工程安全管理办法》第2、3、30条；《人胚胎干细胞研究伦理指

导原则》

第一千零一十条　【性骚扰】违背他人意愿，以言语、文字、图像、肢体行为等方式对他人实施性骚扰的，受害人有权依法请求行为人承担民事责任。

机关、企业、学校等单位应当采取合理的预防、受理投诉、调查处置等措施，防止和制止利用职权、从属关系等实施性骚扰。

条文注释

本条第 1 款规定了性骚扰的一般构成条件：(1) 性骚扰中的受害人是所有的自然人；(2) 行为与性有关；(3) 性骚扰构成的核心是违背他人意愿；(4) 行为一般具有明确的针对性；(5) 行为人主观上一般是故意的。同时规定，如果行为人实施性骚扰行为，受害人有权依法请求行为人承担民事责任。这意味着，如果本法和其他法律规定行为人承担民事责任，还需具备其他的责任构成要件，或者进一步对责任后果予以细致规定的，应当依照其规定。

依照本条第 2 款的规定，一方面，这些单位负有防止和制止利用职权、从属关系等实施性骚扰而采取措施的义务。另一方面，这些单位应当采取合理的预防、受理投诉、调查处置等措施。这些措施涵盖了事前的预防、事中的受理投诉和事后的调查处置各个层面。

关联法规

《妇女权益保障法》第 23 条；《治安管理处罚法》第 42、44 条；《女职工劳动保护特别规定》第 11 条

第一千零一十一条　【侵害行动自由和非法搜查身体】以非法拘禁等方式剥夺、限制他人的行动自由，或者非法搜查他人身体的，受害人有权依法请求行为人承担民事责任。

条文注释

本条规定了如下内容：

(1) 非法剥夺、限制他人行动自由。本条的行动自由，指的是身体行动的自由，不包括意志的自由或者精神活动的自由。非法剥夺、限制他人行动自由在实践中的表现方法多种多样，如非法拘禁，非法逮捕、拘留，非法绑架，非法强制住院治疗等。

(2) 非法搜查他人身体。首先，必须是对他人身体的搜查。如果非法

搜查他人住宅等,不能适用本条,可以适用本法关于隐私权的规定。其次,搜查他人身体的行为必须是非法的。如果是依照《刑事诉讼法》等法律的规定对他人身体进行搜查,不构成非法搜查他人身体。

关联法规

《宪法》第37条;《精神损害解释》第1条

第三章 姓名权和名称权

第一千零一十二条 【姓名权】自然人享有姓名权,有权依法决定、使用、变更或者许可他人使用自己的姓名,但是不得违背公序良俗。

条文注释

根据本条规定,姓名权的内容主要包括四个方面:

(1)决定姓名的权能。需要强调的是,自然人有权决定自己的姓名,但这种决定权应当依法行使。依法决定体现在以下两个方面:一是对姓氏的选择应当依法进行;二是姓名的选取应当遵循一定的程序。本法第1016条中规定,自然人决定、变更姓名的,应当依法向有关机关办理登记手续。

(2)使用姓名的权能。使用自己的姓名是自然人享有姓名权的重要内容,也是姓名权的本质特征。姓名权人有权按照自己的意志决定自己的姓名如何使用、在何处使用。

(3)变更姓名的权能。自然人有权变更自己的姓名是其行使姓名权的应有之义。自然人出生后,由于其为无民事行为能力人,其姓名由监护人决定,本人在具备完全民事行为能力后,有权对自己的姓名进行变更。

(4)许可他人使用自己的姓名的权能。这里需要强调两点:一是姓名权人许可他人使用自己的姓名不是转让姓名权。姓名权作为一种人格权,本身与姓名权人不可分割,因此不可转让。二是许可他人使用自己的姓名并非指姓名在社会交往中的正常使用。这里的姓名权人许可他人使用,是指超出正常社会交往范畴的使用,如使用他人的姓名打广告、促销,借用他人的名义召开会议等。

典型案例

未成年人姓名变更维权案①

典型意义：本案系适用《民法典》保护未成年人合法姓名变更权的典型案例。实务中，因夫妻离异后一方变更未成年人姓名而频频引发纠纷。本案审理法院坚持以未成年人利益最大化为原则，将《民法典》人格权编最新规定与《未成年人保护法》有机结合，充分听取具有一定判断能力和合理认知的未成年人的意愿，尊重公民姓名选择的自主权，最大限度地保护了未成年人的人格利益，收到了良好的社会效果。

第一千零一十三条　【名称权】法人、非法人组织享有名称权，有权依法决定、使用、变更、转让或者许可他人使用自己的名称。

条文注释

根据本条规定，名称权的内容包括五个方面：

(1)决定名称的权能。法人、非法人组织对名称的权利首先体现为名称的决定权，即其有权决定本组织取什么样的名称。法人或者非法人组织通过决定名称对外显示其行业、组织形式等相关信息。

(2)使用名称的权能。法人或者非法人组织对自己的名称享有独占使用的权利，任何组织或者个人都不得非法干涉其使用。

(3)变更名称的权能。法人或者非法人组织在使用名称过程中，有权按照自己的意愿变更自己的名称，任何组织或者个人不得非法干预。但是除了法律、行政法规另有规定外，变更名称必须依照法定程序进行变更登记。

(4)转让名称的权能。法人或者非法人组织对其名称享有转让的权能，这是名称权与姓名权的重要区别。法人或者非法人组织可以将其对名称享有的权利全部转让给其他法人或者非法人组织，受让人成为该名称权的主体，转让人丧失该名称权。

(5)许可使用的权能。法人或者非法人组织享有在一定范围和期限内允许其他法人或者非法人组织使用自己名称的权利。法人或者非法人组织在许可他人使用自己名称的同时，自己仍可以继续使用该名称，在没

① 参见《民法典颁布后人格权司法保护典型民事案例》之一。

有特别约定的情况下，还可以允许多个主体使用该名称，这是许可使用名称与转让名称最大的区别。

关联法规

《市场主体登记管理条例》第10条；《企业名称登记管理规定》第3、6、7、9、10、13条

第一千零一十四条　【姓名权或名称权不得被非法侵害】 任何组织或者个人不得以干涉、盗用、假冒等方式侵害他人的姓名权或者名称权。

条文注释

本条列举了几种较为典型的侵害方式：

(1)干涉，即无正当理由干涉他人对姓名的决定、使用、变更或者许可他人使用的权利，无正当理由干涉法人或者非法人组织对其名称的决定、使用、变更、转让或者许可他人使用的权利。

(2)盗用，即未经姓名权人、名称权人同意或者授权，擅自以姓名权人、名称权人的姓名或者名称实施有害于他人或者社会的行为。

(3)假冒，即侵权人假冒姓名权人或者名称权人之名进行活动，表现为民事主体从事民事活动时不用自己的姓名或者名称而使用他人姓名或者名称。

关联法规

《英雄烈士保护法》第22、23条；《精神损害解释》第1条

典型案例

网络竞价排名侵害名称权案①

典型意义： 名称权是企业从事商事活动的重要标识性权利，已逐渐成为企业的核心资产。本案立足于数字经济发展新赛道，通过揭示竞价排名广告的商业逻辑，明确他人合法注册的企业名称受到保护，任何人不得通过"蹭热点""傍名牌"等方式侵害他人企业名称权。同时，本案还对网络服务提供者的审查义务进行了厘定，敦促其利用技术优势实质性审查"竞价排名"关键词的权属情况等，对制约商标侵权、不正当竞争行为，规范行业竞争秩序，构筑健康的品牌经济具有积极作用。

---

① 参见《民法典颁布后人格权司法保护典型民事案例》之三。

第一千零一十五条　【自然人选取姓氏】自然人应当随父姓或者母姓，但是有下列情形之一的，可以在父姓和母姓之外选取姓氏：

（一）选取其他直系长辈血亲的姓氏；

（二）因由法定扶养人以外的人扶养而选取扶养人姓氏；

（三）有不违背公序良俗的其他正当理由。

少数民族自然人的姓氏可以遵从本民族的文化传统和风俗习惯。

关联法规

《婚姻家庭编解释一》第59条

第一千零一十六条　【决定、变更姓名、名称或转让名称的法定程序及法律效力】自然人决定、变更姓名，或者法人、非法人组织决定、变更、转让名称的，应当依法向有关机关办理登记手续，但是法律另有规定的除外。

民事主体变更姓名、名称的，变更前实施的民事法律行为对其具有法律约束力。

条文注释

自然人的姓名的决定关系该自然人参与社会经济生活，特别是涉及其从事民事法律行为等相关问题，因此自然人决定姓名时除了需要具备民事行为能力外，还需要遵循法定的程序，办理法定的手续。自然人变更姓名也必须遵守相关规定，遵循法定程序，不得擅自进行变更。应当注意的是，这里的姓名指的是法定姓名（即正式姓名）的决定或者变更，并不包括本法第1017条规定的笔名、艺名等的决定或者变更，笔名、艺名等非法定姓名的决定或者变更并不需要进行登记。

我国法律法规以及规章对法人、非法人组织的设定、变更、转让作了相关规定，设定了一定的程序，特别是登记程序。原则上，法人或者非法人组织变更自己的名称或者转让自己的名称都需要进行变更或者转让登记。需要指出的是，根据我国相关法律法规的规定，并非所有法人或者非法人组织变更或者转让自己的名称都需要进行登记，如本法总则编规定的机关法人的决定或者变更就不需要办理登记手续。因此，本条特别规定"但是法律另有规定的除外"。

关联法规

《高等教育法》第29条；《律师法》第21条；《互联网上网服务营业场所管理条例》第13条

第一千零一十七条 【笔名、艺名等的保护】具有一定社会知名度，被他人使用足以造成公众混淆的笔名、艺名、网名、译名、字号、姓名和名称的简称等，参照适用姓名权和名称权保护的有关规定。

条文注释

姓名和名称都有狭义和广义之分，狭义的姓名是某一自然人的正式姓名(在国家户口登记机关登记的法定姓名)，狭义的名称是某一法人、非法人组织的正式名称(在国家相关机关登记的名称)，本法第1012～1016条的规定主要针对的是狭义的姓名和名称。广义上的姓名和名称不仅包括正式姓名和正式名称，还包括笔名、艺名、网名、译名、字号、姓名和名称的简称等。但是，笔名、艺名、网名、译名、字号、姓名和名称的简称等毕竟不是登记的正式姓名或者名称，并非任何笔名、艺名、网名、译名、字号、姓名和名称的简称等都应当受到法律保护，只有满足一定条件的笔名、艺名、网名、译名、字号、姓名和名称的简称等才受法律保护：(1)具有一定社会知名度或者为相关公众所知悉；(2)被他人使用足以致使公众混淆的。

关联法规

《反不正当竞争法》第6条

第四章 肖 像 权

第一千零一十八条 【肖像权及肖像】自然人享有肖像权，有权依法制作、使用、公开或者许可他人使用自己的肖像。

肖像是通过影像、雕塑、绘画等方式在一定载体上所反映的特定自然人可以被识别的外部形象。

条文注释

根据本条规定，肖像权的内容包括以下四个方面：

(1)依法制作自己肖像的权能。制作肖像权能，又称形象再现权能，即自然人有权自己或者许可他人通过造型艺术形式或者其他形式再现自己的外部形象。这项权能是肖像权的基本权能，也是肖像权的其他权能的基础和前提。

(2)依法使用肖像的权能。肖像权人有权将自己的肖像用于任何合法的目的，这种目的既可以产生精神上的愉悦，也可以获得一定的财产利益。肖像权人使用肖像的方式是多样的,既可以用复制、展示的方式,也可以用销售的方式。

(3)依法公开肖像的权能。肖像权人对于已经制作的肖像,可以自己对外公开或者许可他人公开,禁止他人擅自公开。例如,将自己拍摄或者他人拍摄的本人照片公开等。

(4)许可他人使用肖像的权能。肖像权人对于自己的肖像是否使用、如何使用享有完全的权利,其可以通过授权或者同意等方式许可他人使用自己的肖像。这是肖像权人对自己肖像的自主决定权的重要体现。这种许可使用既可以是有偿的,也可以是无偿的。

本条第2款规定,本法所称肖像是通过影像、雕塑、绘画等方式在一定载体上所反映的特定自然人可以被识别的外部形象。也就是说,肖像由自然人外部形象、外部形象载体和可识别性三个要件构成。

关联法规

《广告法》第33条;《妇女权益保障法》第28条

第一千零一十九条 【肖像权的保护】任何组织或者个人不得以丑化、污损,或者利用信息技术手段伪造等方式侵害他人的肖像权。未经肖像权人同意,不得制作、使用、公开肖像权人的肖像,但是法律另有规定的除外。

未经肖像权人同意,肖像作品权利人不得以发表、复制、发行、出租、展览等方式使用或者公开肖像权人的肖像。

条文注释

本条从三个方面对禁止任何组织或者个人侵犯他人肖像权作了规定:

一是明确规定,任何组织或者个人不得以丑化、污损,或者利用信息技术手段伪造等方式侵害他人的肖像权。本规定只列举了比较典型的、有可能对肖像权人造成严重后果的几种侵害肖像权的情形,但现实生活中侵害肖像权的形式多种多样,远不止这几种。

二是明确规定,未经肖像权人同意,不得制作、使用、公开肖像权人的肖像,但是法律另有规定的除外。根据本条的规定,除了法律另有规定外,制作、使用、公开肖像权人的肖像都必须经过肖像权人同意。即使是经过肖像权人的同意,可以制作、使用、公开其肖像,但是存在丑化、污损,或者利用信息技术手段伪造肖像等情形的,同样构成侵害他人肖像权,也是本法不允许的。本条中的“法律另有规定”主要是指本法第1020条规定的几种可以合理使用的情形。

三是明确规定，未经肖像权人同意，肖像作品权利人不得以发表、复制、发行、出租、展览等方式使用或者公开肖像权人的肖像。现实生活中，有些肖像权人与肖像作品权利人并非同一主体，这种情况下，肖像作品权利人虽享有肖像作品的著作权，但未经肖像权人同意，也不得以发表、复制、发行、出租、展览等方式使用或者公开肖像权人的肖像。

关联法规

《英雄烈士保护法》第22条；《精神卫生法》第4条；《妇女权益保障法》第28条

典型案例

楼某熙诉杜某峰、某网络技术有限公司肖像权纠纷案[1]

典型意义：本案是人民法院依法打击网络侵权行为，保护自然人人格权益的典型案件。本案中，行为人于“七七事变”纪念日在微博上发表不当言论，并附有他人清晰脸部和身体特征的图片，意图达到贬低、丑化祖国和中国人的效果。该行为不仅侵犯了他人的肖像权，而且冲击了社会公共利益和良好的道德风尚。审理法院在本案判决中依法适用《民法典》的规定保护他人的肖像权，同时结合案情，将“爱国”这一社会主义核心价值观要求融入裁判说理，既依法维护了当事人的合法权益，也充分发挥了司法裁判的引领示范作用，突出弘扬了爱国主义精神的鲜明价值导向，有利于净化网络环境，维护网络秩序。

第一千零二十条　【肖像权的合理使用】合理实施下列行为的，可以不经肖像权人同意：

（一）为个人学习、艺术欣赏、课堂教学或者科学研究，在必要范围内使用肖像权人已经公开的肖像；

（二）为实施新闻报道，不可避免地制作、使用、公开肖像权人的肖像；

（三）为依法履行职责，国家机关在必要范围内制作、使用、公开肖像权人的肖像；

---

① 参见《人民法院贯彻实施民法典典型案例（第一批）》之七。

（四）为展示特定公共环境，不可避免地制作、使用、公开肖像权人的肖像；

（五）为维护公共利益或者肖像权人合法权益，制作、使用、公开肖像权人的肖像的其他行为。

条文注释

本条是关于肖像权合理使用的规定。符合本条规定的特定事由，可以不经过肖像权人的同意，直接使用肖像权人的肖像，不构成侵害肖像权。需要强调的是，即使构成本条规定的五种情形之一，也必须合理实施制作、使用、公布他人肖像的行为。

关联法规

《著作权法》第24、25条

第一千零二十一条　【肖像许可使用合同解释规则】当事人对肖像许可使用合同中关于肖像使用条款的理解有争议的，应当作出有利于肖像权人的解释。

第一千零二十二条　【肖像许可使用合同解除权】当事人对肖像许可使用期限没有约定或者约定不明确的，任何一方当事人可以随时解除肖像许可使用合同，但是应当在合理期限之前通知对方。

当事人对肖像许可使用期限有明确约定，肖像权人有正当理由的，可以解除肖像许可使用合同，但是应当在合理期限之前通知对方。因解除合同造成对方损失的，除不可归责于肖像权人的事由外，应当赔偿损失。

条文注释

肖像许可使用合同是肖像权人许可他人使用自己肖像最为典型的许可方式，是指肖像权人与他人通过签订合同的方式约定他人在特定期限、特定范围内以特定方式使用自己的肖像。本法第1021、1022条是关于肖像许可使用合同特殊规则的规定。本法第1021条的解释规则与一般合同的解释规则有所不同。之所以这样规定，是为了加强对肖像权的保护。

本法第1022条针对肖像许可使用合同的使用期限问题作了特别规定。该条第1款的规定实际上赋予了双方当事人在肖像许可使用合同对肖像许可使用期限没有约定或者约定不明确的情况下任意解除合同的权利，但任何一方当事人行使这种任意解除权，应当在合理期限之前通知对方当事人，至于“合理期限”有多长，应当根据个案确定。这与一般合同的期限约定不明或者没有约定的情况下的处理规则不完全相同。

第1022条第2款的规定实际上赋予了肖像权人即使在许可使用期限约定明确的情况下，也可以单方解除肖像许可使用合同的权利。赋予肖像权人单方解除权也是为了更好地保护肖像权人的人格利益。但肖像权人行使这种单方解除权要受以下条件相应限制。

第一千零二十三条　【姓名许可和声音保护的参照适用】对姓名等的许可使用，参照适用肖像许可使用的有关规定。

对自然人声音的保护，参照适用肖像权保护的有关规定。

条文注释

本条第1款之所以规定对姓名等的许可使用参照适用而非直接适用肖像许可使用的有关规定，主要是考虑到姓名、名称与肖像虽都可以被许可使用，但毕竟是不同的人格权，存在不同之处。从本章的规定看，姓名等的许可使用，可以参照适用的肖像许可使用规则主要是本法第1021、1022条的规定。

根据本条第2款的规定，对自然人的声音应当加以保护，但受到保护的声音应当足以识别到特定自然人，且考虑到声音毕竟还不能构成一种具体的人格权，所以只能参照适用而不能完全适用肖像权保护的规则。单纯模仿他人的声音并不构成侵权，但是若以侮辱性或者其他违背公序良俗的方式模仿或者伪造他人声音的，则可以适用肖像权保护的相关规定，予以禁止。

第五章　名誉权和荣誉权

第一千零二十四条　【名誉权及名誉】民事主体享有名誉权。任何组织或者个人不得以侮辱、诽谤等方式侵害他人的名誉权。

名誉是对民事主体的品德、声望、才能、信用等的社会评价。

条文注释

本条第1款规定，任何组织或者个人不得以侮辱、诽谤等方式侵害他人的名誉权。在判断某一行为是否构成侵害他人的名誉权时，需要注意以下几点:(1)受害人的社会评价是否降低,受害人社会评价没有降低就不存在名誉权受损害的问题。(2)如果行为人发布的信息或者所作的陈述真实客观,且没有包含侮辱性的内容,即使受害人认为自己的名誉受到了损害,也不构成名誉权侵权。(3)行为人侵害他人名誉权的行为需要受害人以外的人知悉。如果行为人的侵害行为没有被受害人以外的人知悉,受害人的社会评价就不存在降低或者受损的问题,自然也就不存在名誉权受损害的问题。(4)行为人的行为具有过错。名誉权侵权属于一般侵权行为,因此,行为人的行为具有过错也是侵害名誉权的构成要件,这种过错既可以表现为故意,也可以表现为过失。(5)在判断是否构成名誉权侵权以及承担损害赔偿责任的程度时,除了要考虑前述要件外,还需要考虑多种因素。

本条第2款明确规定,名誉是对民事主体的品德、声望、才能、信用等的社会评价。根据本款规定,自然人的名誉感是一种内心的主观感受,不属于社会评价,不纳入名誉权的保护范围。如果自然人认为自己的名誉感受到了他人的侵害,且有证据证明他人的行为有过错、过错行为与自己名誉感受损之间存在因果关系,可以以自己的人格尊严受到侵害为由,要求对方承担民事责任。

关联法规

《英雄烈士保护法》第22条;《妇女权益保障法》第28条

典型案例

安徽某医疗科技公司诉安徽某健康科技公司名誉权纠纷案①

典型意义:党的二十大报告强调要优化民营企业发展环境,依法保护民营企业产权和企业家权益,促进民营经济发展壮大。企业名誉是企业赖以生存和发展的重要基础,依法保护企业名誉权是构建法治化营商环境的应有之义。《民法典》第110条确认了法人、非法人组织享有名誉权,第1024条规定任何组织和个人不得以侮辱、诽谤等方式侵害他人名誉权。本案中,安徽某健康科技公司未经核实,采取投诉、公开发布指责声明的方式,侵犯同行业安徽某医疗科技公司名誉,致使其商业信誉降低,构成侵犯企业名誉权。人民法院依法判决安徽某健康科技公司停止侵害、删除发布在网站上的不

① 参见《人民法院贯彻实施民法典典型案例(第二批)》之八。

实信息并登报赔礼道歉,既保护了被侵权企业的合法权益,也有利于维护市场竞争秩序,促进行业在良性竞争中发展。

物业公司诉业主名誉侵权案①

典型意义: 本案明确业主为维护自身权益对监督事项所作负面评价未超出必要限度的,不构成对物业公司的名誉侵权,依法合理划分了法人、非法人组织人格权的享有与公民行为自由的边界。

第一千零二十五条 【实施新闻报道舆论监督等行为与保护名誉权关系】 行为人为公共利益实施新闻报道、舆论监督等行为,影响他人名誉的,不承担民事责任,但是有下列情形之一的除外:

(一)捏造、歪曲事实;

(二)对他人提供的严重失实内容未尽到合理核实义务;

(三)使用侮辱性言辞等贬损他人名誉。

条文注释

根据本条规定,有下列情形之一的,实施新闻报道、舆论监督等行为的行为人仍应当承担民事责任:

(1)捏造、歪曲事实。若行为人在新闻报道、舆论监督中捏造或者歪曲事实,不但违反了新闻报道、舆论监督的最基本要求,而且为假借新闻报道、舆论监督之名行诬告、陷害之实打开了方便之门,会对他人的名誉造成损害,实际上是滥用新闻报道、舆论监督的行为。对于捏造、歪曲事实这种主观恶意大、后果较为严重的侵权行为,法律必须禁止,行为人也必须承担法律责任。

(2)对他人提供的严重失实内容未尽到合理核实义务。这里需要注意两点:第一,本条强调的是对他人提供的“严重失实内容”未尽到合理核实义务。行为人若对他人提供的主要内容进行了合理核实,即使对他人提供的非主要内容未尽到合理核实义务,原则上也不承担民事责任。第二,行为人对他人提供的内容应当尽到“合理核实义务”。对于如何判断行为人是否尽到“合理核实义务”,本章第1026条作了详细规定。

(3)使用侮辱性言辞等贬损他人名誉。即使行为人从事新闻报道、舆

① 参见《民法典颁布后人格权司法保护典型民事案例》之七。

论监督时报道或者反映的情况是真实的，但是在陈述该事实时却使用了侮辱性的言辞，贬损了报道对象的名誉，应当认定为侵害他人名誉权，需承担民事责任。

第一千零二十六条 【合理核实义务的认定因素】认定行为人是否尽到前条第二项规定的合理核实义务，应当考虑下列因素：

（一）内容来源的可信度；

（二）对明显可能引发争议的内容是否进行了必要的调查；

（三）内容的时限性；

（四）内容与公序良俗的关联性；

（五）受害人名誉受贬损的可能性；

（六）核实能力和核实成本。

条文注释

对如何判断行为人是否履行了合理核实义务，本条列举了六项应当考虑的因素，但在实践中进行判断时并非要考虑所有因素，至于到底要考虑几项因素以及哪几项因素，应当根据具体情况来决定。此外，本条规定的因素仍然是较为抽象的，需要在个案中结合具体情况进行判断。同时，本条规定的六项因素也为实践中的案例类型化和司法实践提炼更具体的规则提供了依据和基础。

第一千零二十七条 【文艺作品侵害名誉权】行为人发表的文学、艺术作品以真人真事或者特定人为描述对象，含有侮辱、诽谤内容，侵害他人名誉权的，受害人有权依法请求该行为人承担民事责任。

行为人发表的文学、艺术作品不以特定人为描述对象，仅其中的情节与该特定人的情况相似的，不承担民事责任。

条文注释

本条区分两种情况对文学艺术作品作了规定：

一是行为人发表的文学、艺术作品以真人真事或者特定人为描述对象的情形。这主要是针对依赖于原型人物和现有事实创作出来的纪实类作品。由于这类作品是以真人真事或者特定人为描述对象，所以只要作品的描述以事实为基础，原则上不会构成名誉权侵权；但是，若行为人发表的文学、艺术作品虽以真人真事或者特定人为描述对象，使用的也是被描述对象的真实姓名和地址，却以谣言和捏造的事实为基础，对被描述对象进行侮辱、诽谤，从而造成其社会评价降低的，作者应当依法承担民事责任。这里需要强调的是，适用本条第1款规定的前提条件是该作品已被公开。

二是行为人发表的文学、艺术作品不以特定人为描述对象的情形。这主要是针对作者创作的以想象虚构为主的小说等文学艺术类作品。由于这类作品是以想象虚构的内容为基础创作的，没有使用真人真事，并不是以特定人为描述对象，所以就很难对某人的名誉权造成侵害，即使该作品中的情节与某特定人的情况相似，也不构成侵害名誉权。值得注意的是，有的作品虽没有指名道姓，但一般读者通过阅读不可避免地会将作品中的人物与现实中的某一特定人“对号入座”的，此时就不符合本款所规定的“不以特定人为描述对象”的条件。判断某一作品是否以特定人为描述对象的关键不在于该作品是否指名道姓，而要从实质上认定该作品所描述的对象是否合理地指向现实中的真实人物。

第一千零二十八条　【媒体报道内容失实侵害名誉权的补救】民事主体有证据证明报刊、网络等媒体报道的内容失实，侵害其名誉权的，有权请求该媒体及时采取更正或者删除等必要措施。

条文注释

根据本条规定，名誉权人有权请求媒体对不实报道内容进行更正或者删除，但前提是其有证据证明该媒体报道的内容是失实的。若名誉权人没有证据证明媒体的报道失实，其无权要求媒体进行更正或者删除。之所以强调这一点，是因为更正权是名誉权人未经过法院的诉讼程序直接向媒体提出的一种权利，若允许其没有证据就可以行使这一权利，将对报刊、网络等媒体的正常报道行为造成严重干扰，影响媒体正常功能的发挥。名誉权人向媒体提供了证据足以证明媒体的报道不实的，媒体应当及时予以更正。若媒体拒不采取更正措施，明知报道失实还仍然报道，便构成了恶意，对他人名誉造成损害的，应当承担侵权责任。

关联法规

《英雄烈士保护法》第23条

第一千零二十九条　【信用评价】民事主体可以依法查询自己的信用评价；发现信用评价不当的，有权提出异议并请求采取更正、删除等必要措施。信用评价人应当及时核查，经核查属实的，应当及时采取必要措施。

条文注释

民事主体有权依法查询自己的信用评价结果，信用评价机构不得拒绝该民事主体查询自己的信用评价结果的要求。民事主体通过自己查询等方法发现信用评价与事实不符或者明显不当的，有权向信用评价机构提出异议并要求采取更正、删除等必要措施。当然，民事主体请求信用评价主体机构采取更正、删除等必要措施时，应当提供相应的证据证明该信用评价结果与事实不符或者明显不当。信用评价机构接到民事主体的异议和更正、删除等请求后，信用评价人应当及时对民事主体提供的证据进行核查，经核查属实的，应当及时采取更正、删除等必要措施。若信用评价机构接到民事主体的请求后，不进行核查，或者经核查属实后并未采取更正、删除等必要措施的，就构成过错，应当对民事主体承担侵害名誉权的民事责任。

需要说明的是，并非任何组织或者个人都可以对民事主体的信用状况进行评价，本条中的信用评价人必须是依法成立的机构。目前，我国的信用评价人主要是依法成立的征信机构。

关联法规

《征信业管理条例》第17、25条

典型案例

债务人诉金融机构名誉侵权案①

典型意义：本案依法适用民法典关于“信用评价”的相关规定，明确金融机构具有如实记录、准确反映、及时更新用户信用记录的义务，对督促金融机构积极作为，加强日常征信管理，优化信用环境，引导公民增强个人信用意识，合法维护信用权益，具有积极意义。

第一千零三十条　【处理信用信息应遵循的规则】民事主体与征信机构等信用信息处理者之间的关系，适用本编有关个人信息保护的规定和其他法律、行政法规的有关规定。

① 参见《民法典颁布后人格权司法保护典型民事案例》之六。

第一千零三十一条　【荣誉权】民事主体享有荣誉权。任何组织或者个人不得非法剥夺他人的荣誉称号,不得诋毁、贬损他人的荣誉。

获得的荣誉称号应当记载而没有记载的,民事主体可以请求记载;获得的荣誉称号记载错误的,民事主体可以请求更正。

条文注释

荣誉权就是民事主体对自己所获得的荣誉及其利益所享有的保持、支配的权利。

实践中,侵犯荣誉权的形式多种多样,最为典型的是非法剥夺他人的荣誉称号或者诋毁、贬损他人的荣誉。任何组织或者个人若对某民事主体所获得的荣誉有异议,都应当通过一定的程序向荣誉授予机关提出,由授予机关通过严格程序作出是否撤销或者剥夺该民事主体所获荣誉的决定。任何组织或者个人诋毁、贬损他人荣誉的,应当依法承担民事责任。此外,荣誉权不仅包括精神利益,还附随着一定的物质利益,如奖金、奖品等。民事主体有权获得因其荣誉所产生的物质利益,禁止任何组织或者个人非法剥夺民事主体因其荣誉产生的物质利益。

实践中,还存在两种损害民事主体荣誉权的特殊情形:(1)民事主体获得的荣誉称号应当记载而没有记载。荣誉称号是民事主体享有荣誉权的主要表现形式和载体,应当被相关单位记载在民事主体的档案等正式材料中,这既是对民事主体荣誉的承认,也是对其荣誉权的尊重。民事主体获得的荣誉应当记载而没有记载的,其有权请求记载。(2)民事主体获得的荣誉称号被错误记载。荣誉称号是荣誉权的重要体现,若被错误记载,将对荣誉权人的荣誉造成贬损,损害民事主体的荣誉权。因此,相关单位有义务准确记载民事主体的荣誉称号。荣誉权人发现自己的荣誉称号被错误记载的,也有权请求义务人予以更正。

关联法规

《英雄烈士保护法》第22条;《妇女权益保障法》第28条

第六章　隐私权和个人信息保护

第一千零三十二条　【隐私权及隐私】自然人享有隐私权。任何组织或者个人不得以刺探、侵扰、泄露、公开等方式侵害他人的隐私权。

隐私是自然人的私人生活安宁和不愿为他人知晓的私密空间、私密活动、私密信息。

条文注释

本条从两个层面对隐私权作了规定。本条第1款明确了任何自然人均享有隐私权。根据该规定，享有隐私权的主体只能是自然人，法人、非法人组织不能享有隐私权。自然人对隐私的权利，主要体现在三个方面：一是隐私享有权；二是隐私维护权；三是隐私公开权。

根据本条第2款的规定，隐私包括以下内容：

一是私人生活安宁。本法所规定的私人生活安宁是狭义概念，侵犯私人生活安宁的行为主要指本法第1033条规定的“以电话、短信、即时通讯工具、电子邮件、传单等方式侵扰他人的私人生活安宁”的行为。

二是私密空间。私密空间，是指个人的私密范围，包括个人居所、私家车、日记、个人邮箱、身体的隐私部位以及旅客居住的宾馆客房等。需要强调的是，本条所规定的“私密空间”不仅包括住宅等物理意义上的特定空间，还包括电子邮箱、微信群等虚拟空间。

三是私密活动。私密活动，是指自然人所进行的与公共利益无关的个人活动，如日常生活、家庭活动、婚姻活动等。

四是私密信息。私密信息，是指通过特定形式体现出来的有关自然人的病历、财产状况、身体缺陷、遗传特征、档案材料、生理识别信息、行踪信息等个人情况。

第一千零三十三条　【隐私权侵害行为】除法律另有规定或者权利人明确同意外，任何组织或者个人不得实施下列行为：

（一）以电话、短信、即时通讯工具、电子邮件、传单等方式侵扰他人的私人生活安宁；

（二）进入、拍摄、窥视他人的住宅、宾馆房间等私密空间；

（三）拍摄、窥视、窃听、公开他人的私密活动；
（四）拍摄、窥视他人身体的私密部位；
（五）处理他人的私密信息；
（六）以其他方式侵害他人的隐私权。

条文注释

本条在第1032条规定的基础上进一步明确规定，除法律另有规定或者权利人明确同意外，任何组织或者个人不得实施下列行为：

（1）以电话、短信、即时通讯工具、电子邮件、传单等方式侵扰他人的私人生活安宁。例如，向他人发送垃圾短信、垃圾微信、垃圾邮件，散发传单等。这里的即时通讯工具主要是微信、微博等社交媒体工具。

（2）进入、拍摄、窥视他人的住宅、宾馆房间等私密空间。住宅、宾馆房间等私密空间是自然人隐私的核心部分。实践中，进入、拍摄、窥视他人的住宅、宾馆房间等私密空间是三种最为典型的侵犯隐私的行为。

（3）拍摄、窥视、窃听、公开他人的私密活动。

（4）拍摄、窥视他人身体的私密部位。恶意拍摄、窥视自然人身体的私密部位，是一种严重侵犯他人隐私权的行为。

（5）处理他人的私密信息。这些私密信息可能涉及该自然人的财产状况、社交状况、生理状况，也可能涉及其身世经历等。

（6）以其他方式侵害他人的隐私权。这是一项兜底条款。

最后还需要强调一点，除了权利人明确同意外，经过法律的明确授权，也可以对自然人的隐私权作一定限制。例如，公安机关根据相关法律的规定，可以对犯罪嫌疑人的行踪进行跟踪，也可以对犯罪嫌疑人的住宅进行搜查；又如，医院根据相关法律的规定，可以处理相关患者的医疗信息，等等。

典型案例

孙某燕与某通信公司某市分公司等隐私权、个人信息保护纠纷案①

典型意义：《民法典》在总则编和人格权编对隐私权和个人信息保护作出专门规定，丰富和完善了隐私权和个人信息保护的规则。特别是第1033条第1项对群众反映强烈的以

① 参见《人民法院贯彻实施民法典典型案例（第二批）》之九。

电话、短信、即时通信工具、电子邮件等方式侵扰他人私人生活安宁的行为进行了严格规制，回应了社会关切。本案中，原告孙某燕使用被告某通信公司某市分公司提供的移动通信号码，并向其支付费用，故原、被告之间存在电信服务合同关系。某通信公司某市分公司在孙某燕多次明确表示不接受电话推销业务后，仍继续向孙某燕进行电话推销，其行为构成对孙某燕隐私权的侵犯。本案虽系依据《民法总则》作出裁判，但也充分体现了《民法典》第1032条、第1033条第1项的规定精神，其裁判结果不仅维护了当事人的隐私权，更对当前群众反映强烈的问题作出了回应，亮明了司法态度。

第一千零三十四条　【个人信息】自然人的个人信息受法律保护。

个人信息是以电子或者其他方式记录的能够单独或者与其他信息结合识别特定自然人的各种信息，包括自然人的姓名、出生日期、身份证件号码、生物识别信息、住址、电话号码、电子邮箱、健康信息、行踪信息等。

个人信息中的私密信息，适用有关隐私权的规定；没有规定的，适用有关个人信息保护的规定。

条文注释

构成个人信息需要满足三个要件：

(1)具有识别性，这是核心要件。识别，是指通过该信息可以直接或者间接地将某一自然人"认出来"。识别包括直接识别和间接识别。

(2)要有一定的载体，这是个人信息的形式要件。个人信息必须以电子或者其他方式记录下来，没有以一定载体记录的信息不是个人信息。

(3)个人信息的主体只能是自然人，法人或者非法人组织不是个人信息的主体。

个人信息类型众多，包括但不限于自然人的身份信息、生理信息、社会信息、财产信息等，本条第2款列举的具体个人信息是最为典型也最为常见的类型。判断某一类该款没有列举到的信息是否为个人信息时，可以根据前述三个要件进行判断。

第一千零三十五条　【个人信息处理的原则和条件】处理个人信息的，应当遵循合法、正当、必要原则，不得过度处理，并符合下列条件：

(一)征得该自然人或者其监护人同意，但是法律、行政法规另有规定的除外；

(二)公开处理信息的规则；

（三）明示处理信息的目的、方式和范围；

（四）不违反法律、行政法规的规定和双方的约定。

个人信息的处理包括个人信息的收集、存储、使用、加工、传输、提供、公开等。

条文注释

根据本条规定，处理个人信息应当遵循以下原则：

(1)合法原则。合法原则，是指信息处理者处理个人信息必须要有合法的依据，且处理的方法应当符合法律的规定。合法的依据主要来自两个方面：一是法律法规的明确规定；二是信息主体的同意。

(2)正当原则。正当原则，是指处理个人信息的目的和手段要正当，应当尊重公序良俗和遵循诚信原则，并且要尽量满足透明的要求，以便当事人能够充分了解情况，自主行使自己的权利。

(3)必要原则。必要原则，是指处理个人信息的目的应当特定，处理应当受到一定的限制。处理个人信息应当有特定目的，并且应当依据该特定的、明确的目的进行，通常不得超出目的范围处理个人信息，不得处理与实现所涉目的无关的个人信息。

(4)公开透明原则。公开透明原则，是指信息处理者在处理个人信息时应当公开处理信息的规则，并明示处理信息的目的、方式和范围，确保信息主体享有知情权。

关联法规

《核安全法》第69条；《测绘法》第47条；《电信和互联网用户个人信息保护规定》

第一千零三十六条 【处理个人信息免责事由】处理个人信息，有下列情形之一的，行为人不承担民事责任：

（一）在该自然人或者其监护人同意的范围内合理实施的行为；

（二）合理处理该自然人自行公开的或者其他已经合法公开的信息，但是该自然人明确拒绝或者处理该信息侵害其重大利益的除外；

（三）为维护公共利益或者该自然人合法权益，合理实施的其他行为。

条文注释

本条明确规定了行为人处理个人信息无须承担民事责任的三种情形：

(1)在该自然人或者其监护人同意的范围内合理实施的行为。行为人在自然人或者其监护人同意的范围内实施的处理个人信息的行为即使对该自然人的权益造成了影响,也是符合信息主体意愿的,行为人无须承担民事责任。但是,对超出合理范围处理个人信息的行为,行为人仍应承担相应的责任。

(2)合理处理该自然人自行公开的或者其他已经合法公开的信息,但是该自然人明确拒绝或者处理该信息侵害其重大利益的除外。合理处理已公开的个人信息,即使对某自然人造成了影响,行为人原则上也不承担民事责任。但是有两种例外情形:一是该自然人明确拒绝他人处理自己公开的个人信息。二是处理该信息侵害了该自然人的重大利益。

(3)为维护公共利益或者该自然人合法权益,合理实施的其他行为。这是一项兜底性的规定。需要强调的是,行为人必须在必要范围内实施处理个人信息的行为,不能借维护公共利益之名行侵害自然人合法权益之实,否则仍不能免除侵权责任。

第一千零三十七条　【个人信息主体的权利】自然人可以依法向信息处理者查阅或者复制其个人信息;发现信息有错误的,有权提出异议并请求及时采取更正等必要措施。

自然人发现信息处理者违反法律、行政法规的规定或者双方的约定处理其个人信息的,有权请求信息处理者及时删除。

条文注释

自然人对个人信息的查阅复制权,是指信息主体有权查阅其个人信息被处理的情况,并有权对处理的个人信息进行复制。

个人信息更正权,是指信息主体请求信息处理主体对不正确、不全面的个人信息进行改正与补充的权利。个人信息更正权具体包括个人信息错误更正权、个人信息补充权、个人信息更新权。

个人信息删除权,是指信息主体在法定或约定的事由出现时,请求信息处理者删除其个人信息的权利。信息主体可以请求删除个人信息的情形主要有以下几种:一是处理个人信息的行为不合法。二是信息处理者处理个人信息的目的已不存在,其没有必要再保存个人信息。三是信息主体与信息处理者约定的处理个人信息的期限已届满,根据约定,信息主体有权要求信息处理者删除其个人信息。

关联法规

《网络安全法》第43条

第一千零三十八条 【信息处理者的信息安全保护义务】信息处理者不得泄露或者篡改其收集、存储的个人信息;未经自然人同意,不得向他人非法提供其个人信息,但是经过加工无法识别特定个人且不能复原的除外。

信息处理者应当采取技术措施和其他必要措施,确保其收集、存储的个人信息安全,防止信息泄露、篡改、丢失;发生或者可能发生个人信息泄露、篡改、丢失的,应当及时采取补救措施,按照规定告知自然人并向有关主管部门报告。

条文注释

本条从以下三个方面对信息处理者应当履行的安全保护义务作了规定:

(1)信息处理者不得泄露或者篡改其收集、存储的个人信息;未经自然人同意,不得向他人非法提供其个人信息,但是经过加工无法识别特定个人且不能复原的除外。

(2)信息处理者应当采取技术措施和其他必要措施,确保其收集、存储的个人信息安全,防止信息泄露、篡改、丢失。这些措施主要是技术手段,如设置多重密码、设置防火墙以防止病毒入侵等。

(3)发生或者可能发生个人信息泄露、篡改、丢失的,应当及时采取补救措施,按照规定告知自然人并向有关主管部门报告。如果信息处理者没有采取措施或者采取的措施不力,导致发生或者可能发生个人信息泄露、篡改、丢失的情况,其既有及时采取补救措施的义务,同时也有依照规定告知自然人并向有关主管部门报告的义务,以防止个人信息进一步被泄露、篡改、丢失,避免损害的进一步扩大。

关联法规

《精神卫生法》第23条;《律师法》第38条;《传染病防治法》第12条;《未成年人保护法》第63条

第一千零三十九条 【国家机关、承担行政职能的法定机构及其工作人员的保密义务】国家机关、承担行政职能的法定机构及其工作人员对于履行职责过程中知悉的自然人的隐私和个人信息,应当予以保密,不得泄露或者向他人非法提供。

条文注释

需要说明的是,人格权编作为《民法典》的一部分,主要调整的是平等主体之间因人格权的享有和保护所产生的民事关系。本章对于个人信息保护的规范也主要限于平等主体之间。所以,从严格意义上讲,本条关于国家机关、承担行政职能的法定机构及其工作人员在履行职责过程中承担对自然人的隐私或者个人信息保密义务的规定不属于《民法典》规定的内容。但由于国家机关、承担行政职能的法定机构及其工作人员在履行职责过程中掌握了大量个人的隐私和个人信息,且多数为敏感重要的个人信息,一旦被泄露,将对个人造成严重损害,后果也将极为严重,所以本条从强调的角度对此作了规定。若国家机关、承担行政职能的法定机构及其工作人员在履行职责过程中违反保密义务,侵害了自然人的权益,权利人可以根据《国家赔偿法》或者其他相关法律的规定要求国家机关、承担行政职能的法定机构承担法律责任。

关联法规

《监察法》第18条;《反间谍法》第17、37条;《治安管理处罚法》第80条

第五编 婚姻家庭

第一章 一般规定

第一千零四十条 【婚姻家庭编的调整范围】本编调整因婚姻家庭产生的民事关系。

条文注释

婚姻家庭编的调整范围是因婚姻家庭产生的民事法律关系,既调整基于婚姻而产生的夫妻之间的人身和财产关系,也调整家庭之中一定范围的亲属之间的人身和财产关系。

第一千零四十一条 【基本原则】婚姻家庭受国家保护。

实行婚姻自由、一夫一妻、男女平等的婚姻制度。

保护妇女、未成年人、老年人、残疾人的合法权益。

条文注释

婚姻自由又称婚姻自主,是指婚姻当事人享有自主地决定自己的婚姻的权利。婚姻自由包括结婚自由和离婚自由。结婚自由,就是结婚须男女双方本人完全自愿,禁止任何一方对他方加以强迫,禁止任何组织或者个人加以干涉。离婚自由,是指婚姻当事人有权自主地处理离婚问题。双方自愿离婚的,可以协商离婚;一方要求离婚的,可以诉至法院解决。

关联法规

《宪法》第45、48、49条;《妇女权益保障法》第2条;《残疾人保障法》第3、9条;《老年人权益保障法》;《未成年人保护法》

第一千零四十二条　【婚姻家庭的禁止性规定】禁止包办、买卖婚姻和其他干涉婚姻自由的行为。禁止借婚姻索取财物。

禁止重婚。禁止有配偶者与他人同居。

禁止家庭暴力。禁止家庭成员间的虐待和遗弃。

条文注释

包办婚姻，是指第三人违反婚姻自主的原则，包办强迫他人婚姻的违法行为。买卖婚姻，是指第三人以索取大量财物为目的，强迫他人婚姻的违法行为。应当注意的是，父母、亲友或者男女双方出于自愿的帮助、赠与，则不能认为是买卖婚姻和借婚姻索取财物的行为，因为这种赠与不是婚姻成立的条件。

重婚，是指有配偶的人又与他人结婚的违法行为，或者明知他人有配偶而与之登记结婚的违法行为。有配偶的人，未办理离婚手续又与他人登记结婚，即是重婚；虽未登记结婚，但事实上与他人以夫妻名义而公开同居生活的，亦构成重婚。法律明令禁止重婚，对于重婚的，不仅要解除其重婚关系，还应追究犯罪者的刑事责任。

除禁止家庭成员的虐待外，也要禁止其他形式的家庭暴力。考虑到虐待和家庭暴力虽有重合之处，但虐待不能包括所有的家庭暴力行为，如夫妻之间吵架，丈夫一怒之下失手打死妻子，像这种行为，属于家庭暴力，但不属于虐待，在刑法上适用过失杀人罪，不适用虐待罪。因此，本条单独规定禁止家庭暴力。

家庭成员间的遗弃，是指对于年老、年幼、患病或其他没有独立生活能力的人，负有赡养、抚养或扶养义务的人不履行其义务的行为。遗弃家庭成员情节恶劣构成遗弃罪的，要依法承担刑事责任。

关联法规

《婚姻家庭编解释一》第1～2条；《妇女权益保障法》第65条；《老年人权益保障法》第3条；《未成年人保护法》第17条；《刑法》第258、260、261条；《反家庭暴力法》

第一千零四十三条　【婚姻家庭道德规范】家庭应当树立优良家风，弘扬家庭美德，重视家庭文明建设。

夫妻应当互相忠实，互相尊重，互相关爱；家庭成员应当敬老爱幼，互相帮助，维护平等、和睦、文明的婚姻家庭关系。

关联法规

《婚姻家庭编解释一》第4条

第一千零四十四条　【收养原则】收养应当遵循最有利于被收养人的原则,保障被收养人和收养人的合法权益。

禁止借收养名义买卖未成年人。

条文注释

收养应当遵循最有利于被收养人的原则,这是收养的最高指导原则。

婚姻家庭编的收养规定在突出保护被收养的未成年人的同时,也兼顾保护收养人的利益。所以本条规定"保障被收养人和收养人的合法权益"。最有利于被收养人的原则与有利于收养人的原则在收养关系中并不是并行的,前者为主,后者为辅。

关联法规

《民法典》第1093、1100、1107条

第一千零四十五条　【亲属、近亲属及家庭成员】亲属包括配偶、血亲和姻亲。

配偶、父母、子女、兄弟姐妹、祖父母、外祖父母、孙子女、外孙子女为近亲属。

配偶、父母、子女和其他共同生活的近亲属为家庭成员。

条文注释

亲属分为以下三类:

(1)配偶。男女结婚后互称配偶。配偶,亦即夫或妻,是男女因结婚而形成的亲属关系。配偶在亲属关系中具有重要的特殊地位。应当注意,我国同世界上大多数国家一样,不承认同性婚姻。

(2)血亲。血亲是根据自然生殖,以出生的事实引起的存在遗传上的血缘关系的亲属。但法律意义上的血亲,还包括拟制血亲。拟制血亲是指养父母子女关系、有抚养关系的继父母子女关系等。

亲属法根据亲属血缘联系的直接与否,将血亲分为直系血亲和旁系血亲。直系血亲,是指彼此之间有着直接血缘联系的血亲,己身所出和己身所从出的亲属,即生育自己和自己所生育的上下各代亲属,如父母子女、祖父母与孙子女、外祖父母与外孙子女。旁系血亲,是指与自己有着共同血缘,但彼此之间没有直接生育关系的血亲,如同胞兄弟姐妹之间、

堂表兄弟姐妹之间、伯叔姑与侄之间、舅姨与甥之间。

亲生父母子女、祖孙、曾祖孙等之间，为直系血亲。养父母子女、有抚养关系的继父母子女之间，为拟制直系血亲。

同胞、半同胞兄弟姐妹，堂、表兄弟姐妹，伯、叔、姑与侄，舅、姨与甥之间为旁系血亲。拟制直系血亲关系的一方与对方的旁系血亲之间，为拟制旁系血亲。

(3)姻亲。姻亲是以婚姻为中介形成的亲属，但不包括己身的配偶。姻亲一般分为两类：一类是配偶的血亲，如岳父母、公婆；另一类是血亲的配偶，如儿媳、女婿、嫂、弟媳、姐夫、妹夫。姻亲关系因婚姻而产生，亦因婚姻关系的解除而终止。离婚和婚姻被撤销，是姻亲关系终止的原因。

典型案例

曾某泉、曾某军、曾某、李某军与孙某学婚姻家庭纠纷案①

典型意义：本案是人民法院弘扬新时代优良家风，维护尽到赡养义务的成年继子女权益的典型案例。《民法典》明确规定了有扶养关系的继子女与婚生子女、非婚生子女、养子女同属于子女范畴。审理法院依法认定对继父母尽到赡养义务的成年继子女属于有扶养关系的继子女，享有继父母死亡抚恤金分配权，同时确定年老患病的遗孀享有更多分配份额，为弘扬敬老爱老的传统美德，鼓励互助互爱的优良家风提供了现实样例。

第二章　结　　婚

第一千零四十六条　【结婚自愿】结婚应当男女双方完全自愿，禁止任何一方对另一方加以强迫，禁止任何组织或者个人加以干涉。

条文注释

根据本条规定，结婚应当男女双方完全自愿，这是婚姻自由原则在结婚上的具体体现。它包括两层含义：(1)应当是双方自愿，而不是一厢情愿。婚姻应以互爱为前提，任何一方都不得强迫对方成婚。(2)应当是当事人自愿，而不是父母等第三者采用包办、买卖等方式强迫男女双方结为

---

① 参见《人民法院贯彻实施民法典典型案例(第二批)》之十二。

夫妻。任何组织和个人都不得强迫当事人结婚或者不结婚。

关联法规

《民法典》第1042、1052条;《刑法》第257条;《婚姻登记条例》第6条

第一千零四十七条 【法定结婚年龄】结婚年龄,男不得早于二十二周岁,女不得早于二十周岁。

条文注释

本条规定的婚龄具有普遍适用性,但特殊情况下,法律也允许对婚龄有例外规定。比如,考虑我国多民族的特点,《立法法》第85条统一规定了民族自治地方对法律和行政法规的变通规定问题。目前,我国一些民族自治地方对法定婚龄作了变通规定。如新疆、内蒙古、西藏等自治区和一些自治州、自治县,均以男20周岁、女18周岁作为本地区的最低婚龄。但这些变通规定仅适用于少数民族,不适用于生活在该地区的汉族。

关联法规

《婚姻登记条例》第6条

第一千零四十八条 【禁止结婚的情形】直系血亲或者三代以内的旁系血亲禁止结婚。

条文注释

根据本条规定,禁止结婚的血亲有两类:

(1)直系血亲。包括父母子女间,祖父母、外祖父母与孙子女、外孙子女间。

(2)三代以内旁系血亲。具体包括:第一,同源于父母的兄弟姊妹(含同父异母、同母异父的兄弟姊妹),即同一父母的子女之间不能结婚。第二,不同辈的叔、伯、姑、舅、姨与侄(女)、甥(女)。第三,同源于祖父母、外祖父母的堂兄弟姐妹、表兄弟姐妹。

关联法规

《母婴保健法》第8~11条;《婚姻登记条例》第6条

第一千零四十九条 【结婚登记】要求结婚的男女双方应当亲自到婚姻登记机关申请结婚登记。符合本法规定的,予以登记,发给结婚证。完成结婚登记,即确立婚姻关系。未办理结婚登记的,应当补办登记。

条文注释

结婚除必须符合法律规定的条件外,还必须履行法定的程序。根据

本条规定,结婚登记是结婚的必经程序。

结婚登记大致可分为申请、审查和登记三个环节。

(1)申请。内地居民结婚,男女双方应当共同到一方当事人常住户口所在地的婚姻登记机关办理结婚登记。办理结婚登记的内地居民应当出具下列证件和证明材料:第一,本人的户口簿、身份证。第二,本人无配偶以及与对方当事人没有直系血亲和三代以内旁系血亲关系的签字声明。离过婚的,还应当持离婚证。离婚的当事人恢复夫妻关系的,必须双方亲自到一方户口所在地的婚姻登记机关申请复婚登记。

(2)审查。婚姻登记机关应当对结婚登记当事人出具的证件、证明材料进行审查并询问相关情况。对当事人符合结婚条件的,应当当场予以登记,发给结婚证;对当事人不符合结婚条件不予登记的,应当向当事人说明理由。

(3)登记。登记分为以下两种情况:一是予以登记。婚姻登记机关对符合结婚条件的,应当即时予以登记,发给结婚证;对离过婚的,应注销其离婚证。二是不予登记。申请人有下列情形之一的,婚姻登记机关不予登记:①未到法定结婚年龄的;②非自愿的;③已有配偶的;④属于直系血亲或者三代以内旁系血亲的。

婚姻登记机关对当事人的婚姻登记申请不予登记的,应当以书面的形式说明理由。当事人认为符合婚姻登记条件而婚姻登记机关不予登记的,可以依法申请行政复议,对复议不服的,可以依法提起行政诉讼,也可以直接提起行政诉讼。

关联法规

《婚姻登记条例》第4、5、8条;《婚姻家庭编解释一》第6~8条

第一千零五十条 【婚后组成家庭】登记结婚后,按照男女双方约定,女方可以成为男方家庭的成员,男方可以成为女方家庭的成员。

关联法规

《民法典》第1045条

第一千零五十一条 【无效婚姻】有下列情形之一的,婚姻无效:

(一)重婚;

(二)有禁止结婚的亲属关系;

(三)未到法定婚龄。

条文注释

无效婚姻,是指欠缺婚姻成立的法定条件而不发生法律效力的男女两性的结合。

本条规定,有下列情形之一的,婚姻无效:

(1)重婚。重婚,是指有配偶的人又与他人登记结婚的违法行为,或者明知他人有配偶而与其登记结婚的违法行为。按照《刑法》及相关司法解释的规定,构成重婚有两种情况:一是有配偶者而重婚,指已经结婚的人,在婚姻关系存续期间,又与他人登记结婚,或者又与他人以夫妻的名义共同生活。二是明知他人有配偶而与之结婚,指没有配偶的人,明知他人有配偶而仍然与之登记结婚,或者仍然与之以夫妻的名义共同生活。重婚是被法律严格禁止的违法行为。对于重婚的,不仅要确认重婚者的第二个"婚姻"无效,解除其重婚关系,还应当依法追究重婚者的刑事责任。

(2)有禁止结婚的亲属关系。本条中规定的"有禁止结婚的亲属关系",是指有本法第1048条规定的禁止结婚的情形,即结婚的男女双方是直系血亲或者是三代以内旁系血亲。

(3)未到法定婚龄。本法第1047条规定,结婚年龄,男不得早于22周岁,女不得早于20周岁。这是男女可以结婚的法定年龄。对未到法定结婚年龄的婚姻,应当在男女当事人的法定结婚年龄届至前提出或确认其婚姻无效。

关联法规

《民法典》第1042、1047、1048、1054条;《刑法》第258条;《婚姻家庭编解释一》第9、10、14、15条

第一千零五十二条 【胁迫的可撤销婚姻】因胁迫结婚的,受胁迫的一方可以向人民法院请求撤销婚姻。

请求撤销婚姻的,应当自胁迫行为终止之日起一年内提出。

被非法限制人身自由的当事人请求撤销婚姻的,应当自恢复人身自由之日起一年内提出。

条文注释

可撤销婚姻,是指当事人因意思表示不真实而成立的婚姻,或者当事人成立的婚姻在结婚的要件上有欠缺,通过有撤销权的当事人行使撤销权,使已经发生法律效力的婚姻关系失去法律效力。

因胁迫而结婚，主要是指婚姻关系中的一方当事人或者婚姻关系之外的第三人，对婚姻关系中的另一方当事人，予以威胁或者强迫，其违背自己的意愿而缔结婚姻关系。

本条对提出请求撤销婚姻效力的申请规定如下：

(1)提出撤销婚姻效力的请求权人。有权提出撤销婚姻效力的申请人只能是因胁迫结婚的被胁迫人。这是由于因胁迫而缔结的婚姻，受胁迫方在缔结婚姻关系时，不能真实地表达自己的意愿，婚姻关系违背了受胁迫方的意志。

(2)提出撤销婚姻效力申请的时间。依据本条规定，受胁迫方行使请求撤销婚姻效力的请求权的期限是1年。本条规定的这一期限的起算时间有两种情形：第一，自受胁迫方胁迫行为终止之日起算，即受胁迫方应当在胁迫行为终止之日起1年内决定是否申请撤销其婚姻的效力。第二，被非法限制人身自由的自受胁迫方恢复人身自由之日起算，即受胁迫方自恢复人身自由之日起1年内决定是否申请撤销其婚姻的效力。

(3)有权撤销婚姻效力的机关。根据本条规定，有权撤销婚姻关系的机关为人民法院，这与原《婚姻法》的规定不同。

关联法规

《婚姻登记条例》第9条；《婚姻家庭编解释一》第18、19条；《时间效力规定》第26条

第一千零五十三条 【隐瞒疾病的可撤销婚姻】一方患有重大疾病的，应当在结婚登记前如实告知另一方；不如实告知的，另一方可以向人民法院请求撤销婚姻。

请求撤销婚姻的，应当自知道或者应当知道撤销事由之日起一年内提出。

条文注释

本条规定，请求撤销婚姻的，应当自知道或者应当知道撤销事由之日起1年内向人民法院提出。本条中的“知道”，是指有直接和充分的证据证明当事人知道对方患病；“应当知道”，是指虽然没有直接和充分的证据证明当事人知道，但是根据生活经验和相关事实和证据，按照一般人的普遍认知能力，运用逻辑推理可以推断当事人知道对方患病。如果当事人不能在知道或者应当知道撤销事由之日起1年内提出撤销婚姻，就只能通过协议离婚或者诉讼离婚的程序解除婚姻关系。

典型案例

林某诉张某撤销婚姻纠纷案①

典型意义：本案是依法适用《民法典》相关规定判决撤销婚姻的典型案例。对于一方患有重大疾病，未在结婚登记前如实告知另一方的情形，《民法典》明确另一方可以向人民法院请求撤销婚姻。本案中，人民法院依法适用《民法典》相关规定，判决撤销双方的婚姻关系，不仅有效保护了案件中无过错方的合法权益，也符合社会大众对公平正义、诚实信用的良好期待，弘扬了社会主义核心价值观。

第一千零五十四条　【婚姻无效或者被撤销的法律后果】无效的或者被撤销的婚姻自始没有法律约束力，当事人不具有夫妻的权利和义务。同居期间所得的财产，由当事人协议处理；协议不成的，由人民法院根据照顾无过错方的原则判决。对重婚导致的无效婚姻的财产处理，不得侵害合法婚姻当事人的财产权益。当事人所生的子女，适用本法关于父母子女的规定。

婚姻无效或者被撤销的，无过错方有权请求损害赔偿。

条文注释

按照本条规定，无效或者被撤销的婚姻，婚姻关系自始不发生法律约束力。即从当事人结婚之时，婚姻就没有法律效力。由于无效婚姻、可撤销婚姻欠缺婚姻成立的法定条件，是不合法婚姻，有关夫妻权利义务的规定对无效婚姻、被撤销婚姻的当事人都不适用。

无效或者被撤销的婚姻，当事人所生子女的权利义务关系适用本法有关父母子女间的权利义务的规定。本法第 1071 条第 1 款规定，非婚生子女享有与婚生子女同等的权利，任何组织或者个人不得加以危害和歧视。因此，在规定无效婚姻、可撤销婚姻当事人所生子女的法律地位时，坚持并贯彻了这一基本原则，规定无效或者被撤销的婚姻当事人所生子女的权利义务，与合法婚姻当事人所生子女的权利义务一样。

无效或者被撤销的婚姻，当事人同居期间所得的财产，由当事人协议处理；协议不成的，由人民法院根据照顾无过错方的原则判决。对重婚导

---

①　参见《人民法院贯彻实施民法典典型案例（第二批）》之十。

致的无效婚姻的财产处理，不得侵害合法婚姻当事人的财产权益。

关联法规

《婚姻家庭编解释一》第20~22条

第三章　家庭关系

第一节　夫妻关系

第一千零五十五条　【夫妻地位平等】夫妻在婚姻家庭中地位平等。

条文注释

规定夫妻在婚姻家庭中地位平等，主要意义在于强调夫妻在人格上的平等以及权利义务上的平等。夫妻双方应当互相尊重对方的人格独立，不得剥夺对方享有的权利，不得有夫妻任何一方只享有权利不履行义务，或者只履行义务而不享有权利。特别是要强调保护妇女，保护女性在家庭中的人格独立，禁止歧视妇女，禁止家庭暴力，禁止对女性的虐待和遗弃。

关联法规

《宪法》第48条；《妇女权益保障法》第60、66、70条

第一千零五十六条　【夫妻姓名权】夫妻双方都有各自使用自己姓名的权利。

条文注释

姓名权，是指自然人依法享有的决定、使用、变更或者许可他人使用自己的姓名并排除他人干涉或者非法使用的权利。姓名权的内容包括：(1)姓名决定权。(2)姓名变更权。(3)姓名使用权。姓名使用权，是指自然人依法使用自己姓名的权利，包括自己使用、不使用和禁止他人使用的权利。(4)姓名许可他人使用权。姓名许可他人使用权，是指自然人依法许可他人使用自己姓名的权利。(5)姓名维护权。姓名维护权，是指自然人在自己的姓名权受到侵害时，有权提出停止侵害、排除妨害、赔偿损失等请求，以保护自己的姓名权。

第一千零五十七条　【夫妻人身自由权】夫妻双方都有参加生产、工作、学习和社会活动的自由，一方不得对另一方加以限制或者干涉。

条文注释

根据本条规定，夫妻人身自由权主要包括以下三个方面的内容：

(1)夫妻双方都有参加生产、工作的权利。生产、工作，是指一切从事的社会职业和社会劳动。妇女有参加生产、工作的自由，是妇女享有与丈夫平等地位的前提。

(2)夫妻双方都有参加学习的权利。这里的学习，不仅包括正规的在校学习，还包括职业培训以及其他各种形式的专业知识与专业技能的学习。

(3)夫妻双方都有参加社会活动的权利。社会活动，包括参政、议政活动，科学、技术、文学、艺术和其他文化活动，各种群众组织、社会团体的活动，以及各种形式的公益活动等。

但需要注意的是，夫妻行使人身自由的权利，必须符合法律与社会主义道德的要求，不得滥用权利损害家庭和他人的合法权益。

关联法规

《宪法》第 37 条；《妇女权益保障法》第 18、19 条

第一千零五十八条　【夫妻抚养、教育和保护子女的权利义务平等】夫妻双方平等享有对未成年子女抚养、教育和保护的权利，共同承担对未成年子女抚养、教育和保护的义务。

条文注释

本条规定对共同亲权原则作了进一步的明确和强调。共同亲权原则实际上是男女平等原则的体现。根据本条规定，对未成年子女抚养、教育和保护的权利由该子女的父母即夫妻双方平等享有，如何行使这一权利夫妻双方应当共同决定，不允许任何一方剥夺对方的这一权利；同样，对未成年子女抚养、教育和保护的义务由夫妻双方共同承担，不允许任何一方不履行这一义务。

第一千零五十九条　【夫妻相互扶养义务】夫妻有相互扶养的义务。

需要扶养的一方，在另一方不履行扶养义务时，有要求其给付扶养费的权利。

条文注释

夫妻互相扶养义务是法定义务,具有强制性,夫妻之间不得以约定形式改变这一法定义务。有扶养能力的一方,对于因失业、残疾、患病、年老等原因没有固定收入,缺乏生活来源的另一方,必须主动履行扶养义务。当夫或妻一方不履行扶养义务时,需要扶养的一方可以根据本条第2款的规定,要求对方给付扶养费。对方拒绝给付或者双方就扶养费数额、支付方式等具体内容产生争议的,需要扶养的一方可以直接向人民法院提起诉讼,或者向人民调解组织提出调解申请,要求获得扶养费。

关联法规

《刑法》第261条

第一千零六十条 【日常家事代理权】夫妻一方因家庭日常生活需要而实施的民事法律行为,对夫妻双方发生效力,但是夫妻一方与相对人另有约定的除外。

夫妻之间对一方可以实施的民事法律行为范围的限制,不得对抗善意相对人。

条文注释

夫妻日常家事代理权,是指夫妻一方因家庭日常生活需要而与第三方进行一定民事法律行为时互为代理的权利。夫妻一方在日常家庭事务范围内,与第三方所实施的一定民事法律行为,视为依夫妻双方的意思表示所为的民事法律行为,另一方也应承担因此而产生的法律后果。

通常情况下,夫妻任何一方都可以在日常家事的范围内行使日常家事代理权。但在实际生活中,基于一方时间、精力、知识、能力等的考虑,有时候夫妻双方会协定对一方可以实施的民事法律行为有所限制。这种限制在夫妻双方之间是有效的,法律无须加以规制,但为了保护正常交易安全,保护第三人的合法权益,法律明确规定这种限制不能对抗善意相对人。"善意",是指相对人不知道或者不应当知道夫妻之间对一方可以实施的民事法律行为的限制。

第一千零六十一条 【夫妻相互继承权】夫妻有相互继承遗产的权利。

条文注释

夫妻互相享有遗产继承权,是夫妻双方在婚姻家庭关系中地位平等的一个重要标志。理解夫妻相互遗产继承权,应注意把握以下问题:

(1)夫妻相互遗产继承权以合法的夫妻关系为前提。夫妻间的继承权是基于婚姻的法律效力产生的,只有具备合法婚姻关系的夫妻双方,才能以配偶身份继承对方的遗产。只有在婚姻关系存续期间,配偶一方死亡,另一方才享有继承权。

(2)夫妻互为第一顺序的法定继承人。根据本法第1127条的规定,第一顺序的法定继承人包括配偶、子女、父母。除本法第1125条规定的丧失继承权的情形外,不得以任何理由剥夺、限制或者干涉生存一方继承死亡配偶的财产的权利。

(3)要正确确定继承遗产的范围,不得侵害生存配偶的合法财产权。对于婚姻关系存续期间所得的夫妻共同财产,除夫妻双方另有约定外,在一方死亡时,应当先对夫妻共同财产进行认定和分割,并分出一半为生存一方所有,一半作为死者遗产进行继承。被继承人的个人财产和共同财产的一半为其所有遗产,如果死者生前没有立遗嘱,其生存的配偶与其他第一顺序的继承人,包括被继承人的子女、父母按照法定继承均分其遗产。

(4)注意保障夫妻中生存一方对分得遗产的所有权。夫妻一方死亡后,生存的一方依法继承死者遗产后,就取得了该财产的所有权,有权根据自己的意愿和利益在法律允许的范围内占有、使用和处理该财产,如果再婚,有权带走或处分其继承的财产。

关联法规

《民法典》第1127条

第一千零六十二条 【夫妻共同财产】夫妻在婚姻关系存续期间所得的下列财产,为夫妻的共同财产,归夫妻共同所有:

(一)工资、奖金、劳务报酬;

(二)生产、经营、投资的收益;

(三)知识产权的收益;

(四)继承或者受赠的财产,但是本法第一千零六十三条第三项规定的除外;

(五)其他应当归共同所有的财产。

夫妻对共同财产,有平等的处理权。

条文注释

根据本条规定,我国的夫妻共同财产具有以下特征:(1)夫妻共同财产的主体,是具有婚姻关系的夫妻。未形成婚姻关系的男女两性,如未婚同居、婚外同居等，以及无效或者被撤销婚姻的男女双方，不能成为夫妻共同财产的主体。(2)夫妻共同财产，是在婚姻关系存续期间取得的财产。夫妻任何一方的婚前财产不属于夫妻共同财产。(3)夫妻共同财产的来源，为夫妻双方或者一方所得的财产，既包括夫妻通过劳动所得的财产，也包括其他非劳动所得的合法财产。(4)夫妻对共同财产享有平等的所有权，双方享有同等的权利，承担同等的义务。

关于夫妻共同财产的范围，本条第1款作了列举式的规定：

(1)工资、奖金、劳务报酬。即劳动者的劳动收入，既包括工资、奖金，也包括各种津贴、补贴等劳务报酬。

(2)生产、经营、投资的收益。这包括夫妻一方或者双方从事生产、经营所得的各种收入和投资所得的收入，如农村中的农业生产和城市里的工业生产以及第三产业等各行各业的生产经营投资收益，有劳动收入；也有资本收益，如股票债券收入、股份、股权等资本利得，亦是夫妻共同财产的一种形式。

(3)知识产权的收益。由知识产权取得的经济利益，属于夫妻共同财产，如因发表作品取得的稿费、因转让专利获得的转让费等，归夫妻共同所有。

(4)继承或者受赠的财产，但遗嘱或者赠与合同中确定只归一方的财产除外。

(5)其他应当归共同所有的财产。这项规定属于概括性规定。

本条第2款规定，夫妻对共同财产，有平等的处理权。夫妻一方未经对方同意擅自处分共同财产的，对方有权请求宣告该处分行为无效，但不得对抗善意第三人，即如果第三人不知道也不应当知道夫妻一方的行为属于擅自处分行为的，该处分行为有效，以保护第三人的利益，维护交易安全。

关联法规

《婚姻家庭编解释一》第24～29、71条

第一千零六十三条　【夫妻个人财产】下列财产为夫妻一方的个人财产：

(一)一方的婚前财产；

(二)一方因受到人身损害获得的赔偿或者补偿；

(三)遗嘱或者赠与合同中确定只归一方的财产；

(四)一方专用的生活用品；

(五)其他应当归一方的财产。

条文注释

关于我国夫妻个人财产的范围,本条作了列举式的规定:

(1)一方的婚前财产。婚前财产,是指夫妻在结婚之前各自所有的财产,包括婚前个人劳动所得财产、继承或者受赠的财产以及其他合法财产。婚前财产归各自所有,不属于夫妻共同财产。

(2)一方因受到人身损害获得的赔偿或者补偿。这些财产是指与生命健康直接相关的财产,具有人身专属性,对于保护个人权利具有重要意义,因此应当专属于个人所有,而不能成为共同财产。这样规定有利于维护受害人的合法权益,保证受害人的身体康复和生活需要。

(3)遗嘱或者赠与合同中确定只归一方的财产。为了尊重遗嘱人或者赠与人的个人意愿,保护个人对其财产的自由处分权,如果遗嘱人或者赠与人在遗嘱或者赠与合同中明确指出,该财产只遗赠或者赠给夫妻中的一方,那么,该财产就属于夫妻个人财产,归一方个人所有,另一方无权享用。

(4)一方专用的生活用品。一方专用的生活用品具有专属于个人使用的特点,如个人的衣服、鞋帽等,应当属于夫妻个人财产。

(5)其他应当归一方的财产。这项规定属于概括性规定。夫妻个人财产除前4项的规定外,还包括其他一些财产和财产权利。

关联法规

《婚姻家庭编解释一》第29~31条

第一千零六十四条　【夫妻共同债务】夫妻双方共同签名或者夫妻一方事后追认等共同意思表示所负的债务,以及夫妻一方在婚姻关系存续期间以个人名义为家庭日常生活需要所负的债务,属于夫妻共同债务。

夫妻一方在婚姻关系存续期间以个人名义超出家庭日常生活需要所负的债务,不属于夫妻共同债务;但是,债权人能够证明该债务用于夫妻共同生活、共同生产经营或者基于夫妻双方共同意思表示的除外。

条文注释

本条规定了三类比较重要的夫妻共同债务:

(1)基于共同意思表示所负的夫妻共同债务。本条第1款明确规定,夫妻双方共同签名或者夫妻一方事后追认等共同意思表示所负的债务,属于夫妻共同债务。这就是俗称的“共债共签”“共签共债”。多个民事主体基于共同签字等共同意思表示所形成的债务属于共同债务,这不存在任何争议,本条规定对这一内容加以强调意在引导债权人在形成债务尤其是大额债务时,为避免事后引发不必要的纷争,加强事前风险防范,尽可能要求夫妻共同签名。

(2)为家庭日常生活需要所负的夫妻共同债务。夫妻日常家事代理权,是指夫妻一方因家庭日常生活需要而与第三方进行一定民事法律行为时互为代理的权利。夫妻一方在日常家庭事务范围内,与第三方所实施的一定民事法律行为,视为依夫妻双方的意思表示所为的民事法律行为,另一方也应承担因此而产生的法律后果。当然,如果夫妻一方在行使夫妻日常家事代理权的同时,与相对人就该民事法律行为另有约定,则法律效力依照该约定。

(3)债权人能够证明的夫妻共同债务。本条第2款规定,夫妻一方在婚姻关系存续期间以个人名义超出家庭日常生活需要所负的债务,不属于夫妻共同债务;但是,债权人能够证明该债务用于夫妻共同生活、共同生产经营或者基于夫妻双方共同意思表示的除外。

需要注意的是,本条只规定了三类比较重要的夫妻共同债务,但在实践中还存在依据法律规定产生的其他种类的夫妻共同债务。比如,夫妻因共同侵权所负的债务也属于夫妻共同债务;夫妻因被监护人侵权所负的债务,也属于夫妻共同债务。

关联法规

《夫妻债务通知》;《婚姻家庭编解释一》第33、34、36条

第一千零六十五条 【夫妻约定财产制】男女双方可以约定婚姻关系存续期间所得的财产以及婚前财产归各自所有、共同所有或者部分各自所有、部分共同所有。约定应当采用书面形式。没有约定或者约定不明确的,适用本法第一千零六十二条、第一千零六十三条的规定。

夫妻对婚姻关系存续期间所得的财产以及婚前财产的约定,对双方具有法律约束力。

夫妻对婚姻关系存续期间所得的财产约定归各自所有,夫或者妻一方对外所负的债务,相对人知道该约定的,以夫或者妻一方的个人财产清偿。

条文注释

约定财产制,是指法律允许夫妻用协议的方式,对夫妻在婚前和婚姻关系存续期间所得财产的所有权的归属、管理、使用、收益、处分以及对第

三人债务的清偿、婚姻解除时财产的分割等事项作出约定,从而排除或者部分排除夫妻法定财产制适用的制度。

约定应当采用书面形式。当然如果夫妻以口头形式作出约定,事后对约定没有争议,该约定也有效。夫妻以书面形式对其财产作出约定后,可以进行公证。约定可以在婚前进行也可以在婚后进行。约定生效后,因夫妻一方或者双方的情况发生变化,只要双方合意,也可以随时变更或者撤销原约定。

约定分为优先效力、对内效力和对外效力:(1)关于优先效力。约定财产制的优先效力,是指约定财产制的效力优先于法定财产制。只有在当事人未就夫妻财产作出约定,或者所作约定不明确,或者所作约定无效时,才适用夫妻法定财产制。(2)关于对内效力。约定财产制的对内效力,是指夫妻财产约定对婚姻关系当事人的效力。夫妻对财产关系的约定,对双方具有法律约束力,双方按照约定享有财产所有权以及管理权等其他权利,并承担相应的义务。(3)关于对外效力。约定财产制的对外效力,是指夫妻财产约定对婚姻关系当事人以外的第三人即相对人的效力。在相对人与夫妻一方发生债权债务关系时,如果相对人知道其夫妻财产已经约定归各自所有,就以其一方的财产清偿;相对人不知道该约定,该约定对相对人不产生效力,夫妻一方对相对人所负的债务,按照在夫妻共同财产制下的清偿原则进行偿还。

关联法规

《婚姻家庭编解释一》第37条

第一千零六十六条 【婚姻关系存续期间夫妻共同财产的分割】婚姻关系存续期间,有下列情形之一的,夫妻一方可以向人民法院请求分割共同财产:

(一)一方有隐藏、转移、变卖、毁损、挥霍夫妻共同财产或者伪造夫妻共同债务等严重损害夫妻共同财产利益的行为;

(二)一方负有法定扶养义务的人患重大疾病需要医治,另一方不同意支付相关医疗费用。

条文注释

根据本条规定,婚姻关系存续期间,夫妻双方一般不得请求分割共同财产,只有在法定情形下,夫妻一方才可以向人民法院请求分割共同财产,法定情形有如下两项:

(1)一方有隐藏、转移、变卖、毁损、挥霍夫妻共同财产或者伪造夫妻共同债务等严重损害夫妻共同财产利益的行为。

夫妻在处分共同财产时,应当平等协商,取得一致意见,任何一方不得违背对方的意志,擅自处理。特别是对共有财产作较大的变动时,如出卖、赠与等,更应征得对方的同意,否则就侵犯了另一方对共有财产的所有权。伪造夫妻共同债务,是指制造内容虚假的债务凭证,包括合同、欠条等,意图侵占另一方财产。上述违法行为,在主观上只能是故意,不包括过失行为,如因不慎将某些共同财产毁坏,只要没有主观故意,就不属于本条规定之列。

(2)一方负有法定扶养义务的人患重大疾病需要医治,另一方不同意支付相关医疗费用。

这里所指的扶养是广义上的扶养,即一定范围的亲属之间互相供养和扶助的法律关系。广义的扶养包括抚养、赡养和狭义的扶养。抚养是就长辈对晚辈而言,主要指父母对未成年子女,祖父母对孙子女,外祖父母对外孙子女的供养;赡养是就晚辈对长辈而言,主要指子女对父母,孙子女对祖父母、外孙子女对外祖父母的供养;扶养是就平辈而言,主要是夫妻之间和兄弟姐妹之间的供养。

关于"重大疾病",本条没有作出明确界定,疾病是否重大,在司法实践中应当参照医学上的认定,借鉴保险行业中对重大疾病的划定范围,一般认为,某些需要长期治疗、花费较高的疾病,或者直接涉及生命安全的疾病属于重大疾病。"相关医疗费用"主要指为治疗疾病需要的必要、合理费用,不应包括营养、陪护等费用。

关联法规

《婚姻家庭编解释一》第38条

第二节 父母子女关系和其他近亲属关系

第一千零六十七条 【父母的抚养义务和子女的赡养义务】父母不履行抚养义务的,未成年子女或者不能独立生活的成年子女,有要求父母给付抚养费的权利。

成年子女不履行赡养义务的,缺乏劳动能力或者生活困难的父母,有要求成年子女给付赡养费的权利。

条文注释

本法第26条规定:"父母对未成年子女负有抚养、教育和保护的义务。成年子女对父母负有赡养、扶助和保护的义务。"本条规定就是对本法第26条中有关父母与子女之间抚养和赡养义务的细化规定。

因父母不履行抚养义务而引起的纠纷,可由有关部门调解或者向人民法院提起追索抚养费的诉讼。人民法院应根据子女的需要和父母的抚养能力,通过调解或者判决,确定抚养费的数额、给付的期限和方法。对拒不履行抚养义务,恶意遗弃未成年子女已构成犯罪的,还应当根据我国《刑法》的有关规定追究刑事责任。

如果子女不履行赡养义务,需要赡养的父母可以通过有关部门进行调解或者向人民法院提起诉讼。人民法院在处理赡养纠纷时,应当坚持保护老年人的合法权益的原则,通过调解或者判决使子女依法履行赡养义务。

适用本条时,应当注意本条适用于婚生父母子女之间、非婚生父母子女之间、构成抚养教育关系的继父母子女之间、养父母子女之间的关系。

关联法规

《宪法》第49条;《刑法》第260条之一、第261条;《婚姻家庭编解释一》第41～43条

第一千零六十八条　【父母教育、保护未成年子女的权利义务】父母有教育、保护未成年子女的权利和义务。未成年子女造成他人损害的,父母应当依法承担民事责任。

条文注释

教育,是指父母要按照法律规定和道德要求,采取正确的方法,对其未成年子女进行教导,并对其行为进行必要的约束,其目的是保障未成年子女的身心健康。

保护,是指父母应当保护其未成年子女的人身安全和合法权益,预防和排除来自外界的危害,使其未成年子女的身心处于安全状态。父母对其未成年子女的保护主要包括人身保护和财产保护。对未成年子女的人身保护主要包括:照顾未成年子女的生活,保护其身体健康;保护未成年子女的人身不受侵害;为未成年子女提供住所,等等。对未成年子女的财产保护,主要是指为未成年子女的利益管理和保护其财产权益,除为未成

年子女的利益外，不得处理属于该未成年子女的财产。

需要注意的是，父母作为未成年子女的法定代理人和监护人，其对未成年子女的教育和保护既是权利又是义务，本法第34条第2款就明确规定："监护人依法履行监护职责产生的权利，受法律保护。"

本条还明确规定："未成年子女造成他人损害的，父母应当依法承担民事责任。"至于承担民事责任的条件、方法等，应当适用相关法律规定。

关联法规

《民法典》第34、1188、1189条；《预防未成年人犯罪法》第16、28条

第一千零六十九条　【子女应尊重父母的婚姻权利】子女应当尊重父母的婚姻权利，不得干涉父母离婚、再婚以及婚后的生活。子女对父母的赡养义务，不因父母的婚姻关系变化而终止。

条文注释

本条规定主要强调了两个方面的内容：

(1)老年人的婚姻自由受法律保护，子女应当尊重父母的婚姻权利，包括离婚和再婚的自主权利。

(2)子女对父母的赡养义务，不因父母的婚姻关系变化而终止。子女对父母的赡养义务是无期限的，只要父母需要赡养，子女就应当履行这一义务。父母婚姻关系的变化不导致子女赡养义务的解除。在有赡养能力的子女不履行赡养义务时，没有劳动能力或生活困难的父母，有要求子女给付赡养费的权利。父母可以直接向子女索要赡养费，也可以请求有关组织，如子女所在单位、居民委员会、村民委员会调解，还可以直接向人民法院起诉要求给付赡养费。

关联法规

《民法典》第26、1067条；《老年人权益保障法》第21、76条；《刑法》第257、261条

第一千零七十条　【父母子女相互继承权】父母和子女有相互继承遗产的权利。

条文注释

享有继承权的父母，包括生父母、养父母和有抚养关系的继父母。被继承人的父和母，继承其死亡子女的财产的权利是平等的。

享有继承权的子女，包括亲生子女、养子女和有抚养关系的继子女。

需要注意的是,有抚养和赡养关系的继子女在继承继父母遗产的同时,仍然有权继承自己生父母的遗产。但是,如果有赡养能力和赡养条件的继子女对其生父或者生母未尽赡养义务,在遗产分割上,就应当少分或不分。

关联法规

《民法典》第1127条

第一千零七十一条　【非婚生子女的权利】非婚生子女享有与婚生子女同等的权利,任何组织或者个人不得加以危害和歧视。

不直接抚养非婚生子女的生父或者生母,应当负担未成年子女或者不能独立生活的成年子女的抚养费。

条文注释

非婚生子女,是指没有婚姻关系的男女所生的子女,包括未婚男女双方所生的子女或者已婚男女与婚外第三人发生两性关系所生的子女。根据本法规定,对非婚生子女的保护主要有以下几个方面:(1)对非婚生子女不得歧视和危害;(2)非婚生子女的生父、生母都应当负担子女的抚养费;(3)非婚生子女与生父母间有相互继承遗产的权利。

根据本法第1127条的规定,非婚生子女在继承时与婚生子女享有完全相同的权利和义务,非婚生子女不应因其出生问题受到不公平的待遇。同样,在非婚生子女的父母继承非婚生子女的财产时,他们之间的权利和义务也完全等同于父母子女之间的权利和义务。

关联法规

《婚姻家庭编解释一》第40条

第一千零七十二条　【继父母与继子女间的权利义务关系】继父母与继子女间,不得虐待或者歧视。

继父或者继母和受其抚养教育的继子女间的权利义务关系,适用本法关于父母子女关系的规定。

条文注释

继父母,是指子女母亲或者父亲再婚的配偶;继子女,是指夫或者妻一方与前配偶所生的子女。继父母和继子女的关系是因子女的生父或者生母再婚而形成的,即生父母一方死亡,另一方再婚;或者生父母离婚,生父或者生母再婚。

继父母和继子女之间不能相互虐待和歧视的条款,不仅适用于因生父母与继父母结婚而形成的单纯的姻亲关系,而且包括已形成抚养关系的继父母与继子女。

根据本条第2款的规定,继父母与接受其抚养教育的继子女之间,属于法律上的拟制血亲关系,产生父母子女间的权利义务关系,而未形成抚养关系的继父母和继子女之间则不发生父母子女的权利义务关系。但这种拟制血亲关系又和继父母收养继子女有所不同,它不以解除继子女与其生父母间的权利和义务关系为前提。

第一千零七十三条 【亲子关系异议之诉】对亲子关系有异议且有正当理由的,父或者母可以向人民法院提起诉讼,请求确认或者否认亲子关系。

对亲子关系有异议且有正当理由的,成年子女可以向人民法院提起诉讼,请求确认亲子关系。

条文注释

本条根据提起诉讼主体的不同,分别规定了父或者母作为提起诉讼主体的亲子关系之诉和成年子女作为提起诉讼主体的亲子关系之诉。

理解本条第1款规定,需要注意以下几个问题:(1)关于提起诉讼的主体。本款规定的提起诉讼的主体限于“父或者母”。(2)关于诉讼请求。根据本款规定,父或者母诉讼请求为“确认或者否认亲子关系”。(3)关于提起诉讼的条件。根据本款规定,父或者母向人民法院请求确认或者否认亲子关系的诉讼请求,必须满足“对亲子关系有异议且有正当理由”的条件。

理解本条第2款规定,需要注意以下几个问题:(1)关于提起诉讼的主体。本款规定的提起诉讼的主体限于“成年子女”。这里的“子女”仅指生子女,即不包括养子女和继子女。(2)关于诉讼请求。根据本款规定,成年子女的诉讼请求为“确认亲子关系”。与本条第1款规定不同的是,成年子女不能请求人民法院否认亲子关系,即不允许成年子女提起否认亲子关系之诉。(3)关于提起诉讼的条件。根据本款规定,成年子女向人民法院请求确认亲子关系的诉讼请求,必须满足“对亲子关系有异议且有正当理由”的条件。这与本条第1款的规定相同。

关联法规

《婚姻家庭编解释一》第39条

第一千零七十四条 【祖孙之间的抚养、赡养义务】有负担能力的祖父母、外祖父母，对于父母已经死亡或者父母无力抚养的未成年孙子女、外孙子女，有抚养的义务。

有负担能力的孙子女、外孙子女，对于子女已经死亡或者子女无力赡养的祖父母、外祖父母，有赡养的义务。

条文注释

根据本条规定，祖孙之间抚养或者赡养关系的形成应当具备以下条件：(1)被抚养、赡养人的父母、子女死亡或者无抚养、赡养能力；(2)被抚养、赡养人确实有困难需要被抚养、赡养；(3)承担抚养、赡养义务的人有一定的抚养、赡养能力。

关于抚养或者赡养的方式，本法对此没有作出专门规定，只规定对不履行抚养或者赡养义务的人，权利人有要求其履行义务的权利。实践中抚养或者赡养的方式主要有以下两种，当事人可以根据自身的情况来选择：(1)共同生活抚养或者赡养，即被抚养或者赡养人与抚养或者赡养义务人共同居住在一起，进行直接抚养或者赡养；(2)通过给付抚养费或者赡养费、探视、扶助等方式完成抚养或者赡养义务。

关联法规

《老年人权益保障法》第19条

第一千零七十五条 【兄弟姐妹间的扶养义务】有负担能力的兄、姐，对于父母已经死亡或者父母无力抚养的未成年弟、妹，有扶养的义务。

由兄、姐扶养长大的有负担能力的弟、妹，对于缺乏劳动能力又缺乏生活来源的兄、姐，有扶养的义务。

条文注释

兄、姐扶养弟、妹，或者弟、妹扶养兄、姐不是必然发生的法定义务，而是有条件的：

(1)产生兄、姐对弟、妹的扶养义务，应当同时具备以下三个条件：第一，弟、妹须为未成年人，即不满18周岁。如果弟、妹已经成年，虽无独立生活能力，兄、姐亦无法定扶养义务。第二，父母已经死亡或者父母无力抚养。第三，兄、姐有负担能力。

(2)产生弟、妹对兄、姐的扶养义务，亦应当具备以下三个条件：第一，兄、姐缺乏劳动能力又缺乏生活来源。如果兄、姐虽缺乏劳动能力但并不缺少经济来源,如受到他人经济上的捐助或自己有可供生活的积蓄,则不产生弟、妹的扶养义务。同时,如果兄、姐虽缺少生活来源,但有劳动能力,兄、姐可通过自己的劳动取得劳动收入,在此情况下,弟、妹亦无扶养兄、姐的义务。第二,兄、姐没有第一顺序的扶养义务人,或者第一顺序的扶养义务人没有扶养能力。第三,弟、妹由兄、姐扶养长大且有负担能力。这里包含两方面的因素:一是弟、妹是由兄、姐扶养长大的。这表明在弟、妹未成年时,父母已经死亡或父母无抚养能力,兄、姐对弟、妹的成长尽了扶养义务。按照权利义务对等原则,弟、妹应承担兄、姐的扶养责任。二是弟、妹有扶养能力。若无扶养能力则不负扶养义务。

关联法规

《老年人权益保障法》第23条

第四章　离　　婚

第一千零七十六条　【协议离婚】夫妻双方自愿离婚的,应当签订书面离婚协议,并亲自到婚姻登记机关申请离婚登记。

离婚协议应当载明双方自愿离婚的意思表示和对子女抚养、财产以及债务处理等事项协商一致的意见。

条文注释

我国的离婚制度,分为协议离婚和诉讼离婚两种。由于婚姻关系当事人对离婚所持的态度不同,在处理程序上也不大相同。协议离婚也称"双方自愿离婚",是指婚姻关系当事人达成离婚合意并通过婚姻登记程序解除婚姻关系的法律制度。其主要特征如下:(1)当事人双方在离婚以及子女和财产问题上意愿一致,达成协议;(2)按照婚姻登记程序办理离婚登记,取得离婚证,即解除婚姻关系。

本条第2款对双方书面离婚协议的具体内容作了明确要求,即离婚协议应当载明双方自愿离婚的意思表示和对子女抚养、财产及债务处理等事项协商一致的意见。据此,离婚协议应当具有如下内容:(1)有双方自愿离婚的意思表示。双方自愿离婚的意思必须要以文字的形式体现在离婚协议上。(2)有对子女抚养、财产及债务处理等事项协商一致的意见。这是协议离婚的必备内容。具体包括:一是子女抚养等事项;二是财产及债务处理等事项。需要注意的是,如果婚姻关系当事人不能对子女抚养、财产及债务处理等事项达成一致意见，则不能通过婚姻登记程序离婚，而只能通过诉讼程序离婚。

关联法规

《婚姻登记条例》第10、11条；《婚姻家庭编解释一》第69、70条

第一千零七十七条 【离婚冷静期】自婚姻登记机关收到离婚登记申请之日起三十日内，任何一方不愿意离婚的，可以向婚姻登记机关撤回离婚登记申请。

前款规定期限届满后三十日内，双方应当亲自到婚姻登记机关申请发给离婚证；未申请的，视为撤回离婚登记申请。

条文注释

离婚冷静期，是指夫妻离婚时，政府给申请离婚的双方当事人一段时间，强制当事人暂时搁置离婚纠纷，在法定期限内冷静思考离婚问题，考虑清楚后再行决定是否离婚。法律规定当事人冷静思考离婚问题的期限为离婚冷静期。

本条中规定的30日即为离婚冷静期，在此期间，任何一方或者双方不愿意离婚的，可以向婚姻登记机关撤回离婚登记申请。对此，婚姻登记机关应当立即终止登记离婚程序。如果离婚冷静期届满，当事人仍坚持离婚，双方应当在离婚冷静期届满后的30日内，亲自到婚姻登记机关申请发给离婚证。婚姻登记机关查明双方确实是自愿离婚，并已对子女抚养、财产及债务处理等事项协商一致的，予以登记，发给离婚证。如果在离婚冷静期届满后的30日内，当事人双方没有亲自到婚姻登记机关申请发给离婚证，则视为撤回离婚申请。

第一千零七十八条 【协议离婚登记】婚姻登记机关查明双方确实是自愿离婚，并已经对子女抚养、财产以及债务处理等事项协商一致的，予以登记，发给离婚证。

条文注释

自愿离婚的夫妻双方向婚姻登记机关提交离婚协议后30日内，未向婚姻登记机关申请撤回离婚协议，并在提交离婚协议30日后的30日内，亲自到婚姻登记机关申请发给离婚证，对此，婚姻登记机关应当对当事人提交的离婚协议进行查明：

(1)查明当事人双方是否为自愿离婚，是否为真实而非虚假的离婚；

查明离婚是否存在被胁迫的情形;查明是否因重大误解而导致的离婚。

(2)查明申请离婚的双方当事人对子女抚养问题是否已协商一致。

(3)审查对财产及债务处理的事项是否协商一致。

经婚姻登记机关查明双方确实是自愿离婚,并已对子女抚养、财产及债务处理等事项协商一致的,应当进行离婚登记,发给离婚证。离婚证是婚姻关系已经合法解除的具有法律效力的文件。双方当事人从取得离婚证之日起,解除婚姻关系。婚姻登记机关在给当事人发离婚证的同时,应当注销结婚证。

婚姻登记机关经过查明,对不符合法定离婚条件,如仅为夫妻一方要求离婚,或者夫妻双方虽然都同意离婚,但在子女和财产等问题上未达成协议的不予离婚登记,并应当以书面形式说明不予登记的理由。

关联法规

《婚姻登记条例》第13条

第一千零七十九条　【诉讼离婚】夫妻一方要求离婚的,可以由有关组织进行调解或者直接向人民法院提起离婚诉讼。

人民法院审理离婚案件,应当进行调解;如果感情确已破裂,调解无效的,应当准予离婚。

有下列情形之一,调解无效的,应当准予离婚:

(一)重婚或者与他人同居;

(二)实施家庭暴力或者虐待、遗弃家庭成员;

(三)有赌博、吸毒等恶习屡教不改;

(四)因感情不和分居满二年;

(五)其他导致夫妻感情破裂的情形。

一方被宣告失踪,另一方提起离婚诉讼的,应当准予离婚。

经人民法院判决不准离婚后,双方又分居满一年,一方再次提起离婚诉讼的,应当准予离婚。

条文注释

诉讼外调解,其依据来源于本条规定的"夫妻一方要求离婚的,可以由有关组织进行调解"。这种调解属于民间性质。"有关组织"在实践中一般包括当事人所在单位、群众团体、基层调解组织等。

诉讼离婚,是婚姻当事人向人民法院提出离婚请求,由人民法院调解或判决而解除其婚姻关系的一项离婚制度。诉讼离婚制度,适用于当事人双方对离婚有分歧的情况,包括一方要求离婚但另一方不同意离婚而发生的离婚纠纷;或者双方虽然同意离婚,但在子女抚养、财产及债务处理等事项上不能达成一致意见、作出适当处理的情况。

本条第2款中规定,"人民法院审理离婚案件,应当进行调解"。这表明调解是人民法院审理离婚案件的必经程序。通过调解达成协议,必须当事人双方自愿,不得强迫;调解也不是无原则的,应当本着合法的原则进行,调解协议的内容不得违反法律规定。对于调解无效的案件,人民法院应当依法判决。判决应当根据当事人的婚姻状况,判决准予离婚或者判决不准离婚。一审判决离婚的,当事人在判决发生法律效力前不得另行结婚。当事人不服一审判决的,有权依法提出上诉。双方当事人在15日的上诉期内均不上诉的,判决书发生法律效力。第二审人民法院审理上诉案件可以进行调解。经调解双方达成协议的,自调解书送达时起原审判决即视为撤销。第二审人民法院作出的判决是终审判决。对于判决不准离婚或者调解和好的离婚案件,没有新情况、新理由,原告在6个月内又起诉的,人民法院不予受理。

在此需要注意的是,本条列举的准予离婚的几种主要情形,并非判决当事人诉讼离婚的必备条件、法定情形。婚姻当事人在婚姻生活中,如无列举的情况发生,但有其他因素导致夫妻感情破裂、调解无效的,人民法院亦应判决准予离婚。另外,即使婚姻当事人双方有列举的情形发生,但未导致夫妻感情破裂,或虽给夫妻感情造成裂痕,但可以经过调解和好的,人民法院则不能判决解除婚姻关系。

关联法规

《婚姻家庭编解释一》第2、23、63、64条;《时间效力规定》第22条

第一千零八十条 【婚姻关系解除时间】完成离婚登记,或者离婚判决书、调解书生效,即解除婚姻关系。

条文注释

登记离婚或者判决离婚生效后,当事人解除婚姻关系,双方基于配偶产生的身份关系消灭,基于配偶身份而产生的人身关系和财产关系即行终止。根据本条规定,解除婚姻关系的时间是完成离婚登记或者离婚调解书、判决书生效之时。

第一千零八十一条 【军婚的保护】现役军人的配偶要求离婚,应当征得军人同意,但是军人一方有重大过错的除外。

条文注释

本规定适用的主体是现役军人和现役军人的配偶。现役军人，指有军籍的人，包括在中国人民解放军服现役、具有军籍和军衔的军官、士兵。中国人民武装警察部队虽然不属于中国人民解放军的编制序列，但是在婚姻问题上仍按现役军人婚姻问题处理。现役军人的配偶，指同现役军人履行了结婚登记手续，并领取结婚证的非军人一方，也是本条的主体。

需征得军人同意的例外情况即“但是军人一方有重大过错的除外”，这是针对“应当征得军人同意”而言。“应当征得军人同意”不是绝对的，如果夫妻感情破裂是由于军人一方的重大过错造成，非军人一方也可以提出离婚，但过错限定在“重大过错”而非一般的过错。

关联法规

《婚姻家庭编解释一》第64条；《刑法》第259条；《国防法》第62条

第一千零八十二条　【男方离婚诉权的限制】女方在怀孕期间、分娩后一年内或者终止妊娠后六个月内，男方不得提出离婚；但是，女方提出离婚或者人民法院认为确有必要受理男方离婚请求的除外。

条文注释

本条是对保护妇女、儿童身心健康的特别规定，它在一定条件下限制了男方提出离婚的请求权。

本条规定限制的主体是男方，而不是女方；限制的是男方在一定期限内的起诉权，而不是否定和剥夺男方的起诉权，只是推迟了男方提出离婚的时间，并不涉及准予离婚与不准予离婚的实体性问题。也就是说，只是对男方离婚请求权暂时性的限制，超过法律规定的期限，不再适用此规定。

但是，男方在本条规定的期间并不是绝对没有离婚请求权，法律还有例外规定，即人民法院认为“确有必要”的，也可以根据具体情况受理男方的离婚请求。所谓“确有必要”，一般是指比本条特别保护利益更为重要的利益需要关注的情形。哪些情形“确有必要”受理，由人民法院认定。

在本条中，还规定了另一种例外情形，即在女方怀孕期间、分娩后1年内或者终止妊娠后6个月内，女方提出离婚的，不受本条规定的限制。女方自愿放弃法律对其的特殊保护，说明其本人对离婚已有思想准备，对此，法院应当根据当事人婚姻的实际情况判定是否准予离婚。

关联法规

《妇女权益保障法》第64条

第一千零八十三条　【复婚登记】离婚后，男女双方自愿恢复婚姻关系的，应当到婚姻登记机关重新进行结婚登记。

关联法规

《婚姻登记条例》第14条

第一千零八十四条　【离婚后的父母子女关系及子女抚养】父母与子女间的关系，不因父母离婚而消除。离婚后，子女无论由父或者母直接抚养，仍是父母双方的子女。

离婚后，父母对于子女仍有抚养、教育、保护的权利和义务。

离婚后，不满两周岁的子女，以由母亲直接抚养为原则。已满两周岁的子女，父母双方对抚养问题协议不成的，由人民法院根据双方的具体情况，按照最有利于未成年子女的原则判决。子女已满八周岁的，应当尊重其真实意愿。

条文注释

父母子女关系是基于出生事实而形成的自然血亲关系，不能人为解除。离婚后，子女无论随父母哪一方生活，仍是父母双方的子女，本法关于父母子女权利义务的规定仍然适用，不能因父母离婚而受到影响。

确定子女抚养的具体办法有以下几种：

(1)对不满2周岁子女的抚养。2周岁以下的子女，一般判决随母亲生活，由母亲直接抚养。但是这一原则也不是一成不变的，实际生活中如果母亲有下列情形之一的，也可以由父亲直接抚养：一是母亲患有久治不愈的传染性疾病或其他严重疾病，子女不宜与其共同生活的；二是母亲有抚养条件不尽抚养义务，而父亲要求子女随其生活的，并对子女健康成长没有不利影响的；三是因其他原因，子女的确无法随母方生活的，如母亲的经济能力及生活环境对抚养子女明显不利的，或母亲的品行不端不利于子女成长的，或因违法犯罪被判服刑不可能抚养子女的，等等。

(2)2周岁以上未成年子女的抚养。对2周岁以上的未成年子女，是由父亲还是母亲直接抚养，首先应由父母双方协议决定。当父母双方对由谁直接抚养发生争议时，法院应当进行调解，尽可能争取当事人以协议方式解决。如果当事人双方因子女抚养问题达不成协议，法院应结合父母双方的抚养能力和抚养条件等具体情况，按照最有利于子女健康成长的原则妥善地作出判决。

(3)已满 8 周岁子女的抚养。本条明确规定子女已满 8 周岁的，应当尊重其真实意愿。在离婚时，无论是父母协商确定由谁抚养，还是人民法院判决确定，都要事先听取 8 周岁以上子女的意见，在子女提出自己的意见后，再根据其年龄、社会经验、认知能力和判断能力等，探求、尊重其真实的意愿。

(4)子女直接抚养归属的变更。父母离婚后，在一定条件下，可以根据父母双方或子女的实际情况的变化，对子女直接抚养归属依法予以变更。父母双方协议变更子女直接抚养关系的，只要有利于子女身心健康和保障子女合法权益，则应予准予。一方要求变更子女直接抚养归属的，双方对此不能达成协议时，应另行起诉。

关联法规

《婚姻家庭编解释一》第 44 ~ 48、55 条

第一千零八十五条　【离婚后子女抚养费的负担】离婚后，子女由一方直接抚养的，另一方应当负担部分或者全部抚养费。负担费用的多少和期限的长短，由双方协议；协议不成的，由人民法院判决。

前款规定的协议或者判决，不妨碍子女在必要时向父母任何一方提出超过协议或者判决原定数额的合理要求。

条文注释

抚养费应当包括生活费、教育费和医疗费等。子女无论由母亲抚养还是由父亲抚养，不直接抚养的一方都应负担必要的抚养费。

(1)抚养费的数额。子女抚养费的数额，可根据子女的实际需要、父母双方的负担能力和当地的实际生活水平确定。其分两种情况：一是对于有固定收入的，抚养费一般可按其月收入的一定比例给付。负担两个以上子女抚养费的，比例可适当提高。二是对于无固定收入的，抚养费的数额可依据其当年总收入或其所处同行业的平均收入确定。

(2)抚养费的给付方法。抚养费的给付方法可依父母的职业情况而定，原则上应定期给付。有条件的也可以一次性给付，但对于一方要求一次性给付的要慎重处理，确有必要采取一次性给付的，要注意掌握条件。

(3)抚养费的给付期限。法律没有对抚养费的给付期限作硬性规定，实践中应根据具体情况个案处理。

(4)抚养费的变更。子女生活费和教育费无论是在协议离婚时达成的还是由法院判决的,都不妨碍子女在必要时向父母任何一方提出增加原定数额的合理要求。

司法实践中,子女要求增加抚养费有下列情形之一,父或母有给付能力的,应予支持:(1)由于物价调整,原定抚养费数额不足以维持当地实际生活水平的;(2)因子女患病、上学,实际需要已超过原定数额的;(3)有其他正当理由应当增加的。

此外,还有减免父或母一方抚养费的情况。需要说明的是,免除抚养费,只是就抚养费用而言,其教育子女的其他义务是不能被免除的,一方不得以减免抚养费为由,限制或剥夺另一方探望子女等权利。变更抚养费,原则上限于子女提出或根据子女利益,由直接抚养子女的一方以子女的名义提出,但权利主体只能是子女。

关联法规

《婚姻家庭编解释一》第 49 ~ 53、55、58 ~ 60 条

第一千零八十六条 【父母的探望权】离婚后,不直接抚养子女的父或者母,有探望子女的权利,另一方有协助的义务。

行使探望权利的方式、时间由当事人协议;协议不成的,由人民法院判决。

父或者母探望子女,不利于子女身心健康的,由人民法院依法中止探望;中止的事由消失后,应当恢复探望。

条文注释

本条第 1 款赋予了父或者母对子女探望的权利,即在离婚后,不直接抚养子女的父或者母,有探望子女的权利。通常情况下,探望权在夫妻协议离婚或者诉讼离婚时确定。如果夫妻在离婚时对探望权未作明确约定,或者法院没有明确作出判决,那么,当事人可以就探望权问题单独提起诉讼。为了保证不直接抚养子女的父或者母行使好探望子女的权利,本条第 1 款还规定了另一方有协助的义务。

根据本条第 2 款的规定,行使探望权利的方式、时间通常宜由当事人协议确定。双方应从有利于子女健康成长的角度出发,对探望的时间、探望的方式进行协商。当双方无法就上述事宜达成一致时,尤其在直接抚养子女的一方无故拒绝不直接抚养子女的一方探望子女时,享有探望权的一方可依《民事诉讼法》的有关规定提起诉讼,请求人民法院作出判决。

本条第3款规定了对探望权的限制。父或者母探望子女,不利于子女身心健康的,由人民法院依法中止探望。不直接抚养子女的父母一方的探望权,只有在特殊的情况下才能被限制。这种特殊情况主要是指探望有可能不利于子女的身心健康。如父母一方患精神疾病、传染性疾病,以及有吸毒行为或对子女有暴力骚扰等行为。

本法对祖父母、外祖父母探望孙子女的权利没有作出明确的规定。但是,这不妨碍祖父母、外祖父母对孙子女、外孙子女的探望。

关联法规

《婚姻家庭编解释一》第65~68条

第一千零八十七条 【离婚时夫妻共同财产的处理】离婚时,夫妻的共同财产由双方协议处理;协议不成的,由人民法院根据财产的具体情况,按照照顾子女、女方和无过错方权益的原则判决。

对夫或者妻在家庭土地承包经营中享有的权益等,应当依法予以保护。

条文注释

在分清个人财产、夫妻共同财产的前提下,法院应根据财产的具体情况,按照照顾子女、女方和无过错方权益的原则,公平公正地分割夫妻共同财产。

在大多数情况下,夫妻离婚,家庭成员中未成年子女是最大的受害者。因此,本条在规定分割夫妻共同财产时,特别强调了对子女权益的保障,将保护照顾子女的权益作为分割夫妻共同财产时优先考虑的原则。同时,人民法院审理离婚案件对夫妻共同财产的处理,应坚持照顾无过错方的原则。

对夫妻共同财产的分割,还需要说明的是,本法第1092条规定,夫妻一方隐藏、转移、变卖、毁损、挥霍夫妻共同财产,或者伪造夫妻共同债务企图侵占另一方财产的,在离婚分割夫妻共同财产时,对该方可以少分或者不分。离婚后,另一方发现有上述行为的,可以向人民法院提起诉讼,请求再次分割夫妻共同财产。此项请求权的行使要受本法诉讼时效的限制,即权利人自知道或应当知道权利被侵害时起计算,3年后再向人民法院提起诉讼则丧失胜诉权。

在农村,夫妻共同财产的分割主要涉及房屋、承包的土地、果园等。土地、果园大部分实行家庭联产承包责任制,每个家庭承包的面积是根据家庭人口按本村人均面积分配的,因此,女方在土地承包上同样享有承包经营权。故本条第2款规定，对夫或妻在家庭土地承包经营中享有的权益等，应当依法予以保护。

关联法规

《妇女权益保障法》第55、56、66、69条；《婚姻家庭编解释一》第72～82条

第一千零八十八条 【离婚经济补偿】夫妻一方因抚育子女、照料老年人、协助另一方工作等负担较多义务的，离婚时有权向另一方请求补偿，另一方应当给予补偿。具体办法由双方协议；协议不成的，由人民法院判决。

条文注释

本条规定是遵循权利和义务对等的原则作出的。只有在一方为婚姻共同体尽了较多义务，如抚养子女、照料老人、协助另一方工作的情况下，才可以向对方请求补偿。夫妻离婚时，一方承担较多家庭义务的，要求另一方给予经济补偿，应当由离婚的夫妻自行协商确定，这种协商可以在协议离婚时确定，也可以在诉讼离婚中确定。如果在协议离婚时双方达成了一致，则可以向婚姻登记部门提交。在诉讼离婚中，双方对离婚补偿达成一致意见，交由法院以调解书或者判决书的形式予以确认。如果双方达不成协议，人民法院则依据本条的规定进行判决。

关联法规

《妇女权益保障法》第68条

第一千零八十九条 【离婚时夫妻共同债务清偿】离婚时，夫妻共同债务应当共同偿还。共同财产不足清偿或者财产归各自所有的，由双方协议清偿；协议不成的，由人民法院判决。

条文注释

根据本条规定，婚姻关系终结时，夫妻共同债务清偿应当遵循的原则是共同债务共同清偿。依法属于夫妻共同债务的，夫妻应当以共同财产共同偿还，这是一个基本原则。但是，如果夫妻共同财产不足致使不能清偿，或者双方约定财产归各自所有而没有共同财产清偿，夫妻双方对共同债务如何偿还以及清偿比例等，可以由双方当事人协商确定；如果双方协商不能达成一致意见，由人民法院考虑双方当事人的具体情况依法判决确定。需要注意的是，无论是双方当事人协商确定，还是人民法院判决确定的清偿方式、清偿比例等内容，仅在离婚的双方当事人之间有效，对债

权人是没有法律效力的,债权人可以依照本法第178条第1款“二人以上依法承担连带责任的,权利人有权请求部分或者全部连带责任人承担责任”的规定来要求双方履行其债务。

关联法规

《民法典》第1064条;《婚姻家庭编解释一》第69条

第一千零九十条　【离婚经济帮助】离婚时,如果一方生活困难,有负担能力的另一方应当给予适当帮助。具体办法由双方协议;协议不成的,由人民法院判决。

条文注释

婚姻关系存续期间,夫妻双方有互相扶养的义务,一方不履行扶养义务时,需要扶养的一方有要求对方付给扶养费的权利。婚姻关系终结后,法律明确要求一方对生活困难的另一方从其个人财产中给予适当的帮助,这种要求实质是夫妻间扶养义务的延续。

关联法规

《妇女权益保障法》第69条

第一千零九十一条　【离婚过错赔偿】有下列情形之一,导致离婚的,无过错方有权请求损害赔偿:

(一)重婚;

(二)与他人同居;

(三)实施家庭暴力;

(四)虐待、遗弃家庭成员;

(五)有其他重大过错。

条文注释

本条虽然规定了离婚损害赔偿制度,但并不意味着法院在审理离婚案件时必须判决过错方对无过错方予以赔偿。在离婚案件中无过错方对确实有过错的另一方是否行使赔偿请求权,由受损害的无过错方自行决定,法院不能主动判决离婚损害赔偿。

离婚损害赔偿既应当包括过错方给无过错方造成的财产损害的赔偿,也应当包括过错方给无过错方造成的人身损害、精神损害的赔偿。人民法院应当根据过错方对无过错方造成的损害程度以及婚姻当事人的经济状况等判定赔偿数额。

关联法规

《民法典》第1183条；《精神损害解释》；《婚姻家庭编解释一》第1、2、86～90条

第一千零九十二条　【一方侵害夫妻共同财产的法律后果】夫妻一方隐藏、转移、变卖、毁损、挥霍夫妻共同财产，或者伪造夫妻共同债务企图侵占另一方财产的，在离婚分割夫妻共同财产时，对该方可以少分或者不分。离婚后，另一方发现有上述行为的，可以向人民法院提起诉讼，请求再次分割夫妻共同财产。

条文注释

夫妻共同财产属于夫妻共同共有，依照民法共同共有的理论，原则上，在共同体解体时，对共同共有的财产应当均等分割。若夫妻中的一方有以隐藏、转移、变卖、毁损、挥霍手段侵害夫妻共同财产的违法行为，或有伪造夫妻共同债务企图侵占另一方财产的违法行为，依照本条规定对实施上述违法行为的一方，在分割夫妻共同财产时，可以少分或不分。少分或不分夫妻共同财产，是违法行为实施者理应承担的法律责任。需要说明的是，本条对少分的具体份额或比例以及在何种情况下可以不分、少分，没有作出明确规定，只是规定了“可以”少分或者不分。法院在审判实践中，应当根据违法行为的情节和案件的具体情况作出处理。

本条还对离婚后，即离婚案件已审理终结，人民法院对离婚双方有关财产分割的调解书、判决书已发生法律效力后，一方又发现另一方有隐藏、转移、变卖、毁损、挥霍夫妻共同财产或者伪造夫妻共同债务企图侵占另一方财产行为的处理作了规定。在离婚案件审理过程中，这部分共同财产由于被一方隐藏、转移、变卖、毁损、挥霍，或伪造债务所侵占而未能被发现，因而法院也未能将其作为夫妻共同财产予以分割。夫妻共同财产是共同共有财产，任何一方未经另一方同意而擅自予以隐藏、转移、变卖、毁损、挥霍，或通过伪造债务等非法手段据为己有的，都是对另一方财产所有权的侵害，是一种民事侵权行为。另一方可以依据本条规定，向人民法院提起诉讼，请求再次分割夫妻共同财产。在分割时，关于对隐藏、转移、变卖、毁损、挥霍夫妻共同财产或伪造夫妻共同债务企图侵占另一方财产的可以少分或者不分的原则仍应适用。

关联法规

《婚姻家庭编解释一》第83、84条

第五章　收　　养

第一节　收养关系的成立

第一千零九十三条　【被收养人的条件】下列未成年人，可以被收养：

（一）丧失父母的孤儿；

（二）查找不到生父母的未成年人；

（三）生父母有特殊困难无力抚养的子女。

条文注释

收养是自然人领养他人子女为自己子女的一种民事法律行为，能够产生依法变更亲子关系、转移亲子间权利义务关系的法律效力。被收养人的条件主要包括：

（1）丧失父母的孤儿。此处的"丧失"，应指被收养人的父母已经死亡或者被宣告死亡。"父母"不仅包括生父母，还包括养父母以及有扶养关系的继父母。这里需要指出的是，该项不包括父母被宣告失踪的情形。如果父母因查找不到而被宣告失踪，可以考虑适用本条第2项，即"查找不到生父母的未成年人"可以被收养。

（2）查找不到生父母的未成年人。本项规定的"查找不到"，是指通过各种方式均无法找到。虽然本条未对"查找不到"的时间加以限制，但从维护收养关系的角度，在操作方面应当有一个合理期间的限制，个人或者有关机关经过一定期间仍查找不到父母的未成年人，可以作为被收养人。此外，需要强调的是，对于暂时脱离生父母，但嗣后又被找回的未成年人，不属于此处的"查找不到"，不应当成为被收养的对象。

（3）生父母有特殊困难无力抚养的子女。本项的"有特殊困难"属于一个包容性较强的表述，既包括生父母因经济困难无力抚养，也包括生父母因身体或者精神原因自身不具备抚养能力等，具体应由有关部门根据情况进行判断是否适用收养。

第一千零九十四条 【送养人的条件】下列个人、组织可以作送养人：
（一）孤儿的监护人；
（二）儿童福利机构；
（三）有特殊困难无力抚养子女的生父母。

条文注释

送养人适格是收养法律关系成立的实质要件，即只有送养人符合相关条件，收养才能有效成立。

（1）孤儿的监护人。此处的“孤儿”，是指其父母死亡或人民法院宣告其父母死亡的未成年人。理解本项规定需要注意两个问题：第一，担任孤儿监护人的主体是有顺序限制的，即首先是祖父母、外祖父母，其次是兄、姐，最后是其他愿意担任其监护人的个人或者组织，但须经未成年人住所地的居委会、村委会或者民政部门同意。当然，以上主体担任监护人的前提是必须具备监护能力。第二，孤儿的监护人实施送养行为时，应当受到一定限制。即监护人送养孤儿的，应当征得有抚养义务的人同意。

（2）儿童福利机构。从实践情况来看，我国的儿童福利机构主要是指各地民政部门主管的收容、养育孤儿和查找不到生父母的未成年人的社会福利院。

（3）有特殊困难无力抚养子女的生父母。本项是将特定情形下的生父母作为送养人的规定。生父母作为子女的法定监护人，在一般情况下要履行监护职责，不得随意将应由自己承担的责任转由他人承担。但在特殊情况下，生父母因存在特殊困难无力承担这一责任时，从有利于未成年人健康成长的角度，可以由生父母将未成年人送养，这也符合收养领域确立的最有利于被收养人的原则要求。

第一千零九十五条 【监护人送养未成年人的特殊规定】未成年人的父母均不具备完全民事行为能力且可能严重危害该未成年人的，该未成年人的监护人可以将其送养。

条文注释

父母尚在的情况下，对于监护人送养未成年人的条件要求是非常严格的：（1）要求未成年人的父母双方均不具备完全民事行为能力；（2）未成年人父母必须存在可能严重危害该未成年人的情形时，监护人才可将其送养。“可能严重危害该未成年人”，主要是指其父母存在危害该未成年人的现实危险且达到严重程度的情形。在这种情况下，即使危害行为尚未实际发生，从保护未成年人利益的角度出发，也允许监护人将其送养。

第一千零九十六条 【监护人送养孤儿的特殊规定】监护人送养孤儿的，应当征得有抚养义务的人同意。有抚养义务的人不同意送养、监护人不愿意继续履行监护职责的，应当依照本法第一编的规定另行确定监护人。

条文注释

根据本条规定，监护人送养孤儿的，应当征得有抚养义务的人同意。这里的“有抚养义务的人”，是指孤儿的有负担能力的祖父母、外祖父母、兄、姐。如果上述主体不同意监护人对孤儿进行送养，而现在的监护人又不愿意继续履行监护职责，为使被监护人不致处于无人监护的状态，应当依照本法总则编的规定另行确定监护人。

理解本条需要注意以下几点：(1)孤儿的父母死亡后，有资格担任孤儿监护人的主体并不单一，有监护能力的祖父母、外祖父母、兄、姐都可以作为监护主体。但一般情况下，监护人不可能由多人担任，因此，在监护人确定后，为尊重其他有抚养义务的人的意愿，实质上也是为了最大限度地遵循保护未成年人利益的原则，法律要求送养应当征得有抚养义务的人的同意。(2)如果有抚养义务的人不同意送养，监护人又不愿意继续履行监护职责，则要通过变更监护人的方式确保未成年人的利益不受损害。(3)变更监护人应当依照本法总则编的有关规定进行。

第一千零九十七条 【生父母送养】生父母送养子女，应当双方共同送养。生父母一方不明或者查找不到的，可以单方送养。

条文注释

理解本条，需要明确以下两点：(1)生父母送养子女应当双方共同送养，这是原则要求。基于父母双方对于抚养子女的平等地位，送养应当双方共同进行。在实践操作层面，可以双方共同表示送养的意思，也可以由一方表达出送养意愿，另一方表示同意。在后一种情况下，这种同意的表示应是明确的、具体的。(2)生父母送养子女可以单方送养，这是例外规定，应当严格限于法律规定的两种情形，即生父母一方不明或者查找不到。“生父母一方不明”，是指不能确认被收养人的生父或者生母为谁的情况。在这种情况下,如果生父或生母无力抚养子女,应当允许其送养该子女,给子女提供一个更好的成长环境。“查找不到”,是指经过一定期间,无法查找到生父或者生母的情况。

第一千零九十八条　【收养人的条件】收养人应当同时具备下列条件:

(一)无子女或者只有一名子女;

(二)有抚养、教育和保护被收养人的能力;

(三)未患有在医学上认为不应当收养子女的疾病;

(四)无不利于被收养人健康成长的违法犯罪记录;

(五)年满三十周岁。

条文注释

本条关于收养人年龄的规定要求收养人须年满30周岁。除须年满30周岁外,按照本条规定,收养人还须同时具备其他四项条件:

(1)收养人无子女或者只有一名子女。此处的“无子女”包括多种情况,主要是指收养人没有亲生子女,也没有养子女及形成抚养教育关系的继子女。

(2)有抚养、教育和保护被收养人的能力。这是收养人必须要有的基本条件,主要是指收养人应当具有完全民事行为能力,在身体、智力、经济、道德品行以及教育子女等各个方面均有能力实现对未成年子女的抚养、教育和保护,能够履行父母对子女应尽的义务。

(3)未患有在医学上认为不应当收养子女的疾病。在适用“未患有在医学上认为不应当收养子女的疾病”这一规定处理具体问题时,要特别注意须有充分科学的依据,必要时通过专门的医学鉴定加以确定,切不可随意适用该项条件排除特定主体的收养要求。在判定某种疾病是否属于不应当收养子女的疾病时,除考虑疾病本身的严重性之外,重点还要考虑此种疾病对于收养关系的影响、对于被收养人可能存在的影响等,综合以上因素,相关部门应谨慎认定。

(4)无不利于被收养人健康成长的违法犯罪记录。需要指出的是,并非有过任何违法犯罪记录的人都不能担任收养人,本项强调“无不利于被收养人健康成长的违法犯罪记录”,即只有收养人从事过与未成年人健康成长有关的违法犯罪行为的,才会被限制收养。如果收养人的违法犯罪行为不影响未成年人健康成长,则不受该项条件的限制。

第一千零九十九条 【收养三代以内旁系同辈血亲子女的特殊规定】 收养三代以内旁系同辈血亲的子女,可以不受本法第一千零九十三条第三项、第一千零九十四条第三项和第一千一百零二条规定的限制。

华侨收养三代以内旁系同辈血亲的子女,还可以不受本法第一千零九十八条第一项规定的限制。

条文注释

本条第1款是对收养三代以内旁系同辈血亲的子女的条件规定。"三代以内旁系同辈血亲的子女",是指兄弟姊妹的子女、堂兄弟姊妹的子女、表兄弟姊妹的子女。根据本款规定,如果收养三代以内旁系同辈血亲的子女,可以在收养基本条件的基础上,不受以下几项条件的限制:(1)被收养人生父母有特殊困难无力抚养子女。根据本款规定,收养人如果收养的是三代以内旁系同辈血亲的子女,可以不受这一限制,即便未成年人的父母并未因特殊困难丧失抚养能力,其仍可以成为被收养的对象。(2)有特殊困难无力抚养子女的生父母。根据本款规定,收养三代以内旁系同辈血亲的子女,即使未成年人的生父母并未因特殊困难而丧失抚养能力,其仍可以成为适格的送养人,因此成立的收养关系仍然有效。(3)根据本法第1102条的规定,无配偶者收养异性子女的,收养人与被收养人的年龄应当相差40周岁以上。而根据本款规定,收养三代以内旁系同辈血亲的子女,即使收养人与被收养人的年龄相差不到40周岁,依然可以成立有效的收养关系。

本条第2款是对华侨收养三代以内旁系同辈血亲子女的条件规定。理解本款要注意以下两点:(1)华侨收养三代以内旁系同辈血亲的子女,首先与一般主体收养三代以内旁系同辈血亲的子女的要求一致,即被收养人可以不受生父母有特殊困难无力抚养子女的限制、送养人可以不受有特殊困难无力抚养子女的生父母的限制以及无配偶者收养异性子女须与被收养人存在40周岁以上年龄差的限制。(2)在上述基础上,对于华侨收养三代以内旁系同辈血亲的子女,本法进一步放宽限制,即还可以不受收养人须无子女或者只有一名子女的限制。也就是说,已拥有两名及两名以上子女的华侨,还可以收养三代以内旁系同辈血亲的子女。

第一千一百条 【收养子女的数量】无子女的收养人可以收养两名子女;有子女的收养人只能收养一名子女。

收养孤儿、残疾未成年人或者儿童福利机构抚养的查找不到生父母的未成年人,可以不受前款和本法第一千零九十八条第一项规定的限制。

条文注释

根据本条第1款的规定,无子女的收养人可以收养两名子女;有子女的收养人只能收养一名子女。换言之,如果收养人无子女,其可以收养子女的数量已经不再限于一名,最多可以收养两名;仅是对于已有子女的收养人而言,只能再收养一名子女。

根据本条第2款的规定,对于被收养人属于孤儿、残疾未成年人以及儿童福利机构抚养的查找不到生父母的未成年人这三类之一的被收养人,首先,可以不受本条第1款的限制,也就是说,如果收养人收养的对象属于以上三类人,无子女的收养人可以收养两名以上未成年人,有子女的收养人可以收养一名以上未成年人。其次,收养这三类群体中的任何一类,还可以不受本法第1098条第1项规定的限制,也就是说,如果收养人意图收养的对象属于以上三类人,即使收养人自己有子女或者子女数量超过一名,依然可以进行有效的收养行为。

第一千一百零一条 【共同收养】有配偶者收养子女,应当夫妻共同收养。

第一千一百零二条 【无配偶者收养异性子女】无配偶者收养异性子女的,收养人与被收养人的年龄应当相差四十周岁以上。

条文注释

从本条规定来看,在无配偶者收养子女的情况下,收养人与被收养人须有40周岁以上年龄差的限制已经不仅限于收养人为男性、被收养人为女性的情况。在收养人为无配偶女性、被收养人为未成年男性的情况下,同样应当受到收养人与被收养人须年龄相差40周岁以上的限制。

第一千一百零三条 【继父母收养继子女的特殊规定】继父或者继母经继子女的生父母同意,可以收养继子女,并可以不受本法第一千零九十三条第三项、第一千零九十四条第三项、第一千零九十八条和第一千一百条第一款规定的限制。

条文注释

需要指出的是，尽管本条对于继父母收养继子女作出了多方面的放宽规定，但这并不意味着在收养关系形成后，继父或者继母对于继子女所应承担的义务和责任可以有所减轻。根据本法第1111条的规定，自收养关系成立之日起，养父母与养子女间的权利义务关系，适用本法关于父母子女关系的规定。同时，养子女与生父母及其他近亲属间的权利义务关系，因收养关系的成立而消除。因此，继父母自身份转变为养父母后，父母子女间的权利义务都应依法承担，不得推诿。

第一千一百零四条 【收养、送养自愿】收养人收养与送养人送养，应当双方自愿。收养八周岁以上未成年人的，应当征得被收养人的同意。

条文注释

理解本条，需要注意以下几点：(1)成立有效的收养关系，需要收养人有真实、自愿的收养意思表示。这里需要强调的是，收养人收养意愿的作出必须是真实、自愿的，如果收养的意思表示是在受胁迫、欺诈等情况下作出，就不会产生有效的收养关系，也必将有损被收养人的合法权益。(2)成立有效的收养关系，还需要有送养人同意送养的真实意愿。根据本法第1094条的规定，可以担任送养人的个人和组织包括孤儿的监护人、儿童福利机构以及有特殊困难无力抚养子女的生父母。这些主体在依法送养未成年人时，必须要有同意送养的真实意思表示。(3)如果被收养人属于8周岁以上的未成年人，还必须征得被收养人的同意。被收养的未成年人如果年龄在8周岁以上，则其同意被收养是该收养关系成立的前提条件。换言之，即使送养人与收养人达成了收养合意，如果年满8周岁的被收养人不同意被收养，则收养关系不成立。这也是收养应当最有利于被收养人利益的原则体现。

第一千一百零五条 【收养登记、收养公告、收养协议、收养公证、收养评估】收养应当向县级以上人民政府民政部门登记。收养关系自登记之日起成立。

收养查找不到生父母的未成年人的，办理登记的民政部门应当在登记前予以公告。

收养关系当事人愿意签订收养协议的，可以签订收养协议。

收养关系当事人各方或者一方要求办理收养公证的，应当办理收养公证。

县级以上人民政府民政部门应当依法进行收养评估。

条文注释

本条第1款首先对收养登记作出规定。负责代表国家进行收养登记的职能部门是民政部门,且在部门层级上必须是县级以上人民政府的民政部门。因此,办理收养登记的法定机关是县级以上人民政府的民政机关。

本条第2款对于办理登记的民政部门附加了应予公告的义务,其目的应在于最大限度地查找未成年人的生父母,尽可能地使未成年人回归原始家庭,以最大限度保护未成年人的合法权益。

本条第3款是关于收养协议的规定。与收养登记不同,本法对于收养协议的签订的规定并非强制性规定,而是可以由当事人根据具体情况自愿选择是否签订。从形式上讲,收养协议应当采用书面形式,双方当事人各执一份,协议自双方当事人在协议上签字盖章之日起生效。

本条第4款是关于收养公证的规定。从这一规定来看,收养公证并非收养的必经程序,只有收养关系的各方当事人或者一方当事人提出办理收养公证的要求时,才依法予以办理。从办理顺序上看,公证一般应当在签订收养协议并且办理收养登记后进行;如果尚未办理收养登记,仅就收养协议进行公证,只能证明协议是真实合法的,并不能证明收养关系已经成立。

本条第5款是关于收养评估的规定。收养评估的内容包括收养动机、家庭状况、道德品行等方面。收养评估能够更加准确、客观地确定收养人所具备的抚养被收养未成年人的能力,亦能够从程序和实体两方面保障被收养未成年人的利益,体现了最有利于被收养人的收养原则。

关联法规

《中国公民收养子女登记办法》第2~7条;《收养登记工作规范》

第一千一百零六条 【被收养人户口登记】收养关系成立后,公安机关应当按照国家有关规定为被收养人办理户口登记。

条文注释

理解本条,需要明确以下几点:(1)为被收养人办理户口登记的前提是必须成立收养关系。根据本法第1105条的规定,收养关系自登记之日起成立。只有履行了合法的收养登记程序,成立收养关系后,才能申请公安机关为被收养人办理户口登记。(2)办理户口登记的职能部门是公安机关。(3)根据被收养人的不同情况，需要办理的户口登记类型既包括原始的户口登记，也包括户口迁移登记。(4)为被收养人办理户口登记，需要依照国家有关规定进行。

关联法规

《中国公民收养子女登记办法》第8、9条

第一千一百零七条　【生父母的亲属、朋友抚养不适用收养】孤儿或者生父母无力抚养的子女，可以由生父母的亲属、朋友抚养；抚养人与被抚养人的关系不适用本章规定。

条文注释

根据本条规定，当孤儿或者生父母有特殊困难无力抚养的子女没有通过收养重新确立父母子女关系时，生父母的亲属、朋友可以通过抚养未成年人来实现对其权益的保护，其实质是未成年人的抚养权发生了变更。本章有关收养条件、收养人数、收养登记等一系列规定，均不适用于生父母的亲属、朋友抚养未成年人的情形。当然，这里需要指出的是，如果生父母的亲属、朋友在承担了对未成年人的抚养义务之后，因为各种原因出现了无力承担抚养教育未成年人的情形时，从保护未成年人利益的角度考虑，应当及时、再次变更抚养权人，以确保未成年人的利益不致受到损害。

第一千一百零八条　【优先抚养权】配偶一方死亡，另一方送养未成年子女的，死亡一方的父母有优先抚养的权利。

条文注释

关于本条，需要明确以下几个问题：(1)根据本条规定，当生存一方配偶作出送养其未成年子女的意思表示之时，死亡一方配偶的父母的优先抚养权即产生。同时，优先抚养权作为死亡一方配偶的父母享有的一项民事权利，其可以根据权利自由处分的原则对优先抚养权表示放弃。(2)优先抚养权并不绝对，在有些情况下，从最有利于未成年人利益的角度出发，可以限制甚至剥夺优先抚养权人的优先抚养权。(3)如果同时具备优先抚养权，就要综合考虑各种因素，并可以听取送养人的意见，确定由其中一人抚养未成年人。(4)优先抚养权的产生具有先决条件，即必须是在配偶一方死亡，另一方送养子女时，死亡一方配偶的父母才可主张。

第一千一百零九条　【涉外收养】外国人依法可以在中华人民共和国收养子女。

外国人在中华人民共和国收养子女，应当经其所在国主管机关依照该国法律审查同意。收养人应当提供由其所在国有权机构出具的有关其年龄、婚姻、职业、财产、健康、有无受过刑事处罚等状况的证明材料，并与送养人签订书面协议，亲自向省、自治区、直辖市人民政府民政部门登记。

前款规定的证明材料应当经收养人所在国外交机关或者外交机关授权的机构认证，并经中华人民共和国驻该国使领馆认证，但是国家另有规定的除外。

条文注释

本条第1款规定，外国人依法可以在中华人民共和国收养子女。这里的“依法”，是指依照我国有关收养的法律法规实施收养行为。外国人在我国实施收养行为，在法律适用方面采取的是属地主义，即必须依照中国有关收养的法律法规进行。同时，本条第2款中还规定，外国人在中华人民共和国收养子女，应当经其所在国主管机关依照该国法律审查同意。这说明，外国人在中国收养子女，除遵守我国的法律之外，还需要遵守其所在国的法律规定。

关联法规

《外国人在中华人民共和国收养子女登记办法》

第一千一百一十条　【收养保密义务】收养人、送养人要求保守收养秘密的，其他人应当尊重其意愿，不得泄露。

第二节　收养的效力

第一千一百一十一条　【收养拟制效力】自收养关系成立之日起，养父母与养子女间的权利义务关系，适用本法关于父母子女关系的规定；养子女与养父母的近亲属间的权利义务关系，适用本法关于子女与父母的近亲属关系的规定。

养子女与生父母以及其他近亲属间的权利义务关系，因收养关系的成立而消除。

条文注释

理解本条,需要注意以下几点:

(1)关于养父母与养子女间的权利义务关系。根据本条规定,自收养关系成立之日起,养父母与养子女间的权利义务关系,适用本法关于父母子女关系的规定。尽管收养形成的是拟制血亲,但在法律适用方面,其与自然血亲并无差别。

(2)关于养子女与养父母的近亲属间的权利义务关系。收养关系成立后,养父母子女之间同自然血亲的父母子女关系并无差别,因此,在养子女与养父母近亲属关系方面,也同样适用本法关于子女与父母的近亲属之间关系的规定。

(3)本条第2款规定,养子女与生父母以及其他近亲属间的权利义务关系,因收养关系的成立而消除。即收养关系成立后,养父母与养子女间形成了拟制的父母子女关系。

第一千一百一十二条　【养子女的姓氏】养子女可以随养父或者养母的姓氏,经当事人协商一致,也可以保留原姓氏。

条文注释

本条规定养子女可以随养父或者养母的姓氏,这与本法人格权编有关子女姓氏选取的规定也是一致的。当然,从另一方面来说,送养人与收养人在收养关系成立时也可能早已约定好未成年子女的姓氏问题,如果双方协商一致,法律也并不禁止未成年人保留原姓氏。比如,在生父母因特殊困难无力抚养而送养子女时,基于情感方面的考虑,生父母可能希望子女在被他人收养之后仍保留原姓氏。此时,如果收养人对此不持异议,当然是允许的。这充分体现了对收养关系当事人意思自治的尊重。

第一千一百一十三条　【无效收养行为】有本法第一编关于民事法律行为无效规定情形或者违反本编规定的收养行为无效。

无效的收养行为自始没有法律约束力。

条文注释

根据本条规定,在两种情形下,收养行为将被认定为无效:

(1)有本法总则编关于民事法律行为无效规定的情形。本法第143~157条规定了民事法律行为的效力。收养作为具有人身性质的民事法律行为,自然应当受到总则编有关民事法律行为效力评价规定的约束。

(2)违反本编规定的收养行为无效。除具有本法总则编无效情形的收养行为应属无效收养之外,如果收养行为违反了本法婚姻家庭编的规定,也应属于无效的收养行为。例如,收养行为违反了有关被收养人、送养人、收养人的条件,以及收养人数的限制以及无配偶者收养异性子女的年龄限制等。

本条第2款规定,无效的收养行为自始没有法律约束力。根据本法第155条的规定,无效的民事法律行为自始没有法律约束力。收养作为具有人身性质的民事法律行为,也应遵循法律行为制度的基本原理,一旦被认定无效,也应当是从行为一开始便没有法律约束力。

关联法规

《民法典》第143~157条

第三节 收养关系的解除

第一千一百一十四条 【协议解除及诉讼解除收养关系】收养人在被收养人成年以前,不得解除收养关系,但是收养人、送养人双方协议解除的除外。养子女八周岁以上的,应当征得本人同意。

收养人不履行抚养义务,有虐待、遗弃等侵害未成年养子女合法权益行为的,送养人有权要求解除养父母与养子女间的收养关系。送养人、收养人不能达成解除收养关系协议的,可以向人民法院提起诉讼。

条文注释

从本条第1款规定来看,协议解除收养关系存在以下特点,需要准确把握:(1)原则上,在被收养人成年以前,收养人不得单方解除收养关系。(2)收养人与送养人经协商一致,可以解除收养关系。(3)养子女8周岁以上的,应当征得其同意。在送养人、收养人就解除收养关系达成一致的前提下,如果养子女已经属于8周岁以上的限制行为能力人,则还需要征得养子女的同意才可解除收养关系。

本条第2款是关于通过诉讼解除收养关系的规定。理解本款需要注意以下几点:(1)适用本款规定的前提是被收养人尚未成年。(2)本款适用的对象仅为送养人,不适用于收养人或者被收养人。即为保护被收养人的合法权益,赋予送养人在一定条件下提起解除收养关系之诉的权利。(3)本款的适用情形有严格限制,即收养人不履行抚养义务,有虐待、遗弃等侵害未成年养子女合法权益的行为。如果收养人不存在这些行为，则送养人无权提起解除收养关系的诉讼。

第一千一百一十五条 【养父母与成年养子女解除收养关系】养父母与成年养子女关系恶化、无法共同生活的，可以协议解除收养关系。不能达成协议的，可以向人民法院提起诉讼。

条文注释

正确理解和适用本条，需要注意以下几点：(1)本条解决的是养父母与成年养子女关系恶化、无法共同生活时收养关系的解除，不包括养子女为未成年人时的情形。(2)本条所规范的养父母与成年养子女之间收养关系的解除，既包括协议解除，也包括诉讼解除。(3)养父母与成年养子女解除收养关系的原因是双方关系恶化、无法共同生活，至于引起关系恶化的具体原因本条未作规定。实践中，成年养子女既可能因为生活方式、价值理念的不同而与养父母关系恶化，也可能存在成年后为逃避赡养义务而故意与养父母交恶，无论出于何种原因，此时勉强维持收养关系于双方无益，应允许解除收养关系。

第一千一百一十六条 【解除收养关系登记】当事人协议解除收养关系的，应当到民政部门办理解除收养关系登记。

条文注释

理解本条需要注意以下几点：(1)本条规范的是协议解除收养关系。(2)按照有关程序要求，双方应携带必要的材料，共同到民政部门办理解除收养关系登记。(3)民政部门在办理解除收养关系登记时，应当按照收养的有关规定进行审核，只有符合规定的，才可以办理解除登记。同时，与收养关系自登记之日起成立一样，收养关系也应自解除收养关系登记之日起解除。

关联法规

《中国公民收养子女登记办法》第10、11条

第一千一百一十七条 【收养关系解除的法律后果】收养关系解除后，养子女与养父母以及其他近亲属间的权利义务关系即行消除，与生父母以及其他近亲属间的权利义务关系自行恢复。但是，成年养子女与生父母以及其他近亲属间的权利义务关系是否恢复，可以协商确定。

条文注释

根据本条规定，在收养关系解除后，养子女与养父母以及其他近亲属间的权利义务关系即行消除，而与生父母以及其他近亲属间的权利义务关系自行恢复，无须办理任何手续。同时，无论是协议解除还是诉讼解除，均产生此种法律后果。另外，如果收养关系解除后，养子女已经成年，意味着养子女已经具备完全民事行为能力，能够依据自己的所思所想规划未来，包括与谁确立亲子关系等。因此，收养关系解除后成年养子女与生父母以及其他近亲属间的权利义务关系是否恢复，尊重双方的自由意志，可协商确定。

第一千一百一十八条　【收养关系解除后生活费、抚养费支付】收养关系解除后，经养父母抚养的成年养子女，对缺乏劳动能力又缺乏生活来源的养父母，应当给付生活费。因养子女成年后虐待、遗弃养父母而解除收养关系的，养父母可以要求养子女补偿收养期间支出的抚养费。

生父母要求解除收养关系的，养父母可以要求生父母适当补偿收养期间支出的抚养费；但是，因养父母虐待、遗弃养子女而解除收养关系的除外。

条文注释

正确理解和适用本条，需要注意以下几点：

(1)收养关系解除后，成年养子女应对抚养过自己的、缺乏劳动能力又缺乏生活来源的养父母给付生活费。这里不区分协议解除还是诉讼解除，只要养父母对养子女尽了抚养义务，养子女成年后，对于缺乏劳动能力又缺乏生活来源的养父母，都应当给付生活费。

(2)养父母与成年养子女关系恶化、无法共同生活的，既可以协议解除收养关系，也可以通过诉讼方式解除收养关系。此种情况下收养关系的解除，既可能因双方生活观念不符所致，也可能因成年养子女有虐待、遗弃养父母的行为所致。在后一种情况下，尽管收养关系最终解除，但养父母可以要求养子女补偿收养期间支出的抚养费。

(3)生父母提出解除收养关系的，养父母可以要求生父母适当补偿收养期间支出的抚养费。但这种请求权有两个方面的限制：一是养父母可以要求适当补偿抚养费支出。养父母可以结合自己抚养教育养子女的具体情况，提出一个适当、大致的补偿标准。二是解除收养关系的请求虽由生父母提出，但其原因在于养父母虐待、遗弃养子女的，由于养父母自身存在过错，其无权提出补偿抚养费的请求。

第六编　继　　承

第一章　一般规定

第一千一百一十九条　【继承编的调整范围】本编调整因继承产生的民事关系。

条文注释

继承是自然人死亡后,按照法律规定或者遗嘱处理分配其所遗留的个人财产的制度。继承法律关系包括三个方面的内容:(1)继承法律关系的主体,即依法享有继承权利、承担相应义务的人,主要包括被继承人和继承人、受遗赠人。被继承人,是指死亡时遗留财产的自然人。继承人,是指继承遗产或者有权继承遗产的人。受遗赠人,是指根据被继承人的遗嘱接受其赠与的人。(2)继承法律关系的客体,就是遗产,即被继承人死亡时所遗留的个人合法财产。(3)继承法律关系的内容,就是继承法律关系当事人之间的权利义务关系。在继承法律关系中,继承人享有继承权,同时也承担相应的法律义务,如在遗产分割前妥善保管存有的遗产,根据遗嘱的要求履行被继承人对继承所附加的义务等。

关联法规

《宪法》第13条;《妇女权益保障法》第58条;《农村土地承包法》第32条

第一千一百二十条　【继承权受国家保护】国家保护自然人的继承权。

条文注释

继承权是一种民事权利,是自然人依法享有继承被继承人死亡时遗留的遗产的权利。继承权的取得与实现需要依赖于两个条件:(1)被继承人死亡,这是继承权的前提条件。如果被继承人没有死亡,就不会发生继承的问题,继承人在法律上所享有的仅仅是一种继承期待权。(2)继承人没有丧失继承权。继承人的继承权可能由于法定事由丧失,在继承人丧失继承权后,继承权在法律上也就无从谈起。

继承权的具体内容包括三个方面:(1)接受与放弃继承的权利。任何人不能强迫继承人接受、放弃继承。(2)取得遗产的权利。继承人如果不放弃继承,即可依法取得被继承人所遗留的遗产。(3)继承权受到侵害时获得救济的权利。继承人可以根据侵权责任编的有关规定主张权利,这种权利被称为继承恢复请求权。

关联法规

《宪法》第13条第2款;《妇女权益保障法》第58~59条;《未成年人保护法》第107条;《老年人权益保障法》第22条

第一千一百二十一条 【继承开始的时间及死亡先后的推定】继承从被继承人死亡时开始。

相互有继承关系的数人在同一事件中死亡,难以确定死亡时间的,推定没有其他继承人的人先死亡。都有其他继承人,辈份不同的,推定长辈先死亡;辈份相同的,推定同时死亡,相互不发生继承。

条文注释

继承从被继承人死亡时开始,继承开始的时间非常重要,决定着以下重要问题:(1)继承人、受遗赠人范围。(2)遗产的范围。被继承人死亡的时间是确定被继承人所遗留遗产的时点。(3)遗产所有权的转移,继承人死亡的时间是遗产所有权移转的时间。(4)遗嘱的效力。遗嘱订立后并不发生效力,只有在被继承人死亡时,遗嘱才生效。如果被继承人留有数份遗嘱,各遗嘱之间的内容有抵触的,应当以被继承人生前所立最后的那份遗嘱为准。(5)继承权的放弃。继承人有权放弃继承,放弃继承必须在继承开始后遗产分割之前,继承人不能在继承开始之前表明放弃继承,继承开始的时间决定一个人所作的放弃继承的意思表示是否有效。

继承开始于被继承人死亡的时间,如何确定被继承人死亡的时间至关重要。从法律上而言,死亡包括自然死亡与宣告死亡,确定被继承人死亡的时间应当以死亡证明所记载的时间为准;没有死亡证明的,则应当以户籍登记或者其他有效身份登记所记载的时间为准。

确定死亡时间需要根据具体情况判断。(1)相互有继承关系的数人在同一事件中死亡,他们的死亡时间如果可以确定的,应当根据客观证据来确定。(2)如果没有证据能证明他们的死亡时间的先后,则需要根据各自的具体情况进一步作出推定:第一种情况,如果有人没有其他继承人,其与仅有的继承人都在同一事件中死亡的,推定此人先死亡。第二种情况,如果他们都有其他继承人,就需要再进一步根据他们之间的辈份情况来推定,具体而言,其一,辈份不同的,推定长辈先死亡;其二,辈份相同的,推定同时死亡,相互之间不发生继承。

关联法规

《民法典》第15、48条;《民事诉讼法》第34条;《继承编解释一》第1条

第一千一百二十二条 【遗产的定义】遗产是自然人死亡时遗留的个人合法财产。

依照法律规定或者根据其性质不得继承的遗产,不得继承。

条文注释

本条概括规定了遗产的范围,理解时需要从三个方面把握:(1)遗产是财产或财产性权益,非财产性权利(人格权、人身权或相关权益)不得作为遗产继承;(2)遗产必须是合法的财产,非法的财产也不属于遗产的范围;(3)遗产必须是被继承人个人的财产,非个人财产不属于遗产的范围。

根据本条第2款的规定,不得继承的遗产主要有两类:(1)根据其性质不得继承的遗产。这主要是与被继承人人身有关的专属性权利,如被继承人所签订的劳动合同上的权利义务,被继承人所签订的演出合同上的权利义务。(2)根据法律规定不得继承的遗产。根据本法第8条的规定,民事主体从事民事活动,不得违反法律,不得违背公序良俗。如果法律有明确规定某些财产是不得继承的,继承人自然不得继承。

关联法规

《著作权法》第21条;《农村土地承包法》第32、54条;《海域使用管理法》第27条第3款;《个人独资企业法》第17条;《合伙企业法》第50条第1款、第80条;《台湾同胞投资保护法》第5条;《社会保险法》第14条;《保险法》第42条第1款;《住房公积金管理条例》第24条第3款;《继承编解释一》第2条

第一千一百二十三条 【法定继承、遗嘱继承、遗赠和遗赠扶养协议的效力】继承开始后,按照法定继承办理;有遗嘱的,按照遗嘱继承或者遗赠办理;有遗赠扶养协议的,按照协议办理。

条文注释

(1)继承开始后,按照法定继承办理。在通常情况下,如果被继承人

生前没有留有有效的遗嘱，继承开始后，就需要启动法定继承制度，根据本法继承编所规定的继承人的范围、顺序、遗产分配方法等，确定各继承人之间所得遗产的数额。这是最为常见的继承方式。

(2)有遗嘱的，按照遗嘱继承或者遗赠办理。如果被继承人生前留下了合法有效的遗嘱，被继承人的财产需要优先根据遗嘱的内容来分配。有遗嘱的包括两种情况：第一种情况是遗嘱指定了特定的继承人继承，此时，就需要启动遗嘱继承程序，按照遗嘱的要求来分配遗产；第二种情况是被继承人通过遗嘱将遗产赠与继承人以外的个人或者组织，处理遗产时就必须尊重被继承人的意思。被继承人的遗嘱可能是处理了自己的所有遗产，也可能是处理了部分遗产。不管哪种情况，只要有遗嘱，就优先按照遗嘱的指示来分配所涉及的遗产。

(3)有遗赠扶养协议的，按照协议办理。遗赠扶养协议是自然人生前与继承人以外的个人或者组织签订的协议。在自然人生前与他人签订了遗赠扶养协议时，应当以遗赠扶养协议优先处理所涉遗产。由于双方当事人可以事先约定扶养人受遗赠的财产范围，超过此范围的遗产，如果被扶养人立有遗嘱，则应当按照遗嘱处理；如果没有遗嘱，则应当按照法定继承办理。需要注意的是，如果对于同一财产，遗赠扶养协议和遗赠都涉及时，应当优先按照遗赠扶养协议处理。

关联法规

《继承编解释一》第3条

第一千一百二十四条　【继承、受遗赠的接受和放弃】继承开始后，继承人放弃继承的，应当在遗产处理前，以书面形式作出放弃继承的表示；没有表示的，视为接受继承。

受遗赠人应当在知道受遗赠后六十日内，作出接受或者放弃受遗赠的表示；到期没有表示的，视为放弃受遗赠。

条文注释

本条第1款的“放弃继承”就是继承人作出不接受继承、不参与遗产分割的意思表示。放弃继承的继承人既可以是遗嘱继承人，也可以是法定继承人。放弃继承的意思表示既可以是继承人本人作出，也可以通过其代理人作出。

放弃继承必须在特定时间作出，即继承开始后，遗产处理前。继承人放弃继承必须在此时间段作出，既不能在继承尚未开始前放弃，也不能在遗产分割之后放弃。继承人放弃继承，必须以书面方式作出。同时放弃继承必须以明示方式作出,不得以默示方式作出。继承人放弃继承后,其即不参与遗产分配。继承人放弃继承,放弃的效力溯及继承开始之时。继承人在继承开始后遗产处理前,对是否接受继承没有表示的,视为接受继承。

本条第2款规定,作出接受或者放弃受遗赠的期限为60日,即从受遗赠人知道受遗赠后的60日内作出。接受遗赠必须以明示的方式作出意思表示,受遗赠人在法定期限不作意思表示的视为放弃。同时,考虑到接受遗赠属于行使权利的行为,不宜对当事人要求过高,在形式上法律不宜作硬性规定,只要受遗赠人作出意思表示即可,不一定要以书面方式作出。

关联法规

《民法典》第1154条;《继承编解释一》第32~38、44条

第一千一百二十五条 【继承权的丧失和恢复】继承人有下列行为之一的,丧失继承权:

(一)故意杀害被继承人;

(二)为争夺遗产而杀害其他继承人;

(三)遗弃被继承人,或者虐待被继承人情节严重;

(四)伪造、篡改、隐匿或者销毁遗嘱,情节严重;

(五)以欺诈、胁迫手段迫使或者妨碍被继承人设立、变更或者撤回遗嘱,情节严重。

继承人有前款第三项至第五项行为,确有悔改表现,被继承人表示宽恕或者事后在遗嘱中将其列为继承人的,该继承人不丧失继承权。

受遗赠人有本条第一款规定行为的,丧失受遗赠权。

条文注释

继承权丧失,是指继承人因对被继承人或者其他继承人实施了法律所禁止的行为,而依法被取消继承被继承人遗产的资格。继承人在继承开始后可以自主决定放弃继承权,但继承权丧失是法律规定取消继承权的情形。

根据本条第1款的规定,丧失继承权的法定事由包括如下五种:

(1)故意杀害被继承人。故意杀害就是故意剥夺他人生命,只要继承人实施了故意杀害被继承人的犯罪行为,不论犯罪是既遂还是未遂,都将丧失继承权。

(2)为争夺遗产而杀害其他继承人。首先,在主观上,必须有杀害的

故意,且动机为争夺遗产。其次,在客体上,所侵害的必须是其他继承人的生命。最后,在客观上实施了杀害的行为,当然不论这种犯罪行为是否既遂,都构成丧失继承权的法定事由。

(3)遗弃被继承人,或者虐待被继承人情节严重。本项包括两种情况:第一种是遗弃被继承人;第二种是虐待被继承人,如果继承人虐待被继承人情节严重,则构成丧失继承权的法定事由。继承人虐待被继承人情节是否严重,可以从实施虐待行为的时间、手段、后果和社会影响等方面判断。需要注意的是,只要实施了遗弃行为、虐待被继承人情节严重的,就可以认定丧失继承权,不需要继承人必须达到构成遗弃罪和虐待罪的程度。

(4)伪造、篡改、隐匿或者销毁遗嘱,情节严重。伪造,是指被继承人未立遗嘱,继承人无中生有地假冒被继承人立遗嘱。篡改,是指继承人对被继承人所立的遗嘱的部分内容予以修改。隐匿,是指继承人将被继承人的遗嘱予以藏匿,不告知其他继承人或者遗产管理人。销毁,是指继承人将被继承人所立的合法有效的遗嘱予以损毁以致灭失。伪造、篡改、隐匿、销毁遗嘱的,都需要情节严重方可以成为丧失继承权的原因。情节严重,可以是继承人通过伪造、篡改、隐匿或者销毁遗嘱的行为侵占了被继承人的巨额遗产,也可以是导致其他继承人未能参与遗产分割以致生活困难等。

(5)以欺诈、胁迫手段迫使或者妨碍被继承人设立、变更或者撤回遗嘱,情节严重。欺诈,是指继承人故意欺骗被继承人,使被继承人陷入错误判断,并基于此错误判断而立遗嘱、变更遗嘱内容或者撤回所立遗嘱。胁迫,是指继承人通过威胁、恐吓等不法手段对被继承人在思想上施加强制,由此使被继承人产生恐惧心理并基于恐惧心理而立下遗嘱、修改遗嘱内容或者撤回所立遗嘱。不论继承人是采取欺诈手段,还是通过胁迫手段,只要导致被继承人的真实意思受到歪曲,情节严重的,就构成丧失继承权的法定事由。

根据本条第2款的规定,继承权恢复的前提条件是:

(1)继承人是因为实施了本条第1款第3~5项的行为而丧失继承权。只有因为此三类事由丧失继承权的,方可以恢复。如果继承人因为实施了故意杀害被继承人或者为争夺遗产而杀害其他继承人因此丧失继承权,无论如何不能再恢复继承权。

(2)继承人确有悔改。认定继承人是否确有悔改,应该结合其行为及内心的主观认识来判断，不能仅仅从表面的行为分析，既要有悔改的外在行为，还要有内在的主观态度改正。

(3)被继承人作出了恢复继承权的意思表示。被继承人可以通过两种方式恢复继承人丧失的继承权：第一种方式是被继承人表示宽恕，即被继承人原谅继承人所犯的错误，并予以饶恕。被继承人宽恕的意思表示既可以是书面的，也可以是口头的，只要其有此意思表示即可。第二种方式是被继承人事后在遗嘱中仍将丧失继承权的继承人列为继承人。遗嘱的形式不限，只要是合法有效的遗嘱即可。

本条第3款规定，如果受遗赠人实施了第1款的行为的，受遗赠人将丧失受遗赠权。需要注意的是，丧失受遗赠权属于绝对丧失，受遗赠人一旦实施了第1款规定的行为，即永久丧失受遗赠权，不得再恢复。

关联法规

《刑法》第232、260～261条；《继承编解释一》第5、6、8、9条；《时间效力规定》第13条

第二章 法定继承

第一千一百二十六条 【男女平等享有继承权】继承权男女平等。

关联法规

《民法典》第1128条第1款；《妇女权益保障法》第58条

第一千一百二十七条 【法定继承人的范围及继承顺序】遗产按照下列顺序继承：

(一)第一顺序：配偶、子女、父母；

(二)第二顺序：兄弟姐妹、祖父母、外祖父母。

继承开始后，由第一顺序继承人继承，第二顺序继承人不继承；没有第一顺序继承人继承的，由第二顺序继承人继承。

本编所称子女，包括婚生子女、非婚生子女、养子女和有扶养关系的继子女。

本编所称父母，包括生父母、养父母和有扶养关系的继父母。

本编所称兄弟姐妹，包括同父母的兄弟姐妹、同父异母或者同母异父的兄弟姐妹、养兄弟姐妹、有扶养关系的继兄弟姐妹。

条文注释

法定继承,又称无遗嘱继承,是指继承人范围、继承顺序、继承份额等均由法律直接规定的继承方式。法定继承与遗嘱继承是继承制度中的两种继承方式,法定继承是遗嘱继承的补充,在既没有遗赠扶养协议又没有遗嘱的情况下,被继承人的遗产按照法定继承处理。

在法定继承中需要明确哪些人可以继承遗产,因此需要对子女、父母和兄弟姐妹的具体范围作出界定:

(1)子女。本编界定的子女的范围,比婚姻家庭编的规定要宽泛,因为继承编的规定中有"有扶养关系的继子女",这既包括继子女受继父母抚养的情形,也包括继子女赡养继父母的情形。

(2)父母。本编界定的父母的范围,比婚姻家庭编的规定要宽泛,继承编的规定中有"有扶养关系的继父母",这既包括继父母抚养继子女的情形,也包括继父母被继子女赡养的情形。

(3)兄弟姐妹。本编承认"有扶养关系的继兄弟姐妹"享有继承权,这既包括受被继承人生前扶养的继兄弟姐妹,也包括扶养被继承人的继兄弟姐妹。

关联法规

《继承编解释一》第 11 ~ 13 条

第一千一百二十八条　【代位继承】被继承人的子女先于被继承人死亡的,由被继承人的子女的直系晚辈血亲代位继承。

被继承人的兄弟姐妹先于被继承人死亡的,由被继承人的兄弟姐妹的子女代位继承。

代位继承人一般只能继承被代位继承人有权继承的遗产份额。

条文注释

代位继承也称间接继承,是相对于本位继承而言,指具有法定继承权的人因主客观原因不能继承时,由其直系晚辈血亲按照该继承人的继承地位和顺序,继承被继承人遗产的制度。

我国的代位继承制度具有以下主要特征:

(1)代位继承的发生原因为被代位继承人先于被继承人死亡。这主要有两种情况:一种是被继承人的子女先于被继承人死亡,另一种是被继承人的兄弟姐妹先于被继承人死亡。在这里,死亡既包括自然死亡也包括宣告死亡。

(2)被代位继承人的范围为被继承人的子女或者兄弟姐妹。

(3)代位继承人为被继承人的子女的直系晚辈血亲或者被继承人的兄弟姐妹的子女。在这里需要注意两点:一是被继承人的子女的代位继承人与被继承人的兄弟姐妹的代位继承人的亲等限制有所不同。被继承人的子女的代位继承人为其直系晚辈血亲,即被代位继承人的子女、孙子女、外孙子女、曾孙子女、外曾孙子女等,不受辈份的限制,但是在代位继承时以亲等近者优先。被继承人的兄弟姐妹的代位继承人仅限于其子女。二是代位继承人要根据被代位继承人的地位和顺序继承遗产。被继承人的子女为第一顺序继承人,因此被继承人的子女的直系晚辈血亲在代位继承时是以第一顺序继承人的身份参与继承,在有其他第一顺序继承人时与他们共同继承,在没有其他第一顺序继承人时独自继承,第二顺序继承人不继承。被继承人的兄弟姐妹为第二顺序继承人,因此被继承人的兄弟姐妹的子女在代位继承时是以第二顺序继承人的身份参与继承,只有在没有第一顺序继承人继承的,也没有被继承人的子女的直系晚辈血亲代位继承的,才能根据法律规定代位继承。

(4)代位继承的份额一般为被代位继承人有权继承的遗产份额。代位继承的份额,是指代位继承人通过代位继承的方式能够取得的遗产份额。本法规定代位继承人一般只能继承被代位继承人有权继承的遗产份额,即被代位继承人如果健在时能继承多少份额,代位继承人也一般只能继承多少份额。

关联法规

《继承编解释一》第14、15、17、18条;《时间效力规定》第14条

典型案例

苏某甲诉李某田等法定继承纠纷案[①]

典型意义:本案是适用《民法典》关于侄甥代位继承制度的典型案例。侄甥代位继承系《民法典》新设立的制度,符合我国民间传统,有利于保障财产在血缘家族内部的流转,减少产生遗产无人继承的状况,同时促进亲属关系的发展,引导人们重视亲属亲情,从而减少家族矛盾、促进社会和谐。本案中,审理法院还适用了遗产的酌给制度,即对继承人以外的对被继承人扶养较多的人

① 参见《人民法院贯彻实施民法典典型案例(第一批)》之八。

适当分给遗产，体现了权利义务相一致原则，弘扬了积极妥善赡养老人的传统美德，充分体现了社会主义核心价值观的要求。

第一千一百二十九条 【丧偶儿媳、丧偶女婿的继承权】丧偶儿媳对公婆，丧偶女婿对岳父母，尽了主要赡养义务的，作为第一顺序继承人。

第一千一百三十条 【遗产分配的原则】同一顺序继承人继承遗产的份额，一般应当均等。

对生活有特殊困难又缺乏劳动能力的继承人，分配遗产时，应当予以照顾。

对被继承人尽了主要扶养义务或者与被继承人共同生活的继承人，分配遗产时，可以多分。

有扶养能力和有扶养条件的继承人，不尽扶养义务的，分配遗产时，应当不分或者少分。

继承人协商同意的，也可以不均等。

条文注释

根据本法关于法定继承人的范围和顺序的规定，第一顺序继承人为配偶、子女、父母、对公婆尽了主要赡养义务的丧偶儿媳和对岳父母尽了主要赡养义务的丧偶女婿；第二顺序继承人为兄弟姐妹、祖父母、外祖父母。

法定继承中遗产份额的分配原则如下：

(1)一般情况下，同一顺序继承人继承遗产的份额应当均等。这是法定继承中分配遗产份额应当遵循的一般原则，即遗产按照同一顺序继承人的人数平均分配，各继承人取得的遗产份额均等，不因性别、年龄、婚否等因素而有所不同。

(2)特殊情况下，同一顺序继承人继承遗产的份额可以不均等。其主要有以下四种情况：

第一，对生活有特殊困难的缺乏劳动能力的继承人，分配遗产时，应当予以照顾。应当予以照顾的继承人必须同时满足以下两个条件：一是生活有特殊困难，而不是有一般困难；二是缺乏劳动能力，根本无法通过参加劳动改变生活困难的局面，而不是劳动能力不强。

第二，对被继承人尽了主要扶养义务或者与被继承人共同生活的继承人，分配遗产时，可以多分。对被继承人尽了主要扶养义务的继承人，是指对被继承人在经济上提供主要来源或者在生活上给予主要照顾的继承人,在分配遗产时给予这类继承人适当倾斜。但是,与被继承人共同生活,有扶养能力和扶养条件却对需要扶养的被继承人不尽扶养义务的,则不适用这一规定。

第三,有扶养能力和有扶养条件的继承人,不尽扶养义务的,分配遗产时,应当不分或者少分。对于这类继承人不分或者少分遗产必须同时符合以下两个条件:一是继承人有扶养能力和扶养条件;二是继承人不尽扶养义务。继承人是否尽到了扶养义务一般是从客观上来判断,实践中也存在继承人有扶养能力和扶养条件,愿意尽扶养义务,但是被继承人因有固定收入和劳动能力,明确表示不要求其扶养的情形。在这种情况下,尽管继承人客观上并没有扶养被继承人,但是在分配遗产时,一般不应当以此为依据对该继承人不分或者少分遗产。如果被继承人生前需要继承人扶养,继承人有扶养能力和扶养条件却不尽扶养义务,不仅违背公序良俗原则,而且还违反法律的规定,情节严重的甚至可能构成遗弃、虐待被继承人的刑事犯罪,对这部分继承人,应当不分或者少分遗产,情节严重的还应当丧失继承权。

第四,继承人协商同意的,也可以不均等。本法充分尊重当事人之间的意思自治。各法定继承人经协商一致,同意不均分遗产的,继承份额也可以不均等。

关联法规

《继承编解释一》第4、22条;《妇女权益保障法》第59条

第一千一百三十一条 【酌情分得遗产权】对继承人以外的依靠被继承人扶养的人,或者继承人以外的对被继承人扶养较多的人,可以分给适当的遗产。

条文注释

对于本条,需要从以下几个方面进行理解:

(1)可以分给适当遗产的人为继承人以外的人。本条的宗旨即在于创造一种新的遗产取得方式,使继承人以外的其他人基于正义、扶助的理念获得一定数量的遗产,因此可以分给适当遗产的人为继承人以外的人。

(2)可以分给适当遗产的条件为继承人以外的人与被继承人之间具有扶养关系。不是继承人范围内的人,只要其与被继承人之间具有扶养关系,可以依据本条规定分得适当的遗产。与被继承人之间具有扶养关

系，既包括依靠被继承人扶养的情形，也包括对被继承人扶养较多的情形。扶养，是指经济来源的提供、劳务帮助等方面的扶助，包括扶养、抚养和赡养三种类型。

(3)可以分给适当遗产的份额不具有确定性。在分配遗产时，对于被继承人以外的人，可以综合考虑其与被继承人之间扶养关系的程度、遗产数额以及法定继承人的具体情况等因素，由当事人之间协商确定或者由法院确定适当的遗产份额。

(4)可以分给适当遗产的适用情形为遗产按照法定继承办理时。如果被继承人生前以有效的遗嘱或者遗赠扶养协议等处分了其全部遗产，而没有为与其有扶养关系的继承人以外的人保留遗产份额，则应充分尊重被继承人的意思表示，不能以本条法律推定的被继承人的意思表示来取代被继承人已明示的有效的意思表示。如果被继承人立了遗嘱或者遗赠扶养协议，但是因为存在本法第1154条规定的情形导致遗产中的有关部分按照法定继承办理的，对于这部分按照法定继承办理的遗产，也可以适用本条规定。

关联法规

《继承编解释一》第20、21、23条

第一千一百三十二条　【继承处理方式】继承人应当本着互谅互让、和睦团结的精神，协商处理继承问题。遗产分割的时间、办法和份额，由继承人协商确定；协商不成的，可以由人民调解委员会调解或者向人民法院提起诉讼。

条文注释

对遗产进行分割时，主要涉及的问题为遗产分割的时间、办法和份额。

(1)遗产分割的时间，一般来说由继承人之间协商确定，既可以在继承开始后请求分割，也可以约定在一定的期间后或者特定的条件成就时再分割遗产。

(2)遗产分割的办法，主要有四种办法，即实物分割、变价分割、补偿分割和保留共有。实物分割，一般适用于可分物的遗产，即对作为遗产的原物直接进行分割并分配给各个继承人。变价分割，既可以用于不宜进行原物分割的遗产，也可以用于继承人均不愿意取得该种遗产的情况，此时可以将该遗产变卖后换取变价款，各个继承人按照应当继承遗产的份额比例对变价款进行分割。补偿分割，适用于继承人中有人愿意取得某项不宜进行原物分割的遗产的情况，由该继承人取得该项遗产的所有权，然后由取得遗产所有权的继承人按照其他继承人应当继承遗产的份额比例，分别向其他继承人补偿相应的价款。保留共有，适用于遗产不宜进行原物分割，继承人又均愿意取得遗产，或者各个继承人基于某种目的，愿意保持共有状态的情形，此时各个继承人可以根据其应当继承遗产的份额比例对遗产享有所有权。对于遗产进行分割时，无论选择哪种办法，都应当遵循遗产分割应当有利于生产和生活需要，不损害遗产的效用的原则。

（3）遗产分割的份额，应当以法律规定的或者当事人协商的各个继承人应当继承的遗产份额为依据。

在分割遗产时，除了确定遗产分割的时间、办法和份额以外，还需要注意其他问题，例如，在遗产分割时，应当先分出配偶或者他人的财产、应当保留胎儿的继承份额；应当清偿被继承人依法应当缴纳的税款和债务，等等。

在进行遗产分割时，主要有两种方式：一种为继承人协商确定；另一种为人民调解委员会调解或者法院裁判。如果继承人之间协商不成，任一继承人都可以向人民调解委员会申请调解或者向人民法院提起诉讼，通过调解的方式或者裁判的方式，确定遗产分割的时间、办法和份额。需要注意的是，人民调解委员会是依法设立的调解民间纠纷的群众性组织，经人民调解委员会调解达成的调解协议，具有法律约束力，当事人应当按照约定履行。对于经人民调解委员会调解达成的调解协议，当事人可以向人民法院申请司法确认，人民法院依法确认调解协议有效的，该协议具有强制执行的效力。

关联法规

《民事诉讼法》第34条；《民诉法解释》第70条；《人民调解法》

第三章　遗嘱继承和遗赠

第一千一百三十三条　【遗嘱处分个人财产】自然人可以依照本法规定立遗嘱处分个人财产，并可以指定遗嘱执行人。

自然人可以立遗嘱将个人财产指定由法定继承人中的一人或者数人继承。

自然人可以立遗嘱将个人财产赠与国家、集体或者法定继承人以外的组织、个人。

自然人可以依法设立遗嘱信托。

条文注释

立遗嘱，是指自然人生前依照法律规定预先处分其个人财产，安排与此有关的事务，并于其死亡后发生效力的单方民事法律行为。自然人死亡后遗留的个人财产，既可以通过法定继承的方式进行分配，也可以按照自然人所立的遗嘱的内容进行分配，在自然人立有合法有效的遗嘱时，优先适用遗嘱分配遗产。

立遗嘱的主体为自然人，遗嘱的内容为处分个人财产，不包括非财产性的内容。遗嘱作为民事法律行为，需要具备下列条件：(1)行为人具有相应的民事行为能力；(2)意思表示真实；(3)不违反法律、行政法规的强制性规定，不违背公序良俗。遗嘱作为特别的民事法律行为，还须符合继承编对其效力的特别规定，如在行为主体方面，无民事行为能力人或者限制民事行为能力人所立的遗嘱无效。在意思表示真实方面，遗嘱必须表示遗嘱人的真实意思，受欺诈、胁迫所立的遗嘱无效。遗嘱作为死因民事法律行为、单方民事法律行为，为了确保行为人意思表示的真实，法律还对遗嘱规定了较为严格的形式要件，即只能按照本法第1134～1139条规定的自书遗嘱、代书遗嘱、打印遗嘱、录音录像遗嘱、口头遗嘱、公证遗嘱等形式立遗嘱，并且须符合相应的形式要求，否则会影响遗嘱的效力。此外，遗嘱还须为缺乏劳动能力又没有生活来源的继承人保留必要的遗产份额。

自然人可以在遗嘱中指定遗嘱执行人。遗嘱执行人，是指遗嘱人在遗嘱中指定的负责实现遗嘱的财产处分内容的人，主要职责为遗产管理、处理遗嘱人的债权债务、按照遗嘱内容分割与交付遗产等。遗嘱执行人既可以是法定继承人，也可以是法定继承人以外的人。在继承开始后，遗嘱执行人即为遗产管理人，适用本编第4章中有关遗产管理人的规定。

对于遗嘱继承，本条第2款规定，自然人可以立遗嘱将个人财产指定由法定继承人中的一人或者数人继承。对于遗赠，本条第3款规定，自然人可以立遗嘱将个人财产赠与国家、集体或者法定继承人以外的组织、个人，这既包括自然人，也包括法人、非法人组织等。需要注意的是，遗嘱人对于其个人财产既可以通过遗嘱继承的方式处分,也可以通过遗赠的方式处分,而遗嘱可以对遗产的取得人以及分配的份额、方式、条件等内容作出规定,这充分体现了遗嘱自由的原则。

此外,我国《信托法》对遗嘱信托已经作了规定,遗嘱信托应主要适用《信托法》进行规范,《民法典》作为民事领域基本法,可以对此作衔接性规定。据此本条第4款规定,自然人可以依法设立遗嘱信托。

关联法规

《信托法》第13条

第一千一百三十四条 【自书遗嘱】自书遗嘱由遗嘱人亲笔书写,签名,注明年、月、日。

条文注释

自书遗嘱,是指遗嘱人本人将处分遗产的意思表示亲自用文字手写出来的遗嘱。自书遗嘱形式要求较为简单,可以随时设立,不需要有见证人在场见证,设立过程私密,是最简便易行的遗嘱形式。自书遗嘱如果要有效成立,在形式上需要符合以下三个方面的要求:

(1)遗嘱人必须亲笔书写。自书遗嘱必须由遗嘱人亲笔书写遗嘱的全部内容。亲笔书写意味着不能由他人代写遗嘱,也不能用打印等其他方式,只能由遗嘱人本人亲自用笔将自己处分财产的意思表示记录下来。遗嘱的全部内容都必须由遗嘱人亲笔书写,如果遗嘱中有部分内容是由他人书写,则不构成自书遗嘱。

(2)遗嘱人必须签名。自书遗嘱必须由遗嘱人签名,即亲笔书写其姓名。遗嘱人亲笔签名既可以将遗嘱与遗嘱人联系起来,表明立遗嘱人的身份,又可以表示遗嘱人对遗嘱内容的确认,表明该遗嘱是出于遗嘱人的真实意思表示。因此,任何形式的书面遗嘱都要求遗嘱人签名。没有签名的自书遗嘱无效。

(3)遗嘱人必须注明年、月、日。遗嘱人在自书遗嘱中必须注明其设立遗嘱的具体时间,即必须注明年、月、日。自书遗嘱中未注明日期或者所注明的日期不具体的,遗嘱不能生效。遗嘱中必须注明年、月、日主要有以下作用:一是注明年、月、日可以确定遗嘱设立的时间,如果在遗嘱设立以后遗嘱人撤回、变更了该遗嘱,或者遗嘱人实施了与该遗嘱内容相反的民事法律行为,那么该遗嘱的部分或者全部内容将不发生法律效力。二是在遗嘱人立有数份遗嘱时,如果遗嘱之间内容相抵触的,以最后的遗嘱为准,此时可以以遗嘱中注明的年、月、日来判断遗嘱设立的先后。三是遗嘱中注明的年、月、日,还可以用来确定遗嘱人在立遗嘱时是否具有遗嘱能力,从而判断遗嘱人所立的遗嘱是否有效。

关联法规

《继承编解释一》第27条

第一千一百三十五条　【代书遗嘱】代书遗嘱应当有两个以上见证人在场见证,由其中一人代书,并由遗嘱人、代书人和其他见证人签名,注明年、月、日。

条文注释

代书遗嘱,是指根据遗嘱人表达的遗嘱内容,由他人代为书写的遗嘱。根据本条规定,代书遗嘱如果要有效成立,在形式上需要符合以下几个方面的要求:

(1)有两个以上见证人在场见证。见证人,是指证明遗嘱真实性的第三人。在代书遗嘱中,见证人也需要符合一定的条件。首先,见证人需要符合一定的资格条件,一方面必须要有见证遗嘱真实性的能力,另一方面要有中立性,即与遗嘱的内容没有利害关系。本法第1140条规定,无民事行为能力人、限制民事行为能力人以及其他不具有见证能力的人,继承人、受遗赠人以及与继承人、受遗赠人有利害关系的人,不能作为遗嘱见证人。其次,见证人还需符合数量方面的要求,本法规定代书遗嘱、打印遗嘱、录音录像遗嘱、口头遗嘱都需要两个以上的见证人在场见证。最后,符合资格、数量要求的见证人须在场见证,即必须在场全程参与立遗嘱的过程,不能在事后签个名来代替在场见证。因此,代书遗嘱如果不符合上述见证人的资格、数量、在场见证等方面的要求,则该遗嘱无效。

(2)由见证人中的一人代书。代书人为见证人中的一人,需要符合见证人的资格条件。代书人在代书遗嘱时,只能用亲笔手写的方式,不能运用打印等其他方式。代书人在书写遗嘱时要严格忠实于遗嘱人的意思表示,将遗嘱人表达的遗嘱内容准确无误地记录在代书遗嘱中。

(3)遗嘱人、代书人和其他见证人签名。代书人在书写完遗嘱后,应当交给遗嘱人和其他见证人核对,遗嘱人和其他见证人确认无误后,遗嘱人、代书人和其他见证人均须在遗嘱上亲笔书写姓名。遗嘱人、代书人和其他见证人签名,既表明了自己的身份,也表明了对遗嘱内容以及立遗嘱过程的确认。

(4)注明年、月、日。在代书遗嘱中必须注明立遗嘱的具体日期,即注明年、月、日。代书遗嘱中未注明日期或者所注明的日期不具体的,遗嘱不能生效。

第一千一百三十六条　【打印遗嘱】打印遗嘱应当有两个以上见证人在场见证。遗嘱人和见证人应当在遗嘱每一页签名,注明年、月、日。

条文注释

打印遗嘱实质上是一种书面遗嘱,遗嘱内容以数据电文形式存储在计算机等设备上的不构成遗嘱,遗嘱人须通过打印机等将遗嘱内容从电子数据形式转换为书面形式。根据本条规定,打印遗嘱有效成立须符合下列要件:(1)打印遗嘱应当有两个以上见证人在场见证,见证人须符合本法规定的资格、数量、在场见证等方面的要求。(2)遗嘱人和见证人应当对遗嘱的每一页仔细核对并签名,对遗嘱的内容作出确认。如果遗嘱人、见证人只在遗嘱最后一页签名,没有在每一页签名,则不能认定打印遗嘱有效。(3)注明年、月、日,由于遗嘱的设立时间为判断遗嘱有效性的重要因素,因此未注明年、月、日的打印遗嘱没有法律效力。

关联法规

《时间效力规定》第15条

典型案例

刘某起与刘某海、刘某霞、刘某华遗嘱继承纠纷案①

典型意义:《民法典》顺应时代的变化,回应人民群众的新需要,将打印遗嘱新增规定为法定遗嘱形式。本案依据打印遗嘱规则,准确认定打印遗嘱的成立和生效要件,明确打印人的不同不影响打印遗嘱的认定。打印遗嘱应当有两个以上见证人在场见证,否则不符合法律规定的形式要件,应认定打印遗嘱无效。本案有利于推动打印遗嘱规则在司法实践中的正确适用,有利于践行《民法典》的新增亮点规定,对于依法维护老年人的遗嘱权益,保障继承权的行使具有重要意义。

① 参见《人民法院贯彻实施民法典典型案例(第二批)》之十三。

第一千一百三十七条 【录音录像遗嘱】以录音录像形式立的遗嘱,应当有两个以上见证人在场见证。遗嘱人和见证人应当在录音录像中记录其姓名或者肖像,以及年、月、日。

条文注释

录音录像遗嘱分为录音遗嘱与录像遗嘱。录音遗嘱是遗嘱人口述遗嘱内容并用录音的方式记录而成的遗嘱;录像遗嘱是遗嘱人表达遗嘱内容并用录像的方式记录而成的遗嘱。无论采用哪种形式,遗嘱人在录音录像遗嘱中都应该亲自表达遗嘱内容,不能由他人转述。

本条对于录音录像遗嘱的有效成立规定了以下形式要件:

(1)录音录像遗嘱应当有两个以上的见证人在场见证,见证人须具备相应的见证能力,并且与遗嘱继承人、受遗赠人无利害关系。符合要求的见证人要到场见证,参加录音录像遗嘱制作的全过程。

(2)遗嘱人和见证人应当在录音录像中记录其姓名或者肖像。由于录音录像遗嘱不是书面遗嘱,遗嘱人和见证人无法签名,因此要运用符合录音录像遗嘱形式特点的方式表明遗嘱人和见证人的身份、确认遗嘱内容以及表明在场见证。在录音遗嘱中,遗嘱人和见证人应当在录音中用口述的方式分别记录其姓名,表明遗嘱人与见证人的身份,并体现见证人在场见证。在录像遗嘱中,遗嘱人和见证人应当在录像中展示其肖像,在记录肖像的同时遗嘱人和见证人也可以用口述或者其他方式表明其姓名,这样可以通过视频画面得知遗嘱人与见证人的身份、遗嘱人立遗嘱与见证人在场见证的过程。

(3)遗嘱人和见证人应当在录音录像中记录年、月、日。在以录音录像的形式立遗嘱时,遗嘱人和见证人应当在录音录像的过程中用口述或者其他方式表明遗嘱设立的时间,否则录音录像遗嘱不能发生法律效力。

第一千一百三十八条 【口头遗嘱】遗嘱人在危急情况下,可以立口头遗嘱。口头遗嘱应当有两个以上见证人在场见证。危急情况消除后,遗嘱人能够以书面或者录音录像形式立遗嘱的,所立的口头遗嘱无效。

条文注释

口头遗嘱,是指遗嘱人用口述的方式表达其处分遗产的意思表示的遗嘱形式。根据本条规定,口头遗嘱的有效设立需符合以下要件:

(1)遗嘱人处在危急情况下。危急情况,主要是指遗嘱人生命垂危或者遇到了重大灾害或意外等紧急情况,随时有生命危险而来不及或者没有条件立其他形式的遗嘱。遗嘱人处在危急情况下是立口头遗嘱的前提条件,只有在危急情况下设立的口头遗嘱才能有效,在非危急情况下设立的口头遗嘱无效。

(2)口头遗嘱应当有两个以上见证人在场见证。遗嘱人在危急的情况下用口述的方式表达其处分遗产的意思表示,由于没有记录的载体,因此需要有两个以上见证人在场见证。见证人须符合本法规定的资格、数量、在场见证等方面的要求,否则遗嘱人所立的口头遗嘱无效。相对于其他形式的遗嘱,本法继承编对口头遗嘱没有增加规定见证人须将口头遗嘱的内容作成书面形式、签名并注明年月日的形式要求。

遗嘱是死因民事法律行为,遗嘱在遗嘱人死亡时发生效力。处在危急情况中的遗嘱人在立口头遗嘱后死亡的,如果遗嘱符合口头遗嘱的形式要件,口头遗嘱即发生法律效力。本条进一步规定,危急情况消除后,遗嘱人能够以书面或者录音录像形式立遗嘱的,所立的口头遗嘱无效。也就是说,遗嘱人在危急情况下所立的口头遗嘱,在危急情况消除后,遗嘱人在世并且能够以其他形式立遗嘱的,该口头遗嘱失效。如果遗嘱人没有另立其他形式的遗嘱而死亡,视为被继承人未立遗嘱,其遗产按法定继承的方式分配。

第一千一百三十九条　【公证遗嘱】公证遗嘱由遗嘱人经公证机构办理。

条文注释

公证遗嘱是遗嘱人经公证机构办理的遗嘱。公证遗嘱的有效成立除了需要遵守本法关于遗嘱效力的规定以外,还需要遵守我国有关公证的法律的相关规定。

公证遗嘱必须由遗嘱人本人亲自办理,不得委托他人办理公证。遗嘱人办理遗嘱公证时,应当亲自到住所地或者遗嘱行为发生地的公证处提出申请。遗嘱人亲自到公证处有困难的,可以书面或者口头形式请求有管辖权的公证处指派公证人员到其住所或者临时处所办理。公证人员在办理遗嘱公证时,要依法对遗嘱人立遗嘱行为的真实性、合法性予以审查,审查的内容包括:遗嘱人是否具有完全民事行为能力,遗嘱人的意思表示是否真实,遗嘱的内容是否完备、文字表述是否准确,遗嘱内容是否违反法律规定和社会公共利益，遗嘱的签名、制作日期是否齐全以及办理公证的程序是否符合规定等。经审查认为遗嘱人立遗嘱行为符合法律规定的条件的，公证处应当出具公证书。公证遗嘱采用打印形式。遗嘱人根据遗嘱原稿核对后，应当在打印的公证遗嘱上签名、盖章或者捺手印。

关联法规

《公证法》;《公证程序规则》;《遗嘱公证细则》

第一千一百四十条 【遗嘱见证人资格的限制性规定】下列人员不能作为遗嘱见证人：

（一）无民事行为能力人、限制民事行为能力人以及其他不具有见证能力的人；

（二）继承人、受遗赠人；

（三）与继承人、受遗赠人有利害关系的人。

条文注释

遗嘱见证人，是指在现场亲历遗嘱人立遗嘱的过程，能够证明遗嘱真实性的人。根据本法的规定，代书遗嘱、打印遗嘱、录音录像遗嘱、口头遗嘱均需要有两个以上见证人在场见证。对于公证遗嘱，《遗嘱公证细则》规定，公证遗嘱应当由两名公证人员共同办理，因特殊情况由一名公证员办理时，应当有一名见证人在场。可见，遗嘱见证人是大多数遗嘱的形式要件。根据本条规定，以下人员不能作为遗嘱见证人：

(1)无民事行为能力人、限制民事行为能力人以及其他不具有见证能力的人。根据本法的规定，不具有完全民事行为能力的人有：不满18周岁的未成年人，但是16周岁以上以自己的劳动收入为主要生活来源的未成年人除外；不能辨认或者不能完全辨认自己行为的成年人。遗嘱见证人除了为完全民事行为能力人外，还需要具有见证能力，而见证能力的有无要根据具体事实情况进行判断。

(2)继承人、受遗赠人。由继承人、受遗赠人担任见证人，可能会给遗嘱人造成影响，导致其作出的遗嘱并非出于真实意愿。此外，继承人、受遗赠人在知晓遗嘱内容后还可能为了自己的利益而作出不真实的证明，制造因素使遗嘱有效或者无效。

(3)与继承人、受遗赠人有利害关系的人。与继承人、受遗赠人有利害关系的人有可能受利益的驱动而作不真实的证明，不宜担任遗嘱见证人。

关联法规

《继承编解释一》第24条

第一千一百四十一条　【必留份】遗嘱应当为缺乏劳动能力又没有生活来源的继承人保留必要的遗产份额。

关联法规

《继承编解释一》第25条

第一千一百四十二条　【遗嘱的撤回、变更以及遗嘱效力顺位】遗嘱人可以撤回、变更自己所立的遗嘱。

立遗嘱后，遗嘱人实施与遗嘱内容相反的民事法律行为的，视为对遗嘱相关内容的撤回。

立有数份遗嘱，内容相抵触的，以最后的遗嘱为准。

条文注释

遗嘱的撤回，是指遗嘱人在立遗嘱后又对该遗嘱加以取消。遗嘱的变更，是指遗嘱人在立遗嘱后又对该遗嘱作出修改。遗嘱的撤回和变更产生的法律后果为遗嘱中被撤回、被变更的内容不发生效力。法律允许并保障遗嘱人撤回、变更自己所立的遗嘱，是遗嘱自由原则的必然要求，也是意思自治原则在继承领域的具体体现。

关联法规

《时间效力规定》第23条

第一千一百四十三条　【遗嘱无效】无民事行为能力人或者限制民事行为能力人所立的遗嘱无效。

遗嘱必须表示遗嘱人的真实意思，受欺诈、胁迫所立的遗嘱无效。

伪造的遗嘱无效。

遗嘱被篡改的，篡改的内容无效。

条文注释

本条规定了在下列情形下遗嘱无效：

(1)遗嘱人不具有遗嘱能力。遗嘱能力，是指自然人依法享有的可以用遗嘱形式处分个人财产的能力或资格。根据本法总则编的规定，成年人或者以自己的劳动收入为主要生活来源的16周岁以上的未成年人，且不存在不能辨认或者不能完全辨认自己行为情形的，为完全民事行为能力人。没有遗嘱能力的人，即无民事行为能力人或者限制民事行为能力人所立的遗嘱无效。

(2)遗嘱并非遗嘱人真实的意思表示。为了保障遗嘱人的财产处分权以及遗嘱自由,维护合法的遗嘱继承人及受遗赠人的利益,法律要求遗嘱必须表示遗嘱人的真实意思,这体现在两个方面:一是遗嘱必须出于遗嘱人的自愿,是其内心自由意志的体现,遗嘱人因受欺诈、胁迫所立的遗嘱无效;二是遗嘱的内容真实可靠,确实为遗嘱人的意思表示,伪造的遗嘱、遗嘱被篡改的部分无效。

伪造的遗嘱与遗嘱被篡改的内容属于虚假的遗嘱,遗嘱人并未作出相应的意思表示,因此无效。需要注意的是,伪造与篡改有所区别:伪造的遗嘱整个遗嘱的意思表示都是假的,因此遗嘱全部无效;而篡改的遗嘱是在真实遗嘱的基础上对遗嘱的部分内容进行改动,由于遗嘱的内容可能是多方面的,并且各项内容之间可以是互相独立的,因此遗嘱被篡改的,只是被篡改的内容无效,不必然导致整个遗嘱无效,遗嘱中未被篡改的内容仍然有效,这也体现了对遗嘱人真实意思表示的尊重。

关联法规

《民法典》第 19 ~ 23、144 条;《继承编解释一》第 28 条

第一千一百四十四条　【附义务遗嘱】遗嘱继承或者遗赠附有义务的,继承人或者受遗赠人应当履行义务。没有正当理由不履行义务的,经利害关系人或者有关组织请求,人民法院可以取消其接受附义务部分遗产的权利。

条文注释

附有义务的遗嘱继承或者遗赠,是指遗嘱继承人或者受遗赠人在继承遗嘱人的财产时需要履行遗嘱人对其附加的特定义务,否则其接受附义务部分遗产的权利可能被法院取消的遗嘱继承或者遗赠。

在理解本条规定时,需要注意以下几个方面:

(1)遗嘱继承人或者受遗赠人履行遗嘱所附义务的前提为接受继承或者遗赠。立遗嘱是单方民事法律行为,遗嘱人在遗嘱中为遗嘱继承人或者受遗赠人附加义务时,并不需要和遗嘱继承人或者受遗赠人达成合意。由于遗嘱所附的义务附随于遗嘱继承权或者受遗赠权,在遗嘱生效后,遗嘱继承人和受遗赠人可以通过接受或者放弃继承和受遗赠的方式选择是否履行遗嘱所附加的义务。遗嘱继承人或者受遗赠人如果接受继承或者受遗赠,则应当履行该义务;如果放弃继承或者受遗赠,则不必履行该义务。

(2)遗嘱继承人或者受遗赠人不履行遗嘱所附义务的法律后果,法院取消其接受附义务部分遗产的权利。如果遗嘱人在遗嘱中为继承人或者受遗赠人接受遗产附加了义务,实际上为继承人或者受遗赠人取得遗产设置了条件,继承人或者受遗赠人只有履行了相关义务,才符合取得遗产的条件。如果继承人或者受遗赠人无正当理由不履行遗嘱所附义务,就不符合取得遗产的条件,其取得遗产的行为违背了遗嘱人的意愿,法律需要规定相应的救济措施。因此,本条规定,对于没有正当理由不履行义务的遗嘱继承人或者受遗赠人,经相关主体申请,人民法院可以取消其接受附义务部分遗产的权利,而不能请求法院强制继承人或者受遗赠人履行义务。

(3)可以向法院申请取消义务人接受遗产的权利的主体为利害关系人或者有关组织。由于遗嘱生效时遗嘱人已经死亡,为了保障遗嘱中所附义务的履行和遗嘱人意愿的实现,就需要由相关主体监督义务人履行相应的义务。利害关系人或者有关组织可以为法定继承人、遗嘱执行人、因遗嘱所附义务的履行而受益的自然人和组织等。

关联法规

《继承编解释一》第29条

第四章　遗产的处理

第一千一百四十五条　【遗产管理人的选任】继承开始后,遗嘱执行人为遗产管理人;没有遗嘱执行人的,继承人应当及时推选遗产管理人;继承人未推选的,由继承人共同担任遗产管理人;没有继承人或者继承人均放弃继承的,由被继承人生前住所地的民政部门或者村民委员会担任遗产管理人。

条文注释

遗产管理人是在继承开始后遗产分割前,负责处理涉及遗产有关事务的人。根据本条规定,可以由以下主体担任遗产管理人:

(1)由遗嘱执行人担任遗产管理人。被继承人在遗嘱中有指定遗嘱执行人的情况下,由遗嘱执行人担任遗产管理人更为合理:一方面,遗嘱执行人是被继承人信任的人,由其管理遗产更符合被继承人意愿;另一方面,遗嘱执行人执行遗嘱本来就需要处理遗产,由其担任遗产管理人也更为便利。

(2)由继承人推选出遗产管理人。被继承人对于由谁管理遗产并未作出任何意思表示的,可以由全体继承人共同推举出其中一名或者数名继承人为遗产管理人。至于全体继承人之间按照何种规则推选,是按照少数服从多数的规则还是全体一致同意的规则,则由继承人之间协商确定。

(3)由继承人共同担任遗产管理人。如果继承人未推选遗产管理人,则由全体继承人共同担任遗产管理人。在全体继承人担任遗产管理人时,就涉及全体继承人如何作出决策的问题,此时也需要由全体继承人协商达成一致。

(4)由民政部门或者村民委员会担任遗产管理人。被继承人死亡后,如果没有继承人或者继承人均放弃继承时,遗产就属于无人继承的遗产,根据本法继承编的规定,此种遗产的归属需要根据被继承人的身份作不同的处理:如果被继承人是集体所有制组织成员,遗产归其生前所在的集体所有制组织所有;如果被继承人并非集体所有制组织成员,则其遗产归国家所有并用于公益事业。

第一千一百四十六条 【遗产管理人的指定】对遗产管理人的确定有争议的,利害关系人可以向人民法院申请指定遗产管理人。

典型案例

欧某士申请指定遗产管理人案①

典型意义:侨乡涉侨房产因年代久远、继承人散落海外往往析产确权困难,存在管养维护责任长期处于搁置或争议状态的窘境,不少历史风貌建筑因此而残破贬损。本案中,审理法院巧用《民法典》新创设的遗产管理人法律制度,创造性地在可查明的继承人中引入管养房屋方案"竞标"方式,让具有管养维护遗产房屋优势条件的部分继承人担任侨房遗产管理人,妥善解决了涉侨祖宅的管养维护问题,充分彰显了《民法典》以人为本、物尽其用的价值追求,为侨乡历史建筑的司法保护开创了一条全新路径。

① 参见《人民法院贯彻实施民法典典型案例(第一批)》之九。

第一千一百四十七条　【遗产管理人的职责】遗产管理人应当履行下列职责：

（一）清理遗产并制作遗产清单；

（二）向继承人报告遗产情况；

（三）采取必要措施防止遗产毁损、灭失；

（四）处理被继承人的债权债务；

（五）按照遗嘱或者依照法律规定分割遗产；

（六）实施与管理遗产有关的其他必要行为。

条文注释

根据本条的规定，遗产管理人的职责包括以下几个方面：

（1）清理遗产并制作遗产清单。清理遗产就是要清查整理所有的遗产，既要清理被继承人遗留的动产，也要清理不动产；既要清理有形财产，也要清理无形资产；既要清理债权，也要清理债务。遗产管理人在清理遗产后，应当制作书面的遗产清单，详细列明被继承人遗留的所有财产情况、债权债务情况等。

（2）向继承人报告遗产情况。首先，遗产管理人应当向全体继承人报告，既包括遗嘱继承人，也包括法定继承人，不包括受遗赠人和被继承人的债权人。其次，报告的形式应当是书面形式。最后，遗产管理人应当向继承人全面报告遗产情况，如果被继承人在遗嘱中特别说明，某项遗产应当秘密归属于某个特定的继承人，则不宜向全体继承人公布。

（3）采取必要措施防止遗产毁损、灭失。遗产管理人不仅需要清点遗产，还需要承担起积极妥善保管遗产的职责。需要注意的是，遗产管理人仅有防止遗产毁损、灭失的职责，而没有确保遗产增值的义务。如果遗产管理人是由全体继承人共同担任，在全体继承人协商一致的情况下，对遗产实行必要的处分，也是可以的。

（4）处理被继承人的债权债务。首先是处理债权。遗产管理人在清理遗产时，发现被继承人生前有债权的，应当依法向债务人主张债权，这种债权既包括合同之债，也包括侵权之债，还包括不当得利和无因管理之债。其次是处理债务。在分割遗产之前，应当清偿被继承人生前债务。因此，遗产管理人如果发现被继承人生前负有债务，也应当以遗产偿还此债务。

（5）按照遗嘱或者依照法律规定分割遗产。如果被继承人生前留下了遗嘱，遗产管理人需要根据被继承人所立遗嘱处理遗产。如果被继承人生前没有留下遗嘱，遗产管理人则需要按照法定继承的相关规则来分割遗产。如果被继承人生前签订了遗赠扶养协议，那么遗产管理人就应当优先按照遗赠扶养协议的约定来处理遗产。

(6)实施与管理遗产有关的其他必要行为。本项为兜底性的规定，只要基于管理遗产的需要，遗产管理人就可以实施相关的行为，确保遗产得到妥善有效的管理。

第一千一百四十八条　【遗产管理人的责任】遗产管理人应当依法履行职责，因故意或者重大过失造成继承人、受遗赠人、债权人损害的，应当承担民事责任。

条文注释

遗产管理人承担民事责任的构成要件包括：(1)遗产管理人在客观上实施了不当的遗产管理行为；(2)遗产管理人在主观上有故意或者重大过失；(3)遗产管理人的行为给继承人、受遗赠人、债权人造成了损害，即遗产管理人的不当管理行为造成遗产的损失，进而损害了继承人、受遗赠人、债权人的利益。

第一千一百四十九条　【遗产管理人的报酬】遗产管理人可以依照法律规定或者按照约定获得报酬。

第一千一百五十条　【继承开始后的通知】继承开始后，知道被继承人死亡的继承人应当及时通知其他继承人和遗嘱执行人。继承人中无人知道被继承人死亡或者知道被继承人死亡而不能通知的，由被继承人生前所在单位或者住所地的居民委员会、村民委员会负责通知。

条文注释

根据本条规定，负有继承开始通知义务的人是继承人，继承人中无人知道被继承人死亡或者知道被继承人死亡而不能通知的，由被继承人生前所在单位或者住所地的居民委员会、村民委员会负责通知。发出继承开始通知的方式，既可以是口头通知，也可以是书面通知，还可以是电话通知、短信通知或者借助其他互联网即时通信工具发出通知。

关联法规

《继承编解释一》第30条

第一千一百五十一条　【遗产的保管】存有遗产的人，应当妥善保管遗产，任何组织或者个人不得侵吞或者争抢。

条文注释

根据本条规定，只要是存有遗产的人，就有义务妥善保管遗产。(1)负有保管义务的主体是存有遗产的人。不管什么人，只要存有遗产，就有保管义务。即便继承人放弃了继承，如果该继承人存有遗产，也有义务保管好直至其他继承人接手。(2)必须妥善保管。存有遗产的人，必须像善良管理人一样保管好遗产，确保遗产不被损害、毁损或者灭失。这种保管仅仅是一种消极性的义务，保管人并没有义务确保遗产保值增值。

存有遗产的人有妥善保管遗产的义务，而对于其他人而言，则不得侵害遗产。不仅个人不得争抢遗产，任何组织也不得争抢遗产。当然，如果遗产被依法征收、征用，需要由享有法定权限的机关按照法定程序实施，也必须依法给予补偿。

关联法规

《继承编解释一》第30条

第一千一百五十二条　【转继承】继承开始后，继承人于遗产分割前死亡，并没有放弃继承的，该继承人应当继承的遗产转给其继承人，但是遗嘱另有安排的除外。

条文注释

继承根据继承人本人是否实际继承，可以分为本继承、代位继承和转继承。本继承，是指继承人自己在继承顺位之中直接继承被继承人财产。代位继承，是指在继承顺位之中的继承人于被继承人死亡前死亡，而由其直系晚辈血亲或者其兄弟姐妹的子女代位继承。被代位继承的人称为被代位继承人，实际继承的人称为代位继承人。转继承就是继承人本人在遗产分割前死亡时，其应得的遗产份额转由其继承人继承。被转位继承的人称为被转继承人，实际继承的人称为转继承人。

根据本条规定，发生转继承的条件包括：(1)被转继承人在被继承人死亡后，遗产分割前死亡。被转继承人只有在此特定的时段死亡才发生转继承的问题。如果在被继承人死亡前死亡，则可能发生代位继承的问题；如果在遗产分割之后死亡，则是一个新的继承问题，不存在转继承。(2)被转继承人未放弃继承。如果被继承人死亡后，继承人放弃继承，继承人的继承权已经不复存在,所谓的转继承也就无从谈起。(3)遗嘱没有其他安排。被继承人在其遗嘱中,没有特别说明所留遗产仅限于给继承人本人,不得转继承给其他人。

转继承的法律后果是,继承人应当继承的遗产转给其继承人。继承人应当继承的遗产,是指不管根据法定继承还是遗嘱继承,只要应由继承人继承的财产,都适用于转继承。转给其继承人,是指被转继承人应得到的一切遗产都转由其继承人继承。

代位继承与转继承有一定的相似之处,代位继承和转继承发生的前提都是继承人死亡,但二者也有诸多不同:(1)基础事实不同。虽然代位继承与转继承中继承人死亡是基础,但代位继承中继承人是先于被继承人死亡,而转继承中继承人是后于被继承人死亡。(2)继承人的范围不同。代位继承中代位继承人的范围限于被继承人的子女的直系晚辈血亲及被继承人的兄弟姐妹的子女;转继承中所转的继承人包括所有法定继承人。(3)适用范围不同。代位继承仅限法定继承;转继承则既适用于法定继承,也适用于遗嘱继承。

关联法规

《继承编解释一》第 38 条

第一千一百五十三条　【遗产确定】夫妻共同所有的财产,除有约定的外,遗产分割时,应当先将共同所有的财产的一半分出为配偶所有,其余的为被继承人的遗产。

遗产在家庭共有财产之中的,遗产分割时,应当先分出他人的财产。

条文注释

遗产是被继承人死亡时遗留的个人合法财产。本条的规定就是针对被继承人与其他人共有财产时应当如何确定遗产的问题。

1. 遗产从夫妻共同财产中划分

对于共同生活的夫妻而言,首先需要区分个人财产与夫妻共同财产。这需要根据夫妻财产制来判断:如果夫妻实行分别财产制,由于夫妻双方约定财产归各自所有,任何一方的财产都比较好确定;如果实行的是夫妻共同财产制,那就需要根据财产的状况来判断属于共同财产还是个人财产。

本法第 1063 条规定了属于夫妻一方财产的情形,具体包括:(1)一方的婚前财产;(2)一方因受到人身损害获得的赔偿或者补偿;(3)遗嘱或者赠与合同中确定只归一方的财产;(4)一方专用的生活用品;(5)其他应当归一方的财产。根据该条规定,被继承人的婚前财产、明确指定受赠人为其个人的财产、专用生活用品等,这些都属于个人财产,因此也就属于遗产的范畴。

本法第1062条第1款规定了夫妻共同财产的范围,该款规定,夫妻在婚姻关系存续期间所得的下列财产,为夫妻的共同财产,归夫妻共同所有:(1)工资、奖金、劳务报酬;(2)生产、经营、投资的收益;(3)知识产权的收益;(4)继承或者受赠的财产,但是本法第1063条第3项规定的除外;(5)其他应当归共同所有的财产。对于这些夫妻共同财产,必须先予以分割,才能确定哪些属于被继承人的个人财产。根据本条第1款的规定,夫妻共同所有的财产,除有约定的外,遗产分割时,应当先将共同所有的财产的一半分出为配偶所有,其余的为被继承人的遗产。因此,对于夫妻共同财产,除非被继承人与其配偶另有约定,应当按各分一半的原则予以分割。

2. 遗产从家庭共同财产中划分

被继承人与家庭成员共同生活,势必与其他家庭成员有家庭共同财产,在分割遗产时,也必须将其个人的共有份额划分出来,确定为遗产。

第一千一百五十四条 【法定继承的适用范围】有下列情形之一的,遗产中的有关部分按照法定继承办理:

(一)遗嘱继承人放弃继承或者受遗赠人放弃受遗赠;

(二)遗嘱继承人丧失继承权或者受遗赠人丧失受遗赠权;

(三)遗嘱继承人、受遗赠人先于遗嘱人死亡或者终止;

(四)遗嘱无效部分所涉及的遗产;

(五)遗嘱未处分的遗产。

条文注释

根据本法第1123条的规定,在涉及遗产处理的各种方式中,遗赠扶养协议最具有优先效力。如果被继承人生前签订了遗赠扶养协议,应当先按照遗赠扶养协议的内容处理遗产;如果被继承人立了遗嘱,则应当再按照遗嘱的内容处理遗产;最后才是按照法定继承来处理遗产。

根据本条规定,在以下几种情况下,应当按照法定继承处理被继承人的遗产:

(1)遗嘱继承人放弃继承或者受遗赠人放弃受遗赠。根据本法第

1124 条的规定，继承开始后，继承人可以放弃继承，受遗赠人可以放弃受遗赠。如果遗嘱继承人放弃遗嘱继承，那么遗嘱所涉及的部分遗产，就转为根据法定继承办理；同样地，如果受遗赠人在知道受遗赠后明确表示放弃受遗赠，或者在 60 日内未作接受遗赠的意思表示的被继承人遗赠的那部分遗产就应按照法定继承办理。

(2)遗嘱继承人丧失继承权或者受遗赠人丧失受遗赠权。本法第 1125 条规定了继承人丧失继承权、受遗赠人丧失受遗赠权的法定事由。继承编在第 1125 条第 3 款增加规定后，本条第 2 项作了特别规定，明确受遗赠人丧失受遗赠权的，有关部分遗产也应按照法定继承办理。

(3)遗嘱继承人、受遗赠人先于遗嘱人死亡或者终止。遗嘱继承人先于遗嘱人死亡的，遗嘱人可能并不知道这一事实或者已知道这一事实但未来得及修改遗嘱，此时，遗嘱所指定的继承人已经死亡，丧失民事主体资格，也就无法获得遗嘱继承权。需要注意的是，在法定继承情况下，继承人先于被继承人死亡的，可能将会发生代位继承，继承人的晚辈直系血亲或者其兄弟姐妹的子女将因代位继承而获得遗产。受遗赠的自然人先于遗嘱人死亡的，受遗赠的组织先于遗嘱人终止的，在遗嘱人死亡后，因为受遗赠人已经死亡或者终止，不再具有民事主体资格，也就无法就是否接受遗赠作出意思表示，同样不能获得遗赠的遗产。此时，遗嘱人所遗赠的此部分遗产，同样需要按照法定继承办理。

(4)遗嘱无效部分所涉及的遗产。遗嘱继承优先于法定继承，但遗嘱继承优先的前提是遗嘱合法有效，如果遗嘱无效，那么，遗嘱就不具有执行的法律效力，遗嘱继承也就无从谈起。本法第 1143 条规定了遗嘱无效的法定情形，包括无民事行为能力人或者限制民事行为能力人所立的遗嘱、遗嘱人受欺诈所立的遗嘱、遗嘱人受胁迫所立的遗嘱、伪造的遗嘱、遗嘱被篡改的部分。

(5)遗嘱未处分的遗产。被继承人死亡时如果立了遗嘱，遗嘱可能会处分全部遗产，此时就应当按照遗嘱执行。如果遗嘱仍有部分未处分的遗产，对这部分遗产就应按照法定继承办理。

第一千一百五十五条 【胎儿预留份】遗产分割时，应当保留胎儿的继承份额。胎儿娩出时是死体的，保留的份额按照法定继承办理。

条文注释

本法第 16 条规定，涉及遗产继承、接受赠与等胎儿利益保护的，胎儿视为具有民事权利能力。但是,胎儿娩出时为死体的,其民事权利能力自始不存在。因此,根据本条的规定,胎儿在遗产继承方面是具有民事权利能力的。

遗产分割时,应当保留胎儿的继承份额。这里的继承份额,既包括法定继承时继承份额,也包括遗嘱继承时的份额。本条同时规定,胎儿娩出时是死体的,保留的份额按照法定继承办理,即由被继承人的法定继承人继承。

关联法规

《继承编解释一》第31条

第一千一百五十六条 【遗产分割的原则和方法】遗产分割应当有利于生产和生活需要,不损害遗产的效用。

不宜分割的遗产,可以采取折价、适当补偿或者共有等方法处理。

条文注释

本条是关于遗产分割的原则和方法的规定。

(1)遗产分割的原则。本条第1款规定,遗产分割应当有利于生产和生活需要,不损害遗产的效用。首先,遗产分割要有利于生产。一方面,不能损害遗产本身的生产性用途,确保遗产分割后还能用于正常的生产经营。另一方面,要考虑继承人的能力、职业等因素,确保遗产分割后能得到继承人的合理充分利用。其次,遗产分割要有利于生活。最后,遗产分割要物尽其用。

(2)遗产分割的方法。一般而言,遗产分割的方式包括四种:一是实物分割。实物分割,是指对遗产进行物理上的分离,继承人按照各自份额分别占有不同部分。二是变价分割。有的遗产不适合进行实物分割,进行实物分割可能导致该遗产失去价值,或者所有继承人都不想取得该遗产的实物,就可以变卖该遗产取得价款,由继承人按照各自的继承份额对价款进行分割。三是补偿分割。对于不宜进行实物分割的遗产,如果其中有继承人愿意取得该遗产,就可以由该继承人取得遗产的所有权,再由取得遗产所有权的继承人根据其他继承人对该遗产的价值所应取得的比例,支付相应的价金,对其他继承人予以补偿。四是保留共有。有的遗产不宜进行实物分割,所有继承人都愿意取得该遗产,或者继承人基于某种生产或生活的目的,愿意继续维持遗产的共有状况,就可以由继承人对该遗产继续保留共有权。这里的共有属于按份共有,即根据各继承人应继承的份额共同享有所有权。

关联法规

《继承编解释一》第30、42、43条

第一千一百五十七条　【再婚时对所继承遗产的处分权】夫妻一方死亡后另一方再婚的，有权处分所继承的财产，任何组织或者个人不得干涉。

条文注释

理解本条，需要注意以下几点：

(1)夫妻任何一方死亡，另一方均有再婚的权利。(2)在世的配偶一方不论是否再婚，都有权处分自己继承取得的财产。继承的遗产不管是动产，还是不动产，从法律上而言都是其个人所有的财产。根据法律的规定，所有人有权处分自己的财产。(3)如果在世配偶再婚，有权依法处分自己继承所获得的财产。(4)其他组织或者个人都不得干涉。无论是再婚者的子女、公婆或者岳父母、兄弟姐妹，还是妯娌或者其他姻亲、血亲以及其他家族人员等，都不得干涉。所谓干涉就是施加影响力，包括阻止、破坏、阻挠。

第一千一百五十八条　【遗赠扶养协议】自然人可以与继承人以外的组织或者个人签订遗赠扶养协议。按照协议，该组织或者个人承担该自然人生养死葬的义务，享有受遗赠的权利。

条文注释

1. 遗赠扶养协议的特征

遗赠扶养协议是自然人(遗赠人、受扶养人)与继承人以外的组织或者个人(扶养人)签订的，由扶养人负责受扶养人的生养死葬，并享有受遗赠权利的协议。(1)遗赠扶养协议需要双方当事人意思表示达成一致方能成立。这是遗赠扶养协议与遗赠、遗嘱的本质区别。(2)遗赠扶养协议是双务有偿法律行为。不仅扶养人有扶养另一方的义务，受扶养人也需要按照约定将自己的遗产赠与对方。(3)遗赠扶养协议为要式法律行为，需要以书面方式作出。

根据本条规定，自然人可以与继承人以外的组织或者个人签订遗赠扶养协议。需要注意的是，遗赠扶养协议的双方当事人比较特殊：一方为自然人，即受扶养人。受扶养的自然人不论基于何种原因，只要其本人欲通过此种方式养老，即可以采取，而无论其是否有法定的扶养义务人。另一方必须为继承人以外的组织或者个人。因此,法定继承人是不能与被继承人签订遗赠扶养协议的。本条提到的组织既可以是法人,也可以是非法人组织。当然,应当是具备承担养老职能的组织。

2. 遗赠扶养协议的主要内容

遗赠扶养协议应当包括以下主要内容:(1)协议双方当事人的基本信息。(2)扶养人的义务,即受扶养人的权利。扶养人的主要义务包括两个方面:一方面是“生养”;另一方面是“死葬”。(3)受扶养人的义务,即扶养人的权利。扶养人的权利主要就是根据协议取得受扶养人所赠与的遗产。因此,双方应当在协议中写明,受扶养人拟将哪些遗产赠与扶养人。同时,还应约定受扶养人在世期间不得擅自处分协议所涉及的财产。(4)协议的解除。双方可以在协议中约定,如果一方违反约定,另一方有权要求解除遗赠扶养协议,并要求对方承担相应的补偿责任。(5)争议解决条款。双方可以在协议中约定一旦发生争议,可以通过哪些途径解决,是通过仲裁方式,还是通过调解或者诉讼方式。同时应尽量明确约定争议解决的具体机构。

3. 遗赠扶养协议的效力

在受扶养人死亡后,扶养人开始根据协议获得受遗赠权,这种权利并不会因为协议对方死亡而消灭。遗赠扶养协议不仅对签订遗赠扶养协议的双方具有法律约束力,还对受扶养人的继承人、其他受遗赠人具有约束力。受扶养人的继承人不得根据法定继承排斥扶养人的受遗赠权。受扶养人的遗嘱不能与遗赠扶养协议的内容相抵触,如果相抵触应当执行遗赠扶养协议的内容。因此,遗赠扶养协议的效力优先于遗嘱和法定继承。

关联法规

《继承编解释一》第40条

第一千一百五十九条　【遗产分割时的义务】分割遗产,应当清偿被继承人依法应当缴纳的税款和债务;但是,应当为缺乏劳动能力又没有生活来源的继承人保留必要的遗产。

条文注释

分割遗产时,应当清偿被继承人依法应当缴纳的税款和债务。

(1)清偿应缴纳的税款。被继承人个人生前未缴纳的税款,并不会因为其死亡而消失,仍需要以其遗留的个人财产来支付。

(2)清偿债务。债务就是被继承人生前对其他民事主体所负的私法上的各种债务。不论是哪种类型的债务,只要是被继承人生前所负,都需要以遗产清偿。

被继承人生前所欠税款和债务,应当在分割遗产之前予以清偿。遗产管理人在清理被继承人的债权债务后,需要及时予以处理,该缴纳的税款应当缴纳,该清偿的债务必须及时清偿,在清理完债权债务之后,再按照遗嘱的内容处分剩余遗产,或赠与,或按照遗嘱继承,或按照法定继承分割遗产。如果在分割遗产之前不知道被继承人存在遗产债务,在遗产分割之后,仍需要依法以遗产予以清偿。

(3)保留必要的遗产。本条中的但书规定,清偿所欠税款和债务,应当为缺乏劳动能力又没有生活来源的继承人保留必要的遗产。需要保留的前提是,遗产可能不足以清偿债务和税款。需要保留的对象是,缺乏劳动能力又没有生活来源的继承人。作出保留必须同时满足以下四个条件:第一,获得保留遗产的人必须是继承人,继承人以外的人不能享有此权利。第二,继承人缺乏劳动能力。没有劳动能力必须是客观上造成的无法劳动,而不是继承人主观上不愿意就业。第三,继承人没有生活来源。没有生活来源就是继承人无法通过自身劳动获取收入养活自己,或者没有其他经济收入用以维持生计。第四,保留的是必要的遗产。

第一千一百六十条　【无人继承遗产的归属】无人继承又无人受遗赠的遗产,归国家所有,用于公益事业;死者生前是集体所有制组织成员的,归所在集体所有制组织所有。

条文注释

被继承人的遗产无人接收,原因可能是多种多样的。(1)无人继承的遗产,可能客观上既没有继承人,也没有受遗赠人。(2)虽然被继承人有继承人或者通过遗嘱确定了受遗赠人,但是继承人全部放弃继承,受遗赠人也都放弃受遗赠。(3)被继承人死亡后,虽然有继承人,但继承人全部丧失继承权且未得以恢复。(4)被继承人死亡后,没有法定继承人或者法定继承人丧失继承权,仅在遗赠中处理了部分遗产,其余遗产也构成无人继承遗产。

为了明确我国无人继承遗产的归属,本条规定,无人继承又无人受遗赠的遗产,归国家所有,用于公益事业;死者生前是集体所有制组织成员的,归所在集体所有制组织所有。

第一千一百六十一条 【继承人对遗产债务的清偿责任】继承人以所得遗产实际价值为限清偿被继承人依法应当缴纳的税款和债务。超过遗产实际价值部分,继承人自愿偿还的不在此限。

继承人放弃继承的,对被继承人依法应当缴纳的税款和债务可以不负清偿责任。

条文注释

我国的继承原则上属于限定继承,继承人对被继承人的遗产债务不负无限清偿责任,而仅以所继承遗产的实际价值为限负清偿责任。但本条第1款作了例外规定,即对超过遗产实际价值部分的债务,继承人自愿偿还的不在此限。这种选择必须是继承人自愿、自主作出的,债权人不可以强制要求继承人偿还超出所获得遗产部分的被继承人生前所欠债务。

本条第2款规定,继承人放弃继承的,对被继承人依法应当缴纳的税款和债务可以不负清偿责任。这里的"放弃继承",是指既放弃了遗嘱继承,也放弃了法定继承。因此,如果继承人放弃了继承,就无须对被继承人的债务承担偿还责任。如果一部分继承人参与遗产分割获得了遗产,另一部分继承人放弃了继承,在清偿被继承人的遗产债务时,参与遗产分割的部分继承人负有清偿责任,需要以所得遗产的实际价值为限予以偿还,放弃了继承的继承人无须承担任何清偿责任。

第一千一百六十二条 【遗赠与遗产税款、债务清偿】执行遗赠不得妨碍清偿遗赠人依法应当缴纳的税款和债务。

条文注释

遗赠是遗赠人无偿赠与受遗赠人遗产的行为,虽然遗产属于遗赠人的个人财产,其有权处分,但这种无偿处分行为不应损害债权人的利益。执行遗赠不得妨碍清偿遗赠人依法应当缴纳的税款和债务,是指遗嘱执行人或者遗产管理人在执行遗赠时,不应使遗赠人的债务无法得到偿还。在执行遗赠之前,应当先用遗产偿还遗赠人所欠税款和债务,清偿之后,如果遗产尚有剩余则再执行遗赠;同样,如果执行遗赠之后,债权人才知道遗赠人死亡、遗产被分割的事实,债权人有权要求受赠人将所得遗产用于偿还债务。

第一千一百六十三条　【既有法定继承又有遗嘱继承、遗赠时税款和债务的清偿】既有法定继承又有遗嘱继承、遗赠的，由法定继承人清偿被继承人依法应当缴纳的税款和债务；超过法定继承遗产实际价值部分，由遗嘱继承人和受遗赠人按比例以所得遗产清偿。

条文注释

理解本条，需要注意以下两点：

(1)法定继承人的清偿责任。本条首先规定，由法定继承人清偿被继承人依法应当缴纳的税款和债务。因此，如果遗产已经分割，清偿遗产债务需要先从法定继承人获得的遗产中清偿。

(2)遗嘱继承人和受遗赠人的清偿责任。本条还规定，超过法定继承遗产实际价值部分，由遗嘱继承人和受遗赠人按比例以所得遗产清偿。超过法定继承遗产实际价值部分，是指法定继承人所获得遗产的实际价值不足以偿还被继承人的遗产债务。遗嘱继承人和受遗赠人按比例清偿，是指由遗嘱继承人和受遗赠人按照所获得遗产的实际价值的比例来清偿。

第七编　侵权责任

第一章　一般规定

第一千一百六十四条　【侵权责任编的调整范围】本编调整因侵害民事权益产生的民事关系。

条文注释

理解本条需要注意以下三点:(1)侵权责任编的保护对象为“民事权益”,保护对象的范围宽泛。(2)在保护程度和侵权构成要件上,侵权责任编对民事权利和民事利益没有作区分。(3)侵权责任编不调整违约责任问题。合同债权也是一种民事权益,但它原则上不属于侵权责任编的保护范围。本条规定的“侵害民事权益”不涉及违约责任问题,违约责任由合同编调整。

第一千一百六十五条　【过错责任与过错推定责任原则】行为人因过错侵害他人民事权益造成损害的,应当承担侵权责任。

依照法律规定推定行为人有过错,其不能证明自己没有过错的,应当承担侵权责任。

条文注释

过错责任,是指造成损害并不必然承担侵权责任,还要看行为人是否有过错。有过错有责任,无过错无责任。根据本条第1款的规定,只要同时满足以下条件,行为人就应承担侵权责任:

(1)行为人实施了某一行为。若无行为人的行为,就不会产生侵权责任。这里的行为包括作为和不作为。

(2)行为人行为时有过错。在过错责任原则中,过错是确定行为人是否承担侵权责任的核心要件,也是人民法院审理侵权案件的主要考虑因素。过错仅适用于过错责任原则制度下的侵权责任,对于一些法律明确规定的特殊侵权责任，过错并非必要条件，如无过错责任原则、公平分担损失原则。需要强调的是，无过错责任原则和公平分担损失原则的适用范围是法律特别规定的情形，需要有法律的明确规定才能适用。只要法律没有明确规定不以过错为要件，过错仍是行为人承担侵权责任的要件。

(3)受害人的民事权益受到损害，即产生了损害后果。损害，是指行为人的行为对受害人的民事权益造成的不利后果，通常表现为财产减少、生命丧失、身体残疾、名誉受损、精神痛苦等。需要强调的是，这里的“损害”是一个范围比较广的概念，不仅包括已经现实存在的现实损害，还包括构成现实威胁的不利后果。

(4)行为人的行为与受害人的损害之间有因果关系。因果关系是侵权责任的重要构成要件，在行为与损害事实之间确定存在因果关系的，就有可能构成侵权责任，没有因果关系就必然地不构成侵权责任。在侵权责任中，一般由原告承担证明被告的行为与损害之间存在因果关系的责任，但在特定情形下，则由被告负责证明自己的行为与损害结果之间没有因果关系。适用这种特殊举证责任需要法律明确规定，法律没有明确规定的，原则上不能适用这样的证明规则。

在过错责任原则中，通常由受害人证明行为人具有过错，但在一些情况下也适用过错推定。过错推定，是指根据法律规定推定行为人有过错，行为人不能证明自己没有过错的，应当承担侵权责任。本条第 2 款强调，依照法律规定推定行为人有过错，其不能证明自己没有过错的，应当承担侵权责任，免除了受害人对过错的举证责任。法律没有规定过错推定的，仍应由受害一方承担过错的证明责任。

典型案例

柳某诉张某莲、某物业公司健康权纠纷案①

典型意义：与邻为善、邻里互助是中华民族优秀传统美德，是社会主义核心价值观在社会生活领域的重要体现。本案适用《民法典》侵权责任编的相关规定，严格审查行为与后果之间的因果关系，坚守法律底线，不因有人受伤而扩大赔偿主体范围，明确自愿为小区购买游乐设施的业主不承担赔偿责任。本案

① 参见《人民法院贯彻实施民法典典型案例(第二批)》之十四。

的裁判贯彻了社会主义核心价值观的要求,依法保护无过错方权益,为善行正名、为义举护航,就对与错、赔与不赔等是非问题予以明确回应,不让好人无端担责或受委屈,维护了人民群众心中的公平正义,表明了司法的态度和温度,弘扬了时代新风新貌。

第一千一百六十六条 【无过错责任原则】行为人造成他人民事权益损害,不论行为人有无过错,法律规定应当承担侵权责任的,依照其规定。

条文注释

无过错责任,是指不以行为人的过错为要件,只要其活动或者所管理的人、物损害了他人的民事权益,除非有法定的免责事由,否则行为人就要承担侵权责任,也称严格责任。在法律规定适用无过错责任原则的案件中,法官判断被告应否承担侵权责任时,不考虑被告有无过错,不要求原告证明被告有过错,也不允许被告主张自己无过错而请求免责。只要审理查明被告的行为与原告的损害之间存在因果关系,即可判决被告承担侵权责任。

根据本条规定,无过错责任的构成要件有四个:(1)行为;(2)受害人的损害;(3)行为与损害之间具有因果关系;(4)法律规定应当承担侵权责任,即不存在法定的免责情形。

理解本条还需要注意以下几点:

(1)无过错责任并不是绝对责任,在适用无过错责任原则的案件中,行为人可以向法官主张法定的不承担责任或者减轻责任的事由。法律根据行为的危险程度,对适用无过错责任原则的不同侵权类型规定了不同的不承担责任或者减轻责任的事由。

(2)在适用无过错责任原则的侵权案件中,只是不考虑行为人过错,并非不考虑受害人过错。如果受害人对损害的发生也有过错,则在某些情况下可减轻甚至免除行为人的侵权责任。

(3)本条的规定只是为了表明无过错责任原则在我国是与过错责任原则并列的归责原则,其并不能直接作为裁判根据。要对某一案件适用无过错责任,必须是《民法典》或者其他法律明确规定该类案件不以过错为承担责任的条件。本法或者其他法律未明确规定适用无过错责任原则的案件,均属于过错责任原则的适用范围。法院不能在法律没有明确规定适用无过错责任原则的情况下,擅自适用该原则。

(4)适用无过错责任原则在赔偿数额上可能存在限制。基于特定行业的风险性和保护该行业发展的需要，我国在航空、海运等方面的特别法规往往规定了最高赔偿数额。

第一千一百六十七条　【危及他人人身、财产安全的责任承担方式】侵权行为危及他人人身、财产安全的，被侵权人有权请求侵权人承担停止侵害、排除妨碍、消除危险等侵权责任。

条文注释

理解本条规定的“危及”应注意以下三点：(1)侵权行为正在实施和持续而非已经结束；(2)侵权行为已经危及被侵权人的人身、财产安全而非不可能危及；(3)侵权行为系侵权人所为，而非自然原因造成。对正在危及其人身、财产安全的侵权行为，被侵权人有请求侵权人承担停止侵害、排除妨碍、消除危险等侵权责任的权利。

关联法规

《著作权法》第56条；《专利法》第72条；《商标法》第65条

第一千一百六十八条　【共同侵权】二人以上共同实施侵权行为，造成他人损害的，应当承担连带责任。

条文注释

共同侵权，是指数人共同不法侵害他人权益造成损害的行为。在数人侵权情形下，如果构成一般侵权，则数个行为人分别根据各自行为造成损害后果的可能性承担按份责任。如果构成共同侵权，则数个行为人对受害人承担连带责任，受害人可以要求任一行为人承担全部侵权责任，法律后果更重。

根据本条规定，构成共同侵权行为需要满足以下几个要件：

(1)多个主体。共同侵权行为的主体必须是两人或者两人以上，行为人可以是自然人，也可以是法人。

(2)共同实施侵权行为。这一要件中的“共同”主要包括三层含义：第一，共同故意。数个行为人基于共同故意侵害他人合法权益的，应当成立共同侵权行为。第二，共同过失。共同过失主要是数个行为人共同从事某种行为，基于共同的疏忽大意，造成他人损害。第三，故意行为与过失行为相结合。需要特别强调的是，上述三种形态均可以构成本条所说的“共同实施”。

(3)侵权行为与损害后果之间具有因果关系。在共同侵权行为中，有时各个侵权行为与损害后果间关系的紧密程度有所不同，但必须存在法律上的因果关系，如果某个行为人的行为与损害后果之间没有因果关系，则不应与其他行为人构成共同侵权。

(4)受害人有损害。这是受害人请求加害人承担侵权责任的一个基本要件。无损害，则无救济。如果没有损害，根本不可能成立侵权责任。

根据本条规定，一旦满足上述构成要件，成立共同侵权行为，数个行为人就必须对外承担连带责任，被侵权人有权请求部分或者全部行为人承担全部责任。需要说明的是，在我国，共同侵权与连带责任的适用范围并不完全重合，两者并不是一一对应关系。

关联法规

《食品药品规定》第12、13条;《旅游纠纷规定》第14条

典型案例

稳健股份公司诉苏州稳健公司、某包装公司、滑某侵害商标权及不正当竞争纠纷案①

典型意义：本案是人民法院依法保护企业字号和商标权益，服务保障疫情防控和经济社会发展的典型案例。本案中，稳健股份公司是知名医用卫生材料生产企业，商标及企业字号在业内知名度较高。侵权人故意以该字号为名称注册企业，生产销售口罩产品，有组织、有分工地实施严重的商标侵权及不正当竞争行为。对此，审理法院判决通过适用惩罚性赔偿、加大赔偿力度、认定共同侵权、责令停止使用字号等方式予以严厉惩治，有力保护了权利人的知识产权和相关权利，诠释了人民法院全面加强知识产权司法保护、维护公平竞争秩序的基本理念，实现了政治效果、法律效果和社会效果有机统一。

第一千一百六十九条　【教唆侵权、帮助侵权】教唆、帮助他人实施侵权行为的，应当与行为人承担连带责任。

教唆、帮助无民事行为能力人、限制民事行为能力人实施侵权行为的，应当承担侵权责任；该无民事行为能力人、限制民事行为能力人的监护人未尽到监护职责的，应当承担相应的责任。

① 参见《人民法院贯彻实施民法典典型案例（第二批）》之十五。

条文注释

教唆和帮助行为属于法定的共同侵权行为中的一种类型。

1. 教唆、帮助完全民事行为能力人实施侵权行为

本条第1款中的“他人”指的是完全民事行为能力人。教唆、帮助完全民事行为能力人实施侵权行为需要满足以下构成要件：

(1)教唆人、帮助人实施了教唆、帮助行为。教唆行为，是指对他人进行开导、说服，或通过刺激、利诱、怂恿等方法使该人从事侵权行为。教唆行为只能以积极的作为方式作出，消极的不作为不能成立教唆行为。教唆行为可以通过口头、书面或者其他形式加以表达，可以公开进行也可以秘密进行，可以当面教唆也可以通过别人传信的方式间接教唆。帮助行为，是指给予他人帮助，如提供工具或者指导方法，以使该人易于实施侵权行为。帮助行为通常以积极的作为方式作出，但具有作为义务的人故意不作为时也可能构成帮助行为。帮助的内容可以是物质上的，也可以是精神上的；帮助行为的发生可以在行为人实施侵权行为前，也可以在实施过程中。

(2)教唆人、帮助人具有教唆、帮助的主观意图。一般来说，教唆行为与帮助行为都是教唆人、帮助人故意作出的，教唆人、帮助人能够意识到其教唆、帮助行为可能造成的损害后果。在帮助侵权中，被帮助人不知道帮助行为存在的，不影响帮助行为的成立。

(3)被教唆人、被帮助人实施了相应的侵权行为。这一要件要求教唆行为、帮助行为与被教唆人、被帮助人实施的侵权行为之间具有内在的联系。如果被教唆人、被帮助人实施的侵权行为与教唆行为、帮助行为之间没有任何联系，而是行为人另外实施的，那么，就该行为所造成的损害不应要求教唆人、帮助人承担侵权责任。

2. 教唆、帮助无民事行为能力人、限制民事行为能力人实施侵权行为

本条第2款是针对被教唆、被帮助对象是无民事行为能力人或者限制民事行为能力人的情况作出的特别规定。需要注意本款与第1款的如下区别：

(1)教唆人、帮助人明知被教唆人、被帮助人为无民事行为能力人或者限制民事行为能力人，仍然实施教唆、帮助行为的，应当承担侵权责任。

(2)被教唆、被帮助的无民事行为能力人或者限制民事行为能力人的监护人未尽到监护责任的，应当承担相应的责任。

关联法规

《侵权责任编解释一》第11～13条

第一千一百七十条　【共同危险行为】二人以上实施危及他人人身、财产安全的行为，其中一人或者数人的行为造成他人损害，能够确定具体侵权人的，由侵权人承担责任；不能确定具体侵权人的，行为人承担连带责任。

条文注释

共同危险行为，是指数人的危险行为对他人的合法权益造成了某种危险，但是无法查明实际造成的损害具体是何人所为，法律为保护被侵权人的利益，将该数个行为人视为侵权行为人。根据本条的规定，构成共同危险行为应当满足下列几个要件：

（1）二人以上实施危及他人人身、财产安全的行为。行为主体是复数，这是最基本的条件，否则不会出现无法确定具体加害人的情形。

（2）其中一人或者数人的行为造成他人损害。虽然实施危及他人人身、财产安全行为的是数人，但真正导致损害后果发生的只是其中一个人或者几个人的行为。

（3）不能确定具体加害人。在共同危险行为制度中，数个行为人实施的危及行为存在偶合性，事实上只有部分行为人的行为造成了损害后果。但是，由于受害人无法掌握所有行为人的行为动机、行为方式等证据，无法准确判断哪个行为人的行为才是真正的加害行为，为了保护受害人的合法权益，降低受害人的举证难度，避免其因不能指认真正加害人而无法行使请求权，同时由于每个行为人都实施了危及行为，在道德上具有可责难性，所以法律规定由所有实施危及行为的人承担连带责任是合理的。如果受害人能够指认或者法院能够查明具体加害人，那就是普通的侵权行为，由具体加害人承担侵权责任。

根据本条的规定，适用共同危险行为制度的法律后果是，数个行为人对受害人承担连带责任。本条中规定，不能确定具体侵权人的，行为人承担连带责任。换言之，只有在确定具体加害人的情形下，其他行为人才可以免除责任。

关联法规

《道损解释》第10条

第一千一百七十一条　【分别侵权承担连带责任】二人以上分别实施侵权行为造成同一损害，每个人的侵权行为都足以造成全部损害的，行为人承担连带责任。

条文注释

适用本条规定需要符合以下构成要件:

(1)二人以上分别实施侵权行为。行为主体的复数性是最基本的条件,每个人的行为都必须是侵权行为。本条要求数个侵权行为之间相互独立,“分别”是指实施侵权行为的数个行为人之间不具有主观上的关联性,各个侵权行为都是相互独立的。每个行为人在实施侵权行为之前以及实施侵权行为过程中,与其他行为人没有意思联络,也没有意识到还有其他人也在实施类似的侵权行为,这就是“无意思联络”。如果行为人在主观上具有关联性,存在共同故意或者共同过失,则应当适用本法第1168条关于共同侵权行为的规定。

(2)造成同一损害后果。“同一损害”,是指数个侵权行为所造成的损害的性质是相同的,都是身体伤害或者财产损失,并且损害内容具有关联性。本条强调损害的同一性。

(3)每个人的侵权行为都足以造成全部损害。判断每个侵权行为是否足以造成全部损害是适用本条的关键。本条中的“足以”并不是指每个侵权行为都实际上造成了全部损害,而是指在没有其他侵权行为的共同作用的情况下,独立的单个侵权行为也有可能造成全部损害。

根据本条的规定,一旦满足上述三个构成要件,数个行为人必须对造成的损害承担连带责任。

关联法规

《生态环境侵权解释》第5条;《道损解释》第10条

第一千一百七十二条 【分别侵权承担按份责任】二人以上分别实施侵权行为造成同一损害,能够确定责任大小的,各自承担相应的责任;难以确定责任大小的,平均承担责任。

条文注释

适用本条规定应当符合下列构成要件:

(1)二人以上分别实施侵权行为。这一要件与本法第1171条中“二人以上分别实施侵权行为”的含义相同,要求数个侵权行为相互之间是独立的,不存在应当适用本法第1168条共同侵权制度的情形。

(2)造成同一损害后果。这一要件与本法第1171条中“造成同一损害”的含义一样。如果数个侵权行为造成的损害后果不同,可以明显区分,则应当适用本法第1165条或者第1166条的规定。本条与本法第

1171条同属分别侵权制度，但在构成要件上有所不同，第1171条的构成要件更加严格，要求“每个人的侵权行为都足以造成全部损害”。

在法律后果上，本条数个行为人的责任与本法第1171条有本质区别，后者要求各个行为人承担连带责任，更为严厉。本条对于各个行为人应当承担的责任，分两个层次作出了规定：

（1）能够确定责任大小的。虽然数个侵权行为结合造成了同一损害，但是在大部分案件中，可以根据各个侵权行为对造成损害后果的可能性（盖然性）来确定责任份额。判断这种可能性时，可以综合考量各个行为人的过错程度、各个侵权行为与损害后果间因果关系的紧密程度、公平原则以及政策考量等因素。

（2）难以确定责任大小的。推定所有人的责任相同，由各个行为人平均承担责任。

应当注意的是，在处理数人实施侵权行为的具体案件时，首先需要分析是否满足本法第1168条共同侵权制度规定的构成要件；不符合的，分析其是否满足本法第1171条的构成要件；还不符合的，再分析能否适用本条规定。

关联法规

《生态环境侵权解释》第6条；《道损解释》第10条；《食品药品规定》第12、13条

第一千一百七十三条 【与有过错】被侵权人对同一损害的发生或者扩大有过错的，可以减轻侵权人的责任。

关联法规

《道路交通安全法》第76条

第一千一百七十四条 【受害人故意】损害是因受害人故意造成的，行为人不承担责任。

条文注释

受害人故意造成损害，是指受害人明知自己的行为会发生损害自己的后果，而希望或者放任此种结果的发生。受害人故意分为直接故意和间接故意。直接故意，是指受害人从主观上追求损害自己的结果发生；间接故意，是指受害人已经预见到自己的行为可能发生损害自己的结果，但也不停止该行为，而是放任损害结果的发生。

本条中的“损害是因受害人故意造成的”,是指损害完全是因为受害人的故意造成的,即受害人故意的行为是其损害发生的唯一原因。本条规定适用于过错责任自不待言,从现有法律规定来看,本条也适用于无过错责任,本法第1238条的规定即是无过错责任的一例。此外,本编第8章“高度危险责任”中的很多条文都规定了受害人故意造成损害的,行为人免责。

关联法规

《道路交通安全法》第76条

第一千一百七十五条 【第三人过错】损害是因第三人造成的,第三人应当承担侵权责任。

条文注释

本条在适用上应把握以下两点:

1. 第三人过错是造成损害的唯一原因

(1)在过错责任和过错推定责任范围内,被告能够证明损害完全是由于第三人的过错行为造成的,应免除被告的责任,由第三人对原告承担侵权责任。

(2)在无过错责任范围内,情况比较复杂。在某些无过错责任情形中,即使完全由第三人过错造成的损害,也应先由被告承担责任,即被告不能以第三人造成损害为由,对原告进行抗辩。在某些无过错责任情形中,因第三人的过错造成损害的,被侵权人可以选择行为人或者第三人之一承担责任。在某些无过错责任情形中,完全由第三人造成的损害,由第三人承担责任,即被告可以“第三人过错”造成损害为由,对原告进行抗辩。

2. 第三人过错是造成损害的部分原因

在这一情形中,应当注意如下几个问题:

(1)与第1168条共同侵权行为的关系。构成共同侵权行为的,应当适用本法第1168条的规定,由侵权人承担连带责任,即被侵权人有权要求侵权人中的一人承担全部责任,而不能适用第三人过错免责。

(2)与第1170条共同危险行为的关系。依照本法第1170条的规定,构成共同危险行为的,在不能确定具体侵权人的情况下,行为人承担连带责任,其中一方不能以第三人的行为为由,对受害人进行抗辩,要求第三人分担受害人的损失,免除或者减轻自己的责任。当然,其在承担连带责任后,可以起诉第三人,以进一步分清二者的责任,但那是另一个法律关系。

(3)与第1171条无意思联络承担连带责任的侵权行为的关系。依照该条的规定,行为人应承担连带责任。其中一方以第三人侵权行为造成损害为由的抗辩不能成立。

(4)与第1172条无意思联络承担按份责任的侵权行为的关系。本条规定的情况下,被告是否仍然要承担部分责任,法律对此没有明确规定。这就需要法官在司法实践中结合个案进行仔细分析,在被告的过错与第三人的过错分别构成同一损害的原因的情况下,被告可以造成损害的还有第三人的过错为由,向原告行使抗辩权,要求减轻自己的责任。

关联法规

《民法典》第1233条;《电力法》第60条第3款

第一千一百七十六条 【自甘冒险】自愿参加具有一定风险的文体活动,因其他参加者的行为受到损害的,受害人不得请求其他参加者承担侵权责任;但是,其他参加者对损害的发生有故意或者重大过失的除外。

活动组织者的责任适用本法第一千一百九十八条至第一千二百零一条的规定。

条文注释

自甘冒险又称自愿承受危险,是指受害人自愿承担可能发生的损害而将自己置于危险环境或场合的,行为人对造成的损害不承担责任。其构成要件是:(1)受害人作出了自愿承受危险的意思表示,通常是将自己置于可能发生危险的状况之下;(2)这种潜在的危险不是法律、法规所禁止的,也不是社会公序良俗所反对的,且此种危险通常被社会所认可是存在或者难以避免的。

应注意自甘冒险与自愿承担损害的区别。自愿承担损害又称受害人同意,是指受害人自愿同意他人对其人身或财产施加某种损害。自愿承担损害的构成要件是:(1)受害人明确作出了同意他人对其实施加害的意思表示,知道或者应当知道他人对其实施加害行为的法律后果;(2)同意加害的内容不违反法律和公序良俗,且不超出受害人同意的范围。

本条在适用中应把握如下几个问题:

(1)受害人必须意识到所参加的文体活动的风险。这种风险必然存在,但是否会产生损害结果则不确定。本条仅规定了"自愿参加具有一定风险的文体活动”的才能适用自甘风险制度，这类活动是指对自身条件有一定要求、对抗性较强的文体活动。

（2）在正常情况下，受害人因其他参加者的行为受到损害的，其他参加者不承担侵权责任。具有一定风险的文体活动的参加者在了解风险的前提下，仍自愿参加，在文体活动中受到损害的，其他参加者不承担侵权责任，也就是说，法律规定这种情况下其他参加者直接免责。但是，其他参加者对损害的发生有故意或者重大过失的，这种由于行为人的侵权行为造成的损害已经超过受害人自甘风险的范围，法律规定了除外条款，对此应当根据双方的过错程度，确定损害责任的承担。

（3）对于活动组织者的责任承担，法律规定适用安全保障义务的规定。但是应当明确，一些文体活动需要组织者详细明确告知参加者各种风险；另一些活动按照经验不需要组织者告知参加者风险，因为这些活动的固有危险已经为社会一般人所知晓，更为参加者所熟知。在确定文体活动组织者责任时，应当予以考虑。但是，对于固有风险之外的意外损害，应当由组织者承担责任。此外，在整个活动过程中，组织者是否尽到了必要的安全保障义务、采用了足够安全的措施、设计了突发情况的预案、在损害发生后及时采取了合理措施等，是判断活动组织者是否尽到了责任的考虑因素。当然，还要考虑受害人是否有过错以及过错程度。

关联法规

《时间效力规定》第 16 条

典型案例

宋某祯诉周某身体权纠纷案①

典型意义：本案是《民法典》施行后，首例适用《民法典》第 1176 条“自甘冒险”规定作出判决的案件。《民法典》施行前，由于法律规定不明确，人民法院在处理文体活动中身体受伤引发的民事纠纷时，容易出现认识分歧，进而引发争议。《民法典》确立“自甘冒险”规则，既统一了思想认识，也统一了裁判尺度。本案审理法院结合具体案情，适用“自甘冒险”规则，明确判决对损害发生无故意、无重大过失的文体活动参加者，不承担赔偿责任，亮明了拒绝“和稀泥”的司法态度，宣示了冒险者须对自己行为负责的规则，不仅弘扬了

① 参见《人民法院贯彻实施民法典典型案例（第一批）》之十。

社会主义核心价值观，促进了文体活动的健康有序发展，也为《民法典》新规则的实施提供了有益的司法经验。

第一千一百七十七条　【自助行为】合法权益受到侵害，情况紧迫且不能及时获得国家机关保护，不立即采取措施将使其合法权益受到难以弥补的损害的，受害人可以在保护自己合法权益的必要范围内采取扣留侵权人的财物等合理措施；但是，应当立即请求有关国家机关处理。

受害人采取的措施不当造成他人损害的，应当承担侵权责任。

条文注释

对本条的理解和适用应注意如下问题：(1)情况紧迫且不能及时获得国家机关保护，这是前提条件。(2)不立即采取措施将使其合法权益受到难以弥补的损害，这是必要条件。(3)在保护自己合法权益的必要范围内采取扣留侵权人的财物等合理措施，这是范围条件。“保护自己合法权益”揭示了自助行为的目的，实施自助行为不能超越保护自己合法权益这个范围；“必要范围”“合理措施”，主要是指通过自助行为扣留的财物应当与所保护的利益在价值上大体相当。(4)应当立即请求有关国家机关处理，这是合法条件。自助行为结束后，行为人必须及时寻求公权力机关救济。若行为人怠于寻求公权力机关救济，或被公权力机关驳回，或被公权力机关认定行为超出必要限度，则不排除其行为的不法性，仍应依侵权行为承担相应后果。“立即请求”，是指自助行为完成后，“情况紧迫”的阻却事由消失，受害人应当立刻、无迟延地向有关国家机关报告自己实施了自力救济的事实，由公权力及时介入处理。只有这样，自力救济才具有正当性，成为民法上的免责事由。

同时，本条第2款明确规定，受害人采取的措施不当造成他人损害的，就突破了自力救济的必要范围，应当承担侵权责任。

关联法规

《时间效力规定》第17条

第一千一百七十八条　【优先适用特别规定】本法和其他法律对不承担责任或者减轻责任的情形另有规定的，依照其规定。

第二章 损害赔偿

第一千一百七十九条 【人身损害赔偿范围】侵害他人造成人身损害的，应当赔偿医疗费、护理费、交通费、营养费、住院伙食补助费等为治疗和康复支出的合理费用，以及因误工减少的收入。造成残疾的，还应当赔偿辅助器具费和残疾赔偿金；造成死亡的，还应当赔偿丧葬费和死亡赔偿金。

条文注释

人身损害赔偿，是指行为人侵犯他人的生命健康权益造成伤害、残疾、死亡等后果的，应当承担金钱赔偿责任的一种民事法律救济制度。

(1)造成人身损害的一般赔偿范围。本条所列举的一般赔偿范围内的赔偿项目仅是几种比较典型的费用支出，实践中并不仅限于这些赔偿项目，只要是因治疗和康复而支出的合理费用，都可以纳入一般赔偿的范围，但前提是合理的费用才能予以赔偿。

(2)造成残疾的赔偿范围。本法侵权责任编在造成残疾的赔偿范围上，与《侵权责任法》保持一致，只是将“残疾生活辅助具费”的表述修改为“辅助器具费”。

(3)造成死亡的赔偿范围。人身损害死亡赔偿制度，是指自然人因生命权受侵害而死亡的，侵权人应承担金钱赔偿责任的一种民事法律救济制度。

综合来看，残疾赔偿金、死亡赔偿金的问题十分复杂。对于这一问题，宜由法官在处理具体案件时，根据个案的特殊情况，运用自由裁量权进行裁判。因此，本法也没有规定残疾赔偿金和死亡赔偿金的计算标准。此外，为了便于解决纠纷，使受害人及时有效地获得赔偿，对因同一侵权行为造成多人死亡的情况，法律规定可以以相同数额确定死亡赔偿金。

关联法规

《人身损害解释》第6~22条

第一千一百八十条 【以相同数额确定死亡赔偿金】因同一侵权行为造成多人死亡的，可以以相同数额确定死亡赔偿金。

条文注释

本条在适用中需要注意以下几点:(1)以相同数额确定死亡赔偿金并非确定死亡赔偿金的一般方式,若分别计算死亡赔偿金较为容易,则可以不采用这种方式。(2)根据本法的规定,以相同数额确定死亡赔偿金原则上仅适用于因同一侵权行为造成多人死亡的案件。(3)本条特别强调,对因同一侵权行为造成多人死亡的,只是“可以”以相同数额确定死亡赔偿金,而不是任何因同一侵权行为造成多人死亡的案件都“必须”或者“应当”以相同数额确定死亡赔偿金。至于什么情况下可以,什么情况下不可以,法院可以根据具体案情,综合考虑各种因素后决定。(4)以相同数额确定死亡赔偿金的,原则上不考虑受害人的年龄、收入状况等个人因素。

这里还需要强调一点,本条只是规定因同一侵权行为造成多人死亡的,可以对“死亡赔偿金”以相同数额确定。对死者在死亡前产生的医疗费、护理费等合理费用支出以及丧葬费支出,宜根据实际支出情况单独计算,损失多少,赔偿多少。

第一千一百八十一条　【被侵权人死亡后请求权主体的确定】被侵权人死亡的,其近亲属有权请求侵权人承担侵权责任。被侵权人为组织,该组织分立、合并的,承继权利的组织有权请求侵权人承担侵权责任。

被侵权人死亡的,支付被侵权人医疗费、丧葬费等合理费用的人有权请求侵权人赔偿费用,但是侵权人已经支付该费用的除外。

条文注释

根据本条第1款的规定,被侵权人死亡的,其近亲属有权请求侵权人承担侵权责任。近亲属的范围根据本法第1045条确定,即包括配偶、父母、子女、兄弟姐妹、祖父母、外祖父母、孙子女、外孙子女。

根据本条第2款的规定,被侵权人死亡的,支付被侵权人医疗费、丧葬费等合理费用的人有权请求侵权人赔偿费用,但是侵权人已经支付该费用的除外。在司法实践中,支付被侵权人死亡前的医疗费等合理费用的,不一定是被侵权人本人,可能是其亲属、朋友或者其他人;对于丧葬费,由于受害人已经死亡,只能是其亲属、朋友或者其他人支付。若支付这些费用的是被侵权人的近亲属,这些近亲属当然可以依据本条第1款的规定请求侵权人赔偿这些费用,若支付这些费用的并非其近亲属,而是其朋友、其他人或者某一组织,则实际支付费用的主体也可以作为独立的请求权人请求侵权人赔偿这些费用,但侵权人已将这些费用赔偿给被侵权人近亲属的,实际支付这些费用的主体就不能再向侵权人请求赔偿,而只能要求获得赔偿的近亲属返还这些费用。

关联法规

《人身损害解释》第1条;《精神损害解释》第3条

第一千一百八十二条 【侵害他人人身权益造成财产损失的赔偿】侵害他人人身权益造成财产损失的,按照被侵权人因此受到的损失或者侵权人因此获得的利益赔偿;被侵权人因此受到的损失以及侵权人因此获得的利益难以确定,被侵权人和侵权人就赔偿数额协商不一致,向人民法院提起诉讼的,由人民法院根据实际情况确定赔偿数额。

条文注释

理解本条需要注意以下几个问题:

1. 按照被侵权人受到的损失赔偿

根据侵害行为及侵害人身权益内容的不同,侵害他人的人身权益造成财产损失的赔偿范围也不尽相同。这主要包括以下几种情形:

(1)侵害他人生命、健康、身体等权益造成的财产损失的赔偿范围,一般包括积极的财产损失和可得利益的损失。依照本法第1179条的规定,侵害他人造成人身损害的,应当赔偿医疗费、护理费、交通费、营养费、住院伙食补助费等为治疗和康复支出的合理费用,以及因误工减少的收入。造成残疾的,还应当赔偿辅助器具费和残疾赔偿金;造成死亡的,还应当赔偿丧葬费和死亡赔偿金。其中,因治疗而支出的医疗费、护理费、交通费、营养费、住院伙食补助费等为治疗和康复实际支出的费用;被侵权人残疾所需要的辅助器具费等因侵权行为导致被侵权人实际支出的费用;被侵权人死亡所支付的丧葬费以及办理丧葬事宜所支出的交通、住宿等其他合理费用,即为积极的财产损失。被侵权人因误工而减少的收入以及受害人死亡其亲属因办理丧事而误工所减少的收入;被侵权人因全部或者部分丧失劳动能力而减少的预期收入;被侵权人死亡的,其因死亡而不能获得的未来一定期限内的预期收入等,为可得利益的损失,即因侵权行为的发生导致被侵权人本应获得而无法获得的可得利益损失。

(2)侵害他人名誉权、荣誉权、姓名权、肖像权和隐私权等人身权益造成的财产损失。侵害非物质性人身权益的财产损失,可以根据不同的侵权行为和相关证据具体判断处理:有实际财产损失的,按照实际损失赔偿;没有实际损失的,可以根据法律的相关规定给予救济。

2. 按照侵权人因此获得的利益赔偿

一些侵害人身权益的行为,被侵权人的财产损失难以确定,尤其是在被侵权人的名誉受损、知识产权被侵害等情况下,很难确定财产损失。在侵害他人人身权益的情况下,可将侵权人的获利情况作为司法实践中确定赔偿数额的重要考虑因素。

3. 由人民法院根据实际情况确定赔偿数额

该规定主要针对"损人不利己"等获利难以计算的情况。这项规定表达了三层含义:(1)在侵权人侵害他人没有获利或者获利难以计算的情况下,当事人可以就赔偿数额进行协商;(2)赋予被侵权人获得赔偿的请求权,侵权人不能因为没有获利或者获利难以计算就不承担赔偿责任;(3)赔偿数额由法院根据侵权人的过错程度、具体侵权行为和方式、造成的后果和影响等确定。

关联法规

《网络侵权规定》第8条

第一千一百八十三条 【精神损害赔偿】侵害自然人人身权益造成严重精神损害的,被侵权人有权请求精神损害赔偿。

因故意或者重大过失侵害自然人具有人身意义的特定物造成严重精神损害的,被侵权人有权请求精神损害赔偿。

条文注释

精神损害赔偿是受害人因人格利益或身份利益受到损害或者遭受精神痛苦而获得的金钱赔偿。

根据本条第1款的规定,侵害自然人人身权益造成严重精神损害的,被侵权人有权请求精神损害赔偿。(1)精神损害赔偿的适用范围是侵害人身权益,侵害财产权益不在精神损害赔偿的适用范围之内。(2)需要造成严重精神损害。并非只要侵害他人人身权益,被侵权人就可以获得精神损害赔偿,对"严重"的解释,应当采取容忍限度理论,即超出了社会一般人的容忍限度,就认为是"严重"。(3)被侵权人有权请求精神损害赔偿。

本条第2款规定,因故意或者重大过失侵害自然人具有人身意义的特定物造成严重精神损害的,被侵权人有权请求精神损害赔偿。(1)本款规定了侵害行为的主观要件,即故意或者重大过失。(2)"具有人身意义的特定物"的范围,在实践中主要涉及的物品类型为:与近亲属死者相关的特定纪念物品（如遗像、墓碑、骨灰盒、遗物等）；与结婚礼仪相关的特定纪念物品（如录像、照片等）；与家族祖先相关的特定纪念物品（如祖坟、族谱、祠堂等）。

精神损害本身无法用金钱数额进行衡量，但是精神损害赔偿的数额应该与精神损害的严重程度相一致。侵权人的过错程度、侵害手段、场合、行为方式、侵权行为所造成的后果是衡量被侵权人精神损害程度的重要因素。侵权人的获利情况、侵权人承担责任的经济能力与司法政策、法官结合具体案件所作的自由裁量密不可分，因此精神损害赔偿的数额，宜在具体案件中结合个案情况灵活确定。

关联法规

《消费者权益保护法》第 51 条；《精神损害解释》第 1、2 条；《网络侵权规定》第 8 条；《侵权责任编解释一》第 2 条

第一千一百八十四条　【财产损失计算方式】侵害他人财产的，财产损失按照损失发生时的市场价格或者其他合理方式计算。

条文注释

因侵权行为导致的财产损失，一般按照财产损失发生时的市场价格计算。也就是以财产损失发生的那个时间，该财产在市场上的价格为计算标准，完全毁损、灭失的，要按照该物在市场上所对应的标准全价计算；如果该物已经使用多年，则其全价应当是在市场上相应的折旧价格。

第一千一百八十五条　【侵害知识产权的惩罚性赔偿】故意侵害他人知识产权，情节严重的，被侵权人有权请求相应的惩罚性赔偿。

典型案例

某种业科技有限公司诉某农业产业发展有限公司侵害植物新品种权纠纷案①

典型意义：本案是适用《民法典》规定的惩罚性赔偿制度，打击种子套牌侵权、净化种业市场秩序的典型案件。《民法典》侵权责任编新增规定了知识产权侵权惩罚性赔偿制度，为各类知识产权纠纷适用惩罚性赔偿提供了一般规则，对

① 参见《人民法院贯彻实施民法典典型案例（第一批）》之十二。

于建设知识产权强国,保障经济社会高质量发展具有重要作用。本案中,审理法院秉持强化植物新品种权保护的司法理念,在侵权人拒不提供交易记录、相关账簿的情况下,依法适用举证妨碍制度,参考其宣传的交易额合理推定侵权获利达到100万元以上,并依法适用《民法典》及《种子法》规定的惩罚性赔偿制度,按照计算基数的2倍确定惩罚性赔偿金额为200万元,实际赔偿总额为基数的3倍。本案判决对于切实解决知识产权侵权维权难度大、赔偿数额低的问题,形成对恶意侵权行为的强有力威慑,彰显种业知识产权司法保护力度,具有积极示范作用。

第一千一百八十六条　【公平责任原则】受害人和行为人对损害的发生都没有过错的,依照法律的规定由双方分担损失。

条文注释

公平分担损失的规定是本法侵权责任编根据实际情况作出的特别规定,与过错责任原则和无过错责任原则均有不同。公平分担损失适用于行为人和受害人对损害的发生均无过错的情况。如果损害由受害人过错造成,则应当由受害人自己负责;如果损害由行为人或者第三人过错造成,则应当由行为人或者第三人负责;如果行为人和受害人对损害的发生都有过错,则应当根据他们的过错程度和原因力分配责任。也就是说,只要有过错责任人,就不适用本条规定。

关联法规

《民法典》第182条、第1190条第1款

第一千一百八十七条　【赔偿费用支付方式】损害发生后,当事人可以协商赔偿费用的支付方式。协商不一致的,赔偿费用应当一次性支付;一次性支付确有困难的,可以分期支付,但是被侵权人有权请求提供相应的担保。

条文注释

本条对赔偿费用的支付方式作了三个层面的规定:

(1)由当事人协商确定赔偿费用的支付方式。

当事人对赔偿费用支付方式的协商包括是一次性支付还是分期支付。如果是分期支付,分几期、每次付多少、要不要考虑物价变化因素、要不要支付利息、利息如何计算等。当事人可以根据赔偿数额的多少、受害人对赔偿费用的需求程度、侵权人的支付能力等实际情况对赔偿费用的支付进行协商。

当事人协商确定支付方式后，侵权行为人应当按照约定的方式支付赔偿费用，不能将协商作为拖延给付赔偿费用的手段。如果侵权行为人以合法形式掩盖非法目的，违反约定到期不履行支付赔偿费用的义务，则受害人有权请求人民法院宣告该约定无效，强制侵权人履行赔偿义务。

（2）协商不一致的，一次性支付。

侵权行为发生后，受害人的损失应当得到全面和及时的弥补。因此，如果当事人就赔偿费用的支付方式进行协商后，受害人不同意分期支付，侵权人就应当一次性支付全部赔偿费用。

（3）一次性支付确有困难的，分期支付。

一次性支付确有困难的，可以分期支付，但是被侵权人有权请求提供相应的担保。分期支付应当具备以下两个条件：一是一次性支付确有困难。确有困难应当由侵权人举证证明，由人民法院作出判断。二是被侵权人有权请求提供相应的担保。该担保是应被侵权人请求提供的，可以是保证人提供的保证，也可以是侵权人以自己的财产抵押、质押。

关联法规

《人身损害解释》第18～20条

第三章　责任主体的特殊规定

第一千一百八十八条　【监护人责任】无民事行为能力人、限制民事行为能力人造成他人损害的，由监护人承担侵权责任。监护人尽到监护职责的，可以减轻其侵权责任。

有财产的无民事行为能力人、限制民事行为能力人造成他人损害的，从本人财产中支付赔偿费用；不足部分，由监护人赔偿。

条文注释

本条第1款主要规定责任能力和监护人承担监护责任的问题。无民事行为能力人和限制民事行为能力人造成他人损害的，由监护人承担民事责任，这是由监护人的职责决定的。依照本条第2款的规定，在具体承担赔偿责任时，如果被监护人有财产，那么应当首先从被监护人的财产中支付赔偿费用，不足的部分再由监护人承担赔偿责任。

关联法规

《侵权责任编解释一》第4～9条

第一千一百八十九条　【委托监护责任】无民事行为能力人、限制民事行为能力人造成他人损害，监护人将监护职责委托给他人的，监护人应当承担侵权责任；受托人有过错的，承担相应的责任。

条文注释

委托监护，是指监护人委托他人代行监护的职责，是一种双方的民事法律行为，是被监护人的监护人与受托人之间关于受托人为委托人履行监护职责、处理监护事务的协议，须有监护人委托与受委托人接受委托的意思表示一致才能成立。

需要特别说明的是，委托监护不同于意定监护。意定监护是在监护领域贯彻落实自愿原则，是具有完全民事行为能力的成年人对自己将来的监护事务，按照自己的意愿事先所作的安排。

根据本条的规定，无民事行为能力人、限制民事行为能力人造成他人损害，监护人将监护职责委托给他人的，监护人应当承担侵权责任。这意味着，法律实行监护人责任首负原则。除了监护人外，受托人有过错的，也要承担相应的责任。具体承担责任的范围，由司法机关结合案件具体情况依法裁量。

关联法规

《民法典》第33条；《侵权责任编解释一》第10条

第一千一百九十条　【丧失意识侵权责任】完全民事行为能力人对自己的行为暂时没有意识或者失去控制造成他人损害有过错的，应当承担侵权责任；没有过错的，根据行为人的经济状况对受害人适当补偿。

完全民事行为能力人因醉酒、滥用麻醉药品或者精神药品对自己的行为暂时没有意识或者失去控制造成他人损害的，应当承担侵权责任。

条文注释

本条根据不同的情形，规定了完全民事行为能力人的责任：

(1)完全民事行为能力人对于自己丧失意识存在过错。如果是因为自己的过错，丧失了意识后造成了他人的损害，那么行为人应当根据其过错承担赔偿责任。本条第1款中的"过错"，是指"过错"导致其丧失意识，因为失去意识之后确实没有过错可言。如果完全民事行为能力人是由于其过错导致意识丧失，那么其丧失意识后的行为造成他人损害的，行为人应承担相应的侵权责任。

(2)完全民事行为能力人对于自己的行为暂时没有意识或者失去控制没有过错。如果行为人暂时没有意识或者失去控制不是由于自己的过错造成,而是由于其他原因导致,则行为人可以不承担侵权责任,但应根据公平分担损失的规定,适当分担被侵权人的损失。需要说明的是,这里对受害人是“补偿”而不是“赔偿”。因为赔偿一般采取“填平”的原则,受害人损失多少赔多少,而补偿的情况中行为人通常没有过错,是根据行为人的经济能力,适当弥补受害人的损失。本条第1款的规定是本法第1186条公平分担损失原则在具体规定中的体现。

(3)完全民事行为能力人因醉酒、滥用麻醉药品或者精神药品导致自己暂时没有意识或者失去控制造成他人损害。本条第2款规定的“因醉酒、滥用麻醉药品或者精神药品对自己的行为暂时没有意识或者失去控制造成他人损害”,其实也属于第1款“有过错”的一种情形。为了强调醉酒、滥用麻醉药品或者精神药品的行为和一般的过错相比,具有违法性,且危害性较大,本条第2款专门作出了规定。

关联法规

《刑法》第18条;《治安管理处罚法》第15条

第一千一百九十一条　【用人单位责任和劳务派遣单位、劳务用工单位责任】用人单位的工作人员因执行工作任务造成他人损害的,由用人单位承担侵权责任。用人单位承担侵权责任后,可以向有故意或者重大过失的工作人员追偿。

劳务派遣期间,被派遣的工作人员因执行工作任务造成他人损害的,由接受劳务派遣的用工单位承担侵权责任;劳务派遣单位有过错的,承担相应的责任。

条文注释

1. 用人单位的责任

用人单位的工作人员因执行工作任务造成他人损害的,由用人单位对外承担侵权责任,这种责任称为替代责任,即由他人对行为人的行为承担责任。我国对用人单位采取的是无过错责任原则,只要工作人员因执行工作任务实施侵权行为造成他人损害,用人单位就要首先承担赔偿责任。用人单位不能通过证明自己在选任或者监督方面尽到了相应的义务来免除自己的责任。当然,用人单位承担侵权责任后,可以向有故意或者重大过失的工作人员追偿。

本条中的“用人单位”,既包括企业、事业单位、国家机关、社会团体等,也包括个体经济组织等。“工作人员”既包括用人单位的正式员工,也包括在用人单位工作的临时员工。

用人单位承担侵权责任的前提是工作人员的行为与“执行工作任务”有关。工作人员应当按照用人单位的授权或者指示进行工作。与工作无关的行为，即使发生在工作时间内，用人单位也不承担侵权责任，该责任由工作人员自己承担。

2. 劳务派遣单位和劳务用工单位的责任

劳务派遣，是指劳务派遣机构与员工签订劳务派遣合同后，将工作人员派遣到用工单位工作。劳务派遣的用人形式不同于一般的用人形式，劳务派遣单位虽然与被派遣的员工签订了劳动合同，但不对被派遣员工进行使用和具体管理。在劳务派遣期间，被派遣的工作人员是为接受劳务派遣的用工单位工作，接受用工单位的指示和管理，同时由用工单位为被派遣的工作人员提供相应的劳动条件和劳动保护。所以，被派遣的工作人员因工作造成他人损害的，其责任应当由用工单位承担。劳务派遣单位在派遣工作人员方面存在过错的，应当承担相应的责任。

关联法规

《侵权责任编解释一》第15~17条

第一千一百九十二条 【个人劳务关系中的侵权责任】个人之间形成劳务关系，提供劳务一方因劳务造成他人损害的，由接受劳务一方承担侵权责任。接受劳务一方承担侵权责任后，可以向有故意或者重大过失的提供劳务一方追偿。提供劳务一方因劳务受到损害的，根据双方各自的过错承担相应的责任。

提供劳务期间，因第三人的行为造成提供劳务一方损害的，提供劳务一方有权请求第三人承担侵权责任，也有权请求接受劳务一方给予补偿。接受劳务一方补偿后，可以向第三人追偿。

条文注释

本条第1款在《侵权责任法》的基础上，增加了接受劳务一方承担侵权责任后的追偿权，但仅限于可以向有故意或者重大过失的提供劳务的一方追偿。本款除了明确规定提供劳务过程中，造成他人损害的责任外，还规定了提供劳务一方因劳务受到损害时双方责任的承担。根据本款规定，提供劳务一方因劳务受到损害的，根据双方各自的过错承担相应的责任。

同时，本条第2款规定，因第三人的行为造成提供劳务一方损害的，提供劳务一方有权请求第三人承担侵权责任，也有权请求接受劳务一方给予补偿。接受劳务一方补偿后，可以向第三人追偿。

关联法规

《人身损害解释》第4、5条

第一千一百九十三条　【承揽关系中的侵权责任】承揽人在完成工作过程中造成第三人损害或者自己损害的，定作人不承担侵权责任。但是，定作人对定作、指示或者选任有过错的，应当承担相应的责任。

条文注释

本法规定的承揽合同是承揽人按照定作人的要求完成工作，交付工作成果，定作人给付报酬的合同。承揽包括加工、定作、修理、复制、测试、检验等工作。需要指出的是，本法第1192条个人之间形成劳务关系，个人之间因提供劳务造成他人损害和自己损害的责任的规定，不适用本条因承揽关系产生的纠纷。承揽合同与劳务合同的区别在于：承揽合同的劳动者所交付的标的是劳动成果，而劳务合同的劳动者交付的标的是劳动，定作人与承揽人之间不存在劳务关系。

关联法规

《侵权责任编解释一》第18条

第一千一百九十四条　【网络侵权责任】网络用户、网络服务提供者利用网络侵害他人民事权益的，应当承担侵权责任。法律另有规定的，依照其规定。

条文注释

网络用户利用网络侵害他人民事权益，大体可以分为以下三种类型：

(1)侵害人格权。主要表现为：一是盗用或者假冒他人姓名，侵害姓名权；二是未经许可使用他人肖像，侵害肖像权；三是发表攻击、诽谤他人的文章，侵害名誉权；四是非法侵入他人电脑、非法截取他人传输的信息、擅自披露他人个人信息、大量发送垃圾邮件，侵害隐私权和个人信息受保护的权利。

(2)侵害财产利益。基于网络活动的便捷性，通过网络侵害财产利益的情形较为常见，如窃取他人网络银行账户中的资金。最典型的是侵害网络虚拟财产利益，如窃取他人网络游戏装备、虚拟货币等。

(3)侵害知识产权。主要表现为侵犯他人著作权、商标权和专利权等知识产权：一是侵犯著作权。如擅自将他人作品进行数字化传输，规避技术措施，侵犯数据库等。二是侵犯商标权。如恶意抢注与他人商标相同或相类似的域名，在电商平台上销售假冒他人商标或者使用足以使消费者混淆的商标的商品等。三是侵犯专利权。如未经专利人授权，在网站上销售专利产品。

网络服务提供者是一个概括性表述，既包括提供接入、缓存、信息存储空间、搜索以及链接等服务类型的技术服务提供者，也包括主动向网络用户提供内容的内容服务提供者，还包括在电子商务中为交易双方或者多方提供网络经营场所、交易撮合、信息发布等服务，供交易双方或者多方独立开展交易活动的电子商务平台经营者。

不同类型的网络服务提供者通过网络实施侵权行为的表现也不一样。根据“技术中立”原则，技术服务提供者一般无须对他人通过网络侵犯民事权益的行为承担责任，但若其行为高度介入传输行为，则应对其行为承担责任，电子商务平台经营者一般无须对其平台出现的侵权行为承担责任。此外，破坏他人技术保护措施、利用技术手段攻击他人网络、窃取他人个人信息的，也要承担侵权责任。内容服务提供者应当对上传内容的真实性与合法性负责，如果提供了侵权信息，如捏造虚假事实诽谤他人、发布侵犯著作权的影视作品等，则应当承担侵权责任。

第一千一百九十五条　【“通知与取下”制度】网络用户利用网络服务实施侵权行为的，权利人有权通知网络服务提供者采取删除、屏蔽、断开链接等必要措施。通知应当包括构成侵权的初步证据及权利人的真实身份信息。

网络服务提供者接到通知后，应当及时将该通知转送相关网络用户，并根据构成侵权的初步证据和服务类型采取必要措施；未及时采取必要措施的，对损害的扩大部分与该网络用户承担连带责任。

权利人因错误通知造成网络用户或者网络服务提供者损害的，应当承担侵权责任。法律另有规定的，依照其规定。

条文注释

根据本条的规定，通知应当包括构成侵权的初步证据及权利人的真实身份信息。一般而言，一份合格的权利通知应当包括两方面内容：(1)权利人的真实身份信息；(2)构成侵权的初步证据，应当附有证明其权利的证据或者相关信息涉嫌侵权的初步证据。另外，通知中一般还应当附有涉嫌侵权信息的网址链接或其他可以定位侵权商品或信息的有效方法等。

权利人一旦发出合格通知，就触发了网络服务提供者的义务：(1)及时将该通知转送相关网络用户；(2)根据构成侵权的初步证据和服务类型采取必要措施。未及时采取必要措施的，对损害的扩大部分与该网络用户承担连带责任。

同时，本条第 3 款进行特别规定，警示权利人不得滥用“通知与取下”程序，因错误通知造成网络用户、网络服务提供者损失的，权利人应当承担侵权责任。“法律另有规定的，依照其规定”这一衔接性表述，主要是考虑到本条为一般规定，根据被侵害的权利类型的不同，其他法律可能作出细化或者特别规定。

关联法规

《电子商务法》第 42 条；《信息网络传播权保护条例》第 14 条；《网络侵权规定》第 2、4、5 条；《食品安全解释一》第 3 条

第一千一百九十六条　【“反通知”制度】网络用户接到转送的通知后，可以向网络服务提供者提交不存在侵权行为的声明。声明应当包括不存在侵权行为的初步证据及网络用户的真实身份信息。

网络服务提供者接到声明后，应当将该声明转送发出通知的权利人，并告知其可以向有关部门投诉或者向人民法院提起诉讼。网络服务提供者在转送声明到达权利人后的合理期限内，未收到权利人已经投诉或者提起诉讼通知的，应当及时终止所采取的措施。

条文注释

根据本条的规定，网络用户提交的声明应当包括不存在侵权行为的初步证据及网络用户的真实身份信息。

纠纷主要发生在权利人与网络用户之间，网络服务提供者接到反通知后，立即产生转送义务，应当及时将反通知转送发出通知的权利人，让权利人及时知道网络用户提出了抗辩；同时应履行告知义务，让权利人知晓应当及时向有关部门投诉或者向法院起诉，以解决纠纷。

根据本条的规定，网络服务提供者在转送声明到达权利人后的合理期限内，未收到权利人已经投诉或者提起诉讼通知的，表明权利人默示认可反通知，网络服务提供者应当及时终止所采取的措施，恢复相关信息。

需要说明的是，通知与反通知程序只是为快速应对纠纷而采取的一种程序性救济手段，网络服务提供者并非司法机关，其没有能力解决当事人之间的具体争议。即使权利人在合理期限内没有采取相应的法律行动，也不影响其实体权利，权利人仍然可以在合理期限后向有关部门投诉或者向法院起诉。

第一千一百九十七条　【网络服务提供者的连带责任】网络服务提供者知道或者应当知道网络用户利用其网络服务侵害他人民事权益，未采取必要措施的，与该网络用户承担连带责任。

条文注释

根据本条的规定，网络服务提供者与网络用户承担连带责任的主观构成要件为“知道或者应当知道”，采用的是过错责任。

(1)关于“知道”。“知道”即为“明知”。明知是一种主观状态，表明行为人的内心对侵权行为这一事实的发生具有明确而充分的认识，甚至放任或者积极追求损害后果的发生。证明行为人的主观状态为“明知”，一般有两种途径：一是行为人自认。行为人明确表示其主观状态为“明知”。二是通过“通知与取下”程序来证明。权利人发送的合格通知到达网络服务提供者时，即视为网络服务提供者知晓了存在通知中所指出的侵权事实，网络服务提供者有义务采取必要措施，未采取必要措施的，即属本条知道而未采取必要措施的情形，应对损害扩大部分承担连带责任。

(2)关于“应当知道”。在掌握“应当知道”的判断标准时应当遵循以下三项原则：一是根据提供技术服务的网络服务提供者的类型不同，判断标准应当有所不同。相比提供其他类型技术服务的网络服务提供者，认定提供接入、缓存服务的网络服务提供者“应当知道”的标准应当更加严格。二是根据保护对象的不同，判断标准也应当有所不同。三是提供技术服务的网络服务提供者没有普遍审查义务。在审判实践中，应当谨慎认定此类网络服务提供者“应当知道”网络用户利用其网络服务实施侵权行为。如果判断标准过宽，可能会使网络服务提供者实际上承担了普遍审查的义务，需要找到促使网络服务提供者适当履行监管义务的平衡点。

关联法规

《网络侵权规定》第2、6条

第一千一百九十八条　【安全保障义务人责任】宾馆、商场、银行、车站、机场、体育场馆、娱乐场所等经营场所、公共场所的经营者、管理者或者群众性活动的组织者，未尽到安全保障义务，造成他人损害的，应当承担侵权责任。

因第三人的行为造成他人损害的，由第三人承担侵权责任；经营者、管理者或者组织者未尽到安全保障义务的，承担相应的补充责任。经营者、管理者或者组织者承担补充责任后，可以向第三人追偿。

条文注释

安全保障义务，是指宾馆、商场、银行、车站、机场、体育场馆、娱乐场所等经营场所、公共场所的经营者、管理者或者群众性活动的组织者，所负有的在合理限度范围内保护他人人身和财产安全的义务。理解安全保障义务，应注意以下问题：

(1)安全保障义务人的范围。本法明确安全保障义务人为下列两类人：第一，宾馆、商场、银行、车站、机场、体育场馆、娱乐场所等经营场所、公共场所的经营者、管理者，码头、公园、餐厅等也都属于公共场所。第二，群众性活动的组织者。

(2)保护对象的范围。本法将安全保障义务的保护对象规定为“他人”，没有明确具体的范围，实践中哪些人属于保护对象应根据具体情况判断。

(3)安全保障义务的内容和判断标准。对于实践中需要确定义务人应当负有的安全保障义务的具体内容，进而判断安全保障义务人是否已经尽到安全保障义务的，可以参考该安全保障义务人所在行业的普遍情况、所在地区的具体条件、所组织活动的规模等各种因素，从侵权行为的性质和力度、义务人的安保能力以及发生侵权行为前后所采取的防范、制止侵权行为的措施等方面，根据实际情况综合判断。

根据安全保障义务内容的不同，可以将安全保障义务分为以下两类：一是防止他人遭受义务人侵害的安全保障义务；二是防止他人遭受第三人侵害的安全保障义务。本条根据所未尽到的义务种类的不同，规定了以下两种安全保障义务人的不同侵权责任：

(1)安全保障义务人未尽到防止他人遭受义务人侵害的安全保障义务的，应当承担侵权责任。这是本条第1款规定的情形。如果损害结果的发生没有第三人的介入，安全保障义务人就应当自己承担全部侵权责任。

(2)安全保障义务人未尽到防止他人遭受第三人侵害的安全保障义务的，应当承担相应的补充责任。这是本条第2款规定的情形。根据本条第2款的规定，第三人的行为是造成损害的直接原因的，应当首先由第三人承担侵权责任。理解这一规定，应当注意以下两点：第一，第三人的侵权责任和安全保障义务人的补充责任有先后顺序。应先由第三人承担侵权责任，在无法找到第三人或者第三人没有能力全部承担赔偿责任时，才由安全保障义务人承担补充责任。如果第三人已经全部承担侵权责任，则安全保障义务人不再承担责任。第二，经营者、管理者或者组织者承担补充责任后，可以向第三人追偿。

关联法规

《旅游纠纷规定》第7条；《侵权责任编解释一》第24、25条

第一千一百九十九条 【教育机构对无民事行为能力人受到人身损害的过错推定责任】无民事行为能力人在幼儿园、学校或者其他教育机构学习、生活期间受到人身损害的，幼儿园、学校或者其他教育机构应当承担侵权责任；但是，能够证明尽到教育、管理职责的，不承担侵权责任。

条文注释

本条在适用时应注意以下两点：

(1)本条采用过错推定原则。由幼儿园、学校和其他教育机构承担侵权责任的侵权行为的范围，应当限于发生在幼儿园、学校和其他教育机构的教育、教学活动中或者其负有管理责任的校舍、场地、其他教育教学设施、生活设施中的侵权行为。

(2)关于如何确定教育、管理职责的范围，进而判断幼儿园、学校和其他教育机构是否已尽教育、管理职责，《教育法》《未成年人保护法》以及其他法规和规章已作了广泛、具体的规定。出现纠纷时，应当由人民法院参考这些规定结合具体情况作出最终判断。

第一千二百条 【教育机构对限制民事行为能力人受到人身损害的过错责任】限制民事行为能力人在学校或者其他教育机构学习、生活期间受到人身损害，学校或者其他教育机构未尽到教育、管理职责的，应当承担侵权责任。

条文注释

根据本条的规定，限制民事行为能力人在学校或者其他教育机构学习、生活期间受到人身损害的，如果该限制民事行为能力人或者其监护人能够证明学校或者其他教育机构没有尽到教育、管理职责，对该限制民事行为能力人受到的人身损害有过错，学校或者其他教育机构就要承担责任。与本法第1199条采用过错推定原则不同，对限制民事行为能力人的情况，本条采用了过错责任原则。

《教育法》《未成年人保护法》以及其他法规和部门规章中，对于学校和其他教育机构的教育、管理职责已经作了广泛、具体的规定，只要能够证明学校或者其他教育机构违反了这些职责，使限制民事行为能力人在

学习、生活期间受到人身损害的,学校或者其他教育机构就要承担责任。

关联法规

《学生伤害事故处理办法》第9条

第一千二百零一条　【在教育机构内第三人侵权时的责任分担】无民事行为能力人或者限制民事行为能力人在幼儿园、学校或者其他教育机构学习、生活期间,受到幼儿园、学校或者其他教育机构以外的第三人人身损害的,由第三人承担侵权责任;幼儿园、学校或者其他教育机构未尽到管理职责的,承担相应的补充责任。幼儿园、学校或者其他教育机构承担补充责任后,可以向第三人追偿。

条文注释

本法第1199、1200条对未成年人在幼儿园、学校或者其他教育机构学习、生活期间遭受人身损害时幼儿园、学校或者其他教育机构的侵权责任,区分无民事行为能力人和限制民事行为能力人分别规定了不同的归责原则。本条则针对造成损害的主体为幼儿园、学校或者其他教育机构以外的人员的情况,规定了幼儿园、学校或者其他教育机构应当承担的侵权责任。

(1)幼儿园、学校或者其他教育机构以外的人员承担的侵权责任。幼儿园、学校或者其他教育机构以外的人员的侵权行为直接造成人身损害后果的发生,其作为侵权人就应当依法承担侵权责任。

(2)幼儿园、学校或者其他教育机构承担的相应补充责任。幼儿园、学校或者其他教育机构未尽到管理职责的,对损害的发生也具有过错,其未尽到管理职责的行为是造成损害发生的间接原因,应当承担补充责任。幼儿园、学校或者其他教育机构是否尽到管理职责,要根据人身损害发生时的具体情况判断。理解这一规定时应当注意第三人的侵权责任和安全保障义务人的补充责任有先后顺序:先由第三人承担侵权责任,在无法找到第三人或者第三人没有能力全部承担侵权责任时,才由幼儿园、学校或者其他教育机构承担侵权责任。如果第三人已经全部承担侵权责任,则幼儿园、学校或者其他教育机构不再承担侵权责任。

(3)幼儿园、学校或者其他教育机构承担补充责任后,可以向第三人追偿。本条依据不真正连带责任的法理,赋予了教育机构追偿权。

关联法规

《侵权责任编解释一》第14条

第四章 产品责任

第一千二百零二条 【产品生产者侵权责任】因产品存在缺陷造成他人损害的，生产者应当承担侵权责任。

条文注释

依据本条的规定，构成产品责任须具备三个要件：(1)产品具有缺陷；(2)存在缺陷产品造成受害人损害的事实；(3)缺陷产品与损害事实之间存在因果关系。

1. 关于产品缺陷

产品缺陷是构成产品责任的首要条件。《产品质量法》的规定从法律上确立了判断产品是否存在缺陷的基本标准。具体运用该标准判断产品是否存在缺陷时，要根据每个案件、每种产品的情况具体分析，得出结论。需要注意的是，如果产品的各项性能指标都符合该产品的强制性标准，是否可据此判定该产品不存在缺陷呢？某一产品的强制性标准，可能并未覆盖该产品的全部安全性能指标(特别对某些新产品)，在这种情况下，该产品的某项性能指标在国家强制性标准、行业标准中未作规定，但不符合保障人身、财产安全的要求，可能造成他人损害的，仍可判定该产品存在缺陷。

2. 关于缺陷产品造成受害人损害的事实

缺陷产品造成受害人损害的事实，是指缺陷产品的使用人或者第三人因缺陷产品而受到损害的客观存在。损害事实包括人身损害、财产损害。

3. 关于缺陷产品与损害事实之间的因果关系

产品责任中的因果关系，是指产品的缺陷与受害人损害事实之间存在引起与被引起的关系。在一般侵权案件中，原则上是“谁主张，谁举证”。产品责任是一种特殊的侵权，通常要求生产者就不存在缺陷或缺陷与损害之间不存在因果关系举证。如果生产者不能举证证明，则认定产品存在缺陷且缺陷与损害之间存在因果关系。

关联法规

《产品质量法》第26、41、44、46条；《侵权责任编解释一》第19条

第一千二百零三条　【被侵权人请求损害赔偿的途径和先行赔偿人追偿权】因产品存在缺陷造成他人损害的，被侵权人可以向产品的生产者请求赔偿，也可以向产品的销售者请求赔偿。

产品缺陷由生产者造成的，销售者赔偿后，有权向生产者追偿。因销售者的过错使产品存在缺陷的，生产者赔偿后，有权向销售者追偿。

条文注释

本条从方便被侵权人维护自己合法权益的角度出发，规定了被侵权人请求赔偿的两种途径：(1)可以向产品的生产者请求赔偿；(2)可以向产品的销售者请求赔偿。也就是说，对于缺陷产品引起的损害，被侵权人可以向生产者和销售者中的任何一方提出赔偿请求。

根据本条的规定，生产者、销售者中先行赔偿的一方有权向应当承担责任的一方追偿自己已经向被侵权人垫付的赔偿费用。需要明确的是，生产者和销售者承担产品责任的原则是不同的，生产者承担无过错责任，销售者承担过错责任。先行垫付赔偿费用的一方只有在另一方符合承担产品侵权责任条件的情形下，才可以向对方行使追偿权。

关联法规

《消费者权益保护法》第40条；《食品安全法》第148条；《食品药品规定》第2～4条；《食品安全解释一》第1、2条；《侵权责任编解释一》第19条

第一千二百零四条　【生产者和销售者对有过错第三人的追偿权】因运输者、仓储者等第三人的过错使产品存在缺陷，造成他人损害的，产品的生产者、销售者赔偿后，有权向第三人追偿。

条文注释

产品在运输流通过程中，运输者、仓储者等应当按照有关规定和产品包装上标明的储藏、运输等标准进行储存、运输。如果运输者、仓储者等不按上述规定运输或者仓储，则可能造成产品缺陷。对此有过错的，行为人应当对因自己的过错产生的损害负赔偿责任。

根据本条的规定，即使是因运输者、仓储者等第三人的过错使产品存在缺陷造成损害，被侵权人仍然可以先找产品的生产者或者销售者请求赔偿。生产者、销售者承担赔偿责任后，可以依据本条的规定，向造成产品缺陷的有过错的运输者、仓储者等第三人行使追偿权，要求其支付赔偿费用。

关联法规

《食品安全解释一》第4条

第一千二百零五条　【危及他人人身、财产安全的责任承担方式】因产品缺陷危及他人人身、财产安全的，被侵权人有权请求生产者、销售者承担停止侵害、排除妨碍、消除危险等侵权责任。

条文注释

被侵权人在请求排除妨碍时，应当注意以下几个问题：(1)妨碍必须是不法的。无论妨碍人主观是否预见妨碍后果，均不影响被侵权人提出请求。但如果妨碍是正当行使权利的合法行为，则妨碍人可以拒绝当事人的请求。(2)妨碍既可以是已经发生的，也可以是可能出现的。被侵权人不仅可以对已经发生的妨碍要求排除，也可以对尚未发生但又确有可能发生的妨碍请求排除。(3)妨碍是权利人行使权利的障碍，只要不法行为妨碍他人行使物权、人身权等，被侵权人均可请求排除妨碍。

需要明确的是，产品责任中，被侵权人承担排除妨碍、消除危险的侵权责任有两个条件：(1)产品存在缺陷；(2)危及他人人身、财产安全。在这两个条件同时具备的情况下，被侵权人可以要求产品生产者或者销售者承担包括但不限于停止侵害、排除妨碍、消除危险的侵权责任。此外，还可以依据本法总则编的规定，要求生产者或者销售者以其他方式承担侵权责任，如恢复原状等。

第一千二百零六条　【流通后发现有缺陷的补救措施和侵权责任】产品投入流通后发现存在缺陷的，生产者、销售者应当及时采取停止销售、警示、召回等补救措施；未及时采取补救措施或者补救措施不力造成损害扩大的，对扩大的损害也应当承担侵权责任。

依据前款规定采取召回措施的，生产者、销售者应当负担被侵权人因此支出的必要费用。

条文注释

本条规定，产品投入流通后发现存在缺陷的，生产者、销售者应当及时采取停止销售、警示、召回等补救措施。(1)停止销售是对正在销售的产品采取下架、封存等不再出售的措施。停止销售可以避免侵权行为的扩大化，最大限度地减少损失。(2)警示是对与产品有关的危险或产品的正确使用给予说明，提醒使用者在使用该产品时注意已经存在的危险或者潜在可能发生的危险,防止或者减少对使用者的损害。警示的作用有两个:一是告知使用者产品有危险,明示产品的缺陷;二是让使用者知道在使用该产品时如何避免危险的发生,以保证人身、财产的安全。(3)召回是产品的生产者、销售者依法定程序,对其生产或者销售的缺陷产品以换货、退货、更换零配件等方式,及时消除或减少缺陷产品危害的行为。

关联法规

《消费者权益保护法》第19条;《食品安全法》第63条

第一千二百零七条　【产品责任惩罚性赔偿】明知产品存在缺陷仍然生产、销售,或者没有依据前条规定采取有效补救措施,造成他人死亡或者健康严重损害的,被侵权人有权请求相应的惩罚性赔偿。

条文注释

根据本条的规定,产品责任中适用惩罚性赔偿的条件是:(1)侵权人具有主观故意。(2)存在损害事实。这种损害事实不是一般的损害事实,而应当是造成严重损害的事实,即造成他人死亡或者健康受到严重损害。(3)存在因果关系,即被侵权人的死亡或者健康严重受损害是因为侵权人生产或者销售的缺陷产品或者生产者、销售者没有依照前条规定采取有效补救措施。

本条还规定了惩罚性赔偿的适用范围,即在被侵权人死亡或者健康受到严重损害的范围内适用,除此之外的其他损害不适用惩罚性赔偿,如被侵权人的财产损害。为防止滥用惩罚性赔偿,避免被侵权人要求的赔偿数额畸高,本条规定,被侵权人有权请求相应的惩罚性赔偿。这里的"相应",主要是指被侵权人要求的惩罚赔偿金的数额应当与侵权人的恶意相当,与侵权人造成的损害后果相当,与对侵权人施加的威慑相当,具体赔偿数额由人民法院根据个案具体判定。

关联法规

《消费者权益保护法》第55条;《食品安全法》第148条;《食品药品规定》第15条;《旅游纠纷规定》第15条;《食品安全解释一》第6~12条

第五章 机动车交通事故责任

第一千二百零八条 【机动车交通事故责任的法律适用】机动车发生交通事故造成损害的,依照道路交通安全法律和本法的有关规定承担赔偿责任。

条文注释

本条主要有以下几层含义:(1)首先由保险公司在机动车第三者责任强制保险责任限额范围内予以赔偿。(2)在强制保险责任限额范围内赔偿后不足部分的责任承担。一是机动车之间发生交通事故的赔偿责任。机动车之间发生交通事故的赔偿责任,由有过错的一方承担赔偿责任;双方都有过错的,按照各自过错的比例分担责任。二是机动车与非机动车驾驶人、行人之间发生交通事故的赔偿责任。在归责原则上,机动车与非机动车驾驶人、行人之间发生交通事故,主要适用过错推定原则;同时,机动车一方还要承担一部分无过错责任。(3)机动车一方不承担责任的情形。机动车与非机动车驾驶人、行人之间发生交通事故,如果交通事故的损失是因非机动车驾驶人、行人自杀、自伤、有意冲撞("碰瓷")等行为故意造成的,则机动车一方不承担赔偿责任。

关联法规

《道损解释》第10、11条

第一千二百零九条 【机动车所有人、管理人与使用人不一致时的侵权责任】因租赁、借用等情形机动车所有人、管理人与使用人不是同一人时,发生交通事故造成损害,属于该机动车一方责任的,由机动车使用人承担赔偿责任;机动车所有人、管理人对损害的发生有过错的,承担相应的赔偿责任。

条文注释

根据本条的规定,因租赁、借用等情形机动车所有人、管理人与使用人不是同一人时,发生交通事故后属于该机动车一方责任的,关于如何确定责任承担,需要把握以下几点:

(1)根据本法第1213条的规定,机动车发生交通事故造成损害,属于该机动车一方责任的,仍然先由承保机动车强制保险的保险人在强制保险责任限额范围内予以赔偿;不足部分,机动车一方购买了商业保险的,由承保机动车商业保险的保险人按照保险合同的约定予以赔偿;仍然不足或者没有投保机动车商业保险的,由侵权人赔偿。

(2)本条中的"使用人"不仅包括承租人、管理人、借用人,还包括机动车出质期间的质权人、维修期间的维修人、由他人保管期间的保管人等。

(3)机动车所有人、管理人对损害的发生有过错的,承担相应的赔偿责任。

关联法规

《道损解释》第1条

第一千二百一十条 【转让并交付但未办理登记的机动车侵权责任】当事人之间已经以买卖或者其他方式转让并交付机动车但是未办理登记,发生交通事故造成损害,属于该机动车一方责任的,由受让人承担赔偿责任。

条文注释

本条在理解和适用上需要把握以下两点:

(1)根据本法的规定,当事人之间已经以买卖、赠与等方式转让并交付机动车但未办理登记的,原机动车所有人已经不是真正的所有人,赔偿义务应当由买受人、受赠人等对机动车运行有实质影响力和支配力的机动车的实际所有人、占有人来承担。

(2)本条中的"交付"与本法物权编中的"交付"不应完全等同。物权理论中的拟制交付有简易交付、指示交付和占有改定等方式的区分,简易交付可以适用本条的规则。本条的"交付"主要是指"实际交付"。

第一千二百一十一条 【挂靠机动车侵权责任】以挂靠形式从事道路运输经营活动的机动车,发生交通事故造成损害,属于该机动车一方责任的,由挂靠人和被挂靠人承担连带责任。

条文注释

机动车挂靠从事运输经营活动,是指为了交通营运的方便,将车辆登记在某个具有运输经营权资质的经营主体名下,以该主体的名义进行运营,并由挂靠者向被挂靠主体支付一定费用的形式。以挂靠形式从事道路运输经营活动一般有三个特点:(1)四证统一。即车辆行驶证,道路运输证，驾驶证，营业性道路运输驾驶员从业资格证上记载的车主、业户、单位、服务单位均为被挂靠主体。(2)挂靠机动车向被挂靠主体交纳费用。(3)具有隐蔽性，虽然挂靠双方之间存在关于运输经营的合同或内部协议，但发生交通事故造成损害时，被侵权人无法从外观上判断挂靠机动车是否属于被挂靠主体。

第一千二百一十二条　【未经允许驾驶他人机动车侵权责任】未经允许驾驶他人机动车，发生交通事故造成损害，属于该机动车一方责任的，由机动车使用人承担赔偿责任；机动车所有人、管理人对损害的发生有过错的，承担相应的赔偿责任，但是本章另有规定的除外。

条文注释

理解本条需要把握以下三点：(1)未经允许驾驶他人机动车，发生交通事故造成损害，属于该机动车一方责任的，由机动车使用人承担赔偿责任。(2)机动车所有人、管理人对损害的发生有过错的，承担相应的赔偿责任。此处的“对损害的发生有过错”可理解为机动车所有人、管理人没有履行一般人应有的谨慎注意义务。(3)本条规定了“但书”，而且是仅限于“本章”另有规定的除外。该“但书”仅指一种情形，即本法第1215条第1款中规定的“盗窃人、抢劫人或者抢夺人与机动车使用人不是同一人，发生交通事故造成损害，属于该机动车一方责任的，由盗窃人、抢劫人或者抢夺人与机动车使用人承担连带责任”。

第一千二百一十三条　【交通事故责任承担主体赔偿顺序】机动车发生交通事故造成损害，属于该机动车一方责任的，先由承保机动车强制保险的保险人在强制保险责任限额范围内予以赔偿；不足部分，由承保机动车商业保险的保险人按照保险合同的约定予以赔偿；仍然不足或者没有投保机动车商业保险的，由侵权人赔偿。

条文注释

本条区分二个层次对赔偿作了规定：(1)先由承保机动车强制保险的保险人在强制保险责任限额范围内予以赔偿；(2)机动车强制保险赔偿不足部分，由承保机动车商业保险的保险人按照保险合同的约定予以赔偿；(3)机动车商业保险赔偿仍然不足或者没有投保机动车商业保险的，由侵权人赔偿。这种保险前置、侵权人托底的规定，充分体现了保险的作用和及时救济受害人、分散机动车使用人风险的目的，符合强制保险的赔偿替代性和商业保险的补充性的性质，也最大限度地平衡了强制保险、商业保险和侵权人的责任与义务。

关联法规

《道损解释》第13条；《侵权责任编解释一》第21、22条

第一千二百一十四条　【拼装车或报废车侵权责任】以买卖或者其他方式转让拼装或者已经达到报废标准的机动车，发生交通事故造成损害的，由转让人和受让人承担连带责任。

条文注释

根据《道路交通安全法》第14条的规定，国家实行机动车强制报废制度，达到报废标准的机动车不得上道路行驶。根据该法第100条的规定，驾驶拼装的机动车或者已达到报废标准的机动车上道路行驶的，公安机关交通管理部门应当予以收缴，强制报废，对驾驶人处200元以上2000元以下罚款，并吊销机动车驾驶证。

拼装和已经达到报废标准的机动车，由于其不能达到机动车上路行驶的安全标准，上路行驶后极易造成其他机动车、非机动车驾驶人和行人的损害。转让拼装的或者已经达到报废标准的机动车，该行为本身即具有违法性，此种机动车上路行驶又具有更大的危险性。因此，对以买卖、赠与等方式转让拼装的或者已经达到报废标准的机动车，由买卖、赠与等的转让人和受让人、赠与人和受赠人等承担连带责任。

关联法规

《道损解释》第4条；《侵权责任编解释一》第20条

第一千二百一十五条　【盗窃、抢劫或抢夺机动车侵权责任】盗窃、抢劫或者抢夺的机动车发生交通事故造成损害的，由盗窃人、抢劫人或者抢夺人承担赔偿责任。盗窃人、抢劫人或者抢夺人与机动车使用人不是同一人，发生交通事故造成损害，属于该机动车一方责任的，由盗窃人、抢劫人或者抢夺人与机动车使用人承担连带责任。

保险人在机动车强制保险责任限额范围内垫付抢救费用的，有权向交通事故责任人追偿。

条文注释

盗窃、抢劫或者抢夺的机动车发生交通事故造成损害的，由盗窃人、抢劫人或抢夺人承担赔偿责任。本法第1212条关于未经允许驾驶他人

机动车侵权责任的规定中，对“机动车所有人、管理人对损害的发生有过错的，承担相应的赔偿责任”作了“本章另有规定的除外”这一明确的排除规定，该排除规定即是指本条规定的情形。也就是说，未经允许驾驶他人机动车发生交通事故造成损害时，属于该机动车一方责任的，如果机动车所有人、管理人对损害的发生有过错，则应承担相应的赔偿责任。但是本条下的机动车所有人、管理人不承担责任。

盗窃人、抢劫人或者抢夺人与机动车使用人不是同一人，发生交通事故造成损害，属于该机动车一方责任的，由盗窃人、抢劫人或者抢夺人与机动车使用人承担连带责任。这里规定的“机动车使用人”，指的是盗窃人、抢劫人或者抢夺人将机动车出售、出租、借用、赠送，从而实际使用该机动车的人。

机动车被盗抢后发生交通事故造成损害，保险人在机动车强制保险责任限额范围内垫付抢救费用的，有权向交通事故责任人追偿。

第一千二百一十六条　【肇事后逃逸责任及受害人救济】机动车驾驶人发生交通事故后逃逸，该机动车参加强制保险的，由保险人在机动车强制保险责任限额范围内予以赔偿；机动车不明、该机动车未参加强制保险或者抢救费用超过机动车强制保险责任限额，需要支付被侵权人人身伤亡的抢救、丧葬等费用的，由道路交通事故社会救助基金垫付。道路交通事故社会救助基金垫付后，其管理机构有权向交通事故责任人追偿。

条文注释

本条针对机动车驾驶人发生交通事故后逃逸的，在驾驶人应当承担赔偿责任的前提下，如何通过机动车强制保险和道路交通事故社会救助基金救济受害人等问题作了如下规定：

（1）机动车驾驶人发生交通事故后逃逸，该机动车参加强制保险的，由保险人在机动车强制保险责任限额范围内予以赔偿。

（2）机动车不明、该机动车未参加强制保险或者抢救费用超过机动车强制保险责任限额，需要支付被侵权人人身伤亡的抢救、丧葬等费用的，由道路交通事故社会救助基金垫付。需要明确的是：第一，法律规定的是“机动车不明”，而不是驾驶人不明。第二，机动车未参加强制保险，因此无法通过强制保险赔偿被侵权人的损失，只能由道路交通事故社会救助基金垫付费用。第三，抢救费用超过机动车强制责任保险责任限额。

（3）道路交通事故社会救助基金垫付后，其管理机构有权向交通事故责任人追偿。

关联法规

《机动车交通事故责任强制保险条例》第24条

第一千二百一十七条　【好意同乘的责任承担】非营运机动车发生交通事故造成无偿搭乘人损害，属于该机动车一方责任的，应当减轻其赔偿责任，但是机动车使用人有故意或者重大过失的除外。

条文注释

好意同乘，主要是指非营运机动车的驾驶人基于亲情或者友情在上下班、出游途中无偿搭载自己的亲朋好友、邻居同事的情形，亦即“搭便车”。好意同乘不适用于营运机动车。但是，出租汽车在上班前或者下班后等非营运的时间，免费搭乘邻居、朋友的，应当适用本条规定，即“非营运机动车”包括“处于非营运状态的营运机动车”这一情形。

好意同乘中，机动车使用人的责任适用过错责任原则。好意同乘中发生交通事故造成无偿搭乘人损害，属于该机动车一方责任的，应当减轻其赔偿责任，却不可以完全免除。同时，也应明确区分，好意同乘不同于网络顺风车。网络顺风车的合乘者分摊部分合乘出行成本属于共享出行方式，是有偿的、营运性的。

关联法规

《时间效力规定》第18条

第六章　医疗损害责任

第一千二百一十八条　【医疗损害责任归责原则】患者在诊疗活动中受到损害，医疗机构或者其医务人员有过错的，由医疗机构承担赔偿责任。

条文注释

对诊疗活动引起的纠纷，宜适用一般过错责任。医疗机构及其医务人员有过错的，医疗机构才承担赔偿责任，原则上由原告承担过错的举证责任。只对于某些特殊情况，如医务人员有违规治疗行为或者隐匿、拒绝提供与纠纷有关的医学资料，才适用过错推定责任原则，发生举证责任倒置。患者和医院之间信息不对称的问题，应当通过信息交流和信息公开等办法解决。

患者在诊疗活动中受到损害，除了医疗机构及其医务人员有过错的条件外，医疗机构或者其医务人员的过错还要与患者的损害具有因果关系，医疗机构才承担赔偿责任。

关联法规

《医疗机构管理条例实施细则》第88条；《医疗损害解释》第1、4、16、19条

第一千二百一十九条　【医务人员说明义务和患者知情同意权】医务人员在诊疗活动中应当向患者说明病情和医疗措施。需要实施手术、特殊检查、特殊治疗的，医务人员应当及时向患者具体说明医疗风险、替代医疗方案等情况，并取得其明确同意；不能或者不宜向患者说明的，应当向患者的近亲属说明，并取得其明确同意。

医务人员未尽到前款义务，造成患者损害的，医疗机构应当承担赔偿责任。

关联法规

《医疗损害解释》第5、17条

第一千二百二十条　【紧急情况下实施医疗措施】因抢救生命垂危的患者等紧急情况，不能取得患者或者其近亲属意见的，经医疗机构负责人或者授权的负责人批准，可以立即实施相应的医疗措施。

条文注释

本法第1219条规定了医疗机构的说明义务和患者的知情同意权，本条是针对抢救危急患者等紧急情况所作的特殊规定。本条规定的"不能取得患者或者其近亲属意见"，主要是指患者不能表达意志，也无近亲属陪伴，又联系不到近亲属的情况，不包括患者或者其近亲属明确表示拒绝采取医疗措施的情况。

关联法规

《医疗损害解释》第18条

第一千二百二十一条　【医务人员过错诊疗的赔偿责任】医务人员在诊疗活动中未尽到与当时的医疗水平相应的诊疗义务，造成患者损害的，医疗机构应当承担赔偿责任。

条文注释

依照本条的规定，医务人员的注意义务就是与当时的医疗水平相应

的诊疗义务。尽到诊疗义务的一个重要方面,是诊疗行为符合法律、行政法规、规章以及诊疗规范的有关要求。需要说明的是,医务人员的注意义务与诊疗行为合法合规并非完全等同,这是两个概念。医务人员应当具有的诊疗水平,并非完全能够被法律、行政法规、规章以及诊疗规范的有关要求所涵盖。本条规定的诊疗义务可以理解为一般情况下医务人员可以尽到的,通过谨慎的作为或者不作为避免患者受到损害的义务。出于公平合理的要求,判断是否尽到诊疗义务,应当以诊疗行为发生时的诊疗水平为参照。

第一千二百二十二条 【推定医疗机构有过错的情形】患者在诊疗活动中受到损害,有下列情形之一的,推定医疗机构有过错:

(一)违反法律、行政法规、规章以及其他有关诊疗规范的规定;

(二)隐匿或者拒绝提供与纠纷有关的病历资料;

(三)遗失、伪造、篡改或者违法销毁病历资料。

条文注释

根据本条的规定,患者在诊疗活动中受到损害,有下列情形之一的,推定医疗机构有过错,而非当然认定医疗机构有过错,即医疗机构可以提出反证证明自己没有过错:(1)本条第1项规定的违反法律、行政法规、规章以及其他有关诊疗规范的规定,是医疗机构存在过错的表面证据,并且是一种很强的表面证据,因此,本条规定这种情形下推定医疗机构存在过错。但医务人员有过错与违反法律、行政法规、规章以及诊疗规范的规定毕竟不是等同的概念。(2)本条第2项和第3项规定的情形,一方面反映了医疗机构的恶意;另一方面使患者难以取得与医疗纠纷有关的证据资料,这时再让患者举证已不合理。因此,推定医疗机构有过错。

关联法规

《医疗损害解释》第6条

第一千二百二十三条 【因药品、消毒产品、医疗器械的缺陷,或者输入不合格血液的侵权责任】因药品、消毒产品、医疗器械的缺陷,或者输入不合格的血液造成患者损害的,患者可以向药品上市许可持有人、生产者、血液提供机构请求赔偿,也可以向医疗机构请求赔偿。患者向医疗机构请求赔偿的,医疗机构赔偿后,有权向负有责任的药品上市许可持有人、生产者、血液提供机构追偿。

条文注释

药品、消毒产品、医疗器械、输入的血液都属于本法规定的产品。因产品存在缺陷造成损害的,可以依照本编"产品责任"一章的规定,向药品上市许可持有人,药品、消毒产品、医疗器械的生产者,血液提供机构请求赔偿。为了更好地维护患者的权益,便利患者受到损害后主张权利,本法延续了《侵权责任法》第59条的规定,结合《药品管理法》对药品上市许可持有人的规定,对医疗损害责任领域内的产品责任作了必要的补充完善。

关联法规

《医疗损害解释》第7、21~23条

第一千二百二十四条 【医疗机构免责情形】患者在诊疗活动中受到损害,有下列情形之一的,医疗机构不承担赔偿责任:

(一)患者或者其近亲属不配合医疗机构进行符合诊疗规范的诊疗;

(二)医务人员在抢救生命垂危的患者等紧急情况下已经尽到合理诊疗义务;

(三)限于当时的医疗水平难以诊疗。

前款第一项情形中,医疗机构或者其医务人员也有过错的,应当承担相应的赔偿责任。

条文注释

本法侵权责任编第1章规定了一般情况下免责和减责的情形。这些规定对于医疗损害责任也是适用的。除了上述规定,鉴于医疗损害责任的特殊性,本条规定了以下三种医疗机构不承担责任的情形:

1. 患者或者其近亲属不配合医疗机构进行符合诊疗规范的诊疗

正确理解本项规定,需要将本项与本条第2款的规定结合起来。具体而言,实践中患者一方不配合诊疗的行为可以分为两类:第一类是患者囿于其医疗知识水平的局限而对医疗机构采取的诊疗措施难以建立正确的理解,从而导致其作出不遵医嘱、错误用药等与诊疗措施不相配合的行为。第二类是患者一方主观上具有过错,该过错又可分为故意和过失。

综上可以看出,因患者一方不配合医疗机构进行符合诊疗规范的诊疗而导致患者损害的,是否可以完全免除医疗机构的赔偿责任,不能一概而论。医疗损害责任的归责原则是过错责任,医务人员是否合理地履行了说明义务及相应的诊疗义务,是判断医疗机构最终是否承担责任的基础。因此,患者或者其近亲属不配合医疗机构进行符合诊疗规范的诊疗的,如果医疗机构或者其医务人员也有过错，则医疗机构仍应对患者的损害承担相应的责任；反之，若医务人员已经尽到相应义务，患者的损害是因患者或者其近亲属不配合的行为所致，则医疗机构对此不应当承担赔偿责任。

2. 医务人员在抢救生命垂危的患者等紧急情况下已经尽到合理诊疗义务

本项内容规定了两个要件，在两个要件均符合的情况下，医疗机构对患者的损害不承担赔偿责任。这两个要件分别如下：

(1)抢救生命垂危的患者等紧急情况。需要说明的是，判断是否构成紧急情况，除了依据法律、法规和规章的规定外，还需要考虑以下两个方面：一是患者的生命健康受到伤病急剧恶化的威胁，这种威胁应当被限定为对患者生命的威胁，而不能是对患者一般健康状况的威胁；二是患者生命受到的威胁是正在发生和实际存在的，不立即采取紧急救治措施必然导致患者死亡的后果。

(2)已经尽到合理诊疗义务。具体而言，根据现行的诊疗规范，紧急情况下合理的诊疗义务包括如下四个方面：一是对患者伤病的准确诊断。二是治疗措施的合理、适当，包括治疗措施和治疗用药的合理、适当。三是谨慎履行说明告知义务。紧急情况下，如果事前告知不可行，那么采取紧急救治措施后仍应履行该项义务。四是将紧急救治措施对患者造成的损害控制在合理限度之内。结合上述情况，如果医务人员已经尽到在紧急救治情况下医务人员通常应尽到的诊疗义务，即合理诊疗义务，则医疗机构不承担赔偿责任；否则，即便是为抢救生命垂危的患者，医疗机构也难以完全免除其赔偿责任。

3. 限于当时的医疗水平难以诊疗

法律对医务人员采取的诊疗行为是否存在过错的判断，只能基于当时的医学科学本身的发展，即是否尽到与当时的医疗水平相应的诊疗义务，尽到该项义务的，就视为医疗机构及其医务人员没有过错，对于患者的损害不承担赔偿责任。

关联法规

《医疗事故处理条例》第33条

第一千二百二十五条 【医疗机构对病历资料的义务、患者对病历资料的权利】医疗机构及其医务人员应当按照规定填写并妥善保管住院志、医嘱单、检验报告、手术及麻醉记录、病理资料、护理记录等病历资料。

患者要求查阅、复制前款规定的病历资料的，医疗机构应当及时提供。

关联法规

《医疗事故处理条例》第 8～10 条、第 56 条第 2 项；《医疗纠纷预防和处理条例》第 16 条；《医疗机构病历管理规定(2013 年版)》第 17、19 条

第一千二百二十六条　【患者隐私和个人信息保护】医疗机构及其医务人员应当对患者的隐私和个人信息保密。泄露患者的隐私和个人信息，或者未经患者同意公开其病历资料的，应当承担侵权责任。

条文注释

对于本条规定，需要从以下两个方面把握：

(1)医疗机构及其医务人员侵害患者隐私和个人信息的表现形式。医疗机构及其医务人员侵犯患者隐私权和个人信息的情况可大体分为如下两种：一是泄露患者的隐私和个人信息。二是未经患者同意公开其医学文书及有关资料。

(2)承担侵权责任的条件。本条规定无论该行为对患者是否造成损害，医疗机构及其医务人员都应当承担侵权责任。

第一千二百二十七条　【禁止违规实施不必要的检查】医疗机构及其医务人员不得违反诊疗规范实施不必要的检查。

条文注释

不必要的检查，一般是指由医疗机构提供的超出患者个体和社会保健实践需求的医疗检查服务，医学伦理学界把它称为“过度检查”。不必要的检查具有以下特征：(1)超出疾病诊疗的基本需求，不符合疾病的规律与特点。(2)采用非“金标准”的诊疗手段。所谓“金标准”，是指当前临床医学界公认的诊断疾病的最可靠方法。较为常用的“金标准”有活检、手术发现、微生物培养、特殊检查和影像诊断以及长期随访等。(3)费用超出对疾病基本诊疗的需求，导致无关的过度消费。

第一千二百二十八条　【维护医疗机构及其医务人员合法权益】医疗机构及其医务人员的合法权益受法律保护。

干扰医疗秩序，妨碍医务人员工作、生活，侵害医务人员合法权益的，应当依法承担法律责任。

条文注释

需要说明的是，干扰医疗秩序，妨碍医务人员工作、生活，侵害医务人

员合法权益的,不仅涉及民事赔偿责任,还涉及行政责任和刑事责任。

第七章 环境污染和生态破坏责任

第一千二百二十九条 【污染环境、破坏生态致损的侵权责任】因污染环境、破坏生态造成他人损害的,侵权人应当承担侵权责任。

条文注释

根据本条的规定,环境侵权责任作为一种特殊类型的侵权责任,适用无过错责任的归责原则。根据无过错责任原则,在侵权人的行为与损害有因果关系的情形下,无论侵权人是否存在过错,都应当对其污染行为造成的损害承担侵权责任。需要注意的是,本条主要规范造成环境污染、生态破坏而对他人的人身、财产造成损害的工业生产或者其他人为活动,不包括相邻关系人之间的生活污染行为。相邻关系人的环境污染发生在相邻不动产所有人或者占有人之间,由本法物权编调整,造成损失涉及赔偿的,适用侵权责任一般过错原则。

此外,对企业排污符合规定的标准但造成损害的情况,企业仍然应当承担侵权责任。

关联法规

《生态环境侵权解释》第1、2条

第一千二百三十条 【环境污染、生态破坏侵权举证责任】因污染环境、破坏生态发生纠纷,行为人应当就法律规定的不承担责任或者减轻责任的情形及其行为与损害之间不存在因果关系承担举证责任。

条文注释

根据本条的规定,行为人应当就以下两种情形承担举证责任:

(1)法律规定的不承担责任或者减轻责任的情形。可能造成环境侵权的活动在广义上属于高度危险作业,适用无过错责任归责原则,每种高度危险作业的免责事由是不一样的,多数情形下不可抗力可以免责,有的情形下则不可以。环境保护单行法有规定的,首先适用单行法的规定;单行法没有规定的,适用本法总则编和侵权责任编有关免责事由的规定。

(2)行为人的行为与损害之间不存在因果关系。我国对环境侵权实行因果关系的举证责任倒置,将通常应由提出事实主张的当事人所负担的举证责任分配给对方，由对方对否定该事实承担举证责任，如果对方当事人不能就此举证证明，则推定事实主张成立，其实质是免除本应由原告承担的举证责任，而由被告就待证事实的反面事实承担举证责任。

需要注意的是，在环境侵权中适用因果关系举证责任倒置，并不意味着受害人就不用负担任何举证义务。在诉讼中，受害人应当首先证明污染行为与损害结果之间存在联系，即存在因果关系的可能性和初步证据，只是这种可能性并不需要如相当因果关系理论要求的那样达到高度盖然性。

关联法规

《民法典》第1237条

第一千二百三十一条　【两个以上侵权人的责任确定】两个以上侵权人污染环境、破坏生态的，承担责任的大小，根据污染物的种类、浓度、排放量，破坏生态的方式、范围、程度，以及行为对损害后果所起的作用等因素确定。

条文注释

适用本条环境共同侵权需要满足以下要件：(1)多个侵权主体，即有两个或者两个以上的行为人实施了污染环境、破坏生态的行为。(2)行为人实施了污染环境、破坏生态的行为。(3)数个侵权行为与损害有总体上的因果关系，而非单个侵权行为与损害之间有因果关系。(4)造成了同一损害。

关联法规

《生态环境侵权解释》第5～9条

第一千二百三十二条　【环境污染、生态破坏侵权的惩罚性赔偿】侵权人违反法律规定故意污染环境、破坏生态造成严重后果的，被侵权人有权请求相应的惩罚性赔偿。

典型案例

浮梁县人民检察院诉某化工集团有限公司环境污染民事公益诉讼案①

典型意义：本案是我国首例适用《民法典》惩罚性赔偿条款的环境污染民事公益诉讼案件。《民法典》侵权责任编新增规定了污染环境和破坏

① 参见《人民法院贯彻实施民法典典型案例(第一批)》之十一。

生态的惩罚性赔偿制度，贯彻了“绿水青山就是金山银山”的环保理念，增强了生态环境保护力度，是构建天蓝地绿水净的美好家园的法治保障。审理法院在判令被告承担生态环境修复费用、环境功能性损失等补偿性费用之外，采取“基数＋倍数”的计算方式，结合具体案情决定以环境功能性损失费用为计算基数，综合考虑侵权人主观过错程度、侵权后果的严重程度、侵权人的经济能力、赔偿态度、受到行政处罚的情况等调节因素确定倍数，进而确定最终的惩罚性赔偿数额，为正确实施环境污染和生态破坏责任惩罚性赔偿制度提供了有益借鉴。

第一千二百三十三条　【因第三人的过错污染环境、破坏生态的侵权责任】因第三人的过错污染环境、破坏生态的，被侵权人可以向侵权人请求赔偿，也可以向第三人请求赔偿。侵权人赔偿后，有权向第三人追偿。

条文注释

污染环境、破坏生态是因第三人的过错造成的，责任如何承担，这种情况需具备以下两个条件：(1)第三人，是指被侵权人和污染者之外的第三人，即第三人不属于被侵权人或污染者任何一方，第三人与受害者或污染者之间不存在法律上的隶属关系，如雇佣关系等。(2)第三人和污染者之间不存在意思联络。如果第三人与污染者有意思联络，则第三人与污染者构成共同侵权，不属于本条规范的调整范围。

本条规范属于不真正连带责任。不真正连带责任，是指多数行为人违反法定义务，对一个受害人实施加害行为，或者不同行为人基于不同的行为使受害人的权利受到损害，各个行为人对所产生的同一内容的侵权责任，各负全部赔偿责任，并因行为人之一的履行而使全体责任人的责任归于消灭的侵权共同责任形态。

根据本条的规定，被侵权人可以向侵权人请求赔偿。侵权人承担环境侵权责任的同时，因第三人的过错行为与损害后果之间存在法律上的因果关系，被侵权人也可以直接请求第三人承担侵权责任。但需要注意的是，第三人承担责任与侵权人承担责任存在明显区别：侵权人承担的是无过错责任，被侵权人无须证明侵权人的主观过错，不存在因果关系的举证责任由侵权人承担；而第三人承担的是过错责任，需要符合一般侵权的构成要件，即不法行为、主观过错、损害后果、不法行为与损害后果之间存在因果关系，这些都需要由被侵权人承担举证责任，不适用举证责任倒置的规定。

根据本条的规定，被侵权人既可以向侵权人请求赔偿，也可以向第三人请求赔偿，还可以同时向侵权人和第三人请求赔偿。但是，被侵权人对侵权人和第三人的赔偿请求权，只能择一行使，因其只有一个"损害后果"，向被侵权人主张权利或者向第三人主张权利，被选择的一个请求权实现之后，另一个请求权消灭，不能分别行使两个请求权，获得双份赔偿。根据本条的规定，侵权人赔偿后，有权向第三人追偿。具体到个案，第三人最终应当承担多少份额的责任，需要结合具体案情具体分析。

关联法规

《生态环境侵权解释》第18~20条；《医疗损害解释》第3条

第一千二百三十四条 【生态环境修复责任】违反国家规定造成生态环境损害，生态环境能够修复的，国家规定的机关或者法律规定的组织有权请求侵权人在合理期限内承担修复责任。侵权人在期限内未修复的，国家规定的机关或者法律规定的组织可以自行或者委托他人进行修复，所需费用由侵权人负担。

条文注释

本条的构成要件是：(1)违反国家规定；(2)生态环境损害；(3)因果关系。

根据本条的规定，生态环境修复责任承担主要有两种方式：(1)请求侵权人在合理期限内承担修复责任；(2)自行或者委托他人进行修复。根据本条的规定，侵权人在期限内未修复的，权利人可以自行或者委托他人履行修复义务，这实际上借鉴了执行程序中的代履行制度，所需费用由侵权人承担。从形式上看，完成生态环境修复工程的是权利人或者其委托的第三人，但修复责任仍然由侵权人承担。

关联法规

《生态环境侵权解释》第17条；《环境公益诉讼解释》第20条

典型案例

上海市奉贤区生态环境局与张某新、童某勇、王某平生态环境损害赔偿诉讼案①

典型意义：本案系人民法院践行习近平生态文明思想，适用《民法典》

① 参见《人民法院贯彻实施民法典典型案例（第二批）》之十六。

相关规定判决由国家规定的机关委托修复生态环境，所需费用由侵权人负担的典型案例。本案依法认定生态修复刻不容缓而侵权人客观上无法履行修复义务的，行政机关有权委托他人进行修复，并可根据《民法典》第1234条直接主张费用赔偿，既有力推动了生态环境修复，也为《民法典》施行前发生的环境污染纠纷案件准确适用法律提供了参考借鉴。

第一千二百三十五条　【生态环境损害赔偿范围】违反国家规定造成生态环境损害的，国家规定的机关或者法律规定的组织有权请求侵权人赔偿下列损失和费用：

（一）生态环境受到损害至修复完成期间服务功能丧失导致的损失；

（二）生态环境功能永久性损害造成的损失；

（三）生态环境损害调查、鉴定评估等费用；

（四）清除污染、修复生态环境费用；

（五）防止损害的发生和扩大所支出的合理费用。

关联法规

《生态环境规定》第12～14条；《环境公益诉讼解释》第19～22条

第八章　高度危险责任

第一千二百三十六条　【高度危险责任的一般规定】从事高度危险作业造成他人损害的，应当承担侵权责任。

条文注释

本条所讲的“高度危险作业”，既包括使用民用核设施、高速轨道运输工具的活动和高压、高空、地下挖掘活动等高度危险活动，也包括占有、使用易燃、易爆、剧毒、高放射性、强腐蚀性、高致病性等高度危险物的行为。“高度危险作业”是一个开放性的概念，包括一切对周围环境产生高度危险的作业形式。一般认为，具体行为构成高度危险作业应具备以下三个要件：(1)作业本身具有高度的危险性；(2)高度危险作业即使采取安全措施并尽到了相当的注意义务也无法避免损害；(3)不考虑高度危险作业人对造成损害是否有过错。

从事高度危险作业造成他人损害的，应当承担无过错责任。作为高度危险责任的一般规定,本条没有明确哪些情形可以不承担责任或者减轻责任。这不意味着高度危险责任没有任何不承担责任或者减轻责任的情形。对于具体的高度危险责任,法律规定不承担责任或者减轻责任的,应当依照其规定。

需要注意的是,本法侵权责任编第1章规定了一些不承担责任和减轻责任的情形,如果相关的单行法、侵权责任编第8章具体规定了不承担责任和减轻责任的情形,则侵权责任编第1章的规定原则上不适用。

本条规定,从事高度危险作业造成他人损害的,应当承担侵权责任。这里的"侵权责任"不仅仅是损害赔偿责任。因为高度危险作业一旦造成损害,可能对周围环境带来很大的危害,所以,作业人不仅在事后应向受害人进行损害赔偿,而且在事发时就应当积极采取停止侵害、消除危险等措施并积极救助受害人。因此,这里强调的是"侵权责任"而不是仅要求高度危险作业人承担赔偿责任。

第一千二百三十七条　【民用核设施或者核材料致害责任】民用核设施或者运入运出核设施的核材料发生核事故造成他人损害的,民用核设施的营运单位应当承担侵权责任;但是,能够证明损害是因战争、武装冲突、暴乱等情形或者受害人故意造成的,不承担责任。

条文注释

本条针对的是民用核设施或者运入运出核设施的核材料发生核事故造成的损害,承担责任的主体是民用核设施的营运单位。民用核设施或者运入运出核设施的核材料发生核事故的致害责任,实行无过错原则,按照本条和《核安全法》第90条第1款的规定,只有能够证明损害是因战争、武装冲突、暴乱等情形或者受害人故意造成的,民用核设施的营运单位才可以不承担责任。

关联法规

《核安全法》第2条、第90条第1款、第93条

第一千二百三十八条　【民用航空器致害责任】民用航空器造成他人损害的,民用航空器的经营者应当承担侵权责任;但是,能够证明损害是因受害人故意造成的,不承担责任。

条文注释

本条的调整范围限于民用航空器,责任主体是民用航空器的经营者,

主要包括从事旅客、货物运输的承运人和从事通用航空的民用航空器使用人。

根据本条的规定，承担责任的前提是民用航空器在使用中造成他人损害。民用航空器造成他人损害的，包括两种情形：一种情形是民用航空器在运输旅客、货物的过程中，对所载运的旅客、货物造成的损害；另一种情形是民用航空器对地面第三人的人身、财产造成的损害。

民用航空器的经营者承担无过错责任。本条中规定，民用航空器造成他人损害的，民用航空器的经营者应当承担侵权责任。关于不承担责任的情形，根据本条的规定，能够证明损害是因受害人故意造成的，民用航空器的经营者不承担责任；即使是因为自然原因引起的不可抗力事件，造成他人损害的，民用航空器的经营者也要承担责任。

关联法规

《民用航空法》第124、125条

第一千二百三十九条　【高度危险物致害责任】占有或者使用易燃、易爆、剧毒、高放射性、强腐蚀性、高致病性等高度危险物造成他人损害的，占有人或者使用人应当承担侵权责任；但是，能够证明损害是因受害人故意或者不可抗力造成的，不承担责任。被侵权人对损害的发生有重大过失的，可以减轻占有人或者使用人的责任。

条文注释

本条调整的高度危险物，不仅仅涉及易燃、易爆、剧毒、高放射性、强腐蚀性、高致病性这几类，其他因其自然属性极易危及人身、财产的物品也适用本条的规定。本条规范的行为是对高度危险物的占有或者使用，承担责任的主体是占有人或者使用人。这里的“占有”和“使用”包括生产、储存、运输高度危险品以及将高度危险品作为原料或者工具进行生产等行为。

本条规定占有人或者使用人承担无过错责任。只要是易燃、易爆、剧毒、高放射性、强腐蚀性、高致病性等高度危险物造成他人人身、财产损害的，占有人或者使用人就应当承担侵权责任。这里的“侵权责任”并不限于赔偿损失，而应当包括在事故发生后，占有人或者使用人迅速采取有效措施，如组织抢救、防止事故扩大、减少人员伤亡和财产损失的责任等。

根据本条的规定，能够证明损害是因受害人故意或者不可抗力造成的，占有人或者使用人不承担责任。需要指出的是，不承担责任情形的举证责任属于占有人或者使用人，由其来证明损害是因为受害人故意或者不可抗力引起的，才能依法不承担责任。

此外，本条还明确规定了减轻责任的情形：在高度危险物占有人或者使用人已经尽到注意义务的前提下，受害人有重大过失的，可以减轻占有人或者使用人的赔偿责任。本条将减轻责任的情形严格限定为受害人有“重大过失”，受害人有一般过失的，不能减轻占有人或者使用人的赔偿责任。至于什么是“重大过失”，可以在实践中根据占有人或者使用人是否已经尽到注意义务、受害人行为方式、因果关系等因素作具体判断。

第一千二百四十条　【从事高空、高压、地下挖掘活动或者使用高速轨道运输工具致害责任】从事高空、高压、地下挖掘活动或者使用高速轨道运输工具造成他人损害的，经营者应当承担侵权责任；但是，能够证明损害是因受害人故意或者不可抗力造成的，不承担责任。被侵权人对损害的发生有重大过失的，可以减轻经营者的责任。

第一千二百四十一条　【遗失、抛弃高度危险物致害责任】遗失、抛弃高度危险物造成他人损害的，由所有人承担侵权责任。所有人将高度危险物交由他人管理的，由管理人承担侵权责任；所有人有过错的，与管理人承担连带责任。

条文注释

根据本条的规定，遗失、抛弃高度危险物造成他人损害的，由所有人承担侵权责任。按照有关高度危险物的生产、储存和处置的安全规范，所有人应当采取必要的安全措施保管或者处置其所有的高度危险物。违反有关规定抛弃或者遗失高度危险物造成他人损害的，应当承担侵权责任。这里的“侵权责任”既包括对受害人的赔偿，也包括应当积极采取补救措施。由于高度危险物本身的危险特性，这里的“侵权责任”是无过错责任。同时，考虑到遗失、抛弃高度危险物的，其所有人往往违反了有关安全规范，本身有过错，因此，这里的责任应当更严格。

本条中同时规定，所有人将高度危险物交由他人管理的，由管理人承担侵权责任。高度危险物的管理人应当具有相应的资质，并应当按照国家有关安全规范妥善管理他人交付的高度危险物。因为管理不善遗失、抛弃高度危险物的，管理人应当承担侵权责任。同时，所有人有过错的，与管理人承担连带责任。

第一千二百四十二条 【非法占有高度危险物致害责任】非法占有高度危险物造成他人损害的，由非法占有人承担侵权责任。所有人、管理人不能证明对防止非法占有尽到高度注意义务的，与非法占有人承担连带责任。

第一千二百四十三条 【高度危险场所安全保障责任】未经许可进入高度危险活动区域或者高度危险物存放区域受到损害，管理人能够证明已经采取足够安全措施并尽到充分警示义务的，可以减轻或者不承担责任。

条文注释

一般来说，对于高度危险作业活动，作业人应当承担无过错责任。无过错责任非常重要的一个特点，就是它的免责或者减责事由仅限于法律规定，即只有在法律明文规定不承担责任或者减轻责任的情况下，作业人才可以提出抗辩。本条规定，未经许可进入高度危险活动区域或者高度危险物存放区域受到损害，管理人能够证明已经采取足够安全措施并尽到充分警示义务的，可以减轻或者不承担责任。

第一千二百四十四条 【高度危险责任赔偿限额】承担高度危险责任，法律规定赔偿限额的，依照其规定，但是行为人有故意或者重大过失的除外。

关联法规

《民用航空法》第128、129、132条；《国内航空运输承运人赔偿责任限额规定》第3～5条；《国务院关于核事故损害赔偿责任问题的批复》第7条

第九章 饲养动物损害责任

第一千二百四十五条 【饲养动物致害责任的一般规定】饲养的动物造成他人损害的，动物饲养人或者管理人应当承担侵权责任；但是，能够证明损害是因被侵权人故意或者重大过失造成的，可以不承担或者减轻责任。

条文注释

动物致人损害的构成要件是:(1)饲养的动物;(2)动物的加害行为;(3)造成他人损害的事实;(4)动物加害行为与损害之间的因果关系。一旦造成损害,动物的饲养人或者管理人就应承担民事责任,除具有法定的抗辩事由外,不能免责。法定的抗辩事由,是指能够证明损害是因被侵权人故意或者重大过失造成的,可以不承担或者减轻责任。饲养的动物必须是能够为人所占有或者控制的动物。野生动物不属于本法中的"饲养的动物"。

根据本条的规定,动物的饲养人或者管理人都是责任主体。在实际生活中,动物的饲养人与管理人有时为同一人,有时则为不同人。动物的饲养人与管理人为同一人时,也就是由动物的所有人自己占有和管束动物,在这种情况下,赔偿主体是很清楚的。当动物的饲养人与管理人为不同人时,管束动物的义务由饲养人转移给管理人,这时的赔偿主体应为管理人。至于管理人是有偿管理还是无偿管理,是长期管理还是临时管理,在所不问。

本条适用举证责任倒置。动物饲养人或者管理人如果想要减轻或者不承担责任,就必须证明被侵权人的损害是因为他自己的故意或者重大过失造成的。如果举证不足或者举证不能,动物饲养人或者管理人就应承担动物致害的赔偿责任。

第一千二百四十六条　【违反规定未对动物采取安全措施致害责任】违反管理规定,未对动物采取安全措施造成他人损害的,动物饲养人或者管理人应当承担侵权责任;但是,能够证明损害是因被侵权人故意造成的,可以减轻责任。

第一千二百四十七条　【禁止饲养的危险动物致害责任】禁止饲养的烈性犬等危险动物造成他人损害的,动物饲养人或者管理人应当承担侵权责任。

条文注释

为确保公民的人身安全,本条对禁止饲养的危险动物伤人的侵权行为作出了非常严格的规定,只要违反管理规定饲养了烈性犬等危险动物,并造成他人损害的,动物饲养人或者管理人就应当承担侵权责任,没有任何的免责事由可以援引。

关联法规

《侵权责任编解释一》第23条

第一千二百四十八条　【动物园的动物致害责任】动物园的动物造成他人损害的，动物园应当承担侵权责任；但是，能够证明尽到管理职责的，不承担侵权责任。

条文注释

本条适用过错推定责任，动物园负有高度注意义务，只有能够证明已经采取足够的安全措施，并尽到充分的警示义务，才能被认定为没有过错。如果动物园能够证明设施、设备没有瑕疵，有明显的警示牌，管理人员对游客挑逗、投打动物或者擅自翻越栏杆靠近动物等行为进行了劝阻，应尽的管理职责已经尽到了，那么动物园就可以不承担侵权责任。

关联法规

《城市动物园管理规定》第17、21条；《野生动物保护法》第14、19条

第一千二百四十九条　【遗弃、逃逸的动物致害责任】遗弃、逃逸的动物在遗弃、逃逸期间造成他人损害的，由动物原饲养人或者管理人承担侵权责任。

第一千二百五十条　【因第三人的过错致使动物致害责任】因第三人的过错致使动物造成他人损害的，被侵权人可以向动物饲养人或者管理人请求赔偿，也可以向第三人请求赔偿。动物饲养人或者管理人赔偿后，有权向第三人追偿。

条文注释

第三人的过错，是指被侵权人和动物饲养人或者管理人以外的人对动物造成损害有过错。本条赋予了被侵权人选择权。因第三人的过错致使动物造成被侵权人损害的，被侵权人既可以请求第三人承担赔偿责任，也可以请求动物饲养人或者管理人承担赔偿责任。同时，本条还赋予了动物饲养人或者管理人追偿权。动物饲养人或者管理人对被侵权人赔偿后，有权向第三人追偿。

第一千二百五十一条　【饲养动物应履行的义务】饲养动物应当遵守法律法规，尊重社会公德，不得妨碍他人生活。

第十章　建筑物和物件损害责任

第一千二百五十二条　【建筑物、构筑物或者其他设施倒塌、塌陷致害责任】建筑物、构筑物或者其他设施倒塌、塌陷造成他人损害的，由建设单位与施工单位承担连带责任，但是建设单位与施工单位能够证明不存在质量缺陷的除外。建设单位、施工单位赔偿后，有其他责任人的，有权向其他责任人追偿。

因所有人、管理人、使用人或者第三人的原因，建筑物、构筑物或者其他设施倒塌、塌陷造成他人损害的，由所有人、管理人、使用人或者第三人承担侵权责任。

条文注释

本条所说的“倒塌、塌陷”，是指建筑物、构筑物或者其他设施坍塌、倒覆，造成该建筑物、构筑物或者其他设施丧失基本使用功能。例如，楼房倒塌、桥梁的桥墩坍塌、电视塔从中间折断、烟囱倾倒、地面塌陷等。

本条中规定，建筑物、构筑物或者其他设施倒塌、塌陷造成他人损害的，由建设单位与施工单位承担连带责任。被侵权人既可以要求建设单位承担侵权责任，也可以要求施工单位承担侵权责任，还可以要求二者共同承担侵权责任。

本条增加了“但书”规定，即建设单位与施工单位能够证明不存在质量缺陷的，不承担连带责任。

同时，根据本条第1款的规定，建设单位、施工单位赔偿后，有其他责任人的，有权向其他责任人追偿。这里规定的“其他责任人”，主要包括勘察单位、设计单位等；监理单位；勘察、设计、监理单位以外的责任人。

本条第2款规定，因所有人、管理人、使用人或者第三人的原因，建筑物、构筑物或者其他设施倒塌、塌陷造成他人损害的，由所有人、管理人、使用人或者第三人承担侵权责任。

关联法规

《建筑法》第26、35、55、56、73、79条；《建设工程质量管理条例》第42、69条

第一千二百五十三条 【建筑物、构筑物或者其他设施及其搁置物、悬挂物脱落、坠落致害责任】建筑物、构筑物或者其他设施及其搁置物、悬挂物发生脱落、坠落造成他人损害,所有人、管理人或者使用人不能证明自己没有过错的,应当承担侵权责任。所有人、管理人或者使用人赔偿后,有其他责任人的,有权向其他责任人追偿。

条文注释

本条规定了三个侵权责任主体:(1)所有人,是指对建筑物等设施拥有所有权的人。(2)管理人,是指对建筑物等设施及其搁置物、悬挂物负有管理、维护义务的人。(3)使用人,是指因租赁、借用或者其他情形使用建筑物等设施的人。一般来讲,使用人承担责任有两种情形:第一,使用人依法对其使用的建筑物、构筑物或者其他设施负有管理、维护的义务时,因其管理、维护不当造成他人损害。第二,使用人对建筑物、构筑物或者其他设施的搁置物、悬挂物管理、维护不当,造成他人损害。

本条采用过错推定原则。损害发生后,被侵权人证明自己的损害是因建筑物等设施或者其搁置物、悬挂物脱落、坠落造成的,所有人、管理人或者使用人对自己没有过错承担举证责任,其不能证明自己没有过错的,应当承担侵权责任。

本条中同时规定,所有人、管理人或者使用人赔偿后,有其他责任人的,有权向其他责任人追偿。其他责任人,是指所有人、管理人或者使用人之外的对损害的发生负有责任的人。

第一千二百五十四条 【从建筑物中抛掷物、坠落物致害责任】禁止从建筑物中抛掷物品。从建筑物中抛掷物品或者从建筑物上坠落的物品造成他人损害的,由侵权人依法承担侵权责任;经调查难以确定具体侵权人的,除能够证明自己不是侵权人的外,由可能加害的建筑物使用人给予补偿。可能加害的建筑物使用人补偿后,有权向侵权人追偿。

物业服务企业等建筑物管理人应当采取必要的安全保障措施防止前款规定情形的发生;未采取必要的安全保障措施的,应当依法承担未履行安全保障义务的侵权责任。

发生本条第一款规定的情形的,公安等机关应当依法及时调查,查清责任人。

条文注释

本条第1款中明确规定,禁止从建筑物中抛掷物品。如果物体并非从建筑物中抛掷或坠落,则不适用该规定。本款规定中的“经调查难以确定具体侵权人”,是指无法确定物品具体是从哪一个房间抛掷、坠落的,因此无法确定具体的侵权人。

在建筑物使用人是多人的情况下,从建筑物中抛掷物品或者从建筑物上坠落的物品造成他人损害,经调查难以确定具体侵权人的,要从这些使用人中确定可能的侵权人。本款规定的建筑物使用人,是指在侵权行为发生时建筑物的实际使用人。如果根据社会生活实践经验、科学手段、监控手段、侦查措施等方法,可以推测认为抛掷物、坠落物有可能是从某人使用的建筑物中抛掷或坠落的,则该使用人就是本款所说的“可能加害的建筑物使用人”。当然,这种可能性必须在一定的合理范围内。

本款规定,除能够证明自己不是侵权人的外,由可能加害的建筑物使用人给予补偿。本款采用举证责任倒置,即无法确定具体的侵权人的,由被侵权人证明自己是被建筑物上的抛掷物、坠落物伤害的,由建筑物使用人证明自己不是侵权人。建筑物使用人不能证明自己不是侵权人的,要对被侵权人受到的损害进行补偿。如果有证据能够确定具体的侵权人,则其他可能加害的建筑物使用人无须再举证证明自己不是侵权人。

根据本款的规定,发现真正侵权人后,承担了补偿责任的建筑物使用人具有追偿权。由可能加害的建筑物使用人对被侵权人给予补偿的,各个可能加害的建筑物使用人之间不承担连带责任,而是按份分别对被侵权人进行补偿。

本条第2款规定了物业服务企业等建筑物管理人的义务。物业服务企业与业主签订物业服务合同,应当履行合同约定的义务。

本条第3款规定了公安等机关的及时调查义务。从建筑物中抛掷物品或者从建筑物上坠落的物品造成他人损害的,公安等机关应当依法及时调查,查清责任人。

关联法规

《时间效力规定》第19条;《侵权责任编解释一》第24、25条

典型案例

庾某娴诉黄某辉高空抛物损害责任纠纷案[①]

典型意义：本案是人民法院首次适用《民法典》第1254条判决高空抛物者承担赔偿责任，切实维护人民群众“头顶上的安全”的典型案例。《民法典》侵权责任编明确禁止从建筑物中抛掷物品，进一步完善了高空抛物的治理规则。本案依法判决高空抛物者承担赔偿责任，有利于通过公正裁判树立行为规则，进一步强化高空抛物、坠物行为预防和惩治工作，也有利于更好地保障居民合法权益，切实增强人民群众的幸福感、安全感。

第一千二百五十五条　【堆放物倒塌、滚落或者滑落致害责任】堆放物倒塌、滚落或者滑落造成他人损害，堆放人不能证明自己没有过错的，应当承担侵权责任。

第一千二百五十六条　【在公共道路上堆放、倾倒、遗撒妨碍通行的物品致害责任】在公共道路上堆放、倾倒、遗撒妨碍通行的物品造成他人损害的，由行为人承担侵权责任。公共道路管理人不能证明已经尽到清理、防护、警示等义务的，应当承担相应的责任。

第一千二百五十七条　【林木折断、倾倒或者果实坠落等致人损害的侵权责任】因林木折断、倾倒或者果实坠落等造成他人损害，林木的所有人或者管理人不能证明自己没有过错的，应当承担侵权责任。

条文注释

根据本条的规定，对于林木折断、倾倒或者果实坠落等造成他人损害，适用过错推定的归责原则，林木的所有人或者管理人不能证明自己没有过错的，应当承担侵权责任。所有人或者管理人要证明自己没有过错，通常要证明其对林木已经尽到了管理、维护的义务。需要说明的是，很多时候，林木的折断表面上是由于自然原因或者第三人等原因造成的，但实质上与所有人或者管理人的过错有关。因此，所有人或者管理人不能证明自己没有过错的，仍然要承担侵权责任。如果林木的折断完全是因自

① 参见《人民法院贯彻实施民法典典型案例（第一批）》之十三。

然原因、第三人或者受害人的过错造成，则林木的所有人或者管理人能够证明自己没有过错的，不承担侵权责任。

第一千二百五十八条 【公共场所或者道路上施工致害责任和窨井等地下设施致害责任】在公共场所或者道路上挖掘、修缮安装地下设施等造成他人损害，施工人不能证明已经设置明显标志和采取安全措施的，应当承担侵权责任。

窨井等地下设施造成他人损害，管理人不能证明尽到管理职责的，应当承担侵权责任。

条文注释

1. 公共场所或者道路上挖掘、修缮安装地下设施等造成他人损害的责任

在公共场所或者道路上施工，应当设置明显标志和采取安全措施，包括以下几个方面：(1)设置的警示标志必须具有明显性。施工人设置的警示标志要足以引起他人对施工现场的注意，从而使他人采取相应的安全应对措施，如减速、绕行等。(2)施工人要保证警示标志的稳固并负责对其进行维护，使警示标志在施工期间持续地存在于施工期间。(3)仅设置明显的标志不足以保障他人的安全的，施工人还应当采取其他有效的安全措施。

公共场所或者道路施工致人损害的责任人是施工人，是指组织施工的单位或者个人，而非施工单位的工作人员或者个体施工人的雇员，本条采用过错推定归责原则，施工人不能证明已经设置明显标志和采取安全措施的，应当承担侵权责任。

本条第1款与本法第1256条规定的情形，主要有如下区别：(1)发生的原因不同。公共场所或者道路上施工致人损害责任，是施工人在施工过程中没有设置明显标志和采取安全措施，造成他人损害时应当承担的侵权责任。在公共道路上设置妨碍通行物致人损害责任，是在公共道路上堆放、倾倒、遗撒妨碍通行的物品造成他人损害，有关的单位和个人应当承担的侵权责任。(2)责任主体不同。公共场所施工致人损害的责任主体是施工人，在公共道路上堆放、倾倒、遗撒妨碍通行的物品造成他人损害的责任主体是行为人和公共道路管理人。

2. 窨井等地下设施造成他人损害责任

窨井，是指上下水道或者其他地下管线工程中，为便于检查或疏通而

设置的井状构筑物。其他地下设施包括地窖、水井、下水道以及其他地下坑道等。窨井等地下设施致人损害时，适用过错推定的归责原则。

关联法规

《道路交通安全法》第32、104、105条；《公路法》第32条；《城市道路管理条例》第24、35条

附　　则

第一千二百五十九条　【法律术语含义】民法所称的"以上"、"以下"、"以内"、"届满",包括本数;所称的"不满"、"超过"、"以外",不包括本数。

条文注释

在汉语词义的解释中,"以上"指的是位置或者数目等在某一点之上;"以下"指的是位置或者数目不高于某一点;"以内"指的是介于一定的时间、数量、范围之中;"届满"指的是规定的期限已满、到期。"不满"指的是不充满,量不足;"超过"指的是高出、超出;"以外"指的是一定的限制、界限或者范围之外。从上面的基本含义可以得知,"以上""以下""以内""届满",应当包括本数;"不满""超过""以外",不包括本数。

第一千二百六十条　【施行日期及旧法废止】本法自2021年1月1日起施行。《中华人民共和国婚姻法》、《中华人民共和国继承法》、《中华人民共和国民法通则》、《中华人民共和国收养法》、《中华人民共和国担保法》、《中华人民共和国合同法》、《中华人民共和国物权法》、《中华人民共和国侵权责任法》、《中华人民共和国民法总则》同时废止。

关联法规

《时间效力规定》第1~5条

附录　相关司法解释

最高人民法院关于适用《中华人民共和国民法典》时间效力的若干规定

（2020年12月14日最高人民法院审判委员会第1821次会议通过　2020年12月29日公布　自2021年1月1日起施行　法释〔2020〕15号）

根据《中华人民共和国立法法》《中华人民共和国民法典》等法律规定，就人民法院在审理民事纠纷案件中有关适用民法典时间效力问题作出如下规定。

一、一般规定

第一条　民法典施行后的法律事实引起的民事纠纷案件，适用民法典的规定。

民法典施行前的法律事实引起的民事纠纷案件，适用当时的法律、司法解释的规定，但是法律、司法解释另有规定的除外。

民法典施行前的法律事实持续至民法典施行后，该法律事实引起的民事纠纷案件，适用民法典的规定，但是法律、司法解释另有规定的除外。

第二条　民法典施行前的法律事实引起的民事纠纷案件，当时的法律、司法解释有规定，适用当时的法律、司法解释的规定，但是适用民法典的规定更有利于保护民事主体合法权益，更有利于维护社会和经济秩序，更有利于弘扬社会主义核心价值观的除外。

第三条　民法典施行前的法律事实引起的民事纠纷案件，当时的法律、司法解释没有规定而民法典有规定的，可以适用民法典的规定，但是明显减损当事人合法权益、增加当事人法定义务或者背离当事人合理预期的除外。

第四条　民法典施行前的法律事实引起的民事纠纷案件，当时的法律、司法解释仅有原则性规定而民法典有具体规定的，适用当时的法律、司法解释的规定，但是可以依据民法典具体规定进行裁判说理。

第五条　民法典施行前已经终审的案件，当事人申请再审或者按照审判监督程序决定再审的，不适用民法典的规定。

二、溯及适用的具体规定

第六条　《中华人民共和国民法总则》施行前，侵害英雄烈士等的姓名、肖像、名誉、荣誉，损害社会公共利益引起的民事纠纷案件，适用民法典第一百八十五条的规定。

第七条　民法典施行前，当事人在债务履行期限届满前约定债务人不履行到期债务时抵押财产或者质押财产归债权人所有的，适用民法典第四百零一条和第四百二十八条的规定。

第八条 民法典施行前成立的合同，适用当时的法律、司法解释的规定合同无效而适用民法典的规定合同有效的，适用民法典的相关规定。

第九条 民法典施行前订立的合同，提供格式条款一方未履行提示或者说明义务，涉及格式条款效力认定的，适用民法典第四百九十六条的规定。

第十条 民法典施行前，当事人一方未通知对方而直接以提起诉讼方式依法主张解除合同的，适用民法典第五百六十五条第二款的规定。

第十一条 民法典施行前成立的合同，当事人一方不履行非金钱债务或者履行非金钱债务不符合约定，对方可以请求履行，但是有民法典第五百八十条第一款第一项、第二项、第三项除外情形之一，致使不能实现合同目的，当事人请求终止合同权利义务关系的，适用民法典第五百八十条第二款的规定。

第十二条 民法典施行前订立的保理合同发生争议的，适用民法典第三编第十六章的规定。

第十三条 民法典施行前，继承人有民法典第一千一百二十五条第一款第四项和第五项规定行为之一，对该继承人是否丧失继承权发生争议的，适用民法典第一千一百二十五条第一款和第二款的规定。

民法典施行前，受遗赠人有民法典第一千一百二十五条第一款规定行为之一，对受遗赠人是否丧失受遗赠权发生争议的，适用民法典第一千一百二十五条第一款和第三款的规定。

第十四条 被继承人在民法典施行前死亡，遗产无人继承又无人受遗赠，其兄弟姐妹的子女请求代位继承的，适用民法典第一千一百二十八条第二款和第三款的规定，但是遗产已经在民法典施行前处理完毕的除外。

第十五条 民法典施行前，遗嘱人以打印方式立的遗嘱，当事人对该遗嘱效力发生争议的，适用民法典第一千一百三十六条的规定，但是遗产已经在民法典施行前处理完毕的除外。

第十六条 民法典施行前，受害人自愿参加具有一定风险的文体活动受到损害引起的民事纠纷案件，适用民法典第一千一百七十六条的规定。

第十七条 民法典施行前，受害人为保护自己合法权益采取扣留侵权人的财物等措施引起的民事纠纷案件，适用民法典第一千一百七十七条的规定。

第十八条 民法典施行前，因非营运机动车发生交通事故造成无偿搭乘人损害引起的民事纠纷案件，适用民法典第一千二百一十七条的规定。

第十九条 民法典施行前，从建筑物中抛掷物品或者从建筑物上坠落的物品造成他人损害引起的民事纠纷案件，适用民法典第一千二百五十四条的规定。

三、衔接适用的具体规定

第二十条 民法典施行前成立的合同，依照法律规定或者当事人约定该合同的履行持续至民法典施行后，因民法典施行前履行合同发生争议的，适用当时的法律、司法解释的规定；因民法典施行后履行合同发生争议的，适用民法典第三编第四章和第五章的相关规定。

第二十一条 民法典施行前租赁期限届满，当事人主张适用民法典第七百三十四条第二款规定的，人民法院不予支持；租赁期限在民法典施行后届满，当事人主张适用民法典第七百三十四条第二款规定的，人民法院依法予以支持。

第二十二条 民法典施行前，经人民法院判决不准离婚后，双方又分居满一年，一方再次提起离婚诉讼的，适用民法典第一千零七十九条第五款的规定。

第二十三条 被继承人在民法典施行前立有公证遗嘱，民法典施行后又立有新遗嘱，其死亡后，因该数份遗嘱内容相抵触发生争议的，适用民法典第一千一百四十二条第三款的规定。

第二十四条 侵权行为发生在民法典施行前，但是损害后果出现在民法典施行后的民事纠纷案件，适用民法典的规定。

第二十五条 民法典施行前成立的合同，当时的法律、司法解释没有规定且当事人没有约定解除权行使期限，对方当事人也未催告的，解除权人在民法典施行前知道或者应当知道解除事由，自民法典施行之日起一年内不行使的，人民法院应当依法认定该解除权消灭；解除权人在民法典施行后知道或者应当知道解除事由的，适用民法典第五百六十四条第二款关于解除权行使期限的规定。

第二十六条 当事人以民法典施行前受胁迫结婚为由请求人民法院撤销婚姻的，撤销权的行使期限适用民法典第一千零五十二条第二款的规定。

第二十七条 民法典施行前成立的保证合同，当事人对保证期间约定不明确，主债务履行期限届满至民法典施行之日不满二年，当事人主张保证期间为主债务履行期限届满之日起二年的，人民法院依法予以支持；当事人对保证期间没有约定，主债务履行期限届满至民法典施行之日不满六个月，当事人主张保证期间为主债务履行期限届满之日起六个月的，人民法院依法予以支持。

四、附　　则

第二十八条 本规定自2021年1月1日起施行。

本规定施行后，人民法院尚未审结的一审、二审案件适用本规定。

最高人民法院关于适用《中华人民共和国民法典》婚姻家庭编的解释(一)

(2020年12月25日最高人民法院审判委员会第1825次会议通过　2020年12月29日公布　自2021年1月1日起施行　法释〔2020〕22号)

为正确审理婚姻家庭纠纷案件,根据《中华人民共和国民法典》《中华人民共和国民事诉讼法》等相关法律规定,结合审判实践,制定本解释。

一、一般规定

第一条　持续性、经常性的家庭暴力,可以认定为民法典第一千零四十二条、第一千零七十九条、第一千零九十一条所称的“虐待”。

第二条　民法典第一千零四十二条、第一千零七十九条、第一千零九十一条规定的“与他人同居”的情形,是指有配偶者与婚外异性,不以夫妻名义,持续、稳定地共同居住。

第三条　当事人提起诉讼仅请求解除同居关系的,人民法院不予受理;已经受理的,裁定驳回起诉。

当事人因同居期间财产分割或者子女抚养纠纷提起诉讼的,人民法院应当受理。

第四条　当事人仅以民法典第一千零四十三条为依据提起诉讼的,人民法院不予受理;已经受理的,裁定驳回起诉。

第五条　当事人请求返还按照习俗给付的彩礼的,如果查明属于以下情形,人民法院应当予以支持:

(一)双方未办理结婚登记手续;

(二)双方办理结婚登记手续但确未共同生活;

(三)婚前给付并导致给付人生活困难。

适用前款第二项、第三项的规定,应当以双方离婚为条件。

二、结　　婚

第六条　男女双方依据民法典第一千零四十九条规定补办结婚登记的,婚姻关系的效力从双方均符合民法典所规定的结婚的实质要件时起算。

第七条　未依据民法典第一千零四十九条规定办理结婚登记而以夫妻名义共同生活的男女,提起诉讼要求离婚的,应当区别对待:

(一)1994年2月1日民政部《婚姻登记管理条例》公布实施以前,男女双方已经符合结婚实质要件的,按事实婚姻处理。

(二)1994年2月1日民政部《婚姻登记管理条例》公布实施以后,男女双方符合结婚实质要件的,人民法院应当告知其补办结婚登记。未补办结婚登记的,依据本解释第三条规定处理。

第八条　未依据民法典第一千零四十九条规定办理结婚登记而以夫妻名义共同生活的男女,一方死亡,另一方以配偶身份主张享有继承权的，依据本解释第七条的原则处理。

第九条　有权依据民法典第一千零五十一条规定向人民法院就已办理结婚登记的婚姻请求确认婚姻无效的主体，包括婚姻当事人及利害关系人。其中，利害关系人包括：

（一）以重婚为由的，为当事人的近亲属及基层组织；

（二）以未到法定婚龄为由的，为未到法定婚龄者的近亲属；

（三）以有禁止结婚的亲属关系为由的，为当事人的近亲属。

第十条　当事人依据民法典第一千零五十一条规定向人民法院请求确认婚姻无效，法定的无效婚姻情形在提起诉讼时已经消失的，人民法院不予支持。

第十一条　人民法院受理请求确认婚姻无效案件后，原告申请撤诉的，不予准许。

对婚姻效力的审理不适用调解，应当依法作出判决。

涉及财产分割和子女抚养的，可以调解。调解达成协议的，另行制作调解书；未达成调解协议的，应当一并作出判决。

第十二条　人民法院受理离婚案件后，经审理确属无效婚姻的，应当将婚姻无效的情形告知当事人，并依法作出确认婚姻无效的判决。

第十三条　人民法院就同一婚姻关系分别受理了离婚和请求确认婚姻无效案件的，对于离婚案件的审理，应当待请求确认婚姻无效案件作出判决后进行。

第十四条　夫妻一方或者双方死亡后，生存一方或者利害关系人依据民法典第一千零五十一条的规定请求确认婚姻无效的，人民法院应当受理。

第十五条　利害关系人依据民法典第一千零五十一条的规定，请求人民法院确认婚姻无效的，利害关系人为原告，婚姻关系当事人双方为被告。

夫妻一方死亡的，生存一方为被告。

第十六条　人民法院审理重婚导致的无效婚姻案件时，涉及财产处理的，应当准许合法婚姻当事人作为有独立请求权的第三人参加诉讼。

第十七条　当事人以民法典第一千零五十一条规定的三种无效婚姻以外的情形请求确认婚姻无效的，人民法院应当判决驳回当事人的诉讼请求。

当事人以结婚登记程序存在瑕疵为由提起民事诉讼，主张撤销结婚登记的，告知其可以依法申请行政复议或者提起行政诉讼。

第十八条　行为人以给另一方当事人或者其近亲属的生命、身体、健康、名誉、财产等方面造成损害为要挟，迫使另一方当事人违背真实意愿结婚的，可以认定为民法典第一千零五十二条所称的“胁迫”。

因受胁迫而请求撤销婚姻的，只能是受胁迫一方的婚姻关系当事人本人。

第十九条　民法典第一千零五十

二条规定的“一年”,不适用诉讼时效中止、中断或者延长的规定。

受胁迫或者被非法限制人身自由的当事人请求撤销婚姻的,不适用民法典第一百五十二条第二款的规定。

第二十条　民法典第一千零五十四条所规定的“自始没有法律约束力”,是指无效婚姻或者可撤销婚姻在依法被确认无效或者被撤销时,才确定该婚姻自始不受法律保护。

第二十一条　人民法院根据当事人的请求,依法确认婚姻无效或者撤销婚姻的,应当收缴双方的结婚证书并将生效的判决书寄送当地婚姻登记管理机关。

第二十二条　被确认无效或者被撤销的婚姻,当事人同居期间所得的财产,除有证据证明为当事人一方所有的以外,按共同共有处理。

三、夫妻关系

第二十三条　夫以妻擅自中止妊娠侵犯其生育权为由请求损害赔偿的,人民法院不予支持;夫妻双方因是否生育发生纠纷,致使感情确已破裂,一方请求离婚的,人民法院经调解无效,应依照民法典第一千零七十九条第三款第五项的规定处理。

第二十四条　民法典第一千零六十二条第一款第三项规定的“知识产权的收益”,是指婚姻关系存续期间,实际取得或者已经明确可以取得的财产性收益。

第二十五条　婚姻关系存续期间,下列财产属于民法典第一千零六十二条规定的“其他应当归共同所有的财产”:

(一)一方以个人财产投资取得的收益;

(二)男女双方实际取得或者应当取得的住房补贴、住房公积金;

(三)男女双方实际取得或者应当取得的基本养老金、破产安置补偿费。

第二十六条　夫妻一方个人财产在婚后产生的收益,除孳息和自然增值外,应认定为夫妻共同财产。

第二十七条　由一方婚前承租、婚后用共同财产购买的房屋,登记在一方名下的,应当认定为夫妻共同财产。

第二十八条　一方未经另一方同意出售夫妻共同所有的房屋,第三人善意购买、支付合理对价并已办理不动产登记,另一方主张追回该房屋的,人民法院不予支持。

夫妻一方擅自处分共同所有的房屋造成另一方损失,离婚时另一方请求赔偿损失的,人民法院应予支持。

第二十九条　当事人结婚前,父母为双方购置房屋出资的,该出资应当认定为对自己子女个人的赠与,但父母明确表示赠与双方的除外。

当事人结婚后,父母为双方购置房屋出资的,依照约定处理;没有约定或者约定不明确的,按照民法典第一千零六十二条第一款第四项规定的原则处理。

第三十条　军人的伤亡保险金、伤残补助金、医药生活补助费属于个人财产。

第三十一条　民法典第一千零六十三条规定为夫妻一方的个人财产，不因婚姻关系的延续而转化为夫妻共同财产。但当事人另有约定的除外。

第三十二条　婚前或者婚姻关系存续期间，当事人约定将一方所有的房产赠与另一方或者共有，赠与方在赠与房产变更登记之前撤销赠与，另一方请求判令继续履行的，人民法院可以按照民法典第六百五十八条的规定处理。

第三十三条　债权人就一方婚前所负个人债务向债务人的配偶主张权利的，人民法院不予支持。但债权人能够证明所负债务用于婚后家庭共同生活的除外。

第三十四条　夫妻一方与第三人串通，虚构债务，第三人主张该债务为夫妻共同债务的，人民法院不予支持。

夫妻一方在从事赌博、吸毒等违法犯罪活动中所负债务，第三人主张该债务为夫妻共同债务的，人民法院不予支持。

第三十五条　当事人的离婚协议或者人民法院生效判决、裁定、调解书已经对夫妻财产分割问题作出处理的，债权人仍有权就夫妻共同债务向男女双方主张权利。

一方就夫妻共同债务承担清偿责任后，主张由另一方按照离婚协议或者人民法院的法律文书承担相应债务的，人民法院应予支持。

第三十六条　夫或者妻一方死亡的，生存一方应当对婚姻关系存续期间的夫妻共同债务承担清偿责任。

第三十七条　民法典第一千零六十五条第三款所称“相对人知道该约定的”，夫妻一方对此负有举证责任。

第三十八条　婚姻关系存续期间，除民法典第一千零六十六条规定情形以外，夫妻一方请求分割共同财产的，人民法院不予支持。

四、父母子女关系

第三十九条　父或者母向人民法院起诉请求否认亲子关系，并已提供必要证据予以证明，另一方没有相反证据又拒绝做亲子鉴定的，人民法院可以认定否认亲子关系一方的主张成立。

父或者母以及成年子女起诉请求确认亲子关系，并提供必要证据予以证明，另一方没有相反证据又拒绝做亲子鉴定的，人民法院可以认定确认亲子关系一方的主张成立。

第四十条　婚姻关系存续期间，夫妻双方一致同意进行人工授精，所生子女应视为婚生子女，父母子女间的权利义务关系适用民法典的有关规定。

第四十一条　尚在校接受高中及其以下学历教育，或者丧失、部分丧失劳动能力等非因主观原因而无法维持正常生活的成年子女，可以认定为民法典第一千零六十七条规定的“不能独立生活的成年子女”。

第四十二条　民法典第一千零六十七条所称“抚养费”，包括子女生活费、教育费、医疗费等费用。

第四十三条　婚姻关系存续期间，

父母双方或者一方拒不履行抚养子女义务,未成年子女或者不能独立生活的成年子女请求支付抚养费的,人民法院应予支持。

第四十四条 离婚案件涉及未成年子女抚养的,对不满两周岁的子女,按照民法典第一千零八十四条第三款规定的原则处理。母亲有下列情形之一,父亲请求直接抚养的,人民法院应予支持:

(一)患有久治不愈的传染性疾病或者其他严重疾病,子女不宜与其共同生活;

(二)有抚养条件不尽抚养义务,而父亲要求子女随其生活;

(三)因其他原因,子女确不宜随母亲生活。

第四十五条 父母双方协议不满两周岁子女由父亲直接抚养,并对子女健康成长无不利影响的,人民法院应予支持。

第四十六条 对已满两周岁的未成年子女,父母均要求直接抚养,一方有下列情形之一的,可予优先考虑:

(一)已做绝育手术或者因其他原因丧失生育能力;

(二)子女随其生活时间较长,改变生活环境对子女健康成长明显不利;

(三)无其他子女,而另一方有其他子女;

(四)子女随其生活,对子女成长有利,而另一方患有久治不愈的传染性疾病或者其他严重疾病,或者有其他不利于子女身心健康的情形,不宜与子女共同生活。

第四十七条 父母抚养子女的条件基本相同,双方均要求直接抚养子女,但子女单独随祖父母或者外祖父母共同生活多年,且祖父母或者外祖父母要求并且有能力帮助子女照顾孙子女或者外孙子女的,可以作为父或者母直接抚养子女的优先条件予以考虑。

第四十八条 在有利于保护子女利益的前提下,父母双方协议轮流直接抚养子女的,人民法院应予支持。

第四十九条 抚养费的数额,可以根据子女的实际需要、父母双方的负担能力和当地的实际生活水平确定。

有固定收入的,抚养费一般可以按其月总收入的百分之二十至三十的比例给付。负担两个以上子女抚养费的,比例可以适当提高,但一般不得超过月总收入的百分之五十。

无固定收入的,抚养费的数额可以依据当年总收入或者同行业平均收入,参照上述比例确定。

有特殊情况的,可以适当提高或者降低上述比例。

第五十条 抚养费应当定期给付,有条件的可以一次性给付。

第五十一条 父母一方无经济收入或者下落不明的,可以用其财物折抵抚养费。

第五十二条 父母双方可以协议由一方直接抚养子女并由直接抚养方负担子女全部抚养费。但是,直接抚养方的抚养能力明显不能保障子女所需费用,影响子女健康成长的,人民法院不予支持。

第五十三条　抚养费的给付期限，一般至子女十八周岁为止。

十六周岁以上不满十八周岁，以其劳动收入为主要生活来源，并能维持当地一般生活水平的，父母可以停止给付抚养费。

第五十四条　生父与继母离婚或者生母与继父离婚时，对曾受其抚养教育的继子女，继父或者继母不同意继续抚养的，仍应由生父或者生母抚养。

第五十五条　离婚后，父母一方要求变更子女抚养关系的，或者子女要求增加抚养费的，应当另行提起诉讼。

第五十六条　具有下列情形之一，父母一方要求变更子女抚养关系的，人民法院应予支持：

（一）与子女共同生活的一方因患严重疾病或者因伤残无力继续抚养子女；

（二）与子女共同生活的一方不尽抚养义务或有虐待子女行为，或者其与子女共同生活对子女身心健康确有不利影响；

（三）已满八周岁的子女，愿随另一方生活，该方又有抚养能力；

（四）有其他正当理由需要变更。

第五十七条　父母双方协议变更子女抚养关系的，人民法院应予支持。

第五十八条　具有下列情形之一，子女要求有负担能力的父或者母增加抚养费的，人民法院应予支持：

（一）原定抚养费数额不足以维持当地实际生活水平；

（二）因子女患病、上学，实际需要已超过原定数额；

（三）有其他正当理由应当增加。

第五十九条　父母不得因子女变更姓氏而拒付子女抚养费。父或者母擅自将子女姓氏改为继母或继父姓氏而引起纠纷的，应当责令恢复原姓氏。

第六十条　在离婚诉讼期间，双方均拒绝抚养子女的，可以先行裁定暂由一方抚养。

第六十一条　对拒不履行或者妨害他人履行生效判决、裁定、调解书中有关子女抚养义务的当事人或者其他人，人民法院可依照民事诉讼法第一百一十一条的规定采取强制措施。

五、离　　婚

第六十二条　无民事行为能力人的配偶有民法典第三十六条第一款规定行为，其他有监护资格的人可以要求撤销其监护资格，并依法指定新的监护人；变更后的监护人代理无民事行为能力一方提起离婚诉讼的，人民法院应予受理。

第六十三条　人民法院审理离婚案件，符合民法典第一千零七十九条第三款规定“应当准予离婚”情形的，不应当因当事人有过错而判决不准离婚。

第六十四条　民法典第一千零八十一条所称的“军人一方有重大过错”，可以依据民法典第一千零七十九条第三款前三项规定及军人有其他重大过错导致夫妻感情破裂的情形予以判断。

第六十五条　人民法院作出的生

效的离婚判决中未涉及探望权,当事人就探望权问题单独提起诉讼的,人民法院应予受理。

第六十六条　当事人在履行生效判决、裁定或者调解书的过程中,一方请求中止探望的,人民法院在征询双方当事人意见后,认为需要中止探望的,依法作出裁定;中止探望的情形消失后,人民法院应当根据当事人的请求书面通知其恢复探望。

第六十七条　未成年子女、直接抚养子女的父或者母以及其他对未成年子女负担抚养、教育、保护义务的法定监护人,有权向人民法院提出中止探望的请求。

第六十八条　对于拒不协助另一方行使探望权的有关个人或者组织,可以由人民法院依法采取拘留、罚款等强制措施,但是不能对子女的人身、探望行为进行强制执行。

第六十九条　当事人达成的以协议离婚或者到人民法院调解离婚为条件的财产以及债务处理协议,如果双方离婚未成,一方在离婚诉讼中反悔的,人民法院应当认定该财产以及债务处理协议没有生效,并根据实际情况依照民法典第一千零八十七条和第一千零八十九条的规定判决。

当事人依照民法典第一千零七十六条签订的离婚协议中关于财产以及债务处理的条款,对男女双方具有法律约束力。登记离婚后当事人因履行上述协议发生纠纷提起诉讼的,人民法院应当受理。

第七十条　夫妻双方协议离婚后就财产分割问题反悔,请求撤销财产分割协议的,人民法院应当受理。

人民法院审理后,未发现订立财产分割协议时存在欺诈、胁迫等情形的,应当依法驳回当事人的诉讼请求。

第七十一条　人民法院审理离婚案件,涉及分割发放到军人名下的复员费、自主择业费等一次性费用的,以夫妻婚姻关系存续年限乘以年平均值,所得数额为夫妻共同财产。

前款所称年平均值,是指将发放到军人名下的上述费用总额按具体年限均分得出的数额。其具体年限为人均寿命七十岁与军人入伍时实际年龄的差额。

第七十二条　夫妻双方分割共同财产中的股票、债券、投资基金份额等有价证券以及未上市股份有限公司股份时,协商不成或者按市价分配有困难的,人民法院可以根据数量按比例分配。

第七十三条　人民法院审理离婚案件,涉及分割夫妻共同财产中以一方名义在有限责任公司的出资额,另一方不是该公司股东的,按以下情形分别处理:

(一)夫妻双方协商一致将出资额部分或者全部转让给该股东的配偶,其他股东过半数同意,并且其他股东均明确表示放弃优先购买权的,该股东的配偶可以成为该公司股东;

(二)夫妻双方就出资额转让份额和转让价格等事项协商一致后,其他股东半数以上不同意转让，但愿意以同等条件购买该出资额的，人民法院可以对转让出资所得财产进行分割。其他股东半数以上不同意转让，也不愿意以同等条件购买该出资额的，视为其同意转让，该股东的配偶可以成为该公司股东。

用于证明前款规定的股东同意的证据，可以是股东会议材料，也可以是当事人通过其他合法途径取得的股东的书面声明材料。

第七十四条　人民法院审理离婚案件，涉及分割夫妻共同财产中以一方名义在合伙企业中的出资，另一方不是该企业合伙人的，当夫妻双方协商一致，将其合伙企业中的财产份额全部或者部分转让给对方时，按以下情形分别处理：

（一）其他合伙人一致同意的，该配偶依法取得合伙人地位；

（二）其他合伙人不同意转让，在同等条件下行使优先购买权的，可以对转让所得的财产进行分割；

（三）其他合伙人不同意转让，也不行使优先购买权，但同意该合伙人退伙或者削减部分财产份额的，可以对结算后的财产进行分割；

（四）其他合伙人既不同意转让，也不行使优先购买权，又不同意该合伙人退伙或者削减部分财产份额的，视为全体合伙人同意转让，该配偶依法取得合伙人地位。

第七十五条　夫妻以一方名义投资设立个人独资企业的，人民法院分割夫妻在该个人独资企业中的共同财产时，应当按照以下情形分别处理：

（一）一方主张经营该企业的，对企业资产进行评估后，由取得企业资产所有权一方给予另一方相应的补偿；

（二）双方均主张经营该企业的，在双方竞价基础上，由取得企业资产所有权的一方给予另一方相应的补偿；

（三）双方均不愿意经营该企业的，按照《中华人民共和国个人独资企业法》等有关规定办理。

第七十六条　双方对夫妻共同财产中的房屋价值及归属无法达成协议时，人民法院按以下情形分别处理：

（一）双方均主张房屋所有权并且同意竞价取得的，应当准许；

（二）一方主张房屋所有权的，由评估机构按市场价格对房屋作出评估，取得房屋所有权的一方应当给予另一方相应的补偿；

（三）双方均不主张房屋所有权的，根据当事人的申请拍卖、变卖房屋，就所得价款进行分割。

第七十七条　离婚时双方对尚未取得所有权或者尚未取得完全所有权的房屋有争议且协商不成的，人民法院不宜判决房屋所有权的归属，应当根据实际情况判决由当事人使用。

当事人就前款规定的房屋取得完全所有权后，有争议的，可以另行向人民法院提起诉讼。

第七十八条　夫妻一方婚前签订不动产买卖合同，以个人财产支付首付款并在银行贷款，婚后用夫妻共同财产还贷,不动产登记于首付款支付方名下的,离婚时该不动产由双方协议处理。

依前款规定不能达成协议的,人民法院可以判决该不动产归登记一方,尚未归还的贷款为不动产登记一方的个人债务。双方婚后共同还贷支付的款项及其相对应财产增值部分,离婚时应根据民法典第一千零八十七条第一款规定的原则,由不动产登记一方对另一方进行补偿。

第七十九条　婚姻关系存续期间,双方用夫妻共同财产出资购买以一方父母名义参加房改的房屋,登记在一方父母名下,离婚时另一方主张按照夫妻共同财产对该房屋进行分割的,人民法院不予支持。购买该房屋时的出资,可以作为债权处理。

第八十条　离婚时夫妻一方尚未退休、不符合领取基本养老金条件,另一方请求按照夫妻共同财产分割基本养老金的,人民法院不予支持;婚后以夫妻共同财产缴纳基本养老保险费,离婚时一方主张将养老金账户中婚姻关系存续期间个人实际缴纳部分及利息作为夫妻共同财产分割的,人民法院应予支持。

第八十一条　婚姻关系存续期间,夫妻一方作为继承人依法可以继承的遗产,在继承人之间尚未实际分割,起诉离婚时另一方请求分割的,人民法院应当告知当事人在继承人之间实际分割遗产后另行起诉。

第八十二条　夫妻之间订立借款协议,以夫妻共同财产出借给一方从事个人经营活动或者用于其他个人事务的,应视为双方约定处分夫妻共同财产的行为,离婚时可以按照借款协议的约定处理。

第八十三条　离婚后,一方以尚有夫妻共同财产未处理为由向人民法院起诉请求分割的,经审查该财产确属离婚时未涉及的夫妻共同财产,人民法院应当依法予以分割。

第八十四条　当事人依据民法典第一千零九十二条的规定向人民法院提起诉讼,请求再次分割夫妻共同财产的诉讼时效期间为三年,从当事人发现之日起计算。

第八十五条　夫妻一方申请对配偶的个人财产或者夫妻共同财产采取保全措施的,人民法院可以在采取保全措施可能造成损失的范围内,根据实际情况,确定合理的财产担保数额。

第八十六条　民法典第一千零九十一条规定的“损害赔偿”,包括物质损害赔偿和精神损害赔偿。涉及精神损害赔偿的,适用《最高人民法院关于确定民事侵权精神损害赔偿责任若干问题的解释》的有关规定。

第八十七条　承担民法典第一千零九十一条规定的损害赔偿责任的主体,为离婚诉讼当事人中无过错方的配偶。

人民法院判决不准离婚的案件,对于当事人基于民法典第一千零九十一条提出的损害赔偿请求,不予支持。

在婚姻关系存续期间,当事人不起诉离婚而单独依据民法典第一千零九十一条提起损害赔偿请求的，人民法院不予受理。

第八十八条 人民法院受理离婚案件时，应当将民法典第一千零九十一条等规定中当事人的有关权利义务，书面告知当事人。在适用民法典第一千零九十一条时，应当区分以下不同情况：

（一）符合民法典第一千零九十一条规定的无过错方作为原告基于该条规定向人民法院提起损害赔偿请求的，必须在离婚诉讼的同时提出。

（二）符合民法典第一千零九十一条规定的无过错方作为被告的离婚诉讼案件，如果被告不同意离婚也不基于该条规定提起损害赔偿请求的，可以就此单独提起诉讼。

（三）无过错方作为被告的离婚诉讼案件，一审时被告未基于民法典第一千零九十一条规定提出损害赔偿请求，二审期间提出的，人民法院应当进行调解；调解不成的，告知当事人另行起诉。双方当事人同意由第二审人民法院一并审理的，第二审人民法院可以一并裁判。

第八十九条 当事人在婚姻登记机关办理离婚登记手续后，以民法典第一千零九十一条规定为由向人民法院提出损害赔偿请求的，人民法院应当受理。但当事人在协议离婚时已经明确表示放弃该项请求的，人民法院不予支持。

第九十条 夫妻双方均有民法典第一千零九十一条规定的过错情形，一方或者双方向对方提出离婚损害赔偿请求的，人民法院不予支持。

六、附　　则

第九十一条 本解释自2021年1月1日起施行。

最高人民法院关于适用《中华人民共和国民法典》继承编的解释（一）

（2020年12月25日最高人民法院审判委员会第1825次会议通过　2020年12月29日公布　自2021年1月1日起施行　法释〔2020〕23号）

为正确审理继承纠纷案件，根据《中华人民共和国民法典》等相关法律规定，结合审判实践，制定本解释。

一、一般规定

第一条 继承从被继承人生理死亡或者被宣告死亡时开始。

宣告死亡的，根据民法典第四十八条规定确定的死亡日期，为继承开始的时间。

第二条 承包人死亡时尚未取得承包收益的，可以将死者生前对承包所投入的资金和所付出的劳动及其增值和孳息，由发包单位或者接续承包合同的人合理折价、补偿。其价额作为遗产。

第三条　被继承人生前与他人订有遗赠扶养协议,同时又立有遗嘱的,继承开始后,如果遗赠扶养协议与遗嘱没有抵触,遗产分别按协议和遗嘱处理;如果有抵触,按协议处理,与协议抵触的遗嘱全部或者部分无效。

第四条　遗嘱继承人依遗嘱取得遗产后,仍有权依照民法典第一千一百三十条的规定取得遗嘱未处分的遗产。

第五条　在遗产继承中,继承人之间因是否丧失继承权发生纠纷,向人民法院提起诉讼的,由人民法院依据民法典第一千一百二十五条的规定,判决确认其是否丧失继承权。

第六条　继承人是否符合民法典第一千一百二十五条第一款第三项规定的"虐待被继承人情节严重",可以从实施虐待行为的时间、手段、后果和社会影响等方面认定。

虐待被继承人情节严重的,不论是否追究刑事责任,均可确认其丧失继承权。

第七条　继承人故意杀害被继承人的,不论是既遂还是未遂,均应当确认其丧失继承权。

第八条　继承人有民法典第一千一百二十五条第一款第一项或者第二项所列之行为,而被继承人以遗嘱将遗产指定由该继承人继承的,可以确认遗嘱无效,并确认该继承人丧失继承权。

第九条　继承人伪造、篡改、隐匿或者销毁遗嘱,侵害了缺乏劳动能力又无生活来源的继承人的利益,并造成其生活困难的,应当认定为民法典第一千一百二十五条第一款第四项规定的"情节严重"。

二、法定继承

第十条　被收养人对养父母尽了赡养义务,同时又对生父母扶养较多的,除可以依照民法典第一千一百二十七条的规定继承养父母的遗产外,还可以依照民法典第一千一百三十一条的规定分得生父母适当的遗产。

第十一条　继子女继承了继父母遗产的,不影响其继承生父母的遗产。

继父母继承了继子女遗产的,不影响其继承生子女的遗产。

第十二条　养子女与生子女之间、养子女与养子女之间,系养兄弟姐妹,可以互为第二顺序继承人。

被收养人与其亲兄弟姐妹之间的权利义务关系,因收养关系的成立而消除,不能互为第二顺序继承人。

第十三条　继兄弟姐妹之间的继承权,因继兄弟姐妹之间的扶养关系而发生。没有扶养关系的,不能互为第二顺序继承人。

继兄弟姐妹之间相互继承了遗产的,不影响其继承亲兄弟姐妹的遗产。

第十四条　被继承人的孙子女、外孙子女、曾孙子女、外曾孙子女都可以代位继承,代位继承人不受辈数的限制。

第十五条　被继承人的养子女、已形成扶养关系的继子女的生子女可以代位继承;被继承人亲生子女的养子女可以代位继承；被继承人养子女的养子女可以代位继承；与被继承人已形成扶养关系的继子女的养子女也可以代位继承。

第十六条　代位继承人缺乏劳动能力又没有生活来源，或者对被继承人尽过主要赡养义务的，分配遗产时，可以多分。

第十七条　继承人丧失继承权的，其晚辈直系血亲不得代位继承。如该代位继承人缺乏劳动能力又没有生活来源，或者对被继承人尽赡养义务较多的，可以适当分给遗产。

第十八条　丧偶儿媳对公婆、丧偶女婿对岳父母，无论其是否再婚，依照民法典第一千一百二十九条规定作为第一顺序继承人时，不影响其子女代位继承。

第十九条　对被继承人生活提供了主要经济来源，或者在劳务等方面给予了主要扶助的，应当认定其尽了主要赡养义务或主要扶养义务。

第二十条　依照民法典第一千一百三十一条规定可以分给适当遗产的人，分给他们遗产时，按具体情况可以多于或者少于继承人。

第二十一条　依照民法典第一千一百三十一条规定可以分给适当遗产的人，在其依法取得被继承人遗产的权利受到侵犯时，本人有权以独立的诉讼主体资格向人民法院提起诉讼。

第二十二条　继承人有扶养能力和扶养条件，愿意尽扶养义务，但被继承人因有固定收入和劳动能力，明确表示不要求其扶养的，分配遗产时，一般不应因此而影响其继承份额。

第二十三条　有扶养能力和扶养条件的继承人虽然与被继承人共同生活，但对需要扶养的被继承人不尽扶养义务，分配遗产时，可以少分或者不分。

三、遗嘱继承和遗赠

第二十四条　继承人、受遗赠人的债权人、债务人，共同经营的合伙人，也应当视为与继承人、受遗赠人有利害关系，不能作为遗嘱的见证人。

第二十五条　遗嘱人未保留缺乏劳动能力又没有生活来源的继承人的遗产份额，遗产处理时，应当为该继承人留下必要的遗产，所剩余的部分，才可参照遗嘱确定的分配原则处理。

继承人是否缺乏劳动能力又没有生活来源，应当按遗嘱生效时该继承人的具体情况确定。

第二十六条　遗嘱人以遗嘱处分了国家、集体或者他人财产的，应当认定该部分遗嘱无效。

第二十七条　自然人在遗书中涉及死后个人财产处分的内容，确为死者的真实意思表示，有本人签名并注明了年、月、日，又无相反证据的，可以按自书遗嘱对待。

第二十八条　遗嘱人立遗嘱时必须具有完全民事行为能力。无民事行为能力人或者限制民事行为能力人所立的遗嘱，即使其本人后来具有完全民事行为能力，仍属无效遗嘱。遗嘱人立遗嘱时具有完全民事行为能力，后来成为无民事行为能力人或者限制民事行为能力人的,不影响遗嘱的效力。

第二十九条　附义务的遗嘱继承或者遗赠,如义务能够履行,而继承人、受遗赠人无正当理由不履行,经受益人或者其他继承人请求,人民法院可以取消其接受附义务部分遗产的权利,由提出请求的继承人或者受益人负责按遗嘱人的意愿履行义务,接受遗产。

四、遗产的处理

第三十条　人民法院在审理继承案件时,如果知道有继承人而无法通知的,分割遗产时,要保留其应继承的遗产,并确定该遗产的保管人或者保管单位。

第三十一条　应当为胎儿保留的遗产份额没有保留的,应从继承人所继承的遗产中扣回。

为胎儿保留的遗产份额,如胎儿出生后死亡的,由其继承人继承;如胎儿娩出时是死体的,由被继承人的继承人继承。

第三十二条　继承人因放弃继承权,致其不能履行法定义务的,放弃继承权的行为无效。

第三十三条　继承人放弃继承应当以书面形式向遗产管理人或者其他继承人表示。

第三十四条　在诉讼中,继承人向人民法院以口头方式表示放弃继承的,要制作笔录,由放弃继承的人签名。

第三十五条　继承人放弃继承的意思表示,应当在继承开始后、遗产分割前作出。遗产分割后表示放弃的不再是继承权,而是所有权。

第三十六条　遗产处理前或者在诉讼进行中,继承人对放弃继承反悔的,由人民法院根据其提出的具体理由,决定是否承认。遗产处理后,继承人对放弃继承反悔的,不予承认。

第三十七条　放弃继承的效力,追溯到继承开始的时间。

第三十八条　继承开始后,受遗赠人表示接受遗赠,并于遗产分割前死亡的,其接受遗赠的权利转移给他的继承人。

第三十九条　由国家或者集体组织供给生活费用的烈属和享受社会救济的自然人,其遗产仍应准许合法继承人继承。

第四十条　继承人以外的组织或者个人与自然人签订遗赠扶养协议后,无正当理由不履行,导致协议解除的,不能享有受遗赠的权利,其支付的供养费用一般不予补偿;遗赠人无正当理由不履行,导致协议解除的,则应当偿还继承人以外的组织或者个人已支付的供养费用。

第四十一条　遗产因无人继承又无人受遗赠归国家或者集体所有制组织所有时,按照民法典第一千一百三十一条规定可以分给适当遗产的人提出取得遗产的诉讼请求,人民法院应当视情况适当分给遗产。

第四十二条　人民法院在分割遗产中的房屋、生产资料和特定职业所需要的财产时,应当依据有利于发挥其使用效益和继承人的实际需要，兼顾各继承人的利益进行处理。

第四十三条　人民法院对故意隐匿、侵吞或者争抢遗产的继承人，可以酌情减少其应继承的遗产。

第四十四条　继承诉讼开始后，如继承人、受遗赠人中有既不愿参加诉讼，又不表示放弃实体权利的，应当追加为共同原告；继承人已书面表示放弃继承、受遗赠人在知道受遗赠后六十日内表示放弃受遗赠或者到期没有表示的，不再列为当事人。

五、附　　则

第四十五条　本解释自2021年1月1日起施行。

最高人民法院关于适用《中华人民共和国民法典》物权编的解释（一）

（2020年12月25日最高人民法院审判委员会第1825次会议通过　2020年12月29日公布　自2021年1月1日起施行　法释〔2020〕24号）

为正确审理物权纠纷案件，根据《中华人民共和国民法典》等相关法律规定，结合审判实践，制定本解释。

第一条　因不动产物权的归属，以及作为不动产物权登记基础的买卖、赠与、抵押等产生争议，当事人提起民事诉讼的，应当依法受理。当事人已经在行政诉讼中申请一并解决上述民事争议，且人民法院一并审理的除外。

第二条　当事人有证据证明不动产登记簿的记载与真实权利状态不符、其为该不动产物权的真实权利人，请求确认其享有物权的，应予支持。

第三条　异议登记因民法典第二百二十条第二款规定的事由失效后，当事人提起民事诉讼，请求确认物权归属的，应当依法受理。异议登记失效不影响人民法院对案件的实体审理。

第四条　未经预告登记的权利人同意，转让不动产所有权等物权，或者设立建设用地使用权、居住权、地役权、抵押权等其他物权的，应当依照民法典第二百二十一条第一款的规定，认定其不发生物权效力。

第五条　预告登记的买卖不动产物权的协议被认定无效、被撤销，或者预告登记的权利人放弃债权的，应当认定为民法典第二百二十一条第二款所称的“债权消灭”。

第六条　转让人转让船舶、航空器和机动车等所有权，受让人已经支付合理价款并取得占有，虽未经登记，但转让人的债权人主张其为民法典第二百二十五条所称的“善意第三人”的，不予支持，法律另有规定的除外。

第七条　人民法院、仲裁机构在分割共有不动产或者动产等案件中作出并依法生效的改变原有物权关系的判决书、裁决书、调解书，以及人民法院在执行程序中作出的拍卖成交裁定书、变卖成交裁定书、以物抵债裁定书，应当认定为民法典第二百二十九条所称导致物权设立、变更、转让或者消灭的人民法院、仲裁机构的法律文书。

第八条 依据民法典第二百二十九条至第二百三十一条规定享有物权，但尚未完成动产交付或者不动产登记的权利人，依据民法典第二百三十五条至第二百三十八条的规定，请求保护其物权的，应予支持。

第九条 共有份额的权利主体因继承、遗赠等原因发生变化时，其他按份共有人主张优先购买的，不予支持，但按份共有人之间另有约定的除外。

第十条 民法典第三百零五条所称的“同等条件”，应当综合共有份额的转让价格、价款履行方式及期限等因素确定。

第十一条 优先购买权的行使期间，按份共有人之间有约定的，按照约定处理；没有约定或者约定不明的，按照下列情形确定：

（一）转让人向其他按份共有人发出的包含同等条件内容的通知中载明行使期间的，以该期间为准；

（二）通知中未载明行使期间，或者载明的期间短于通知送达之日起十五日的，为十五日；

（三）转让人未通知的，为其他按份共有人知道或者应当知道最终确定的同等条件之日起十五日；

（四）转让人未通知，且无法确定其他按份共有人知道或者应当知道最终确定的同等条件的，为共有份额权属转移之日起六个月。

第十二条 按份共有人向共有人之外的人转让其份额，其他按份共有人根据法律、司法解释规定，请求按照同等条件优先购买该共有份额的，应予支持。其他按份共有人的请求具有下列情形之一的，不予支持：

（一）未在本解释第十一条规定的期间内主张优先购买，或者虽主张优先购买，但提出减少转让价款、增加转让人负担等实质性变更要求；

（二）以其优先购买权受到侵害为由，仅请求撤销共有份额转让合同或者认定该合同无效。

第十三条 按份共有人之间转让共有份额，其他按份共有人主张依据民法典第三百零五条规定优先购买的，不予支持，但按份共有人之间另有约定的除外。

第十四条 受让人受让不动产或者动产时，不知道转让人无处分权，且无重大过失的，应当认定受让人为善意。

真实权利人主张受让人不构成善意的，应当承担举证证明责任。

第十五条 具有下列情形之一的，应当认定不动产受让人知道转让人无处分权：

（一）登记簿上存在有效的异议登记；

（二）预告登记有效期内，未经预告登记的权利人同意；

（三）登记簿上已经记载司法机关或者行政机关依法裁定、决定查封或者以其他形式限制不动产权利的有关事项；

（四）受让人知道登记簿上记载的权利主体错误；

（五）受让人知道他人已经依法享有不动产物权。

真实权利人有证据证明不动产受让人应当知道转让人无处分权的，应当认定受让人具有重大过失。

第十六条　受让人受让动产时，交易的对象、场所或者时机等不符合交易习惯的，应当认定受让人具有重大过失。

第十七条　民法典第三百一十一条第一款第一项所称的"受让人受让该不动产或者动产时"，是指依法完成不动产物权转移登记或者动产交付之时。

当事人以民法典第二百二十六条规定的方式交付动产的，转让动产民事法律行为生效时为动产交付之时；当事人以民法典第二百二十七条规定的方式交付动产的，转让人与受让人之间有关转让返还原物请求权的协议生效时为动产交付之时。

法律对不动产、动产物权的设立另有规定的，应当按照法律规定的时间认定权利人是否为善意。

第十八条　民法典第三百一十一条第一款第二项所称"合理的价格"，应当根据转让标的物的性质、数量以及付款方式等具体情况，参考转让时交易地市场价格以及交易习惯等因素综合认定。

第十九条　转让人将民法典第二百二十五条规定的船舶、航空器和机动车等交付给受让人的，应当认定符合民法典第三百一十一条第一款第三项规定的善意取得的条件。

第二十条　具有下列情形之一，受让人主张依据民法典第三百一十一条规定取得所有权的，不予支持：

（一）转让合同被认定无效；

（二）转让合同被撤销。

第二十一条　本解释自2021年1月1日起施行。

最高人民法院关于审理建设工程施工合同纠纷案件适用法律问题的解释（一）

（2020年12月25日最高人民法院审判委员会第1825次会议通过　2020年12月29日公布　自2021年1月1日起施行　法释〔2020〕25号）

为正确审理建设工程施工合同纠纷案件，依法保护当事人合法权益，维护建筑市场秩序，促进建筑市场健康发展，根据《中华人民共和国民法典》《中华人民共和国建筑法》《中华人民共和国招标投标法》《中华人民共和国民事诉讼法》等相关法律规定，结合审判实践，制定本解释。

第一条　建设工程施工合同具有下列情形之一的，应当依据民法典第一百五十三条第一款的规定，认定无效：

(一)承包人未取得建筑业企业资质或者超越资质等级的;

(二)没有资质的实际施工人借用有资质的建筑施工企业名义的;

(三)建设工程必须进行招标而未招标或者中标无效的。

承包人因转包、违法分包建设工程与他人签订的建设工程施工合同,应当依据民法典第一百五十三条第一款及第七百九十一条第二款、第三款的规定,认定无效。

第二条　招标人和中标人另行签订的建设工程施工合同约定的工程范围、建设工期、工程质量、工程价款等实质性内容,与中标合同不一致,一方当事人请求按照中标合同确定权利义务的,人民法院应予支持。

招标人和中标人在中标合同之外就明显高于市场价格购买承建房产、无偿建设住房配套设施、让利、向建设单位捐赠财物等另行签订合同,变相降低工程价款,一方当事人以该合同背离中标合同实质性内容为由请求确认无效的,人民法院应予支持。

第三条　当事人以发包人未取得建设工程规划许可证等规划审批手续为由,请求确认建设工程施工合同无效的,人民法院应予支持,但发包人在起诉前取得建设工程规划许可证等规划审批手续的除外。

发包人能够办理审批手续而未办理,并以未办理审批手续为由请求确认建设工程施工合同无效的,人民法院不予支持。

第四条　承包人超越资质等级许可的业务范围签订建设工程施工合同,在建设工程竣工前取得相应资质等级,当事人请求按照无效合同处理的,人民法院不予支持。

第五条　具有劳务作业法定资质的承包人与总承包人、分包人签订的劳务分包合同,当事人请求确认无效的,人民法院依法不予支持。

第六条　建设工程施工合同无效,一方当事人请求对方赔偿损失的,应当就对方过错、损失大小、过错与损失之间的因果关系承担举证责任。

损失大小无法确定,一方当事人请求参照合同约定的质量标准、建设工期、工程价款支付时间等内容确定损失大小的,人民法院可以结合双方过错程度、过错与损失之间的因果关系等因素作出裁判。

第七条　缺乏资质的单位或者个人借用有资质的建筑施工企业名义签订建设工程施工合同,发包人请求出借方与借用方对建设工程质量不合格等因出借资质造成的损失承担连带赔偿责任的,人民法院应予支持。

第八条　当事人对建设工程开工日期有争议的,人民法院应当分别按照以下情形予以认定:

(一)开工日期为发包人或者监理人发出的开工通知载明的开工日期;开工通知发出后,尚不具备开工条件的,以开工条件具备的时间为开工日期;因承包人原因导致开工时间推迟的,以开工通知载明的时间为开工日期。

（二）承包人经发包人同意已经实际进场施工的，以实际进场施工时间为开工日期。

（三）发包人或者监理人未发出开工通知，亦无相关证据证明实际开工日期的，应当综合考虑开工报告、合同、施工许可证、竣工验收报告或者竣工验收备案表等载明的时间，并结合是否具备开工条件的事实，认定开工日期。

第九条　当事人对建设工程实际竣工日期有争议的，人民法院应当分别按照以下情形予以认定：

（一）建设工程经竣工验收合格的，以竣工验收合格之日为竣工日期；

（二）承包人已经提交竣工验收报告，发包人拖延验收的，以承包人提交验收报告之日为竣工日期；

（三）建设工程未经竣工验收，发包人擅自使用的，以转移占有建设工程之日为竣工日期。

第十条　当事人约定顺延工期应当经发包人或者监理人签证等方式确认，承包人虽未取得工期顺延的确认，但能够证明在合同约定的期限内向发包人或者监理人申请过工期顺延且顺延事由符合合同约定，承包人以此为由主张工期顺延的，人民法院应予支持。

当事人约定承包人未在约定期限内提出工期顺延申请视为工期不顺延的，按照约定处理，但发包人在约定期限后同意工期顺延或者承包人提出合理抗辩的除外。

第十一条　建设工程竣工前，当事人对工程质量发生争议，工程质量经鉴定合格的，鉴定期间为顺延工期期间。

第十二条　因承包人的原因造成建设工程质量不符合约定，承包人拒绝修理、返工或者改建，发包人请求减少支付工程价款的，人民法院应予支持。

第十三条　发包人具有下列情形之一，造成建设工程质量缺陷，应当承担过错责任：

（一）提供的设计有缺陷；

（二）提供或者指定购买的建筑材料、建筑构配件、设备不符合强制性标准；

（三）直接指定分包人分包专业工程。

承包人有过错的，也应当承担相应的过错责任。

第十四条　建设工程未经竣工验收，发包人擅自使用后，又以使用部分质量不符合约定为由主张权利的，人民法院不予支持；但是承包人应当在建设工程的合理使用寿命内对地基基础工程和主体结构质量承担民事责任。

第十五条　因建设工程质量发生争议的，发包人可以以总承包人、分包人和实际施工人为共同被告提起诉讼。

第十六条　发包人在承包人提起的建设工程施工合同纠纷案件中，以建设工程质量不符合合同约定或者法律规定为由，就承包人支付违约金或者赔偿修理、返工、改建的合理费用等损失提出反诉的，人民法院可以合并审理。

第十七条 有下列情形之一，承包人请求发包人返还工程质量保证金的，人民法院应予支持：

（一）当事人约定的工程质量保证金返还期限届满；

（二）当事人未约定工程质量保证金返还期限的，自建设工程通过竣工验收之日起满二年；

（三）因发包人原因建设工程未按约定期限进行竣工验收的，自承包人提交工程竣工验收报告九十日后当事人约定的工程质量保证金返还期限届满；当事人未约定工程质量保证金返还期限的，自承包人提交工程竣工验收报告九十日后起满二年。

发包人返还工程质量保证金后，不影响承包人根据合同约定或者法律规定履行工程保修义务。

第十八条 因保修人未及时履行保修义务，导致建筑物毁损或者造成人身损害、财产损失的，保修人应当承担赔偿责任。

保修人与建筑物所有人或者发包人对建筑物毁损均有过错的，各自承担相应的责任。

第十九条 当事人对建设工程的计价标准或者计价方法有约定的，按照约定结算工程价款。

因设计变更导致建设工程的工程量或者质量标准发生变化，当事人对该部分工程价款不能协商一致的，可以参照签订建设工程施工合同时当地建设行政主管部门发布的计价方法或者计价标准结算工程价款。

建设工程施工合同有效，但建设工程经竣工验收不合格的，依照民法典第五百七十七条规定处理。

第二十条 当事人对工程量有争议的，按照施工过程中形成的签证等书面文件确认。承包人能够证明发包人同意其施工，但未能提供签证文件证明工程量发生的，可以按照当事人提供的其他证据确认实际发生的工程量。

第二十一条 当事人约定，发包人收到竣工结算文件后，在约定期限内不予答复，视为认可竣工结算文件的，按照约定处理。承包人请求按照竣工结算文件结算工程价款的，人民法院应予支持。

第二十二条 当事人签订的建设工程施工合同与招标文件、投标文件、中标通知书载明的工程范围、建设工期、工程质量、工程价款不一致，一方当事人请求将招标文件、投标文件、中标通知书作为结算工程价款的依据的，人民法院应予支持。

第二十三条 发包人将依法不属于必须招标的建设工程进行招标后，与承包人另行订立的建设工程施工合同背离中标合同的实质性内容，当事人请求以中标合同作为结算建设工程价款依据的，人民法院应予支持，但发包人与承包人因客观情况发生了在招标投标时难以预见的变化而另行订立建设工程施工合同的除外。

第二十四条 当事人就同一建设工程订立的数份建设工程施工合同均无效，但建设工程质量合格，一方当事人请求参照实际履行的合同关于工程价款的约定折价补偿承包人的，人民法院应予支持。

实际履行的合同难以确定，当事人请求参照最后签订的合同关于工程价款的约定折价补偿承包人的，人民法院应予支持。

第二十五条　当事人对垫资和垫资利息有约定，承包人请求按照约定返还垫资及其利息的，人民法院应予支持，但是约定的利息计算标准高于垫资时的同类贷款利率或者同期贷款市场报价利率的部分除外。

当事人对垫资没有约定的，按照工程欠款处理。

当事人对垫资利息没有约定，承包人请求支付利息的，人民法院不予支持。

第二十六条　当事人对欠付工程价款利息计付标准有约定的，按照约定处理。没有约定的，按照同期同类贷款利率或者同期贷款市场报价利率计息。

第二十七条　利息从应付工程价款之日开始计付。当事人对付款时间没有约定或者约定不明的，下列时间视为应付款时间：

（一）建设工程已实际交付的，为交付之日；

（二）建设工程没有交付的，为提交竣工结算文件之日；

（三）建设工程未交付，工程价款也未结算的，为当事人起诉之日。

第二十八条　当事人约定按照固定价结算工程价款，一方当事人请求对建设工程造价进行鉴定的，人民法院不予支持。

第二十九条　当事人在诉讼前已经对建设工程价款结算达成协议，诉讼中一方当事人申请对工程造价进行鉴定的，人民法院不予准许。

第三十条　当事人在诉讼前共同委托有关机构、人员对建设工程造价出具咨询意见，诉讼中一方当事人不认可该咨询意见申请鉴定的，人民法院应予准许，但双方当事人明确表示受该咨询意见约束的除外。

第三十一条　当事人对部分案件事实有争议的，仅对有争议的事实进行鉴定，但争议事实范围不能确定，或者双方当事人请求对全部事实鉴定的除外。

第三十二条　当事人对工程造价、质量、修复费用等专门性问题有争议，人民法院认为需要鉴定的，应当向负有举证责任的当事人释明。当事人经释明未申请鉴定，虽申请鉴定但未支付鉴定费用或者拒不提供相关材料的，应当承担举证不能的法律后果。

一审诉讼中负有举证责任的当事人未申请鉴定，虽申请鉴定但未支付鉴定费用或者拒不提供相关材料，二审诉讼中申请鉴定，人民法院认为确有必要的，应当依照民事诉讼法第一百七十条第一款第三项的规定处理。

第三十三条　人民法院准许当事人的鉴定申请后，应当根据当事人申请及查明案件事实的需要，确定委托鉴定的事项、范围、鉴定期限等，并组织当事人对争议的鉴定材料进行质证。

第三十四条 人民法院应当组织当事人对鉴定意见进行质证。鉴定人将当事人有争议且未经质证的材料作为鉴定依据的，人民法院应当组织当事人就该部分材料进行质证。经质证认为不能作为鉴定依据的，根据该材料作出的鉴定意见不得作为认定案件事实的依据。

第三十五条 与发包人订立建设工程施工合同的承包人，依据民法典第八百零七条的规定请求其承建工程的价款就工程折价或者拍卖的价款优先受偿的，人民法院应予支持。

第三十六条 承包人根据民法典第八百零七条规定享有的建设工程价款优先受偿权优于抵押权和其他债权。

第三十七条 装饰装修工程具备折价或者拍卖条件，装饰装修工程的承包人请求工程价款就该装饰装修工程折价或者拍卖的价款优先受偿的，人民法院应予支持。

第三十八条 建设工程质量合格，承包人请求其承建工程的价款就工程折价或者拍卖的价款优先受偿的，人民法院应予支持。

第三十九条 未竣工的建设工程质量合格，承包人请求其承建工程的价款就其承建工程部分折价或者拍卖的价款优先受偿的，人民法院应予支持。

第四十条 承包人建设工程价款优先受偿的范围依照国务院有关行政主管部门关于建设工程价款范围的规定确定。

承包人就逾期支付建设工程价款的利息、违约金、损害赔偿金等主张优先受偿的，人民法院不予支持。

第四十一条 承包人应当在合理期限内行使建设工程价款优先受偿权，但最长不得超过十八个月，自发包人应当给付建设工程价款之日起算。

第四十二条 发包人与承包人约定放弃或者限制建设工程价款优先受偿权，损害建筑工人利益，发包人根据该约定主张承包人不享有建设工程价款优先受偿权的，人民法院不予支持。

第四十三条 实际施工人以转包人、违法分包人为被告起诉的，人民法院应当依法受理。

实际施工人以发包人为被告主张权利的，人民法院应当追加转包人或者违法分包人为本案第三人，在查明发包人欠付转包人或者违法分包人建设工程价款的数额后，判决发包人在欠付建设工程价款范围内对实际施工人承担责任。

第四十四条 实际施工人依据民法典第五百三十五条规定，以转包人或者违法分包人怠于向发包人行使到期债权或者与该债权有关的从权利，影响其到期债权实现，提起代位权诉讼的，人民法院应予支持。

第四十五条 本解释自 2021 年 1 月 1 日起施行。

最高人民法院关于审理劳动争议案件适用法律问题的解释(一)

(2020年12月25日最高人民法院审判委员会第1825次会议通过　2020年12月29日公布　自2021年1月1日起施行　法释〔2020〕26号)

为正确审理劳动争议案件,根据《中华人民共和国民法典》《中华人民共和国劳动法》《中华人民共和国劳动合同法》《中华人民共和国劳动争议调解仲裁法》《中华人民共和国民事诉讼法》等相关法律规定,结合审判实践,制定本解释。

第一条　劳动者与用人单位之间发生的下列纠纷,属于劳动争议,当事人不服劳动争议仲裁机构作出的裁决,依法提起诉讼的,人民法院应予受理:

(一)劳动者与用人单位在履行劳动合同过程中发生的纠纷;

(二)劳动者与用人单位之间没有订立书面劳动合同,但已形成劳动关系后发生的纠纷;

(三)劳动者与用人单位因劳动关系是否已经解除或者终止,以及应否支付解除或者终止劳动关系经济补偿金发生的纠纷;

(四)劳动者与用人单位解除或者终止劳动关系后,请求用人单位返还其收取的劳动合同定金、保证金、抵押金、抵押物发生的纠纷,或者办理劳动者的人事档案、社会保险关系等移转手续发生的纠纷;

(五)劳动者以用人单位未为其办理社会保险手续,且社会保险经办机构不能补办导致其无法享受社会保险待遇为由,要求用人单位赔偿损失发生的纠纷;

(六)劳动者退休后,与尚未参加社会保险统筹的原用人单位因追索养老金、医疗费、工伤保险待遇和其他社会保险待遇而发生的纠纷;

(七)劳动者因为工伤、职业病,请求用人单位依法给予工伤保险待遇发生的纠纷;

(八)劳动者依据劳动合同法第八十五条规定,要求用人单位支付加付赔偿金发生的纠纷;

(九)因企业自主进行改制发生的纠纷。

第二条　下列纠纷不属于劳动争议:

(一)劳动者请求社会保险经办机构发放社会保险金的纠纷;

(二)劳动者与用人单位因住房制度改革产生的公有住房转让纠纷;

(三)劳动者对劳动能力鉴定委员会的伤残等级鉴定结论或者对职业病诊断鉴定委员会的职业病诊断鉴定结论的异议纠纷;

(四)家庭或者个人与家政服务人员之间的纠纷;

(五)个体工匠与帮工、学徒之间的

纠纷;

(六)农村承包经营户与受雇人之间的纠纷。

第三条 劳动争议案件由用人单位所在地或者劳动合同履行地的基层人民法院管辖。

劳动合同履行地不明确的,由用人单位所在地的基层人民法院管辖。

法律另有规定的,依照其规定。

第四条 劳动者与用人单位均不服劳动争议仲裁机构的同一裁决,向同一人民法院起诉的,人民法院应当并案审理,双方当事人互为原告和被告,对双方的诉讼请求,人民法院应当一并作出裁决。在诉讼过程中,一方当事人撤诉的,人民法院应当根据另一方当事人的诉讼请求继续审理。双方当事人就同一仲裁裁决分别向有管辖权的人民法院起诉的,后受理的人民法院应当将案件移送给先受理的人民法院。

第五条 劳动争议仲裁机构以无管辖权为由对劳动争议案件不予受理,当事人提起诉讼的,人民法院按照以下情形分别处理:

(一)经审查认为该劳动争议仲裁机构对案件确无管辖权的,应当告知当事人向有管辖权的劳动争议仲裁机构申请仲裁;

(二)经审查认为该劳动争议仲裁机构有管辖权的,应当告知当事人申请仲裁,并将审查意见书面通知该劳动争议仲裁机构;劳动争议仲裁机构仍不受理,当事人就该劳动争议事项提起诉讼的,人民法院应予受理。

第六条 劳动争议仲裁机构以当事人申请仲裁的事项不属于劳动争议为由,作出不予受理的书面裁决、决定或者通知,当事人不服依法提起诉讼的,人民法院应当分别情况予以处理:

(一)属于劳动争议案件的,应当受理;

(二)虽不属于劳动争议案件,但属于人民法院主管的其他案件,应当依法受理。

第七条 劳动争议仲裁机构以申请仲裁的主体不适格为由,作出不予受理的书面裁决、决定或者通知,当事人不服依法提起诉讼,经审查确属主体不适格的,人民法院不予受理;已经受理的,裁定驳回起诉。

第八条 劳动争议仲裁机构为纠正原仲裁裁决错误重新作出裁决,当事人不服依法提起诉讼的,人民法院应当受理。

第九条 劳动争议仲裁机构仲裁的事项不属于人民法院受理的案件范围,当事人不服依法提起诉讼的,人民法院不予受理;已经受理的,裁定驳回起诉。

第十条 当事人不服劳动争议仲裁机构作出的预先支付劳动者劳动报酬、工伤医疗费、经济补偿或者赔偿金的裁决,依法提起诉讼的,人民法院不予受理。

用人单位不履行上述裁决中的给付义务,劳动者依法申请强制执行的,人民法院应予受理。

第十一条 劳动争议仲裁机构作

出的调解书已经发生法律效力，一方当事人反悔提起诉讼的，人民法院不予受理；已经受理的，裁定驳回起诉。

第十二条　劳动争议仲裁机构逾期未作出受理决定或仲裁裁决，当事人直接提起诉讼的，人民法院应予受理，但申请仲裁的案件存在下列事由的除外：

（一）移送管辖的；

（二）正在送达或者送达延误的；

（三）等待另案诉讼结果、评残结论的；

（四）正在等待劳动争议仲裁机构开庭的；

（五）启动鉴定程序或者委托其他部门调查取证的；

（六）其他正当事由。

当事人以劳动争议仲裁机构逾期未作出仲裁裁决为由提起诉讼的，应当提交该仲裁机构出具的受理通知书或者其他已接受仲裁申请的凭证、证明。

第十三条　劳动者依据劳动合同法第三十条第二款和调解仲裁法第十六条规定向人民法院申请支付令，符合民事诉讼法第十七章督促程序规定的，人民法院应予受理。

依据劳动合同法第三十条第二款规定申请支付令被人民法院裁定终结督促程序后，劳动者就劳动争议事项直接提起诉讼的，人民法院应当告知其先向劳动争议仲裁机构申请仲裁。

依据调解仲裁法第十六条规定申请支付令被人民法院裁定终结督促程序后，劳动者依据调解协议直接提起诉讼的，人民法院应予受理。

第十四条　人民法院受理劳动争议案件后，当事人增加诉讼请求的，如该诉讼请求与讼争的劳动争议具有不可分性，应当合并审理；如属独立的劳动争议，应当告知当事人向劳动争议仲裁机构申请仲裁。

第十五条　劳动者以用人单位的工资欠条为证据直接提起诉讼，诉讼请求不涉及劳动关系其他争议的，视为拖欠劳动报酬争议，人民法院按照普通民事纠纷受理。

第十六条　劳动争议仲裁机构作出仲裁裁决后，当事人对裁决中的部分事项不服，依法提起诉讼的，劳动争议仲裁裁决不发生法律效力。

第十七条　劳动争议仲裁机构对多个劳动者的劳动争议作出仲裁裁决后，部分劳动者对仲裁裁决不服，依法提起诉讼的，仲裁裁决对提起诉讼的劳动者不发生法律效力；对未提起诉讼的部分劳动者，发生法律效力，如其申请执行的，人民法院应当受理。

第十八条　仲裁裁决的类型以仲裁裁决书确定为准。仲裁裁决书未载明该裁决为终局裁决或者非终局裁决，用人单位不服该仲裁裁决向基层人民法院提起诉讼的，应当按照以下情形分别处理：

（一）经审查认为该仲裁裁决为非终局裁决的，基层人民法院应予受理；

（二）经审查认为该仲裁裁决为终局裁决的，基层人民法院不予受理，但应告知用人单位可以自收到不予受理裁定书之日起三十日内向劳动争议仲裁机构所在地的中级人民法院申请撤销该仲裁裁决;已经受理的,裁定驳回起诉。

第十九条　仲裁裁决书未载明该裁决为终局裁决或者非终局裁决,劳动者依据调解仲裁法第四十七条第一项规定,追索劳动报酬、工伤医疗费、经济补偿或者赔偿金,如果仲裁裁决涉及数项,每项确定的数额均不超过当地月最低工资标准十二个月金额的,应当按照终局裁决处理。

第二十条　劳动争议仲裁机构作出的同一仲裁裁决同时包含终局裁决事项和非终局裁决事项,当事人不服该仲裁裁决向人民法院提起诉讼的,应当按照非终局裁决处理。

第二十一条　劳动者依据调解仲裁法第四十八条规定向基层人民法院提起诉讼,用人单位依据调解仲裁法第四十九条规定向劳动争议仲裁机构所在地的中级人民法院申请撤销仲裁裁决的,中级人民法院应当不予受理;已经受理的,应当裁定驳回申请。

被人民法院驳回起诉或者劳动者撤诉的,用人单位可以自收到裁定书之日起三十日内,向劳动争议仲裁机构所在地的中级人民法院申请撤销仲裁裁决。

第二十二条　用人单位依据调解仲裁法第四十九条规定向中级人民法院申请撤销仲裁裁决,中级人民法院作出的驳回申请或者撤销仲裁裁决的裁定为终审裁定。

第二十三条　中级人民法院审理用人单位申请撤销终局裁决的案件,应当组成合议庭开庭审理。经过阅卷、调查和询问当事人,对没有新的事实、证据或者理由,合议庭认为不需要开庭审理的,可以不开庭审理。

中级人民法院可以组织双方当事人调解。达成调解协议的,可以制作调解书。一方当事人逾期不履行调解协议的,另一方可以申请人民法院强制执行。

第二十四条　当事人申请人民法院执行劳动争议仲裁机构作出的发生法律效力的裁决书、调解书,被申请人提出证据证明劳动争议仲裁裁决书、调解书有下列情形之一,并经审查核实的,人民法院可以根据民事诉讼法第二百三十七条规定,裁定不予执行:

(一)裁决的事项不属于劳动争议仲裁范围,或者劳动争议仲裁机构无权仲裁的;

(二)适用法律、法规确有错误的;

(三)违反法定程序的;

(四)裁决所根据的证据是伪造的;

(五)对方当事人隐瞒了足以影响公正裁决的证据的;

(六)仲裁员在仲裁该案时有索贿受贿、徇私舞弊、枉法裁决行为的;

(七)人民法院认定执行该劳动争议仲裁裁决违背社会公共利益的。

人民法院在不予执行的裁定书中,应当告知当事人在收到裁定书之次日起三十日内,可以就该劳动争议事项向人民法院提起诉讼。

第二十五条　劳动争议仲裁机构作出终局裁决,劳动者向人民法院申请执行,用人单位向劳动争议仲裁机构所在地的中级人民法院申请撤销的,人民法院应当裁定中止执行。

用人单位撤回撤销终局裁决申请或者其申请被驳回的,人民法院应当裁定恢复执行。仲裁裁决被撤销的,人民法院应当裁定终结执行。

用人单位向人民法院申请撤销仲裁裁决被驳回后,又在执行程序中以相同理由提出不予执行抗辩的,人民法院不予支持。

第二十六条　用人单位与其它单位合并的,合并前发生的劳动争议,由合并后的单位为当事人;用人单位分立为若干单位的,其分立前发生的劳动争议,由分立后的实际用人单位为当事人。

用人单位分立为若干单位后,具体承受劳动权利义务的单位不明确的,分立后的单位均为当事人。

第二十七条　用人单位招用尚未解除劳动合同的劳动者,原用人单位与劳动者发生的劳动争议,可以列新的用人单位为第三人。

原用人单位以新的用人单位侵权为由提起诉讼的,可以列劳动者为第三人。

原用人单位以新的用人单位和劳动者共同侵权为由提起诉讼的,新的用人单位和劳动者列为共同被告。

第二十八条　劳动者在用人单位与其他平等主体之间的承包经营期间,与发包方和承包方双方或者一方发生劳动争议,依法提起诉讼的,应当将承包方和发包方作为当事人。

第二十九条　劳动者与未办理营业执照、营业执照被吊销或者营业期限届满仍继续经营的用人单位发生争议的,应当将用人单位或者其出资人列为当事人。

第三十条　未办理营业执照、营业执照被吊销或者营业期限届满仍继续经营的用人单位,以挂靠等方式借用他人营业执照经营的,应当将用人单位和营业执照出借方列为当事人。

第三十一条　当事人不服劳动争议仲裁机构作出的仲裁裁决,依法提起诉讼,人民法院审查认为仲裁裁决遗漏了必须共同参加仲裁的当事人的,应当依法追加遗漏的人为诉讼当事人。

被追加的当事人应当承担责任的,人民法院应当一并处理。

第三十二条　用人单位与其招用的已经依法享受养老保险待遇或者领取退休金的人员发生用工争议而提起诉讼的,人民法院应当按劳务关系处理。

企业停薪留职人员、未达到法定退休年龄的内退人员、下岗待岗人员以及企业经营性停产放长假人员,因与新的用人单位发生用工争议而提起诉讼的,人民法院应当按劳动关系处理。

第三十三条　外国人、无国籍人未依法取得就业证件即与中华人民共和国境内的用人单位签订劳动合同,当事人请求确认与用人单位存在劳动关系的,人民法院不予支持。

持有《外国专家证》并取得《外国人来华工作许可证》的外国人,与中华人民共和国境内的用人单位建立用工关系的,可以认定为劳动关系。

第三十四条　劳动合同期满后,劳动者仍在原用人单位工作,原用人单位未表示异议的,视为双方同意以原条件继续履行劳动合同。一方提出终止劳动关系的,人民法院应予支持。

根据劳动合同法第十四条规定,用人单位应当与劳动者签订无固定期限劳动合同而未签订的,人民法院可以视为双方之间存在无固定期限劳动合同关系,并以原劳动合同确定双方的权利义务关系。

第三十五条　劳动者与用人单位就解除或者终止劳动合同办理相关手续、支付工资报酬、加班费、经济补偿或者赔偿金等达成的协议,不违反法律、行政法规的强制性规定,且不存在欺诈、胁迫或者乘人之危情形的,应当认定有效。

前款协议存在重大误解或者显失公平情形,当事人请求撤销的,人民法院应予支持。

第三十六条　当事人在劳动合同或者保密协议中约定了竞业限制,但未约定解除或者终止劳动合同后给予劳动者经济补偿,劳动者履行了竞业限制义务,要求用人单位按照劳动者在劳动合同解除或者终止前十二个月平均工资的30%按月支付经济补偿的,人民法院应予支持。

前款规定的月平均工资的30%低于劳动合同履行地最低工资标准的,按照劳动合同履行地最低工资标准支付。

第三十七条　当事人在劳动合同或者保密协议中约定了竞业限制和经济补偿,当事人解除劳动合同时,除另有约定外,用人单位要求劳动者履行竞业限制义务,或者劳动者履行了竞业限制义务后要求用人单位支付经济补偿的,人民法院应予支持。

第三十八条　当事人在劳动合同或者保密协议中约定了竞业限制和经济补偿,劳动合同解除或者终止后,因用人单位的原因导致三个月未支付经济补偿,劳动者请求解除竞业限制约定的,人民法院应予支持。

第三十九条　在竞业限制期限内,用人单位请求解除竞业限制协议的,人民法院应予支持。

在解除竞业限制协议时,劳动者请求用人单位额外支付劳动者三个月的竞业限制经济补偿的,人民法院应予支持。

第四十条　劳动者违反竞业限制约定,向用人单位支付违约金后,用人单位要求劳动者按照约定继续履行竞业限制义务的,人民法院应予支持。

第四十一条　劳动合同被确认为无效,劳动者已付出劳动的,用人单位应当按照劳动合同法第二十八条、第四十六条、第四十七条的规定向劳动者支付劳动报酬和经济补偿。

由于用人单位原因订立无效劳动合同,给劳动者造成损害的,用人单位应当赔偿劳动者因合同无效所造成的经济损失。

第四十二条　劳动者主张加班费的，应当就加班事实的存在承担举证责任。但劳动者有证据证明用人单位掌握加班事实存在的证据，用人单位不提供的，由用人单位承担不利后果。

第四十三条　用人单位与劳动者协商一致变更劳动合同，虽未采用书面形式，但已经实际履行了口头变更的劳动合同超过一个月，变更后的劳动合同内容不违反法律、行政法规且不违背公序良俗，当事人以未采用书面形式为由主张劳动合同变更无效的，人民法院不予支持。

第四十四条　因用人单位作出的开除、除名、辞退、解除劳动合同、减少劳动报酬、计算劳动者工作年限等决定而发生的劳动争议，用人单位负举证责任。

第四十五条　用人单位有下列情形之一，迫使劳动者提出解除劳动合同的，用人单位应当支付劳动者的劳动报酬和经济补偿，并可支付赔偿金：

（一）以暴力、威胁或者非法限制人身自由的手段强迫劳动的；

（二）未按照劳动合同约定支付劳动报酬或者提供劳动条件的；

（三）克扣或者无故拖欠劳动者工资的；

（四）拒不支付劳动者延长工作时间工资报酬的；

（五）低于当地最低工资标准支付劳动者工资的。

第四十六条　劳动者非因本人原因从原用人单位被安排到新用人单位工作，原用人单位未支付经济补偿，劳动者依据劳动合同法第三十八条规定与新用人单位解除劳动合同，或者新用人单位向劳动者提出解除、终止劳动合同，在计算支付经济补偿或赔偿金的工作年限时，劳动者请求把在原用人单位的工作年限合并计算为新用人单位工作年限的，人民法院应予支持。

用人单位符合下列情形之一的，应当认定属于“劳动者非因本人原因从原用人单位被安排到新用人单位工作”：

（一）劳动者仍在原工作场所、工作岗位工作，劳动合同主体由原用人单位变更为新用人单位；

（二）用人单位以组织委派或任命形式对劳动者进行工作调动；

（三）因用人单位合并、分立等原因导致劳动者工作调动；

（四）用人单位及其关联企业与劳动者轮流订立劳动合同；

（五）其他合理情形。

第四十七条　建立了工会组织的用人单位解除劳动合同符合劳动合同法第三十九条、第四十条规定，但未按照劳动合同法第四十三条规定事先通知工会，劳动者以用人单位违法解除劳动合同为由请求用人单位支付赔偿金的，人民法院应予支持，但起诉前用人单位已经补正有关程序的除外。

第四十八条　劳动合同法施行后，因用人单位经营期限届满不再继续经营导致劳动合同不能继续履行，劳动者请求用人单位支付经济补偿的，人民法院应予支持。

第四十九条　在诉讼过程中，劳动者向人民法院申请采取财产保全措施，人民法院经审查认为申请人经济确有困难，或者有证据证明用人单位存在欠薪逃匿可能的，应当减轻或者免除劳动者提供担保的义务，及时采取保全措施。

人民法院作出的财产保全裁定中，应当告知当事人在劳动争议仲裁机构的裁决书或者在人民法院的裁判文书生效后三个月内申请强制执行。逾期不申请的，人民法院应当裁定解除保全措施。

第五十条　用人单位根据劳动合同法第四条规定，通过民主程序制定的规章制度，不违反国家法律、行政法规及政策规定，并已向劳动者公示的，可以作为确定双方权利义务的依据。

用人单位制定的内部规章制度与集体合同或者劳动合同约定的内容不一致，劳动者请求优先适用合同约定的，人民法院应予支持。

第五十一条　当事人在调解仲裁法第十条规定的调解组织主持下达成的具有劳动权利义务内容的调解协议，具有劳动合同的约束力，可以作为人民法院裁判的根据。

当事人在调解仲裁法第十条规定的调解组织主持下仅就劳动报酬争议达成调解协议，用人单位不履行调解协议确定的给付义务，劳动者直接提起诉讼的，人民法院可以按照普通民事纠纷受理。

第五十二条　当事人在人民调解委员会主持下仅就给付义务达成的调解协议，双方认为有必要的，可以共同向人民调解委员会所在地的基层人民法院申请司法确认。

第五十三条　用人单位对劳动者作出的开除、除名、辞退等处理，或者因其他原因解除劳动合同确有错误的，人民法院可以依法判决予以撤销。

对于追索劳动报酬、养老金、医疗费以及工伤保险待遇、经济补偿金、培训费及其他相关费用等案件，给付数额不当的，人民法院可以予以变更。

第五十四条　本解释自2021年1月1日起施行。

最高人民法院关于适用《中华人民共和国民法典》有关担保制度的解释

（2020年12月25日最高人民法院审判委员会第1824次会议通过　2020年12月31日公布　自2021年1月1日起施行　法释〔2020〕28号）

为正确适用《中华人民共和国民法典》有关担保制度的规定，结合民事审判实践，制定本解释。

一、关于一般规定

第一条　因抵押、质押、留置、保证等担保发生的纠纷，适用本解释。所有权保留买卖、融资租赁、保理等涉及担保功能发生的纠纷，适用本解释的有关规定。

第二条 当事人在担保合同中约定担保合同的效力独立于主合同，或者约定担保人对主合同无效的法律后果承担担保责任，该有关担保独立性的约定无效。主合同有效的，有关担保独立性的约定无效不影响担保合同的效力；主合同无效的，人民法院应当认定担保合同无效，但是法律另有规定的除外。

因金融机构开立的独立保函发生的纠纷，适用《最高人民法院关于审理独立保函纠纷案件若干问题的规定》。

第三条 当事人对担保责任的承担约定专门的违约责任，或者约定的担保责任范围超出债务人应当承担的责任范围，担保人主张仅在债务人应当承担的责任范围内承担责任的，人民法院应予支持。

担保人承担的责任超出债务人应当承担的责任范围，担保人向债务人追偿，债务人主张仅在其应当承担的责任范围内承担责任的，人民法院应予支持；担保人请求债权人返还超出部分的，人民法院依法予以支持。

第四条 有下列情形之一，当事人将担保物权登记在他人名下，债务人不履行到期债务或者发生当事人约定的实现担保物权的情形，债权人或者其受托人主张就该财产优先受偿的，人民法院依法予以支持：

（一）为债券持有人提供的担保物权登记在债券受托管理人名下；

（二）为委托贷款人提供的担保物权登记在受托人名下；

（三）担保人知道债权人与他人之间存在委托关系的其他情形。

第五条 机关法人提供担保的，人民法院应当认定担保合同无效，但是经国务院批准为使用外国政府或者国际经济组织贷款进行转贷的除外。

居民委员会、村民委员会提供担保的，人民法院应当认定担保合同无效，但是依法代行村集体经济组织职能的村民委员会，依照村民委员会组织法规定的讨论决定程序对外提供担保的除外。

第六条 以公益为目的的非营利性学校、幼儿园、医疗机构、养老机构等提供担保的，人民法院应当认定担保合同无效，但是有下列情形之一的除外：

（一）在购入或者以融资租赁方式承租教育设施、医疗卫生设施、养老服务设施和其他公益设施时，出卖人、出租人为担保价款或者租金实现而在该公益设施上保留所有权；

（二）以教育设施、医疗卫生设施、养老服务设施和其他公益设施以外的不动产、动产或者财产权利设立担保物权。

登记为营利法人的学校、幼儿园、医疗机构、养老机构等提供担保，当事人以其不具有担保资格为由主张担保合同无效的，人民法院不予支持。

第七条 公司的法定代表人违反公司法关于公司对外担保决议程序的

规定，超越权限代表公司与相对人订立担保合同，人民法院应当依照民法典第六十一条和第五百零四条等规定处理：

（一）相对人善意的，担保合同对公司发生效力；相对人请求公司承担担保责任的，人民法院应予支持。

（二）相对人非善意的，担保合同对公司不发生效力；相对人请求公司承担赔偿责任的，参照适用本解释第十七条的有关规定。

法定代表人超越权限提供担保造成公司损失，公司请求法定代表人承担赔偿责任的，人民法院应予支持。

第一款所称善意，是指相对人在订立担保合同时不知道且不应当知道法定代表人超越权限。相对人有证据证明已对公司决议进行了合理审查，人民法院应当认定其构成善意，但是公司有证据证明相对人知道或者应当知道决议系伪造、变造的除外。

第八条 有下列情形之一，公司以其未依照公司法关于公司对外担保的规定作出决议为由主张不承担担保责任的，人民法院不予支持：

（一）金融机构开立保函或者担保公司提供担保；

（二）公司为其全资子公司开展经营活动提供担保；

（三）担保合同系由单独或者共同持有公司三分之二以上对担保事项有表决权的股东签字同意。

上市公司对外提供担保，不适用前款第二项、第三项的规定。

第九条 相对人根据上市公司公开披露的关于担保事项已经董事会或者股东大会决议通过的信息，与上市公司订立担保合同，相对人主张担保合同对上市公司发生效力，并由上市公司承担担保责任的，人民法院应予支持。

相对人未根据上市公司公开披露的关于担保事项已经董事会或者股东大会决议通过的信息，与上市公司订立担保合同，上市公司主张担保合同对其不发生效力，且不承担担保责任或者赔偿责任的，人民法院应予支持。

相对人与上市公司已公开披露的控股子公司订立的担保合同，或者相对人与股票在国务院批准的其他全国性证券交易场所交易的公司订立的担保合同，适用前两款规定。

第十条 一人有限责任公司为其股东提供担保，公司以违反公司法关于公司对外担保决议程序的规定为由主张不承担担保责任的，人民法院不予支持。公司因承担担保责任导致无法清偿其他债务，提供担保时的股东不能证明公司财产独立于自己的财产，其他债权人请求该股东承担连带责任的，人民法院应予支持。

第十一条 公司的分支机构未经公司股东（大）会或者董事会决议以自己的名义对外提供担保，相对人请求公司或者其分支机构承担担保责任的，人民法院不予支持，但是相对人不知道且不应当知道分支机构对外提供担保未经公司决议程序的除外。

金融机构的分支机构在其营业执照记载的经营范围内开立保函，或者经有权从事担保业务的上级机构授权开立保函，金融机构或者其分支机构以违反公司法关于公司对外担保决议程序的规定为由主张不承担担保责任的，人民法院不予支持。金融机构的分支机构未经金融机构授权提供保函之外的担保，金融机构或者其分支机构主张不承担担保责任的，人民法院应予支持，但是相对人不知道且不应当知道分支机构对外提供担保未经金融机构授权的除外。

担保公司的分支机构未经担保公司授权对外提供担保，担保公司或者其分支机构主张不承担担保责任的，人民法院应予支持，但是相对人不知道且不应当知道分支机构对外提供担保未经担保公司授权的除外。

公司的分支机构对外提供担保，相对人非善意，请求公司承担赔偿责任的，参照本解释第十七条的有关规定处理。

第十二条　法定代表人依照民法典第五百五十二条的规定以公司名义加入债务的，人民法院在认定该行为的效力时，可以参照本解释关于公司为他人提供担保的有关规则处理。

第十三条　同一债务有两个以上第三人提供担保，担保人之间约定相互追偿及分担份额，承担了担保责任的担保人请求其他担保人按照约定分担份额的，人民法院应予支持；担保人之间约定承担连带共同担保，或者约定相互追偿但是未约定分担份额的，各担保人按照比例分担向债务人不能追偿的部分。

同一债务有两个以上第三人提供担保，担保人之间未对相互追偿作出约定且未约定承担连带共同担保，但是各担保人在同一份合同书上签字、盖章或者按指印，承担了担保责任的担保人请求其他担保人按照比例分担向债务人不能追偿部分的，人民法院应予支持。

除前两款规定的情形外，承担了担保责任的担保人请求其他担保人分担向债务人不能追偿部分的，人民法院不予支持。

第十四条　同一债务有两个以上第三人提供担保，担保人受让债权的，人民法院应当认定该行为系承担担保责任。受让债权的担保人作为债权人请求其他担保人承担担保责任的，人民法院不予支持；该担保人请求其他担保人分担相应份额的，依照本解释第十三条的规定处理。

第十五条　最高额担保中的最高债权额，是指包括主债权及其利息、违约金、损害赔偿金、保管担保财产的费用、实现债权或者实现担保物权的费用等在内的全部债权，但是当事人另有约定的除外。

登记的最高债权额与当事人约定的最高债权额不一致的，人民法院应当依据登记的最高债权额确定债权人优先受偿的范围。

第十六条　主合同当事人协议以新贷偿还旧贷，债权人请求旧贷的担保人承担担保责任的，人民法院不予支持；债权人请求新贷的担保人承担担保责任的，按照下列情形处理：

（一）新贷与旧贷的担保人相同的，人民法院应予支持；

（二）新贷与旧贷的担保人不同，或者旧贷无担保新贷有担保的，人民法院不予支持，但是债权人有证据证明新贷的担保人提供担保时对以新贷偿还旧贷的事实知道或者应当知道的除外。

主合同当事人协议以新贷偿还旧贷，旧贷的物的担保人在登记尚未注销的情形下同意继续为新贷提供担保，在订立新的贷款合同前又以该担保财产为其他债权人设立担保物权，其他债权人主张其担保物权顺位优先于新贷债权人的，人民法院不予支持。

第十七条 主合同有效而第三人提供的担保合同无效，人民法院应当区分不同情形确定担保人的赔偿责任：

（一）债权人与担保人均有过错的，担保人承担的赔偿责任不应超过债务人不能清偿部分的二分之一；

（二）担保人有过错而债权人无过错的，担保人对债务人不能清偿的部分承担赔偿责任；

（三）债权人有过错而担保人无过错的，担保人不承担赔偿责任。

主合同无效导致第三人提供的担保合同无效，担保人无过错的，不承担赔偿责任；担保人有过错的，其承担的赔偿责任不应超过债务人不能清偿部分的三分之一。

第十八条 承担了担保责任或者赔偿责任的担保人，在其承担责任的范围内向债务人追偿的，人民法院应予支持。

同一债权既有债务人自己提供的物的担保，又有第三人提供的担保，承担了担保责任或者赔偿责任的第三人，主张行使债权人对债务人享有的担保物权的，人民法院应予支持。

第十九条 担保合同无效，承担了赔偿责任的担保人按照反担保合同的约定，在其承担赔偿责任的范围内请求反担保人承担担保责任的，人民法院应予支持。

反担保合同无效的，依照本解释第十七条的有关规定处理。当事人仅以担保合同无效为由主张反担保合同无效的，人民法院不予支持。

第二十条 人民法院在审理第三人提供的物的担保纠纷案件时，可以适用民法典第六百九十五条第一款、第六百九十六条第一款、第六百九十七条第二款、第六百九十九条、第七百条、第七百零一条、第七百零二条等关于保证合同的规定。

第二十一条 主合同或者担保合同约定了仲裁条款的，人民法院对约定仲裁条款的合同当事人之间的纠纷无管辖权。

债权人一并起诉债务人和担保人的，应当根据主合同确定管辖法院。

债权人依法可以单独起诉担保人且仅起诉担保人的，应当根据担保合同确定管辖法院。

第二十二条 人民法院受理债务人破产案件后，债权人请求担保人承担担保责任，担保人主张担保债务自人民法院受理破产申请之日起停止计息的，人民法院对担保人的主张应予支持。

第二十三条　人民法院受理债务人破产案件，债权人在破产程序中申报债权后又向人民法院提起诉讼，请求担保人承担担保责任的，人民法院依法予以支持。

担保人清偿债权人的全部债权后，可以代替债权人在破产程序中受偿；在债权人的债权未获全部清偿前，担保人不得代替债权人在破产程序中受偿，但是有权就债权人通过破产分配和实现担保债权等方式获得清偿总额中超出债权的部分，在其承担担保责任的范围内请求债权人返还。

债权人在债务人破产程序中未获全部清偿，请求担保人继续承担担保责任的，人民法院应予支持；担保人承担担保责任后，向和解协议或者重整计划执行完毕后的债务人追偿的，人民法院不予支持。

第二十四条　债权人知道或者应当知道债务人破产，既未申报债权也未通知担保人，致使担保人不能预先行使追偿权的，担保人就该债权在破产程序中可能受偿的范围内免除担保责任，但是担保人因自身过错未行使追偿权的除外。

二、关于保证合同

第二十五条　当事人在保证合同中约定了保证人在债务人不能履行债务或者无力偿还债务时才承担保证责任等类似内容，具有债务人应当先承担责任的意思表示的，人民法院应当将其认定为一般保证。

当事人在保证合同中约定了保证人在债务人不履行债务或者未偿还债务时即承担保证责任、无条件承担保证责任等类似内容，不具有债务人应当先承担责任的意思表示的，人民法院应当将其认定为连带责任保证。

第二十六条　一般保证中，债权人以债务人为被告提起诉讼的，人民法院应予受理。债权人未就主合同纠纷提起诉讼或者申请仲裁，仅起诉一般保证人的，人民法院应当驳回起诉。

一般保证中，债权人一并起诉债务人和保证人的，人民法院可以受理，但是在作出判决时，除有民法典第六百八十七条第二款但书规定的情形外，应当在判决书主文中明确，保证人仅对债务人财产依法强制执行后仍不能履行的部分承担保证责任。

债权人未对债务人的财产申请保全，或者保全的债务人的财产足以清偿债务，债权人申请对一般保证人的财产进行保全的，人民法院不予准许。

第二十七条　一般保证的债权人取得对债务人赋予强制执行效力的公证债权文书后，在保证期间内向人民法院申请强制执行，保证人以债权人未在保证期间内对债务人提起诉讼或者申请仲裁为由主张不承担保证责任的，人民法院不予支持。

第二十八条　一般保证中，债权人依据生效法律文书对债务人的财产依法申请强制执行，保证债务诉讼时效的起算时间按照下列规则确定：

（一）人民法院作出终结本次执行程序裁定，或者依照民事诉讼法第二百五十七条第三项、第五项的规定作出终结执行裁定的，自裁定送达债权人之日起开始计算；

（二）人民法院自收到申请执行书之日起一年内未作出前项裁定的，自人民法院收到申请执行书满一年之日起开始计算，但是保证人有证据证明债务人仍有财产可供执行的除外。

一般保证的债权人在保证期间届满前对债务人提起诉讼或者申请仲裁，债权人举证证明存在民法典第六百八十七条第二款但书规定情形的，保证债务的诉讼时效自债权人知道或者应当知道该情形之日起开始计算。

第二十九条　同一债务有两个以上保证人，债权人以其已经在保证期间内依法向部分保证人行使权利为由，主张已经在保证期间内向其他保证人行使权利的，人民法院不予支持。

同一债务有两个以上保证人，保证人之间相互有追偿权，债权人未在保证期间内依法向部分保证人行使权利，导致其他保证人在承担保证责任后丧失追偿权，其他保证人主张在其不能追偿的范围内免除保证责任的，人民法院应予支持。

第三十条　最高额保证合同对保证期间的计算方式、起算时间等有约定的，按照其约定。

最高额保证合同对保证期间的计算方式、起算时间等没有约定或者约定不明，被担保债权的履行期限均已届满的，保证期间自债权确定之日起开始计算；被担保债权的履行期限尚未届满的，保证期间自最后到期债权的履行期限届满之日起开始计算。

前款所称债权确定之日，依照民法典第四百二十三条的规定认定。

第三十一条　一般保证的债权人在保证期间内对债务人提起诉讼或者申请仲裁后，又撤回起诉或者仲裁申请，债权人在保证期间届满前未再行提起诉讼或者申请仲裁，保证人主张不再承担保证责任的，人民法院应予支持。

连带责任保证的债权人在保证期间内对保证人提起诉讼或者申请仲裁后，又撤回起诉或者仲裁申请，起诉状副本或者仲裁申请书副本已经送达保证人的，人民法院应当认定债权人已经在保证期间内向保证人行使了权利。

第三十二条　保证合同约定保证人承担保证责任直至主债务本息还清时为止等类似内容的，视为约定不明，保证期间为主债务履行期限届满之日起六个月。

第三十三条　保证合同无效，债权人未在约定或者法定的保证期间内依法行使权利，保证人主张不承担赔偿责任的，人民法院应予支持。

第三十四条　人民法院在审理保证合同纠纷案件时，应当将保证期间是否届满、债权人是否在保证期间内依法行使权利等事实作为案件基本事实予以查明。

债权人在保证期间内未依法行使

权利的，保证责任消灭。保证责任消灭后，债权人书面通知保证人要求承担保证责任，保证人在通知书上签字、盖章或者按指印，债权人请求保证人继续承担保证责任的，人民法院不予支持，但是债权人有证据证明成立了新的保证合同的除外。

第三十五条　保证人知道或者应当知道主债权诉讼时效期间届满仍然提供保证或者承担保证责任，又以诉讼时效期间届满为由拒绝承担保证责任或者请求返还财产的，人民法院不予支持；保证人承担保证责任后向债务人追偿的，人民法院不予支持，但是债务人放弃诉讼时效抗辩的除外。

第三十六条　第三人向债权人提供差额补足、流动性支持等类似承诺文件作为增信措施，具有提供担保的意思表示，债权人请求第三人承担保证责任的，人民法院应当依照保证的有关规定处理。

第三人向债权人提供的承诺文件，具有加入债务或者与债务人共同承担债务等意思表示的，人民法院应当认定为民法典第五百五十二条规定的债务加入。

前两款中第三人提供的承诺文件难以确定是保证还是债务加入的，人民法院应当将其认定为保证。

第三人向债权人提供的承诺文件不符合前三款规定的情形，债权人请求第三人承担保证责任或者连带责任的，人民法院不予支持，但是不影响其依据承诺文件请求第三人履行约定的义务或者承担相应的民事责任。

三、关于担保物权

（一）担保合同与担保物权的效力

第三十七条　当事人以所有权、使用权不明或者有争议的财产抵押，经审查构成无权处分的，人民法院应当依照民法典第三百一十一条的规定处理。

当事人以依法被查封或者扣押的财产抵押，抵押权人请求行使抵押权，经审查查封或者扣押措施已经解除的，人民法院应予支持。抵押人以抵押权设立时财产被查封或者扣押为由主张抵押合同无效的，人民法院不予支持。

以依法被监管的财产抵押的，适用前款规定。

第三十八条　主债权未受全部清偿，担保物权人主张就担保财产的全部行使担保物权的，人民法院应予支持，但是留置权人行使留置权的，应当依照民法典第四百五十条的规定处理。

担保财产被分割或者部分转让，担保物权人主张就分割或者转让后的担保财产行使担保物权的，人民法院应予支持，但是法律或者司法解释另有规定的除外。

第三十九条　主债权被分割或者部分转让，各债权人主张就其享有的债权份额行使担保物权的，人民法院应予支持，但是法律另有规定或者当事人另有约定的除外。

主债务被分割或者部分转移，债务人自己提供物的担保，债权人请求以该担保财产担保全部债务履行的，人民法院应予支持；第三人提供物的担保，主张对未经其书面同意转移的债务不再承担担保责任的，人民法院应予支持。

第四十条 从物产生于抵押权依法设立前，抵押权人主张抵押权的效力及于从物的，人民法院应予支持，但是当事人另有约定的除外。

从物产生于抵押权依法设立后，抵押权人主张抵押权的效力及于从物的，人民法院不予支持，但是在抵押权实现时可以一并处分。

第四十一条 抵押权依法设立后，抵押财产被添附，添附物归第三人所有，抵押权人主张抵押权效力及于补偿金的，人民法院应予支持。

抵押权依法设立后，抵押财产被添附，抵押人对添附物享有所有权，抵押权人主张抵押权的效力及于添附物的，人民法院应予支持，但是添附导致抵押财产价值增加的，抵押权的效力不及于增加的价值部分。

抵押权依法设立后，抵押人与第三人因添附成为添附物的共有人，抵押权人主张抵押权的效力及于抵押人对共有物享有的份额的，人民法院应予支持。

本条所称添附，包括附合、混合与加工。

第四十二条 抵押权依法设立后，抵押财产毁损、灭失或者被征收等，抵押权人请求按照原抵押权的顺位就保险金、赔偿金或者补偿金等优先受偿的，人民法院应予支持。

给付义务人已经向抵押人给付了保险金、赔偿金或者补偿金，抵押权人请求给付义务人向其给付保险金、赔偿金或者补偿金的，人民法院不予支持，但是给付义务人接到抵押权人要求向其给付的通知后仍然向抵押人给付的除外。

抵押权人请求给付义务人向其给付保险金、赔偿金或者补偿金的，人民法院可以通知抵押人作为第三人参加诉讼。

第四十三条 当事人约定禁止或者限制转让抵押财产但是未将约定登记，抵押人违反约定转让抵押财产，抵押权人请求确认转让合同无效的，人民法院不予支持；抵押财产已经交付或者登记，抵押权人请求确认转让不发生物权效力的，人民法院不予支持，但是抵押权人有证据证明受让人知道的除外；抵押权人请求抵押人承担违约责任的，人民法院依法予以支持。

当事人约定禁止或者限制转让抵押财产且已经将约定登记，抵押人违反约定转让抵押财产，抵押权人请求确认转让合同无效的，人民法院不予支持；抵押财产已经交付或者登记，抵押权人主张转让不发生物权效力的，人民法院应予支持，但是因受让人代替债务人清偿债务导致抵押权消灭的除外。

第四十四条 主债权诉讼时效期间届满后，抵押权人主张行使抵押权的，人民法院不予支持；抵押人以主债权诉讼时效期间届满为由，主张不承担担保责任的，人民法院应予支持。主债权诉讼时效期间届满前，债权人仅对债务人提起诉讼，经人民法院判决或者调解后未在民事诉讼法规定的申请执行时效期间内对债务人申请强制执行，其向抵押人主张行使抵押权的，人民法院不予支持。

主债权诉讼时效期间届满后，财产被留置的债务人或者对留置财产享有所有权的第三人请求债权人返还留置财产的，人民法院不予支持；债务人或者第三人请求拍卖、变卖留置财产并以所得价款清偿债务的，人民法院应予支持。

主债权诉讼时效期间届满的法律后果，以登记作为公示方式的权利质权，参照适用第一款的规定；动产质权、以交付权利凭证作为公示方式的权利质权，参照适用第二款的规定。

第四十五条　当事人约定当债务人不履行到期债务或者发生当事人约定的实现担保物权的情形，担保物权人有权将担保财产自行拍卖、变卖并就所得的价款优先受偿的，该约定有效。因担保人的原因导致担保物权人无法自行对担保财产进行拍卖、变卖，担保物权人请求担保人承担因此增加的费用的，人民法院应予支持。

当事人依照民事诉讼法有关"实现担保物权案件"的规定，申请拍卖、变卖担保财产，被申请人以担保合同约定仲裁条款为由主张驳回申请的，人民法院经审查后，应当按照以下情形分别处理：

（一）当事人对担保物权无实质性争议且实现担保物权条件已经成就的，应当裁定准许拍卖、变卖担保财产；

（二）当事人对实现担保物权有部分实质性争议的，可以就无争议的部分裁定准许拍卖、变卖担保财产，并告知可以就有争议的部分申请仲裁；

（三）当事人对实现担保物权有实质性争议的，裁定驳回申请，并告知可以向仲裁机构申请仲裁。

债权人以诉讼方式行使担保物权的，应当以债务人和担保人作为共同被告。

（二）不动产抵押

第四十六条　不动产抵押合同生效后未办理抵押登记手续，债权人请求抵押人办理抵押登记手续的，人民法院应予支持。

抵押财产因不可归责于抵押人自身的原因灭失或者被征收等导致不能办理抵押登记，债权人请求抵押人在约定的担保范围内承担责任的，人民法院不予支持；但是抵押人已经获得保险金、赔偿金或者补偿金等，债权人请求抵押人在其所获金额范围内承担赔偿责任的，人民法院依法予以支持。

因抵押人转让抵押财产或者其他可归责于抵押人自身的原因导致不能办理抵押登记，债权人请求抵押人在约定的担保范围内承担责任的，人民法院依法予以支持，但是不得超过抵押权能够设立时抵押人应当承担的责任范围。

第四十七条　不动产登记簿就抵押财产、被担保的债权范围等所作的记载与抵押合同约定不一致的，人民法院应当根据登记簿的记载确定抵押财产、被担保的债权范围等事项。

第四十八条 当事人申请办理抵押登记手续时，因登记机构的过错致使其不能办理抵押登记，当事人请求登记机构承担赔偿责任的，人民法院依法予以支持。

第四十九条 以违法的建筑物抵押的，抵押合同无效，但是一审法庭辩论终结前已经办理合法手续的除外。抵押合同无效的法律后果，依照本解释第十七条的有关规定处理。

当事人以建设用地使用权依法设立抵押，抵押人以土地上存在违法的建筑物为由主张抵押合同无效的，人民法院不予支持。

第五十条 抵押人以划拨建设用地上的建筑物抵押，当事人以该建设用地使用权不能抵押或者未办理批准手续为由主张抵押合同无效或者不生效的，人民法院不予支持。抵押权依法实现时，拍卖、变卖建筑物所得的价款，应当优先用于补缴建设用地使用权出让金。

当事人以划拨方式取得的建设用地使用权抵押，抵押人以未办理批准手续为由主张抵押合同无效或者不生效的，人民法院不予支持。已经依法办理抵押登记，抵押权人主张行使抵押权的，人民法院应予支持。抵押权依法实现时所得的价款，参照前款有关规定处理。

第五十一条 当事人仅以建设用地使用权抵押，债权人主张抵押权的效力及于土地上已有的建筑物以及正在建造的建筑物已完成部分的，人民法院应予支持。债权人主张抵押权的效力及于正在建造的建筑物的续建部分以及新增建筑物的，人民法院不予支持。

当事人以正在建造的建筑物抵押，抵押权的效力范围限于已办理抵押登记的部分。当事人按照担保合同的约定，主张抵押权的效力及于续建部分、新增建筑物以及规划中尚未建造的建筑物的，人民法院不予支持。

抵押人将建设用地使用权、土地上的建筑物或者正在建造的建筑物分别抵押给不同债权人的，人民法院应当根据抵押登记的时间先后确定清偿顺序。

第五十二条 当事人办理抵押预告登记后，预告登记权利人请求就抵押财产优先受偿，经审查存在尚未办理建筑物所有权首次登记、预告登记的财产与办理建筑物所有权首次登记时的财产不一致、抵押预告登记已经失效等情形，导致不具备办理抵押登记条件的，人民法院不予支持；经审查已经办理建筑物所有权首次登记，且不存在预告登记失效等情形的，人民法院应予支持，并应当认定抵押权自预告登记之日起设立。

当事人办理了抵押预告登记，抵押人破产，经审查抵押财产属于破产财产，预告登记权利人主张就抵押财产优先受偿的，人民法院应当在受理破产申请时抵押财产的价值范围内予以支持，但是在人民法院受理破产申请前一年内，债务人对没有财产担保的债务设立抵押预告登记的除外。

（三）动产与权利担保

第五十三条　当事人在动产和权利担保合同中对担保财产进行概括描述，该描述能够合理识别担保财产的，人民法院应当认定担保成立。

第五十四条　动产抵押合同订立后未办理抵押登记，动产抵押权的效力按照下列情形分别处理：

（一）抵押人转让抵押财产，受让人占有抵押财产后，抵押权人向受让人请求行使抵押权的，人民法院不予支持，但是抵押权人能够举证证明受让人知道或者应当知道已经订立抵押合同的除外；

（二）抵押人将抵押财产出租给他人并移转占有，抵押权人行使抵押权的，租赁关系不受影响，但是抵押权人能够举证证明承租人知道或者应当知道已经订立抵押合同的除外；

（三）抵押人的其他债权人向人民法院申请保全或者执行抵押财产，人民法院已经作出财产保全裁定或者采取执行措施，抵押权人主张对抵押财产优先受偿的，人民法院不予支持；

（四）抵押人破产，抵押权人主张对抵押财产优先受偿的，人民法院不予支持。

第五十五条　债权人、出质人与监管人订立三方协议，出质人以通过一定数量、品种等概括描述能够确定范围的货物为债务的履行提供担保，当事人有证据证明监管人系受债权人的委托监管并实际控制该货物的，人民法院应当认定质权于监管人实际控制货物之日起设立。监管人违反约定向出质人或者其他人放货、因保管不善导致货物毁损灭失，债权人请求监管人承担违约责任的，人民法院依法予以支持。

在前款规定情形下，当事人有证据证明监管人系受出质人委托监管该货物，或者虽然受债权人委托但是未实际履行监管职责，导致货物仍由出质人实际控制的，人民法院应当认定质权未设立。债权人可以基于质押合同的约定请求出质人承担违约责任，但是不得超过质权有效设立时出质人应当承担的责任范围。监管人未履行监管职责，债权人请求监管人承担责任的，人民法院依法予以支持。

第五十六条　买受人在出卖人正常经营活动中通过支付合理对价取得已被设立担保物权的动产，担保物权人请求就该动产优先受偿的，人民法院不予支持，但是有下列情形之一的除外：

（一）购买商品的数量明显超过一般买受人；

（二）购买出卖人的生产设备；

（三）订立买卖合同的目的在于担保出卖人或者第三人履行债务；

（四）买受人与出卖人存在直接或者间接的控制关系；

（五）买受人应当查询抵押登记而未查询的其他情形。

前款所称出卖人正常经营活动，是指出卖人的经营活动属于其营业执照明确记载的经营范围，且出卖人持续销售同类商品。前款所称担保物权人，是指已经办理登记的抵押权人、所有权保留买卖的出卖人、融资租赁合同的出租人。

第五十七条 担保人在设立动产浮动抵押并办理抵押登记后又购入或者以融资租赁方式承租新的动产，下列权利人为担保价款债权或者租金的实现而订立担保合同，并在该动产交付后十日内办理登记，主张其权利优先于在先设立的浮动抵押权的，人民法院应予支持：

（一）在该动产上设立抵押权或者保留所有权的出卖人；

（二）为价款支付提供融资而在该动产上设立抵押权的债权人；

（三）以融资租赁方式出租该动产的出租人。

买受人取得动产但未付清价款或者承租人以融资租赁方式占有租赁物但是未付清全部租金，又以标的物为他人设立担保物权，前款所列权利人为担保价款债权或者租金的实现而订立担保合同，并在该动产交付后十日内办理登记，主张其权利优先于买受人为他人设立的担保物权的，人民法院应予支持。

同一动产上存在多个价款优先权的，人民法院应当按照登记的时间先后确定清偿顺序。

第五十八条 以汇票出质，当事人以背书记载“质押”字样并在汇票上签章，汇票已经交付质权人的，人民法院应当认定质权自汇票交付质权人时设立。

第五十九条 存货人或者仓单持有人在仓单上以背书记载“质押”字样，并经保管人签章，仓单已经交付质权人的，人民法院应当认定质权自仓单交付质权人时设立。没有权利凭证的仓单，依法可以办理出质登记的，仓单质权自办理出质登记时设立。

出质人既以仓单出质，又以仓储物设立担保，按照公示的先后确定清偿顺序；难以确定先后的，按照债权比例清偿。

保管人为同一货物签发多份仓单，出质人在多份仓单上设立多个质权，按照公示的先后确定清偿顺序；难以确定先后的，按照债权比例受偿。

存在第二款、第三款规定的情形，债权人举证证明其损失系由出质人与保管人的共同行为所致，请求出质人与保管人承担连带赔偿责任的，人民法院应予支持。

第六十条 在跟单信用证交易中，开证行与开证申请人之间约定以提单作为担保的，人民法院应当依照民法典关于质权的有关规定处理。

在跟单信用证交易中，开证行依据其与开证申请人之间的约定或者跟单信用证的惯例持有提单，开证申请人未按照约定付款赎单，开证行主张对提单项下货物优先受偿的，人民法院应予支持；开证行主张对提单项下货物享有所有权的，人民法院不予支持。

在跟单信用证交易中，开证行依据

其与开证申请人之间的约定或者跟单信用证的惯例，通过转让提单或者提单项下货物取得价款，开证申请人请求返还超出债权部分的，人民法院应予支持。

前三款规定不影响合法持有提单的开证行以提单持有人身份主张运输合同项下的权利。

第六十一条　以现有的应收账款出质，应收账款债务人向质权人确认应收账款的真实性后，又以应收账款不存在或者已经消灭为由主张不承担责任的，人民法院不予支持。

以现有的应收账款出质，应收账款债务人未确认应收账款的真实性，质权人以应收账款债务人为被告，请求就应收账款优先受偿，能够举证证明办理出质登记时应收账款真实存在的，人民法院应予支持；质权人不能举证证明办理出质登记时应收账款真实存在，仅以已经办理出质登记为由，请求就应收账款优先受偿的，人民法院不予支持。

以现有的应收账款出质，应收账款债务人已经向应收账款债权人履行了债务，质权人请求应收账款债务人履行债务的，人民法院不予支持，但是应收账款债务人接到质权人要求向其履行的通知后，仍然向应收账款债权人履行的除外。

以基础设施和公用事业项目收益权、提供服务或者劳务产生的债权以及其他将有的应收账款出质，当事人为应收账款设立特定账户，发生法定或者约定的质权实现事由时，质权人请求就该特定账户内的款项优先受偿的，人民法院应予支持；特定账户内的款项不足以清偿债务或者未设立特定账户，质权人请求折价或者拍卖、变卖项目收益权等将有的应收账款，并以所得的价款优先受偿的，人民法院依法予以支持。

第六十二条　债务人不履行到期债务，债权人因同一法律关系留置合法占有的第三人的动产，并主张就该留置财产优先受偿的，人民法院应予支持。第三人以该留置财产并非债务人的财产为由请求返还的，人民法院不予支持。

企业之间留置的动产与债权并非同一法律关系，债务人以该债权不属于企业持续经营中发生的债权为由请求债权人返还留置财产的，人民法院应予支持。

企业之间留置的动产与债权并非同一法律关系，债权人留置第三人的财产，第三人请求债权人返还留置财产的，人民法院应予支持。

四、关于非典型担保

第六十三条　债权人与担保人订立担保合同，约定以法律、行政法规尚未规定可以担保的财产权利设立担保，当事人主张合同无效的，人民法院不予支持。当事人未在法定的登记机构依法进行登记，主张该担保具有物权效力的，人民法院不予支持。

第六十四条　在所有权保留买卖中，出卖人依法有权取回标的物，但是与买受人协商不成，当事人请求参照民事诉讼法“实现担保物权案件”的有关规定，拍卖、变卖标的物的，人民法院应予准许。

出卖人请求取回标的物，符合民法典第六百四十二条规定的，人民法院应予支持；买受人以抗辩或者反诉的方式主张拍卖、变卖标的物，并在扣除买受人未支付的价款以及必要费用后返还剩余款项的，人民法院应当一并处理。

第六十五条 在融资租赁合同中，承租人未按照约定支付租金，经催告后在合理期限内仍不支付，出租人请求承租人支付全部剩余租金，并以拍卖、变卖租赁物所得的价款受偿的，人民法院应予支持；当事人请求参照民事诉讼法“实现担保物权案件”的有关规定，以拍卖、变卖租赁物所得价款支付租金的，人民法院应予准许。

出租人请求解除融资租赁合同并收回租赁物，承租人以抗辩或者反诉的方式主张返还租赁物价值超过欠付租金以及其他费用的，人民法院应当一并处理。当事人对租赁物的价值有争议的，应当按照下列规则确定租赁物的价值：

（一）融资租赁合同有约定的，按照其约定；

（二）融资租赁合同未约定或者约定不明的，根据约定的租赁物折旧以及合同到期后租赁物的残值来确定；

（三）根据前两项规定的方法仍然难以确定，或者当事人认为根据前两项规定的方法确定的价值严重偏离租赁物实际价值的，根据当事人的申请委托有资质的机构评估。

第六十六条 同一应收账款同时存在保理、应收账款质押和债权转让，当事人主张参照民法典第七百六十八条的规定确定优先顺序的，人民法院应予支持。

在有追索权的保理中，保理人以应收账款债权人或者应收账款债务人为被告提起诉讼，人民法院应予受理；保理人一并起诉应收账款债权人和应收账款债务人的，人民法院可以受理。

应收账款债权人向保理人返还保理融资款本息或者回购应收账款债权后，请求应收账款债务人向其履行应收账款债务的，人民法院应予支持。

第六十七条 在所有权保留买卖、融资租赁等合同中，出卖人、出租人的所有权未经登记不得对抗的“善意第三人”的范围及其效力，参照本解释第五十四条的规定处理。

第六十八条 债务人或者第三人与债权人约定将财产形式上转移至债权人名下，债务人不履行到期债务，债权人有权对财产折价或者以拍卖、变卖该财产所得价款偿还债务的，人民法院应当认定该约定有效。当事人已经完成财产权利变动的公示，债务人不履行到期债务，债权人请求参照民法典关于担保物权的有关规定就该财产优先受偿的，人民法院应予支持。

债务人或者第三人与债权人约定将财产形式上转移至债权人名下，债务人不履行到期债务，财产归债权人所有的，人民法院应当认定该约定无效，但是不影响当事人有关提供担保的意思表示的效力。当事人已经完成财产权利变动的公示,债务人不履行到期债务,债权人请求对该财产享有所有权的,人民法院不予支持;债权人请求参照民法典关于担保物权的规定对财产折价或者以拍卖、变卖该财产所得的价款优先受偿的,人民法院应予支持;债务人履行债务后请求返还财产,或者请求对财产折价或者以拍卖、变卖所得的价款清偿债务的,人民法院应予支持。

债务人与债权人约定将财产转移至债权人名下,在一定期间后再由债务人或者其指定的第三人以交易本金加上溢价款回购,债务人到期不履行回购义务,财产归债权人所有的,人民法院应当参照第二款规定处理。回购对象自始不存在的,人民法院应当依照民法典第一百四十六条第二款的规定,按照其实际构成的法律关系处理。

第六十九条　股东以将其股权转移至债权人名下的方式为债务履行提供担保,公司或者公司的债权人以股东未履行或者未全面履行出资义务、抽逃出资等为由,请求作为名义股东的债权人与股东承担连带责任的,人民法院不予支持。

第七十条　债务人或者第三人为担保债务的履行,设立专门的保证金账户并由债权人实际控制,或者将其资金存入债权人设立的保证金账户,债权人主张就账户内的款项优先受偿的,人民法院应予支持。当事人以保证金账户内的款项浮动为由,主张实际控制该账户的债权人对账户内的款项不享有优先受偿权的,人民法院不予支持。

在银行账户下设立的保证金分户,参照前款规定处理。

当事人约定的保证金并非为担保债务的履行设立,或者不符合前两款规定的情形,债权人主张就保证金优先受偿的,人民法院不予支持,但是不影响当事人依照法律的规定或者按照当事人的约定主张权利。

五、附　　则

第七十一条　本解释自2021年1月1日起施行。

最高人民法院关于适用《中华人民共和国民法典》总则编若干问题的解释

(2021年12月30日最高人民法院审判委员会第1861次会议通过　2022年2月24日公布　自2022年3月1日起施行　法释〔2022〕6号)

为正确审理民事案件,依法保护民事主体的合法权益,维护社会和经济秩序,根据《中华人民共和国民法典》《中华人民共和国民事诉讼法》等相关法律规定,结合审判实践,制定本解释。

一、一 般 规 定

第一条　民法典第二编至第七编

对民事关系有规定的，人民法院直接适用该规定；民法典第二编至第七编没有规定的，适用民法典第一编的规定，但是根据其性质不能适用的除外。

就同一民事关系，其他民事法律的规定属于对民法典相应规定的细化的，应当适用该民事法律的规定。民法典规定适用其他法律的，适用该法律的规定。

民法典及其他法律对民事关系没有具体规定的，可以遵循民法典关于基本原则的规定。

第二条　在一定地域、行业范围内长期为一般人从事民事活动时普遍遵守的民间习俗、惯常做法等，可以认定为民法典第十条规定的习惯。

当事人主张适用习惯的，应当就习惯及其具体内容提供相应证据；必要时，人民法院可以依职权查明。

适用习惯，不得违背社会主义核心价值观，不得违背公序良俗。

第三条　对于民法典第一百三十二条所称的滥用民事权利，人民法院可以根据权利行使的对象、目的、时间、方式、造成当事人之间利益失衡的程度等因素作出认定。

行为人以损害国家利益、社会公共利益、他人合法权益为主要目的行使民事权利的，人民法院应当认定构成滥用民事权利。

构成滥用民事权利的，人民法院应当认定该滥用行为不发生相应的法律效力。滥用民事权利造成损害的，依照民法典第七编等有关规定处理。

二、民事权利能力和民事行为能力

第四条　涉及遗产继承、接受赠与等胎儿利益保护，父母在胎儿娩出前作为法定代理人主张相应权利的，人民法院依法予以支持。

第五条　限制民事行为能力人实施的民事法律行为是否与其年龄、智力、精神健康状况相适应，人民法院可以从行为与本人生活相关联的程度，本人的智力、精神健康状况能否理解其行为并预见相应的后果，以及标的、数量、价款或者报酬等方面认定。

三、监　　护

第六条　人民法院认定自然人的监护能力，应当根据其年龄、身心健康状况、经济条件等因素确定；认定有关组织的监护能力，应当根据其资质、信用、财产状况等因素确定。

第七条　担任监护人的被监护人父母通过遗嘱指定监护人，遗嘱生效时被指定的人不同意担任监护人的，人民法院应当适用民法典第二十七条、第二十八条的规定确定监护人。

未成年人由父母担任监护人，父母中的一方通过遗嘱指定监护人，另一方在遗嘱生效时有监护能力，有关当事人对监护人的确定有争议的，人民法院应当适用民法典第二十七条第一款的规定确定监护人。

第八条　未成年人的父母与其他依法具有监护资格的人订立协议，约定免除具有监护能力的父母的监护职责的，人民法院不予支持。协议约定在未成年人的父母丧失监护能力时由该具有监护资格的人担任监护人的，人民法院依法予以支持。

依法具有监护资格的人之间依据民法典第三十条的规定，约定由民法典第二十七条第二款、第二十八条规定的不同顺序的人共同担任监护人，或者由顺序在后的人担任监护人的，人民法院依法予以支持。

第九条　人民法院依据民法典第三十一条第二款、第三十六条第一款的规定指定监护人时，应当尊重被监护人的真实意愿，按照最有利于被监护人的原则指定，具体参考以下因素：

（一）与被监护人生活、情感联系的密切程度；

（二）依法具有监护资格的人的监护顺序；

（三）是否有不利于履行监护职责的违法犯罪等情形；

（四）依法具有监护资格的人的监护能力、意愿、品行等。

人民法院依法指定的监护人一般应当是一人，由数人共同担任监护人更有利于保护被监护人利益的，也可以是数人。

第十条　有关当事人不服居民委员会、村民委员会或者民政部门的指定，在接到指定通知之日起三十日内向人民法院申请指定监护人的，人民法院经审理认为指定并无不当，依法裁定驳回申请；认为指定不当，依法判决撤销指定并另行指定监护人。

有关当事人在接到指定通知之日起三十日后提出申请的，人民法院应当按照变更监护关系处理。

第十一条　具有完全民事行为能力的成年人与他人依据民法典第三十三条的规定订立书面协议事先确定自己的监护人后，协议的任何一方在该成年人丧失或者部分丧失民事行为能力前请求解除协议的，人民法院依法予以支持。该成年人丧失或者部分丧失民事行为能力后，协议确定的监护人无正当理由请求解除协议的，人民法院不予支持。

该成年人丧失或者部分丧失民事行为能力后，协议确定的监护人有民法典第三十六条第一款规定的情形之一，该条第二款规定的有关个人、组织申请撤销其监护人资格的，人民法院依法予以支持。

第十二条　监护人、其他依法具有监护资格的人之间就监护人是否有民法典第三十九条第一款第二项、第四项规定的应当终止监护关系的情形发生争议，申请变更监护人的，人民法院应当依法受理。经审理认为理由成立的，人民法院依法予以支持。

被依法指定的监护人与其他具有监护资格的人之间协议变更监护人的，人民法院应当尊重被监护人的真实意愿，按照最有利于被监护人的原则作出裁判。

第十三条　监护人因患病、外出务工等原因在一定期限内不能完全履行监护职责,将全部或者部分监护职责委托给他人,当事人主张受托人因此成为监护人的,人民法院不予支持。

四、宣告失踪和宣告死亡

第十四条　人民法院审理宣告失踪案件时,下列人员应当认定为民法典第四十条规定的利害关系人:

(一)被申请人的近亲属;

(二)依据民法典第一千一百二十八条、第一千一百二十九条规定对被申请人有继承权的亲属;

(三)债权人、债务人、合伙人等与被申请人有民事权利义务关系的民事主体,但是不申请宣告失踪不影响其权利行使、义务履行的除外。

第十五条　失踪人的财产代管人向失踪人的债务人请求偿还债务的,人民法院应当将财产代管人列为原告。

债权人提起诉讼,请求失踪人的财产代管人支付失踪人所欠的债务和其他费用的,人民法院应当将财产代管人列为被告。经审理认为债权人的诉讼请求成立的,人民法院应当判决财产代管人从失踪人的财产中支付失踪人所欠的债务和其他费用。

第十六条　人民法院审理宣告死亡案件时,被申请人的配偶、父母、子女,以及依据民法典第一千一百二十九条规定对被申请人有继承权的亲属应当认定为民法典第四十六条规定的利害关系人。

符合下列情形之一的,被申请人的其他近亲属,以及依据民法典第一千一百二十八条规定对被申请人有继承权的亲属应当认定为民法典第四十六条规定的利害关系人:

(一)被申请人的配偶、父母、子女均已死亡或者下落不明的;

(二)不申请宣告死亡不能保护其相应合法权益的。

被申请人的债权人、债务人、合伙人等民事主体不能认定为民法典第四十六条规定的利害关系人,但是不申请宣告死亡不能保护其相应合法权益的除外。

第十七条　自然人在战争期间下落不明的,利害关系人申请宣告死亡的期间适用民法典第四十六条第一款第一项的规定,自战争结束之日或者有关机关确定的下落不明之日起计算。

五、民事法律行为

第十八条　当事人未采用书面形式或者口头形式,但是实施的行为本身表明已经作出相应意思表示,并符合民事法律行为成立条件的,人民法院可以认定为民法典第一百三十五条规定的采用其他形式实施的民事法律行为。

第十九条　行为人对行为的性质、对方当事人或者标的物的品种、质量、规格、价格、数量等产生错误认识,按照通常理解如果不发生该错误认识行为人就不会作出相应意思表示的,人民法院可以认定为民法典第一百四十七条规定的重大误解。

行为人能够证明自己实施民事法律行为时存在重大误解,并请求撤销该民事法律行为的，人民法院依法予以支持；但是，根据交易习惯等认定行为人无权请求撤销的除外。

第二十条　行为人以其意思表示存在第三人转达错误为由请求撤销民事法律行为的，适用本解释第十九条的规定。

第二十一条　故意告知虚假情况，或者负有告知义务的人故意隐瞒真实情况，致使当事人基于错误认识作出意思表示的，人民法院可以认定为民法典第一百四十八条、第一百四十九条规定的欺诈。

第二十二条　以给自然人及其近亲属等的人身权利、财产权利以及其他合法权益造成损害或者以给法人、非法人组织的名誉、荣誉、财产权益等造成损害为要挟，迫使其基于恐惧心理作出意思表示的，人民法院可以认定为民法典第一百五十条规定的胁迫。

第二十三条　民事法律行为不成立，当事人请求返还财产、折价补偿或者赔偿损失的，参照适用民法典第一百五十七条的规定。

第二十四条　民事法律行为所附条件不可能发生，当事人约定为生效条件的，人民法院应当认定民事法律行为不发生效力；当事人约定为解除条件的，应当认定未附条件，民事法律行为是否失效，依照民法典和相关法律、行政法规的规定认定。

六、代　　理

第二十五条　数个委托代理人共同行使代理权，其中一人或者数人未与其他委托代理人协商，擅自行使代理权的，依据民法典第一百七十一条、第一百七十二条等规定处理。

第二十六条　由于急病、通讯联络中断、疫情防控等特殊原因，委托代理人自己不能办理代理事项，又不能与被代理人及时取得联系，如不及时转委托第三人代理，会给被代理人的利益造成损失或者扩大损失的，人民法院应当认定为民法典第一百六十九条规定的紧急情况。

第二十七条　无权代理行为未被追认，相对人请求行为人履行债务或者赔偿损失的，由行为人就相对人知道或者应当知道行为人无权代理承担举证责任。行为人不能证明的，人民法院依法支持相对人的相应诉讼请求；行为人能够证明的，人民法院应当按照各自的过错认定行为人与相对人的责任。

第二十八条　同时符合下列条件的，人民法院可以认定为民法典第一百七十二条规定的相对人有理由相信行为人有代理权：

（一）存在代理权的外观；

（二）相对人不知道行为人行为时没有代理权，且无过失。

因是否构成表见代理发生争议的，相对人应当就无权代理符合前款第一项规定的条件承担举证责任；被代理人应当就相对人不符合前款第二项规定的条件承担举证责任。

第二十九条　法定代理人、被代理人依据民法典第一百四十五条、第一百七十一条的规定向相对人作出追认的意思表示的，人民法院应当依据民法典第一百三十七条的规定确认其追认意思表示的生效时间。

七、民事责任

第三十条 为了使国家利益、社会公共利益、本人或者他人的人身权利、财产权利以及其他合法权益免受正在进行的不法侵害，而针对实施侵害行为的人采取的制止不法侵害的行为，应当认定为民法典第一百八十一条规定的正当防卫。

第三十一条 对于正当防卫是否超过必要的限度，人民法院应当综合不法侵害的性质、手段、强度、危害程度和防卫的时机、手段、强度、损害后果等因素判断。

经审理，正当防卫没有超过必要限度的，人民法院应当认定正当防卫人不承担责任。正当防卫超过必要限度的，人民法院应当认定正当防卫人在造成不应有的损害范围内承担部分责任；实施侵害行为的人请求正当防卫人承担全部责任的，人民法院不予支持。

实施侵害行为的人不能证明防卫行为造成不应有的损害，仅以正当防卫人采取的反击方式和强度与不法侵害不相当为由主张防卫过当的，人民法院不予支持。

第三十二条 为了使国家利益、社会公共利益、本人或者他人的人身权利、财产权利以及其他合法权益免受正在发生的急迫危险，不得已而采取紧急措施的，应当认定为民法典第一百八十二条规定的紧急避险。

第三十三条 对于紧急避险是否采取措施不当或者超过必要的限度，人民法院应当综合危险的性质、急迫程度、避险行为所保护的权益以及造成的损害后果等因素判断。

经审理，紧急避险采取措施并无不当且没有超过必要限度的，人民法院应当认定紧急避险人不承担责任。紧急避险采取措施不当或者超过必要限度的，人民法院应当根据紧急避险人的过错程度、避险措施造成不应有的损害的原因力大小、紧急避险人是否为受益人等因素认定紧急避险人在造成的不应有的损害范围内承担相应的责任。

第三十四条 因保护他人民事权益使自己受到损害，受害人依据民法典第一百八十三条的规定请求受益人适当补偿的，人民法院可以根据受害人所受损失和已获赔偿的情况、受益人受益的多少及其经济条件等因素确定受益人承担的补偿数额。

八、诉讼时效

第三十五条 民法典第一百八十八条第一款规定的三年诉讼时效期间，可以适用民法典有关诉讼时效中止、中断的规定，不适用延长的规定。该条第二款规定的二十年期间不适用中止、中断的规定。

第三十六条 无民事行为能力人或者限制民事行为能力人的权利受到损害的，诉讼时效期间自其法定代理人知道或者应当知道权利受到损害以及义务人之日起计算，但是法律另有规定的除外。

第三十七条　无民事行为能力人、限制民事行为能力人的权利受到原法定代理人损害，且在取得、恢复完全民事行为能力或者在原法定代理终止并确定新的法定代理人后，相应民事主体才知道或者应当知道权利受到损害的，有关请求权诉讼时效期间的计算适用民法典第一百八十八条第二款、本解释第三十六条的规定。

第三十八条　诉讼时效依据民法典第一百九十五条的规定中断后，在新的诉讼时效期间内，再次出现第一百九十五条规定的中断事由，可以认定为诉讼时效再次中断。

权利人向义务人的代理人、财产代管人或者遗产管理人等提出履行请求的，可以认定为民法典第一百九十五条规定的诉讼时效中断。

九、附　　则

第三十九条　本解释自2022年3月1日起施行。

民法典施行后的法律事实引起的民事案件，本解释施行后尚未终审的，适用本解释；本解释施行前已经终审，当事人申请再审或者按照审判监督程序决定再审的，不适用本解释。

最高人民法院关于适用《中华人民共和国民法典》合同编通则若干问题的解释

（2023年5月23日最高人民法院审判委员会第1889次会议通过　2023年12月4日公布　自2023年12月5日起施行　法释〔2023〕13号）

为正确审理合同纠纷案件以及非因合同产生的债权债务关系纠纷案件，依法保护当事人的合法权益，根据《中华人民共和国民法典》、《中华人民共和国民事诉讼法》等相关法律规定，结合审判实践，制定本解释。

一、一般规定

第一条　人民法院依据民法典第一百四十二条第一款、第四百六十六条第一款的规定解释合同条款时，应当以词句的通常含义为基础，结合相关条款、合同的性质和目的、习惯以及诚信原则，参考缔约背景、磋商过程、履行行为等因素确定争议条款的含义。

有证据证明当事人之间对合同条款有不同于词句的通常含义的其他共同理解，一方主张按照词句的通常含义理解合同条款的，人民法院不予支持。

对合同条款有两种以上解释，可能影响该条款效力的，人民法院应当选择有利于该条款有效的解释；属于无偿合同的,应当选择对债务人负担较轻的解释。

第二条　下列情形,不违反法律、行政法规的强制性规定且不违背公序良俗的,人民法院可以认定为民法典所称的“交易习惯”:

(一)当事人之间在交易活动中的惯常做法;

(二)在交易行为当地或者某一领域、某一行业通常采用并为交易对方订立合同时所知道或者应当知道的做法。

对于交易习惯,由提出主张的当事人一方承担举证责任。

二、合同的订立

第三条　当事人对合同是否成立存在争议,人民法院能够确定当事人姓名或者名称、标的和数量的,一般应当认定合同成立。但是,法律另有规定或者当事人另有约定的除外。

根据前款规定能够认定合同已经成立的,对合同欠缺的内容,人民法院应当依据民法典第五百一十条、第五百一十一条等规定予以确定。

当事人主张合同无效或者请求撤销、解除合同等,人民法院认为合同不成立的,应当依据《最高人民法院关于民事诉讼证据的若干规定》第五十三条的规定将合同是否成立作为焦点问题进行审理,并可以根据案件的具体情况重新指定举证期限。

第四条　采取招标方式订立合同,当事人请求确认合同自中标通知书到达中标人时成立的,人民法院应予支持。合同成立后,当事人拒绝签订书面合同的,人民法院应当依据招标文件、投标文件和中标通知书等确定合同内容。

采取现场拍卖、网络拍卖等公开竞价方式订立合同,当事人请求确认合同自拍卖师落槌、电子交易系统确认成交时成立的,人民法院应予支持。合同成立后,当事人拒绝签订成交确认书的,人民法院应当依据拍卖公告、竞买人的报价等确定合同内容。

产权交易所等机构主持拍卖、挂牌交易,其公布的拍卖公告、交易规则等文件公开确定了合同成立需要具备的条件,当事人请求确认合同自该条件具备时成立的,人民法院应予支持。

第五条　第三人实施欺诈、胁迫行为,使当事人在违背真实意思的情况下订立合同,受到损失的当事人请求第三人承担赔偿责任的,人民法院依法予以支持;当事人亦有违背诚信原则的行为的,人民法院应当根据各自的过错确定相应的责任。但是,法律、司法解释对当事人与第三人的民事责任另有规定的,依照其规定。

第六条　当事人以认购书、订购书、预订书等形式约定在将来一定期限内订立合同,或者为担保在将来一定期限内订立合同交付了定金,能够确定将来所要订立合同的主体、标的等内容的,人民法院应当认定预约合同成立。

当事人通过签订意向书或者备忘录等方式,仅表达交易的意向,未约定在将来一定期限内订立合同,或者虽然有约定但是难以确定将来所要订立合同的主体、标的等内容,一方主张预约合同成立的，人民法院不予支持。

当事人订立的认购书、订购书、预订书等已就合同标的、数量、价款或者报酬等主要内容达成合意，符合本解释第三条第一款规定的合同成立条件，未明确约定在将来一定期限内另行订立合同，或者虽然有约定但是当事人一方已实施履行行为且对方接受的，人民法院应当认定本约合同成立。

第七条　预约合同生效后，当事人一方拒绝订立本约合同或者在磋商订立本约合同时违背诚信原则导致未能订立本约合同的，人民法院应当认定该当事人不履行预约合同约定的义务。

人民法院认定当事人一方在磋商订立本约合同时是否违背诚信原则，应当综合考虑该当事人在磋商时提出的条件是否明显背离预约合同约定的内容以及是否已尽合理努力进行协商等因素。

第八条　预约合同生效后，当事人一方不履行订立本约合同的义务，对方请求其赔偿因此造成的损失的，人民法院依法予以支持。

前款规定的损失赔偿，当事人有约定的，按照约定；没有约定的，人民法院应当综合考虑预约合同在内容上的完备程度以及订立本约合同的条件的成就程度等因素酌定。

第九条　合同条款符合民法典第四百九十六条第一款规定的情形，当事人仅以合同系依据合同示范文本制作或者双方已经明确约定合同条款不属于格式条款为由主张该条款不是格式条款的，人民法院不予支持。

从事经营活动的当事人一方仅以未实际重复使用为由主张其预先拟定且未与对方协商的合同条款不是格式条款的，人民法院不予支持。但是，有证据证明该条款不是为了重复使用而预先拟定的除外。

第十条　提供格式条款的一方在合同订立时采用通常足以引起对方注意的文字、符号、字体等明显标识，提示对方注意免除或者减轻其责任、排除或者限制对方权利等与对方有重大利害关系的异常条款的，人民法院可以认定其已经履行民法典第四百九十六条第二款规定的提示义务。

提供格式条款的一方按照对方的要求，就与对方有重大利害关系的异常条款的概念、内容及其法律后果以书面或者口头形式向对方作出通常能够理解的解释说明的，人民法院可以认定其已经履行民法典第四百九十六条第二款规定的说明义务。

提供格式条款的一方对其已经尽到提示义务或者说明义务承担举证责任。对于通过互联网等信息网络订立的电子合同，提供格式条款的一方仅以采取了设置勾选、弹窗等方式为由主张其已经履行提示义务或者说明义务的，人民法院不予支持，但是其举证符合前两款规定的除外。

三、合同的效力

第十一条　当事人一方是自然人，根据该当事人的年龄、智力、知识、经验并结合交易的复杂程度，能够认定其对合同的性质、合同订立的法律后果或者交易中存在的特定风险缺乏应有的认知能力的，人民法院可以认定该情形构成民法典第一百五十一条规定的“缺乏判断能力”。

第十二条 合同依法成立后，负有报批义务的当事人不履行报批义务或者履行报批义务不符合合同的约定或者法律、行政法规的规定，对方请求其继续履行报批义务的，人民法院应予支持；对方主张解除合同并请求其承担违反报批义务的赔偿责任的，人民法院应予支持。

人民法院判决当事人一方履行报批义务后，其仍不履行，对方主张解除合同并参照违反合同的违约责任请求其承担赔偿责任的，人民法院应予支持。

合同获得批准前，当事人一方起诉请求对方履行合同约定的主要义务，经释明后拒绝变更诉讼请求的，人民法院应当判决驳回其诉讼请求，但是不影响其另行提起诉讼。

负有报批义务的当事人已经办理申请批准等手续或者已经履行生效判决确定的报批义务，批准机关决定不予批准，对方请求其承担赔偿责任的，人民法院不予支持。但是，因迟延履行报批义务等可归责于当事人的原因导致合同未获批准，对方请求赔偿因此受到的损失的，人民法院应当依据民法典第一百五十七条的规定处理。

第十三条 合同存在无效或者可撤销的情形，当事人以该合同已在有关行政管理部门办理备案、已经批准机关批准或者已依据该合同办理财产权利的变更登记、移转登记等为由主张合同有效的，人民法院不予支持。

第十四条 当事人之间就同一交易订立多份合同，人民法院应当认定其中以虚假意思表示订立的合同无效。当事人为规避法律、行政法规的强制性规定，以虚假意思表示隐藏真实意思表示的，人民法院应当依据民法典第一百五十三条第一款的规定认定被隐藏合同的效力；当事人为规避法律、行政法规关于合同应当办理批准等手续的规定，以虚假意思表示隐藏真实意思表示的，人民法院应当依据民法典第五百零二条第二款的规定认定被隐藏合同的效力。

依据前款规定认定被隐藏合同无效或者确定不发生效力的，人民法院应当以被隐藏合同为事实基础，依据民法典第一百五十七条的规定确定当事人的民事责任。但是，法律另有规定的除外。

当事人就同一交易订立的多份合同均系真实意思表示，且不存在其他影响合同效力情形的，人民法院应当在查明各合同成立先后顺序和实际履行情况的基础上，认定合同内容是否发生变更。法律、行政法规禁止变更合同内容的，人民法院应当认定合同的相应变更无效。

第十五条 人民法院认定当事人之间的权利义务关系，不应当拘泥于合同使用的名称，而应当根据合同约定的内容。当事人主张的权利义务关系与根据合同内容认定的权利义务关系不一致的，人民法院应当结合缔约背景、交易目的、交易结构、履行行为以及当事人是否存在虚构交易标的等事实认定当事人之间的实际民事法律关系。

第十六条 合同违反法律、行政法规的强制性规定，有下列情形之一，由行为人承担行政责任或者刑事责任能够实现强制性规定的立法目的的，人民法院可以依据民法典第一百五十三条第一款关于“该强制性规定不导致该民事法律行为无效的除外”的规定认定该合同不因违反强制性规定无效：

（一）强制性规定虽然旨在维护社会公共秩序，但是合同的实际履行对社会公共秩序造成的影响显著轻微，认定合同无效将导致案件处理结果有失公平公正；

（二）强制性规定旨在维护政府的税收、土地出让金等国家利益或者其他民事主体的合法利益而非合同当事人的民事权益，认定合同有效不会影响该规范目的的实现；

（三）强制性规定旨在要求当事人一方加强风险控制、内部管理等，对方无能力或者无义务审查合同是否违反强制性规定，认定合同无效将使其承担不利后果；

（四）当事人一方虽然在订立合同时违反强制性规定，但是在合同订立后其已经具备补正违反强制性规定的条件却违背诚信原则不予补正；

（五）法律、司法解释规定的其他情形。

法律、行政法规的强制性规定旨在规制合同订立后的履行行为，当事人以合同违反强制性规定为由请求认定合同无效的，人民法院不予支持。但是，合同履行必然导致违反强制性规定或者法律、司法解释另有规定的除外。

依据前两款认定合同有效，但是当事人的违法行为未经处理的，人民法院应当向有关行政管理部门提出司法建议。当事人的行为涉嫌犯罪的，应当将案件线索移送刑事侦查机关；属于刑事自诉案件的，应当告知当事人可以向有管辖权的人民法院另行提起诉讼。

第十七条 合同虽然不违反法律、行政法规的强制性规定，但是有下列情形之一，人民法院应当依据民法典第一百五十三条第二款的规定认定合同无效：

（一）合同影响政治安全、经济安全、军事安全等国家安全的；

（二）合同影响社会稳定、公平竞争秩序或者损害社会公共利益等违背社会公共秩序的；

（三）合同背离社会公德、家庭伦理或者有损人格尊严等违背善良风俗的。

人民法院在认定合同是否违背公序良俗时，应当以社会主义核心价值观为导向，综合考虑当事人的主观动机和交易目的、政府部门的监管强度、一定期限内当事人从事类似交易的频次、行为的社会后果等因素，并在裁判文书中充分说理。当事人确因生活需要进行交易，未给社会公共秩序造成重大影响，且不影响国家安全，也不违背善良风俗的，人民法院不应当认定合同无效。

第十八条 法律、行政法规的规定虽然有“应当”“必须”或者“不得”等表述，但是该规定旨在限制或者赋予民事权利，行为人违反该规定将构成无权处分、无权代理、越权代表等，或者导致合同相对人、第三人因此获得撤销权、解除权等民事权利的，人民法院应当依据法律、行政法规规定的关于违反该规定的民事法律后果认定合同效力。

第十九条 以转让或者设定财产权利为目的订立的合同，当事人或者真正权利人仅以让与人在订立合同时对标的物没有所有权或者处分权为由主张合同无效的，人民法院不予支持；因未取得真正权利人事后同意或者让与人事后未取得处分权导致合同不能履行，受让人主张解除合同并请求让与人承担违反合同的赔偿责任的，人民法院依法予以支持。

前款规定的合同被认定有效，且让与人已经将财产交付或者移转登记至受让人，真正权利人请求认定财产权利未发生变动或者请求返还财产的，人民法院应予支持。但是，受让人依据民法典第三百一十一条等规定善意取得财产权利的除外。

第二十条 法律、行政法规为限制法人的法定代表人或者非法人组织的负责人的代表权，规定合同所涉事项应当由法人、非法人组织的权力机构或者决策机构决议，或者应当由法人、非法人组织的执行机构决定，法定代表人、负责人未取得授权而以法人、非法人组织的名义订立合同，未尽到合理审查义务的相对人主张该合同对法人、非法人组织发生效力并由其承担违约责任的，人民法院不予支持，但是法人、非法人组织有过错的，可以参照民法典第一百五十七条的规定判决其承担相应的赔偿责任。相对人已尽到合理审查义务，构成表见代表的，人民法院应当依据民法典第五百零四条的规定处理。

合同所涉事项未超越法律、行政法规规定的法定代表人或者负责人的代表权限，但是超越法人、非法人组织的章程或者权力机构等对代表权的限制，相对人主张该合同对法人、非法人组织发生效力并由其承担违约责任的，人民法院依法予以支持。但是，法人、非法人组织举证证明相对人知道或者应当知道该限制的除外。

法人、非法人组织承担民事责任后，向有过错的法定代表人、负责人追偿因越权代表行为造成的损失的，人民法院依法予以支持。法律、司法解释对法定代表人、负责人的民事责任另有规定的，依照其规定。

第二十一条 法人、非法人组织的工作人员就超越其职权范围的事项以法人、非法人组织的名义订立合同，相对人主张该合同对法人、非法人组织发生效力并由其承担违约责任的，人民法院不予支持。但是，法人、非法人组织有过错的，人民法院可以参照民法典第一百五十七条的规定判决其承担相应的赔偿责任。前述情形，构成表见代理的，人民法院应当依据民法典第一百七十二条的规定处理。

合同所涉事项有下列情形之一的，人民法院应当认定法人、非法人组织的工作人员在订立合同时超越其职权范围：

（一）依法应当由法人、非法人组织的权力机构或者决策机构决议的事项；

（二）依法应当由法人、非法人组织的执行机构决定的事项；

（三）依法应当由法定代表人、负责人代表法人、非法人组织实施的事项；

（四）不属于通常情形下依其职权可以处理的事项。

合同所涉事项未超越依据前款确定的职权范围，但是超越法人、非法人组织对工作人员职权范围的限制，相对人主张该合同对法人、非法人组织发生效力并由其承担违约责任的，人民法院应予支持。但是，法人、非法人组织举证证明相对人知道或者应当知道该限制的除外。

法人、非法人组织承担民事责任后，向故意或者有重大过失的工作人员追偿的，人民法院依法予以支持。

第二十二条　法定代表人、负责人或者工作人员以法人、非法人组织的名义订立合同且未超越权限，法人、非法人组织仅以合同加盖的印章不是备案印章或者系伪造的印章为由主张该合同对其不发生效力的，人民法院不予支持。

合同系以法人、非法人组织的名义订立，但是仅有法定代表人、负责人或者工作人员签名或者按指印而未加盖法人、非法人组织的印章，相对人能够证明法定代表人、负责人或者工作人员在订立合同时未超越权限的，人民法院应当认定合同对法人、非法人组织发生效力。但是，当事人约定以加盖印章作为合同成立条件的除外。

合同仅加盖法人、非法人组织的印章而无人员签名或者按指印，相对人能够证明合同系法定代表人、负责人或者工作人员在其权限范围内订立的，人民法院应当认定该合同对法人、非法人组织发生效力。

在前三款规定的情形下，法定代表人、负责人或者工作人员在订立合同时虽然超越代表或者代理权限，但是依据民法典第五百零四条的规定构成表见代表，或者依据民法典第一百七十二条的规定构成表见代理的，人民法院应当认定合同对法人、非法人组织发生效力。

第二十三条　法定代表人、负责人或者代理人与相对人恶意串通，以法人、非法人组织的名义订立合同，损害法人、非法人组织的合法权益，法人、非法人组织主张不承担民事责任的，人民法院应予支持。

法人、非法人组织请求法定代表人、负责人或者代理人与相对人对因此受到的损失承担连带赔偿责任的，人民法院应予支持。

根据法人、非法人组织的举证，综合考虑当事人之间的交易习惯、合同在订立时是否显失公平、相关人员是否获取了不正当利益、合同的履行情况等因素，人民法院能够认定法定代表人、负责人或者代理人与相对人存在恶意串通的高度可能性的，可以要求前述人员就合同订立、履行的过程等相关事实作出陈述或者提供相应的证据。其无正当理由拒绝作出陈述，或者所作陈述不具合理性又不能提供相应证据的，人民法院可以认定恶意串通的事实成立。

第二十四条 合同不成立、无效、被撤销或者确定不发生效力，当事人请求返还财产，经审查财产能够返还的，人民法院应当根据案件具体情况，单独或者合并适用返还占有的标的物、更正登记簿册记载等方式；经审查财产不能返还或者没有必要返还的，人民法院应当以认定合同不成立、无效、被撤销或者确定不发生效力之日该财产的市场价值或者以其他合理方式计算的价值为基准判决折价补偿。

除前款规定的情形外，当事人还请求赔偿损失的，人民法院应当结合财产返还或者折价补偿的情况，综合考虑财产增值收益和贬值损失、交易成本的支出等事实，按照双方当事人的过错程度及原因力大小，根据诚信原则和公平原则，合理确定损失赔偿额。

合同不成立、无效、被撤销或者确定不发生效力，当事人的行为涉嫌违法且未经处理，可能导致一方或者双方通过违法行为获得不当利益的，人民法院应当向有关行政管理部门提出司法建议。当事人的行为涉嫌犯罪的，应当将案件线索移送刑事侦查机关；属于刑事自诉案件的，应当告知当事人可以向有管辖权的人民法院另行提起诉讼。

第二十五条 合同不成立、无效、被撤销或者确定不发生效力，有权请求返还价款或者报酬的当事人一方请求对方支付资金占用费的，人民法院应当在当事人请求的范围内按照中国人民银行授权全国银行间同业拆借中心公布的一年期贷款市场报价利率（LPR）计算。但是，占用资金的当事人对于合同不成立、无效、被撤销或者确定不发生效力没有过错的，应当以中国人民银行公布的同期同类存款基准利率计算。

双方互负返还义务，当事人主张同时履行的，人民法院应予支持；占有标的物的一方对标的物存在使用或者依法可以使用的情形，对方请求将其应支付的资金占用费与应收取的标的物使用费相互抵销的，人民法院应予支持，但是法律另有规定的除外。

四、合同的履行

第二十六条 当事人一方未根据法律规定或者合同约定履行开具发票、提供证明文件等非主要债务，对方请求继续履行该债务并赔偿因怠于履行该债务造成的损失的，人民法院依法予以支持；对方请求解除合同的，人民法院不予支持，但是不履行该债务致使不能实现合同目的或者当事人另有约定的除外。

第二十七条 债务人或者第三人与债权人在债务履行期限届满后达成以物抵债协议，不存在影响合同效力情形的，人民法院应当认定该协议自当事人意思表示一致时生效。

债务人或者第三人履行以物抵债协议后，人民法院应当认定相应的原债务同时消灭；债务人或者第三人未按照约定履行以物抵债协议，经催告后在合理期限内仍不履行，债权人选择请求履行原债务或者以物抵债协议的，人民法院应予支持，但是法律另有规定或者当事人另有约定的除外。

前款规定的以物抵债协议经人民法院确认或者人民法院根据当事人达成的以物抵债协议制作成调解书，债权人主张财产权利自确认书、调解书生效时发生变动或者具有对抗善意第三人效力的，人民法院不予支持。

债务人或者第三人以自己不享有所有权或者处分权的财产权利订立以物抵债协议的，依据本解释第十九条的规定处理。

第二十八条 债务人或者第三人与债权人在债务履行期限届满前达成以物抵债协议的，人民法院应当在审理债权债务关系的基础上认定该协议的效力。

当事人约定债务人到期没有清偿债务，债权人可以对抵债财产拍卖、变卖、折价以实现债权的，人民法院应当认定该约定有效。当事人约定债务人到期没有清偿债务，抵债财产归债权人所有的，人民法院应当认定该约定无效，但是不影响其他部分的效力；债权人请求对抵债财产拍卖、变卖、折价以实现债权的，人民法院应予支持。

当事人订立前款规定的以物抵债协议后，债务人或者第三人未将财产权利转移至债权人名下，债权人主张优先受偿的，人民法院不予支持；债务人或者第三人已将财产权利转移至债权人名下的，依据《最高人民法院关于适用〈中华人民共和国民法典〉有关担保制度的解释》第六十八条的规定处理。

第二十九条 民法典第五百二十二条第二款规定的第三人请求债务人向自己履行债务的，人民法院应予支持；请求行使撤销权、解除权等民事权利的，人民法院不予支持，但是法律另有规定的除外。

合同依法被撤销或者被解除，债务人请求债权人返还财产的，人民法院应予支持。

债务人按照约定向第三人履行债务，第三人拒绝受领，债权人请求债务人向自己履行债务的，人民法院应予支持，但是债务人已经采取提存等方式消灭债务的除外。第三人拒绝受领或者受领迟延，债务人请求债权人赔偿因此造成的损失的，人民法院依法予以支持。

第三十条 下列民事主体，人民法院可以认定为民法典第五百二十四条第一款规定的对履行债务具有合法利益的第三人：

（一）保证人或者提供物的担保的第三人；

（二）担保财产的受让人、用益物权人、合法占有人；

（三）担保财产上的后顺位担保权人；

（四）对债务人的财产享有合法权益且该权益将因财产被强制执行而丧失的第三人；

（五）债务人为法人或者非法人组织的，其出资人或者设立人；

（六）债务人为自然人的，其近亲属；

（七）其他对履行债务具有合法利益的第三人。

第三人在其已经代为履行的范围内取得对债务人的债权，但是不得损害债权人的利益。

担保人代为履行债务取得债权后，向其他担保人主张担保权利的，依据《最高人民法院关于适用〈中华人民共和国民法典〉有关担保制度的解释》第十三条、第十四条、第十八条第二款等规定处理。

第三十一条 当事人互负债务，一方以对方没有履行非主要债务为由拒绝履行自己的主要债务的，人民法院不予支持。但是，对方不履行非主要债务致使不能实现合同目的或者当事人另有约定的除外。

当事人一方起诉请求对方履行债务，被告依据民法典第五百二十五条的规定主张双方同时履行的抗辩且抗辩成立，被告未提起反诉的，人民法院应当判决被告在原告履行债务的同时履行自己的债务，并在判项中明确原告申请强制执行的，人民法院应当在原告履行自己的债务后对被告采取执行行为；被告提起反诉的，人民法院应当判决双方同时履行自己的债务，并在判项中明确任何一方申请强制执行的，人民法院应当在该当事人履行自己的债务后对对方采取执行行为。

当事人一方起诉请求对方履行债务，被告依据民法典第五百二十六条的规定主张原告应先履行的抗辩且抗辩成立的，人民法院应当驳回原告的诉讼请求，但是不影响原告履行债务后另行提起诉讼。

第三十二条 合同成立后，因政策调整或者市场供求关系异常变动等原因导致价格发生当事人在订立合同时无法预见的、不属于商业风险的涨跌，继续履行合同对于当事人一方明显不公平的，人民法院应当认定合同的基础条件发生了民法典第五百三十三条第一款规定的“重大变化”。但是，合同涉及市场属性活跃、长期以来价格波动较大的大宗商品以及股票、期货等风险投资型金融产品的除外。

合同的基础条件发生了民法典第五百三十三条第一款规定的重大变化，当事人请求变更合同的，人民法院不得解除合同；当事人一方请求变更合同，对方请求解除合同的，或者当事人一方请求解除合同，对方请求变更合同的，人民法院应当结合案件的实际情况，根据公平原则判决变更或者解除合同。

人民法院依据民法典第五百三十三条的规定判决变更或者解除合同的，应当综合考虑合同基础条件发生重大变化的时间、当事人重新协商的情况以及因合同变更或者解除给当事人造成的损失等因素，在判项中明确合同变更或者解除的时间。

当事人事先约定排除民法典第五百三十三条适用的，人民法院应当认定该约定无效。

五、合同的保全

第三十三条 债务人不履行其对债权人的到期债务，又不以诉讼或者仲裁方式向相对人主张其享有的债权或者与该债权有关的从权利，致使债权人的到期债权未能实现的，人民法院可以认定为民法典第五百三十五条规定的“债务人怠于行使其债权或者与该债权有关的从权利，影响债权人的到期债权实现”。

第三十四条　下列权利，人民法院可以认定为民法典第五百三十五条第一款规定的专属于债务人自身的权利：

（一）抚养费、赡养费或者扶养费请求权；

（二）人身损害赔偿请求权；

（三）劳动报酬请求权，但是超过债务人及其所扶养家属的生活必需费用的部分除外；

（四）请求支付基本养老保险金、失业保险金、最低生活保障金等保障当事人基本生活的权利；

（五）其他专属于债务人自身的权利。

第三十五条　债权人依据民法典第五百三十五条的规定对债务人的相对人提起代位权诉讼的，由被告住所地人民法院管辖，但是依法应当适用专属管辖规定的除外。

债务人或者相对人以双方之间的债权债务关系订有管辖协议为由提出异议的，人民法院不予支持。

第三十六条　债权人提起代位权诉讼后，债务人或者相对人以双方之间的债权债务关系订有仲裁协议为由对法院主管提出异议的，人民法院不予支持。但是，债务人或者相对人在首次开庭前就债务人与相对人之间的债权债务关系申请仲裁的，人民法院可以依法中止代位权诉讼。

第三十七条　债权人以债务人的相对人为被告向人民法院提起代位权诉讼，未将债务人列为第三人的，人民法院应当追加债务人为第三人。

两个以上债权人以债务人的同一相对人为被告提起代位权诉讼的，人民法院可以合并审理。债务人对相对人享有的债权不足以清偿其对两个以上债权人负担的债务的，人民法院应当按照债权人享有的债权比例确定相对人的履行份额，但是法律另有规定的除外。

第三十八条　债权人向人民法院起诉债务人后，又向同一人民法院对债务人的相对人提起代位权诉讼，属于该人民法院管辖的，可以合并审理。不属于该人民法院管辖的，应当告知其向有管辖权的人民法院另行起诉；在起诉债务人的诉讼终结前，代位权诉讼应当中止。

第三十九条　在代位权诉讼中，债务人对超过债权人代位请求数额的债权部分起诉相对人，属于同一人民法院管辖的，可以合并审理。不属于同一人民法院管辖的，应当告知其向有管辖权的人民法院另行起诉；在代位权诉讼终结前，债务人对相对人的诉讼应当中止。

第四十条　代位权诉讼中，人民法院经审理认为债权人的主张不符合代位权行使条件的，应当驳回诉讼请求，但是不影响债权人根据新的事实再次起诉。

债务人的相对人仅以债权人提起代位权诉讼时债权人与债务人之间的债权债务关系未经生效法律文书确认为由，主张债权人提起的诉讼不符合代位权行使条件的，人民法院不予支持。

第四十一条　债权人提起代位权诉讼后，债务人无正当理由减免相对人的债务或者延长相对人的履行期限，相对人以此向债权人抗辩的，人民法院不予支持。

第四十二条　对于民法典第五百三十九条规定的“明显不合理”的低价或者高价，人民法院应当按照交易当地一般经营者的判断，并参考交易时交易地的市场交易价或者物价部门指导价予以认定。

转让价格未达到交易时交易地的市场交易价或者指导价百分之七十的，一般可以认定为“明显不合理的低价”；受让价格高于交易时交易地的市场交易价或者指导价百分之三十的，一般可以认定为“明显不合理的高价”。

债务人与相对人存在亲属关系、关联关系的，不受前款规定的百分之七十、百分之三十的限制。

第四十三条　债务人以明显不合理的价格，实施互易财产、以物抵债、出租或者承租财产、知识产权许可使用等行为，影响债权人的债权实现，债务人的相对人知道或者应当知道该情形，债权人请求撤销债务人的行为的，人民法院应当依据民法典第五百三十九条的规定予以支持。

第四十四条　债权人依据民法典第五百三十八条、第五百三十九条的规定提起撤销权诉讼的，应当以债务人和债务人的相对人为共同被告，由债务人或者相对人的住所地人民法院管辖，但是依法应当适用专属管辖规定的除外。

两个以上债权人就债务人的同一行为提起撤销权诉讼的，人民法院可以合并审理。

第四十五条　在债权人撤销权诉讼中，被撤销行为的标的可分，当事人主张在受影响的债权范围内撤销债务人的行为的，人民法院应予支持；被撤销行为的标的不可分，债权人主张将债务人的行为全部撤销的，人民法院应予支持。

债权人行使撤销权所支付的合理的律师代理费、差旅费等费用，可以认定为民法典第五百四十条规定的“必要费用”。

第四十六条　债权人在撤销权诉讼中同时请求债务人的相对人向债务人承担返还财产、折价补偿、履行到期债务等法律后果的，人民法院依法予以支持。

债权人请求受理撤销权诉讼的人民法院一并审理其与债务人之间的债权债务关系，属于该人民法院管辖的，可以合并审理。不属于该人民法院管辖的，应当告知其向有管辖权的人民法院另行起诉。

债权人依据其与债务人的诉讼、撤销权诉讼产生的生效法律文书申请强制执行的，人民法院可以就债务人对相对人享有的权利采取强制执行措施以实现债权人的债权。债权人在撤销权诉讼中，申请对相对人的财产采取保全措施的，人民法院依法予以准许。

六、合同的变更和转让

第四十七条　债权转让后，债务人向受让人主张其对让与人的抗辩的，人民法院可以追加让与人为第三人。

债务转移后,新债务人主张原债务人对债权人的抗辩的,人民法院可以追加原债务人为第三人。

当事人一方将合同权利义务一并转让后,对方就合同权利义务向受让人主张抗辩或者受让人就合同权利义务向对方主张抗辩的,人民法院可以追加让与人为第三人。

第四十八条 债务人在接到债权转让通知前已经向让与人履行,受让人请求债务人履行的,人民法院不予支持;债务人接到债权转让通知后仍然向让与人履行,受让人请求债务人履行的,人民法院应予支持。

让与人未通知债务人,受让人直接起诉债务人请求履行债务,人民法院经审理确认债权转让事实的,应当认定债权转让自起诉状副本送达时对债务人发生效力。债务人主张因未通知而给其增加的费用或者造成的损失从认定的债权数额中扣除的,人民法院依法予以支持。

第四十九条 债务人接到债权转让通知后,让与人以债权转让合同不成立、无效、被撤销或者确定不发生效力为由请求债务人向其履行的,人民法院不予支持。但是,该债权转让通知被依法撤销的除外。

受让人基于债务人对债权真实存在的确认受让债权后,债务人又以该债权不存在为由拒绝向受让人履行的,人民法院不予支持。但是,受让人知道或者应当知道该债权不存在的除外。

第五十条 让与人将同一债权转让给两个以上受让人,债务人以已经向最先通知的受让人履行为由主张其不再履行债务的,人民法院应予支持。债务人明知接受履行的受让人不是最先通知的受让人,最先通知的受让人请求债务人继续履行债务或者依据债权转让协议请求让与人承担违约责任的,人民法院应予支持;最先通知的受让人请求接受履行的受让人返还其接受的财产的,人民法院不予支持,但是接受履行的受让人明知该债权在其受让前已经转让给其他受让人的除外。

前款所称最先通知的受让人,是指最先到达债务人的转让通知中载明的受让人。当事人之间对通知到达时间有争议的,人民法院应当结合通知的方式等因素综合判断,而不能仅根据债务人认可的通知时间或者通知记载的时间予以认定。当事人采用邮寄、通讯电子系统等方式发出通知的,人民法院应当以邮戳时间或者通讯电子系统记载的时间等作为认定通知到达时间的依据。

第五十一条 第三人加入债务并与债务人约定了追偿权,其履行债务后主张向债务人追偿的,人民法院应予支持;没有约定追偿权,第三人依照民法典关于不当得利等的规定,在其已经向债权人履行债务的范围内请求债务人向其履行的,人民法院应予支持,但是第三人知道或者应当知道加入债务会损害债务人利益的除外。

债务人就其对债权人享有的抗辩向加入债务的第三人主张的,人民法院应予支持。

七、合同的权利义务终止

第五十二条　当事人就解除合同协商一致时未对合同解除后的违约责任、结算和清理等问题作出处理，一方主张合同已经解除的，人民法院应予支持。但是，当事人另有约定的除外。

有下列情形之一的，除当事人一方另有意思表示外，人民法院可以认定合同解除：

（一）当事人一方主张行使法律规定或者合同约定的解除权，经审理认为不符合解除权行使条件但是对方同意解除；

（二）双方当事人均不符合解除权行使的条件但是均主张解除合同。

前两款情形下的违约责任、结算和清理等问题，人民法院应当依据民法典第五百六十六条、第五百六十七条和有关违约责任的规定处理。

第五十三条　当事人一方以通知方式解除合同，并以对方未在约定的异议期限或者其他合理期限内提出异议为由主张合同已经解除的，人民法院应当对其是否享有法律规定或者合同约定的解除权进行审查。经审查，享有解除权的，合同自通知到达对方时解除；不享有解除权的，不发生合同解除的效力。

第五十四条　当事人一方未通知对方，直接以提起诉讼的方式主张解除合同，撤诉后再次起诉主张解除合同，人民法院经审理支持该主张的，合同自再次起诉的起诉状副本送达对方时解除。但是，当事人一方撤诉后又通知对方解除合同且该通知已经到达对方的除外。

第五十五条　当事人一方依据民法典第五百六十八条的规定主张抵销，人民法院经审理认为抵销权成立的，应当认定通知到达对方时双方互负的主债务、利息、违约金或者损害赔偿金等债务在同等数额内消灭。

第五十六条　行使抵销权的一方负担的数项债务种类相同，但是享有的债权不足以抵销全部债务，当事人因抵销的顺序发生争议的，人民法院可以参照民法典第五百六十条的规定处理。

行使抵销权的一方享有的债权不足以抵销其负担的包括主债务、利息、实现债权的有关费用在内的全部债务，当事人因抵销的顺序发生争议的，人民法院可以参照民法典第五百六十一条的规定处理。

第五十七条　因侵害自然人人身权益，或者故意、重大过失侵害他人财产权益产生的损害赔偿债务，侵权人主张抵销的，人民法院不予支持。

第五十八条　当事人互负债务，一方以其诉讼时效期间已经届满的债权通知对方主张抵销，对方提出诉讼时效抗辩的，人民法院对该抗辩应予支持。一方的债权诉讼时效期间已经届满，对方主张抵销的，人民法院应予支持。

八、违约责任

第五十九条　当事人一方依据民法典第五百八十条第二款的规定请求终止合同权利义务关系的，人民法院一般应当以起诉状副本送达对方的时间作为合同权利义务关系终止的时间。根据案件的具体情况,以其他时间作为合同权利义务关系终止的时间更加符合公平原则和诚信原则的,人民法院可以以该时间作为合同权利义务关系终止的时间,但是应当在裁判文书中充分说明理由。

第六十条 人民法院依据民法典第五百八十四条的规定确定合同履行后可以获得的利益时,可以在扣除非违约方为订立、履行合同支出的费用等合理成本后,按照非违约方能够获得的生产利润、经营利润或者转售利润等计算。

非违约方依法行使合同解除权并实施了替代交易,主张按照替代交易价格与合同价格的差额确定合同履行后可以获得的利益的,人民法院依法予以支持;替代交易价格明显偏离替代交易发生时当地的市场价格,违约方主张按照市场价格与合同价格的差额确定合同履行后可以获得的利益的,人民法院应予支持。

非违约方依法行使合同解除权但是未实施替代交易,主张按照违约行为发生后合理期间内合同履行地的市场价格与合同价格的差额确定合同履行后可以获得的利益的,人民法院应予支持。

第六十一条 在以持续履行的债务为内容的定期合同中,一方不履行支付价款、租金等金钱债务,对方请求解除合同,人民法院经审理认为合同应当依法解除的,可以根据当事人的主张,参考合同主体、交易类型、市场价格变化、剩余履行期限等因素确定非违约方寻找替代交易的合理期限,并按照该期限对应的价款、租金等扣除非违约方应当支付的相应履约成本确定合同履行后可以获得的利益。

非违约方主张按照合同解除后剩余履行期限相应的价款、租金等扣除履约成本确定合同履行后可以获得的利益的,人民法院不予支持。但是,剩余履行期限少于寻找替代交易的合理期限的除外。

第六十二条 非违约方在合同履行后可以获得的利益难以根据本解释第六十条、第六十一条的规定予以确定的,人民法院可以综合考虑违约方因违约获得的利益、违约方的过错程度、其他违约情节等因素,遵循公平原则和诚信原则确定。

第六十三条 在认定民法典第五百八十四条规定的"违约一方订立合同时预见到或者应当预见到的因违约可能造成的损失"时,人民法院应当根据当事人订立合同的目的,综合考虑合同主体、合同内容、交易类型、交易习惯、磋商过程等因素,按照与违约方处于相同或者类似情况的民事主体在订立合同时预见到或者应当预见到的损失予以确定。

除合同履行后可以获得的利益外,非违约方主张还有其向第三人承担违约责任应当支出的额外费用等其他因违约所造成的损失,并请求违约方赔偿,经审理认为该损失系违约一方订立合同时预见到或者应当预见到的,人民法院应予支持。

在确定违约损失赔偿额时,违约方主张扣除非违约方未采取适当措施导致的扩大损失、非违约方也有过错造成的相应损失、非违约方因违约获得的额外利益或者减少的必要支出的,人民法院依法予以支持。

第六十四条　当事人一方通过反诉或者抗辩的方式,请求调整违约金的,人民法院依法予以支持。

违约方主张约定的违约金过分高于违约造成的损失,请求予以适当减少的,应当承担举证责任。非违约方主张约定的违约金合理的,也应当提供相应的证据。

当事人仅以合同约定不得对违约金进行调整为由主张不予调整违约金的,人民法院不予支持。

第六十五条　当事人主张约定的违约金过分高于违约造成的损失,请求予以适当减少的,人民法院应当以民法典第五百八十四条规定的损失为基础,兼顾合同主体、交易类型、合同的履行情况、当事人的过错程度、履约背景等因素,遵循公平原则和诚信原则进行衡量,并作出裁判。

约定的违约金超过造成损失的百分之三十的,人民法院一般可以认定为过分高于造成的损失。

恶意违约的当事人一方请求减少违约金的,人民法院一般不予支持。

第六十六条　当事人一方请求对方支付违约金,对方以合同不成立、无效、被撤销、确定不发生效力、不构成违约或者非违约方不存在损失等为由抗辩,未主张调整过高的违约金的,人民法院应当就若不支持该抗辩,当事人是否请求调整违约金进行释明。第一审人民法院认为抗辩成立且未予释明,第二审人民法院认为应当判决支付违约金的,可以直接释明,并根据当事人的请求,在当事人就是否应当调整违约金充分举证、质证、辩论后,依法判决适当减少违约金。

被告因客观原因在第一审程序中未到庭参加诉讼,但是在第二审程序中到庭参加诉讼并请求减少违约金的,第二审人民法院可以在当事人就是否应当调整违约金充分举证、质证、辩论后,依法判决适当减少违约金。

第六十七条　当事人交付留置金、担保金、保证金、订约金、押金或者订金等,但是没有约定定金性质,一方主张适用民法典第五百八十七条规定的定金罚则的,人民法院不予支持。当事人约定了定金性质,但是未约定定金类型或者约定不明,一方主张为违约定金的,人民法院应予支持。

当事人约定以交付定金作为订立合同的担保,一方拒绝订立合同或者在磋商订立合同时违背诚信原则导致未能订立合同,对方主张适用民法典第五百八十七条规定的定金罚则的,人民法院应予支持。

当事人约定以交付定金作为合同成立或者生效条件,应当交付定金的一方未交付定金,但是合同主要义务已经履行完毕并为对方所接受的,人民法院应当认定合同在对方接受履行时已经成立或者生效。

当事人约定定金性质为解约定金,

交付定金的一方主张以丧失定金为代价解除合同的,或者收受定金的一方主张以双倍返还定金为代价解除合同的,人民法院应予支持。

第六十八条 双方当事人均具有致使不能实现合同目的的违约行为,其中一方请求适用定金罚则的,人民法院不予支持。当事人一方仅有轻微违约,对方具有致使不能实现合同目的的违约行为,轻微违约方主张适用定金罚则,对方以轻微违约方也构成违约为由抗辩的,人民法院对该抗辩不予支持。

当事人一方已经部分履行合同,对方接受并主张按照未履行部分所占比例适用定金罚则的,人民法院应予支持。对方主张按照合同整体适用定金罚则的,人民法院不予支持,但是部分未履行致使不能实现合同目的的除外。

因不可抗力致使合同不能履行,非违约方主张适用定金罚则的,人民法院不予支持。

九、附　　则

第六十九条 本解释自2023年12月5日起施行。

民法典施行后的法律事实引起的民事案件,本解释施行后尚未终审的,适用本解释;本解释施行前已经终审,当事人申请再审或者按照审判监督程序决定再审的,不适用本解释。

最高人民法院关于适用《中华人民共和国民法典》侵权责任编的解释(一)

(2023年12月18日最高人民法院审判委员会第1909次会议通过　2024年9月25日公布　自2024年9月27日起施行　法释〔2024〕12号)

为正确审理侵权责任纠纷案件,根据《中华人民共和国民法典》、《中华人民共和国民事诉讼法》等法律规定,结合审判实践,制定本解释。

第一条 非法使被监护人脱离监护,监护人请求赔偿为恢复监护状态而支出的合理费用等财产损失的,人民法院应予支持。

第二条 非法使被监护人脱离监护,导致父母子女关系或者其他近亲属关系受到严重损害的,应当认定为民法典第一千一百八十三条第一款规定的严重精神损害。

第三条 非法使被监护人脱离监护,被监护人在脱离监护期间死亡,作为近亲属的监护人既请求赔偿人身损害,又请求赔偿监护关系受侵害产生的损失的,人民法院依法予以支持。

第四条 无民事行为能力人、限制民事行为能力人造成他人损害,被侵权人请求监护人承担侵权责任,或者合并请求监护人和受托履行监护职责的人承担侵权责任的,人民法院应当将无民事行为能力人、限制民事行为能力人列为共同被告。

第五条 无民事行为能力人、限制民事行为能力人造成他人损害,被侵权人请求监护人承担侵权人应承担的全部责任的,人民法院应予支持,并在判决中明确,赔偿费用可以先从被监护人财产中支付,不足部分由监护人支付。

监护人抗辩主张承担补充责任,或者被侵权人、监护人主张人民法院判令有财产的无民事行为能力人、限制民事行为能力人承担赔偿责任的,人民法院不予支持。

从被监护人财产中支付赔偿费用的,应当保留被监护人所必需的生活费和完成义务教育所必需的费用。

第六条 行为人在侵权行为发生时不满十八周岁,被诉时已满十八周岁的,被侵权人请求原监护人承担侵权人应承担的全部责任的,人民法院应予支持,并在判决中明确,赔偿费用可以先从被监护人财产中支付,不足部分由监护人支付。

前款规定情形,被侵权人仅起诉行为人的,人民法院应当向原告释明申请追加原监护人为共同被告。

第七条 未成年子女造成他人损害,被侵权人请求父母共同承担侵权责任的,人民法院依照民法典第二十七条第一款、第一千零六十八条以及第一千一百八十八条的规定予以支持。

第八条 夫妻离婚后,未成年子女造成他人损害,被侵权人请求离异夫妻共同承担侵权责任的,人民法院依照民法典第一千零六十八条、第一千零八十四条以及第一千一百八十八条的规定予以支持。一方以未与该子女共同生活为由主张不承担或者少承担责任的,人民法院不予支持。

离异夫妻之间的责任份额,可以由双方协议确定;协议不成的,人民法院可以根据双方履行监护职责的约定和实际履行情况等确定。实际承担责任超过自己责任份额的一方向另一方追偿的,人民法院应予支持。

第九条 未成年子女造成他人损害的,依照民法典第一千零七十二条第二款的规定,未与该子女形成抚养教育关系的继父或者继母不承担监护人的侵权责任,由该子女的生父母依照本解释第八条的规定承担侵权责任。

第十条 无民事行为能力人、限制民事行为能力人造成他人损害,被侵权人合并请求监护人和受托履行监护职责的人承担侵权责任的,依照民法典第一千一百八十九条的规定,监护人承担侵权人应承担的全部责任;受托人在过错范围内与监护人共同承担责任,但责任主体实际支付的赔偿费用总和不应超出被侵权人应受偿的损失数额。

监护人承担责任后向受托人追偿的,人民法院可以参照民法典第九百二十九条的规定处理。

仅有一般过失的无偿受托人承担责任后向监护人追偿的,人民法院应予支持。

第十一条 教唆、帮助无民事行为能力人、限制民事行为能力人实施侵权行为,教唆人、帮助人以其不知道且不应当知道行为人为无民事行为能力人、限制民事行为能力人为由,主张不承担侵权责任或者与行为人的监护人承担连带责任的,人民法院不予支持。

第十二条 教唆、帮助无民事行为能力人、限制民事行为能力人实施侵权行为,被侵权人合并请求教唆人、帮助人以及监护人承担侵权责任的,依照民法典第一千一百六十九条第二款的规定,教唆人、帮助人承担侵权人应承担的全部责任;监护人在未尽到监护职责的范围内与教唆人、帮助人共同承担责任,但责任主体实际支付的赔偿费用总和不应超出被侵权人应受偿的损失数额。

监护人先行支付赔偿费用后,就超过自己相应责任的部分向教唆人、帮助人追偿的,人民法院应予支持。

第十三条 教唆、帮助无民事行为能力人、限制民事行为能力人实施侵权行为,被侵权人合并请求教唆人、帮助人与监护人以及受托履行监护职责的人承担侵权责任的,依照本解释第十条、第十二条的规定认定民事责任。

第十四条 无民事行为能力人或者限制民事行为能力人在幼儿园、学校或者其他教育机构学习、生活期间,受到教育机构以外的第三人人身损害,第三人、教育机构作为共同被告且依法应承担侵权责任的,人民法院应当在判决中明确,教育机构在人民法院就第三人的财产依法强制执行后仍不能履行的范围内,承担与其过错相应的补充责任。

被侵权人仅起诉教育机构的,人民法院应当向原告释明申请追加实施侵权行为的第三人为共同被告。

第三人不确定的,未尽到管理职责的教育机构先行承担与其过错相应的责任;教育机构承担责任后向已经确定的第三人追偿的,人民法院依照民法典第一千二百零一条的规定予以支持。

第十五条 与用人单位形成劳动关系的工作人员、执行用人单位工作任务的其他人员,因执行工作任务造成他人损害,被侵权人依照民法典第一千一百九十一条第一款的规定,请求用人单位承担侵权责任的,人民法院应予支持。

个体工商户的从业人员因执行工作任务造成他人损害的,适用民法典第一千一百九十一条第一款的规定认定民事责任。

第十六条 劳务派遣期间,被派遣的工作人员因执行工作任务造成他人损害,被侵权人合并请求劳务派遣单位与接受劳务派遣的用工单位承担侵权责任的,依照民法典第一千一百九十一条第二款的规定,接受劳务派遣的用工单位承担侵权人应承担的全部责任;劳务派遣单位在不当选派工作人员、未依法履行培训义务等过错范围内,与接受劳务派遣的用工单位共同承担责任,但责任主体实际支付的赔偿费用总和不应超出被侵权人应受偿的损失数额。

劳务派遣单位先行支付赔偿费用后,就超过自己相应责任的部分向接受劳务派遣的用工单位追偿的,人民法院应予支持,但双方另有约定的除外。

第十七条 工作人员在执行工作任务中实施的违法行为造成他人损害,构成自然人犯罪的,工作人员承担刑事责任不影响用人单位依法承担民事责任。依照民法典第一千一百九十一条规定用人单位应当承担侵权责任的，在刑事案件中已完成的追缴、退赔可以在民事判决书中明确并扣减，也可以在执行程序中予以扣减。

第十八条 承揽人在完成工作过程中造成第三人损害的，人民法院依照民法典第一千一百六十五条的规定认定承揽人的民事责任。

被侵权人合并请求定作人和承揽人承担侵权责任的，依照民法典第一千一百六十五条、第一千一百九十三条的规定，造成损害的承揽人承担侵权人应承担的全部责任；定作人在定作、指示或者选任过错范围内与承揽人共同承担责任，但责任主体实际支付的赔偿费用总和不应超出被侵权人应受偿的损失数额。

定作人先行支付赔偿费用后，就超过自己相应责任的部分向承揽人追偿的，人民法院应予支持，但双方另有约定的除外。

第十九条 因产品存在缺陷造成买受人财产损害，买受人请求产品的生产者或者销售者赔偿缺陷产品本身损害以及其他财产损害的，人民法院依照民法典第一千二百零二条、第一千二百零三条的规定予以支持。

第二十条 以买卖或者其他方式转让拼装或者已经达到报废标准的机动车，发生交通事故造成损害，转让人、受让人以其不知道且不应当知道该机动车系拼装或者已经达到报废标准为由，主张不承担侵权责任的，人民法院不予支持。

第二十一条 未依法投保强制保险的机动车发生交通事故造成损害，投保义务人和交通事故责任人不是同一人，被侵权人合并请求投保义务人和交通事故责任人承担侵权责任的，交通事故责任人承担侵权人应承担的全部责任；投保义务人在机动车强制保险责任限额范围内与交通事故责任人共同承担责任，但责任主体实际支付的赔偿费用总和不应超出被侵权人应受偿的损失数额。

投保义务人先行支付赔偿费用后，就超出机动车强制保险责任限额范围部分向交通事故责任人追偿的，人民法院应予支持。

第二十二条 机动车驾驶人离开本车后，因未采取制动措施等自身过错受到本车碰撞、碾压造成损害，机动车驾驶人请求承保本车机动车强制保险的保险人在强制保险责任限额范围内，以及承保本车机动车商业第三者责任保险的保险人按照保险合同的约定赔偿的，人民法院不予支持，但可以依据机动车车上人员责任保险的有关约定支持相应的赔偿请求。

第二十三条 禁止饲养的烈性犬等危险动物造成他人损害，动物饲养人或者管理人主张不承担责任或者减轻责任的，人民法院不予支持。

第二十四条 物业服务企业等建筑物管理人未采取必要的安全保障措施防止从建筑物中抛掷物品或者从建筑物上坠落的物品造成他人损害，具体侵权人、物业服务企业等建筑物管理人作为共同被告的，人民法院应当依照民法典第一千一百九十八条第二款、第一千二百五十四条的规定，在判决中明确，未采取必要安全保障措施的物业服务企业等建筑物管理人在人民法院就具体侵权人的财产依法强制执行后仍不能履行的范围内，承担与其过错相应的补充责任。

第二十五条 物业服务企业等建筑物管理人未采取必要的安全保障措施防止从建筑物中抛掷物品或者从建筑物上坠落的物品造成他人损害，经公安等机关调查，在民事案件一审法庭辩论终结前仍难以确定具体侵权人的，未采取必要安全保障措施的物业服务企业等建筑物管理人承担与其过错相应的责任。被侵权人其余部分的损害，由可能加害的建筑物使用人给予适当补偿。

具体侵权人确定后，已经承担责任的物业服务企业等建筑物管理人、可能加害的建筑物使用人向具体侵权人追偿的，人民法院依照民法典第一千一百九十八条第二款、第一千二百五十四条第一款的规定予以支持。

第二十六条 本解释自 2024 年 9 月 27 日起施行。

本解释施行后，人民法院尚未审结的一审、二审案件适用本解释。本解释施行前已经终审，当事人申请再审或者按照审判监督程序决定再审的，适用当时的法律、司法解释规定。